General Otto von Moser

Als General im Ersten Weltkrieg
Feldzugsaufzeichnungen 1914–1918

SEVERUS

von Moser, Otto: Als General im Ersten Weltkrieg.
Feldzugsaufzeichnungen 1914–1918
Hamburg, SEVERUS Verlag 2014

ISBN: 978-3-86347-979-4
Druck: SEVERUS Verlag, Hamburg, 2014
Nachdruck der Originalausgabe von 1928

Der SEVERUS Verlag ist ein Imprint der Diplomica Verlag GmbH.

Bibliografische Information der Deutschen Nationalbibliothek:
Die Deutsche Nationalbibliothek verzeichnet diese Publikation in der
Deutschen Nationalbibliografie; detaillierte bibliografische Daten sind im
Internet über http://dnb.d-nb.de abrufbar.

© SEVERUS Verlag
http://www.severus-verlag.de, Hamburg 2014
Printed in Germany
Alle Rechte vorbehalten.

Der SEVERUS Verlag übernimmt keine juristische Verantwortung oder
irgendeine Haftung für evtl. fehlerhafte Angaben und deren Folgen.

General Otto von Moser

Als General im Ersten Weltkrieg
Feldzugsaufzeichnungen 1914–1918

Vorwort zur 1. Auflage

Die Schilderung meiner Kriegserlebnisse beruht auf kurzen Notizen, die ich mir im Felde jeden Abend, oft aber auch mitten in den Gefechtshandlungen selbst, in meine Schreibtafel gemacht und die ich sodann baldmöglichst, teils während meiner unfreiwilligen Muße als Verwundeter, teils im Urlaub oder in Zeiten des ruhigeren Stellungskriegs, weiter ausgearbeitet habe. Und zwar so, daß ich mir an der Hand jener zuverlässigen Notizen jeden Feldzugstag mit d e n Gedanken, die mich d a m a l s bewegten, möglichst treu und lebhaft ins Gedächtnis zurückrief; nicht aber so, daß ich irgend welche Betrachtungen späteren Datums hinzufügte. Die Aufzeichnungen dürfen daher den Anspruch auf volle und ungeschminkte Lebenswahrheit und auf einen gewissen Gefühlswert erheben. Ihr kriegsgeschichtlicher Wert kann nicht in einer lückenlosen oder gar kritischen Darstellung der geschilderten Feldzugsabschnitte gesucht und gefunden werden, denn dazu fehlten mir damals die genügenden Unterlagen. Wohl aber darin, daß alle Erlebnisse und Ereignisse gesehen und geschildert sind vom Standpunkt des h ö h e r e n T r u p p e n f ü h r e r s aus, von dem noch bescheidenen Befehlsbereiche des Infanterie-Brigade-Kommandeurs an bis zum Wirkungsbereich des schon die Schlachten mitentscheidenden kommandierenden Generals. Die Aufzeichnungen gewähren also einen Einblick in all die, namentlich in der Heimat noch wenig bekannten und vielfach verkannten großen und kleinen Führernöte und Führerfreuden eines Truppenbefehlshabers und zwar eines solchen, der in den Jahren 1914—1918 im Westkrieg von den Argonnen bis zur Ypernfront, im Ostkrieg von der Morava bis zur Düna mitgekämpft hat gegen Franzosen, Briten, Russen und Serben, im Bewegungs- und im Stellungskrieg, fast immer an den großen Brennpunkten des Kampfes und vielfach in Berührung mit den höheren deutschen Heerführern. Daß bei diesen Schilderungen auch Land und Leute in kurzen Strichen mitgeschildert sind, ist selbstverständlich. Wenn aber in solchen Feldzugsaufzeichnungen unvermeidlicherweise die Person und das Ich des Aufzeichnenden, viel mehr als ihm lieb ist, in den Vordergrund tritt, so liegt es mir doch sehr am Herzen, zu betonen, daß ich die den Mittelgrund und den großen Hintergrund des entworfenen Gemäldes ausfüllenden und belebenden Gruppen und Massen, nämlich die in all den unerhörten Drangsalen und Anstrengungen des furchtbarsten aller Kriege glorreich bewährten deutschen Truppen als Helden meiner Darstellung ansehe und auch von dem Leser als solche betrachtet wissen möchte.

Und ebenso, daß die Leistungen der mir unterstellt gewesenen Truppen lediglich ein Abbild der von sämtlichen deutschen Truppen auf allen Kriegsschauplätzen vollbrachten Taten geben.

Die Aufzeichnungen waren schon im Sommer 1918 druckfertig. Nach der durch die Revolution herbeigeführten Umwertung so mancher Schätzungen und Begriffe und nach dem inzwischen über uns hereingebrochenen furchtbaren Ernst und Elend der Lage erhob sich die Frage, ob sie trotzdem unverändert und unverkürzt veröffentlicht oder ob nicht wenigstens alle kleineren und namentlich alle heiteren Erlebnisse und Bilder ausgemerzt werden sollten. Aber der mehr als vierjährige Krieg brachte tatsächlich allen Führern und Truppen doch auch zeitweise Tage und Wochen der Erholung, des Auflebens, ja sogar des Frohseins. Im Einverständnis mit dem Verlag wurde daher von diesen Streichungen abgesehen: einmal, weil sonst der Zweck der Aufzeichnungen, ein wirklich lückenloses Bild deutschen Führer- und Truppenlebens im Weltkrieg zu geben, nicht erreicht, sondern ein allzu düsteres Gemälde geboten worden wäre; dann, weil diese Aufzeichnungen nicht nur für den Augenblick, sondern auch für eine vielleicht wieder anders lebende, denkende und wertende Zukunft niedergeschrieben sind; und schließlich weil Deutschlands künftige Geschlechter für unabsehbare Zeit außer durch das Lesen solcher Feldzugsaufzeichnungen nichts Anschauliches mehr vom großen und kleinen Krieg erfahren werden. Wenn aber, wie zu erwarten und zu hoffen ist, zu den nachstehenden Aufzeichnungen eines oberen Truppenführers noch solche der unteren, vom Regiments- bis zum Gruppenführer, und von deutschen Frontsoldaten hinzutreten, dann wird ein Vollbild des Weltkrieges entstehen, in dem der durch die Veröffentlichungen unserer Heerführer über die großen Operationen geschaffene Rahmen mit wahrhaft lebendigen Farben ausgemalt und ausgefüllt ist.

Noch habe ich den Kameraden aufrichtigen Dank zu sagen, die mir durch Überlassung von Bildern die reiche Belebung des Textes ermöglicht haben, namentlich meinem Kriegsakademie- und Feldzugskameraden, Herrn Oberst Frhr. von Reitzenstein, für die besonders kriegsmäßigen Bilder vom russischen und serbischen Kriegsschauplatz.

Isny i. Allgäu, Ludwigshöhe
im April 1920.   Der Verfasser.

Vorwort zur 3. Auflage

Während bei der 1. und 2. Auflage dieses Buches in bezug auf Papier und Ausstattung den Nachkriegs- und Inflationszuständen noch stark Rechnung getragen werden mußte, hat der Verlag zu meiner Freude dieser dritten Auflage in Einband, Druck und Papier ein neues und schöneres Gewand gegeben; dies kommt auch insbesondere den der Zahl nach erheblich vermehrten B i l d e r n zu statten. Außerdem hat aber auch der treue Mitarbeiter an meinen sämtlichen Vor- und Nachkriegswerken, Herr Generalmajor Flaischlen, die zu diesen Feldzugsaufzeichnungen gehörenden S k i z z e n völlig neu gezeichnet und hat sie dabei nicht nur in ihrer Richtigkeit und Anschaulichkeit wesentlich verbessert, sondern zugleich auch viel handlicher und lesbarer eingruppiert.

Im übrigen ist aber am Texte dieses Buches nichts geändert und ist namentlich der Versuchung grundsätzlich widerstanden worden, etwa noch nachträgliche, nachkriegliche Eindrücke und Urteile hinein zu verarbeiten. Nur an wenigen Stellen sind einige Kürzungen, an einigen wenigen anderen einige Namens- und sonstige Ergänzungen vorgenommen worden; diese aber nur an der Hand der von mir nochmals mit Sorgfalt und Liebe durchgesehenen Schreibtafelnotizen aus dem Kriege selbst.

Merkwürdigerweise sind seit dem Erscheinen der 1. Auflage dieses Buches im Jahre 1920 bis heute, 1928, so gut wie keine ähnlichen Veröffentlichungen höherer deutscher Führer über ihre persönlichen Erlebnisse im Weltkriege erfolgt. Auch damit darf also der Neudruck des vorliegenden Buches gerechtfertigt, zugleich aber auch erneut der Wunsch ausgesprochen werden, daß die heranwachsenden deutschen Geschlechter in ihm ein getreues und unverfälschtes Bild des heroischen deutschen Existenzkampfes im Weltkriege finden mögen — gesehen vom Standpunkte des mit seiner Truppe eng verbundenen o b e r e n Führers aus. Allein es soll an dieser Stelle auch der Wunsch nochmals erneuert werden, daß doch auch recht bald der eine oder andere u n t e r e Truppenführer seine Weltkriegserlebnisse zusammenhängend und anschaulich in Wort und Bild schildern möge, — meine Kompagnie, mein Bataillon, mein Regiment im Weltkriege —, so daß die in ihrer Art meisterhaften, packenden inzwischen erschienenen episodenhaften Kampfschilderungen der Jüngeren ihren festen Kriegsrahmen bekommen. Es ist hohe Zeit dafür; denn schon erblassen die Bleistiftnotizen aus den Jahren 1914—18 in den Feldtagebüchern; und — noch schlimmer — schon erlöschen auch im schärfsten Gedächtnis die persönlichen Erinnerungen an die einzelnen Gefechtstage des Krieges, ohne die jeder Schilderung Farbe und Leben fehlen muß.

I s n y i. Allgäu, Ludwigshöhe
    im Herbst 1928.   Der Verfasser.

Inhalts-Verzeichnis

Vorwort zur 1. Auflage III
Vorwort zur 3. Auflage V

1914
Kommandeur der württ. 53. Infanterie-Brigade.
Einmarschkämpfe im Westen (August/September 1914)

Kriegsausbruch und Abtransport 1
Grenzschutz bei Diedenhofen. Zustand der Truppe. Vormarsch 2
Erste Begegnungsschlacht in Belgien bei Ethe—Bleid (22. Aug. 1914) . . . 6
Erste Kriegserfahrungen. Überschreiten der französischen Grenze 11
Verfolgung über Chiers und Othain 13
Anzünden von Ortschaften 19
Erster Feldgottesdienst 22
Zusammenstoß mit der Besatzung von Montmédy (29. Aug. 1914) 23
Übergang über die Maas bei Dun (30. Aug. 1914) Feuerüberfall 25
Maaskämpfe bei Mont—Montigny (31. Aug. 1914) 28
Treffen bei Gesnes und Verwundung (2. Sept. 1914) 34
Leidenszeit und Heilung in der Heimat 37
Ärzte, Schwestern, Lazarette, Presse 39

Im Osten
1915
Kommandeur der preuß. 107. Infanterie-Division.
Angriffskampf Jaroslau—Pinsk (Sommer 1915)

Übernahme der 107. Inf.-Division in Thorn (3. Juni 1915) 41
Abtransport nach Jaroslau zur 11. Armee (v. Mackensen) und zum
 XXII. Reservekorps (v. Falkenhayn) 42
Zusammensetzung und Zustand der 107. Inf.-Division 47
Schlacht an der Lubaczowka (bei Korzenica). (13. Juni 1915) 50
Verfolgungskämpfe (14.—20. Juni 1915) 54
Erster Stillstand auf Schloß Zamek 60
Land und Leute in Galizien. Polnische Wirtschaft 62
Divisionsstab 63
Feldpost 65
Troß, Panjewagen 69
Der galizische Grenz- und Garnisonort Rawa-Ruska. Judenbevölkerung . . 70
Fortsetzung der Verfolgung auf russischem Gebiet. (Uhnow, Korczow, Likoszyn).
 (28. Juni bis 2. Juli 1915) 71
Ortschaften und Wege auf russischem Boden 73
Zur 11. bayrischen Inf.-Division (Korps Kneußl). (2. Juli 1915) 73
Neue Kämpfe bei Metelin (3.—19. Juli 1915) 75
Herrenhaus Mientke. Innerer und Gerichtsdienst. Feldlazarette 77

Zum XXIV. Reservekorps des Generals der Infanterie v. Gerok (9. Juli 1915) . 80
Kämpfe an der Huczwa (Mieledow, Treszcany). (19.—21. Juli 1915) 87
Kämpfe bei T e r a t y n. (22.—30. Juli 1915) 90
Führungslehren 95
Vormarsch auf Cholm. (1. Aug. 1915) 97
Siegreiche Verfolgungskämpfe (G o t o w k a). (2. und 3. Aug. 1915) 97
Schipper als Ersatz 100
In C h o l m (6. Aug. 1915) 102
Kämpfe bei S a w i n (8.—12. Aug. 1915) 103
Kämpfe bei W l o d a w a und R o z a n k a (13.—15. Aug. 1915) 108
Schwere Ermüdung der Truppe. Kriegsmarschkolonne 114
Mangel an Infanterie-Offizieren 118
Übergang über den B u g bei Slawatycze (21. Aug. 1915) 119
Kämpfe bei Leplewka, Dubica, Miedno (21.—24. Aug. 1915) 120
Das brennende B r e s t - L i t o w s k (26. Aug. 1915) 123
Flüchtlingszüge 124
K o b r y n. Sterbefeld von Viehherden (30. Aug. 1915) 129
Verfolgungskämpfe bei A n t o p o l und D r o h i c z y n (3.—5. Sept. 1915) . 131
Marschverluste 131
Kampf bei Worocewicze (11. und 12. Sept. 1915) 136
Russische Dörfer und Friedhöfe 137
Letzte Kämpfe westlich Pinsk (14. und 15. Sept. 1915) 138
Einrücken in P i n s k (16. Sept. 1915) 141
Rückmarsch nach Brest-Litowsk (17.—23. Sept. 1915) 143

Im Südosten

Serbischer Feldzug (Spätherbst 1915)

Durchfahrt durch W a r s c h a u (21. Sept.) und Meldung im Großen Hauptquartier
  in P l e ß (22. Sept.) 144
Durchfahrt durch B u d a p e s t und T e m e s v a r 145
Eintreffen der 107. Inf.-Division in V e r s e c z bei der Armee v. G a l l w i t z und
  dem IV. Reservekorps v. Winckler 146
Land und Leute in Ungarn 148
Vorbereitungen für den Donauübergang (Ende Sept. 1915) 149
Kampfweise der serbischen Armee 150
Feldzugsplan. Taktische und strategische Verhältnisse 150
D o n a u ü b e r g a n g bei D u n a d o m b o—K o s t o l a c (10. Okt. 1915) . . 153
Vormarschkämpfe entlang der Mlava (12.—21. Okt. 1915) 154
Ein soldatischer Freudentag, Gefecht bei K a l i s t e (22. Okt. 1915) . . . 160
Verfolgungskämpfe auf Svilajnac (23.—27. Okt. 1915) 161
Land und Leute in Serbien 163
Serbische Gefangene und Flüchtlinge 166
Bergkämpfe südlich Svilajnac (28.—30. Okt. 1915) 166
Zustand der Straßen 171
C u p r i j a, P a r a c i n, S t a l a c (5.—7. Nov. 1915) 172
Einrücken in K r u s e v a c (8. Nov. 1915) 175
Verfolgung im Rasinatal. Gebirgspaß Jankowa—Klisura (9.—15. Nov. 1915) . 178
Schlußkampf bei B l a c e (14. Nov. 1915) 182
Erfahrungen. Rückblick 184
Rückmarsch der 107. Inf.-Division auf Krusevac und Semendria (18. Nov. 1915) 185
B e l g r a d 187
Eintreffen der 107. Inf.-Division um Pancsova (Ende Nov. 1915) 187

Pancsova und der Banat 189
Bazias. Orsova. Herkulesbad. 191
Abtransport der 107. Inf.-Division nach dem Norden (26. Dez. 1915) 194

Im Nordosten

1916
Litauen. Kowno. Dünaburg. Schlacht bei Postawy. Smorgon.
Wilna (Frühjahr 1916)

Beim Generalfeldmarschall v. Hindenburg in Kowno (1. Jan. 1916) . . 194
Im Armeehauptquartier v. Scholtz (Uszjany). (2. Jan. 1916) 197
Winterquartier im Rittergut Bolze. Litauen 197
Stellungskrieg und Stellungsbau im Osten 199
Ausbau von Quartieren und Stellungen. Ausbildung. Rotz. Räude 201
Beim Armee-Oberkommando v. Eichhorn (Wilna) 205
Achttägige Abwehrschlacht am Narocz-See bei Postawy (20. bis
    28. März 1916) 206
Russische Leichenfelder 214
Besuch Hindenburgs nach der Schlacht (2. April 1916) 215
Bei General Litzmann (XXXX. Reservekorps) 217
Einblick in die Ostfront bei Krewo—Smorgon 218
Einjähriges Bestehen der 107. Inf.-Division (3. Juni 1916) 218
Ernennung zum Kommandeur der württ. 27. Inf.-Division (15. Juni 1916) . . . 220
Fahrt Wilna—Ulm—Lille 220

Im Westen

Kommandeur der württ. 27. Infanterie-Division.
Stellungskampf an der Lys (Frühsommer 1916)

Meldung beim kommandierenden General des XIII. Armeekorps, General d. Inf.
    Frhr. Theodor v. Watter und beim Führer der 4. Armee, Herzog Albrecht
    v. Württemberg (22. Juni 1916) 221
Mein neuer Stab. Verhältnisse im Westen. Stabsquartier Menin 221
Die Stellungen im Westen 223
Abtransport nach der Somme (Ende Juli 1916) zur Armee Fritz v. Below . . . 226

Sommeschlacht. Guillemont (Spätsommer 1916)

Ernste Lage und blutige Kämpfe. Divisionsstabsquartier Sailly—Etricourt . . . 228
Zwei Jahre Krieg (2. Aug. 1916) 231
Combles. Die Katakomben 234
Ein Ehrentag der 27. Inf.-Division, Guillemont (8. Aug. 1916) 236
Schwere Lage der Truppe 243
Ablösung der 27. Inf.-Division nach 25tägiger Behauptung der Kampfstellung . 245
Rücktransport zur 4. Armee 247

Zum zweiten Male an der Lys (Herbst 1916)

Divisions-Stabsquartier Bousbecque 248
Stellungskrieg im Wytschaetebogen. Eloi (Sept.—Okt. 1916) 248
Mineurkrieg 250
Unser Bücherwart, Dr. Heinrich Lilienfein 253
Kaiserparade bei Courtrai (22. Okt. 1916) 254

Zum zweiten Male an der Somme (November 1916)

Divisions-Stabsquartier Gouzeaucourt 257
Stellungskrieg bei Sailly-Saillisel und am Pierre-Vaast-Wald 258
Schwere Lage und Aufgabe der Bataillons- und Regiments-Kommandeure . . 259
Siegfriedstellung und Alberichplan 259
Friedensangebot (12. Dez. 1916) 263
Graf Zeppelin 264
Lage am Jahresschluß 1916 265

1917
Leiter von Kursen für höhere Truppenführer (Januar bis März 1917)

Vorarbeiten. Zweck der Kurse: Divisions-Kommandeurschule 266
Übersiedlung nach Solesmes 268
Erster Kurs (8.—16. Februar 1917) 271
Übersiedlung nach Valenciennes 274
Zweiter Kurs (20.—28. Februar 1917) 275
Dritter Kurs (4.—12. März 1917) 276
Ernennung zum kommandierenden General (12. März 1917) 277

Führer des preußischen XIV. Reservekorps (März 1917 bis Februar 1918)

Mein neuer Stab. Dienstbetrieb bei einem Generalkommando 279
Kurze Geschichte und Lage des XIV. Reservekorps 280
Die Siegfriedstellung bei Bullecourt 280
Korpshauptquartier Marquette. Das Artois. Land und Leute 282
Vorfeldkämpfe 286
Die 27. Inf.-Division wird mir unterstellt (7. April 1917) 286

Schlacht bei Arras (9. bis 24. April 1917)

Großer Tankangriff bei Bullecourt (11. April 1917). Ein zweiter
  Ehrentag der 27. Inf.-Division. Übertritt zur 6. Armee 289
Angriffsunternehmen „Sturmbock" auf Lagnicourt (15. April 1917) . . . 292
Angriffe auf meine Fesselballone (24. April 1917) 296
Pour le mérite 297
In der Armee Otto v. Below 298
Neuer großer englischer Angriff gegen die 27. Inf.-Division (3. Mai 1917) . . 300
Abschied von der 27. Inf.-Division 301
Nochmalige schwere Kämpfe (3. Garde-Division) bei Bullecourt (12. u. 13. Mai 1917) 301
Unternehmen „Potsdam" (15. Mai 1917) 302
Nach Gent 303
Kaiserparade bei Denain (22. Mai 1917) 304
Veränderte Stellung des kommandierenden Generals 304
Meldung in Courtrai beim Führer der 4. Armee General Sixt v. Armin . . 306

Küstenverteidigung in Belgien (Mai–Juni 1917)

Divisions-Stabsquartier Beekstraat bei Gent 306
Besprechung in Brügge (General Ludendorff, Admirale v. Holtzendorff und v. Schroeder)
  (22. Mai 1917) 307

Lage: Fall K. (Küste) 307
Gent und Umgebung. Land und Leute in Flandern 309
Antwerpen, Mecheln, Löwen, Brüssel (6. Juni 1917) 311
Zurück an die Arrasfront (12. Juni 1917) 312

Stellungskrieg zwischen Douai und Cambrai (Sommer und Herbst 1917)

Führer der Gruppe Arras. Schwierige Lage 312
Kämpfe am Vert-Wald (16. Juni 1917) 313
Korpshauptquartier Schloß Lewarde und Umgebung 315
Ein Erlaß Ludendorffs über den ;UBootskrieg 317
Abgang Bethmann-Hollwegs. Michaelis Reichskanzler 318
Verlegung des Korpshauptquartiers nach Marquette (Ende Aug. 1917) 320
Über Stellungsbau, Stellungsverteidigung, Räumen unhaltbarer Stellungen . . 322
Mißstände in bezug auf Auszeichnungen und Löhnungsverhältnisse 322
Bedrückende innerpolitische Lage 323
Eindrücke und Berichte von der Kampffront in Flandern, an der Aisne und in Italien 325
Im ruhigen Stellungskrieg als kommandierender General 327
Taktisch-strategische Studien 329
Übertritt zur 2. Armee (5. Nov. 1917) 333
Mißstände in unserem Führungskörper 334

Tankschlacht bei Cambrai (20. bis 28. November 1917)

Großer Tankeinbruch der Engländer bei Cambrai (20. Nov. 1917) 336
Schwere achttägige Abwehrschlacht am Bourlonwald zur Verhinde-
  rung des englischen Durchbruchs (21.—28. Nov. 1917) 336
Führertätigkeit als kommandierender General in der Schlacht 338
Rittmeister von Richthofen 343
Kritische Lage (27. Nov. 1917) 344
Vorbereitungen für den Übergang zum Angriff 345
Siegesfreude 346

Angriffsschlacht bei Cambrai (30. November bis 6. Dezember 1917)

Angriffsplan 349
Durchführung des Angriffs (30. Nov. bis 6. Dez. 1917) 349
Beabsichtigte Wegnahme des Bourlonwalds (4. Dez. 1917) 353
Die Engländer räumen den Bourlonwald (Nacht 4. 5. Dez. 1917) 355
Ergebnisse des Angriffs bei der Gruppe Arras 355
Gang durch Wald und Dorf Bourlon 356
Zerwürfnisse 358
Kaiserparade bei Solesmes. Der Kaiser 359

1918

Erste Vorbereitungen für den großen Frühjahrsangriff 361
Besprechung Ludendorffs mit den Chefs in Marquette. Ludendorff (20. Jan. 1918) 361
Versetzung zu den Offizieren von der Armee (7. Februar 1918) 361
Scheiden vom XIV. Reservekorps 362
Verabschiedung (August 1918) 363
Waffenstillstand, Revolution, Zusammensturz, Schmachfriede 363
Schlußwort 365

Verzeichnis der Karten-Skizzen

A. **Übersichts-Skizzen** (zum rechts herausklappen)
  1. Vormarsch nach Frankreich (mit Nebenskizze Maas-Übergang 30. 8. 14 und Kämpfe bei Mont-Montigny 31. 8. 14) . . . . nach S. 40
  2. Übersichts-Skizze Ost . . . . nach S. 216
  3. Übersichts-Skizze Westen 1916—1918 (mit Nebenskizze zur Arras-Schlacht 9. April bis 8. Juni 1917) . . . . nach S. 360

B. **Text-Skizzen**

Westen:

53. Inf.Brig. in der Schlacht am 22. 8. 14 bei Longwy 6
53. Inf.Brig. am 25. 8. 14 bei Grand-Failly 17
Übergang des XIII. A.K. am 30. 8. 14 vorm. über die Maas 26
F.A. 49 u. 53. Br. 2. 9. 14 Gefecht bei Gesnes 34

Osten:

Galizien-Polen:
Jaroslau, Schlacht an der Lubaczowka 13. 6. 15, Verfolgung bis 16. 6. 15 . 47
von Huta bis Rawa Ruska 16.—27. 6. 15 55
von Rawa Ruska bis Sachryn—Mientkie 27. 6.—18. 7. 15 71
  Kämpfe bei Metelin 14.—18. 7. 15
von Sachryn bis Gotowka 18. 7.—2. 8. 15 90
  Kämpfe bei Mieledow, Teratyn, Zanicze und Gotowka
von Gotowka bis Rozanka 3.—14. 8. 15 98
von Wlodawa bis Radwanicze östl. Brest-Litowsk 14.—27. 8. 15 . . . 110
  Kämpfe bei Rozanka, Leplewka, Dubica, Miedno
von Radwanicze bis Horodec—Antopol 27. 8.—3. 9. 15 126
von Antopol bis Iwanowo 3.—13. 9. 15 130
von Janopol bis Pinsk 13.—16. 9. 15 139

Serbien:
Donau-Übergang 10. 10. 15 148
von Bubušinac bis Svilajnac 14.—27. 10. 15 157
von Svilajnac bis Paraćin 27. 10.—5. 11. 15 167
von Paraćin bis Kruševac 5.—7. 11. 15 173
von Kruševac bis Blace 7.—15. 11. 15 176

Litauen:
107. J.Div. 20.—28. 3. 16. bei Postawy 207

Westen:

27. J.Div. im Ypern-Bogen bis Ende Juli 16 221
Somme-Schlacht, Guillemont 30. 7.—25. 8. 16 229
27. J.Div. im Witschaete-Bogen Septbr.—Oktbr. 16 248
Stellungskrieg bei Sailly-Saillisel Mitte Novbr.—Ende Dezbr. 16 . . . 258
Arras-Schlacht, Kämpfe in der Siegfried-Stellung im April 17 289
Stellungskrieg zwischen Douai und Cambrai 13. 6.—19. 11. 17 313
Tant-Schlacht bei Cambrai 20.—28. 11. 17 337
Angriffs-Schlacht bei Cambrai 30. 11.—6. 12. 17 350

Kommandeur der württ. 53. Infanterie-Brigade
Einmarschkämpfe im Westen. (Sommer 1914.)

Am 29. Juli früh erreicht uns auf dem Truppenübungsplatz Münsingen, wo wir tags zuvor zu Regiments- und Brigade-Übungen eingetroffen sind, der Befehl: „Rückkehr in den Standort Ulm." Frühmorgenritt bei herrlichem Wetter; überall die Landleute noch ahnungslos auf den Feldern. Wir rufen ihnen die Nachricht zu.

31. Juli. „Drohende Kriegsgefahr!"

1. August. Letzte Vorbereitungen für den Abmarsch ins Feld, an dem wir zwar innerlich doch immer noch ein wenig zweifeln. Das Straßenleben wogt hoch in der alten Festungsstadt.

2. August. 1. Mobilmachungstag! Die durch eine Eskadron und drei Batterien verstärkte Brigade fährt abends von 9 Uhr ab zum Grenzschutz ab — zunächst unbekannt wohin.

Schwerer Abschied von den Meinigen, die die vorausbeförderte Brigade in besonderer Gefahr glauben.

Die ganze Generalität und zahlreiche Stabsoffiziere der Garnisonen Ulm und Neu-Ulm geben dem ersten Bahnzug, in dem der Brigadestab mit einem Regimentsstab und der Maschinengewehr-Kompagnie fährt, das Abschiedsgeleit.

Unter Hurrarufen fährt der Zug in die dunkle Nacht hinaus.

Nacht 2./3. August. Überall auf den Bahnhöfen trotz der späten Nachtstunden zujubelnde und mit den Taschentüchern winkende Einwohner.

Im übrigen ist es eine beschleunigte Fahrt mit wenig Aufenthalten und ohne alle solche für Verpflegung unterwegs. Schon zeigt sich daher der Segen der Feldküche, die uns während der Fahrt einen guten warmen Kaffee bereitet.

Ich öffne die geheimen Weisungen, erfahre den Zielpunkt, studiere mit meinem Stabe die der Brigade zufallenden Aufgaben und gebe einen Teil an den mitfahrenden Stab des Gren.-Regts. 123 weiter. Im Fluge geht die Zeit vorüber; kaum komme ich zu einigen Stunden Schlaf. Wir überschreiten gegen Morgen bei Germersheim jubelnd den Rhein. Bei einem

---

[1]) Hierzu die Übersichtsskizze nach Seite 40 (zum rechts herausklappen).

Halt auf einem größeren Bahnhof erfahre ich von einem mir aus früherer Stellung bekannten Generalstabsoffizier vertraulich die Zusammensetzung der Armee (5. deutsche) und den Namen unseres Armeeführers, des deutschen Kronprinzen Wilhelm. Gegen Mittag treffen wir nach 15stündiger Fahrt fahrplanmäßig an unserem Bestimmungsort D i e d e n h o f e n ein.

3. A u g u s t a b e n d s hat die verstärkte Brigade ihre Aufstellung an der Grenze im allgemeinen eingenommen. Brigadestabsquartier Groß-Hettingen.

4. b i s 17. A u g u s t. Es ist eine interessante Aufgabe, die der Brigade zugefallen ist, und eine Tag und Nacht andauernde, aber auch reizvolle, alle

Unterwegs

Nerven anspannende Tätigkeit für mich und meinen Stab. Ich fühle mich trotz meiner 54 Jahre körperlich und geistig in der Vollkraft meines Lebens und mache die gleiche Beobachtung bei den anderen Offizieren. Der Krieg hat alle Lebensgeister wachgerufen, und hat die kleinen Beschwerden verscheucht. Fortwährend ändert und erweitert sich das Bild an der Grenze und im Unterkunftsbezirk, wo in den nächsten Tagen mit jeder halben Stunde neue Truppen eintreffen. Mein Geschäftszimmer, in einem großen Wirtssaale, wird stündlich mehr der Mittelpunkt wichtiger Nachrichten und Befehle von vorne (der Grenze), von den Seiten (den Nachbarbrigaden und den benachbarten befestigten Orten) und von oben (den höheren Behörden, von der Division bis zur Armee). Der Geschäftsbetrieb ist der einer großen Behörde: der Stab muß durch Offiziere, Schreiber, Ordonnanzen, Telephonisten verstärkt werden; Tag und Nacht sind Kraftwagen, Radfahrer und Meldereiter fahrt- bzw. rittbereit. In große aufgehängte Karten werden die Nachrichten eingezeichnet, im übrigen tagweise eingeheftet. Sämtliche Generale des Armeekorps treffen in diesen Tagen zu Pferde und mit Kraftwagen zu Besuch bei mir ein, um sich über die neuesten Nachrichten zu unterrichten, denn weiter hinten ist's langweilig. Das Wetter ist prachtvoll: so stehen vor dem Geschäftszimmer auf der Straße lange Tische, an denen die Offiziere aller Waffen zu allen Tageszeiten Gedanken und Neuigkeiten austauschen. Zwar fehlt uns noch vollkommen die Heimatpost; aber das preußische Kavalleriekorps Frhr. v. Hollen, das durch unsern Grenzabschnitt hindurch nach Frankreich geritten ist, begleitet von einem Bataillon meiner Brigade (I./124 unter Major Kauffmann) versorgt uns mit Nachrichten; aus Luxemburg treffen die ersten Zeitungen ein und aus elsaß-lothringischen Blättern erfahren wir die erhebende Kunde vom glorreichen Zusammenschluß aller deutschen Stände und Parteien gegen die sich täglich mehrenden Gegner Deutschlands, von den packenden und zu Herzen gehenden Ansprachen des Kaisers, von der machtvollen Kundgebung und patriotischen Haltung des Reichstages. In den Offizierkorps herrscht überall zuversichtliche Stimmung, in der das Wort geprägt wird: Auf den den Mittelmächten durch Englands Beitritt zur französisch-russischen Entente aufgezwungenen Weltkrieg gibt es nur eine deutsche Antwort: den Weltsieg!

Aber auch bei den Mannschaften ist ohne Ausnahme ein vortrefflicher Geist, der Drang nach Tätigkeit und Pflichterfüllung und der allerbeste Wille festzustellen. Die Schanz- und Befestigungsarbeiten an der Grenze und in den Unterkunftsorten, die immer reger werdende Aufklärungstätigkeit an der Grenze und bald über die Grenze, der bei Tag und Nacht streng gehandhabte und überwachte Wacht- und Sperrdienst an der Grenze und auf den Straßen, sowie dazwischen eingelegte kleinere Gefechts- und Schanzübungen geben erwünschte Gelegenheit, die Mannschaften mit kriegsmäßiger Haltung und Gesinnung zu erfüllen, die etwas Weicheren und allzu Gutmütigen zu härten und zu stählen, Ausrüstung und Bekleidung nachzuprüfen. Die ersten Kinderkrankheiten der Friedenssoldaten zeigen sich, werden bekämpft und abgelegt: durch unvorsichtige Handhabung der Feuerwaffen und durch aufgeregtes Schießen bei nächtlichen Alarmierungen — ein Radfahrer der Brigade wird bei einer nächtlichen Fahrt elfmal angeschossen —, sowie bei ungeordnetem Schießen auf Flieger entstehen die ersten bedauerlichen Verluste; ein taubstummer Einwohner, der auf Anruf nicht hält, wird, glücklicherweise nur leicht, verwundet. Die Grenzbevölkerung verhält sich im übrigen ruhig und entgegenkommend. Aber auch im Kampfe gibt es die ersten Verluste. Das dem Kavalleriekorps beigegebene I./124 und die gegen die benachbarte kleine Grenzfestung Longwy vorgehenden gemischten Abteilungen melden die ersten Toten und Verwundeten — leider mehrere davon durch Franktireure. Strafunternehmungen werden angeordnet. Die ersten Gefangenen — Chasseurs à pied — werden vorgeführt und verhört. Der Zufall bringt es mit sich, daß sämtliche Truppen der vorderen Linie bei alledem in rege Tätigkeit treten. Das hat zur Folge, daß beim Beginn des Vormarsches die Truppen schon viel Friedenshauch abgestreift haben, daß alle Sinne geschärft sind; da ferner an einem Tage — bei einer Alarmierung der ganzen gemischten Brigade auf Grund einer (unrichtigen) Meldung über den Anmarsch starker feindlicher Kräfte über die Grenze — unter völlig kriegsmäßigen Verhältnissen eine lange vorher erkundete Stellung bezogen und verschanzt wird, so liegt auch eine gewisse taktische Schulung und Erfahrung vor. Kein Wunder, daß Offiziere und Truppe mit jedem Tage sehnsüchtiger den Befehl zum Vormarsch erhoffen, zumal die Nachrichten über die glänzende Eroberung von Lüttich, sowie über die ersten deutschen Siege bei Lagarde, Mülhausen und an der ostpreußischen Grenze, sowie über das erfrischende kecke erste Auftreten unserer Kriegsschiffe, — Libau, algerische Küste, Messina — die Gemüter aufs freudigste bewegen und anregen. Gegen die zahllos umherschwirrenden, mehr oder weniger unsinnigen Gerüchte aller Art sind wir bald gefeit; von der Kriegslage wird geglaubt, und zwar Wort für Wort, was die deutsche und österreich-ungarische Heeres- und Flottenleitung veröffentlichen; die von England und seinen Verbündeten verbreiteten Verleumdungsnachrichten finden dagegen von Anfang an die gebührende Würdigung. Und noch zwei bedeutungsvolle, erfreuliche Tatsachen treten schon jetzt deutlich hervor: einmal das warme kameradschaftliche Verhältnis zwischen Offizieren und Mannschaften ohne Beeinträchtigung der strammen Haltung und der

Rast der Truppen im Vormarsch

Mannszucht—zahlreiche Beispiele gegenseitiger Fürsorge und herzlichen mündlichen Verkehrs, namentlich über die kriegerische und politische Lage und über heimatliche Dinge zeugen davon; zweitens aber die tief religiöse Gesinnung der Offiziere und Mannschaften, die bei den Feldgottesdiensten und Abendmahlsfeiern in oft ergreifender Weise zum Ausdruck kommt. Rechnet man dazu das bei allen Waffen bestehende Gefühl, sich in ernster und strenger Friedensarbeit so gut als nur möglich auf den Krieg vorbereitet zu haben, dann können wir Führer uns wohl mit gutem Grunde sagen: Mit solchen Truppen ins Feld zu rücken ist eine Freude, mit ihnen schlagen wir jeden Feind!

18. bis 21. August. Am 17. abends plötzlicher Befehl zum Abmarsch am 18. früh über die Grenze. Schwierige nächtliche Anordnungen zur Versammlung der weit zerstreuten gemischten Brigade: aber am frühen Morgen des 18. geordneter Vormarsch mit Gesang und Jubelruf, zuerst in neutrales luxemburgisches, dann in feindliches belgisches Gebiet. Die 53. Inf.-Brigade (3. württ.) bildet die Vorhut des Armeekorps. Am 21. mittags liege ich in Meix le Tige in gutem Quartier bei einem braven belgischen Pfarrer, der über die unbotmäßige und irreligiöse Gesinnung des männlichen Teils seiner Gemeinde schwere Klage führt und den Krieg für ein Strafgericht erklärt. Vom Feinde keine Nachrichten, daher noch völlige Ruhetagsstimmung — aufs schönste gehoben durch die ersten Telegramme über den großen deutschen Sieg des bayerischen Kronprinzen Rupprecht bei Metz—Saarburg. Ich reite die Biwaks ab und verbreite die mit donnernden Hurras aufgenommene Kunde. Bei Tisch trinken wir ein Glas auf das Wohl der tapferen Sieger.

21. August nachmittags. Da plötzlich am Nachmittag Alarmbefehl: Gegner auf nahe Entfernung im Anmarsch; das Armeekorps bezieht sogleich eine Verteidigungsstellung, rechter Flügel bei St. Léger.

Fünf Kilometer Galopp über Berg und Tal zu den vordersten Truppen; ein aus der Marschkolonne im Bogen heraus und fast in mein Pferd hereinfahrender Radfahrer bringt mich in die Gefahr schweren Sturzes. Nur der Gehorsam und die Gelenkigkeit meines braven Vollblüters Agricola bewahren mich vor unrühmlichem Hals- und Beinbruch kurz vor dem ersten Zusammentreffen mit dem Feind. Mit Wutschrei vorbei — gerade noch früh genug, um die von allen Seiten im Eilschritt heranrückenden Truppen aller Waffen rechtzeitig mit Befehlen für die Besetzung der Stellung südöstlich St. Léger versehen zu können. Mehrere zur Erkundung feindwärts geschickte, in die Stellung zurückkehrende Kompagnien der Brigade berichten von ernsten Zusammenstößen mit feindlicher Kavallerie und Infanterie in nächster Nähe. Auch meine Ulanen melden französischen Infanterievormarsch aus südwestlicher Richtung auf Virton. Danach ist noch heute ein Angriff des Gegners möglich.

21. August abends. Die Stellung ist besetzt und verschanzt — Front nach Südwesten, jeder Gewehr- und Kanonenlauf und alle Augen sind

feindwärts gerichtet — aber der Feind kommt nicht; er scheint wenige Kilometer entfernt von uns Halt gemacht zu haben. Die Nacht bricht langsam herein. Es ist größte Stille befohlen, kein Licht, kein Feuer, selbst keine Zigarre darf brennen, wir müssen auch auf einen nächtlichen Angriff gefaßt sein; und siehe da, plötzlich tauchen vor der Front meines rechten, des Grenadier-Regiments, aus dem Dunkel der Nacht grelle Lichter auf, lautes Geschrei wird hörbar, Knarren von Rädern — merkwürdigerweise auch Peitschenknallen. Ich befinde mich hinter der Mitte der Brigade und stürze vor mein Zelt. Was ist das? Kann ein französischer Nachtangriff, etwa ein solcher von Schwarzen, Turkos usw., so aussehen und sich so anhören? Ich habe 35 Friedensmanöver mitgemacht und manche Überraschung dabei erlebt, namentlich auch bei Nacht. Aber hier stehe ich doch, ebenso wie meine gesamte Umgebung, vor einem vollkommenen Rätsel, zumal beim Grenadier-Regiment trotz des immer sich steigernden Geschreis und trotz des Näherkommens der Lichter gegen seine Stellung kein Schuß fällt. Ich schicke im Laufschritt eine Gefechtsordonnanz zum Grenadier-Regiment. Sie bringt bald die Lösung. Die vom Grenadier-Regiment am Nachmittage zur Erkundung vorgeschickten Kompagnien haben, als sie eiligst in die Verteidigungsstellung zurückberufen wurden, Wagen beigetrieben zum Fahren ihrer Tornister; diese sind nun endlich eingetroffen und fahren auf schlechten Feldwegen die Hänge herauf in die Stellung herein. Daher der grell beleuchtete nächtliche Spuk und Lärm!

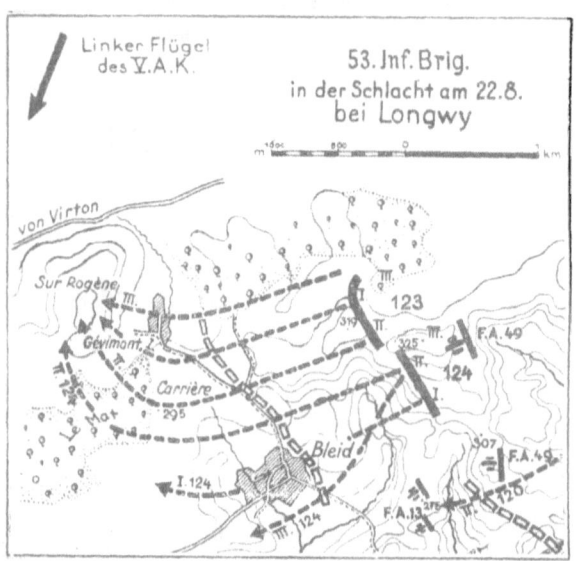

Nacht 21./22. August. Ernste Gedanken bewegen mich am Vorabend der für morgen mit Bestimmtheit zu erwartenden ersten Schlacht. Vor allem allerdings das Hochgefühl, nach so langer Friedensvorbereitung endlich den Krieg kennen zu lernen und einen, wenn auch kleinen, so doch aus allen Waffen bestehenden Verband — 6 Bataillone mit 2 Maschinengewehr-Kompagnien, 1 Kavallerie-Regiment, 1 Abteilung Feldartillerie, 1 Pionier-Kompag-

nie¹) — gegen den Feind führen zu dürfen. Die Nacht ist dunkel; aber fernher aus Südosten leuchtet die lohende Flamme der seit gestern von unserer schweren Artillerie in Brand geschossenen Festung und Stadt Longwy. Von dort her dumpfer Kanonendonner, sonst wieder Totenstille.

Der Angriffsbefehl der Division (27. Inf.-Division, Generalleutnant Graf v. Pfeil und Klein Ellguth) trifft ein; meine Brigade bildet den rechten Flügel des XIII. (württ.) Armeekorps (Gen. d. Inf. v. Fabeck). Rechts, aber nicht unmittelbar im Zusammenhang mit uns, geht das V. preußische Armeekorps vor, mit dem die Verbindung zu suchen ist. Das beim Angriff zu durchschreitende Gelände ist ungemein schwierig: von zahlreichen Mulden zerschnitten, mit Waldstücken bestanden, die Viehweiden mit starken Drahteinfassungen umgeben. So ist es begreiflich, daß ich den Angriffsbefehl für den 22., der über Leben und Wohl von rund 7000 Menschen und die Waffenehre der mir anvertrauten Brigade mitentscheidet, mit besonderem Ernst durchdenke.

Nun ist er den Befehlsempfängern diktiert. Ich verlasse das Zelt und wandere allein in Gedanken an die Lieben in der Heimat, von denen ich soeben mehrere, bisher der Geheimhaltung wegen von der Heeresleitung zurückgehaltene Briefe erhalten und mit tiefer Bewegung beim Licht der abgeblendeten elektrischen Lampe gelesen habe.

Ja, ich fühle es deutlich, es ist leichter für uns Soldaten, an der Spitze braver Truppen, handelnd und tätig, für Kaiser, König und Vaterland in den Kampf und selbst Tod zu gehen, als für unsere Angehörigen, uns in beständiger, unbekannter, durch angstvolle Liebe vergrößerter Gefahr zu wissen und machtlos die Hände in den Schoß legen zu müssen. Doch nein, während wir Soldaten den Degen und die Flinte in die Hände nehmen, falten unsere Angehörigen die ihrigen zu Gott in heißem Gebet. Und dieses Gefühl erwärmt und kräftigt uns. Aber auch wir Soldaten erheben unsere Herzen am Tage vor der Schlacht demütig zu Gott. Kurz ist das Gebet des Kriegers:

> Der Tag erwacht —
> Für Euch und für das Vaterland entfacht
> Mein Herz in Flammen steht.
> Der Tag zerfließt —
> Mein Herze schließt
> Euch und das Vaterland in sein Gebet.

22. August. In meinem Tagebuch steht, dick unterstrichen: Furchtbare Feuertaufe!

---

¹) 53. Inf.-Brigade (3. Kgl. Württ.), Generalmajor v. Moser;
Gren.-Regt. König Karl (5. Württ.) Nr. 123, Oberst v. Erpf;
Inf.-Regt. König Wilhelm I. (6. Württ.) Nr. 124, Oberst Haas;
Ul.-Regt. König Karl (1. Württ.) Nr. 19, Oberstlt. Frhr. v. Gültlingen;
I. Abt. 3. Württ. Feldart.-Regt. Nr. 49, Major Frhr. v. Watter;
2. Komp. Württ. Pi.-Batl. 13.

Dorf Bleid   Höh:n an der belg.-franz. Grenze bei Malmaison

Angriffsgelände der

Schon von 4 Uhr morgens ab herrscht Nebel; um 5 Uhr, wo auf der ganzen Linie des Armeekorps zum Angriff angetreten werden soll, ist er so dicht, daß man kaum 30 Schritte weit sieht. Um so schwieriger wird die Vorwärtsbewegung in die zunächst befohlene Linie nordöstlich Bleid; sie kann nur nach dem Kompaß ausgeführt werden und dauert, wie alle Nebel- und Nachtbewegungen, erheblich länger als bei Tage. Aber gegen 8 Uhr erhalte ich doch die beruhigende Meldung, daß trotz aller Schwierigkeiten die Linie, jedenfalls ungefähr, erreicht, der Anschluß zwischen den beiden Infanterie-Regimentern hergestellt, die Artillerie im Nachrücken begriffen ist. Ich halte mit meiner Reserve — 1 Bataillon 124 und 1 Zug Maschinengewehre — nahe hinter der hintersten geschlossenen Kompagnie des Grenadier-Regiments. Plötzlich sausen uns Gewehrkugeln um den Kopf; woher, kann bei dem noch immer dichten Nebel (100 Schritt Sehweite) niemand sagen. Wir ziehen den Revolver, werfen einen kreisförmigen lichten Schützenschleier um uns herum — ich bin darauf gefaßt, woran ich allerdings im Frieden und noch heute früh nicht gedacht hätte, als Brigadekommandeur den Krieg 1914 mit einem persönlichen Nahkampf, einem Pistolenduell, zu beginnen. Das sind die Überraschungen des Krieges!

Aber nun lichtet sich ruckweise der Nebel. Schon sieht man auf 700 bis 800 Meter. Ich befehle, gegen 10 Uhr, den Angriff — der Gegner ist freilich nicht zu sehen, wohl aber ist sein Gewehrfeuer aus südwestlicher Richtung vom Dorfe Bleid her zu spüren. Unserer Schätzung nach ist er noch 1000 bis 1200 Meter entfernt; er soll in Deckungen liegen. Wir sind erstaunt, daß trotz des Nebels so viele Infanteriegeschosse weit hinten bei den Reserven einschlagen. Das rührt, wie wir mit jedem Gefechte deutlicher erfahren, von dem schlechten Schießen der französischen Infanterie her, die vielfach den Kopf nicht hoch

53. Inf.-Brigade

genug aus dem Schützengraben heraushebt, sondern das zu hoch gerichtete Gewehr aus der Deckung heraus abfeuert.

Nun wird es immer heller, der Nebel verschwindet, die heiße Augustsonne beleuchtet grell die schöne Berglandschaft mit ihren reichen Weiden, ihren üppig auf dem Halm stehenden Getreidefeldern und blaudunkeln prächtigen Wäldern; das malerisch in einer Mulde gelegene Dorf Bleid ist unser Hauptrichtungspunkt. Zu dessen beiden Seiten ist jetzt die feindliche Infanterie in Schützengräben erkennbar. Aber nun kommen auch die feindlichen Granaten und Schrapnells heulend, sausend und zischend herangeflogen, meine Artillerie eröffnet ebenfalls das Feuer, und damit beginnt die Ohr, Auge und alle Sinne und Nerven mit unwiderstehlicher Gewalt packende Symphonie der modernen Schlacht. Oft habe ich mir im langen Frieden die Frage gestellt: Wie werden wir deutschen Offiziere mit unseren durch angespannteste Friedensarbeit mehr als gut beanspruchten Nerven, wie werden unsere Mannschaften, von denen ein so großer Prozentsatz ebenfalls mit verbrauchten Nerven aus den Fabriken, dumpfen Verkaufsräumen und engen Schreibstuben gekommen ist, wie werden wir das feindliche Feuer ertragen, von dessen Schrecken man sich im Frieden trotz aller Mühe keinen richtigen Begriff machen kann? Die Antwort der Truppe auf diese Frage läßt mein Führerherz freudig erbeben: die Offiziere voraus, stürzen die Schützenlinien von Stellung zu Stellung nach vorwärts und aufwärts mit herrlichem Schwung und Schneid, mit wilder Freude, gänzlich unbekümmert um die großen Lücken, die die feindlichen Kugeln und Sprengstücke in ihre Reihen reißen. Gewiß, es könnte in den einzelnen Stellungen da und dort länger gefeuert, die Wirkung der Artillerie mehr abgewartet werden. Aber welcher Führer wird eine zu tapfere Truppe tadeln! Da ist es denn kein Wunder und kein

Heldenstück, wenn auch wir im Brigadestab kalt Blut bewahren. Da mit fortschreitendem Gefecht die Meldungen von vorne ausbleiben, begebe ich mich zu Fuße nach vorne zu mündlicher Rücksprache mit dem Kommandeur des Grenadier-Regiments, Oberst v. Erpf, um klar zu werden über den Einsatz meiner Reserve; er gesteht mir, halb freudig, halb ärgerlich, daß ihm seine Bataillone nach vorwärts mehr oder weniger durchgegangen sind, daß auch er keine genügenden Meldungen mehr von vorwärts erhält und nur den Eindruck hat, daß in der Front das Gefecht günstig steht, daß der Gegner aber in der halben rechten Flanke starken Widerstand leistet und dort Unterstützungen erhält. Vor uns greift in diesem Augenblick unsere Infanterie den Wald le Mat an, an dessen Rand die Rothosen zu verzweifeltem Widerstand zurückgegangen sind. Beim Anblick dieses Angriffs schlägt wiederum mein Führerherz hoch auf: denn es ist eine Freude zu sehen, wie die Waffen zusammenwirken, wie an dem Waldrande gleichzeitig die Geschosse unserer Infanterie, der Hagel der Maschinengewehre, und die Schrapnells der Feldartillerie einschlagen. Der Erfolg bleibt nicht aus, der Waldrand wird erstürmt, Hunderte von Franzosen liegen tot und verwundet am Waldrande; die Infanterie stürmt in den Wald hinein, ein französischer höherer Offizier wird, so wird mir erzählt, von einem Hauptmann sozusagen im Zweikampf — beide hatten schon den Revolver erhoben — erschossen, viele Gefangene werden gemacht. Weiter geht das Gefecht, rechts unten vom Tal des Virtonbachs hallt schweres Infanterie- und Maschinengewehrfeuer herauf, dorthin setze ich nun meine Reserven ein.

Doch ich will keine taktische Schilderung unseres Gefechts geben, sondern nur meine der Wirklichkeit abgelauschten Eindrücke. Dazu gehört das unbegreifliche Dahineilen der Zeit; ehe wir's uns versehen, ist es nachmittags 4 Uhr geworden, haben sich also sechs Stunden Gefecht abgespielt. Wer hat in der langen Zeit seit 5 Uhr morgens Hunger, wer an dem heißen Augusttage Durst verspürt? Dazu gehören ferner die persönlichen blutigen Erlebnisse; ein Infanterist des Brigadeunterstabs ist hart neben mir durch beide Beine geschossen, ein Pferd des Stabes ist tot, ein zweites verwundet — aber im übrigen ist der heute aus 5 Offizieren, 12 Infanteristen und 15 Kavalleristen bestehende Brigadestab unversehrt. Wunderbarerweise, denn wir haben uns den ganzen Tag durch die Feuergarbe der Infanterie und Artillerie hindurch vorbewegt, und bei meiner Besprechung mit dem Obersten v. Erpf schlug eine Granate 10 Meter vor uns in den Boden und überschüttete uns von oben bis' unten mit Eisenstücken und Erde; die Offiziere des Stabes, Hauptmann Baeßler und Leutnant der Reserve Nübling, aber haben außerdem das ganze Gefechtsfeld, zu Pferd und zu Fuß, beim Überbringen von Befehlen und Einholen von Nachrichten wiederholt und nach allen Richtungen durchschritten und durchritten, und ähnlich die unentbehrlichen, tapferen Gefechtsordonnanzen. Solche Feuertaufe schmiedet die Glieder des Stabes zusammen. Auch meine treue Stabsordonnanz, Fritz Dollmayer aus Heilbronn, hat sich vortrefflich gehalten und mir immer wieder meine Pferde im schärfsten Feuer nach vorne nachgebracht.

Aber wir haben auch andere blutige Bilder gesehen: Truppenverbandplätze mit blutenden, zuckenden und stöhnenden Verwundeten, die wir mit dem Inhalt unserer Feldflaschen erquicken; Tote in den beweglichsten Stellungen. Bei allen gewaltigen Eindrücken des Tages aber haben uns zwei Gedanken begleitet und uns darüber hinweggeholfen: wir wollen unsere Pflicht tun — im übrigen stehen wir in Gottes Hand; er kann uns bewahren, wenn er will!

Der Sieg ist auf der ganzen Front errungen, Gévimont (123) und Bleid (124) sind genommen. Auch haben wir das freudige Gefühl, unserem rechten Nachbarkorps das Heraustreten aus sehr schwieriger Waldenge wesentlich erleichtert zu haben. Der Feind flieht nach Südwesten; seine Artillerie aber schleudert noch aus starken Aufnahmestellungen aus Westen und Südwesten Hunderte und aber Hunderte von Geschossen in unsere Reihen, die sich in Deckung sammeln und zu weiterem Nachdrängen ordnen.

Und nun kommen die ernstesten Eindrücke des Tages: die Meldungen und Erzählungen über die Verluste, namentlich die Gefallenen und schwer Verwundeten! Eine reiche Ernte hat der Tod gehalten: der Kommandeur des unten in der Talstraße die rechte Flanke deckenden Kavallerie-Regiments, Oberstleutnant Freiherr v. Gültlingen, ist bei Ethe tödlich verwundet, die Offizierkorps der Infanterie sind so zerschossen, daß die Hälfte der Hauptleute fehlt und daß z. B. von sechs, wenige Tage zuvor zu Leutnants ernannten Fähnrichen des Grenadier-Regiments sämtliche tot oder verwundet sind; der brave Sohn einer uns nahe befreundeten Familie ist, mit geschwungenem Degen tapfer seinem Zuge vorauseilend, gefallen. Von den Unteroffizieren und Mannschaften der Infanterie aber hat mehr als ein Drittel den Sieg mit seinem Blute bezahlt. Auch die braven Pioniere, die fast überkühn den Kampf unten nahe der Talstraße noch im Nebel und allein eröffnet hatten, haben ziemlich gelitten; am wenigsten, trotz tapferen Mitwirkens, die Feldartillerie, bei der in der Hauptsache nur die Protzen, allerdings tüchtig, von Artilleriefeuer gepackt worden sind. — Leider rührte dieses Feuer von eigener Artillerie des Nachbarkorps her, die unsere Truppen, auch unsere Infanterie, auf die weite Entfernung für französische Truppen gehalten und nur allzu wirksam beschossen hat, bis zwei tapfere, heute dem Brigadestab zugeteilte Offiziere, ein Ulan, Leutnant Haag, und ein Feldartillerist, Leutnant der Reserve Kühn, in kühnen Ritten mitten durch vom Feind besetzte Wälder hindurch hinübergeritten sind und das Mißverständnis aufgeklärt haben. — Auch eine häufige, aber betrübende Erscheinung des Krieges; ich besprach sie angesichts der wie gejagtes Wild im Galopp in Deckung fahrenden Protzen mit dem Regiments- und Abteilungskommandeur, damit wir nach Mitteln suchen (Flaggen, Winkerzeichen usw.), um Ähnlichem für künftig vorzubeugen.

Doch im Kriege verdrängt ein Eindruck den andern. Die Regimenter sind noch im Sammeln begriffen; ich gebe den Befehl, daß die Musikkorps den

Choral „Nun danket alle Gott" spielen; die Kommandeure treffen ihre Anordnungen für das Versorgen der Verwundeten, das Begraben der Toten und für die Verpflegung der Lebenden — da trifft der Befehl des Generalkommandos ein: „Sofortiges Antreten zur Verfolgung nach Südwesten." Wie gerne hätte ich noch dieses Schlachtfeld, den Schauplatz unserer ersten Feuertaufe, mit Ruhe genauer betrachtet, die eigenen und feindlichen Infanterie- und Artilleriestellungen abgeritten, den Verlauf und die Zeiten genauer festgestellt; wie gerne hätten die Regimenter die Pflichten gegenüber ihren Verwundeten und Toten noch erfüllt; wie heftig schrie nun plötzlich der Magen und Gaumen nach Speise und Trank, der Körper nach Ruhe! Aber über alle dem steht für den Soldaten der Gedanke an die völlige Vernichtung des geschlagenen Gegners, und diese kann nur durch den letzten Hauch von Mann und Roß erreicht werden.

Also Vormarsch in einer Kolonne in Richtung auf Ruette über die einzig vorhandene Bachbrücke. Von jedem Regiment bleibt ein Offizier mit einem starken Zuge leicht Verwundeter und Marschkranker zum Aufräumen des Schlachtfeldes in Bleid zurück. Sie haben dort 150 deutsche und 450 französische Tote begraben. Ich besteige meinen Weil'er Schimmel Malteser und reite mit meinem Stabe voraus nach einem vorwärts gelegenen Punkte; unser Weg führt uns durch das vom Feinde verteidigte, von unserer Infanterie erstürmte Dorf Bleid.

Welch erschütternde Bilder! Gleich am Eingang liegen reihenweise tote und verwundete Deutsche und Franzosen. Das Dorf selbst brennt an allen Enden, zusammengeschossen zuerst von der deutschen, dann von der französischen Artillerie; schon jetzt ist ein Teil der Häuser der Hauptstraße in sich zusammengefallen, andere stehen in lichter Lohe, nur wenige, darunter das später zum Feldlazarett eingerichtete Schloß, sind verschont. Hier liegt ein Einwohner in seinem Blute, dort an der Brücke, unten am Wasser, wo sie anscheinend ihren Durst löschen wollten, eine ganze Gruppe toter französischer Infanteristen, darunter ein Schwarzer, ein Neger. Milch- und Federvieh irrt blökend und gackernd auf der Straße umher und sucht vergeblich seine Ställe. Am Westausgang des Dorfes aber liegen, offenbar bei einem Patrouillenritt von feindlichen Schrapnells zerschmettert, drei württembergische gelbe Ulanen quer über die Straße weg in treuer Kameradschaft neben ihren toten Pferden. Unsere Pferde schaudern — aber auch wir schaudern in tiefem Mitleid mit all diesen Opfern, nicht am wenigsten mit den bedauernswerten Einwohnern, die eine Handvoll ehrsüchtiger Politiker gegen ihren Willen in diesen Krieg und damit in dieses bodenlose Elend hineingezogen hat. Und wir danken Gott, daß er unsere Heimat vor dieser furchtbaren Heimsuchung bisher gnädig bewahrt hat.

Doch weiter — dem Feinde nach, dem unsere Artillerie, hoch über uns weg, ihre letzten Grüße nachsendet. Der Divisionskommandeur, Generalleutnant Graf v. Pfeil und Klein-Ellguth, trifft ein und begrüßt die Truppe;

wir tauschen unsere Eindrücke über die Schlacht aus, er gibt seiner Freude über den glänzenden Sieg der Division und des Armeekorps Ausdruck und gedenkt mit wohltuender Anerkennung der Leistung der verstärkten Brigade. Die Nacht bricht herein, müde schleppt sich die Kolonne, in die sich noch Teile anderer Verbände eingeschoben haben, weiter — da machen wir wieder eine Kriegserfahrung. Auf der, namentlich innerhalb der Dörfer, sehr engen Straße sind Munitionskolonnen neben Geschützkolonnen vor und in der Dunkelheit in sie hineingefahren: bald ist die Straße rettungslos verstopft, die Infanterie muß halten. Nach energischen, aber vergeblichen Versuchen der Entwirrung bleibt nichts übrig, als der Befehl, daß alle Truppen da nächtigen, wo sie sich gerade befinden. Das ist bald getan; in der nicht allzu kalten Augustnacht wirft sich jeder, in seinen Mantel gehüllt, auf und neben der Straße zu tiefem Schlafe zu Boden. Ich zwänge mich mit unendlicher Mühe bis zum nächsten Dorfe Ruette durch, wo mir mein jugendfrischer und umsichtiger Ordonnanzoffizier vom Ulanen-Regiment ein Quartier in einem niederen Häuschen verschafft. Von 5 Uhr morgens bis 5 Uhr abends meist zu Fuß, von da ab zu Pferd unterwegs, nach vorangegangener schlafloser Nacht, bin ich nach all den gewaltigen Eindrücken des Tages zu Tode ermattet und sinke halb ausgekleidet sogleich auf das harte Bett. Auf einem Lehnstuhl aber schläft meine Stabsordonnanz, denn der Besitzer des Häuschens, ein im wehrpflichtigen Alter stehender Bursche, macht mit seinem lauernden tückischen Blick den Eindruck, als ob er wohl imstande wäre, einem deutschen General nächtlings den Garaus zu machen. Vielleicht ist's ein belgischer oder französischer Soldat, der bei Bleid mitgekämpft und, entsprechend der echt gallischen Weisung seiner Vorgesetzten, beim Rückzug die Uniform mit dem im Tornister getragenen Zivilanzug vertauscht hat und hier nur den Hauswirt spielt, wer weiß es!

23. August. Neu gestärkt erwache ich und erquicke mich an einer Schale heißen Kaffees, für die ich der Bauersfrau im Nachbarhause gern eine Mark bezahle. Wir sind im Drange der Verfolgung vor die Front der Nachbarkorps der Armee geraten und beziehen daher südöstlich Ruette eine Kampfstellung fast in Form eines Igels; denn obwohl die Hauptkräfte des Gegners fluchtartig in südwestlicher Richtung abgezogen sind, stecken doch noch alle Wälder ringsum nicht nur voll von einzelnen Franzosen, sondern es befinden sich dort auch noch ganze versprengte Kompagnien, ja Bataillone. Und hier sehe ich ein Bild, das bei deutschen Truppen doch nicht denkbar wäre: hoch oben von einem Walde herab bewegt sich ein geschlossener Trupp Franzosen von rund 100 Mann zu uns her; am Anfang und am Ende der Kolonne schwingt je ein Mann eine weiße Flagge! Sie haben ihre Führer verloren, haben sich im Walde verirrt und geben sich nun freiwillig kriegsgefangen! Wir sehen aus diesem Vorkommnis und aus manchen anderen Zeichen — stehengebliebenen Geschützen, weggeworfenen Uniformstücken, Wäsche usw. —, daß unsere stürmische Offensive den Gegner vollkommen überrascht,

über den Haufen gerannt und entmutigt hat. So sind also unsere Opfer nicht vergeblich gebracht!

Es kommt zu keinem Kampfe in unserer Stellung; dagegen können die Truppen sich aus den Feldküchen mit warmer, wohlschmeckender Kost verpflegen. Es ist eine Freude zu sehen, wie es den Mannschaften und Offizieren, auch den im Frieden verwöhntesten, herrlich schmeckt. Auch der Brigadestab verteilt sich zum Essenholen auf die Feldküchen eines Bataillons. Er ist in bezug auf Verpflegung häufig aufs Betteln angewiesen, denn seine Portionen an Brot, Fleisch usw. befinden sich auf dem Stabspackwagen, dieser aber bei der großen Bagage, die nahe am Feind nur selten herangezogen werden kann.

Am Nachmittag wird die Verfolgung, nunmehr auf französischem Boden, in südwestlicher Richtung fortgesetzt; ich bilde mit meinem Infanterie-Regiment 124, dem Ulanen-Regiment und einer Abteilung Feldartillerie die auf Allondrelle marschierende rechte Seitenkolonne des auf Villancy vormarschierenden XIII. Armeekorps. Auf meiner Vormarschstraße wiederum überall die Spuren des eiligen feindlichen Rückzugs: weggeworfene und zerschlagene Gewehre, Seitengewehre, Tornister, Bekleidungs- und Ausrüstungsstücke. Aber auch noch einzelne französische Schwerverwundete, die gestern abend noch vom Verfolgungsfeuer der deutschen Artillerie erreicht worden sind und ihrem Truppenteil nicht mehr folgen konnten. Darunter erweckt mein besonderes Mitleid ein schöner vollbärtiger dreißigjähriger Südfranzose, der mit zerrissenem Unterleib neben der Straße liegt. Ich spreche ihm Trost zu und rufe einen Arzt herbei: er dankt, indem er die Hand grüßend an den unbedeckten Kopf legt. Auch die übrigen verwundeten Franzosen werden von unseren Krankenträgern versorgt. Wir marschieren bergauf, bergab durch ein reichgegliedertes, fruchtbares Land mit dichten Wäldern und schönen Ausblicken nach rechts und links. Bei einem solchen entdecken unsere Infanterieoffiziere noch eine auf 2 Kilometer Entfernung gleichlaufend mit uns zurückmarschierende französische Infanteriekolonne. Unsere Artillerie beschießt sie mit dem Erfolge, daß die Kolonne sich in einen Ameisenhaufen auflöst und so in die nächstgelegenen Waldungen stürzt.

Aber wir erreichen unser Nachtquartier doch nicht ganz ohne Kampf; quer über die enge Bergstraße weg hat französische Infanterie nochmals Front gemacht, und es entspinnt sich auf nahe Entfernungen ein heftiger Feuerkampf. Ich liege mit den Offizieren meines Stabes, alle eng an- und hintereinander geschmiegt, hinter einer prachtvollen, vielhundertjährigen Linde. Da dieser weithin sichtbare Baum den Zielpunkt zahlreicher feindlicher Infanteriegeschosse bildet, so habe ich, ohne eigentliche Lebensgefahr — denn der Lindenstamm hat 6 bis 7 Meter im Umfang — die Gelegenheit, die ich mir schon oft im Frieden wünschte, die Wirkung des feindlichen Infanteriefeuers am Ziele in Ruhe zu beobachten. Sie ist heute glücklicherweise gering; unsere vortrefflichen Maschinengewehre verjagen bald den Gegner.

So rücken wir gegen Abend in das stattliche, lieblich in einem Waldtale gelegene Dorf Allondrelle ein, wo wir in einem Hause mit der Flagge des Roten Kreuzes eine Anzahl französischer Verwundeter übernehmen. Ich beziehe Quartier in dem mit Liebe, ja fast mit Luxus eingerichteten Pfarrhause, in dessen in reichem Blumenflor prangenden Garten wir zu Abend essen. Arme alte Pfarrmutter — ihre beiden Söhne sind im Felde; auch der Pfarrsohn, der erst vor einem Jahre diese schöne Pfarrei angetreten hat, als gemeiner Soldat, und von beiden hat sie seit deren Ausrücken ins Feld nicht die geringste Nachricht. Sie ist erstaunt, in uns „Barbaren" mitfühlende Menschen zu finden, die ihr nicht nur kein Leids antun, sondern ihr Mut zusprechen und über das an Lebensmitteln Angeforderte eine schriftliche Bescheinigung ausstellen mit dem Zusatze auf besonderem Blatte, daß wir das alte Mütterlein unsern nachfolgenden Kameraden als „gute Quartierfrau" wärmstens empfehlen. Noch beim Einrücken in den Ort hatten wir die Kunde von dem gerechten Zorn erweckenden japanischen Ultimatum, aber auch vom siegreichen Vorrücken aller deutschen Armeen am 22. und 23. August erfahren: im Nu standen einige Flaschen Champagner auf dem breiten Sims der Bachbrücke, und unter Hurrarufen stieß ich mit den an der Brücke versammelten Kommandeuren auf die Sieger und ihre braven Truppen an. Daß in unsere Festfreude von oben, von den Waldrändern herab, zeitweise vereinzelte, freilich schlecht gezielte Schüsse fielen, störte uns nicht. Man gewöhnt sich im Felde rasch an dergleichen.

24. August. Nach einem herrlichen Schlafe im weichen Pfarrersbett schiebe ich am Vormittag des 24. zwei Kompagnien nach Süden vor, um den für den Nachmittag befohlenen Weitermarsch dorthin vorzubereiten; daraus entspinnt sich gegen 10 Uhr ein lebhaftes Gefecht oben auf der Höhe gegen ein versprengtes französisches Bataillon, das einen Waldrand besetzt hält und dort die Vormarschstraße sperrt. Dabei machen unsere Schützen zum erstenmale die bittere Erfahrung, daß Offiziere und Mannschaften fast unbegreiflicherweise getroffen werden, obwohl sie sich in voller Deckung gegen den Waldrand befinden, und zwar von französischen Schützen, die hoch oben in den Tannenästen hängen. Man kann diese Kampfweise vom militärischen Standpunkt aus natürlich nicht etwa als unzulässig bezeichnen: im Gegenteil wir werden sie vielleicht dann und wann nachahmen. Aber die Mannschaften selbst denken anders über ein Verfahren des Gegners, das ihnen im Frieden unbekannt war, und das ihnen daher als heimtückisch und hassenswert vorkommt. So auch hier: in wilder Wut stürmen die beiden Kompagnien — obwohl zwei gegen vier — den Waldrand und werfen den Feind zurück. Die Ergebnisse unseres guten Schießens zeigen sich an den starken Verlusten des Gegners; aber auch wir haben einen toten Offizier und etwa 25 tote und verwundete Mannschaften zu beklagen. Auf Wagen werden sie ins Dorf heruntergefahren.

Wie im Kriege fast täglich alles anders kommt, als man gedacht hat, so auch hier: ich werde mit meinen Truppen gegen Mittag zum Korps als dessen

Reserve nach Villancy zurückgerufen; auf die bisher von mir innegehabte Straße ist das V. preußische Armeekorps in Vormarsch gesetzt. Also Abmarsch nach Osten, vorbei an dem anrückenden V. Korps, mit dessen mir aus Friedenszeiten bekannten Führer (Gen. d. Inf. v. Strantz) und Generalstabschef (Oberst v. Kessel) ich eine interessante Aussprache über den 22. habe, wo es ja mein Nachbarkorps rechts war.

Gegen 4 Uhr nachmittags bei Villancy angekommen, kann ich nach Meldung beim Divisionskommandeur und kommandierenden General aus deren Äußerungen und Mitteilungen entnehmen, daß meine Truppen heute nicht mehr zum Kampfe gebraucht werden: ich gestatte ihnen daher Ruhe, Wasserfassen und Verpflegungsmaßnahmen. Mitten in diese friedlichen Beschäftigungen hinein aber kommt plötzlich der mir vom kommandierenden General, General v. Fabeck, in großer Erregung persönlich erteilte Befehl: „Sofortiger Angriff der Brigade geradeaus auf das nächste Dorf Colmey, das überraschend vom Gegner weggenommen und daher sogleich mit Artillerie unter Feuer zu nehmen ist." Schon fing es an, leicht zu dunkeln. Ich werfe das Ulanen-Regiment, soviel davon gerade zu Pferde zur Hand ist, auf die nächste Anhöhe im Galopp vor zum Schutze der Artillerie, die dort auffahren soll; dicht dahinter jagt die Feldartillerie-Abteilung batterieweise in beschleunigter Gangart nach; das Inf.-Regiment 124 eilt in drei Kolonnen ebenfalls nach vorwärts auf Colmey zu; — ich selbst mit meinem Stabe in Karriere zur Artillerie. Es ist ein Schlachtenbild zum Malen, zugleich aber auch eine spannende, dramatische und außerdem eine sehr ernste Lage; denn ein siegreicher Vorstoß der Franzosen durch das Dorf Colmey hindurch nach Norden bedeutete einen Durchbruch durch die Gefechtsfront unseres Armeekorps! Schon sind die Vorbereitungen zur Eröffnung des Artilleriefeuers getroffen, noch wenige Sekunden, und ein Hagel von Granaten wird sich über das unglückliche Dorf, das mit seinen roten Dächern ein wundervolles Ziel bietet, ergießen — da kommt plötzlich von dem von Colmey aus auf uns zugaloppierenden und mit dem Taschentuch winkenden Adjutanten des Generalkommandos, Major Gleich, die Meldung: „Colmey ist nicht vom Feinde, sondern von unseren eigenen Truppen besetzt!"

Ja, der Krieg ist der furchtbarste und fruchtbarste Urheber von Tragödien: wie danke ich Gott und meinem guten Stern, daß mir und meinen Truppen der Schmerz — und trotz aller Schuldlosigkeit auch der Vorwurf — erspart wurde, eigene Truppen — das mir am heutigen Tage nicht unterstellt gewesene Gren.-Regiment 123 befand sich ohne mein Wissen in Colmey — und ein nicht vom Feinde besetztes Dorf zusammengeschossen zu haben! Woher die erste falsche Meldung kam, weiß ich heute noch nicht; es wurde erzählt, sie habe sich nicht auf den Abend, sondern auf den Vormittag des 24. bezogen, wo tatsächlich Colmey noch in französischer Hand war. Ob dies zutrifft, weiß ich nicht — aber der Vorfall beweist, welche schwerwiegenden Folgen Irrtümer im Kriege haben können.

Bei dunkler Nacht beziehe ich mit meinem Stabe und zahlreichen Offizieren meiner Infanterie, Kavallerie und Artillerie Quartier im eleganten, stattlichen Schlosse des Dorfes; die Besitzerin ist tapfer auf dem Posten geblieben; sie hat vier verwundete französische Offiziere bei sich aufgenommen, wovon sie mir sogleich Mitteilung macht. Wir erleichtern der mutigen Dame die Unterbringung von Mann und Roß, so gut wir können, und bitten für den Abend nur um eine warme Suppe, einen kalten Gang und ein Glas Wein, was alles bald im vornehmen Speisesaal bereitsteht. Bevor ich mich in mein, mit vortrefflichen Bildern aus der napoleonischen Zeit geschmücktes, höchst üppig ausgestattetes Schlafzimmer zurückziehe, kann ich nicht umhin, die Dame des Hauses in schonender Weise von der furchtbaren Gefahr in Kenntnis zu setzen, in der sie, ihr Dorf und ihr Heim vor drei Stunden geschwebt haben, und der sie glücklich entgangen sind. Sie schaudert mit gutem Grund! An diesem Abend, im freilich sehr gemessenen Verkehr mit einer offenbar hochpatriotischen, aber auch energischen und mutigen Dame, bin ich froh darüber, daß ich seinerzeit mein französisches Dolmetscherexamen gemacht und mich auch seitdem immer wieder einigermaßen mit der Sprache unseres Erbfeindes beschäftigt habe.

25. August. Gestern haben wir den Feind über den Chiers gejagt, heute soll er über den Othain-Abschnitt zurückgetrieben werden. In aller Frühe stehen wir nordöstlich Petit Xivry bereit. Das Generalkommando trifft dort ein; ich höre den Korpsbefehl mit an: rücksichtslose Verfolgung gegen den offenbar nur noch schwachen Widerstand leistenden, sonst überall weichenden Gegner. In der Tat sind von feindlicher Infan-

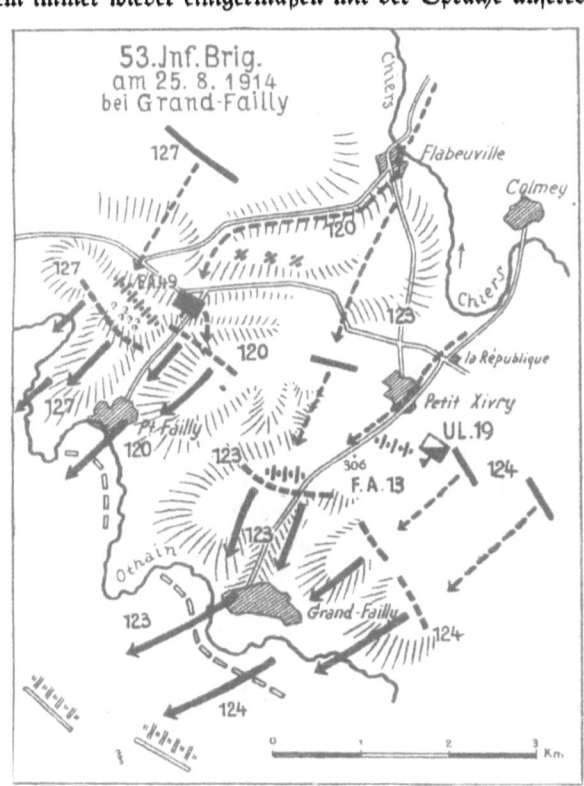

terie mit Hellwerden nur noch in ziemlicher Entfernung zurückgehende Kolonnen zu sehen. Ich befehle flottes Vorgehen in lichten Linien — Richtung auf Grand Failly am Othain; die Artillerie-Abteilung ist mir entzogen und dem Artillerie-Brigadekommandeur unterstellt worden. Meine Infanterie bildet etwa die Mitte der großen, nach Südwesten vorgehenden Schützenlinie des Armeekorps. Halbwegs zwischen Chiers und Othain bietet sich plötzlich für meine Infanterie und Maschinengewehre eine günstige Gelegenheit zu heftigem und wirksamem Verfolgungsfeuer gegen feindliche Infanterie, die aus den Falten des Geländes auftaucht und nach dem Othain zurückgeht. Im gleichen Augenblick kommt die vom Artillerie-Brigadekommandeur zu meiner Unterstützung vorgeschickte Abteilung, I./Feldart.-Regt. 13, angaloppiert und protzt in offener Feuerstellung ab, um sich an dem Verfolgungsfeuer gegen die deutlich sichtbare feindliche Infanteriekolonne zu beteiligen, die allmählich aus dem Bereich des Infanteriefeuers herauskommt. Auch das Ulanen-Regiment schickt sich zur Verfolgung an. Da erleben wir die dritte blutige Kriegserfahrung: Feindliche Artillerie, noch dazu schweres Kaliber, hat hinter den Höhen südlich des Othain in völlig verdeckter Lauerstellung nur darauf gewartet, daß deutsche Artillerie auf diesen Höhen erschien, auf der ihr jede Entfernung aufs genaueste bekannt ist; denn, wie wir später erfahren, befinden wir uns auf einem französischen Truppenübungsplatz. Ich liege mit meinem Stabe gerade auf dem linken Flügel der feuernden Abteilung am Rande eines kleinen Gehölzes, zehn Schritt vom linken Flügelgeschütz entfernt. Und nun ist es, als ob die Hölle ihre Schleusen geöffnet hätte, Feuerwelle nach Feuerwelle schlägt brüllend und fauchend vor, in und hinter der Abteilung ein, ein unausgesetztes Krachen, Zischen, Heulen und Sausen. Ich empfehle meinen Leib und meine Seele dem Schutze des Allerhöchsten und durchlebe im übrigen diese Viertelstunde in einer Art schauerlichen Entzückens: denn diese furchtbarste Sprache des Krieges hat für ein Soldatenherz doch auch neben dem Schrecklichen ihr Großes und Erhebendes. Gott sei gedankt, das Ulanen-Regiment hat noch rechtzeitig im Galopp eine deckende Mulde erreicht und auch die Abteilung hat noch Glück im Unglück: die feindliche Artillerie läßt bald von ihr ab und wendet sich auf andere Ziele, vielleicht, ja wahrscheinlich deshalb, weil sie die Abteilung für erledigt und völlig vernichtet hielt. Die Verluste sind erheblich, aber doch nur bei einer Batterie besonders schwer, deren Chef, Hauptmann Schnitzler, gefallen ist. Aber wahrhaft tragisch ist es, daß bei diesem Feuerüberfall zwei junge blühende Fahnenjunker am gleichen Geschütz den Heldentod gefunden haben — beides einzige Söhne württembergischer Generale! Ich bin warm befreundet mit dem Vater des einen — mit Schmerz und Wehmut gedenke ich seiner und der armen Eltern beider Gefallenen.

Was soll ich nach diesen gewaltigen und schmerzlichen Eindrücken noch vom weiteren Verlaufe des Tages sagen! Die Gegensätze berühren sich im Kriege oft auf das merkwürdigste. Ich habe mich mit meinem Stab zu Fuß

weiter nach vorn begeben und liege hinter einer Deckung bei einem Bataillons≠
stabe meines Grenadier=Regiments. Hart über uns sausen vereinzelte In≠
fanteriegeschosse weg, hoch im Bogen über uns fliegen die Geschosse der feind≠
lichen schweren Artillerie, die ihr Feuer auf weiter rückwärts stehende deutsche
Artillerie verlegt hat. Es ist heiß, der Helm drückt mich, und ich äußere zu
dem Bataillonskommandeur, der rasche Ausbruch des Krieges und die ange≠
spannte Tätigkeit seitdem habe mich nicht dazu kommen lassen, mir rechtzeitig
die Haare schneiden zu lassen, die jetzt lästig dicht seien. Und siehe da, im
Bataillonsunterstabe befindet sich ein lothringischer Friseur aus Montigny
bei Metz, im Nebenamt Quartiermacher, Dolmetscher und Gefangenen≠
ausfrager des Bataillons, der seine Schere bei sich hat, und der mir nun hinter
dem deckenden Graben, wir beide liegend, regelrecht und sehr gut die Haare
schneidet — selbstverständlich gegen eine der Lage entsprechende Belohnung.

Die wieder vereinigte Brigade nächtigt am Abend auf den Höhen südlich
des Othain; der Gegner ist hinter den Loison abgezogen; ich reite ins Quartier
zurück hinunter nach dem Othain, nach Grand Failly. Und nicht ohne Ent≠
setzen bemerke ich, daß eine ganz lange Dorfstraße völlig niedergebrannt ist.
Wie ist das gekommen? Daß unsere Mannschaften keine Mordbrenner sind,
und daß im deutschen Heere das Anzünden von Häusern und Ortschaften
nur auf Befehl von Offizieren geschehen darf, weiß jeder, der unsere Armee
und unsere Disziplin kennt. Nun erinnere ich mich, am Nachmittag gehört
zu haben, daß beim Angriff auf Grand Failly aus dem Eckhaus jener Dorf≠
straße von Einwohnern geschossen, und daß zur Strafe dafür dieses Haus
auf Befehl des dort kommandierenden Offiziers angezündet worden ist. Ob
es freilich wirklich Einwohner dieses Dorfes oder nicht eher plünderndes Ge≠
sindel oder auch französische Infanteristen waren, die sich ihre Uniformen
entledigt hatten, das ist mir sehr zweifelhaft; jedenfalls versicherte mir die
frische und sympathische Lehrersfrau, die im gegenüberliegenden, unversehrt
gebliebenen stattlichen Schulhause wohnte und uns am anderen Morgen den
Kaffee bereitete, hoch und teuer, es seien keine Ortsbewohner gewesen. Selbst≠
verständlich ist es für die kämpfende Truppe unmöglich, den Sachverhalt fest≠
zustellen; sie sah hemdärmelige Schützen aus jenem Hause feuern und zündete
es deshalb mit vollem Rechte an. Die Schuld trifft die französische Regierung,
die den Franktireurkampf wenn nicht organisiert, so doch begünstigt hat, und
die französische Heeresleitung, die jene gefährliche Anweisung an die Infan≠
teristen gegeben hat. Von jenem Eckhause nun hatte sich das Feuer die ganze
lange Zeile der Dorfstraße entlang weitergefressen, und da — wiederum durch
die Schuld der französischen Regierung — in dem großen Orte die meisten
Einwohner geflohen und nur wenige alte Leute zurückgeblieben waren, so
war natürlich an Löschen nicht zu denken gewesen. Kurzsichtige und verhäng≠
nisvolle Regierungsweisheit, den Gegner als unzivilisierten Barbaren und
zuchtlosen Eindringling zu schildern, anstatt von den Bürgermeistern und
sonstigen Beamten und zum mindesten von der männlichen Bevölkerung

das Ausharren unbedingt zu verlangen. Zur Ehre unserer Armee möge übrigens bemerkt sein, daß auch der weibliche Teil der Bevölkerung getrost hätte zu Hause bleiben können.

Mit diesen Gedanken und mit innigem Mitleid mit den Einwohnern, die all ihr Hab und Gut und ihr vertrautes Heim nach ihrer Rückkehr nur noch im Schutt vorfinden werden, gehe ich zu Bett — die Eindrücke dieses Tages verfolgen mich noch lebhaft im Traume.

26. August. Doch darf der Soldat solche Eindrücke nicht zu lange auf sich wirken lassen; der kriegerische Gedanke muß vorherrschen: gegenwärtig handelt es sich darum, die Franzosen jeden Tag mindestens über einen neuen Bachabschnitt zurückzuwerfen, heute über den Loison. Es ist keine schwere Arbeit; seine Infanterie scheint zu ernstlichem Widerstande nicht mehr befähigt zu sein, obwohl sie sich südlich des Loison auf starke, vortrefflich angelegte Schützengräben stützen könnte, die, wie mir Einwohner erzählen, schon anfangs August mit ihrer Hilfe angelegt worden sind. Wohl aber liegt wieder die der unsrigen leider an Schußweite, aber auch an kriegsmäßiger Ausbildung zweifellos überlegene französische Feldartillerie in äußerst geschickt ausgesuchten Lauerstellungen auf dem südlichen Loison-Ufer, so daß unvorsichtiges Nachdrängen sich schwer gerächt hätte. Dazu neigten heute Teile meiner Brigade, die den gestrigen Feuerüberfall nicht erlebt hatten; es gelingt mir aber gerade noch, sie vor dem Austritt aus dem Walde bei Dombras festzuhalten, gegen den der Gegner längst eingeschossen ist, und gegen den er auch bald darauf ein heftiges, nun aber wirkungsloses Feuer richtet. Hier sei es gleich gesagt: Es ist nicht zu leugnen, wir deutschen Soldaten sind unserer Natur nach den Franzosen in bezug auf erlaubte und erst recht auf unerlaubte Listen fraglos unterlegen. Wir sind nicht mißtrauisch genug, schon nicht gegen die ja auch in unseren Dienstvorschriften empfohlenen Lauerstellungen der Artillerie. In Infanteriekämpfen vollends sehnen wir uns immer wieder nach dem ritterlichen Kampf Brust gegen Brust und fügen uns nur widerwillig in andere Kampfarten — einschließlich den Stellungskampf in Schützengräben mit Minen und Handgranaten. Ebenso sind wir viel zu vertrauensselig gegenüber der auf den Kampffeldern ausharrenden Zivilbevölkerung, die grundsätzlich in bezug auf Zeichengebung an den Feind durch versteckte Fernsprecher usw. überwacht werden muß. Darin werden und müssen wir uns ändern. Dem Franzosen dagegen, namentlich der französischen Infanterie, liegt der frische, fröhliche Kampf Mann gegen Mann und Zahn um Zahn weniger; dafür aber Schießen aus Fensterlücken und Kellerlöchern, von Bäumen und Hochständen, überhaupt unter Ausnützung von Örtlichkeiten und Befestigungen. Ein Glück, daß unsere Infanterie für den Angriffs- und Bewegungskrieg so vortrefflich ausgebildet ist. Möge er uns erhalten bleiben und zum raschen Siege führen.

Abends Quartier im (Bauern-) „Schlosse" von Dombras. Vor mir soll hier tags zuvor ein französischer Divisionskommandeur genächtigt haben.

Übrigens sind in meinem Schlafzimmer sämtliche Schränke erbrochen; die darin befindliche Wäsche liegt in wilder Unordnung auf dem Boden zerstreut. Ähnlich sieht es, wie ich nachträglich erfahre, im ganzen Dorfe aus. Das ist eine gewiß besonders barbarische Sitte, im eigenen Lande in den von den Einwohnern verlassenen Häusern nach Herzenslust zu plündern und den Kehraus zu machen. Damit diese Plünderung nicht später mir zur Last gelegt wird, hinterlasse ich in dem Hause ein französisches Schriftstück mit der Mitteilung, daß es die Landsleute des Besitzers waren, die vor unserem Einrücken so übel hier gehaust haben. Ob es etwas hilft? Wohl kaum. Unsere Gegner, wenigstens ihre Führer und ihre Presse, sind so unrettbar der Macht der Lüge, des Hasses und der Verleumdung verfallen, daß sie die Stimme der Wahrheit und der Ritterlichkeit nicht mehr hören können und wollen.

Morgen, 27., sollen wir hier Ruhetag haben, der unseren Truppen nach den großen Strapazen der letzten acht Tage wahrhaft zu gönnen ist. Es ist ein ungewohntes, aber deshalb um so schöneres Gefühl, sich mit dem Bewußtsein oder doch der Hoffnung zu Bett zu legen, wieder einmal ausschlafen zu können. Auch der Stabspackwagen ist zum erstenmale seit dem 22. August zur Stelle.

27. August. Und das Unwahrscheinliche wird ausnahmsweise auch einmal wahr: wir haben wirklich heute einen, weder vom Feinde noch durch höhere Befehle gestörten Ruhetag. Ich freilich nur für den Körper, nicht für den Geist. Denn nun müssen die Gefechtsberichte für die Tage vom 22. bis 25. gemacht und müssen die Ordensvorschläge der unterstellten Truppenteile geprüft, begutachtet und vervollständigt werden. So reicht es mir nur zu einem kurzen, aber erfrischenden Ritt über die von den Franzosen äußerst geschickt angelegten Schützengräben hinweg. Dabei begegne ich einer preußischen Radfahr-Jägerkompagnie des zu uns gehörigen Kavalleriekorps, die zusammen mit meinem, letzterem zugeteilt gewesenen Bataillon tapfer gekämpft und dabei schon schwer geblutet hat. Ein französischer Regimentspackwagen liegt mit zerbrochenen Rädern an der Straße, ringsum verlassene Lager und herrenloses Vieh. Nachmittags marschiert bei tüchtigem Regen das V. Armeekorps durch unseren Unterkunftsort hindurch nach rückwärts, Norden, angeblich, um nach dem Osten verladen zu werden. Wie wenig Sicheres erfährt man aber doch in der Front über die großen Operationen: das Korps rückte, wie ich jetzt, nach Monaten, weiß, lediglich in Reserve und liegt heute links von uns in der großen Westfront. Aber soviel wird doch heute noch bekannt, daß die Tage vom 22. bis 26. August für alle deutschen Armeen vom rechten Flügel Kluck über Bülow, Hausen, Herzog Albrecht von Württemberg und den deutschen Kronprinzen hinweg bis nach Metz und bis zu den Vogesen hin einen Siegeszug ohnegleichen bedeuteten, und diese Kunde, sowie diejenige über den überraschend schnellen Fall von Namur und den von Longwy läßt unsere Herzen höher schlagen. Abends trifft auch noch die Feldpost, — bisher von den Mannschaften scherzhafterweise Fehlpost

benannt, von jetzt ab aber in ihren Leistungen dankbar anerkannt —, aus der Heimat mit lieben Briefen ein; wie haben sie zu Hause, wo tägliche Telegramme über schwere Kämpfe und Verluste eintrafen, und wo die Glocken glorreiche, aber blutige Siege einläuteten, für uns gezittert und gebangt! Und wie viele mit Grund! Ich schicke einen kurzen Bericht über die vergangenen Tage nach Hause und füge die Vermutung hinzu, daß wir, nach den lebhaften Kämpfen der letzten Zeit, nun vermutlich eine Reihe von Tagen nicht ins Gefecht kommen werden. So wenig kann der Mensch in die Zukunft sehen — vollends im Kriege.

28. August. Aber für heute stimmt meine Vermutung doch: wir werden gegen Mittag zu einem einfachen Reisemarsch von Dombras nach Jametz alarmiert, zufälligerweise in der gleichen Zusammensetzung, in der wir am 22. zusammen bei Bleid gekämpft haben. Deshalb bitte ich bei der Division telegraphisch um den evangelischen und den katholischen Feldgeistlichen zur Abhaltung eines Feldgottesdienstes unterwegs; denn wir haben noch keine Gelegenheit gehabt, gemeinsam unserer Toten vom 22. bis 25. zu gedenken. Aber die Geistlichen sind nicht verfügbar. So halte ich den Gottesdienst selbst ab: auf freiem Felde, rings bewacht von Vedetten, bilden die Truppen ein großes Viereck, blumengeschmückte Kanonen und Maschinengewehre, Trommeln und Signalhörner werden in der Mitte an Stelle eines Altars aufgestellt und aufgebaut, die Musikkorps spielen einen Choral; dann gedenke ich mit wenigen Worten unserer teuren Toten, denen ich die ewige Ruhe, unserer Verwundeten, denen ich baldige Heilung wünsche, unserer Lieben zu Hause; ich spreche unseren Dank gegen Gott aus für den uns verliehenen Sieg, für bisherige Bewahrung vor Tod und Verwundung und bitte Gott für uns um künftige Bewahrung, aber auch um künftigen Sieg. Zum Schlusse beten wir gemeinsam ein lautes Vaterunser für unsere Toten. Ich sehe es aus allen Mienen, daß dieser Bitt- und Dankgottesdienst Offizieren und Mannschaften ein Herzensbedürfnis war.

Mit klingendem Spiel, mit lautem Gesang wird nach einem Hurra auf Kaiser und König und Vaterland weiter- und ins Quartier gerückt. Dort sind die Bewohner vernünftigerweise großenteils zu Hause geblieben, so daß Einquartierung und Verpflegung von Mensch und Tier rasch und anstandslos von statten geht. Ich erkundige mich nach dem Stand an Marsch- und sonstigen Kranken; er ist schwächer als in der Garnison — das rühmlichste Zeichen für den Geist unserer vortrefflichen Truppe.

29. August. Vormarsch im Korpsverbande in südwestlicher Richtung an die Maas, hinter die der Gegner unaufhaltsam zurückgewichen ist. Der Weg führt über Rémoiville durch schöne dichte Waldungen hindurch, die aber frei vom Feinde gemeldet sind. Daher Friedensstimmung und Friedensmarsch.

Da auf einmal nahe vor uns rasendes, wenn auch ganz kurzes Gewehrfeuer. Wir halten, Divisions- und Brigadestab beisammen, neben der Straße;

plötzlich umfliegen uns einzelne Gewehrkugeln. Eine unheimliche, rätselhafte Lage. Ich schicke im Galopp Offizier und Meldereiter nach vorwärts; sie bringen bald die Lösung des Rätsels. Der Gouverneur der Festung Montmédy hat mit seiner Besatzung, mehrere tausend Mann Infanteristen und Artilleristen, am 27. abends die Festung geräumt, um auf dem kürzesten Wege, mitten durch die Wälder hindurch, nach Verdun zu rücken. Er muß sich, da er am 29. früh kaum 15 Kilometer von Montmédy entfernt ist, gründlich verlaufen haben. Vor einer halben Stunde ist er nun mitten im Walde auf Teile des vor uns marschierenden Kavalleriekorps Frhr v. Hollen und eine dabei befindliche württembergische Pionier-Kompagnie gestoßen. Nun hat sich eine heillose Szene abgespielt. Während der größte Teil der Franzosen die Hände hoch hielt und die Gewehre wegwarf als Zeichen des Ergebens, haben andere Teile gleichzeitig Schnellfeuer abgegeben und dadurch einem der Kavallerie-Regimenter schwere Verluste, namentlich an Offizieren, zugefügt, die zusammen vor der Front hielten, und noch stärkere der Pionier-Kompagnie, die die Gewehre zusammengesetzt hatte und in einer Minute allein 40 Tote und eine große Anzahl von Verwundeten zu beklagen hatte. Daraufhin hat auch ein Teil der anderen Franzosen wieder die Waffen ergriffen. Schnellstes Handeln ist geboten. Ich schicke ein Bataillon geradeaus vor, ein anderes rechts der Straße durch den Wald. Die große Gefahr ist die, daß unsere eigenen Truppen in diesem Waldgelände aufeinander feuern;

Französische Tote und Verwundete an der Straße nach Murvaur

deshalb befehle ich, daß meine Bataillone andauernd „Hurra" und „Vorwärts" rufen, und daß die Tamboure und Hornisten unausgesetzt deutsche Signale schlagen und blasen. So entsteht ein gewaltiger Lärm in dem Wald.

Bald darauf lasse ich unsere Kolonne wieder antreten; man hört wiederum ein kurzes, rasendes Schießen, dann Totenstille. Ich galoppiere vor und stoße sogleich auf den gefangenen, an der Hand verwundeten graubärtigen, etwa 60jährigen Gouverneur von Montmédy, mit dem ich einige Worte wechsle; er wird im Kraftwagen zum Generalkommando zurückbefördert. Dann sehe ich viele hundert gefangene Franzosen, die eben zum Abtransport geordnet werden. Beim Weiterreiten aber erblicke ich ein Bild, das ich lebenslang nicht vergessen werde: die rächenden Deutschen haben die französische Infanterie, die unseren Truppen heimtückisch so große Verluste zugefügt hatte, beim Überschreiten der Straße von allen Seiten mit Schnellfeuer überschüttet und nun liegen auf und neben der Straße, wie mit der Sichel hingemäht, tote Franzosen, deren Zahl ich auf 300 bis 400 schätze. Ein furchtbarer Anblick, den ich den frevelhaften Urhebern dieses Krieges in das Gewissen hineindrücken möchte.

Vorbei — weiter an die Maas auf das malerisch an und über dem Flusse gelegene Städtchen Dun s./M. zu. Der kommandierende General drängt persönlich zum sofortigen Überschreiten der Maas. Aber kaum haben wir den Wald östlich der Stadt besetzt, als das Konzert der auf wem westlichen Ufer postierten, zahlreichen und von Verdun aus mit unerschöpflicher Munition ausgestatteten schweren französischen Artillerie beginnt; unausgesetzt schlägt das Streufeuer der schweren Kaliber vor, hinter und neben uns ein, schweres Unheil anrichtend, wo es trifft. Es ist eine harte Nervenprobe, Tag und Nacht im schweren Artilleriefeuer zu liegen, ohne sich wehren zu können. Aber die wackeren Feldküchen kommen mit der Dunkelheit trotz des Feuers und trotz der grundlosen Waldwege heran, so daß der Magen seine wärmende Mahlzeit und damit auch Körper und Seele wieder ihren festen Halt bekommt. Ich höre noch den beim Divisionsstab eintreffenden Korpsbefehl über den für morgen beabsichtigten Maasübergang und die mir dabei zufallende Aufgabe, Deckung des Brückenschlags und des Maasübergangs bei Dun s./M. an. Die Nacht ist hereingesunken; die feindliche Artillerie streut unaufhörlich weiter, unsere Artillerie antwortet nur mit seltenen Schüssen. Weit und breit kein Haus und keine Hütte zur Unterkunft, der Boden naß vom niedergegangenen Regen. Wir lassen uns ein notdürftiges Zelt bauen und strecken uns auf dünnem feuchtem Stroh nicht zum Schlafe, aber doch zur Ruhe nieder.

30. August. Die Kälte treibt uns um 4 Uhr aus unserem unbehaglichen Zelt — ich begebe mich nach vorne an den Waldrand, von wo man die hochgelegene Kirche von Dun s./M. vor sich liegen sieht. Unterwegs erfrischen wir unsere erstarrten Lebensgeister durch einen heißen Kaffee aus der unermüdlich tätigen Feldküche. Leichter Nebel liegt über dem Maastal; die feind-

Dun vom Fuße der Cote de Chatel aus

liche Artillerie schweigt. Da erhalte ich die Meldung, daß die von den Franzosen gesprengte steinerne Brücke bei Dun von unseren Infanterie-Pionieren durch Leitern für Infanterie gangbar gemacht ist. Unverzüglich befehle ich dem zu meiner Verfügung stehenden Gren.-Regiment 123 — das Inf.-Regiment 124 ist heute Korpsreserve — den Maasübergang, denn wir müssen dazu den Nebel ausnützen, der keine lange Dauer verspricht. Ich steige mit dem Regiment hinab nach Dun; an einem Waldstück liegen drei, von Artilleriegeschossen zerschmetterte Ulanenpferde, daneben drei Tschapkas vom württ. Ulanen-Regiment 19. Was mag aus den Ulanen selbst geworden sein? Haben sie sich verwundet hinein in das Gehölz geschleppt oder sind ihre Leichen schon von Einwohnern oder sonstwem bestattet? Ich kann es nicht feststellen; aber ich löse die Namen aus den Tschapkas los und schicke sie dem Regiment. Der ganze Weg hinab nach Dun s./M. sowie das Gelände 200 Meter rechts und links davon ist von Hunderten von riesigen Geschoßtrichtern aufgerissen; sie rühren von der feindlichen schweren Artillerie her, die offenbar glaubte, wir seien noch am gestrigen Nachmittag mit stärkeren Kräften nach Dun herabgerückt. Ein Glück, daß wir's nicht taten!

In dem stattlichen Städtchen Totenstille, kein Einwohner zu sehen. Und doch ist ein großer Teil der Bevölkerung anwesend, — tief unten sitzen sie dicht gedrängt in den Kellern zum Schutze vor den schweren Geschossen ihrer eigenen Artillerie. Wir überklettern die Brücke, das Regiment besetzt den nächsten, südwestlich Dun gelegenen Ort Doulcon als Brückenkopf für die von unseren Pionieren für den Vormarsch unseres linken Nachbars (VI. Reserve-)Korps wiederherzustellende Brücke. Unser eigenes Korps soll die Maas bei Sassey überschreiten. Die Bewohner des Dorfes kommen aus ihren Kellern heraus und knüpfen Gespräche mit uns an. Ringsum sei kein Gegner mehr, die französische Artillerie sei abgezogen. In der Tat vergehen auch zwei

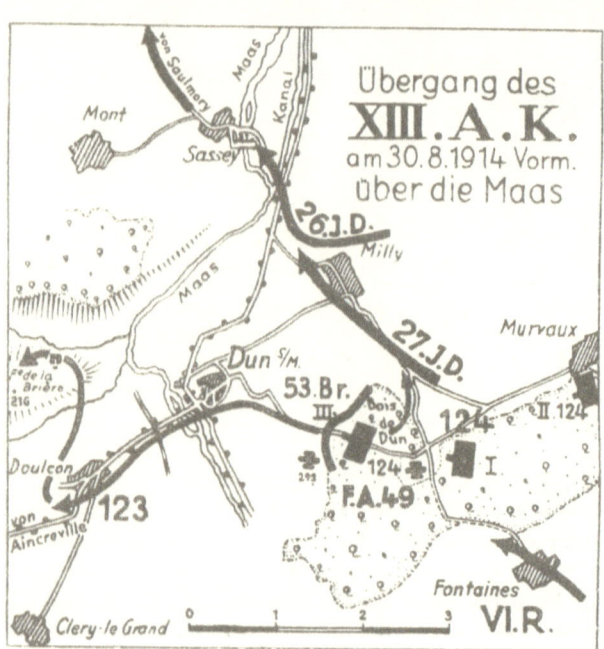

völlig friedliche Stunden, in denen wir an Tischen auf der Straße frühstücken und ein Glas leeren auf den soeben zum Generalmajor beförderten Kommandeur des Grenadier-Regiments, Oberst v. Erpf. So sind wir zwei Generale bei einem Regiment. Innerlich bin ich erstaunt darüber, daß die Franzosen den wichtigen und so leicht zu verteidigenden Maasabschnitt ohne allen Kampf preisgegeben haben. Ich schreibe hier keine Kriegsgeschichte, sondern erzähle nur meine persönlichen Erlebnisse; ich bemerke daher dazu nur noch, daß die Franzosen vermutlich den Maasabschnitt am Vormittag des 30. tatsächlich preisgegeben hatten, aber auf höheren Befehl kurz vor Mittag wieder dorthin vorgegangen sind. Tatsächlich wird gegen 11 Uhr unsere Idylle grausam gestört: matte Infanteriegeschosse, offenbar noch auf weite Entfernung abgefeuert, schlagen auf der Dorfstraße und an den Häusern ein. Die Einwohner, die sicherlich die französischen Truppen durch versteckte Fernsprecher und durch Signale von unserem Eintreffen in Doulcon benachrichtigt haben, verschwinden blitzartig in ihren Kellern. Da ich für einen Kampf den Rücken nicht nach der noch nicht wiederhergestellten Maasbrücke bei Dun haben will, befehle ich das Abrücken des Regiments in eine

Flankenstellung bei der Ferme de la Brière, die wir fast ohne Verluste erreichen und von wo wir die Straße Doulcon—Maasbrücke beherrschen.

Und nun geht mir zunächst ein zweiter längst gehegter Friedenswunsch in Erfüllung. Ich habe zwar schon manchem Scharfschießen der Artillerie beigewohnt, zuletzt im Frühjahr auf der Feldartillerie-Schießschule, aber immer von der feuernden Truppe aus, nicht am Ziele. Jetzt aber erhebt sich ein mit ungeheurem Munitionsaufwand genährtes Artilleriefeuer aus leichten und schweren Kalibern aus der Gegend von Bantheville gegen die Maasbrücke bei Dun, deren Wiederherstellung der Gegner offenbar verhindern will. So kann ich zwei Stunden lang den Einschlag zahlloser feindlicher Geschosse am Ziele, der Stadt Dun s./M. und der Maasbrücke, von der Seite her genau beobachten.

Das zerschossene Dun s. Maas

Aber das dicke Ende kommt leider nach. Der Feind hat unsere Stellung entdeckt, wahrscheinlich durch einen Flieger, und nun liegen wir schutzlos in schwerem Artilleriefeuer; denn unsere östlich der Maas verdeckt stehende Artillerie ist den feindlichen schweren Kalibern nicht gewachsen. Wir durchleben in zwei bitteren Stunden das Schwerste: flankierendes Feuer schwerer Artillerie, und erleiden starke Verluste. Aber stolz bin ich darauf, wie tapfer die Truppe diese Verluste erträgt und mit welcher Ruhe mitten im furchtbarsten Feuer die Maschinengewehr-Kompagnie Haußer des Grenadier-Regiments den von mir angeregten Befehl ihres Kommandeurs ausführt, sich der sicheren Vernichtung durch Heranrücken an die hohe Mauer der Ferme zu entziehen: alles geschieht im Schritt, ohne jede Überstürzung. Das ist die kostbare Frucht unserer im Frieden so vielfach mißverstandenen und deshalb angefeindeten

Mannszucht! Und Ehre dem wackeren Sanitätspersonal des Regiments, das unbekümmert um die in Mauern und Dächer des Gutshofs einschlagenden Geschosse die zahlreichen dort liegenden Verwundeten verbindet; allen voran der Oberstabsarzt der Reserve, Dr. Rees, der trotz Geschützfeuer und trotz glühender Hitze mit dem letzten Aufgebot seiner Kräfte zu Fuß auf das Gefechtsfeld herbeigeeilt ist.

Gegen 4 Uhr nachmittags erfahre ich, daß das VI. Reservekorps die Maasbrücke bei Dun s./M. heute nicht mehr überschreitet; so kann ich das Regiment in den Schutz des nördlich vorliegenden Waldes aus dem Artilleriefeuer herausziehen. Freudiger und schneller, aber unter Einwirkung des tapferen und energischen Regimentskommandeurs doch in bester Ordnung, ist nie ein Befehl befolgt worden!

Ich verbringe die Nacht vom 30. zum 31. wiederum bei der Truppe auf dem rechten Maasufer, zwischen den beiden Pontonbrücken, wohin das Grenadier-Regiment zur Verfügung des Divisionskommandeurs befohlen ist, in einem Zelte von ähnlicher Gastlichkeit wie gestern. Von großer Bagage ist auch heute keine Rede.

31. August. Meine Brigade ist heute zunächst vollkommen zersplittert: Das Infanterie-Regiment ist Reserve des kommandierenden Generals, das Grenadier-Regiment ist der anderen Infanterie-Brigade der Division zugeteilt, die auf dem linken Maasufer der Unterstützung bedarf. Ich bin also bis etwa 11 Uhr vormittags Privatmann und mein eigener Herr und genieße diese Kampfpause, um mir im nächsten Dorfe Milly im Garten eines verlassenen Häuschens einige Birnen und Pflaumen zu schütteln, eine angenehme Abwechslung nach all dem vielen, auf die Dauer doch recht gleichmäßig und einförmig schmeckenden frischen Fleisch der letzten acht Tage; ferner, um mich in der freundlich scheinenden Sonne wieder etwas zu erwärmen. Mein Unterstab bemächtigt sich einiger Hühner für das Abendessen und für morgen. Quittung kann, da kein Einwohner vorhanden, nicht übergeben werden, wird aber ordnungsmäßig im Hause des Besitzers niedergelegt. In Milly findet sich auch meine Stabsordonnanz wieder ein, die — ohne eigene Schuld — 24 Stunden verloren gegangen war; ich hatte am gestrigen Tage im Drange des Gefechts meinen wackeren Brigade-Ordonnanzoffizier auf das Pferd meiner Stabsordonnanz gesetzt, um der Division Meldung zu erstatten über den Stand beim Grenadier-Regiment 123 und um Sanitätspersonal herbeizuholen. So hat sich die Stabsordonnanz zu Fuß wieder herangepirscht.

Gegen 11 Uhr vormittags ändert sich das Bild. Es ist beabsichtigt, den Vormarsch nach Südwesten fortzusetzen: ich soll die Vorhut der Division bilden und dazu meine Brigade nach vorwärts über Sassey bei Mont zusammenziehen; das II. Bataillon des Infanterie-Regiments ist schon dorthin in Marsch gesetzt, die anderen folgen. Also in flottem Trabe über die von den Pionieren geschlagene Pontonbrücke bei Sassey auf das linke Maasufer und nach Mont. Unterwegs stößt der Stab der anderen Infanterie-Brigade der Division, General Langer, zu mir, und in Mont angelangt, sitzen wir einen Augenblick in gemütlichem Gespräch vor einem Hause am östlichen Dorfeingang beisammen, um das Eintreffen unserer Truppen abzuwarten. Aber nur einen Augenblick — denn das vor kurzem in das Dorf einmarschierte II. Bataillon 124 ist dort sogleich auf Widerstand von Einwohnern gestoßen und ist außerdem von oben herab, von den Waldrändern lebhaft beschossen worden; aus den Kellern des Dorfes werden versteckte Franzosen herausgeholt. Auch bei uns schlägt Geschoß nach Geschoß ein. Dabei ist der Feind völlig unsichtbar.

Es wird mir klar, daß es sich hier nicht um einen einfachen Vormarsch handeln kann — dieser muß erkämpft werden. Wir Generale müssen zurückreiten, um unsere friedensmäßig auf Mont heranrückenden Truppen entsprechend zu benachrichtigen und anzusetzen. Aber dem Feinde oben in den Wäldern bleibt das Herausgaloppieren zweier Brigadestäbe mitsamt ihren Meldereitern aus dem Hofe des Hauses nicht verborgen, und so ist es ein recht gefährlicher Spießrutenritt im lebhaften feindlichen Feuer, den wir zu machen haben; doppelt gefährlich, weil wir eine Zeitlang wegen Stacheldraht auf dem engen Wege selbst reiten müssen. Ein Meldereiter und mehrere Pferde beider Stäbe werden verwundet — ich komme im übrigen mit meinem Stabe glücklich zu meinem Grenadier-Regiment zurück, das, angeklebt an der unmittelbar am Maasufer steil emporstrebenden mächtigen Bergnase, zusammen mit einer Feldartillerie-Abteilung der anderen Division den linken Flügel des Armeekorps deckt. Da mir die Artillerie-Abteilung nicht unterstellt ist und da der Kommandeur des Grenadier-Regiments seit gestern selbst Generalmajor ist, ich also nicht wieder den eigentümlichen Zustand eines von zwei Generalen geführten Regiments herbeiführen will, so verhalte ich mich — zumal mein anderes Regiment (124) von der Division Sonderbefehle erhalten hat — wiederum als einfacher Zuschauer. Nur für den Fall der Gefahr behalte ich mir vor, den Befehl über das Grenadier-Regiment und die Artillerie-Abteilung zu übernehmen.

Als Zuschauer muß man Glück, d. h. einen guten Platz und etwas Dankbares zu sehen haben. Und wahrlich, ich kann mich nicht beklagen: Das großartigste Schlachtenpanorama, das sich denken läßt, spielt sich zu meinen Füßen ab, so klar und deutlich zu übersehen von meinem hochgelegenen Standpunkt aus und so künstlerisch reich und schön, daß ich aufrichtig bedaure, das Gesehene nur mit Worten und nicht auch mit Farben malen zu können. Es ist ja mit Recht gesagt worden, das moderne Schlachtenbild sei wegen der Leere des Schlachtfeldes ein ganz anderes geworden als das frühere; dies trifft auch gewiß für die meisten Fälle zu. Hier aber ist von oben herab Freund und Feind auch in den Schützengräben deutlich zu unterscheiden und zu sehen; ich will versuchen, eine Anschauung davon zu geben. Dazu bedarf es der kleinen Skizze.

Man denke sich das mit hochstehender reicher Frucht bestandene überaus freundliche linke Maasufer hell beleuchtet von der sich dem Untergang zuneigenden lieblich und rötlich strahlenden Abendsonne. Im Bogen von Montigny nach Mont herum liegt verschanzt die Infanterie des XIII. Korps in schnell aufgeworfenen Schützengräben, dahinter gruppenweise die Artillerie; auf dem linken Flügel hoch oben auf dem Bergkegel, meinem Standpunkt, mein Grenadier-Regiment und die Artillerie-Abteilung. Es ist klar, die Franzosen wollen in raschem Vorstoß die Deutschen auf und über die Maas zurückwerfen: zwei Angriffskolonnen sind mit Sicherheit erkannt, a und b; aber zwei weitere, c und c^1, sind möglich, ja wahrscheinlich. Die französische Infanterie und die Maschinengewehre der Kolonnen a und b besetzen nun die hochgelegenen Waldränder in der Linie a^1—b^1 und das Dorf Montigny mit starken Schützen und Maschinengewehren und es entsteht ein mächtig rollendes Infanteriefeuer; gleichzeitig nimmt die gesamte deutsche Artillerie, diejenige vom Bergkegel flankierend, in hohem Bogen die Waldränder unter Feuer. Auch die noch auf dem rechten Maasufer stehende deutsche Artillerie schickt ihre Grüße über das Maastal herüber, ihr antwortet französische vom linken her. Die Wälder und Berge geben den Donner der Geschütze hundertfach zurück; so ist es zunächst vor allem ein gewaltiger und erfreulicher Ohrenschmaus für einen deutschen Soldaten, zumal unsere Artillerie der Zahl nach weit überlegen ist. Aber der Augenschmaus soll sogleich folgen. Die Infanterie unseres Armeekorps geht unerschrocken zum Angriff über und steigt mit kühner Todesverachtung aus der Tiefe herauf die steilen Hänge zu den von den französischen Schützen besetzten Wäldern hinauf — das Herz stockt mir bei diesem Anblick; ich sehe die Tapferen, — es ist das württembergische Kaiser-Regiment dabei —, die Offiziere und Unteroffiziere wie immer weit voraus, wie in einem Panorama ihre Sprünge machen, ich sehe die Getroffenen niedersinken — aber unaufhaltsam geht der glorreiche Angriff weiter, bald kann unsere Artillerie nicht mehr auf die feindlichen Schützen schießen, sondern muß ihr Feuer in den Wald hinein verlegen. Da — unsere Infanterie ist in den Wald eingedrungen, der Gegner geworfen, jede Gefahr damit abgewendet! Wir jubeln auf — und haben auch deshalb guten Grund dazu, weil der höchst gefährliche Angriff von c her, aus dem hochgelegenen Walde heraus —, den mein Grenadier-Regiment schon zur Rettung der Feldartillerie-Abteilung im Kampfe bis zum letzten Mann hätte bestehen müssen—, nicht erfolgt ist. Wie wir später erfahren, ist er durch das Feuer unserer auf dem östlichen Maasufer befindlichen Artillerie schon im Keime erstickt worden.

Es ist Spätnachmittag geworden — da belebt sich das Bild nochmals. Über die Pontonbrücke bei Sassey marschiert die Infanterie der 11. Reserve-Division des VI. Reservekorps und außerdem mehrere Bataillone zusammengesetzter württembergischer Ersatztruppen, die die bei den Regimentern unseres Armeekorps seit dem 22. August entstandenen großen Lücken ausfüllen sollen. So sind fast 10 000 Gewehre im Marsch nach Westen zu beiden Seiten der

Brücke zu sehen. Und plötzlich richten sich diese 10 000 Läufe und dazu noch die Rohre fast der gesamten deutschen Artillerie und Maschinengewehre knatternd und donnernd nach oben in die Luft, wo zwei feindliche Flieger aus westlicher Richtung her erschienen sind und drohend über uns ihre Kreise ziehen. Es ist ein kaum zu stillendes Freudenfeuer — zumal es für viele dieser Gewehrträger die ersten scharfen Schüsse sind, die sie in Feindesland abgeben dürfen. Aber der Erfolg entspricht, wie fast immer, nicht dem Munitionsaufwand; die Flieger entkommen. Die Reserve-Division marschiert

Maasübergang bei Sassey

durch uns hindurch nach Südwesten auf Doulcon weiter; die Ersatzbataillone aber werden — es ist inzwischen dunkel geworden — sogleich in Richtung auf Montigny zum Angriff weitergeführt, das der Feind noch mit starken Kräften besetzt hält.

Dort erleben sie ihre blutige Feuertaufe — das große, langgestreckte Dorf brennt lichterloh, von der Artillerie in Brand geschossen; von unserer Höhe aus gesehen ein schauerlich schöner Anblick. Auch meine Brigade wird dorthin in Marsch gesetzt; ich reite mit dem Grenadier-Regiment an einem eben unter freiem Himmel in Zelten eingerichteten Feldlazarett vorbei, in dunkler Nacht bis an das Dorf Montigny heran; unterwegs stoßen wir auf zahlreiche Verwundete und — ein kläglicher Anblick — auf die frierend und jammernd an den Straßenrändern sitzenden Einwohner des Dorfes, meist alte Leute und Kinder. Aber ein Teil von den Einwohnern hat sich, wie ich erfahre, am Kampfe beteiligt, es ist zu überaus blutigen Haus- und Straßenkämpfen gekommen, dabei ist der Rest des Dorfes in Flammen aufgegangen, auch ein meiner Familie nahestehender junger Offizier und einziger Sohn ist dabei, eben erst ins Feld gerückt, tapfer kämpfend zu Tode getroffen. So groß ist die Glut, daß ich kein Quartier im Dorfe finden kann, ich reite nach Sassey zurück, ein unheimlicher Ritt über das nächtliche Totenfeld. Aber dieser Ort ist wahnsinnig überfüllt von Truppen und namentlich von Kolonnen aller Art. Allein ich bin entschlossen, nicht zum dritten Male zu biwakieren; ich trete in das nächste erleuchtete Haus ein, wo eine Anzahl junger Offiziere einer Kolonne munter beim Abendessen zusammensitzt, und belege, freundlich aber bestimmt lächelnd und ohne eine Abstimmung zuzulassen, ein Zimmer und Bett für mich. So endet der so friedlich begonnene Tag nach mächtigen Eindrücken mit einem totenähnlichen Schlaf.

1. September. Um 4 Uhr früh Ritt nach Montigny. Meine Brigade ist mir samt einer Artillerie-Abteilung wieder vollzählig unterstellt. Heute ist der eigentlich historische Sedanskampftag, an dem Mac Mahons Armee 1870 umschlossen und zertrümmert wurde. Und was für erfreuliche Nachrichten aus dem Osten und Westen treffen ein: großartiger Sieg Hindenburgs über die Russen bei Tannenberg, schöne Erfolge der österreichischen Generale in Polen und Galizien, Fort Manonvillers gefallen, alle deutschen Armeen im Westen in siegreichem weiteren Vordringen, und zu unserer grimmigen Freude die Engländer mehrfach und gründlich von Kluck und Bülow geklopft. Der Kaiser soll morgen bei unserer Armee eintreffen, die heute namentlich mit ihrem linken Flügel vorwärts drängt, während wir auf dem rechten mehr verhalten. Es wird für uns ein taktisch ruhiger Tag; meine Brigade rückt nur wenige Kilometer in Richtung auf Villers devant Dun nach Südwesten vor und legt sich rechts, nördlich der Straße in den Wäldern zum Vorgehen bereit. Aber über uns weg tobt der Kampf der deutschen und französischen schweren Artillerien und bald hat die letztere uns entdeckt — von morgens bis abends schlagen unausgesetzt die schweren Geschosse krachend und tobend über, vor und hinter uns in dem Wald und auf der Straße ein. Obwohl die Verluste gering sind, so ist doch wiederum das Aushalten im schweren Artilleriefeuer auf die Dauer nervenangreifend, namentlich im Walde. Auch fehlt es nicht an tragischen Ereignissen: plötzlich ertönt von jenseits der Straße her, wo die Nachbarbrigade im Walde liegt, ein Aufschrei; eine Stunde darauf eine Infanteriesalve. Ich lasse anfragen: eine schwere Granate hat einen Offizier-Stellvertreter des Kaiser-Regiments zerschmettert, einen andern, neben ihm liegenden durch den Luftdruck getötet; die Kameraden haben sie beide da, wo sie starben, sogleich mit militärischen Ehren begraben.

Es ist ein herrlicher Hochwald, in dem wir liegen, und unsere Lage die zutreffendste Verwirklichung des Dichterwortes: „Die Welt ist vollkommen überall, wo der Mensch nicht hinkommt mit seiner Qual." Dies fühle ich als doppelt wahr, als ich am Abend nochmals die nunmehr völlig zusammengefallene rauchende Trümmerstätte des Dorfes Montigny erblicke, wo mein braver Adjutant in einem kleinen Häuschen noch ein unausgebranntes Erdgeschoß für unser Nachtquartier entdeckt hat; der erste Stock ist von Granaten durchlöchert. Dort richten wir uns in einem Zimmer zum Schlafen ein; ich im Bett, die beiden Herren des Stabes, Adjutant und Ordonnanzoffizier, auf Matratzen usw. auf dem Boden; dadurch wird auch die allmählich zur Regel gewordene nächtliche Befehlsgebung erleichtert. Auch in dieser Nacht trifft um 2 Uhr der Divisionsbefehl ein, worauf ich bei dem Schein einer matten Kerze die Anordnungen für meine Brigade erteile und sogleich wieder in tiefen Schlaf sinke; denn das lange Herumstehen und Herumliegen im Walde macht ebenso müde, ja noch müder, als ein langer Marsch oder Ritt.

2. September. Vorgehen auf die Höhen westlich Bantheville ist zunächst von der Division befohlen; ob dort noch Gegner steht und standhält,

ist ungewiß. Gewitzigt durch unsere bisherigen Verluste, machen wir eine wohlvorbereitete Musterbewegung über das freie Gelände: die Artillerie schußbereit in Lauerstellung, die Infanterie in mehreren ganz lichten Wellen hintereinander, die Führer sprungweise von Stellung zu Stellung, Kavalleriepatrouillen weit voraus zur Erkundung. Aber der Gegner macht heute — fast möchte man sagen leider — nicht mit; er ist, mit den letzten Teilen in der Nacht, links der Maas in Richtung auf Verdun abgezogen. Neuer Befehl: Vormarsch des ganzen Armeekorps auf einer Straße über Remonville zunächst auf Landres, die Musikkorps sollen spielen: zweiter Sedantag, Tag der Kapitulation! Also eine Art Friedensmarsch, in den freilich von Südosten, aus Richtung Verdun her, von Zeit zu Zeit dumpfer Kanonendonner hineinklingt. Aber das sind wir ja längst gewohnt, das ist Sache unseres unmittelbar auf Verdun vorrückenden linken Nachbarkorps. Wir müssen die andere Division des XIII. Armeekorps an uns vorbeilassen, sitzen auf Rohrstühlen neben der Straße und betrachten mit Neugierde und Behagen das Sich-Einfädeln der von allen Seiten im Schritt und Trab heranrückenden Truppen der 26. Division; wir begrüßen zahlreiche Bekannte und Freunde, die wir seit dem Abrücken aus der Garnison oder länger nicht gesehen haben. Dann hänge ich meine Infanterie-Brigade, mit eingeschobener Artillerie, der vorderen 26. Inf.-Division an und reite, vergnügt mit dem neben mir reitenden Divisionsadjutanten, Major Ebner, plaudernd, auf den neben der staubigen Straße liegenden Wiesen mit. Es ist 3 Uhr nachmittags geworden; wir freuen uns als echte Feldsoldaten, daß uns unser Vormarsch nicht auf die Festung Verdun selbst, sondern seitwärts daran vorbeiführt, so daß uns der Festungskrieg, den — trotz der fleißigen Berta — jeder deutsche Infanterist gerne seinem Nachbarn überläßt, erspart bleibt. Es wird 4 Uhr, wir erblicken das Dorf Landres vor uns, und ich mache die Bemerkung, daß das ein ganz passendes Nachtquartier für mich und meine Brigade wäre. Kurzsichtiger Menschenverstand — mein Wunsch soll freilich in Erfüllung gehen, aber auf eine Weise, die ich mit keinem Gedanken geahnt habe!

Der Generalstabsoffizier der Division, Major Frhr. v. Stotzingen, kommt plötzlich angaloppiert und teilt mit: der Gegner hat aus den vorgeschobenen Werken von Verdun heraus mit überlegenen Kräften einen Vorstoß gegen unseren linken Nachbar — das VI. Reservekorps — gemacht. Dieses bedarf dringend der Unterstützung. Meine Brigade soll mit größter Beschleunigung über Landres auf dem kürzesten Wege auf Gesnes abbiegen, um von dort aus helfend in das Gefecht der 11. Res.-Division einzugreifen, die dem feindlichen Angriff nur mit Mühe standhält. Während er spricht, verstärkt sich der aus südöstlicher Richtung her hörbare Kanonendonner gewaltig und mahnt uns zur Eile.

Regimentskommandeure vor, Infanterieoffiziere im Galopp voraus zur Erkundung des besten Weges für Infanterie und Artillerie von Landres nach Gesnes; zwei Bataillone des Inf.-Regiments 124 unter dessen Kommandeur,

Oberst Haas, Vorhut, vier Bataillone und die Artillerie Gros unter dem Kommandeur des Gren.-Regiments 123!

Ich reite bei den vordersten Teilen der Vorhut, denn ich muß zunächst selbst das Gelände und später den Feind sehen. Der Weg durch den Wald erweist sich als schlammig und überaus beschwerlich; bald wird er in dem mit dichtem Unterholz besetzten Walde, einem Ausläufer des berüchtigten Argonnenwaldes, so schmal, daß nur noch die Infanterie zu zweien weitermarschieren kann. Auch ich muß absitzen. Maschinengewehre und Artillerie müssen sich einen anderen Weg suchen. Ob sie einen solchen heute noch finden, ist zweifelhaft. Gleichviel, wir müssen vorwärts, denn es gilt erstens den bedrängten Kameraden zu helfen und zweitens unter allen Umständen zu verhindern, daß die Franzosen sich eines ersten Erfolges gegen deutsche Truppen rühmen können — zwei wirksame Sporen für mich und meine Truppe! Gegen 6 Uhr abends treten wir nach äußerst anstrengendem Marsche aus dem Walde nordwestlich Gesnes heraus; hier werden wir — fast unbegreiflicherweise, denn der Vormarsch durch den dichten Wald konnte unmöglich eingesehen werden, auch sind wir weder auf eine feindliche Infanterie- noch Kavalleriepatrouille gestoßen — sogleich mit einem Hagel von Granaten und Schrapnells aus Richtung von Epinonville empfangen. Es durchblitzt mich: offenbar befinden wir uns

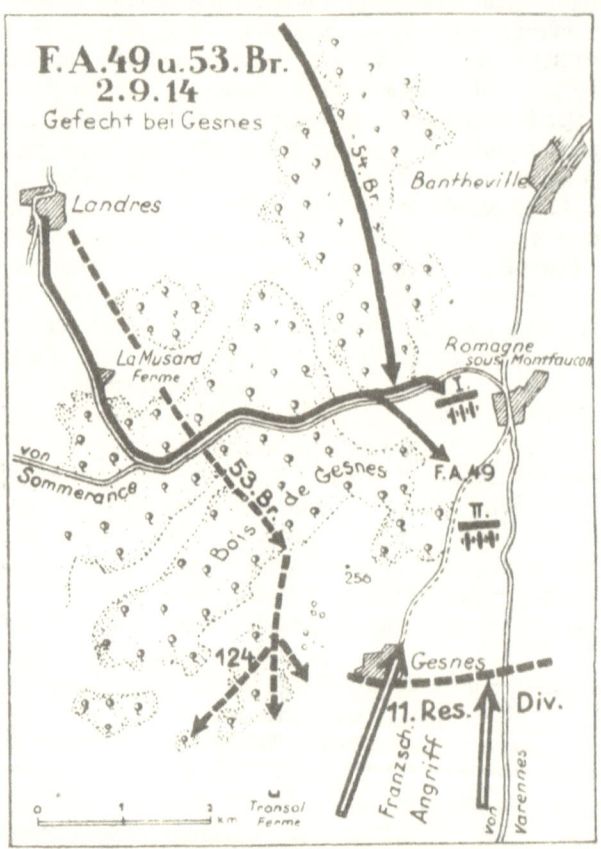

eben doch schon auf dem weiteren Vorgelände der Festung Verdun, wo versteckte Drähte liegen, über die wir hinweggeschritten und geritten sind, Telephonleitungen in den Bäumen sich befinden usw. Aber erschreckend wird es mir auch klar, daß unter diesen Umständen — wir ohne Artillerieunterstützung, der Gegner aber mit seiner Artillerie schon auf uns eingeschossen — die Erfüllung unserer kameradschaftlichen Pflicht blutige Opfer von uns und namentlich meiner Vorhut fordern wird; und, sonderbar, ich ahne jetzt auch sogleich, daß ich mich selbst darunter befinden werde. Da ich die Vorhut hinter einem kleinen Waldstück zunächst aufmarschieren und Deckung nehmen lasse — das Gros ist auf meinen Befehl gedeckt im Walde geblieben — finde ich Zeit, eine Meldekarte vom Block abzureißen und darauf für alle Fälle einen Abschiedsgruß an die Meinigen niederzuschreiben.

Und nun heißt es für die zwei Bataillone der Vorhut: Hinein in und hindurch durch den feuerspeienden Höllenrachen, denn unsere Infanterie muß auf mindestens 900 Meter heran an den feindlichen linken Flügel, um diesen unter Feuer zu nehmen. Noch einen Augenblick zögert der tapfere, aber für sein wackeres Regiment besorgte Regimentskommandeur und bringt die Frage zur Erwägung, ob wir nicht doch das Eintreffen unserer Artillerie abwarten sollen. Aber ich muß ihm mitteilen, daß mir soeben die Meldung zugegangen ist, die Artillerie habe noch keinen Weg in Richtung auf Gesnes gefunden; gleichzeitig berichtet mir mein zu dem Kommandeur der bedrängten 11. Res.-Division entsandter Brigadeadjutant, dieser erbitte dringend alsbaldiges Eingreifen. Es hilft nichts: Die Bataillone schwärmen aus, erklimmen die nächsten Höhen, eröffnen das Feuer, und Schützen wie Unterstützungen lassen mit schweigendem Heldenmut den Hagel der Artilleriegeschosse auf und über sich ergehen: es wird für mein armes Inf.-Regiment 124 ein Schlachtfeld im wahren Sinne des Wortes. Aber auch der Erfolg ist da, der Gegner muß sich nicht nur mit der Artillerie, sondern auch mit der Infanterie seines linken Flügels gegen uns wenden: die Res.-Division ist entlastet, der Gefechtszweck erreicht.

Denkmal und Gräber auf dem Gefechtsfeld von Gesnes (Inf.-Regt. 124)

Ich bin gerade im Begriff, mich von einer letzten Rücksprache mit Oberst Haas in der vorderen Linie zu einem zwischen beiden Regimentern befindlichen Busch zu begeben — da krepiert brüllend und flammend dicht über mir ein feindliches Schrapnell und wirft mich und meine beiden Gefechtsordonnanzen mit brutaler Gewalt zu Boden. Blitzschnell durchzuckt es mich noch: „Also doch! Lebt wohl!" dann verliere ich das Bewußtsein und sehe noch als letztes Gesicht mich tot mit offenem Munde auf der Erde liegen, genau in der Stellung, in der ich vier Tage vorher in der Ferme de la Brière einen lieben Kameraden von einem Artilleriegeschoß dahingestreckt hatte liegen sehen.

Allein ich bin nicht tot — ich komme wieder zu mir, werde mir bewußt, daß ich, wenn auch mit Mühe, atmen kann; ein Sanitätsunteroffizier ist damit beschäftigt, mir hinten am Nacken, da wo das Blut herabrinnt, einen Notverband anzulegen. Dort fühle ich einen brennenden Schmerz, ebenso schmerzen mich stark zwei gänzlich verstauchte Finger der rechten Hand. Ich sehe und höre noch, daß auch meine zwei Gefechtsordonnanzen schwer verwundet sind, dann werde ich weggeführt, kann noch im heftigen Artilleriefeuer einige hundert Schritte gehen, die Brigade dem ältesten Regimentskommandeur, General v. Erpf, übergeben und die nach vorwärts an mir vorbeimarschierenden 124er zum Aushalten anfeuern. Dann aber verlassen mich die Kräfte, ich werde von Mannschaften auf die Schulter gehoben und — es ist inzwischen dunkle Nacht geworden — unter Führung des treubesorgten Stabsarztes des Inf.-Regiments 124, Dr. Schnitzer, zwei Stunden lang auf holperigsten Wegen nach der Chaussee zurückgetragen. Dort findet gerade die Befehlsausgabe der Division statt; der Divisionskommandeur tritt heran und drückt mir mit warmen Worten für mich und meine Brigade die Hand. Ich lasse das Gold meines Brustbeutels unter meine wackeren Träger verteilen und danke ihnen für ihre unendliche Mühe. Gegen Mitternacht erreiche ich mit Kraftwagen auf schlechtem Wege das in Landres eingerichtete Feldlazarett, mehr tot als lebendig; dort werde ich sogleich aufs beste aufgenommen, gebettet und mit der bekannten allgemeinen Trösterin, der Morphiumspritze, in Schlaf gebracht. Ein höherer Sanitätsoffizier, Generaloberarzt Dr. Dannecker, tritt mir bereitwilligst sein Quartier und Bett ab. Unter den anderen Sanitätsoffizieren befindet sich — wie klein ist die Welt geworden — ein befreundeter Landsmann, sonst Universitätsprofessor in Königsberg. In meinen Traum hinein klingen noch die teils bedauernden, teils zornigen Ausrufe der Mannschaften des Grenadier-Regiments, an denen ich im Walde vorbeigetragen worden bin: „Oh, jetzt auch noch der Herr General!"

3. September. Ich erwache mit höchstem Entsetzen aus dumpfem Schlafe, denn mitten aus dem Dorfe heraus erschallt lebhaftes Artilleriefeuer: also bin ich in Gefahr, als Schwerverwundeter in die Hand des Feindes zu fallen, fast das schrecklichste Schicksal, das es für den Soldaten gibt. Jetzt lerne ich doch noch die Angst kennen: mit aufgerissenen Augen und mit wild klopfendem Herzen horche ich auf das mit unglaublicher Schnelligkeit, Hartschlag auf Hartschlag, aufeinanderfolgende Geschützfeuer. Ich rufe nach dem im Nebenzimmer schlafenden Sanitätssoldaten. Ein gewaltiger Stein fällt mir vom Herzen: die Schläge sind keine Kanonen-, sondern Artschläge, mit

denen die Pioniere die eichenen Bänke der Kirche zusammenschlagen, die als Feldlazarett eingerichtet werden soll. Die Nerven haben sich also zum ersten Male gemeldet! Dann werde ich vom beratenden Chirurgen des Armeekorps, Prof. Dr. Perthes, aufs sorgsamste untersucht und verbunden. Er kann mich in dem furchtbaren Fliegenneste nicht operieren; ich muß in die Heimat, nur dort kann durch Röntgenbestrahlung der genaue Sitz der Schrapnellkugel im Halse festgestellt werden.

Ein Fliegerhauptmann, mir aus früherer Dienststellung anhänglich, bietet mir freundlichst seinen Kraftwagen an, den ich zusammen mit einem Stabsoffizier der 11. Res.-Division, Major Frhr. v. Seherr-Thoß, dem der rechte Arm schwer zerschossen ist, dankbar annehme.

Wir langen nach schüttelnder, schmerzhafter Fahrt in Montmédy an, wo das Chaos und der Schmutz herrschen. Ich treffe bekannte Sanitätsoffiziere, die sich unser freundlich annehmen; aber der uns in Landres in Aussicht gestellte Lazarettzug in die Heimat ist nicht zur Stelle, dagegen fährt in einer Stunde ein gewöhnlicher Zug ab, der Koblenz in neun bis zehn Stunden erreichen soll. Wir richten uns in einem engen Abteil 2. Klasse ein, so gut es geht. Es ist nicht meine Absicht, diese Rückfahrt und später meine Leidenszeit im einzelnen zu schildern, ich möchte nur das Wesentlichste erwähnen. Also, wir brauchen 28 Stunden nach Koblenz — die Bahn ist versperrt, ein Zusammenstoß hat stattgefunden usw. — und bis in meine Garnison Ulm brauche ich noch zwei weitere, im ganzen also zur Heimfahrt nahezu vier Tage! Mein Reisegefährte steigt nach herzlichem Abschied in Trier aus und begibt sich zu den Schwestern im Mutterhaus der Borromäerinnen. Auf dieser furchtbaren Reise bewährt sich mein Bursche, Otto Liebhardt aus Eßlingen als sorgsamer und aufopferungsfähiger Krankenwärter, der Tag und Nacht nicht von meiner Seite weicht, mir bei einem unheimlichen Erstickungsanfall in Koblenz den durch die lange Fahrt gänzlich verschobenen Verband aufschneidet und Ärzte herbeiruft, mich bei dem vielen Umsteigen von Koblenz ab aus- und einladet und immer wieder bettet und pflegt und verpflegt. Ja, die Lazarettzüge sind eine segensreiche Einrichtung, nicht minder aber unsere treuen Burschen! Und nicht vergessen möchte ich den herzlichen Dank an die Herren der Bahnhofskommandantur Mainz, die mich und meinen neuen Reisegenossen, einen zweifach verwundeten jungen württembergischen Ulanenoffizier, Leutnant Graf Neipperg, so liebenswürdig und aufopfernd aufnahmen.

7. September. Ankunft zu Hause in Ulm; Wiedersehen mit den Meinigen! Im Krankenhaus geröntgt — die Schrapnellkugel ist einen Zoll vor der Speise- und Luftröhre stecken geblieben. Welche Gnade Gottes!

8. September wird die Kugel von der geschickten Hand des Arztes, Prof. Dr. Blauel, aus dem Hals herausgeschnitten. Nun aber beginnt erst recht meine Leidenszeit und damit — für mich und die Meinigen — eine fortwährende Kette von Hoffnungen und Enttäuschungen: denn nach der

Entfernung der Kugel und anscheinend schneller Heilung und Genesung stellen sich schwere, fast unerträgliche neuralgische Schmerzen im Ohr und Hals ein, tückisch und unberechenbar bis aufs letzte. Oh die furchtbaren langen schlaflosen, aber schmerzensreichen Nächte! Oh die öden Tage, wo unvermittelt auf anscheinende Besserung schwere Rückfälle folgen! Ich begebe mich auf Anraten der Ärzte aufs Land; — vergeblich; dann in eine Nervenklinik nach Straßburg i. E. zu einem befreundeten Ärzte zur Untersuchung — eine zweite schwere Operation ist nötig, wozu ich (Ende November) in ein drittes Krankenhaus nach Stuttgart übersiedle. Wiederum anscheinend schnelle Heilung, dann Wiederkehr der fast unerträglichen Schmerzen und eine dritte gefährliche Operation, am Kaisersgeburtstage 1915, wiederum von der Meisterhand des Generalarztes Prof. Dr. v. Hofmeister. Neun Monate gehen so hin in Schmerzen, Zagen und Hoffen, zumeist in der für den Feldsoldaten so lästigen überheizten Luft der Lazarette; dabei das bedrückende Gefühl, daß ich untätig sein muß und bei dem großen Ringen draußen nicht mehr mitmachen kann. Und ebenso, daß ich eine mir Ende Dezember 1914 von dem württembergischen Kriegsminister, General v. Marchtaler, angebotene höhere Generalstabsstellung als Armeechef nicht antreten kann.

Doch genug davon; wenn ich einiges Wenige von diesen Schmerzenstagen erwähne, so geschieht dies nicht, um irgend jemanden nachträgliches Mitleid mit mir zu erwecken, sondern deshalb, um mich noch über einige mir am Herzen liegende Punkte freimütig, tadelnd und lobend, auszusprechen.

In den Berichten über die Fahrt der Lazarett- und Krankenzüge wird der Wahrheit gemäß hervorgehoben, wie standhaft die Schwerverwundeten ihre Leiden ertragen. Von den Bahnhöfen der Lazarett-Standorte aus werden nun diese Kranken in musterhafter Schnelligkeit mit Kraftwagen in die Lazarette übergeführt und entschwinden damit dem Auge und dem Gedächtnis des großen Publikums. Dieses sieht fast nur noch die mit Ausgangserlaubnis versehenen Genesenden, die sich gerne noch vor ihrem Abrücken ins Feld pflegen, füttern, beschenken und verwöhnen lassen und naturgemäß keinen besonders bemitleidenswerten, sondern vielfach sogar, Gott sei Dank, einen recht vergnügten Eindruck machen. Darüber vergißt aber ein Teil unseres Volkes vollkommen, wie unendlich viel Schmerz, Sorge und Elend trotz der besten ärztlichen Fürsorge und Pflege das Gemüt der Schwerverwundeten in den Lazaretten und das ihrer Angehörigen bedrückt und belastet. Nur so läßt sich das jedem vom Felde Heimkehrenden auffallende sorg- und teilnahmslose Wesen und Benehmen und die für eine solche schwere Zeit so wenig passende Kleidung mancher Damen und Mädchen, nur so das schlemmerhafte Leben in den Hotels erklären, das sich manche Angehörige der bessergestellten Stände tagaus, tagein, wie im hellen Frieden gestatten; nur so auch die Hartnäckigkeit, mit der weite Kreise unseres Volkes jeden freiwilligen Verzicht auf bisher gewohnte Lebensgenüsse und Gewohnheiten verweigern. Sie alle hat der furchtbare Ernst dieses Krieges noch nicht gepackt; auch nicht das

Gefühl der Dankbarkeit dafür, daß ihr Haus und Heim durch die Tapferkeit und Ausdauer unserer über alles Maß hinaus lobens- und liebenswerten alten und jungen Truppen und durch den Heldentod von soviel Tausenden von den unsagbaren Schrecken feindlichen Einbruchs bewahrt worden ist; und auch nicht die daraus hervorgehende Verpflichtung, sich durch mitfühlende Haltung, durch einfache Sitten und Lebenshaltung und durch zweifache Opferwilligkeit dafür dankbar zu erweisen. Dankbar den Gefallenen und dankbar den Verwundeten, unter denen sich die größten Märtyrer und Helden des Krieges befinden: ich denke dabei an dich, du lieber Zimmernachbar, der du fast in der ersten Stunde des Feldzuges bei Mülhausen schwer verwundet, fünf Monate alle Schmerzen mit bewundernswerter Geduld getragen hast und dann doch noch dein junges Leben lassen mußtest; ich denke an die vielen, die schon Glieder verloren haben, oder denen nur noch durch Amputation geholfen werden kann, und die mit schwerer Sorge in die Zukunft sehen. Gewiß, der Staat wird das möglichste für sie tun, und glücklicherweise gibt es im deutschen Volke unendlich viele Gebefreudigkeit — aber das ganze Volk soll und muß sich seiner Pflichten gegen die Toten und Verwundeten bewußt sein und das innerlich und äußerlich zum Ausdruck bringen.

Soweit der Tadel, nun aber in Hülle und Fülle Lob und Dank. Zuerst den Ärzten, die in unermüdlicher, aufopfernder und uneigennütziger Berufsarbeit die beste Kraft ihres Könnens hergeben und dabei oft die Grenze des ohne Gefährdung ihrer Gesundheit zu Leistenden überschreiten. Schon sind manche der Überarbeit oder den Berufsgefahren zum Opfer gefallen, manchen anderen wird dies Übermaß von körperlicher und geistiger Anstrengung vor der Zeit alt machen. Ihnen allen gebührt unser innigster Dank; zugleich dürfen wir stolz sein auf den Hochstand deutscher ärztlicher Leistungen und auf die musterhafte Einrichtung und Verwaltung unserer deutschen Krankenhäuser. Die Ärzte und ihre treuen Gehilfen tragen freilich ihren schönsten Lohn in sich selbst in dem Bewußtsein, ihre Pflicht und weit darüber hinaus getan und damit zugleich das vermehrte Ansehen des ärztlichen Standes bis in das letzte deutsche Dorf getragen zu haben.

Dann aber auch Lob und Dank euch Krankenschwestern und Pflegerinnen aller Bekenntnisse und Stände, die ihr als barmherzige Samariterinnen eures schönen, aber auch, ach, so schweren Amtes willig waltet, Tag für Tag und Nacht für Nacht, keine Mühe und Beschwerlichkeit scheuend. Friedrich Theodor Vischer, der kernige schwäbische Dichter, mit dem Herzen auf dem rechten Fleck, hat ahnungsvoll euer Lob vorausgesungen mit nicht zu übertreffenden, von Herzen kommenden und zu Herzen gehenden Worten:

> O, du bist gut, ja, du bist gut!
> Wie du dich sanft geneiget,
> Und über mich gebeuget,
> Da schwand die Fieberwut.

O, du bist rein, ja, du bist rein!
Durch deiner Wimpern Schatten
Strahlt nieder auf mich Matten
Ein heller Himmelsschein.

O, du bist mild, ja, du bist mild!
Um deinen Mund dies Lächeln,
Es kühlet wie ein Fächeln
Aus seligem Gefild'.

O, du bist lind, ja, du bist lind!
Von dir, von dir gerettet,
In Liebe weich gebettet
Entschlummr' ich wie ein Kind.

O, du bist still, ja, du bist still!
Dein leises Wort, dein Schweigen
Verbeut dem Höllenreigen
Sein tobendes Gebrüll.

O, du bist gut, ja, du bist gut!
Du bringst die Engelskunde:
Gesunde, Mann, gesunde!
Auf! Lebe! Fasse Mut!

Dank auch der Presse, die so rühmliche patriotische Gesinnung und Zucht gezeigt, uns Kranken mit ihren mit Sehnsucht erwarteten Kriegsnachrichten das Herz erhoben und uns den Kampf gegen die bedrückende Langeweile durch getreue Berichterstattung über die heimatlichen und fremden Verhältnisse und Ereignisse erleichtert hat. War es doch ein täglich erneuerter Genuß, sich das Bild der Operationen in West und Ost durch Eintrag in die Karten zu vervollständigen und es mit den Leidensgenossen, den Kameraden, zu besprechen. Dank auch allen Einzelpersonen und Vereinen, die durch Spenden und durch künstlerische Darbietungen den Verwundeten Freude und Genuß bereiten. Nicht am wenigsten aber auch Dank den treuen Freunden, die uns durch ihren Besuch erquickt und mit der Außenwelt in Verbindung gebracht, und denen, die ihre Teilnahme durch immer willkommene Briefe bezeugt haben. — Solche Briefe habe ich das Glück gehabt, aus allen Teilen der deutschen West- und Ostfront von älteren und jüngeren Kameraden andauernd zu erhalten, so daß ich doch einigermaßen an den Freuden und Leiden unserer herrlichen Armee, natürlich auch an denen meiner seit Monaten in den Schützengräben des Argonnenwaldes tapfer kämpfenden, jetzt von General v. Wencher befehligten Brigade teilnehmen konnte. Und mit Stolz stelle ich fest, daß von überall her, auch zu den nach Lage und Witterung schwersten Zeiten, die Losung erklang und erklingt: **Wir wollen und wir werden durchhalten und siegen!**

1
Vormarsch nach Frankreich.

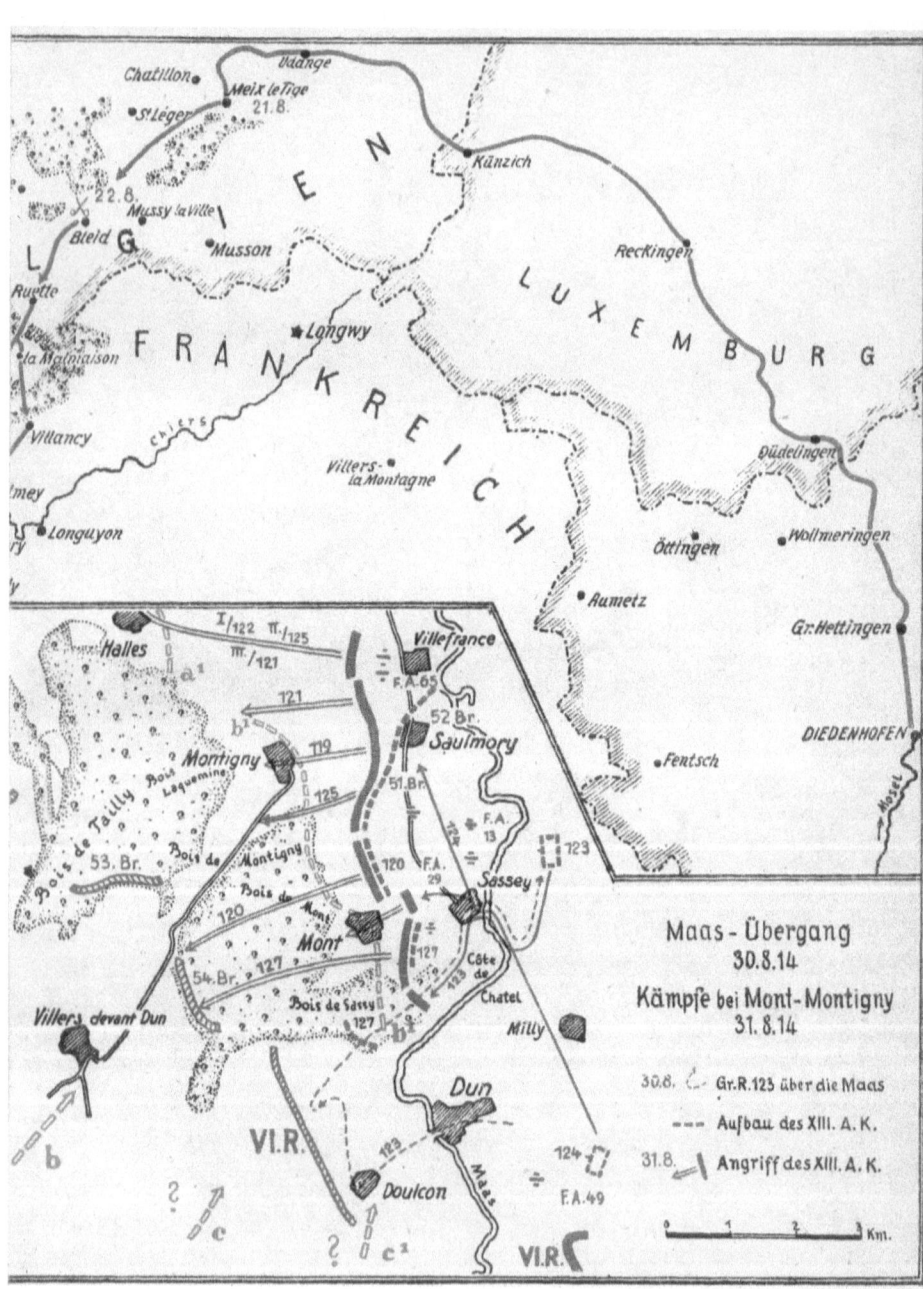

Kommandeur der preußischen 107. Inf.-Division.
Angriffskampf Jaroslau-Pinsk.
(Sommer 1915)[1]

24. Mai 1915. Im schönen Baden-Baden, wo ich seit sechs Wochen die endgültige Beseitigung der noch immer recht lästigen Nacken- und Nervenschmerzen durch allerhand Kuren erstrebe, sprechen die auf meine Bitte zur Beratung zusammentretenden Ärzte endlich das erlösende Wort aus: Jene Schmerzen können und werden noch lange Zeit, vielleicht dauernd anhalten, aber eine Verschlimmerung ist nicht mehr zu befürchten. Daraufhin stelle ich mich der Militärbehörde zu neuer Verwendung im Felde zur Verfügung. So reise ich nach meinem Standort Ulm zurück, Dank im Herzen für meine Ärzte und die gastliche Aufnahme im württemberg-badischen Johanniter-Offizier-Lazarett im Darmstädter Hof in Baden-Baden. Ich bin sehr gespannt auf Zeitpunkt, Art und Ort meiner neuen Verwendung! Es gibt so viele Möglichkeiten!

1. Juni. Dienstliches Telegramm: „Meldung in Thorn zur Übernahme einer preußischen Division!"

Also der Osten! Aber wohin von Thorn aus? Gleichviel — ich bin glücklich, der bedrückenden neunmonatigen Untätigkeit entrissen zu sein und dem Vaterlande wieder dienen zu können. Dies um so mehr, als die Lage in West und Ost neue große Entscheidungen und Schläge erwarten läßt und als Italiens schnöder Treubruch jeden deutschen Mann auf seinen Posten ruft.

2. Juni. Abmeldung in Stuttgart bei dem Könige und dem Kriegsminister. Ich erfahre, daß in Thorn mehrere Divisionen neu aufgestellt werden.

Zweiter Abschied von den Meinigen, die mich wegen der erneuten Gefahren, auch wegen meiner doch noch nicht ganz hergestellten Gesundheit doppelt schwer ziehen lassen.

3. Juni. Über Berlin und Posen 4 Uhr nachmittags in Thorn. Zum erstenmale in meinem Leben an und östlich der Weichsel. Auf dem Bahnhofe empfängt mich der erste Divisionsadjutant, Hauptmann v. Veltheim, als erstes bisher eingetroffenes Glied des Divisionsstabes; ferner der Infanterie-Brigadekommandeur, Oberst v. d. Heyde. Ich erfahre, daß ich die 107. Inf.-Division übernehme, deren Stab aus dem bisherigen Stabe der 100. Res.-Inf.-Brigade gebildet wird.

Die Division tritt aber nicht in Thorn zusammen, sondern ihre fechtenden Teile werden aus verschiedenen Teilen der Ostfront herausgezogen, die

---

[1] Siehe Übersichtsskizze 2 nach S. 216 (zum rechts herausklappen) und Textskizze S. 47.

übrigen von den heimatlichen stellvertretenden Generalkommandos neu aufgestellt: alle Teile aber werden auf verschiedenen Bahnstrecken nach Süden abbefördert. Mehr wird zunächst nicht bekannt gegeben. Immerhin lichtet sich damit der Schleier: wir kommen offenbar nach Galizien oder in die Karpathen. Dort sind soeben 5 Forts von Przemysl wieder erobert und ist Stryj erstürmt.

4. Juni. Ganz Przemysl ist wieder in unserer Hand! — Ich beschaue mir das von Soldaten aller Waffen wimmelnde Thorn, die stattliche Weichsel, die schöne alte Jakobskirche und ergänze, so gut es geht, meine Feldausrüstung für den künftigen Kriegsschauplatz, insbesondere durch Ankauf von Insektenpulver. Der Geschäftsbetrieb der Division wird eingerichtet; unzählige Telegramme mit Meldungen, Auskünften und Bescheiden über den Zusammentritt aller Divisionsteile fliegen Tag und Nacht hin und her; das Chaos entwirrt sich zusehends. Zwei meiner Pferde und meine Stabsordonnanz Dollmayer treffen von Ulm her ein, letztere und mein Bursche Liebhardt sind mir also auch auf den neuen Kriegsschauplatz treulich gefolgt.

Bahntransport Thorn—Jaroslau

5. Juni. 10 Uhr abends in dunkler Nacht fährt der erste Teil des Divisionsstabes von Thorn in Richtung Gnesen-Kreuzburg-Oderberg ab. Unser Zug hat als kurze telegraphische Geheimbezeichnung im Bahnverkehr den Stichnamen „Carotte"; er ist aus allen möglichen deutschen, österreichisch-ungarischen und belgischen Wagen zusammengestellt. Unterwegs habe ich Zeit, Einblick in die Kriegsgliederung der Division zu nehmen. Sie besteht aus der 213. Inf.-Brigade mit den Res.-Inf.-Regimentern 52, 227 und 232, der 1. und 2. Eskadron des Kürassier-Regiments Nr. 6, dem Feldart.-Regiment Nr. 213 mit 6 Kanonen- und einer leichten Feldhaubitz-Batterie, der schweren 15 Zentimeter-Batterie 107, der Pionier- und Sanitäts-Kompagnie 213 sowie den entsprechenden Munitionskolonnen und Trains. Gefechtsstärke rund 300 Offiziere, 10 300 Mann, 2700 Pferde, 22 Maschinengewehre, 28 leichte und 4 schwere Geschütze; Verpflegungsstärke rund 13 000 Köpfe, 3500 Mäuler. Von der ganzen Division kenne ich persönlich niemanden von früher her mit einer einzigen Ausnahme: zu meiner Freude befehligt das Res.-Inf.-Regiment 227 ein Kriegsakademie-Kamerad, der von seinem erfolgreichen Distanzritt Berlin-Wien her rühmlichst bekannte, als General-

stabsoffizier in China und Südafrika bewährte Oberstleutnant z. D. Freiherr v. Reitzenstein; obwohl Kavallerist, hat er schon im Westen ein Jägerbataillon geführt und kommandiert nun im Osten seit einiger Zeit das Res.-Inf.-Regiment 227.

6. Juni. Wir durchfahren abends die alte turmreiche Polenstadt Krakau. Dort sehe ich die ersten russischen Gefangenen, einen ganzen Bahnzug voll, stämmige, in der Mehrzahl junge Leute aus

Stab der 107. Inf.-Division auf der Fahrt von Thorn nach Jaroslau

der Gegend von Odessa, ebenso einen Zug leichtverwundeter Deutscher, Bayern aus Przemysl. Ich erfahre das Fahrziel und die erste Bestimmung der Division: nach Jaroslau zur Verfügung des Generalobersten v. Mackensen, des Führers der 11. deutschen Armee. Die Fahrt auf der Strecke Krakau—Jaroslau führt durch freundliches, wohlangebautes Land, dessen Einwohner uns von Häusern und Feldern her lebhaft zuwinken. Es ist heiß; ich durchfahre einen Teil der Strecke im behaglichen Sitze eines auf offenem Güterwagen verladenen Autos, also in freier, frischer Luft und verschaffe mir so einen ersten Überblick über die Gegend. Je mehr wir uns Jaroslau nähern, desto mehr stoßen wir auf Spuren und Andenken der russischen Herrschaft; zerstörte und notdürftig wieder hergestellte Eisenbahnbrücken, gründlich niedergebrannte und durch Notbauten ersetzte Bahnhöfe, Wassertürme usw., Soldatengräber aus den Kämpfen um Jaroslau Ende Mai und Anfang Juni. Überall arbeiten russische Gefangene. In entgegengesetzter Richtung fahren endlose Züge mit österreich-ungarischen Truppen an die italienische Grenze.

Bahntransport, Krakau

7. Juni. Wir nähern uns unserem Fahrziel — aber plötzlich hält der Zug: ein vor uns fahrender Trans-

port ist verunglückt; leider Tote und Verwundete. Wir werden ernster: wie leicht hätte der Unfall auch unserem Zuge zustoßen können! Ich steige aus und fahre mit dem vom Stabe der Armee Linsingen als Generalstabsoffizier zur 107. Division versetzten und unterwegs eingetroffenen Hauptmann von Bok und Polach im Auto weiter in Richtung Jaroslau. Dabei lernen wir zuerst eine galizische Land- oder richtiger gesagt Sandstraße mit ihrem entsetzlichen Staube kennen. Auch müssen wir uns an das hier vorgeschriebene Fahren auf der linken Straßenseite erst gewöhnen. Spät abends Ankunft in unserem ersten Kriegsquartier Jaroslau. Suche nach Quartier. Schließlich finden wir solches in einer von ihren Besitzern verlassenen Wohnung. Nachtlager ein Bett mit Matratze ohne Kissen und Decken. Aber dank der schon jetzt erkennbaren großen Fürsorge meines Stabes trotz allem doch noch ein Schluck zum Trinken und ein Bissen zum Essen.

8. Juni. Meldung beim Oberbefehlshaber Generaloberst v. Mackensen. Er empfängt und begrüßt mich und die Division freundlichst. Aus dem echt soldatischen Gesicht spricht Energie, gepaart mit Güte. Der Oberbefehlshaber ist in gehobener Stimmung — liegen doch der erste tatsächlich gelungene große Schlachten-Durchbruch der Weltgeschichte bei Gorlice und die Wiedereroberung der so lange und zäh umstrittenen Festung Przemysl als jüngste Erlebnisse und Großtaten unmittelbar hinter ihm. Kurze Begrüßung des mir aus früherem dienstlichem Zusammenarbeiten bekannten vielbeschäftigten Generalstabschefs, Generalmajor v. Seeckt, den ich zu seinen Leistungen und Auszeichnungen beglückwünsche. Er teilt mir mit, daß die 107. Inf.-Division zunächst als dritte Division dem XXII. Reservekorps unterstellt ist.

Ich melde mich beim kommandierenden General dieses Korps, General der Kavallerie v. Falkenhayn, dem älteren Bruder des Generalstabschefs des deutschen Feldheeres, im Frieden Erzieher des jungen deutschen Kronprinzen, und werde zum Frühstück eingeladen. Im Stabe des Korps finde ich zwei schwäbische Landsleute, den Generalstabschef Major Wöllwarth und den Artilleriekommandeur Oberst Schradin. Auch an der Spitze der einen Reserve-Division des Korps, der 44., steht ein württembergischer General, Generalleutnant v. Dorrer, an der der anderen, der 43., ein alter Bekannter aus Frankfurter und sonstiger Generalstabszeit, Generalmajor v. Runkel. So fühle ich mich schon ganz unter Bekannten und Freunden.

Spaziergang in Jaroslau. Stattliche Kirchen und Häuser, aber schmutzige Straßen mit schlechtem Pflaster. Auf dem Markt großes Gedränge. Polnische Weiber barfuß, mit buntfarbenen Röcken und Kopftüchern, wenig hübsche Gesichter, aber sauber. Viele deutsche und österreich-ungarische Soldaten kaufen in den armseligen Läden und Marktständen die ebenso armseligen, überhaupt erhältlichen Waren und Lebensmittel ein. Polnische Juden mit schwarzen geringelten Locken in unbeschreiblich schmutzigen Kaftans und Stiefeln.

In einem größeren Wirtssaale findet die Aushebung galizischer Militärpflichtiger statt, darunter viele Juden. Aufgerufen springen sie mit lustigen Sätzen in das Wirtslokal. Der österreich-ungarische Gendarm sagt mir, daß sie sich alle willig stellen, aber in der Front wenig taugen. Er erzählt mir weiter, daß die Russen bei ihrem eiligen Abzug zwar außer den Bahnhofsgebäuden (die gründlich verbrannt sind) nur wenig Häuser zerstört, aber viel bürgerliches Eigentum in Eisenbahnwagen mitgeschleppt haben.

Es ist sehr heiß. Allgemeiner Wunsch nach Regen. Im übrigen könnte man sich im Manöverquartier denken, wenn nicht fernher von Osten und Nordosten dumpfer Kanonendonner ertönte.

Es gibt keine Zeitungen — leider auch keine Post. Nur der „Norddeich", d. h. die amtlichen, durch Funkspruch übermittelten deutschen und österreich-ungarischen Heeresberichte sind an der Kommandantur angeschlagen und gehen auch der Division täglich im Umdruck zu. — Außerdem erhalten wir eine Fülle von umgedruckten Heeres- und Armeebefehlen der letzten Monate, deren eingehendes Studium uns schnell in die bei den galizischen Heeresteilen be-

Kirche in Jaroslau

stehenden Befehls- und Verpflegungsverhältnisse einführt. Ich versammle die Offiziere des Stabes, bespreche an der Hand der eingezeichneten Lage die Aufgabe der Armee, des Korps und der Division und bitte alle Herren, mich bei der Führung der Division und der Fürsorge für die Truppe namentlich auch durch Vorausdenken und praktische Vorschläge zu unterstützen. So herrscht eine fieberhafte Tätigkeit auf den Geschäftszimmern der Division, wo jeder der zum Stabe gehörigen Offiziere, Sanitätsoffiziere und Beamten sich mit neuen unbekannten und uneingearbeiteten Schreibern sein kleines Reich gründen muß. Abends noch ernste Sorge um meinen braven Weberbecker Wallach Agricola: schwere Kolik, drei Einspritzungen; morgens, Gott sei Dank, Gefahr vorüber. Wie man doch an solch treuem Tiere hängt!

9. Juni. Ich erwache schon gegen 4 Uhr morgens, kann wegen Fliegen und Hitze nicht wieder einschlafen und greife zu Hebbels Nibelungen; da plötzlich Krach auf Krach und daran anschließend wildes Geschütz-, Gewehr- und Karabinerfeuer, letzteres herrührend von sonst wenig kriegsgewohnten

Ordonnanzen, Schreibern usw. des Divisionsstabes und anderer höhere Stäbe aus allen Häusern und Ställen der nächsten Umgebung, sehr viel gefährlicher für uns als für die feindlichen Flugzeuge. Fliegerangriff der Russen, vermutlich gegen das Oberkommando Mackensen gerichtet. Leider einige Tote und Verwundete in einer mit deutscher Kavallerie belegten Kaserne.

Wir erfahren vom Gardekorps, das östlich Jaroslau im Schützengraben liegt, daß Hunderte von Russen überlaufen; der Schlag von Gorlice und der Fall von Przemysl hat sie anscheinend doch gewaltig entmutigt. Die Division setzt die Ausladung und Versammlung im Umkreise von Jaroslau fort.

Vormittags 9 Uhr. Autofahrt nach Laszki. Besprechung mit dem Kommandeur der 2. Garde-Inf.-Division, General v. Winckler, dessen Truppen wir noch heute in den Schützengräben ablösen sollen. Wir fahren unter lebhaftem Kanonendonner auf schauderhaften Wegen an zahllosen russischen und deutschen Schützengräben und manchen Gräbern vorbei durch elende, großenteils verbrannte Ortschaften mit Resten einer armseligen Bevölkerung.

Nachmittags. Vormarsch der Division von Gegend Jaroslau nach Gegend Bobrowka. Der Marsch geht durch tiefen Sand in furchtbarem, durch den Wind in dichten Wolken aufgejagtem Staub bei glühender Hitze, die von der Infanterie um so mehr empfunden wird, als nirgends frisches Wasser zu haben ist; an den wenigen noch brauchbaren Brunnen steht überall „Choleragefahr, kein Trinkwasser".

Ich versammle die Stabsoffiziere der Division und begrüße sie herzlich mit einer kurzen Ansprache. Nur drei Regimentskommandeure der Infanterie und Artillerie, die Majore v. Kornatzki (Regiment 52), v. Zitzewitz (232), und Borchert (Feldart.-Regiment 213) sind aktive Offiziere, von den neun Bataillonskommandeuren nur zwei; unter den inaktiven befindet sich der ordentliche Professor der Rechte Biermann aus Halle. Ich gebe einige grundsätzliche Empfehlungen für den ja offenbar ganz nahe bevorstehenden Kampf. Bevorzugung eingliedriger Formen auch für die Unterstützungen zur Verminderung der Verluste; kein Hetzen und Überstürzen, sondern ruhiges Handeln nach gründlicher Überlegung und gesundem Menschenverstand; abschnittsweises Vorgehen mit gegenseitiger Feuerunterstützung; gute Verbindung der Infanterie mit der Artillerie und umgekehrt; Artilleriebeobachter weit vor, um Wünsche der Infanterie schnell und richtig an die Batterien gelangen zu lassen; Verantwortungsfreudigkeit aller Führer, aber selbständige Entschlüsse nach rückwärts an die Vorgesetzten melden. Anwendung des Kompasses bei Nacht und im Waldkampf. Vor allem aber: gutes Beispiel der Offiziere im Kampf durch Führen der Truppe im Gefecht und durch Fürsorge auf dem Marsch, im Quartier und im Biwak. Dann begrüße ich die lange Kolonne der an mir vorbeimarschierenden Truppen, Kolonnen und Trains. Dabei fällt mir auf, daß sich unter den Infanteristen doch eine recht große Anzahl von 35- bis 45jährigen Leuten befindet.

Die Division rückt in Ortsbiwak in und östlich Bobrowka. Ein Teil der Infanterie, die drei Regimenter der Brigade nebeneinander, löst aber schon heute abend unter dem Schutze der Dunkelheit die Infanterie der 2. Garde-Division in den westlich Korzenica gelegenen Schützengräben ab, die denen der Russen ganz nahe gegenüberliegen.

Wir reiten nach unserem Quartier Bobrowka; es besteht aus dem fast einzigen, noch vom Russenbrand übrig gebliebenen Hause, dem Schulhaus, dessen Zimmer aber mit vielfach benutztem altem Stroh und mancherlei Schmutz angefüllt sind. Es wird gereinigt, aber ich kann mich nicht entschließen, dieses Quartier zu beziehen, und lasse mir, so gut es gehen mag, einen Kraftwagen als Nachtlager herrichten. Betten gibt es nicht — wer hätte auch daran gedacht, ein solches auf einen europäischen Kriegsschauplatz mitzuführen!

Zunächst habe ich, im Freien sitzend, Zeit, mir einige Gedanken über meine neu zusammengestellte Division zu machen. Bewundernswert ist es vor allem, wie in der kurzen Zeit von kaum einer Woche durch die unermüdliche Arbeit von nicht weniger als 11 deutschen stellvertretenden Generalkommandos, sowie der Inspektionen der Artillerie und der technischen Waffen unter Leitung des preußischen Kriegsministeriums alle zu einer Felddivision gehörenden Stäbe, Kolonnen und Trains aufgestellt, mit Mannschaften, Pferden und Fahrzeugen versehen, in Marsch gesetzt und dann von der Militär-Eisenbahnbehörde pünktlich nach Jaroslau befördert worden sind. Tatsächlich ist „alles da" mit Ausnahme von zwei Fuhrparkkolonnen, die der Division durch die 11. Armee auf dem neuen Kriegsschauplatz selbst zugeteilt werden sollen. Wenn man bedenkt, daß Anfang Juni allein in Thorn vier solcher neuen Divisionen aufgestellt wurden, dann wird man mit Achtung vor deutscher Organisationskraft erfüllt.

Wie steht es aber mit der Gefechtskraft meiner Division? Das macht mir doch einige Sorge. Trotz ihrer Benennung als „107. Infanterie-Division" ist es tatsächlich doch eine Reserve-Division; denn ihre Infanterie besteht aus drei Reserve-Regimentern, die zudem bisher drei verschiedenen Divisionen angehört haben. Der Brigadekommandeur kennt nur eines seiner drei Regimenter aus früherer Tätigkeit. Die Feldartillerie ist aus vier verschiedenen aktiven und Reserve-Feldartillerie-Regimentern zusammengestellt worden, und zwar so, daß überall die fünften und sechsten Geschütze der Feldbatterien abgegeben wurden: also von nicht weniger als 14 verschiedenen Batterien! Aus diesen neu zusammengewürfelten Batterien müssen daher erst Abteilungen und ein Regiment gemacht werden. Auch die Fußartillerie-Batterie 107 ist eine Reserve-Formation, ebenso die Pionier-Kompagnie. Aktiv sind nur die beiden Kürassier-Eskadrons, freilich stattliche Leute und famose Soldaten. Alle fechtenden Truppen kommen aber zudem aus monatelangem Stellungskrieg an der Rawka und Bzura; sie sind also weder einmarschiert, noch für den Angriff, vollends im Bewegungskrieg, geschult. Marsch, Angriff, Bewegungskrieg stehen uns aber offenbar ausschließlich bevor. Und was das Bedenklichste ist: ich habe nicht einen einzigen Tag Gelegenheit gehabt, die Führer und Truppen kennen zu lernen, sie mit meinen taktischen Anschauungen und meiner Art der Befehlsgebung bekannt zu machen und sie dadurch zu einem wirklichen Divisionsverband zusammenzuschweißen. Welcher Unterschied zwischen der Führung einer solchen neu zusammengestellten, in der Hauptsache von Offizieren des Beurlaubtenstandes geführten Reserve-Division und der Führung meiner mir in allen Teilen von Friedenszeiten her bekannten, von mir selbst ausgebildeten, von oben bis unten von aktiven Offizieren befehligten und aus jungen Mannschaften bestehenden aktiven Infanterie-Brigade zu Beginn des Feldzuges! Eines ist mir jedenfalls klar: ich muß die Division von Anfang an vor allem durch sichere Befehlsgebung zu einem brauchbaren Kampfverband zusammenfügen und muß alles tun, um Führer und Truppe kennen zu lernen und mir ihr Vertrauen zu erwerben.

Aber noch etwas völlig Neues kommt für mich hinzu: der Gegner und der Kriegsschauplatz. Ich habe bisher nur gegen Franzosen in Belgien und Frankreich gekämpft; jetzt geht es gegen die Russen im galizischen Lande. Schon aus dem, was ich bisher über den neuen Gegner gehört und gelesen habe, geht hervor, daß ihm gegenüber eine ganz andere Taktik nötig und möglich ist als im Westen. Diese bald zu erkennen, ist meine Pflicht.

Unter diesen Gedanken setze oder lege ich mich in dem nur mit einem Zeltdach geschlossenen Auto, so gut es geht, zum Schlafe nieder. Aber so heiß der Tag war, so kühl ist die Nacht. Immerhin bin ich am Morgen erquickter als die Herren des Stabes, die das Strohlager im Schulhause bezogen haben, dort jämmerlich von Wanzen und Flöhen zerstochen worden sind und auch schon ängstliche Nachsuche nach den gefürchteten Läusen halten — glücklicherweise ohne „Erfolg". Sie bauen sich nun Zelte.

10. Juni. Heiß; Wassermangel. Ich erkunde mit Hauptmann von Bok im Auto, dann auf tiefen Sandwegen zu Pferde und schließlich zu Fuß das Gelände und die feindliche Stellung bei Korzenica. Die mit rund 50 Geschützen hinter der Linie der Division stehende schwere und Feldartillerie des Korps beginnt mit dem Einschießen gegen die feindlichen Schützengräben; die Russen erwidern. Die ersten Verluste durch dieses Feuer treten ein: 3 Verwundete. Wir suchen unseren Gefechtsstand aus für den auf den 13. festgesetzten großen deutschen Angriff.

Abendessen im Freien; 20 Schritt von unseren Tischen entfernt stehen die beiden hölzernen Grabkreuze eines in den letzten Kämpfen gefallenen russischen Stabskapitäns und Fähnrichs. Dahinter die sechsfachen Gräben und Unterstände eines verlassenen Russenlagers. Nachts wieder im Auto. Es muß eine Erfindung gemacht werden, die Autos „schlafbar" zu machen!

11. Juni. Bobrowka. Stille vor dem Sturm. Im Schatten der Bäume findet für den Divisionsstab und die in der Nähe liegenden Bataillone evangelischer und katholischer Feldgottesdienst mit wirksamen, eindrucksvollen Predigten der Divisionsgeistlichen statt. Andächtige Haltung der Teilnehmer.

Unsere Artillerie schießt sich weiter ein; ein feindliches Munitionslager fliegt mit lautem Krach in die Luft. Einige feindliche Flieger zeigen sich. In den Schützengräben mehrere Tote und Verwundete. Die Reservebataillone treiben Turnspiele.

12. Juni. Dritte, höchst unbequeme Nacht im Auto. Die ersten drei russischen Gefangenen werden eingebracht. Stramme, frische Burschen, Kaukasier. Unser sprachkundiger katholischer Feldpfarrer verhört sie.

Auf Grund des Korpsbefehls für den Angriff am 13. Juni bespreche ich den Inhalt des ersten Divisionsbefehls mit meinem Generalstabsoffizier, der ihn ausarbeitet. Vor fast 20 Jahren bin ich selbst Generalstabsoffizier bei der Ulmer Division geworden, im Frieden, so wie Hauptmann v. Bok jetzt im Kriege. Aber die deutsche Generalstabsschule ist seitdem die gleiche geblieben, und so verstehen wir uns schnell. Der Gedanke und der Wille des Führers muß zur Geltung kommen; aber schon bei dessen Gestaltung kann und darf der Generalstabsoffizier mitwirken, und seine Sache ist es, ihn in klaren Befehlen zum Ausdruck zu bringen. Diese gemeinsame Grundlage ist eine der militärischen Errungenschaften, um die uns das Ausland mit Recht beneidet.

Gleichzeitig mit dem Angriffsbefehl erlasse ich eine persönlich gehaltene „Ansprache" an die Division, in der ich daran erinnere, daß wir zum erstenmale im Rahmen der sieg- und ruhmreichen Armee Mackensen kämpfen und daß wir uns dieser Ehre würdig zeigen wollen. Man muß mit solchen Ansprachen und Erlassen freilich sparsam sein und sich darin freihalten von aller

Schönrederei und -färberei; aber im richtigen Augenblick erlassen, verfehlen sie ihre Wirkung auch auf den einfachen Mann nicht.

Nachmittag. Übergang zum Wirkungsschießen gegen die feindliche Stellung — schwerer Kanonendonner bei Freund und Feind! Ich lasse mir die eben eintreffenden Minenwerfer zeigen, die für mich ein neues Kriegswerkzeug sind. Der für seine Waffe begeisterte Führer, ein Unteroffizier, berichtet mir, daß er beim letzten russischen Ansturm in Polen unter 50 Schüssen 41 Treffer gehabt habe. Hoffentlich stimmt's!

Die Division ist rechts angelehnt an die 43. Reserve-Division vom XXII. Reservekorps, links an das X. Korps Emmich. Im großen bildet sie ein Glied der mächtigen austro-deutschen Front, die bis zum 12. Juni von den Karpathen bis zur Weichsel aufgebaut ist zum entscheidenden Angriff gegen die Russen, die sich vor unserer Front, nach ihrer Vertreibung aus Jaroslau und Przemysl, am San, an der Lubaczowka und südlich in stark verschanzten Stellungen zu erneutem Widerstand festgesetzt haben. Das Ziel dieser großen Offensive ist die Befreiung ganz Galiziens von der russischen Herrschaft. So klein die Angriffsfront der Division in dieser Riesenfront von Hunderten von Kilometern ist, — so kommt doch alles darauf an, daß der Gegner an jeder Stelle energisch angegriffen, geworfen und daß dadurch der allgemeine Sieg errungen wird. Von dieser Überzeugung müssen Führer und Truppen aller Divisionen felsenfest durchdrungen und müssen entschlossen sein, in ihrem Abschnitt ohne Schielen nach Unterstützung durch die Nachbartruppen selbst ganze Arbeit zu machen. Nur in solcher Denkweise liegt die Bürgschaft für große Erfolge, und dazu ist die deutsche Armee seit langem erzogen.

13. Juni. Schlacht an der Lubaczowka. Vierte Nacht im Auto. Ich erwache 3 Uhr vormittags wie gerädert durch die fortgesetzte unbequeme Lage und stark durchfroren, außerdem mit heftigen Nerven- und Narbenschmerzen im Halse. Aber ich habe kaum Zeit, darüber nachzudenken. Meine Infanterie hat sich, zusammen mit den Pionieren und Minenwerfern, in der Nacht vom 12. zum 13., zum Teil mit Sappen, auf Sturmstellung nahe an die feindliche Stellung herangearbeitet und beschießt diese seit 5 Uhr vormittags; die gesamte Artillerie des Armeekorps aber gibt von 4 bis 5 Uhr 30 vormittags stärkstes Wirkungsfeuer auf die feindliche Stellung ab.

4 Uhr vormittags treffe ich auf dem Gefechtsstande der Division an der Straße nach Korzenica ein; einen Kilometer hinter uns ist der Gefechtsstand des Generalkommandos XXII. Reservekorps. Es ist doch ein eigentümliches Gefühl, nach neun Monaten wieder zum erstenmal im Feuer zu stehen — aber trotz aller vorangegangenen schweren Zeiten und schmerzlicher Eingriffe verhalten sich meine Nerven ruhig. Darüber bin ich sehr froh.

Sogleich erlebe ich ein Beispiel dafür, wie wenig geschult meine Unterführer sind und wie wenig auch die besten taktischen Ratschläge helfen, wenn man sie nicht durch Übung einprägen und lebendig machen kann. 300 Meter links von mir steht mitten im schweren Artillerieduell 4 Uhr morgens, am hellen, lichten, nebellosen Junitage, eines meiner zwei Reservebataillone, aufrecht, die Hände in den Hosentaschen, um die noch nicht abgebrochenen Zelte herum. Schlüge ein einziger der schweren feindlichen Brummer in das Bataillon ein, so wären starke Verluste und ebensolche moralische Erschütterung der Truppe die unausbleibliche Folge. Ich lasse mir im Galopp den Bataillonskommandeur, einen tapferen Major der Landwehr a. D., kommen und befehle ihm, sogleich sein Bataillon in eingliedrigen Linien in die nächsten Geländefurchen zu legen.

Der Angriff schreitet vorwärts, namentlich auf dem rechten Flügel und in der Mitte. Aber es ist doch ein harter Kampf, in den die Division, fast aus der Eisenbahn heraus, so plötzlich hineingeführt worden ist. Glücklicherweise verfügen die Russen über nicht allzuviel Artilleriemunition und begehen den Fehler, mit ihren schweren Geschützen allzulange und allzu schematisch die gleichen Punkte zu beschießen. So stelle ich von meinem, einen guten Überblick gewährenden Gefechtsstand aus mit Genugtuung fest, daß eine große schwarze Rauchwolke nach der anderen im Dorfe Zagrody aufsteigt, das meine Truppen längst überschritten haben. Dutzende von Gefangenen werden bei mir vorbeigeführt, auch einige Offiziere dabei. Aber auch Trauernachrichten treffen ein: schon sind zwei Bataillonskommandeure gefallen, Major v. Jarotzki und Rittmeister Graf Schlieffen. Der rechte Flügel und die Mitte erleiden schwere Verluste durch Gewehrfeuer und Handgranaten. Ich setze nacheinander meine beiden Bataillone auf dem rechten Flügel und in der Mitte ein. Es sind spannungs- und verantwortungsvolle Stunden, die man als höherer Führer in der Schlacht erlebt; aber ehrlich gestanden, es herrscht in der seit Gorlice ununterbrochen in siegreichem Vordringen befindlichen 11. Armee ein solches Gefühl der Überlegenheit über den Gegner, daß wir alle, auch wir neu Angekommenen, an einen Mißerfolg oder vollends an eine Niederlage gar nicht denken. Zudem werden mir vom Generalkommando weitere Batterien zur Verfügung gestellt.

Gefangener russischer Major

Gegen 8 Uhr vormittags wächst die Zahl der vorbeigeführten Gefangenen auf viele Hunderte an — das sicherste und zugleich willkommenste Zeichen, daß das Gefecht gut steht. Bald darauf treffen auch stückweise Meldungen der

Brigade und der Regimenter ein, daß die vorderste feindliche Stellung genommen ist und daß gegen die dahinterliegenden zweiten und dritten Linien weiter gestürmt werde. Sogleich setze ich die Feldartillerie staffelweise zum Verfolgungsfeuer an.

Russische Gefangene

Wir steigen gegen 1 Uhr zu Pferde und galoppieren vor — immer wieder an Gefangenen, aber auch an zahlreichen Verwundeten, auch an einem in blutiger Arbeit befindlichen größeren Verbandplatze vorbei, über uns weg sausen Tausende von Geschossen unserer schweren Artillerie, die ihr Feuer nach rückwärts verlegt hat. Die feindliche Artillerie antwortet nur noch schwach. Wir durchreiten die genommene feindliche Stellung mit ihren zahlreichen deutschen und russischen Toten und Verwundeten; sie ist sehr geschickt in mehreren einander flankierenden Linien angelegt, in tiefen Schützengräben für stehende Schützen gut ausgebaut und von unserer Artillerie lange nicht so zerschossen, wie wir nach dem starken Munitionsaufwand erhofft hatten. Ich begrüße und belobe meine Truppen — dann geht es weiter zur rastlosen Verfolgung, damit der Gegner sich nicht erneut festsetzen kann. Wir erfahren, daß die Russen sich anfangs sehr tapfer geschlagen haben; dann aber, als unsere Truppen sich ganz nahe an die russischen Schützengräben herangearbeitet hatten, plötzlich — ohne Offiziere — mit erhobenen Händen und in langen Linien, gleichzeitig, also

Verwundete Deutsche und Russen

offenbar auf Verabredung, übergelaufen sind. — Ich raffe mir eine neue Reserve ein; weiter geht es nach vorwärts, ebenso bei den Nachbardivisionen rechts und links. Abends in der Dämmerung gerät der Divisionsstab plötzlich in recht unangenehmes feindliches Schrapnellfeuer, dem wir uns durch einen Galopp in unser Nachtquartier Flis, ein ärmliches Zigeunerdorf mit verschüchterten Bewohnern, entziehen.

Aber, wenn dieses Quartier auch nichts bietet, auch kein Bett — wir sind doch in glücklichster Stimmung: die Division hat ihre Feuerprobe vortrefflich bestanden; der erste Divisionssieg ist errungen! Auch 2000 Gefangene, dabei 3 Maschinengewehre, haben wir gemacht. Es ist unsere Schlacht bei Korzenica, ein Teilstück der Schlacht der Armee Mackensen an der Lubaczowka, der zweiten großen Durchbruchsschlacht dieses Krieges. Freilich hat die Division außer 2 Stabsoffizieren 20 weitere Offiziere und 1060 Mann an Toten und Verwundeten zu beklagen — lauter Infanteristen und Pioniere. Schon wird ein Bataillon durch einen Oberleutnant geführt. Artillerie und Kavallerie haben trotz bester Pflichterfüllung keine Verluste. Dies rührt

Oberstlt. Frhr. v. Reitzenstein — Oberst v. d. Heyde — General v. Moser — Ordonnanzoffizier

vor allem daher, daß die russische Artillerie, wie auch die Gefangenen aussagen, fast nur auf die deutsche Infanterie schießt.

Ich verbringe die fünfte Nacht im Auto, bin aber so müde, daß ich trotz der bitteren Nachtkälte bald einschlafe.

Die Division hat die Nacht in neu aufgeworfenen Schützengräben verbracht, jeden Augenblick auf russische Gegenangriffe gefaßt.

14. Juni. 2 Uhr vormittags kann auf Grund des bis dahin eingegangenen Korpsbefehls der Divisionsbefehl für den 14. gegeben werden. Der Feind hat anscheinend noch am 13. in einer verschanzten Stellung bei Bihale wieder Front gemacht und soll unverzüglich wieder angegriffen werden. Die Divisions-Artillerie, unterstützt durch die schwere Artillerie des Korps, bereitet den Angriff vor. Für 7 Uhr vormittags ist der Sturm angesetzt.

Es kommt nicht mehr dazu. Der Gegner geht zurück. Die Division folgt in 2 Gefechtskolonnen, die rechte stärkere unter dem Infanterie-Brigadekommandeur, die linke unter einem Regimentskommandeur. Der Divisionsstab reitet hinter der Mitte mit seinen Reservebataillonen und Eskadrons. Unterwegs habe ich die Freude, Generalleutnant v. Dorrer, mit dem ich zuletzt in Ludwigsburg in Garnison stand, zu begrüßen.

12 Uhr 30 nachmittags. Neuer Divisionsbefehl: der Gegner hat in Gegend Lukawiec wieder eine neue Stellung besetzt; die beiden Kolonnen gehen noch heute nahe an diese heran und erkunden sie. Ich entschließe mich zum Abendangriff, baue meine gesamte Infanterie zum Angriff in mehreren Wellen auf und eröffne das Feuer mit der Artillerie, deren Feuerstellung wir in einem herrlichen Galopp auf tief sandigen Waldwegen erreichen. Von einer beherrschenden Höhe aus betrachte ich mir das schöne Schauspiel der in dem dunkelnden Tag mit allerhand grotesken Feuer- und Raucherscheinungen explodierenden eigenen und feindlichen Geschosse. Wir sprechen von allerhand, auch vom Geld, das im Kriege eine so große Rolle spielt — für den Truppenführer selbst aber glücklicherweise gar keine. So sagt mir der Artilleriekommandeur, daß wir heute zur Vorbereitung des Angriffs auf Lukawiec für rund 400 000 Mark Munition verschießen. Aber wer wird ans Sparen mit Geld denken, wenn Blut gespart werden kann!

Mit beginnender Dunkelheit, aber doch bei Mondlicht, setzen sich die Angriffswellen in Bewegung — ich reite mit der letzten Welle bei meinem letzten Reservebataillon. Je mehr wir uns Lukawiec nähern, desto mehr pfeifen uns die feindlichen Infanteriekugeln um den Kopf — am unangenehmsten in dem Dorfe selbst, das wir in dunkler Nacht erreichen. Der Gegner hat das Dorf unter Zurücklassung von Gefangenen geräumt, hält aber die Höhe hart östlich unter beständigem Feuern noch besetzt. Weiteres Vorgehen ist bei Nacht nicht ratsam. Wir finden ein notdürftiges Quartier auf den Wandbänken des Schulzimmers. 5 Offiziere, 1600 Russen sind in unsere Hand gefallen, fast 20 Kilometer weit haben wir den Gegner zurückgetrieben. Unsere Verluste sind erträglich.

15. Juni. 12 Uhr 15 nachts ergeht Divisionsbefehl zur alsbaldigen Fortsetzung des Angriffs. Namentlich das Regiment 232 hat heftige Kämpfe zu bestehen. Gegen 9 Uhr fängt der Gegner an, seine Stellung zu räumen. Die Division folgt in Gefechtsformation, die Artillerie fährt zum Verfolgungsfeuer auf. Vor meinem Quartier beerdigt der katholische Divisionspfarrer einen gefallenen Pionier; die Kameraden knien in andächtigem Gebet nieder — es ist doch etwas Schönes und Natürliches in solchen Fällen um das Knien! Unser Schulzimmer wird zum Truppenverbandplatz für Leichtverwundete, diesmal meistens Verletzungen durch Infanteriefeuer im Gesicht, an den Armen und Händen. Die Verwundeten sind guten Muts. Dann an einem Verbandplatz für Schwerverwundete unter Zelten vorbei, wo unsere beiden Geistlichen in schönem Wetteifer zusprechen, beten und trösten. Die Russen beschießen noch auf weiteste Entfernung unseren Vormarsch.

Abends im Bauernhause in Sysaki. Die Bäuerin richtet mir ein Strohbett her, was ich als eine unendliche Wohltat empfinde. Mein kleines Geldgeschenk beantwortet sie mit tiefer Verbeugung und trotz allen Abwehrens mit demütigem Handkuß. Aber aus dem Nebenhause ertönt lauter Jammer einer armen Mutter: durch ein russisches Geschoß ist heute morgen ihr 12jähriger Sohn getötet worden. Auch jetzt schlagen wieder feindliche Geschosse in unser Dorf ein.

Wieder 2 Offiziere, 500 Mann Gefangene.

16. Juni. Fortsetzung der Verfolgung. Wir überschreiten die Lubaczowka, gestern und heute als vorderster Keil der Armee; darüber kommt uns ein indirektes, gern gehörtes Lob durch die telephonische Mitteilung zu, bei dem Oberkommando habe man „Kopf gestanden", daß wir schon so weit vorgedrungen seien. Wir treiben den Feind vor uns her und verhindern ihn, all die zahlreichen Stellungen zu besetzen, die er vorsorglich quer über die Vormarschstraße hinweg angelegt hat. An ihnen geht der mühselige Marsch vorbei durch Waldstücke hindurch auf den über einen halben Meter tiefen Sandwegen bei starker Hitze und in schwerem erstickendem Staub.

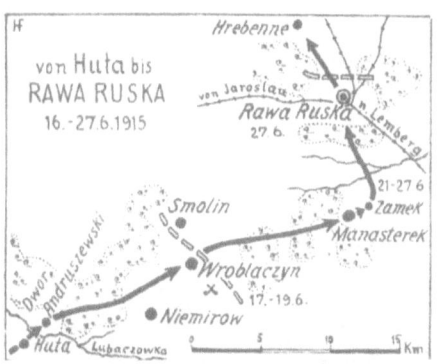

Manch älterer Landwehrmann sinkt erschöpft nieder. Die Marschgeschwindigkeit der Infanterie wird immer geringer; wo wir im Frieden bei unseren Übungen und Kriegsspielen 10 Minuten auf den Kilometer gerechnet haben, brauchen wir jetzt 20. Es wird mir weitere schwere Artillerie unterstellt. Unser Ziel ist Rawa-Ruska. Aber auf dem Wege dorthin hoffen wir noch zurückgehende russische Kolonnen abzuschneiden. Die taktische Lage ist sehr spannend. Die 107. Inf.-Division bildet das Bindeglied zwischen den ungefähr gleichhöhig rechts von ihr gegen die Bahnlinie Rawa-Ruska—Lemberg vorgehenden beiden anderen Divisionen des XXII. Reservekorps und dem etwas links rückwärts gestaffelt nach der Gegend nordwestlich Rawa-Ruska vormarschierenden X. Armeekorps. Die Division hat dabei vor sich den auf der Straße nach Rawa-Ruska zurückgehenden Gegner, in der halben linken Flanke aber eine russische Kavallerie-Division, die uns aus sehr geschickt gewählten Artilleriestellungen immer wieder beschießt und uns dadurch sehr lästig wird. Der von der Division bei Tag und Nacht zu deckende Raum beträgt mehr als 15 Kilometer — ich habe am heutigen Abend eine Vorhut auf der Straße, Front nach Nordosten, eine linke Seitendeckung mit der Front nach Norden, eine Verbindungsabteilung zum X. Armeekorps mit der Front nach Nordwesten — auf allen drei Fronten Feind gegenüber, und zwar in einem wegen zahlreicher bewaldeter Bergrücken recht unübersichtlichen und schwierigen Gelände. So ist die Führung der Division reizvoll, wie an be-

sonders „gelungenen" Manöver- oder Kriegsspieltagen; aber es ist auch höchste
Aufmerksamkeit und vor allem sichere Verbindung nötig. Dabei zeigt sich
der unschätzbare Nutzen des Fernsprechers, der zu meiner angenehmen Überraschung auch während des Vormarsches sehr gut arbeitet. Abends sind wir,
dank der vorzüglichen Maßnahmen meines Generalstabsoffiziers und unserer
Fernsprecher nach allen Seiten mit Armeekorps, Nachbardivisionen und mit
unseren Unterabteilungen sicher verbunden. Aber auch die Kürassiere leisten sehr Gutes in der Aufklärung und Verbindung.

Gefangener Kosak

Am Nachmittag gerät der Stab wieder ganz unerwartet bei einer Rast im Dorfe Huta neben der Marschkolonne der Division in feindliches Artil-
leriefeuer von links her. Ich befehle das Auffahren meiner Artillerie — aber da sie im Trabe durch den tiefen Staub der Straße, anstatt neben der Straße auffährt, verschlimmert sie durch Aufwirbeln einer großen Staubwolke nur das Übel. Auch findet sie die Aufstellung der feindlichen, vermutlich rei-
tenden Batterien nicht. Bei diesem kleineren Artillerieduell trifft eine russische Granate gerade den auf dem Packwagen im Dorfe stehenden Koffer des
Oberstleutnants Freiherrn v. Reitzenstein und reißt dessen ganzen Inhalt
auseinander; leider tötet sie aber auch mehrere arglos danebenstehende Einwohner, Frauen und Kinder.

Spät abends trifft nach anstrengendem Ritt von Westen her die österreich-
ungarische 11. Kav.-Truppen-Division bei dem Dwor (Gutshof) Andruszewski
ein, den wir uns als Quartier ausgesucht haben. Ich verständige mich mit
dem Führer, Feldmarschalleutnant Graf Neipperg-Bissingen über unser
gemeinsames Vorgehen am nächsten Tage in Richtung Smolin. Es ist
ein hübsches Bild, die stattlichen Regimenter vorbeiziehen zu sehen. —
Dabei fallen uns die ganz französisch anmutenden Begleitmannschaften
der Bagage auf mit ihren blauen Jacken und roten Mützen und Hosen.
Als Abendfackel leuchtet von weit her der blutrote Schein der von den

Russen frevelhafter- und ganz unnützerweise in Brand gesteckten Stadt Niemirow.

In dem sauberen Gutshause finde ich zu meiner angenehmen Überraschung ein Bett vor, in dem ich trotz nächtlicher Befehlsgebung gut schlafe.

17. Juni. Eine starke feindliche Stellung ist östlich der Linie Wroblaczyn—Smolin festgestellt; eine weitere bei Rawa-Ruska wird durch Patrouillen der österreich-ungarischen Kavallerie-Division gemeldet. Die Armee, — und so auch die 107. Inf.-Division — entwickelt zunächst schwache Schützenlinien und treibt von diesen namentlich Offizierpatrouillen der Infanterie und Pioniere zur Erkundung vor; die Artillerie erkundet Stellungen und eröffnet abends aus Gegend Wroblaczyn das Feuer, um das feindliche Artilleriefeuer herauszulocken. Denn es ist nicht klar, ob und wie stark die feindliche Stellung noch besetzt ist. Wir verbringen den Tag im Freien, im Walde bei schönem Wetter; einer nach dem anderen streckt sich zum Schlafe unter die Bäume. Abends geht die Infanterie näher an die feindliche Stellung heran und gräbt sich ein. — Quartier im schnell gereinigten, gänzlich leeren Schulhaus Wroblaczyn. Wir essen im Freien. Abends wird mir noch ein angeblicher Spion vorgeführt, ein ruthenischer Bauer, der der russischen Artillerie durch Zeichen den Standort unserer Artillerie verraten haben soll, worauf dann sogleich ein verlustreicher Feuerüberfall stattfand. Aber die Beweise sind sehr dürftig — die Strafe ernst: erschießen. Ich lasse ihn daher unter Einforderung genauerer Berichte der österreich-ungarischen Behörde übergeben, die übrigens nach allem, was wir hören, in diesen Fällen keine falsche Milde walten läßt.

Ich schlafe im freundlich angebotenen Schlafsack des evangelischen Divisionspfarrers, dieser und sein katholischer Kollege nächtigen zur Abwechslung friedlich nebeneinander in meinem Auto.

18. Juni. Weiterer Aufbau zum Angriff und Einschießen. Im übrigen eine Art Ruhetag für die Division — nach 8 Tagen eine ungeheure Wohltat für die schwer ermüdete, verstaubte Truppe, für Mensch und Tier.

19. Juni. 4 Uhr 30 vormittags Wirkungsschießen der gesamten Artillerie. Unsere Infanterie arbeitet sich nun näher an die als besetzt und als sehr stark ausgebaut erkannte Stellung heran. Der Gegner antwortet kräftig, namentlich mit Artillerie. Ich entwerfe den Angriffsplan; es bleibt nichts übrig, als ein gewaltsamer Ein- und Durchbruch auf meinem linken Flügel, wo ein Waldstück verhältnismäßig gedeckte Annäherung bietet. Aber der Angriff wird schweres Blut kosten. Für die Zeit von 11 bis 12 Uhr vormittags ist erneutes Wirkungsschießen gegen die Durchbruchsstelle geplant.

Ich begebe mich 7 Uhr vormittags auf meinen „Gefechtsstand" — ein mit Heiligenbildern rings an der Wand ausgeschmücktes Zimmer in einem Bauernhäuschen am Ostrand des Dorfes Wroblaczyn. Wir sind von dort mit dem Brigadekommandeur und den Regimentskommandeuren der Infanterie und Artillerie sowie dem Führer der schweren Batterie und ebenso mit dem XXII. Reservekorps und dem X. Armeekorps verbunden und erhalten fast gleichzeitig die Nachricht über das Vorschreiten der großen Verbände wie unserer eigenen Infanterie; ebenso die Nachrichten über Stärke und Richtung des feindlichen Infanterie-, Maschinengewehr- und Artilleriefeuers. Es ist etwas Großartiges um diese Allwissenheit im kleinen, gleich als ob man das Gefechtsfeld der Division und der Armee mit Adleraugen aus beherrschender Höhe überschaute. Und ebenso schnell und anschaulich wie die Meldungen eingehen, können die Befehle hinausgehen, ergänzt, wo es not tut, durch mündliche Aussprache. Freilich hat der Fernsprecher auch seine nicht geringen Gefahren: es kann auch zuviel gefragt und befohlen und dadurch die Selbständigkeit und Verantwortungsfreudigkeit der Unterführer schwer geschädigt werden. Wir wollen uns bemühen, im Divisionsstabe die richtige Mitte zu halten.

Ich führe die Division nun an acht Gefechtstagen hintereinander — im Frieden bei den Manövern waren 2 bis 3 Tage das höchste; wie schnell lebt man sich dabei mit seinem Verbande ein! Es ist die Aufgabe des höheren Führers, so auch des Divisionskommandeurs, den Zusammenhang in der Gefechtshandlung seines Verbandes und seiner Waffen dauernd zu erhalten, den Unterabteilungen immer wieder im Angriff neue Ziele und Abschnitte zuzuweisen, dann den Einbruchspunkt festzustellen, diesen unter zusammenfassendes Feuer zu nehmen und schließlich seine Reserven am entscheidenden Punkte zum Stoße einzusetzen. Dabei ist der Führer noch weit mehr als früher auf die Meldungen aus der vorderen Linie über Feind und Gelände angewiesen; denn die heutigen Gefechtsfronten — häufig 12 Kilometer und mehr für die Division — machen persönliche Erkundung auf der ganzen Front unmöglich. Nur die wichtigsten Geländestellungen kann und muß der Divisionskommandeur persönlich erkunden. Dazu begebe ich mich gegen Mittag mit Auto und Pferd nach vorne. Ich erfahre unterwegs, daß bei einer Batterie durch unvorsichtige Handhabung einer erbeuteten russischen Handgranate ein Mann getötet und sieben verwundet worden sind. Dann sehe ich, bei einer feuernden Abteilung angekommen, wie die schweren feindlichen Geschosse dort einschlagen und welch eiserne Ruhe und Zucht dazu gehört, dabei weiter zu „arbeiten". Leicht verwundete Infanteristen kommen bei mir vorbei; immer wieder Arm- und Kopfschüsse. Auch russische Gefangene und Überläufer. Sie stammen aus Wolhynien, junge, 20jährige, frische Burschen, vielfach auf der Bahn herumgeworfen, nach Przemysl und dann hierher gebracht und teilweise, nach nur dreiwöchiger Ausbildung, gefangen genommen, ohne auch nur einen einzigen gezielten Schuß abgegeben zu haben. Ich lasse sie fragen, warum sie eigentlich Krieg gegen uns führen. Antwort: w i r wollen keinen Krieg, aber die Obrigkeit will ihn und sagt uns, die Deutschen wollen russisches Gebiet erobern und erschössen alle Gefangenen.

Weiter — da kommt Nachricht: die Russen haben die Stellung geräumt, unsere Infanterie dringt in sie ein. Gott sei Dank! So hat also unsere rastlose Verfolgung doch die Wirkung gehabt, daß der Gegner erst 80 Kilometer östlich Korzenica wieder ernstlich Front zu machen suchte und nun sogar diese starke Stellung nicht zu behaupten wagt. Aber doch haben wir in diesen beständigen Verfolgungskämpfen vom 14. bis 18. wieder 15 Offiziere und 570 Mann verloren, darunter 9 Offiziere und 132 Mann tot. Und unter den Toten befindet sich schon wieder ein Bataillonskommandeur, der zum zweitenmale ins Feld gerückte Major der Landwehr Professor Dr. Biermann aus Halle. Er ist am 15. schwer verwundet worden und am 16. seinen Wunden im Lazarett erlegen. Ein schwerer Verlust für Staat, Heer und Familie.

Wir reiten gegen 2 Uhr nachmittags im Galopp nach vorne und durch eine in den feindlichen, nicht ganz fertiggestellten Drahthindernissen befindliche Lücke hindurch in die feindliche Stellung hinein. Sie liegt hier auf einem gänzlich abgeholzten hohen Hügel; ihr Ausbau übertrifft alle unsere Erwartungen. Wie uns ein galizischer Pfarrer erzählt, haben hier die Einwohner der ganzen Umgebung wochenlang Frondienst getan. So sind tiefeingeschnittene, gut gedeckte, mit zahlreichen Scharten versehene Schützen- und Verteidigungsgräben entstanden, und vor allem Unterstände, wie wir sie noch nicht gesehen haben: sechs Lagen gewaltiger Baumstämme übereinander, dann Erde. Wieder finden wir verhältnismäßig sehr wenig Wirkung unserer schweren Artillerie in den Gräben — ihre Trichter liegen alle weit davor oder dahinter. Wir ziehen daraus die Lehre, daß es mit Anzahl und Verhalten der Artilleriebeobachter noch nicht stimmen kann, daß diese noch weiter in die Schützenlinien vorgehen und sicherer mit ihren Batterieführern verbunden sein müssen. Unser Sturm hätte so auch bei größter Tapferkeit scheitern müssen; nur strategische Rücksichten können den Gegner, der wahrscheinlich zuletzt in der Hauptsache nur noch aus Kavallerie mit Maschinengewehren und Artillerie bestand, zur Räumung einer solchen Stellung veranlaßt haben. Über diese Räumung sind aber auch unsere Mannschaften, die die Werke mit uns anstaunen, von Herzen froh.

Wir reiten weiter nach Osten. Unterwegs finden wir noch Grund zu herzlichem Lachen. Ein braver Honved-Husar hat dringende Veranlassung zum Absteigen gehabt und sitzt am Straßenrand, sein hoch bepacktes Pferd am langen Zügel haltend. Dieses aber drängt heftig den weiter reitenden Schwadronsgäulen nach und zeigt sich gänzlich verständnislos. Das Ergebnis ist ein widerwilliger, aber höchst belustigender Parademarsch oder Trab in Hockstellung unter einer Flut von ungarischen Liebkosungen und Flüchen. Schließlich endigt auch diese Episode durch Wiederherstellung des europäischen Gleichgewichts.

Aus den Wäldern strömt armseliges Volk in die Ortschaften zurück; mit einem 20 oder gar 50-Pfennig-Stück kann man Glückliche machen. Die Gegend ist hübsch, Wälder und Hügel, weite anmutige Blicke; nur die Straßen trostlos. Wir wollen nach Zamek ins Quartier, das auf polnisch „Schloß" bedeutet. Aber unser Quartiermacher, der, begleitet von dem etwas aben-

Griechisch-katholische Kirche in Manasterek

teuerlustigen evangelischen Divisionspfarrer, dorthin vorausgeritten ist, bekommt Feuer. So nehmen wir gegen Abend Quartier beim fast 80jährigen unierten Pfarrer von Manasterek und erfahren, daß das Pfarrhaus erst heute mittag von einem russischen Stabe eiligst verlassen worden ist. Das Quartier ist eng, aber gut; der alte Pfarrer, der über 40 Jahre hier amtet, tut, was er kann.

20. Juni. Die Russen haben ihren Rückzug in der Nacht fortgesetzt; wir folgen ihnen. Dabei ist aber Zeit, die auf einem Hügel oberhalb des Pfarrhauses inmitten von herrlichen Linden höchst malerisch und poetisch gelegene, in eigenartiger Holzarchitektur reizend gebaute Wallfahrtskirche zu besuchen. Als wir weiter reiten und uns dankend vom Pfarrer verabschieden, drückt der gute alte Mann uns die Hände und sagt „Auf Wiedersehen!"

Mittags reiten wir durch das langgestreckte Dorf Manasterek, wo auf längere Strecke ein Bachbett die Dorfstraße bildet, durch eine stattliche Allee in den großen Hof des „Schlosses Zamek" ein, das der Vernichtung durch Feuer nur dadurch entgangen ist, daß vor kurzem noch ein russischer Korpsstab dort gelegen hat.

20.—26. Juni. Aber in welchem unglaublichen Schmutz treffen wir das Schloß an! Es ist ein stattliches, langgestrecktes, einstöckiges Schloßgebäude, an beiden Enden des Langbaus ein viereckiger Turm; vor dem Gebäude der verschwenderisch große Schloßhof mit einem riesigen Rasenrund, geschmückt mit freilich gipsernen Statuen polnischer Fürsten, denen aber fast allen die Köpfe abgeschlagen sind; ringsum niedrige Stallgebäude. Zwei Treppen führen in den ersten Stock. Aber diese Treppen und sämtliche Räume — mit Ausnahme der in dem südlichen Turm befindlichen Kapelle — sind angefüllt mit Schmutz und Unrat aller Art, blutigem Stroh und blutigen Lappen; ein russisches Feldlazarett soll hier gewesen sein. In den großen Goldrahmen der hohen Zimmer hängen die Ölgemälde in Fetzen gerissen herunter, die Spiegel sind zertrümmert, die Fensterscheiben größenteils entzwei; die Vorhänge sind heruntergerissen, die Kronleuchter zerschlagen, die Möbel im ganzen Hause zerstreut, ein Zimmer leer, das andere von oben bis unten vollgepfropft mit Tischen, Stühlen, Bettstellen, Schränken usw., von denen aber auch nicht ein Stück mehr ganz und heil ist. Insbesondere sind alle Damastmöbel auf der Suche nach Geld teils von den aufsässigen ruthenischen Bauern der Umgebung, teils von den Kosaken aufgeschlitzt. Aber unter der umsichtigen und energischen Leitung unseres freiwilligen Reisemarschalls, des ersten Adjutanten, wandelt sich Schmutz in Sauberkeit, Chaos in Ordnung, und nach wenigen Stunden sind Haus, Hof und Stallungen nicht wieder zu erkennen. Jeder von uns hat sein Zimmer und richtet sich dieses selbst weiter so behaglich ein, als unter diesen Umständen möglich ist. Übrigens findet sich in dem ganzen großen Schloß kein Abort.

Am Abend sitzen wir in dem hohen, schönen Speisesaal, der die eine stattliche Fensterreihe nach dem Hof, die andere nach dem großzügig angelegten, freilich vernachlässigten Park hat, an gewaltigen Tischen und auf einer Mustersammlung von Stühlen der verschiedensten Stilarten — ich auf einer Art von gotischem Abtstuhl — bei einem guten Mahle und Trunke beisammen — denn der letzten zehn Tage Last, Mühe und auch Gefahr war groß. Dann sinken wir — und um Schloß Zamek herum im großen Umkreise die todmüde Division — zur Ruhe nieder. Aufklärungs- und Sicherungstruppen bewachen und beschützen sie — der Gegner ist im eiligen weiteren Abzuge nach Norden gemeldet.

23. Juni. Nur wer solche zehn Tage und Nächte mitgemacht hat, in denen es keine Ruhe für Körper und Geist gab, vermag die Erquickung zu würdigen, die ich beim Erwachen aus langem, tiefem Schlafe in sauberem Bette und behaglicher Umgebung empfinde. Jetzt erst komme ich auch so recht zum Nachdenken über die letzten zwei Wochen. Es waren rastlose, überaus anstrengende, aber doch wunderschöne, weil siegreiche Kampf- und Verfolgungstage. — Offenbar ist der Gegner auf der ganzen langen Heeresfront zurückgeworfen worden, und zwar mit stark erschüttertem innerem Halt. Nun muß die Südgruppe, die aus den Südkarpathen herangeholte Armee Linsingen, noch kämpfend, weiter links schwenken, so daß für uns, die Armee Mackensen, ein kurzer Stillstand eintritt, während dessen wir die Front langsam nach Norden nehmen. Gegen Mittag besetzt mein Vorhut-Regiment 227 unter leichten Kämpfen die galizisch-russische Grenzstadt Rawa Ruska; der Rest der Division bleibt südwestlich dieses Ortes in einer starken Bereitstellung stehen, Front nach Norden. Aber leider trifft bei diesem Nachhut-

Schloß Zamek

gefecht gegen Abend eine verlorene Schrapnellkugel den tapferen Führer der II. Abteilung meines Feldartillerie-Regiments, Major v. Elern, mitten ins Herz. Auch ich gerate mit dem Generalstabsoffizier beim Vorfahren im Auto nach der einen weiten Überblick gewährenden Höhe hart nördlich Rawa Ruska sogleich wieder in heftiges russisches Schrapnellfeuer. Aber wie unser freundwilliger Krefelder Husarenleutnant und Kommandant des Divisionsstabsquartiers, Leutnant Heisen, der auch dabei war, zu sagen pflegt: „Es hat noch mal jut jejangen."

Im übrigen kann sich die Division von den Strapazen der letzten 14 Tage einigermaßen erholen — allerdings mehr durch Ausruhen und durch Heranziehen ihrer großen Bagage, die sie seit Jaroslau nicht mehr gesehen hat, als durch vermehrte oder verbesserte Verpflegung. Nichts ist unbequemer für die Truppe, als im befreundeten Lande Krieg zu führen, wo tausend Rücksichten zu nehmen sind, alles bar bezahlt werden soll und nichts beigetrieben werden darf. Die Etappe konnte auf diesen furchtbaren Sandwegen der raschen Vorwärtsbewegung der Truppe nicht folgen; zu kaufen gibt es aber in diesem armseligen Lande außer Vieh so gut wie nichts, und auch letzteres ist großenteils von den Russen verzehrt oder weggetrieben worden; denn wir befinden und bewegen uns auf einem Kriegsschauplatz, über den im August-September 1914 unter blutigsten Kämpfen österreichisch-ungarische und russische Heeresmassen im Hin- und Rückmarsch weggegangen sind und wo sich dann die Russen mit der Absicht, dauernd zu bleiben, eingerichtet hatten. So lebt die Truppe meistens von einförmigen Konserven. Sie hat nur einen Zuwachs erhalten — allenthalben sind zahlreiche Wagen und Pferde angekauft oder ermietet und unter Führung ihrer Besitzer den Bagagen und Kolonnen angegliedert worden. Kleine, aber bedürfnislose, zähe und ungemein fleißige Pferde und landesübliche galizische leichte Fahrzeuge, die zwar wenig fassen, aber mit dem Wenigen überallhin schnell folgen können. Auch die Division hat sich eine solche leichte Verpflegungskolonne — allgemein Panje-Kolonne genannt — zugelegt, ohne die der Nachschub gar nicht mehr zu leisten wäre, denn unsere planmäßigen schweren deutschen Fahrzeuge sind für feste Straßen, aber nicht für solche tiefe Sandwege eingerichtet. Außerdem konnten der Division die ihr in Aussicht gestellten zwei Fuhrpark-Kolonnen leider bisher nicht zugeteilt werden, so daß der Nachschub mit unzureichenden Verpflegungskolonnen geleistet werden muß. Das wird uns noch manche Sorge bereiten! Ein Glück, daß der Intendanturrat der Division so energisch, umsichtig und praktisch ist.

Auch über Land und Leute kann ich mir erst jetzt ein einigermaßen zusammenfassendes Urteil bilden. Nordgalizien, das wir kämpfend durchstreift haben, ist trotz mancher landschaftlicher Schönheiten doch ein armseliges Land mit ebensolcher, hauptsächlich ruthenischer Bevölkerung. Das Land macht den Eindruck starker staatlicher Verwahrlosung, wovon nicht nur der Zustand der Wege, sondern auch der der öffentlichen Gebäude, Schulen, Zollhäuser,

Bürgermeistereien usw. deutliches Zeugnis ablegt. Aber auch die Wohnhäuser sind eng, klein und schmutzig, die Fußböden aus Lehm, die wenigen Nebengebäude elende Hütten. Offenbar hat hier der polnische Großgrundbesitz, dem die österreichisch-ungarische Regierung die Verwendung der für Galizien bewilligten staatlichen Gelder im großen und ganzen aus innerpolitischen Gründen überlassen hatte, viel gesündigt. Österreichisch-ungarische Offiziere und Beamte, die wir unterwegs darüber sprechen, meinten auch — halb ernsthaft, halb im Scherz — übereinstimmend, Nordgalizien sei schon im Frieden „zum Abtreten an Rußland" eingerichtet gewesen. So wurde es den Russen leicht, die ohnehin im Frieden schon verhetzte Bevölkerung weiter gegen den Großgrundbesitz aufzuwiegeln. Sie gestatteten ihnen stillschweigend die Ausplünderung der Herrenhäuser, einschließlich Gutshöfe und

Galizische Landschaft

Ställe, und verteilten einen erheblichen Teil der Äcker und Wiesen des Großgrundbesitzes als Eigentum an die Bauern. In den letzten Tagen mußten nun letztere freilich teils mit den abziehenden Russen fliehen, teils wurden sie gerichtlich wegen Raubes, Plünderung und Landesverrates zur Rechenschaft gezogen. Man muß trotz allem mit diesen barfüßigen, schlecht gekleideten und genährten scheuen Leuten Mitleid haben, die, Männlein und Weiblein, riesige Packe auf dem Rücken tragend, demütig grüßen und mit offenem Munde unsere noch nie gesehenen Kraftwagen anstaunen.

Aber in diesen schönen Ruhetagen kommen wir auch innerhalb des Divisionsstabes zum angenehmen Bewußtsein, daß sich hier ein zwar aus allen deutschen Gauen hergewehter, aber glücklicherweise in allen Gliedern zusammenpassender militärischer Familienkreis gebildet hat. Wenn der Stab eines mobilen Generalkommandos schon so zahlreich ist, daß eine dauernde Trennung in zwei Staffeln nötig wird, mit meistens getrennter Unterkunft und ebensolchem Mittagstisch, so kann der aus rund 20 Offizieren, Sanitäts-, Veterinär-Offizieren und höheren Beamten bestehende Divisionsstab gerade noch zusammen einquartiert und verpflegt werden; im Bewegungskrieg freilich nur unter der Voraussetzung, daß niemand große Ansprüche macht und daß die für Einquartierung und Verpflegung Sorge tragenden Herren des Stabes kleine Genies in ihrem Bereiche, Quartier, Küche und Keller, sind. Beides trifft bei uns glücklicherweise zu, wobei bei unserem ersten Adjutanten, Hauptmann v. Veltheim, seine Vorschule als Herzoglicher Flügeladjutant nicht zu verkennen ist. Wir nennen ihn daher auch den „grandseigneur". Und nie kann ich dankbar genug sein für die willige, dienstliche Unterstützung im Gefecht und auf dem Geschäftszimmer durch alle Glieder des Stabes sowie für die mir gewidmete persönliche Fürsorge im Großen und Kleinen, und nicht genug kann ich den mir besonders sympathischen fröhlichen kameradschaftlichen Geist rühmen, der in meinem Stabe in und außer Dienst herrscht. Es besteht trotz der großen Lebensaltersunterschiede volle Harmonie; wir vollendeten oder angehenden Fünfziger, der evangelische Feldgeistliche Bury, im Frieden Superintendent, der Kriegsgerichtsrat Rhode, im Frieden erster Staatsanwalt, und ich — wir erfrischen uns an der jugendlichen Fröhlichkeit der Ordonnanzoffiziere und jüngeren Adjutanten; und die Herren der Mittelaltersklasse, darunter der katholische Feldgeistliche Nikel, im Frieden Gefängnispfarrer, der Divisionsarzt Dr. Seeger, aus einer östlichen Garnison, und der Intendanturrat Zahn aus Metz, werden bald von der Jugend, bald von dem Alter für sich beansprucht und fügen sich in beide Rollen mit Würde und Verständnis.

Und hier sei, wenn auch zum Schrecken des Blauen Kreuzes, gleich gesagt, daß unter uns allen Einstimmigkeit darüber herrscht, daß ein guter Tropfen eine gute Gabe Gottes ist, ja daß er im Kriege zur Belebung nach schweren körperlichen oder geistigen Anstrengungen bei Stab und Truppe durch nichts anderes zu ersetzen ist und auch in Form von gutem Rot oder Glühwein bei ungünstiger Witterung gesunderhaltend wirkt. Gegen Mißbrauch schützt im Bewegungskrieg die Seltenheit dieses Genusses; im Stellungskrieg sind freilich Vorsichtsmaßregeln nötig, die aber eigentlich nur dem gefährlichen Branntwein zu gelten haben.

Wir im Stabe tragen dem dadurch Rechnung, daß jedermann einen Grund angeben muß, bevor er einen Kognak usw. zu sich nimmt; manchmal sind diese Gründe allerdings recht fadenscheinig, immer aber lustig. Übrigens vertrete ich als Familienältester doch immer wieder den Grundsatz der Mäßigkeit und Sparsamkeit; und als praktischer Mann, der es nicht bloß beim Verneinen läßt, empfehle ich dann nicht völlige Enthaltsamkeit, sondern ein Getränk, das ich kalt und warm als besonders schmackhaft und bekömmlich erst jetzt hier im Osten schätzen gelernt habe: Tee mit einem Schuß Rotwein.

An Unterhaltungsstoff fehlt es uns nicht. Jeder von uns hat seine eigenen Feldzugserlebnisse hinter sich, jeder aus anderer Umgebung und anderer Gegend. Aber auch die Zusammensetzung des Stabes, Berufs- und Reserveoffiziere aller Waffen, Sanitäts- und Veterinäroffiziere, Verwaltungs- und Justizbeamte, Seelsorger beider Bekenntnisse, Verheiratete und eingefleischte Junggesellen, Stillverlobte und Bräutigame, Nord-, Mittel- und Süddeutsche, läßt keine Einseitigkeit aufkommen. Außerdem haben wir häufig die Freude, Gäste bei uns zu sehen — so jetzt den Brigadekommandeur und die Regimentskommandeure mit ihren Adjutanten. Dabei lernt man sich auch außerdienstlich näher kennen und erfährt manches bisher unbekannt gebliebene kleinere taktische Erlebnis, aber auch manchen erfüllbaren, für das Wohl der Truppe wichtigen Wunsch.

Von den drei Regimentsadjutanten der Infanterie ist übrigens nur einer aktiv — von den beiden anderen ist der eine Volksschullehrer, der andere Postsekretär. Aber sie sind äußerlich und innerlich so in ihre Stellungen hineingewachsen, daß man sie von aktiven Offizieren nicht unterscheiden kann — immerhin, vom militärischen Standpunkt aus, das höchste Lob für einen Offizier des Beurlaubtenstandes. Neue Anregung bringen auch die von unserem oder den benachbarten Korps oder Divisionen eintreffenden Nachrichten- und Ordonnanzoffiziere. Dabei lernen wir auch die ersten österreich-ungarischen Offiziere kennen und als sehr liebenswürdige, angenehme und wohl unterrichtete Kameraden schätzen. Übrigens ist uns seit kurzem auch der k. k. Landwehrleutnant der Reserve Kopcuich, Ukrainer von Geburt und voll Begeisterung für einen von ihm erhofften großen ukrainischen Zukunftsstaat, im Frieden als Anwaltsgehilfe in Lemberg ansässig, als Dolmetscher zugeteilt; er beherrscht alle slavischen Sprachen, hat aber in unserem ebenfalls sehr sprachkundigen katholischen Divisionspfarrer einen Austauschkollegen, der außer den slavischen Sprachen auch noch Hebräisch versteht. Beide Herren beteiligen sich daher an dem Verhör der Gefangenen. Der katholische Pfarrer vertritt dabei noch im Verkehr mit der Bevölkerung die Menschenfreundlichkeit. Schließlich erfreut uns jeden Abend der vom Generalkommando übermittelte Heeresbericht mit seinen von überallher in der Hauptsache immer günstig lautenden Nachrichten.

Wenn so wir Offiziere und Beamten schnell einen durch gemeinsame Pflichterfüllung und fröhliche Kameradschaft zusammengefügten Verband gebildet haben, so bedarf der sogenannte Unterstab, der aus rund 130 Unteroffizieren und Mannschaften mit über 100 Pferden und 25 Fahrzeugen besteht, und von denen fast jeder von einer anderen Truppe oder Formation stammt, nicht nur besonderer dienstlicher Fürsorge, sondern auch einer festen Hand. Denn nichts ist schlimmer und ansteckender im Felde als ein schlecht in Ordnung gehaltener höherer Stab, bei dem sich in der Regel dann gerade die Untüchtigsten alle möglichen Freiheiten herauszunehmen erlauben. Aber auch in dieser Beziehung brauche ich keine Sorge zu haben: es wird stramme Ordnung und Zucht gehalten und dabei gleichzeitig dafür gesorgt, daß Mann und Pferd vollauf zu ihrem Recht kommen.

Unser Schmerzenskind ist vorläufig noch die Post. Die Feldpostexpedition der Division — so lautet leider noch ihr amtlicher undeutscher Titel — ist unter einem Vorstand, der noch nicht im Felde war und daher keine praktische Erfahrung haben kann, neu aufgestellt worden und mit einem Wagenpark ausgerüstet bei uns eingetroffen, der vielleicht für belgische oder französische Chausseen paßt, für unsere Verhältnisse aber ebenso unzureichend wie unbrauchbar ist. Das Postauto ist schon in Bobrowka liegen geblieben. Dazu kommt, daß der flotte Bewegungskrieg für das Einspielen einer Postbehörde die ungünstigste Gelegenheit ist und daß wohl auch die oberen Postbehörden nicht auf diesen Kriegsschauplatz genügend vorbereitet waren. Außerdem bestand für uns bis zum Eintreffen in Jaroslau Briefsperre. Kurz, Stäbe und Truppen leiden gleichmäßig unter dem vollkommenen Mangel an Briefen und Postpäckchen; größere Pakete sind überhaupt nicht zugelassen. Ich beauftrage einen Offizier des Stabes mit der Überwachung und Verbesserung des Postbetriebes; sie wird dadurch angestrebt, daß wir aus ermieteten landesüblichen Fahrzeugen eine Hilfspostkolonne bilden. Am 23. Juni trifft denn auch endlich der erste ordentliche Schub an Postsachen seit der Abfahrt von Thorn am 5. Juni ein und erweckt die weitgehendsten Hoffnungen, die aber wohl nicht so schnell in Erfüllung gehen werden. Denn jede Neuorganisation braucht Zeit und Erprobung. Deshalb ist es so notwendig und wichtig, schon im Frieden möglichst viele Kriegserfahrungen zu sammeln. Übrigens muß ich zur Steuer der Wahrheit bekennen, daß es mein tüchtiger und menschenkundiger Fernsprechoffizier infolge seiner nach allen Richtungen hin unterhaltenen guten Beziehungen doch fertig gebracht hat, für mich ein Telegramm nach Hause zurück und ein größeres Paket mit den noch vermißten nötigsten Sachen und mit Nachrichten aus der Heimat vorzubringen; letzteres auf dem nur für besonders Begünstigte zugänglichen Wege durch die von Berlin strahlenförmig nach den größeren Kriegsschauplätzen und deren Hauptquartier führenden Eilkurslinien des deutschen freiwilligen Automobilkorps. Um so größer die Annehmlichkeit und Freude.

Allmählich lerne ich auch auf Ritten und Gängen unsere unmittelbare Umgebung kennen. Sie ist dadurch interessant, daß sich gerade hier im Herbst 1914 schwere siebentägige Kämpfe zwischen Russen und Österreichern abgespielt haben, wovon zahlreiche Schützengrabenlinien und Soldatengräber Zeugnis ablegen. Im benachbarten Niemirow sind den Russen viele Tausende österreich-ungarische Verpflegungsfahrzeuge in die Hände gefallen, die dort schließlich in vier Reihen nebeneinander enggepfropft auf den verstopften Straßen standen. Nur Pferde und Geschütze konnten gerettet werden.

Auch mit dem Sohne des Gutspächters kann ich sprechen und einiges für polnische Verhältnisse Lehrreiches erfahren. Das Schloß gehört samt großem Pachtgut einem Grafen X., der zugleich noch mehrere ähnlich große Schlösser und Güter, in der weiteren Umgebung besitzen, aber trotzdem tief, oder, wenn man will, hoch verschuldet sein soll. Daraus erklärt sich manches. Während nämlich die Stall- und Wirtschaftsgebäude von dem Pächter in verhältnismäßig gutem Zustande erhalten werden, wofür auch die jüdischen Gläubiger zu haben sind, ist im Schlosse — auch abgesehen von der neuesten Verwüstung — so ziemlich alles verlottert: ein Durcheinander von wahllos und überall zusammengekauften und wohl niemals richtig in Stand gehaltenen Möbeln, Spiegeln, Vorhängen usw. Es steckt ein sozialer Unsegen darin, wenn sich mehrere größere Güter in der gleichen, noch dazu meist arbeitsunwilligen Hand befinden: ja selbst für die Besitzer wäre es ein Glück, wenn sie mit ihren Ansprüchen und damit auch mit ihren Sorgen nur auf ein Gut angewiesen wären. Und noch eine Bemerkung drängt sich uns Deutschen auf, nämlich die, wie schlimm es ist, wenn in einem Lande ein tüchtiger Handwerkerstand fehlt. Was hier in Galizien in Hütten und Schlössern, an Türen, Fenstern, Böden und Wänden von einheimischen Handwerkern gemacht ist, ist von vornherein schlecht und geschmacklos. Ausbesserungen scheint es nicht zu geben; umgebogene Nägel und Bindfäden halten die nicht schließenden Schranktüren, Stubentüren und Fenster fest. Was etwa in den Schlössern bei der Neueinrichtung von fremden tüchtigen Handwerkern ausgeführt oder was an wertvollen Möbeln in Paris, Wien oder Pest angekauft ist, das verkommt rettungslos. Und kein unbefriedigenderer Anblick als ein schöner Empireschrank mit verbogenen Schlössern, ein Rokokostuhl mit halbdurchlöchertem Rohrgeflecht, eine Seidentapete mit faustgroßen Löchern. Deshalb wollen wir alles tun, um uns unseren vortrefflichen hochstehenden Handwerkerstand zu erhalten.

Es sind schöne Tage in Schloß Zamek. Das Wetter ist sehr angenehm, Sonne, abwechselnd mit erfrischenden, kurzen, schon lange ersehnten Regenspritzern. Wir sitzen an Spieltischen im Schloßhof im Freien bei Skat und Schach und bewundern einen prachtvollen Pfau, der seine zahlreiche Familie und uns durch unausgesetztes Radschlagen in Staunen und Respekt erhält. Dann und wann ist auch Reitkorso, wobei unsere jungen Kavallerieoffiziere und Herr v. Veltheim die Vorzüge ihrer Vollblüter ins richtige Licht setzen — gerade wie der Pfau.

Ich fühle mich an der Spitze meiner braven Division trotz andauernder Nervenschmerzen unendlich zufrieden und frisch, jetzt nach mehreren guten Nächten auch wieder ganz ausgeschlafen. Es steckte doch bei uns allen eine schwere Müdigkeit im Körper. In allen Nächten klingen vom Schloßteich klagende Unkenrufe her. Aber wir fassen sie nicht als Unheilkünder für uns auf — im Gegenteil für die Russen. Wenn der Feldzug so weiter geht wie bisher, dann läßt sich für einen deutschen Soldaten kaum etwas Schöneres denken.

Heute überreiche ich den beiden Feldgeistlichen, die schon seit Februar im Felde stehen, das wohlverdiente Eiserne Kreuz 2. Klasse; desgleichen dem Kommandeur der Sanitätskompagnie, dem Grafen Grote, Großgrundbesitzer und Mitglied des Herrenhauses, ebenso dem Chefarzt der Sanitätskompagnie; dem Führer des Res.-Regiments 52, Major v. Kornatzki, kann ich das Eiserne Kreuz 1. Klasse überreichen. Wie gerne würde ich es noch manchem anderen geben von den Offizieren und Mannschaften, die sich in den Kämpfen der letzten 14 Tage wiederholt ausgezeichnet haben. Aber es gibt nur verhältnismäßig wenige Eiserne Kreuze 1. Klasse und nie genug 2., um allen Verdiensten gerecht zu werden. Die Verluste geben freilich einen gewissen Maßstab für die Verteilung. Die Auswahl ist und bleibt aber unendlich schwierig, und Ungerechtigkeiten sind nicht auszuschließen. Dies ist mein Kummer und der aller Führer. Menschenwerk!

In der Nacht wird mein Res.-Regiment 227 in Rawa Ruska lebhaft von russischer Infanterie angegriffen. Der Angriff wird abgeschlagen; dabei wird ein russischer Offizier mit 80 Mann gefangen genommen, darunter ein 16jähriger hübscher Kosaken-Unteroffizier, der dem ihn ausfragenden österreichischen Gendarmerie-Unteroffizier höhnisch antwortet: „Euch ginge es schlecht, wenn euch die Deutschen nicht geholfen hätten!"

25. Juni. Armeebefehl: „107. Inf.-Division scheidet aus dem Verbande des XXII. Reservekorps aus und wird Armeereserve." Die beiden anderen Divisionen dieses Korps schieben sich am 25. und 26. durch Rawa Ruska hindurch und westlich daran vorbei vor meine Division und entwickeln sich dabei gegen den nördlich dieser Stadt standhaltenden Gegner. Ich ziehe mein Regiment 227 aus Rawa Ruska heraus und melde mich im Walde südwestlich Rawa Ruska bei dem kommandierenden General v. Falkenhayn ab; wir verplaudern, an einem Tische im Hochwald sitzend, unter dem Donner unserer die Höhen nördlich Rawa Ruska beschießenden Artillerie eine angenehme Stunde. Beim Abschied habe ich die Freude, anerkennende Worte über meine Division und das Bedauern des kommandierenden Generals zu hören darüber, daß die 107. Inf.-Division aus dem Verbande des Korps ausscheidet. Beim Heimritt begegnen wir russischen Gefangenen, die dem XXII. Reservekorps belgische Ersatzpferde zuführen.

26. Juni. Am 26. kann ich den Gefechtsübungen im Umkreise von Zamek anwohnen und dabei selbst einem Regiment Aufgaben stellen. Schmerzlich empfinde ich es aber, daß es mir nicht vergönnt war und ist, auch nur einige Tage lang die Division nach meinen Anschauungen und meinem Sinne zusammenzuschweißen. So viel guter Wille da ist, so wenig Erfahrung im Kampfe innerhalb eines größeren Verbandes.

27. Juni. Quartierwechsel nach Rawa Ruska, wo heute meine ganze Division vereinigt wird und wo morgen das Armeeoberkommando eintreffen soll. Frühmorgens sehr schmerzlicher Abschied vom idyllischen Zamek. Im Auto, in toller Fahrt durch tiefe Bäche hindurch, vorbei an meinen auf Rawa Ruska marschierenden Truppen, die ich mit Hilfe des kilometerfressenden Kraftwagens heute fast alle, wenigstens im Fluge, begrüßen kann; hart südwestlich Rawa Ruska betrachte ich mir, im Kraftwagen sitzend, — auch ein Vorteil des Kraftwagens für die höheren Führer, namentlich bei langen Marsch- oder Gefechtspausen — den Aufmarsch der Division rechts und links der Straße, ein militärisch reizvolles Bild. Aber die Mannschaften einer Reserve-Division, unter denen mir doch immer mehr viele recht alte, ja sogar einige stark ergraute, fast weißhaarige Leute auffallen, marschieren unter dem schweren Feldgepäck bei der schwülen Gewitterstimmung und dem

lästigen Staub sehr langsam — und der Wagentroß hat über alles Erwarten zugenommen. Die Truppe hat eben, ebenso wie wir, die Erfahrung gemacht, daß die Ortschaften entweder niedergebrannt sind, wozu die Russen, namentlich in den letzten Tagen, planmäßig übergegangen sind, oder nur völlig ausgeräumte Wohnräume bieten. So fangen wir an, Tische und Stühle, Bettstellen und Bettstücke und allerhand unentbehrlichen Hausrat mitzuführen, wozu auch einiges Küchen- und sonstiges Geschirr gehört, z. B. das bei uns zu häufigen Scherzen Anlaß gebende „blau emaillierte" eines älteren Mitgliedes des Stabes. Unter den Stühlen sieht man die merkwürdigsten Modelle auf den Wagen verstapelt: rote und grüne Korbstühle, Polstersessel, Rohrstühle; da und dort sieht ein Gänse- oder Hühnerkragen samt Kopf wehmütig aus einem Korbe heraus. In Erwartung weiterer schlechter Straßen sowie in der berechtigten Annahme, daß die Russen auf dem weiteren Vormarsche erst recht alle Vorräte verbrannt oder mitgeschleppt haben werden, haben die Truppen ihre Fahrzeuge mit Heu und Stroh geradezu gepolstert: Munitionswagen, Feldküchen, sonstige Wagen — alle sind hoch bepackt wie Erntewagen, zum Entsetzen aller Friedenssoldaten. Und wahrhaft rührend sind die braven Säugetiere anzusehen, die alle die Reiter und Kanonen und all dies vorschriftsmäßige und unvorschriftsmäßige Fuhrwerk und Gepäck mit gleichem, unermüdlichem Fleiße, ja Eifer durch den tiefen Sand schleppen; wer die Pferde nicht schon lieb h a t, muß sie jetzt lieb gewinnen.

Merkwürdige, im Frieden nie gesehene und nie geahnte Bilder sieht man; z. B. einen Küchenbeiwagen (auch eine neue, aber auf diesem Kriegsschauplatze unentbehrliche Errungenschaft), der bespannt ist mit zwei schweren deutschen Stangenpferden, davor zwei kleine Galizier; nebenher springt ein munteres Füllen und hinten am Wagen ist ein weiteres, von keinerlei Schönheit bedrücktes, aber eben doch vierfüßiges Zugtier, Pferd, Kuh oder Ochse angebunden — letzterer zugleich in dem Gedanken an frisches Fleisch. Und immer wieder muß man sich ins Gedächtnis zurückrufen: alle theoretischen Friedensberechnungen über Marschtiefen und Marschleistungen sind über den Haufen geworfen.

Nach dem Aufmarschieren ziehen die Mannschaften ihre Röcke aus und trocknen diese und ihre Hemden auf dem Leibe an der Sonne; und über all dem Menschengewimmel steigt behaglich der Rauch der bewährten Feldküchen auf, die sodann gegen Mittag ihren guten, stets willkommenen Inhalt ausschütten. Plötzlich laufen Hunderte von Mannschaften an die Straße: ein Zug von über 4000 gefangenen Russen zieht vorüber, darunter viele große stattliche Gestalten, lauter 20—35jährige Leute, begleitet und bewacht von kaum einem Dutzend österreich-ungarischer Gendarmen. Es sind meistens Überläufer, die in der Nacht gekommen sind und die Kunde mitgebracht haben, in Rußland sei eine Revolution ausgebrochen, die Armee habe beschlossen, nicht mehr zu kämpfen. Und wie um diese Nachricht zu bekräftigen, kommen nach einiger Zeit wiederum 800 Gefangene! Wir besprechen die Sache und sind einig darüber: es geht zu Ende mit dem russischen Widerstand. Nun, um so besser!

Nachmittags rückt die gesamte Division in Quartiere nach und nahe um Rawa Ruska. Ich fahre durch die Stadt nach meinem kleinen, aber nicht unsauberen und glücklicherweise abseits der Hauptstraße gelegenen Quartier. Welch ein fürchterliches, schmutziges Judennest, dieser galizische Grenz- und zugleich Standort eines österreich-ungarischen Kavallerie-Regiments! Wo gibt es in Deutschland eine solche Garnison — und die österreich-ungarischen Offiziere erzählen uns, daß dies noch lange nicht die schlechteste bei ihnen sei.

Juden in Rawa Ruska

An jedem zweiten Hause, deren es auch einige stattliche gibt, steht zudem angeschrieben: Cholera, Typhus, Pocken. Die Russen haben die Kaserne, den Bahnhof und die meisten besseren Häuser niedergebrannt, vor den übrigen stehen die Einwohner untätig mit großen runden Augen, die Männer und Burschen mit ihren schwarzen Käppchen, darüber einen runden schwarzen Hut, um die Ohren die langen gedrehten schwarzen Locken — so stehen sie trotz Sommerhitze in ihren bis zum Boden reichenden schmutzigen Kaftans gaffend da, umgeben von ihren Frauen und zahllosen Kindern.

Nachmittags sitze ich unter einem Hollunderbaum an der Straße und lese mit großem Genuß Grillparzers göttliche Sappho.

28. Juni. Es sind neue Entschlüsse gefaßt. Die Armee Mackensen, übrigens eine Riesenarmee von 17 Divisionen, hat eine leichte Linksschwenkung vollzogen und setzt die Verfolgung der durchbrochenen und nach Norden zurückgeworfenen Teile des Gegners fort. Andere Teile folgen den nach Nordosten und Osten ausweichenden russischen Teilen. Die 107. Inf.-Division rückt hinter dem in Gefechtsformation nach Norden vorgehenden XXII. Armeekorps als Armeereserve zunächst nach Hrebenne.

Es ist ein heißer, mühsamer Marsch, wenn auch auf besserer Straße als bisher — seit vier Wochen ist kein stärkerer Regen mehr gefallen. Bei Hrebenne rastet die Division im Schatten eines Waldes — der Divisionsstab oben bei der beherrschenden und malerisch auf einem Hügel unter hohen Bäumen gelegenen Holzkirche. Unten spielt die Musik des Res.-Regiments 52 und baden die Schwadronen, Mann und Pferd im kleinen Flusse. Wieder werden 500 russische Gefangene vorbeigeführt. Riesiger Kolonnenverkehr hin und her auf der Straße.

Quartier im Pfarrhaus. Der Pfarrer selbst ist, wie die meisten griechisch-katholischen Geistlichen, russischer Gesinnung verdächtig, seit langem „interniert". Seine Frau und seine recht hübsche Tochter (wir freuen uns alle, wieder einmal ein hübsches Mädchengesicht zu sehen) halten, zusammen mit dem sehr jungen Schwiegersohn, einem Studenten, Haus. — Abends treffen noch Pakete und Briefe ein.

29. Juni. Die Division marschiert in zwei Kolonnen weiter nach Nordosten auf Uhnow. Die Straße wird wieder schauderhaft, für den Kraftwagen kaum fahrbar. Gefangene arbeiten an der Verbesserung. Der ganze große Ort Uhnow ist niedergebrannt — mit Ausnahme der Kirchen. Die Bevölkerung, hier meistens Polen, steht bei schönem Wetter am Wege, Frauen und Kinder werfen uns grüßend Blumen ins Auto. Mittags Weitermarsch und Ankunft im Umkreise von Korczow. Die Division wird dem VI. österreichischen Armeekorps, General v. Arz[1]), zugeteilt; rechts von uns bekommt unsere Kavallerie Fühlung mit Bayern, 11. bayerische Inf.-Division — also Österreicher, Preußen, Bayern in enger Verbindung.

Quartier im hübschen, fast eleganten Herrenhaus Korczow, das wir nach Auskunft des anwesenden Pfarrers und des Sohnes des Besitzers durch unsere rasche Ankunft gerade noch vor dem Niedergebranntwerden durch die

---

[1]) Dem späteren Nachfolger des Generalfeldmarschalls Conrad v. Hötzendorf als österreichischer Generalstabschef.

Kosaken gerettet haben. Wir werden freundlich aufgenommen — ich bekomme zum erstenmale ein vollkommen eingerichtetes, schönes großes Zimmer mit frisch überzogenem Bett und Waschtisch. Nur wer einen Tag lang bei glühender Hitze auf solchen Sandwegen marschiert oder gefahren und von oben bis unten mit Staub überzogen worden ist, kann den Hochgenuß nachfühlen, den ich beim Waschen und Wäschewechseln empfinde! Hier ist einmal der Ausdruck „wie neugeboren" in dem ihm allgemein unterlegten Sinn am Platze.

Abends haben wir noch ein nettes Hauskonzert unter Benutzung eines guten Flügels — wir entdecken dabei mehrere musikalische Talente im Stabe. Nachts schrecke ich plötzlich vom Schlafe auf durch eine Art Salvenfeuer ganz nahe am Gutshofe! Ich springe auf, denke an Überfall und greife zum Revolver. Aber es sind Patronenrahmen, die bei einem im Pferdestalle des Regimentsstabes 52 ausgebrochenen Brande explodieren; leider verbrennen dabei aber die 5 Pferde des Regimentskommandeurs und Regimentsadjutanten mit allem Sattelzeug. Brandstiftung wird vermutet und die Angelegenheit dem österreich-ungarischen Etappenkommando zur Untersuchung übergeben.

30. Juni. Ich ziehe aus Neugierde eine Schublade in meiner Waschtischkommode auf und bekomme dabei einen richtigen Begriff von der „polnischen Wirtschaft im kleinen": frische und schmutzige Hemdkragen, Kämme, Handschuhe, Sporen, Seife, Halskrausen, Zigarren, Schokolade, Streichhölzer, Zeitschriften usw. — alles liegt in friedlichem Wirrwarr bei- und durcheinander. Wenn die Polen im großen in wirtschaftlicher und staatlicher Hinsicht ähnlich veranlagt sein sollten, dann wird mir vor einem künftigen Eigenstaate Polen angst und bange.

Die Division marschiert in mehreren Kolonnen zwischen Bayern und Österreichern und als Rückhalt für beide, weiter auf Telatyn. Wir machen einen erquickenden Morgenritt durch hübsches, kornbestandenes Hügelgelände und überschreiten 9 Uhr vormittags mit Mützenschwenken und lautem „Hurra" die galizisch-russische Grenze. Es ist ein historischer Augenblick für uns und unsere Truppen; außerdem haben wir jetzt aber auch wieder in Feindesland das Recht zu allen nach den Kriegsgesetzen erlaubten Beitreibungen.

Abends bezieht die Division unter Sicherung und Aufklärung nach Norden Ortsbiwak um Telatyn. Divisionsstab im Pfarrhaus Telatyn. Offenbar im Frieden eine recht angenehme Pfründe mit großem, gut gehaltenem Obstgarten. Aber alle Zimmer sind völlig ausgeräumt, die ziemlich reichhaltige Bibliothek des Pfarrers, der geflohen ist, liegt im Freien zerstreut — zwei kleine polnische Mädels beschauen sich im Garten sitzend die Bilder in den Büchern und tauschen ihre Eindrücke mit ungeheurer Schnabelfertigkeit aus.

Heute wird der im Freien stehende Abendtisch festlich geschmückt; auch rückt gegen 7 Uhr die Regimentsmusik 52 zur Tafelmusik an: wir feiern den

Geburtstag unseres vortrefflichen, wegen seiner Tüchtigkeit, Unermüdlichkeit und in allen Lagen gleichbleibenden Liebenswürdigkeit und Anspruchslosigkeit allgemein hochgeschätzten Generalstabsoffiziers. Meine Tischrede kommt von Herzen — das kleine Fest endigt mit einem strammen Parademarsch des Divisionsstabes vor dem Jubilar, den der Gefeierte launig kritisiert.

1. Juli. Es tritt ein Halt ein in der Verfolgungsbewegung der Armee; es scheint, daß der Gegner, der in den letzten Tagen nur verhältnismäßig schwachen Widerstand geleistet hat, wieder ernstlich Front macht. Wir werden etwas zweifelhaft in unserer Beurteilung der strategischen Lage, glauben aber doch, daß es sich nur um einen „Ehrenwiderstand" handelt, da die russische Regierung sich nicht so schnell zum Eingeständnis ihrer Niederlage bekennen will.

Ich fühle vor mit meiner Kavallerie und entfalte die Division in Gegend Lykoszyn, Front nach Norden. Gegen 10 Uhr vormittags fahre ich im Auto mit dem Generalstabsoffizier zu meinen vorderen Truppen zur Geländeerkundung. Dabei machen wir die uns doch überraschende Entdeckung, daß die Wege auf russischem Gebiete immerhin wesentlich besser sind, als auf galizischem, und daß auch die Häuser in den Dörfern einschließlich der staatlichen Post-, Zoll- und Amtsgebäude einen saubereren, gepflegteren Eindruck machen. Die Häuser sind durchweg von Holz, aber freundlich weiß getüncht, mit dicken Strohdächern. Die Dörfer sind aber völlig leer: alle sind auf Befehl der russischen Heeresleitung von den Einwohnern verlassen, weil die „Germanen allen Russen die Köpfe abschneiden".

Abends im stattlichen, im Um- und Erweiterungsbau befindlichen, auch in bezug auf Türen und Fenster besser ausgestatteten, aber völlig ausgeräumten Herrenhause Lykoszyn. Ringsum ein schöner Park. Es ist ein Rätsel, wohin all die Möbel eigentlich gekommen sind; einen Teil haben ja wohl die Russen weggeführt, aber wo sind z. B. alle die in solchem großen Hause doch unentbehrlichen Tische und Schränke aller Art? Wahrscheinlich in irgend einem Keller vergraben! Im Auffinden von solchen vergrabenen Schätzen, namentlich von Weinkellern, von denen wir da und dort Wunderdinge hören, haben wir kein Glück. Übrigens wird behauptet, daß die Besitzer auch die wenig lobenswerte List anwenden, ihre Schätze in vorgetäuschten Grabhügeln zu bergen, auf denen sie frisch geschnitzte griechische Kreuze aufstellen. Dem Menschen ist freilich in seiner Not nichts heilig.

Schloßbewohner sind nicht vorhanden. Wir erfahren aber von Angestellten, daß sie das Anzünden durch wiederholte Geldgeschenke an die vorbeistreifenden Kosaken abgewendet haben.

Von nächtlicher Erquickung ist leider nur wenig die Rede: Wir leiden sehr unter den geradezu zahllosen und ganz unverschämt aufdringlichen großen Fliegen, die die nun schon fünfwöchentliche Hitze ins Millionenfache vermehrt hat und die jeden Schlaf von 3 Uhr morgens ab unmöglich machen.

2. Juli. Die Division tritt unter den Befehl des Kommandeurs der 11. bayerischen Inf.-Division, Generalleutnant Ritter v. Kneußl. Dadurch

tritt ein eigentümliches Verhältnis ein. Ich bin nicht nur 4 Jahre älterer Offizier, sondern ich bin auch noch zu Beginn des Krieges älterer Generalmajor gewesen als der Kommandeur dieser Division. In Bayern haben aber während des Krieges eine Anzahl von Beförderungen aktiver Generalmajors zu Generalleutnants stattgefunden, in Preußen-Württemberg so gut wie nicht. Das ist doch hart.

Dazu kommt noch ein Ärger: ich verliere unterwegs mein Eisernes Kreuz 1. Klasse, mein immerhin nicht leicht verdientes Andenken an das Treffen bei Gesnes. So kommen wir abends in das kleine Gutshaus Sachryn, dessen Hauptgebäude abgebrannt ist. Und ringsum am Horizont leuchten im Abenddunkel die Flammen der von den Russen in Brand gesteckten Güter und Dörfer. Der Zweck dieses Niederbrennens ist uns völlig unklar. Denn, da es doch nicht gründlich und durchgreifend geschieht, bleiben für die Stäbe immer noch genügend viele und gute Örtlichkeiten und Baulichkeiten für Arbeitszwecke und Unterkunft übrig und ebenso für die Lazarette, zumal ja die Kirchen grundsätzlich verschont bleiben. Die Truppe aber ist längst an das Biwakieren unter ihren guten Zelten gewöhnt und zieht bei der warmen Witterung die Unterkunft unter freiem Himmel der Unterbringung in den mit Ungeziefer aller Art drohenden Quartieren ohne Besinnen vor. Es ist also ein sinnloses Zünden und Brennen, dessen geistige Urheber den Fluch einer Bevölkerung von Millionen auf sich laden, die durch sie ohne Not um Haus und Hof gebracht wird. Ebenso sinnlos ist aber auch der Befehl zur Flucht, von der doch kein Ende abzusehen ist. Die Folge wird die sein, daß die armen Einwohner auch noch Hab und Gut verlieren und daß außerdem Zehntausende, namentlich Greise, Frauen und Kinder, elend zu Grunde gehen. Und wie so manchmal in diesem Kriege hat der Feind, der uns mit dieser Maßnahme schaden wollte, uns damit nur genützt. Wir brauchen die Ansteckungsgefahr durch die Bevölkerung nicht zu fürchten, können uns in den verlassenen, noch stehenden Ortschaften ausbreiten und einrichten, wie wir wollen, und können ebenso mit den Vorräten schalten und walten, ohne eine notleidende Bevölkerung miternähren zu müssen.

Das Dorf Sachryn ist nur zum Teil verbrannt; auch von unserem Gutshof stehen noch mehrere kleinere Gebäude — freilich innen alles voll Schmutz. Da ist's nun ein Genuß, zu beobachten, wie das schnelle und gründliche Quartiermachen schon eingeübt ist. Unsere Pferde werden zunächst an Bäume gebunden, die Fahrzeuge daneben gestellt, und nun schleppen Musketiere, Kürassiere, Trainfahrer und Kutscher zunächst einmal sämtliche in den Zimmern noch vorhandene Möbel ins Freie. Dann hebt ein Waschen und Putzen an — die eine Hälfte der Leute reinigt die Möbel, die andere die Zimmer; namentlich werden die Fußböden abgewaschen und die Wände und Decken abgeklopft und abgerieben. Schließlich werden die paar Tische, Stühle und sonstigen Möbel, die nach der Reinigung einigermaßen appetitlich aussehen, wieder in die Zimmer gestellt und wird dort das auf den Wagen mitgeführte Feldbett samt Inhalt aufgebaut.

Gegessen wird im Freien. Aber in der Nähe schlagen russische Schrapnells ein, und alle Meldungen stimmen dahin überein, daß wir in Gegend Metelin — Werbkowice wieder eine stark ausgebaute russische Stellung vor uns haben. Ich beauftrage die Truppen und insbesondere die Kavallerie damit, die genauere Lage und Ausdehnung dieser Stellung zu erkunden und insbesondere festzustellen, ob und wie stark sie besetzt ist. D a s Gefühl haben wir aber schon heute, daß es mit der glatten Verfolgung zu Ende ist und daß uns wieder ernste Kämpfe bevorstehen. Die Truppen der 107. Division liegen, zwischen der 11. bayerischen Inf.-Division und dem VI. österreichischen Korps, östlich Sachryn in Biwaks und Alarmquartieren.

3. Juli. Vor rund 50 Jahren Königgrätz! Und heute kämpfen wir in treuer Waffenbrüderschaft Schulter an Schulter mit Österreichern und Ungarn um den staatlichen und kulturellen Bestand des preußisch-deutschen und des österreich-ungarischen Reiches. Welch ein Wandel der Zeiten, der Anschauungen und der Verhältnisse! Vor elf Jahren habe ich die böhmischen Schlachtfelder und besonders das von Königgrätz mit innerster Anteilnahme besucht und studiert. Was mir damals als groß vorkam nach Zahl der Streiter und Geschütze auf beiden Seiten — wie schrumpft es heute zusammen!

Doch es ist keine Zeit zu historischen Erinnerungen — Armee- und Korpsbefehl sind nachts und morgens eingetroffen zum Angriff gegen die verschanzte feindliche Stellung in der Linie Mieniany-Maslomencze-Metelin. Die 11. bayerische Inf.-Division greift die Strecke Mieniany-Maslomencze an, der 107. Inf.-Division fällt als Angriffsfront die fast 4 Kilometer breite Strecke Maslomencze—Metelin zu. Außerdem hat sie aber noch die rund 8 Kilometer breite Strecke Metelin-Malice gegen feindlichen Angriff abzusperren. Erst dort an der sumpfigen Huczwa findet sie links Anschluß an andere Truppen. Also mit rechtem Arm und mit der vollen Brust angreifen, mit dem linken Arm abwehren — eine schwierige Lage und Aufgabe, für die mir außer meinen Truppen nur noch eine weitere schwere Batterie in Aussicht gestellt wird. Ich hoffe, den Hauptangriff gegen Metelin durch einen südwestlich Metelin gelegenen Wald führen zu können. Um festzustellen, ob dies möglich ist, entsende ich den 2. Adjutanten, Oberleutnant Neidholt, mit einer Kompagnie in diesen Wald, nachdem ich letzteren vorher durch 4 Batterien habe beschießen lassen. Es gibt für den höheren Führer, vollends bei einem Verbande, dessen Infanterie in der Hauptsache von jungen, kriegsunerfahrenen Reserve- und Landwehroffizieren geführt wird, für solche wichtige Angriffsunterlage kein besseres Mittel, als die Entsendung eines Offiziers des Stabes. Es ist eine Freude, zu sehen, mit welcher Willigkeit und welchem Schneid hier wie bei allen anderen solchen Gelegenheiten die Offiziere des Stabes an den Feind reiten. Leider ist aber der Nordrand des Waldes noch stark vom Feinde besetzt und mit Draht gesperrt. So muß der Hauptangriff gegen den rechten feindlichen Flügel geführt werden. Der Tag vergeht mit weiteren Erkundungen, Ein- und Wirkungsschießen der Artillerie, das gegen 5 Uhr beendigt sein soll und während dessen sich die Infanterie zum Angriff entwickelt. Ich fahre um 4 Uhr nach meinem Gefechtsstand auf Höhe 205, von wo aus ich einen so ausgezeichneten Überblick über das Gefechtsfeld fast der gesamten Division habe, wie dies im heutigen Kriege nur sehr selten der Fall ist. Aber wir zeigen uns dort wohl etwas zu unvorsichtig. Außerdem marschiert die Sanitätskompagnie mit ihren hohen, mit weitwehenden roten Kreuzflaggen versehenen Fahrzeugen an der Höhe vorbei nach unserem Standorte — da zeigt es sich, daß der Gegner sehr aufmerksam ist: rechts und links von uns schlagen in unangenehmer Nähe und Menge die feindlichen Schrapnells ein. Es ist ein richtiger Feuerüberfall — aber nachdem wir der größten Gefahr entronnen sind, müssen wir doch fast lachen über die fabelhafte Geschwindigkeit, mit der sich Mannschaften und Pferde der Sanitätskompagnie — unter denen beiden sich recht viele „ältere Herren" befinden — in den schützenden Wald stürzen. Und Anerkennung verdient der unter einem tüchtigen jüdischen Unteroffizier stehende Fernsprechtrupp, der wacker am Gefechtsstande aushält, obwohl die feindlichen Geschosse in allernächster Nähe einschlagen.

So wird es 5 Uhr 30 abends. Unsere Infanterie hat sich auf wenige hundert Meter an die feindliche Stellung herangearbeitet und dabei da und dort Drahthindernisse erkannt. Aber es soll auf bestimmten höheren Befehl hin noch heute der Versuch gemacht werden, in die Stellung einzudringen. So gebe ich den Angriffsbefehl. Mit größtem Schneid geht mein rechtes Flügelregiment vor und dringt bis in die feindlichen Hindernisse ein. Aber dort bricht der Angriff zusammen, ebenso wie auch bei den Bayern. Die feindliche Stellung ist offenbar noch stärker ausgebaut und vor allem viel stärker besetzt, als wir glaubten, und unsere Artillerie hat noch nicht genügend gewirkt. 80 Offiziere und rund 400 Mann, fast alle vom Regiment 232, sind tot und verwundet. Der Gegner hat in seiner Stellung Geschütze eingebaut und damit unserer Infanterie schwere Verluste zugefügt. Die Nacht bricht herein. In tiefen Gedanken und Sorgen fahre ich nach Sachryn zurück. Wie wird es morgen früh gehen, wo der Angriff vollends durchgeführt werden soll? Ich habe nur noch einige Kompagnien zu weiterem Einsatz übrig — ein Zustand, an den man sich bei diesen außergewöhnlich breiten Gefechtsfronten allmählich gewöhnen muß. Aber die Folge ist, daß im allgemeinen die gleiche Truppe an gleicher Stelle den Angriff ohne frische Kräfte wiederholen muß — und das ist viel, fast zu viel verlangt.

Bei Rückkehr ins Quartier finde ich aber jetzt den Befehl vor, daß mit Rücksicht auf die noch nicht bis zum Angriff gediehenen Verhältnisse bei den Truppen westlich der Huczwa (25. Res.-Division) der weitere Angriff auf unserer Front bis auf weiteres verschoben ist und daß die Division sich zunächst verteidigungsweise zu verhalten hat.

4. Juli. 2 Uhr 30 morgens ergeht daher der Divisionsbefehl, daß die Infanterie auf etwa 800 Meter Entfernung von der feindlichen Stellung

zurückgeht, sich dort eingräbt und die so erreichte Stellung behauptet. Dies gelingt fast ohne Verluste in der Dunkelheit und später mit Tagesanbruch unter dem Schutze unserer heftig feuernden Artillerie. Der Gegner folgt nicht. Wir machen 33 Gefangene.

5.—10. Juli. Nachmittags verlegt der Divisionsstab sein Quartier nach dem inzwischen „entdeckten" Herrenhause Mientkie. Wir haben eine gute Wahl getroffen. Zwar das Herrenhaus selbst ist ein sehr einfacher, langgestreckter, seit Jahren verwahrloster Bau mit nur erdgeschossigen Zimmern, und die Einrichtung — Fenster, Türen, Möbel usw. — ist ebenso dürftig wie verlottert; aber dieses Herrenhaus ist umgeben von einem großzügig angelegten wunderschönen Park mit weiten Rasenflächen und herrlich schattigen Baumgruppen voller Singvögel, Eichhörnchen und Käuzen. Das Wetter ist prachtvoll, und so nehmen wir nicht nur fast alle Mahlzeiten im Freien ein, wo große Tische inmitten einer erhöht angeleg-

Herrenhaus Mientkie

ten alten Lindenallee gedeckt sind, sondern es findet auch der Vortrag im Freien statt, wo ich mir, wie fast jeder Herr des Stabes, an einem schönen Plätzchen meinen Arbeitstisch aufgestellt habe. Alte zutrauliche Haushunde umwedeln uns. Es sind herrliche Tage, die wir vom 5.—10. Juli hier verbringen. Wir spielen Skat und Schach, im Gutsweiher fischen unsere Leute im Adamskostüm — ein lustiges Bild — mit recht gutem Erfolg. Hechte, Karpfen, Schleien bereichern unseren Mittagstisch, an dem sich von den Nachbardivisionen preußische, bayerische und österreich-ungarische Offiziere als stets willkommene Gäste einfinden. Außerdem besucht mich zu meiner großen Freude ein bayerischer Kollege und Freund aus unserer gemeinsamen Garnison Ulm-Neu-Ulm, Generalmajor Karl v. Schoch, der Infanterie-Brigadekommandeur der Division Kneußl. Er hat schon viel erlebt, durchgemacht und geleistet, seitdem wir uns nicht mehr gesehen haben, und es gibt manches zu erzählen. Und in freien Stunden erquicke ich mich an Hermann und Dorothea und erstaune wiederum darüber, wie treffend unser großer Dichter Krieg und Kriegszeiten geschildert hat. Außerdem bekommen wir jetzt fast täglich Briefe und Zeitungen, was wir der aus landesüblichen Pferden und Fahrzeugen zusammengestellten Postkolonne verdanken. Es ist schön im Kriege, wie schnell man Sorgen und Strapazen vergißt und wie schwere Tage und Zeiten mit anderen wechseln.

Ja, wir sind in diesen Tagen fast übermütig und zu allerhand Scherzen aufgelegt. So ist für den Zahlmeister, der ja am 1. des Monats den Gehalt nur noch in Kassenscheinen ausbezahlt, die neue Bezeichnung „Scheinwerfer" aufgetaucht. Über die vorläufig ausbleibenden österreichischen Orden für die auch von uns herbeigeführte Befreiung Galiziens trösten sich unsere jüngeren Herren mit dem Witz, daß sie doch noch alle die österreichische „Rettungsmedaille" bekämen, und wenn ein Herr des Stabes etwas vergißt oder eine unbedachte Äußerung tut, so wird an ihn die teilnehmende, vom inneren Verkehr unseres Doppelfernsprechzuges hergenommene Frage gerichtet, ob vielleicht sein „Klappenschrank" nicht in Ordnung sei. Bei dem Führer dieses Zuges, Oberleutnant Selchow, wird außerdem mit Recht beanstandet, daß er zwar mit seinem Einglas essen, trinken, wachen und schlafen, aber nicht niesen könne usw. Es herrscht ein reizend netter kameradschaftlicher Neckton unter den jungen Herren — und auch wir Älteren erfrischen uns nach wie vor an der Fröhlichkeit der Jugend.

Die Umgebung ist hübsch — Hügel und Wälder; der Boden reich, fruchtbar und fast überall gut angebaut — ursprünglich freilich nicht für uns! Allmählich kehren manche Einwohner, meistens Frauen mit Kindern, Vieh und Pferden aus den Wäldern zurück. Die Truppe, die auf den schlechten Wegen schon manche Pferde verloren hat und das Bedürfnis nach weiterem Vorspann empfindet, nimmt ihnen die Pferde und Wagen gegen Anforderungsscheine ab, beläßt ihnen aber die Milchkühe. Aber es ist doch ein Elend, wenn die armen Weiber auf dem Herrenhause erscheinen und um bares Geld für diese Scheine bitten, jedoch den Bescheid erhalten müssen, daß Rußland diese Scheine einzulösen habe. Sie jammern: O, wenn nur der liebe Gott wollte, daß dieser schreckliche Krieg bald ein Ende nähme.

Dann und wann ziehen Truppen an unserem Parktore vorbei, darunter sehe ich zum erstenmale die neuen 21-Zentimeter-Mörser sich auf ihren großen wandernden Plattfüßen mit lautem Geräusch vorüberwälzen. Und was erheiternd wirkt — mitten in der ungeheueren Staubwolke der Batterie reitet in tadelloser Haltung ein junger Leutnant der Fußartillerie mit vierfingerbreitem, weißem (d. h. ursprünglich weißem) Stehkragen.

Nachts herrscht tiefer Friede ringsum, nur Hundegebell von den Höfen und Weilern und Eulenrufe im Park. Ich wache noch immer zweimal nachts mit heftigen Nervenschmerzen auf, finde aber doch bald den Schlaf wieder und bin morgens frisch und erquickt. So ist's die reine „Sommerfrische", woran mich auch der schöne Blumenstrauß erinnert, den ich jeden Tag als Zeichen der Aufmerksamkeit meines Burschen auf meinem Tische finde.

Solche Ruhetage ermöglichen aber auch ein Eingehen auf den inneren Dienst und ein Inordnungbringen von Pferden und Fahrzeugen — wozu unser pflichttreuer Stabsveterinär Krüger sämtliche Kolonnen bereit —, sowie ein gründliches Nachdenken darüber, wie auf Grund der bisherigen Erfahrungen und im Hinblick auf die Beschaffenheit des künftigen Kriegsschauplatzes weiter am besten und schnellsten für die Verpflegung der Truppe gesorgt werden kann. Ich habe aber darin in dem im allerbesten Einvernehmen arbeitenden Generalstabsoffizier und dem im wahren Sinne des Wortes großzügigen Feld-Intendanturrat so gute Unterstützung, daß mein Anteil an dieser Arbeit nur gering ist.

Aber auch die im Laufe des Bewegungskrieges angefallenen gerichtlichen Sachen müssen jetzt erledigt werden. Zu den Gerichtssitzungen finden sich als Zeugen und Richter Offiziere der verschiedensten Truppenteile ein, deren Erzählungen bei Tisch wieder Fronthauch zu uns bringen. Eine feste Stütze unseres richterlichen Wesens wird der umsichtige und allezeit fröhliche Adjutant des Staffelstabes 144, Oberleutnant d. L. Schievekamp, seines Zeichens Rechtsanwalt in einer rheinischen Stadt. Gott sei Dank sind aber die Gerichtsfälle verhältnismäßig wenig zahlreich; auch befinde ich mich mit meinem vielerfahrenen und ebenso klar urteilenden wie vortragenden Kriegsgerichtsrat in voller Übereinstimmung insofern, als alle nicht die Manneszucht und die Frauenehre antastenden Vergehen so weit irgend möglich milde behandelt werden sollen. Dazu bietet das dem höheren Gerichtsherrn im Felde zustehende Recht des Strafaufschubs und auch der Strafmilderung die erwünschten Handhaben.

Merkwürdigerweise findet ein Musketier mein verloren gegangenes Eisernes Kreuz 1. Klasse wieder und zieht sehr befriedigt mit seinem metallischen und flüssigen Finderlohn ab.

Wenn wir uns in dieser Zeit so wohl fühlen konnten, so trug dazu ganz wesentlich die Tatsache bei, daß auch die große Mehrzahl der Truppen der Division im Schatten der Wälder, in die sie am 5. früh zurückgezogen waren, erholungsreiche Ruhetage haben durfte — wenigstens bis zum 10. Juli — und bis dahin auch keine Verluste erlitt. Die Vorposten mußten dabei freilich in hoher Gefechtsbereitschaft und höchster Aufmerksamkeit bleiben. Leider liegen aber in dem in der Kirche von Sachryn und den umliegenden Häusern eingerichteten Feldlazarett 1, noch vom 3. Juli her, eine größere Anzahl Verwundeter, darunter auch schwer Verwundete. Und am 5. bricht dort infolge der Unvorsichtigkeit eines Soldaten, der zu raschem Honigraub einen Bienenstock angezündet hat, Feuer aus, das bei der großen Trockenheit und dem Wassermangel rasend schnell um sich greift, eine ganze Dorfstraße niederlegt und die Kirche schwer bedroht. Es gelingt gerade noch, das Feuer von ihr abzuhalten — aber die Verwundeten mußten zum großen Teil herausgetragen werden, und dies kostete vermutlich einem durch Bauchschuß verwundeten jungen deutschen Kavallerieoffizier das Leben. Für diese fahrlässigen unbewußten Brandstifter wünschte ich, zum mindesten für das Feld, die Wiedereinführung der Prügelstrafe.

In dem Chefarzt des Feldlazaretts lerne ich einen Landsmann, den Marineoberstabsarzt Dr. Schoder, kennen, der vortrefflich für seine Kranken und Verwundeten sorgt. Sie liegen in der sehr reinlich gehaltenen, luftigen und hohen Kirche, in langen Reihen gut auf Stroh gebettet; aber eine schwere Plage sind die unzähligen, aufdringlichen großen Fliegen. Ich lasse jedem Verwundeten einen Baumzweig zur Abwehr geben, verteile kleine Gaben und spreche den schwerer Verwundeten Mut zu. Das vermag ich mit einer gewissen Überzeugungskraft zu tun, da ich mich selbst als lebendiges Beispiel dafür hinstellen kann, daß man auch von schwerer lebensgefährlicher Verwundung wieder hergestellt und wieder dienstfähig werden kann. Den Leuten mit Arm- und Beinschüssen sage ich aus voller Überzeugung und Erfahrung, daß sie alle sämtlich wieder gesund und arbeitsfähig werden. Aber was soll man den armen Leuten mit Hirn- und schweren Bauchschüssen sagen, die der Arzt, leise sprechend, als morituri bezeichnet: ein teilnehmender Blick und Händedruck ist alles, was man tun kann. Zwei junge Leute, darunter ein Kriegsfreiwilliger, liegen schon im Sterben, ein schmerzlicher Anblick. Erhebend ist aber, daß die große Mehrzahl der Verwundeten ihr Los mit größter Geduld und Standhaftigkeit trägt; ganz besonders patriotisch zeigt sich ein schon zum drittenmal verwundeter Unteroffizier und Volksschullehrer.

Auch zum Nachdenken über die große strategische Lage komme ich jetzt. Aber freilich nur auf Grund unzureichender Unterlagen. Nach dem großen militärischen Erfolge bei Jaroslau, Przemysl und Lemberg konnte sehr wohl der Gedanke auftauchen, nunmehr an den wieder eroberten Grenzen Galiziens in tiefen Gräben zur Defensive überzugehen und den Hauptteil der in Galizien befindlichen deutschen Streitkräfte zum großen Schlage und Durchbruch im Westen zu verwenden. Das wäre nach meinem Gefühl gehandelt, denn dort liegt die große Entscheidung. Die deutsche Oberste Heeresleitung hat aber andere Pläne. Sie will offenbar im Osten gründliche Arbeit machen, die russische Armee, wenn nicht für immer, so doch für Monate zerschmettern und zugleich weite Gebietsteile als Faustpfänder in Besitz nehmen. Für diese großen, aber eigentlich schon mehr politischen als rein militärischen Ziele werden augenblicklich die austro-deutschen Kräfte neu gruppiert. Wir unterhalten uns auch über die voraussichtliche Dauer des Feldzuges. Wir hoffen und glauben im Stabe fast alle, daß er im Oktober zu Ende sei, ohne England, nur Hauptmann v. Bok rechnet mit wesentlich längerer Dauer.

Am 9. Juli sucht mich freundlicherweise der Führer der 11. bayerischen Inf.-Division, Generalleutnant v. Kneußl, der Sieger von Przemysl, auf und bespricht mit mir den weiteren Angriff.

Noch am Abend trifft aber die Nachricht ein, daß die 107. Inf.-Division ebenso wie die 11. bayerische fortan zusammen das XXIV. Reservekorps bilden und damit unter den Befehl der unter dem General v. Linsingen neugebildeten, 8 Infanterie- und 2 Kavallerie-Divisionen starken Bug-Armee treten. So hat die Division seit Jaroslau schon zum fünften Male die Befehlsstelle gewechselt, noch öfter die Kampfnachbarn rechts und links. Auch hierin ein krasser Unterschied gegen frühere Feldzüge, wie z. B. 1866 und 1870, wo manche Divisionen vom ersten bis zum letzten Tage im gleichen Befehlsverhältnisse und Rahmen gekämpft haben.

11.—14. Juli. Mit dem 11. beginnen wieder die Vorbereitungen für den zunächst auf den 14. festgesetzten Angriff. Es ist klar, daß der Feind die ihm aus höheren Gründen vor unserer Front belassene Zeit zum weiteren Ausbau seiner ohnehin schon starken Stellung ausgenutzt hat; ferner wird bekannt, daß er andauernd von überall her, selbst vom türkischen Kriegsschauplatz, Verstärkungen und zahlreiche Munition heranzieht. Und alle Erkundungen bestätigen den Eindruck, daß die feindliche Stellung sich nach rechts und links ins Unendliche fortsetzt, daß von einer Umfassung daher nirgends die Rede sein kann, wir vielmehr den Angriff wiederum durchaus frontal führen müssen. Mißlich ist, daß wir über verhältnismäßig wenig Flieger verfügen und deshalb weder die Aufstellung der feindlichen Reserven, noch die der sehr geschickt und gedeckt aufgestellten feindlichen Artillerie erfahren. Auch besitzt meine Division keine Minenwerfer mehr, nachdem sie die wenigen ihr bisher zugeteilten hat abgeben müssen. Dazu kommt, daß die Infanterie-Regimenter ihre schon bisher recht starken Verluste an Offizieren und Mannschaften nur sehr langsam und unvollkommen ersetzt bekommen; denn die galizischen Bahnen sind außerstande, neben Verpflegung und Munition auch noch Ersatzmannschaften zu befördern. Diese sind deshalb auf den Fußmarsch verwiesen und erreichen uns nicht. Unter diesen Umständen wird der Angriff recht schwierig werden, zumal die Angriffsfronten der zahlenmäßig schwachen Regimenter unverhältnismäßig breit sind.

Am 13. erfahre ich zu meiner Freude, daß der württembergische General v. Gerok das XXIV. Reservekorps befehligt, daß ich also in meinem neuen kommandierenden General einen mir aus früheren Dienststellungen und zuletzt aus gemeinsamer Garnisonzeit in Ulm näherstehenden, stets verehrten Vorgesetzten bekommen habe. Am gleichen Tage frühstückt bei mir der zur 25. Res.-Division, unserem neuen Gefechtsnachbarn links, als Artillerie-Brigadekommandeur gehörende württembergische General v. Schippert mit seinem Stabe — ebenfalls ein alter Waffenkamerad, dessen unverfälschtes und kräftiges Schwäbisch bei unserem sehr vergnügten Aß und Trunk allgemeines Behagen verbreitet.

Am 14. nachmittags nimmt Res.-Regiment 52 auf meinen Befehl nach vorangegangenem Wirkungsschießen in tapferem Kampfe den Wald nordöstlich des völlig abgebrannten Dorfes Terebin weg und setzt sich dort fest.

Abends findet im Stabsquartier der 11. bayerischen Inf.-Division eine Besprechung des großen Angriffs durch General v. Gerok statt, bei dem ich mich melde und der mich in alter Frische und Freundschaftlichkeit begrüßt. In dem Stabschef Generalmajor v. Mutius und dem ältesten Generalstabsoffizier, Major Carracciola, finde ich wiederum alte gute Bekannte. Hauptinhalt der Besprechung ist der, daß die Masse der Artillerie morgen zuerst die feindliche Front vor der 11. bayerischen, dann die vor der 107. beschießen soll zur Vorbereitung des Angriffs.

15.—18. Juli. Am 15. früh treffe ich auf dem von meiner Pionierkompagnie im Walde geschickt und wohnlich gebauten Gefechtsstand bei Höhe 205 ein. Die Truppen haben nunmehr übereinstimmend ein starkes Drahthindernis vor der ganzen feindlichen Front erkannt. Dies wird auch durch Fliegermeldungen bestätigt. In der Zerstörung von Hindernissen bei Nacht sind meine in den letzten 5 Monaten ausschließlich im Verteidigungskrieg verwendeten Regimenter aber nur wenig geübt, außerdem sind die Nächte gegenwärtig sehr kurz, der Gegner aber ist sehr aufmerksam. So soll und muß zunächst die schwere Artillerie die feindliche Stellung niederkämpfen. Von unserem Beobachtungspunkt erleben wir daher heute ein prachtvolles Schauspiel: das Wirkungsschießen der Artillerie des gesamten Korps, das jenseits, westlich der Huczwa, verstärkt wird durch das Feuer des Beskidenkorps. Preußische, bayerische und württembergische Kanonen-, Haubitz- und Mörserrohre bellen und heulen einträchtiglich dem zähen Gegner ins Gesicht, und ihr scharfer Biß zeigt sich in den hochaufschießenden Flammen und gewaltigen Rauchwolken der in Brand geschossenen Häuser und Gehöfte. Aber die Infanterie meldet immer wieder, daß von Zerstörung der Hindernisse noch keine Rede sei, eine gegen 10 Uhr vormittags einlaufende Meldung über russische Abzugsbewegungen erweist sich leider als Täuschung. Der Feind macht im Gegenteil sehr heftige Vorstöße gegen die Bayern bei Maslomencze. So ist es ein schrittweises mühsames und verlustreiches Heranarbeiten der Infanterie an die feindlichen Werke, wobei einzelne tapfere Gruppen bis an die feindlichen Hindernisse herankommen, aber immer wieder durch Gegenstöße und Flankenfeuer zurückgeworfen werden. Da die Felder hoch stehen, ist von all dieser blutigen Kleinarbeit unserer Infanterie fast nichts zu sehen — infanteristisch herrscht die völlige Leere des Schlachtfeldes. Nur zwei Fahrer einer Kolonne mähen, unbekümmert um den Höllenlärm und die einschlagenden Geschosse, das Gras ab und fahren es auf ihren Wagen heim.

Da brechen aber plötzlich in der Abenddämmerung starke feindliche Wellen hintereinander zum Angriff gegen den Wald nördlich Terebin vor, dessen Inbesitznahme durch uns die unmittelbar nördlich davon gelegene russische Stellung schwer bedrohte. Die Lage ist kritisch; denn ich verfüge nur noch über 2 Kompagnien Reserve. Glücklicherweise ist es aber gerade noch hell genug, daß ich das Schnellfeuer meiner nahe bei 205 stehenden Feldbatterien auf den feindlichen Angriff lenken kann. Aus dem Walde selbst hallt nun ein ohrenbetäubendes Infanterie- und Maschinengewehrfeuer zu uns herüber; gleichzeitig sehen wir unsere Schrapnells mit ausgezeichneten Sprengpunkten in die feindlichen Reihen einschlagen und immer wieder dunkle Gestalten niederfallen. Die Nacht bricht ein, aber der Regimentskommandeur kann alsbald telephonisch melden, daß sämtliche Angriffe unter blutigen Verlusten für den Gegner abgeschlagen sind und er im festen Besitze des Waldes ist.

Nach 17stündigem Aufenthalt bei 205 fahre ich nach Mientkie zurück. Wir haben heute 15 Offiziere, 300 Mann verloren, davon 3 Offiziere und 130 Mann tot und 30 Mann vermißt — also wohl auch tot oder verwundet. 30 Gefangene.

16. Juli. Die Nacht ist ruhig verlaufen. Gegen 6 Uhr vormittags bin ich wieder auf dem Gefechtsstand. Dort melden sich bei mir 12 eben aus der Heimat eingetroffene, neu ernannte Offiziere. Sie machen einen guten, frischen Eindruck. Ich begrüße sie, sage ihnen, wie nötig und willkommen sie sind und lasse sie sogleich auf die Regimenter in den Schützengräben verteilen. Schon nach wenigen Stunden kommt die Meldung, daß einer von ihnen den Heldentod gestorben ist.

> Morgenrot, Morgenrot,
> Leuchtest mir zum frühen Tod.
> Gestern noch auf stolzen Rossen,
> Heute durch die Brust geschossen.

Wiederum prachtvoll anzusehendes und anzuhörendes Wirkungsschießen, das sich heute auch der kommandierende General von meinem Gefechtsstand aus ansieht. Metelin mit seinem Gutshof geht in glutroten Flammen auf. Wir wissen, daß unsere Angriffsfront ein Stück der Riesenfront bildet, in der heute und morgen von Lemberg bis Kowno ungezählte Tausende von deutschen und österreich-ungarischen Geschützen den in ihren Feld- und Festungswerken kauernden und lauernden Russen ihr wütendes und gebieterisches „Rückwärts!" zubrüllen — daß wir also eine gewaltige Operation mit großartigem Ziele mitkämpfen. So möchten wir freilich gern die uns gegenüberliegende feindliche Stellung noch heute schnell wegnehmen. Aber im Kampfe gegen befestigte Feldstellungen braucht der höhere Führer, das lernen wir täglich mehr, unendliche Geduld. D a ß gekämpft wird und w i e, das erkennt er an den andauernd zurückströmenden Leichtverwundeten; den Sturm gegen unzerstörte Hindernisse im noch ungebrochenen Frontal- und Flankenfeuer des Gegners könnte er wohl in wachsender Ungeduld befehlen. Aber entweder kann dann dieser Befehl gar nicht ausgeführt werden — und dann nutzt sich die Autorität des Führers schnell ab; oder die Ausführung führt zu blutigem Mißerfolg — dann sinkt Kampfkraft und Vertrauen der Truppe. Darin liegt der gewaltige Unterschied zwischen der oberen Führung im Frieden und im Kriege; im Frieden, beim Kriegsspiel oder auch im Manöver, würde man im gleichen Falle unter der Annahme, die feindliche Stellung sei durch das zweitägige Wirkungsschießen der Artillerie mitsamt ihrer Besatzung schwer erschüttert und daher sturmreif, am heutigen Nachmittag ohne Zweifel den strikten Befehl geben zum Sturm und würde sehr wahrscheinlich dabei einen billigen Friedenssieg erringen. Im Kriege aber handelt es sich für den Divisionskommandeur um die schwere Kunst, durch eigene Beobachtung des eigenen und des feindlichen Feuers und durch telephonische Aussprache mit den Brigade- und den Regimentskommandeuren — die ihrerseits wiederum ihre Unterführer befragen — unter Beachtung der bisher schon eingetretenen Verluste zu einem bestimmten Urteil darüber zu kommen, ob von der Truppe der Angriff gefordert werden kann und muß. Ferner um die Überlegung, was er selbst zum Gelingen des Angriffs noch beitragen kann. Auch heute ist die Beantwortung dieser Frage wieder ebenso brennend wie schwierig. Es gelingt dem tapferen Regiment 232 am Nachmittag unter starken Verlusten einen feindlichen vorgeschobenen Stützpunkt wegzunehmen — aber es kann ihn unter dem schweren russischen Feuer und den heftigen Gegenstößen nicht behaupten. Ich komme zu dem Ergebnis, daß der Sturm heute noch nicht möglich ist; zu dem gleichen Urteil kommen auch die Führer rechts und links. 8 Offiziere, 491 Mann sind tot und verwundet — 2 Offiziere vermißt; sie sind nach Meldung des Regiments 232 vermutlich in den Stacheldrähten des genommenen Werks tödlich verwundet worden. 70 Gefangene. Unter unseren Schwerverwundeten befinden sich schon wieder 3 Bataillonskommandeure.

Ein Regensturm geht noch über uns und die Truppe weg, ehe wir nach 15stündigem Aufenthalt bei 205 nach Mientkie zurückfahren. Dort sinke ich in todesähnlichen Schlaf.

17. Juli. 6 Uhr vormittags Abfahrt auf den Gefechtsstand bei 205. Der Angriff wird fortgesetzt. In das Korps Gerok wird die Armeereserve, die 1. preußische Inf.-Division, eingeschoben, um die feindliche Stellung zu durchbrechen. Aber dies ist auch heute noch nicht möglich. Die Division kann sich nur zwischen der 11. bayerischen und 107. einschieben und bereitstellen. Wieder können wir nachmittags das Artillerieduell beobachten, von dessen Wirkung unsere Infanterie heute befriedigt ist — leider aber auch mehr als 2 Stunden lang das heftige Schrapnellflankenfeuer, das die von unserer Artillerie immer noch nicht gefaßten feindlichen Batterien auf die im Angriffe entstandenen, daher nur geringen Schutz bietenden Schützengräben meiner Infanterie richten.

Es ist offenbar noch immer Grundsatz bei den Russen, immer nur unsere arme Infanterie zu beschießen. Auch über Befeuertwerden durch die eigene Artillerie klagen zeitweise deren zunächst am Feinde befindlichen Teile. Aber die Infanterie gewinnt trotz allem auf der ganzen Front Raum und liegt am Abend dicht vor den feindlichen Hindernissen. Gegen Mittag erscheint bei meinem Res.-Regiment 52 ein russischer Offizier mit 30 Mann mit weißen Flaggen und bittet um Erlaubnis, die beim gestrigen Abendangriff am Walde von Metelin gefallenen Mannschaften beerdigen zu dürfen. Es ist aber unmöglich, mitten im Angriffsgefechte solche Erlaubnis zu geben, und so muß ich die Bitte abschlagen.

Am Nachmittag trifft auf meinem Gefechtsstand wiederum der kommandierende General ein, kurze Zeit darauf auch der Armeeführer, General v. Linsingen, in dessen Division ich in Ulm als Bataillonskommandeur gestanden habe.

Abends zurück nach Mientkie. Dort ist im Divisionsstabe beim Fernsprechtrupp ein Cholerafall aufgetreten und bei mehreren Mitgliedern des Stabes hat sich Darmkatarrh eingestellt. Das ist ungemütlich. Der Divisionsarzt verordnet sich und uns anderen Diät und Rotwein. Verluste heute: 40 Mann tot, 7 Offiziere, 233 Mann verwundet. 25 Russen gefangen.

18. Juli. Ein Tag der Abspannung und neuer Gruppierung: Die 1. Inf.-Division wird nebst weiterer Artillerie dem Korps Gerok unterstellt. Vor allem muß aber heute das Eintreffen weiterer schwerer Munition abgewartet werden.

Ich fahre 9 Uhr vormittags auf den Gefechtsstand. Unterwegs besuche ich in Sachryn die Verwundeten im Feldlazarette. Ich treffe einen am Oberschenkel schwer verwundeten Bataillonsführer des Res.-Regiments 227, schon im Krankenauto, übrigens guten, ungebrochenen Muts. Dann besuche ich in einem kleinen Häuschen die übrigen verwundeten Offiziere, darunter einen Bataillonskommandeur 232, den von schwerem Halsschuß getroffenen Major der Landwehr a. D. Seltmann. Sein Fall ist ernst, er hat einen ganz ähnlichen Schrapnellschuß, wie ich ihn seinerzeit bekommen habe. So kann ich ihm doch mit innerer Überzeugungskraft zusprechen. Er ist Rittergutsbesitzer bei Leipzig, 54 Jahre alt, Familienvater, ein tapferer begeisterter Soldat, der auch jetzt noch von nichts anderem wissen will, als von baldiger Wiederherstellung und von Wiederausrücken gegen den Feind. Ich stimme natürlich bei, empfehle ihm aber größte Ruhe, telegraphiere sogleich an den beratenden Chirurgen des XXIV. Reservekorps, Professor Anschütz, der auch alsbald sein Eintreffen zusagt. Dann scheide ich von Major Seltmann mit dem Versprechen, daß das erste Eiserne Kreuz 1. Klasse, über das ich verfügen werde, ihm gehören werde, worüber er sichtlich beglückt ist.

Der Tag vergeht mit Artilleriebeschießung hin und her. Heute wirken auch einige Flieger dabei mit, die zu meiner Freude bei Mientkie aufsteigen und vorher bei mir frühstücken: famose Offiziere voll Tatendrang und Unternehmungslust. Fabelhaft ist die gleichmütige Tapferkeit der Feldküchenführer, die trotz feindlichen Artilleriefeuers in ruhigem Schritt in den Wald zum Res.-Regiment 52 fahren. Aber die beiden anderen Regimenter liegen nun schon den vierten Tag in ihren schlechten, feuchten Schützengräben ohne warme Nahrung. Vier Tage im Artilleriefeuer ohne rechten Schlaf und ohne warme Nahrung, das zermürbt die Nerven, zumal die Verluste auch heute nicht gering sind: 10 Mann tot, 4 Offiziere, 200 Mann verwundet. Dies zeigt sich u. a. auch an Vorwürfen der Truppen gegeneinander wegen nicht genügendem Anschlußhalten und dergleichen, die von Brigade und Division geschlichtet werden müssen. Auch einige sonstige Vorkommnisse, Reibungen und Beschwerden gehören dahin. Es gehört aber auch außerdem nicht nur eiserne Zucht, sondern auch freundliches Zureden durch die Bataillons- und Regimentskommandeure und auch durch die höheren Führer — mündlich und durch Fernsprecher — dazu, um die da und dort in der vorderen Linie auftretenden Vorschläge zum Zurückziehen der Infanterie an den schützenden Waldrand abzuweisen. Das sind Krisen und Zustände, von denen der ungeduldige Zeitungsleser in der Heimat, der jeden Tag seine blauen Truppenfähnchen um 2 Meilen weiter vorrücken will, nichts ahnt und von denen er wenigstens nach dem Kriege zu seiner Beschämung und — wenn möglich — Besserung erfahren soll.

Russische Gefangene werden vorübergeführt und sagen aus, daß sie nur noch mit Peitsche, Revolver und durch Maschinengewehrfeuer zum Kampfe gezwungen würden. Sie werden ja wohl übertreiben, aber etwas Wahres ist doch wohl daran.

Es regnet in Strömen. Ich muß aber abends auf schauderhaftem Waldwege, auf dem der Kraftwagen unheimlich schleudert, nach Mierze, wo der kommandierende General mit den drei Divisions- und den Artilleriekommandeuren eine Besprechung abhält über den nunmehr für morgen unwiderruflich auf der ganzen Heeresfront befohlenen entscheidenden Angriff. Wir verhehlen uns alle nicht, daß eigentlich eine völlig genügende Artilleriewirkung gegen die russischen Werke immer noch nicht erreicht ist. Aber wir sind entschlossen, unser Möglichstes zu tun und dazu den letzten Mann, die letzte Kanone und die letzte moralische Kraft einzusetzen. „Machen" muß es aber, darüber sind wir uns alle klar, freilich der junge Zug- und Kompagnieführer, der die zusammengeschmolzene, ermüdete und durch Entbehrungen, Verluste und Feuer zermürbte Truppe mit seinem persönlichen Beispiel aus dem schützenden Graben heraus und gegen die feindlichen Hindernisse und Werke vorführen muß. Darum aus ganzem Herzen auch ihm und seinen tapferen Leuten die Hauptehre bei jedem Erfolge!

Mit diesen Gedanken gehe ich, nachdem der Angriffsbefehl gegeben ist, zu Bett und bitte Gott, daß er unseren braven Truppen ohne allzuschwere Verluste den Sieg verleihen möge.

19. Juli. Da kommt gegen 5 Uhr vormittags die telephonische Meldung: Die Russen, die noch die ganze Nacht lebhaft mit Infanterie und Artillerie gefeuert hatten, sind in der Frühe abgezogen; — unsere Truppen sind in die Werke eingedrungen und verfolgen den Feind! Ein Zentnerstein fällt mir und uns vom Herzen: wir stehen auf, werfen uns ins Auto und jagen vor nach Metelin, nachdem ich noch durch den fast immer tadellos arbeitenden Fernsprecher dem Brigade- und Artilleriekommandeur ihre nächsten Aufgaben und Ziele angewiesen habe. Ich komme an dem russischen Leichenfelde vom 15. am Walde nördlich Terebin vorbei; ein furchtbarer Anblick, diese Hunderte von Leichen in allen möglichen Stellungen und Verkrümmungen, die Körper aufgedunsen, die Gesichter schon ganz schwarz. Mitten unter den Toten liegen noch seit 3 Tagen und Nächten zwei schwer Verwundete, für die wir sorgen. Leider findet aber auch unsere das Schlachtfeld abstreifende Sanitätskompagnie — die auch schwere und anstrengende Tage hinter sich hat — zahlreiche deutsche Tote zum Begraben und schwer

Verwundete zum Versorgen. Dann besehe ich mir die feindliche Stellung: es sind festungsartig ausgebaute, mit tiefen Gräben und vorzüglichen Flankierungen versehene Werke, mannshohe, fast überall unzerstörte Hindernisse

Russische Stellung bei Mientkie

davor! Wochenlang müssen auch hier wieder Einwohner und Gefangene daran gearbeitet haben. Gott sei Dank, daß uns der Sturm erspart geblieben ist; er hätte furchtbare Opfer gekostet. Wahrscheinlich ist der Gegner eben doch der moralischen Wirkung unseres Artilleriefeuers und dem moralischen Drucke unseres stummen beharrlichen Heranarbeitens bis nahe an die Hindernisse erlegen.

Wir dürfen dem Gegner keine Ruhe und Rast lassen. Also entsprechend dem Korpsbefehl mit einer Linksschwenkung Verfolgung in mehreren gemischten Kolonnen im Vormarsch auf Gozdow-Podhorce; Kavallerie und Pioniere eiligst über und an die Huczwa voraus, erstere zur Aufklärung, letztere zur Wiederherstellung der Übergänge über das einen unangenehmen Sumpfabschnitt bildende Flüßchen, in dem heute schon ein bayerischer Rittmeister und bekannter Herrenreiter beim Versuch des Durchreitens seinen Tod gefunden hat. Rechts von der 107. verfolgt die 11. bayerische, links die 25. Res.-Division. Alle diese einheitlichen Bewegungen werden nur durch den Fernsprecher möglich — wir sprechen von Metelin aus mit dem in Lykoszyn befindlichen Generalkommando, also im Bewegungskriege auf rund 20 Kilometer.

Gegen 4 Uhr nachmittags treffen wir in Podhorce ein und nehmen im dortigen Maierhaus Quartier. Ich befehle weitere Verfolgung bis Nieledow. Im Laufe des Nachmittags und Abends habe ich die Freude, fast die gesamte Division an meinem Quartier vorbeimarschieren zu sehen und kann dabei Offizieren und Mannschaften meinen Dank und meine Anerkennung aussprechen für das in den schweren Tagen von Maslomencze-Metelin Geleistete. Es entgeht mir dabei freilich nicht, wie mitgenommen und zusammengeschmolzen meine Infanterie ist und wie sehr sie der Ruhe und Erholung bedürfte; aber es hilft nichts, wir ersparen uns viel Blut, wenn wir auch weiterhin den Gegner durch heftiges Nachdrängen verhindern, all die unzähligen Stellungen zu besetzen und zu halten, die er auf seiner Rückzugsstraße planmäßig angelegt hat. Noch am späten Abend meldet aber das Res.-Regiment 227, daß der Gegner sich schon bei Nieledow wieder gesetzt hat und dort schanzt.

20. Juli. 1 Uhr nachts ist der Korpsbefehl für Fortsetzung der Verfolgung eingetroffen und kann dementsprechend der Divisionsbefehl gegeben werden. Diese andauernden Kämpfe, Sorgen und Befehle bei kürzester, oft gestörter Nachtruhe sind doch eine harte Nervenprobe. Glücklicherweise kann ich schlafen; aber mein Generalstabsoffizier, auf dem noch alle Sorgen für die Einzelheiten lasten und der den — freilich an und für sich sympathischen — Fehler hat, daß er andere zu wenig für sich arbeiten läßt, leidet an Kopfschmerzen. Dies ist auch eine Folge des allmählich zu viel werdenden, Tag und Nacht andauernden Fernsprechverkehrs. Ein Mann des Divisionsstabes (Fernsprechtrupp) stirbt an Cholera. Wir lassen uns im Garten nochmals gegen Cholera impfen.

Gegen 4 Uhr vormittags reiten wir ab über die notdürftig hergestellte Huczwa-Brücke, an der meine 2 schweren Batterien, dahinter der immer größer werdende Fuhrtroß die Fertigstellung abwarten. Es ist schlimm — die Gefechtsstärke der Division sinkt täglich herab, ich habe nur noch 5200 Gewehre; die Zahl der Fahrzeuge und Pferde wächst, da die Truppe alles mitschleppen und die zweispännigen Wagen mit 3 oder 4 Pferden bespannen muß. So lautet der Verpflegungsrapport heute auf 5500 Pferde!

Abscheuliches Wetter, Regen und Sturm, grundlose glitschige Wege, auf denen die Infanterie nur mühsam weiterkommt. Und doch muß ich von ihr die Wegnahme Nieledows verlangen und durchsetzen! Ich entfalte die Division zum Angriff von Süden und Westen über Trzeszcany; aber bei

Schloß Trzeszcany

der schweren Übermüdung der Truppe dauert der Aufmarsch und die Entwicklung bis zum späten Nachmittag. Zu dieser Zeit werden mir von der hinter uns herrückenden 11. bayerischen Inf.-Division 2 bayerische Bataillone zur Verfügung gestellt, die aber ebenfalls erst abends, zu Tode ermüdet, bei Leopoldow eintreffen. Ich sitze mit meinem Freunde

Schoch im Gutshofe Leopoldow, gegen dessen Mauern die russischen Flintenkugeln flitschen; zwei Leute des Stabes werden auf dem Hofe verwundet. Ich warte und warte, schiebe nach, was ich an Reserven habe und dränge mit Befehlen und Fernsprecher: aber ich habe den Eindruck, daß die Truppe es heute nicht mehr leistet. Es wird Nacht; ich reite auf einem lebensgefährlichen Wege von Leopoldow nach dem für uns erkundeten Quartier im Schloß Trzeszcany. Dort finde ich das Chaos; unsere Packwagen sind umgestürzt, unsere Autos stecken geblieben — es bleibt nichts übrig, als sich „ungegessen", ohne Burschen und Bett auf eine Matratze auf den Boden zu legen. Aber was schadet das, meine Truppen haben gegen 6 Uhr abends doch noch den Westteil, später auch den Ostteil von Nieledow genommen und 600 Gefangene gemacht! Letztere sagen aus, es wären noch viel mehr geworden; aber ein Offizier habe die Überläufer mit dem Revolver niedergeschossen. Wir haben rund 100 Mann verloren. Von regelrechter Verpflegung der Truppe ist keine Rede — sie biwakiert auf dem nassen Boden und verzehrt ihre eiserne Portion.

21. Juli. Nachts 1 Uhr 45 muß der Divisionsbefehl für den 21. auf Grund des Korpsbefehls ausgegeben werden. Der Gegner ist heute nacht in eine neue vorbereitete Stellung auf dem nördlichen Huczwa-Ufer zurückgegangen, die wir schon gestern als überaus stark erkannt haben. Ich muß das für den Nachmittag anscheinend Unmögliche von meiner Truppe verlangen: wiederum Angriff auf eine befestigte Stellung über einen tiefen sumpfigen Bachabschnitt hinüber! Rechts von uns greift die 11. bayerische Inf.-Division an. Davon, daß unser Angriff überhaupt möglich ist, muß ich einige Unterführer durch einen gewissen moralischen Druck erst überzeugen. Und dies ist auch gar nicht zu verwundern — denn die Unterführer, die selbst alle Gefahren und Strapazen der Truppe, teilweise in vorgeschrittenem Lebensalter persönlich mitmachen und miterleben, werden durch den beständigen Anblick der zermürbten Truppe auch selbst mit zermürbt. Aber das Zusprechen hilft! Außerdem baue ich aber meine Feld- und schwere Artillerie sorgfältig mit Front gegen Osten auf, was bei dem tiefen Boden große Schwierigkeit macht, und gebe die Anregung zum Stockwerkfeuer mit Gewehren und Maschinengewehren, wozu sich das Gelände vortrefflich eignet. Ebenso verlange ich, daß die Feldartillerie ihre Geschütze möglichst nahe an die feindlichen Gräben heranführt. Glücklicherweise ist auch der Gegner zermürbt — anscheinend noch mehr als wir, sind doch auch von den Gefangenen nach ihrer Aussage viele nur 3 Monate ausgebildet; und gerade diese Leute ertragen das Feuer unserer Artillerie auf die Dauer nicht.

Unser Angriff gelingt — am Abend sind wir im Besitz des Höhenrandes östlich Nieledow mit einem Verlust von nur 5 Toten und 38 Verwundeten; unter ersteren ein Offizier. Nunmehr wird aber auf höheren Befehl auch noch das wirklich Unmögliche verlangt: die nächtliche Verfolgung des geschlagenen Gegners. Es kommt jedoch nur noch zu einem schwachen Ansatze dazu —

dann liegt die Truppe, nun aber leider ohne jede Unterkunft und ohne Feldküchen, völlig erschöpft auf dem freien Felde.

22. Juli. Auch für mich gibt es keine Nachtruhe. 3 Uhr früh muß der Divisionsbefehl für den 22. ausgegeben werden; von Wiedereinschlafen ist bei der hier geradezu fürchterlichen Fliegenplage keine Rede mehr. So trinken wir früh unseren Kaffee auf dem schönen Balkon des stattlichen Schlosses, verlassen es aber trotz des großzügigen Parkes gern, da die Fliegen jeden Genuß von Schloß oder Natur unmöglich machen. Vorher hören wir aber noch von unserem beim Ortspfarrer wohnenden katholischen Feldgeistlichen von einer Ehetragödie, die sich hier vor einigen Wochen abgespielt und die zum

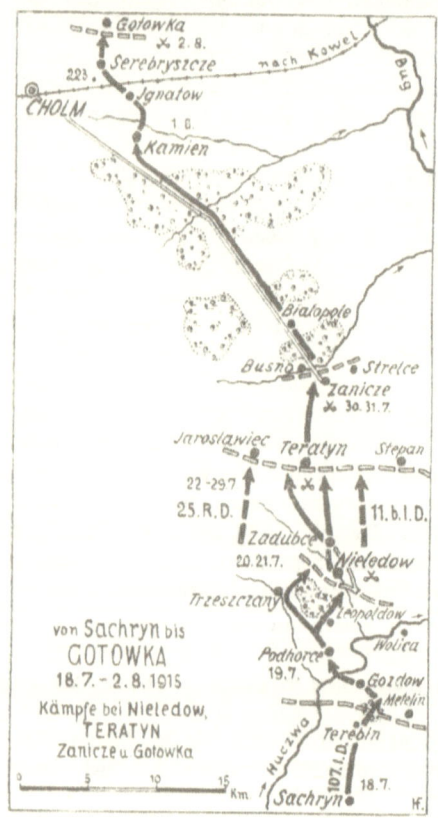

von Sachryn bis
GOTOWKA
18.7.–2.8.1915
Kämpfe bei Nieledow,
TERATYN
Zanicze u. Gotowka

Duell zwischen dem Schloßherrn und einem hier einquartiert gewesenen russischen General geführt haben soll, und beschauen nicht ohne Neugierde die Photographie der recht hübschen und eleganten Schloßherrin. Übrigens erklärt der Pfarrer, sie sei eine gute Mutter ihrer Kinder und nicht schuldig. Gerede und Duell beruhten lediglich auf Dienstbotenklatsch.

Die Division geht in mehreren Kolonnen auf Teratyn-Jaroslawiec vor; wir reiten bei schönem Wetter nach Nieledow, wo der Stab in der Villa des von den Russen weggeschleppten Direktors der dortigen großen Zuckerfabrik ein sehr wohnliches, ganz nach deutschem Geschmack und mit deutscher Tüchtigkeit gebautes und eingerichtetes Quartier bezieht. Die todmüde Truppe kommt nur langsam vorwärts; aber es werden 200 Gefangene gemacht und ein Maschinengewehr erbeutet.

Ein österreich-ungarischer Nachrichtenoffizier der 11. bayerischen Division versichert mir wiederum, daß alle Gefangenen aussagen, die russische Armee wolle nicht mehr kämpfen. Iwangorod würde aufgegeben, die starke Festung Brest-Litowsk solle dagegen gehalten werden. Nach den Eindrücken der letzten Tage glauben wir daher alle an ein unaufhaltsames Zurückgehen der Russen vielleicht bis Brest-Litowsk. Darin bestärkt mich auch das Abreiten der Nieledower Stellung, die wir vorgestern angegriffen und genommen haben. Sie war nur flüchtig aufgeworfen, offenbar eine eilig hergestellte Nachhutstellung. Ich mache hier auch die Erfahrung, daß die Truppe, wenn sie, wie am 20., sehr ermüdet und daher nicht angriffslustig ist, in ihren Meldungen stark übertreibt. Damals wurde mir, als ich am Nachmittag zum Angriff auf Nieledow von Süden her drängte, wiederholt gemeldet, der Gutshof sei zu einem starken Stützpunkt ausgebaut, tatsächlich sind aber nur ein paar Scharten in die brüchige Mauer eingeschlagen. Im Schützengraben davor kauern dicht nebeneinander 3 Russen, denen allen dreien ein deutsches Artilleriegeschoß den Schädel zertrümmert hat, die Hirne sind bloßgelegt — ein gräßlicher Anblick. Arme Teufel — man wird den leider ohnmächtigen Wunsch nicht los, die schnöden Urheber dieses Massenmordes in gleicher Lage zu sehen.

Allmählich treffen Meldungen der vorgetriebenen Kavallerie und der Infanterie ein, wonach Teratyn befestigt und die Straße dorthin mit Drahthindernissen abgesperrt sei; auch treten Verluste durch feindliches Artilleriefeuer ein. Der Infanterie-Brigadekommandeur neigt aber vorläufig doch noch zu der Ansicht, daß die Stellung nur schwach befestigt sei, und macht einen Vorschlag zur Durchführung des Angriffs. Ich stimme zu, lasse Teratyn mit Artillerie beschießen und bestimme, daß, falls die völlige Durchführung des Angriffs sich heute nicht mehr ermöglichen lasse, die Truppe sich in den erreichten Stellungen eingräbt als Ausgangspunkt für den dann morgen vormittag auszuführenden Sturm. Alles sieht sich hoffnungsvoll an. So genieße ich mit Dank und in bester Stimmung das in Nieledow auf dem offenen Balkon bereitstehende Abendessen — und nicht minder das mir bereitete warme Bad, das erste seit Jaroslau.

23. Juli. Aber es kommt anders; der 23. Juli ist ein Dies nefastus. Ich erwache mit heftigen Nervenschmerzen am Halse, außerdem mit Darmkatarrh. Auch mein Generalstabsoffizier ist etwas herunter. Dazu trägt das unausgesetzte Fernsprechen wesentlich bei; es hat sich leider allmählich die fatale Gewohnheit eingebürgert, daß Offiziere höherer Stäbe — in einer Art wohlgemeinter, aber höchst lästiger militärischer Neugierde — sich durch die Divisionsgeneralstabsoffiziere den ganzen Tagesverlauf bis herunter zu den einzelnen Kompagnien erzählen lassen. Ich stelle dies ernstlich ab und halte darauf, daß auch wir unsere Truppen nicht telephonisch mißbrauchen und ihnen dadurch Zeit, Lust und Selbständigkeit rauben.

So fahre ich am Vormittag nach Zadubce, wo die Fernsprechzentrale zu den Truppen der vorderen Linie liegt, die heute 11 Uhr vormittags angreifen sollen, nachdem die Artillerie von 8 bis 10 Uhr gewirkt hat. Der Ort Zadubce ist völlig niedergebrannt; der Fernsprecher ist in dem fast einzig übrig gebliebenen, auf einer Anhöhe gelegenen Bauernhause eingerichtet. Wir haben keinen Gefechtsstand, nicht einmal einen deckenden Graben wie die Truppe; denn meine einzige Pionierkompagnie rückt erst von der Huczwa her nach. Der rege Meldeverkehr nach der Fernsprechstelle erregt wohl die Aufmerksamkeit des Gegners, wir erhalten heftiges, recht unangenehmes Schrapnellfeuer aus schweren Kalibern: ein solches Ungetüm platzt verdammt nahe über uns. Aber noch schlimmer ist dies: das schwere feindliche Artillerie= feuer und zahlreiche aus der vorderen Linie eintreffende Meldungen machen es bald zur Gewißheit, daß die Annahme feindlichen Abzuges nicht zutrifft, sondern daß wir schon wieder einer von langer Hand angelegten und aus= gebauten, starken, mit deutlich erkennbaren, wohlbesetzten Schießscharten und Stützpunkten versehenen russischen Stellung gegenüber liegen! Gleiche Mitteilung geht von den Nachbardivisionen ein. Und ganz schlimm und unvorteilhaft ist es, daß unsere Infanterie, die vor Ausführung des Sturmes auf solche Stellung zum mindesten einen vollständigen Ruhetag nötig gehabt hätte, nun schon wieder auf ganz nahe Entfernung den feindlichen Gräben gegenüber liegt. Daher auch wieder ohne eigentlichen Infanterie= kampf 70 Mann Verluste.

24. Juli. Fortsetzung des Kampfes. 11 Uhr vormittags Besprechung durch den kommandierenden General in Nieledow mit den Divisionskomman= deuren. Das Generalkommando verlangt im Sinne des Armeebefehls die rasche Durchführung des Angriffs noch am heutigen Tage. Dazu werden mir zwei weitere schwere Batterien zur Verfügung gestellt. Der Angriff soll abends ausgeführt werden, weil erst bis dahin schwere Munition zur Stelle ist. Ich begebe mich um 5 Uhr nachmittags auf den neuen Gefechtsstand, den die inzwischen eingetroffenen Pioniere in einem Taleinschnitt östlich Zadubce gebaut haben; dort beobachte ich von einem vortreffliche Übersicht über das ganze Angriffsfeld gewährenden Hochstande aus unser Wirkungs= schießen. Die feindliche Artillerie antwortet heftig; insbesondere sehen wir in die Nähe des Gefechtsstandes des Infanterie=Brigadekommandeurs zahl= reiche schwere Geschosse einschlagen. Nach Beendigung unseres Wirkungs= schießens 6 Uhr abends soll gestürmt werden. Aber man sieht keine Vor= wärtsbewegung unserer Infanterie. Statt dessen meldet einer der Komman= deure, der Angriff sei seiner Ansicht nach unausführbar; die feindlichen Hin= dernisse und Werke seien noch gänzlich unzerstört, die feindlichen Gräben vollbesetzt, das Regiment bekomme ferner Flankenfeuer von neu aufgetretener russischer Artillerie — außerdem sei die Truppe so ermüdet, daß ein Teil der Offiziere und Mannschaften trotz des feindlichen Feuers in den Schützen= gräben schlafe! Wie wenig Begriff hat der Laie, ja selbst der Friedenssoldat von solchen Zuständen! Für mich gibt es freilich keinen Zweifel: wir haben keine Wahl, ob wir angreifen wollen und können — wir müssen angreifen, denn das ganze Korps, die ganze Armee, ja das ganze Heer greift heute an. So muß ich ein ernstes Wort mit dem Kommandeur sprechen, zuerst tele= phonisch, dann noch schriftlich. Ich verlange den Angriff; wenn ein Ein= dringen in die feindliche Stellung heute nicht möglich ist, dann müssen wir

wenigstens heran bis an die Hindernisse und uns dort eingraben. Vielleicht genügt dies Herangehen wiederum, um den Gegner zum nächtlichen Abzug zu bewegen; wenn nicht, so halten wir ihn doch vor unserer Front fest und bereiten den weiteren Angriff vor.

In solcher Lage muß der höhere Führer alle Mittel anwenden, um die Truppe vorwärts zu bringen: so teile ich der Infanterie mit, daß die Wirkung des heutigen Artillerieschießens schon deshalb ausgenutzt werden müsse, weil für morgen keine schwere Munition zur Stelle ist; ferner daß unsere Nachbardivision soeben ein etwas vorwärts vor unserer Stellung gelegenes Gehöft genommen hat; schließlich daß von 7 Uhr 15 bis 7 Uhr 30 nochmals die gesamte schwere Artillerie die Einbruchsfront aufs lebhafteste beschießen werde.

Zureden hilft bekanntlich — so auch hier. Es gelingt bis zum Einbruch der Dunkelheit, da und dort bis an die Hindernisse heranzukommen und sich dort einzugraben. Von Eindringen in die feindliche Stellung ist aber freilich keine Rede. Sorgenvolle nächtliche Heimfahrt nach Nieledow.

25. Juli. Die ganze Nacht gehen Meldungen ein und sind Befehle zu geben. Der Gegner ist nicht abgezogen, daher Fortsetzung des Angriffs. Von Tagesbeginn ab Feuergefecht auf nächste Entfernungen. Gegen Mittag macht der Feind einen größeren Gegenstoß gegen meinen dünnen linken Flügel; kritische Stunden — ich stelle meine letzte Kompagnie und Batterie zur Abwehr zur Verfügung. Der Angriff wird abgeschlagen. Am Nachmittag trifft doch noch Munition ein — ich lasse die feindlichen Werke bei Teratyn mit 5 Feld- und 5 schweren Batterien mit 3500 Geschossen befeuern. Den ganzen Abend und die ganze Nacht geht der Infanterie-Nahkampf weiter; aber es gelingt nur an wenigen Stellen, das Drahthindernis oberflächlich zu zerstören. 3 Offiziere sind tot, 3 verwundet, ein Beweis für die übermenschlichen Anstrengungen, die sie machen, um die Truppe vorwärts zu bringen. Der Gegner macht nun auch bei Teratyn heftige Gegenstöße. Die Optimisten im Stabe (die Mehrzahl) meinen, daß diese die Einleitung zum nächtlichen Abzuge bilden; die Pessimisten glauben im Gegenteil, daß sie ein Zeichen dafür seien, daß der Gegner stark ist und standhalten will. Entgegen meiner sonstigen Auffassung stimme ich diesmal den letzteren zu.

26.—28. Juli. Es unterliegt keinem Zweifel mehr: wir liegen vor der feindlichen Stellung fest. Um unnötige Verluste zu vermeiden, ziehe ich die Infanterie in die Ausgangsstellung für den Angriff auf rund 500 Meter zurück; auch deshalb, damit der Infanterie endlich wieder warme Verpflegung zugeführt werden kann. Der Artilleriekampf geht langsam weiter — die Munition reicht aber nur für eine der beiden Divisionen des Armeekorps zum Wirkungsschießen. So arbeitet sich rechts von uns die 11. bayerische Division unter Einsatz der ganzen schweren Artillerie an die feindliche Stellung mit Erfolg heran und macht zahlreiche Gefangene. Wir unterstützen den Angriff ihres linken Flügels, beschäftigen den Gegner und suchen ihm auf meinem linken Flügel einen Angriff vorzutäuschen. Aber wir sind innerlich nicht zufrieden mit dieser Rolle. Immerhin ruht die Truppe etwas aus und gewinnt dadurch wieder die fast verloren gegangene Kampfkraft und Angriffslust.

In der Nacht vom 27. zum 28. beschießt der Gegner unser Quartier Nieledow mit schwerer Artillerie; meine durch die Sorgen und auch die Anstrengungen und Schmerzen der letzten Wochen stark gereizten Nerven sind dem noch nicht gewachsen. Ich kann nicht im Bett liegen bleiben und das Einstürzen der Decke kaltblütig abwarten; ich muß aufstehen und mich durch das Gespräch mit den Herren im Nebenzimmer ablenken.

29. Juli. Heute wird mir die starke schwere Artillerie mit viel Munition zur Verfügung gestellt. Daher nachmittags kräftiges Wirkungsschießen gegen Teratyn und abends vom Gefechtsstand aus Angriffsbefehl: ich verlange nunmehr bestimmt abendliches Herangehen und nächtliches Durchschneiden der Hindernisse, dann Ausführung des Sturmes so, daß die Werke am 30. früh sicher in unserem Besitze sind. Ich ersuche den Brigadekommandeur, den Angriffsgedanken durch mündliche Rücksprache mit den beteiligten Kommandeuren der Infanterie den größtmöglichsten Nachdruck zu geben, und befehle wiederum der Artillerie, mit einer Anzahl von Geschützen recht nahe heranzugehen zum „Bresche schießen". Ich bin fest entschlossen, die Werke morgen in meinen Besitz zu bringen; mit diesem Entschlusse lege ich mich nieder.

30. Juli. Es ist, als ob der Gegner etwas von unserer entschlossenen Absicht gefühlt und geahnt hätte; nach lebhaftem nächtlichem Infanteriefeuer hat er die Stellung in aller Frühe, unter Ausnutzung des starken Nebels mit den Hauptkräften geräumt; meine Truppen dringen gegen 4 Uhr mit stürmender Hand in die Werke von Teratyn ein und nehmen den Rest der Besatzung gefangen.

Ich reite nach Teratyn, das fast völlig niedergebrannt ist; auch die Kirchtürme mit ihren bunten, weithin leuchtenden Dächern, auf denen sich feindliche Artilleriebeobachter aufhielten, sind zerschossen.

Die Werke um Teratyn sind von ganz besonderer Stärke, in mehreren sich flankierenden Linien hintereinander angelegt; Werke und Hindernisse sind trotz unseres Feuers nur wenig zerstört, auch keine russischen Leichen oder größere Blutlachen und dergleichen sind zu sehen. Meine 6 Kanonenbatterien richten eben mit ihrem Flachbahnfeuer gegen solche tiefen Schützengräben überhaupt nichts aus und eine Feldhaubitz- sowie eine schwere 15-Zentimeter-Batterie sind für eine Gefechtsfront von im ganzen 8 und eine Angriffsfront von mehr als 4 Kilometer fast ohne Wirkung. Die im Juni 1915 neu aufgestellten neuen Divisionen sind in dieser Beziehung schlecht daran. Dagegen verfügt z. B. unsere Nachbardivision rechts, die 11. bayerische, dauernd über 2 leichte Feldhaubitz-Batterien, über mehr als doppelt so starke schwere Artillerie, darunter Mörser, außerdem über 2 statt einer Pionierkompagnie und über mehrere mittlere und schwere Minenwerfer-Abteilungen; sie besteht ferner aus 2 Linien- und nur einem Reserve-Regiment. Die links anschließende Division, die Reservedivision, hat eine ganze Feldartilleriebrigade! Meine arme 107. Inf.-Division muß daher, da ihr stets gleich breite Angriffsfronten zugewiesen werden, wie den anderen Divisionen, fast Unmögliches leisten; das wird mir mehr und mehr klar. Und als ein weiterer sorgenvoller Übelstand stellt sich immer deutlicher die allzu große Anzahl zu alter Mannschaften heraus — rund 12 Prozent der Leute sind zwischen 35 und 45 Jahre alt; sie haben die für einen andauernden Offensivkrieg gegen befestigte Stellungen nötige körperliche Rüstigkeit zumeist nicht mehr. Ausnahmen bestätigen nur die Regel. Ein Regimentskommandeur berichtet mir hierüber, daß ihm Kompagnieführer mit Tränen in den Augen gemeldet haben, daß sie ihre Leute trotz allen persönlichen Befehls nicht mehr vorwärts bringen konnten — sie hätten einfach erklärt, sie k ö n n t e n vor körperlicher und seelischer Ermüdung nicht mehr.

Drei Lehren ziehe ich aus alledem für die Zukunft. Zum mindesten die Leute über 40 Jahre müssen, sobald es möglich wird, außerhalb der Gefechtsfront verwendet und gegen jüngere Mannschaften ausgetauscht werden. Weiter: ich hätte am 24. trotz allem erklären müssen, daß die völlig ermüdete Truppe notwendig eines wirklichen Ausruhetages bedürfe — außerhalb des feindlichen Feuers —, ehe sie wiederum eine stark befestigte Stelle angreifen könne; dies will ich künftig in ähnlichen Falle tun auf die Gefahr hin, für nicht energisch genug gehalten zu werden. Drittens: ich muß d i e Artillerie und Munition, die mir zur Verfügung steht, noch mehr als bisher gegen e i n e n , nicht zu breiten Teil der Angriffsfront vereinigen und gegen d i e s e n Punkt auch die gesamten Pioniere, etwa zur Verfügung gestellte Minenwerfer und die noch kräftigsten Angriffstruppen ansetzen. So erlernt man den Krieg eben so recht doch erst im Kriege selbst.

Im übrigen ist es wunderbar, wie jeder Erfolg belebend auf die Truppe wirkt! Die Verfolgung wird von allen Truppen mit voller Energie fortgesetzt; abends liegt die Division angriffsbereit einer neuen besetzten feindlichen Stellung bei Zanicze gegenüber, die ich noch am Nachmittag gründlich mit Artillerie beschießen lasse. Nachtquartier Teratyn. Noch spät abends wird der Divisionsbefehl gegeben, wonach Zanicze morgen zu nehmen ist.

31. Juli. 9—11 Uhr vormittags konzentrisches leichtes und schweres Artilleriefeuer gegen den Stützpunkt Zanicze. 11 Uhr vormittags ist das Werk erstürmt, 600 Gefangene sind gemacht, 4 Maschinengewehre erbeutet! Rechts von uns haben die Bayern Strelcze erstürmt und ebenfalls große Beute gemacht. Die Gefangenen, darunter ein Stabsoffizier und 3 Reserveoffiziere, werden am Stabsquartier vorbeigeführt. Sie sind gut bekleidet und ausgerüstet und sehen wohlgenährt aus. Ich begrüße und beglückwünsche meine Truppen. Ein neues Ziel winkt: wir haben mit dem Dorf Zanicze die große Straße nach Cholm gewonnen. Auch das erhebt die Truppe, wenn man ihr sagen kann: weiter nach der Bischofs- und Hauptstadt Cholm. Wir sind alle wie neu belebt!

Versammlung des Gros der 107. Division beim Bahnübergang

1. August 1915. Jahrestag der Kriegserklärung. Wir können zufrieden sein mit dem, was die deutschen Heere und Flotten seitdem geleistet und erreicht haben!

Vormarsch auf der großen Cholmer Straße; heute sind mir außer meinen eigenen 8 Batterien noch zwei schwere Haubitzen-, 2 Mörser- und eine 10-Zentimeter-Batterie unterstellt — eine lange Marschkolonne. Mit der langen 10 Zentimeter bestreichen wir auf weiteste Entfernungen die Chaussee, auf der die Russen zurückgehen. Ein großes Lob der Armee für Korps und Divisionen trifft ein. Auch einiger Ersatz erreicht uns heute — aber leider wieder eine erhebliche Anzahl zu alter Mannschaften, die zudem durch das wochenlange Hinterhermarschieren ermüdet und auch außer Haltung gekommen sind.

An der Gabelung der Straße nach Cholm und nach Brest-Litowsk südlich Kamien machen wir kurzen Halt. Ein würdiges älteres Ehepaar nähert sich mir, beide weinend, mit demütiger Haltung; der Dolmetscher erklärt mir, daß eine meiner Truppen ihnen das stattliche, hübsche und junge Pferd dort drüben, nach dem sie wahrhaft verzweifelte Blicke werfen, zu Vorspannzwecken weggenommen und ihnen dafür einen Schein für nur 75 Mark ausgestellt hat. Ich stelle den Sachverhalt fest und fahre den schuldigen Unteroffizier gehörig an. Dann mache ich die Leute glücklich, indem ich vor die 75 noch eine 2 machen lasse. Hoffentlich nicht bloß für den Augenblick! Aber ich denke, eine von Deutschland-Österreich-Ungarn eingesetzte polnische Regierung wird den Schein nach dem Kriege einlösen. Übrigens überall wieder brennende Schlösser und Ortschaften. Und besonders niederträchtig ist es,

südlich Serebryszcze am 2. August 1915

daß die Kosaken die Einwohner zum schleunigsten Verlassen ihrer Wohnungen und Häuser zwingen, diese dann ausplündern und anzünden.

Abends Quartier in Kamien, einem stattlichen, verschont gebliebenen Ort. Die Division verfolgt weiter, drängt den Gegner über die große Bahn Cholm-Kowel hinüber und liegt am Abend mit starken Vortruppen nördlich des unaussprechlichen Ortes Serebryszcze, mit den Hauptkräften südlich des Ortes. Die Nachrichten über den Gegner sind dürftig.

Wir haben 105 Gefangene gemacht.

2. August 1915. Heute vor einem Jahr bin ich als Führer der zum Grenzschutz nach Diedenhofen vorausbeförderten 53. (3. K. W.) Infanterie-Brigade ins Feld gerückt. Diedenhofen-Cholm — welche Gegensätze!

Nachts 3 Uhr ergeht auf Grund des mit vollem Rückzug des Feindes rechnenden Korpsbefehls der Divisionsbefehl zur Fortsetzung der Verfolgung mit weitgestecktem Marschziel — bis Bukowo. Aber als wir am Vormittag zum Bahnübergang südlich Serebryszcze vorfahren, wo meine Reserven liegen, erhalten wir sogleich wieder heftiges Artilleriefeuer aus Gegend Gotowka; die von vorn eingehenden Meldungen lassen bald keinen Zweifel darüber, daß der Gegner sich dort wiederum eingegraben hat und daß er heftigen Widerstand leistet. Ich befehle daher Entfaltung und Entwicklung zum Angriff und setze diesen auf 5 Uhr abends fest. So habe ich heute einmal ausreichend Zeit, meine starke schwere Artillerie mitsamt ihren vielen Beobachtungsstellen und Verbindungsdrähten in aller Ruhe und Gründlichkeit aufzubauen; danach lasse ich von 3 bis 5 Uhr nachmittags meine 7 Feld- und 5 schweren Batterien, darunter 2 Mörserbatterien, einheitlich gegen die linke Hälfte der feindlichen Stellung wirken. Es ist ein prachtvolles Schauspiel. Um 5 Uhr geht die Infanterie zum Sturme vor. Er wird nahe an die feindliche Stellung herangetragen, dringt aber nicht in diese ein, da das Gelände an zahlreichen Stellen versumpft ist.

Unsere Verluste sind nicht unerheblich, auf telephonische Anfrage nach vorn wird allgemein die Ansicht ausgesprochen, es werde gut sein, die Durchführung auf morgen früh zu verschieben, zumal heute auch die rechte Nachbardivision nicht angreift. Hier liegt nun ein Schulfall dafür vor, daß in vielen Fällen der höhere Führer in seinen Anforderungen hart sein muß. Ich befehle in bestimmtester Form sofortiges nochmaliges kurzes (halbstündiges) Wirkungsschießen aller Kaliber mit größter Steigerung und daran anschließend um 7 Uhr kräftigste Durchführung des Sturmes auf der ganzen Linie. Und ich habe gute Gründe zu diesem Befehl. Erstens bin ich keineswegs sicher, morgen wiederum über so starke schwere Artillerie und so viel Munition zu verfügen — beides ist sehr unwahrscheinlich. Zweitens hat heute die schwere Artillerie auch nach den Meldungen der Infanterie sehr gut geschossen und gewirkt. Drittens aber kann der Gegner entweder heute nacht seine diesmal offenbar nicht von langer Hand vorbereitete Stellung verstärken, wodurch der Angriff für morgen erschwert wird. Und dann habe ich noch einen weiteren Grund: ich will, daß meine Truppen wieder einmal aus eigener Kraft einen richtigen, vollgültigen Sieg mit Gefangenen und Trophäen erringen, und daß nicht wieder der Feind in der Nacht im stillen abzieht. Höllenfeuer von 6—7 Uhr abends! Riesige schwarze Rauchwolken erheben sich in der feindlichen Stellung. Spannende Stunden auf unserem Gefechtsstand bei Ignatow. Zum Überfluß fällt dort noch auf wenige Schritte von uns eine Husche von Schrapnellkugeln nieder, die von Rohrkrepierern meiner hinter uns stehenden, die feindlichen Rückzugsstraßen beschießenden 10-Zentimeter-Kanonen herrühren und die wir als Andenken in unsere Brustbeutel stecken. Dabei bekommt aber ein vorbeireitender Veterinär einen Armschuß; auch erfahre ich, daß gestern durch solchen Rohrkrepierer ein besonders tüchtiger, zum Brigadestab kommandiert gewesener Kürassierunteroffizier schwer, wahrscheinlich tödlich verwundet worden ist. Bei der Massenherstellung der Munition stellen sich im Kriege eben auch Übelstände ein, die erst allmählich erkannt und beseitigt werden können.

Aber um 7 Uhr abends meldet der Führer des Mörserbataillons, daß er von seinem hochgelegenen Beobachtungsstande aus unsere Infanterie in die feindliche Stellung eindringen sehe! Und diese Meldung wird bald darauf bestätigt durch Nachrichten aus der vorderen Linie mit dem Zusatz, daß 3 Offiziere und 500 Russen gefangen und 3 Maschinengewehre erbeutet sind. Wir sind hochbeglückt. Spät abends Rückfahrt im Auto nach Kamien. Dorthin meldet der Brigadekommandeur, daß der Gegner sich in einer neuen Stellung nördlich Gotowka festgesetzt habe und daß in der Nacht dagegen erkundet und vorgefühlt werde.

3. August. Korps- und Divisionsbefehl zur Fortsetzung des Angriffs durch 107. Inf.-Division; die 11. bayerische wirkt durch Artilleriefeuer gegen den Gegner meines rechten Flügels mit und stellt mir eine schwere Batterie und ein Bataillon zur Verfügung. Da letzteres aber erst am späten Nachmittag an seinem Verwendungsorte eintreffen kann, so kann auch heute der Angriff erst nachmittags stattfinden. An diesem sollen sich auf dem linken Flügel auch einige Kompagnien der linken Nachbardivision beteiligen. Also 3—5 Uhr Wirkungsschießen, 5 Uhr Sturm. Das inzwischen erkundete Angriffsgelände erweist sich als sehr unübersichtlich wegen zahlreicher Einzelgehöfte und sehr schwierig wegen vielfacher sumpfiger Strecken. Vor der Abfahrt auf meinen Gefechtsstand bei der Höhe 223 sehe ich mir in der stattlichen katholischen Kirche von Kamien die eingeschlossenen russischen Gefangenen an. Diesmal sind viele braune Gestalten aus Dagostan dabei. Die Offiziere erzählen wiederum, daß ihre Truppen unser schweres Artilleriefeuer, namentlich das Mörserfeuer, nicht lange ertragen, sondern heulend davonlaufen. Dies lasse ich sogleich telephonisch allen unseren Truppen mitteilen. Andererseits sagen aber die russischen Soldaten aus, die Mehrzahl der Offiziere verlasse bei starkem Artilleriefeuer die Schützengräben, befehle aber den Unteroffizieren und Mannschaften bei Todesstrafe, auszuhalten.

Im Auto nach Höhe 223. Von dort aus haben wir nach Norden eine weite Übersicht über das Angriffsfeld der Division; links von uns sehen wir die zahlreichen Türme von Cholm emporragen. Der Angriff geht vorwärts — ein heftiger, in drei starken Wellen erfolgender russischer Gegenstoß wird abgeschlagen — gegen 7 Uhr ist der Feind geworfen, die feindliche Stellung erstürmt und sind wiederum 90 Gefangene gemacht. Also der zweite Siegestag!

In gehobener Stimmung fahren wir nach Kamien zurück; dort trifft ein äußerst warmer Dankerlaß des kommandierenden Generals ein, in dem er die Tage von Gotowka als besondere Ruhmestage der 107. Inf.-Division bezeichnet. Ich gebe diese Anerkennung zugleich mit meinem Danke an die Truppen weiter. Vor allem bin ich aber erfreut darüber, daß der schöne

Erfolg dieser beiden Tage, wo obere und untere Führung und ebenso alle Waffen, namentlich die Infanterie und Artillerie, einheitlich zusammenwirkten, der Truppe selbst und mir das alte, gegenseitige Vertrauen und die Siegesstimmung zurückgegeben hat. Ferner darüber, daß der Doppelsieg mit immerhin erträglichen Verlusten erreicht wurde.

Abends beschießen die Russen auf weiteste Entfernungen noch unser Dorf. Der Kalk fällt von den Wänden. Aber ich bin viel zu müde und viel zu dankbar, als daß ich mich irgendwie darum kümmerte.

4. August. Wieder trifft einiger Ersatz ein — aber leider von sehr verschiedener Güte. Eine große Anzahl von Leuten ist darunter, die bisher monatelang an der Ostfront als Armierungs- und Schanzarbeiter verwendet wurden und damit ihre kriegerische Tätigkeit für abgeschlossen hielten — sogenannte „Schipper". Wir aber hätten vor allem mehr junge, rüstige Leute nötig für diesen anstrengendsten aller Bewegungskriege, den fortgesetzten Angriff gegen eine Reihe von verschanzten Stellungen. Und was uns fast ganz fehlt, das ist der Nachersatz an Infanterieoffizieren — und doch hat die Division seit Jaroslau deren schon über 80 durch Tod und Verwundung, etwa 20 durch Erkrankung verloren, d. h. mehr als ein Drittel ihres ursprünglichen Bestandes.

3 Uhr morgens wird die Verfolgung fortgesetzt, um den Gegner nicht zur Ruhe kommen zu lassen. Ich fahre 5 Uhr 20 mit dem Auto in die Gotowka-Stellung und reite diese ab. Es ist ein grausiges Leichenfeld, vermischt mit noch lebenden Verwundeten; namentlich an einem Waldrand hat unsere schwere Artillerie alles, Bäume, Gräben, Deckungen, Menschen kurz und klein geschlagen. Dieses Abreiten der feindlichen Stellungen ist ungemein lehrreich; man lernt die Meldungen der Truppen, ihre Leistungen und die Zweckmäßigkeit der eigenen Anordnungen richtig einschätzen.

Schon gegen 7 Uhr erhalte ich von der Truppe, bald darauf durch ganz ausgezeichnete Fliegermeldungen mit Lichtbildern die Meldung, daß sich nördlich der Ucherka mit Fortsetzung nach links und rechts eine neue, stark ausgebaute feindliche Stellung mit Stützpunkten und durchlaufendem Hindernis befindet. Da die Ucherka versumpft ist und die Höhen nördlich des Baches diejenigen südlich davon beherrschen, so ist es klar, daß von einem Überrennen dieser Stellung keine Rede sein kann. Ich halte die Division daher in den Wäldern gegenüber der feindlichen Stellung an. Unsere Optimisten fangen an zu schweigen: es ist offenbar kein Aufhören mit diesen von langer Hand nach einem großzügigen Plane angelegten russischen Riesenverteidigungsstellungen.

Die Armee befiehlt eine Umgruppierung; die 11. bayerische Inf.-Division kommt links von uns, die 1. preußische rechts. Mit Freuden begrüße ich es, daß dadurch meiner Division zum erstenmal seit 17 Tagen wieder zum mindesten ein Ruhetag beschieden ist; freilich wiederum abgesehen von den ziemlich starken Vortruppen, denen die sofortige, nur mit Anstrengungen und Verlusten auszuführende Erkundung der neuen feindlichen Stellung gegenüber Rudnia aufgetragen ist.

Ich reite ins neue Quartier Lesniczowka. Unterwegs lasse ich durch einen Offizier meines Stabes die in dem Engwege arg ineinander gefahrenen Gefechts- und sonstigen Bagagen der Division mit fester Hand entwirren und dann den Truppen zuführen. Seit 17 Tagen können nun auch die Offiziere

Verwundeter Russe zwischen 2 Toten

und Mannschaften endlich wieder einmal die Wäsche und Kleidungsstücke wechseln, eine unbezahlbare und unbeschreibliche Wohltat. Dorf und Quartier, ein kleines Besitzerhäuschen, sind nicht übel.

Solchen Ruhetag halte ich auch für geeignet, um den Truppen schriftlich meinen warmen Dank für ihre Leistungen seit dem 30. Juli auszusprechen.

5. August. Neue Umgruppierung: rechts von uns trifft morgen das XXXXI. Reservekorps ein, das nunmehr Generalleutnant v. Winckler befehligt. Heftiges Artilleriefeuer gegen meine Vortruppen: gestern wieder 10 Tote und 42 Verwundete! Von Einwohnern erfahren wir, daß an der feindlichen Stellung nördlich der Ucherka seit sechs Wochen gebaut worden ist unter Heranziehung aller Bauern der Umgebung. Schöne Aussichten!

Ich erlebe zwei angenehme Überraschungen. Mein Freund Schoch marschiert mit seiner „eisernen bayerischen Brigade" durch meinen Quartierort — wir können schnell zusammen frühstücken; ich schicke ihm einen kleinen Speisekorb mit einigen guten Sachen aus unserem stets reich gefüllten Lebensmittelwagen nach seinem für deutsche Zungen unaussprechlichen Quartier Czulczyce und erfahre hinterher zu meiner Freude, daß gerade heute sein Geburtstag ist. Die zweite große Überraschung aber ist die Nachricht, daß die Westfront von Warschau gestern von unseren Truppen genommen worden ist. Darüber stellen wir abends allerhand politische und militärische Betrachtungen an —

außerdem behaupten wir, daß auch wir einen nicht unwesentlichen Anteil an diesem großen Erfolge haben, indem wir durch unsere unausgesetzte Offensive starke feindliche Kräfte nicht nur vor uns festhielten, sondern auch noch auf uns gezogen haben.

Leider muß sich mein Generalstabsoffizier mit heftiger Augenentzündung und starken rheumatischen Schmerzen zu Bett legen.

6. und 7. August. Der Tag von Wörth 1870! Die Division rückt ab mit 2 Infanterie-Regimentern in Quartiere in und um Cholm, eines rückt nach Sawin und beginnt dort mit Erkundung der gegenüberliegenden feindlichen Stellung.

Cholm ist eine größere Stadt, Straßen- und Eisenbahn-Knotenpunkt — vor allem aber auch ein kirchlicher Mittelpunkt und Wallfahrtsort der ganzen Gegend. Davon zeugen die zahlreichen Kirchen, von denen schon wieder zwei im Neubau sind, und vor allem der hochgelegene Bischofssitz mit Kathedrale und Seminar — alles zusammen ein kleiner Vatikan. Diese Kirchen usw. sind sämtlich außen und innen schön, ja teilweise prunkvoll ausgestattet und gut erhalten, im Gegensatz zu manchen anderen weltlichen Gebäuden. Im übrigen das übliche Bild der polnischen und ukrainischen Städte: schauerliches Pflaster, viel Schmutz, meist armselige Läden, davor und daneben die unglaublich schmierigen und kinderreichen Judenfamilien, auch die sonstige Bevölkerung mit wenig ansprechenden Zügen. Allerdings auch einige Zeichen des Fortschritts: ein ganz hübscher Stadtpark und in dessen Nähe eine Anzahl neuerer, besserer Häuser. Zu kaufen gibt es in der ganzen Stadt außer Fliegen- und Briefpapier und einer Art gerösteten Zwiebacks rein nichts, alles ist weggegeben oder weggenommen. Die Stadt ist vollgepfropft mit Stäben von Generalkommandos und Divisionen, mit Truppen aller Waffen,

Cholm, Bischofssitz

mit Kranken, Verwundeten und Gefangenen. Aber mögen dies auch zusammen 30 000 Mann sein, die Zahl der Fliegen bemißt sich nach Millionen. Die Wände in meinem sonst hübschen und großen Zimmer sind damit von oben bis unten bedeckt — ein Lebensgenuß und ein Arbeiten ist so nicht möglich. Mag sein, ja wahrscheinlich, daß die Unmasse von Pferden, die zurzeit in Cholm angehäuft sind, zu dieser unerträglichen Vermehrung der Fliegen beigetragen hat — jedenfalls muß etwas Ernstliches dagegen geschehen. So lasse ich mir ein von vier Stangen gehaltenes Gazezelt über mein Bett bauen und bewaffne außerdem mich selbst und meinen Burschen mit je einer aus Zeitungspapier hergestellten derben Fliegenklappe, mit der wir allmorgendlich den Fliegen an den Wänden eine große blutige und immer siegreich verlaufende Schlacht liefern. Freilich kann, außer bei Regen, bei Tage kein Fenster geöffnet werden.

Herrlich ist der Blick von dem Glockenturm der hochgelegenen Kathedrale aus. Dort treffe ich auch eine Funkenstation aufgebaut, die mit Norddeich verkehrt und zeitweise auch Fernsprüche vom Eiffelturm mit abliest. Wunderbare Fortschritte der Technik!

Aber mein Nachhauseweg führt an zahlreichen Gräbern in der Nähe des großen, als Lazarett eingerichteten Priesterseminars vorbei: wieviele tapfere Deutsche erliegen hier noch ihren Wunden und Krankheiten! Und in der niederen einheimischen Bevölkerung wütet andauernd die Cholera.

Leider verschlimmert sich der Zustand meines Generalstabsoffiziers mehr und mehr. Er will trotz der heftigen und lästigen Schmerzen mit Aufgebot all seiner ungewöhnlichen Energie und Pflichttreue noch seinen Dienst versehen; aber ich spreche ihn ins Bett und berufe den beratenden Chirurgen des Korps, den ich freilich bitte, alles zu versuchen, um Hauptmann v. Bok der Division und mir zu erhalten. Deshalb beantrage ich auch keine Stellvertretung, sondern übernehme selbst die wichtigsten Geschäfte des Generalstabsoffiziers.

7. August. Die Division hat den Wald bei Sawin mit einem Regiment (52) zu besetzen und Fühlung am Feinde zu nehmen. Dieses Regiment, das erst gestern in Cholm eingerückt ist, hat also ebensowenig einen richtigen Ruhetag gehabt wie das dauernd bei Rudnia am Feinde gebliebene eine Bataillon 227. Auch ist seit dem 14. Juli noch nicht ein einziger Tag vergangen, an dem wir, auch außerhalb der Gefechtstage, nicht zum mindesten 2 Tote und eine entsprechende Zahl von Verwundeten gehabt hätten. Diese andauernden Verluste lassen die Nerven der Leute nicht zur Ruhe kommen.

Abends bin ich der aufs liebenswürdigste aufgenommene Gast des Generals v. Gerok oben in dem Bischofspalast, wo wir alte, schöne gemeinsame Erinnerungen austauschen. Von den Wänden des geräumigen Speisesaals blicken Zar Nikolaus II. und mehrere Oberpopen melancholisch auf uns herab.

8. August. Der große Angriff bei Sawin beginnt morgen. Die Befehle lauten dahin, daß rechts von der 107. Inf.-Division das XXXXI. Armeekorps, links die bayerische 11. Inf.-Division angreifen soll; letztere soll die feind-

liche Stellung durchbrechen. Die 107. Inf.-Division stellt der 11. bayerischen ein Infanterie-Regiment zur Verfügung und faßt im übrigen den Gegner vor ihrer Front mit Infanterie- und Artilleriefeuer so fest an, daß er sich ernstlich bedroht fühlt und seine Reserven nicht wegziehen kann.

9. August. 5 Uhr morgens im Kraftwagen auf den 13 Kilometer entfernten Gefechtsstand südlich Sawin. Da mein linker Infanterieflügel der 11. bayerischen Inf.-Division untersteht, mein rechter aber im Anschluß an die 82. Inf.-Division des XXXXI. Armeekorps angreifen soll, so bin ich heute hauptsächlich Artilleriekommandeur und lenke das Feuer der gesamten Artillerie je nach den verschiedenen Anforderungen und Aufträgen gerade aus, rechts und links. Vom Infanteriekampf, der sich im dichten Walde abspielt, sehen wir nichts, spüren aber seine Folgen an den 132 Toten und Verwundeten. Auf der großen Straße von Cholm nach Sawin marschiert nachmittags an uns die gesamte kriegsstarke 1. Inf.-Division vorbei, die sich der Armeeführer als Reserve nach Sawin befohlen hat — ein imposanter Anblick.

Abends Rückkehr nach Cholm; denn zwischen Cholm und Sawin ist kein geeignetes Quartier zu finden. Dort Vortrag, Gerichts-, Verpflegungs- und sonstige Angelegenheiten. Dann diktiere ich den Befehl für morgen. In der Nacht werden wiederholte heftige Feuerüberfälle und Gegenstöße der Russen gegen alle unsere Stellungen gemeldet. Von Schlaf ist daher wenig die Rede.

10. August. Der Angriff wird fortgesetzt; er stellt sich als immer schwieriger heraus. Den Bayern und uns gegenüber werden russische Garde, sowie schwere Geschütze aus Brest-Litowsk festgestellt. Auch die 1. Inf.-Division wird daher in vordere Linie eingeschoben, die Angriffsfront der 107. Inf.-Division verengert. Ihre Aufgabe bleibt aber heute noch die gleiche wie gestern.

Gegen 10 Uhr wieder Autofahrt auf den Gefechtsstand, vorbei an deutschen und russischen Stellungen und Gräbern aus der Zeit vom 4. bis 6. Juli, an russischen Gefangenen, die an der Chaussee arbeiten, und an einem gestrandeten russischen Flugzeug. Leitung des Artilleriekampfes und der Angriffsbewegung der Division. Am Nachmittag Rückfahrt, wobei uns 50 berittene russische Gefangene begegnen, die, von wenigen deutschen Reitern bewacht, ihr Reit- und ein Handpferd im feindlichen, d. h. im russischen Artilleriefeuer zur 1. Inf.-Division vorbringen.

Nachmittags zurück nach Cholm.

Spät abends Befehlsgebung für den 11. August. Heute 2 Offiziere, 88 Mann tot und verwundet. Wegen des immer empfindlicher werdenden Mangels an Offizieren bei der Infanterie kommandiere ich 2 Leutnants der Kavallerie und 3 der Feldartillerie dorthin als Zug- und Kompagnieführer. Nachts wieder telephonische Meldungen aus der vorderen Linie über russische Gegenstöße.

11. August. Dritter Angriffstag. Der Sturm soll heute auf der ganzen Linie von der 11. bayerischen und der 107. Inf.-Division ausgeführt werden.

Dazu sind mir 5 schwere Batterien unterstellt. Wirkungsschießen von 10 Uhr 30 bis 12 Uhr 30, während dessen sich die Infanterie herangearbeitet hat. Für 12 Uhr 30 ist der Sturm befohlen. Ich treffe nach ausgiebiger telephonischer Befehlsgebung von Cholm aus gegen 11 Uhr vormittags auf dem Gefechtsstand ein, von wo wir die Einschläge unserer schweren Artillerie und die namentlich von den Mörsern gebildete große Rauchwand sehr gut beobachten können. Aber die sehr starken und breiten feindlichen Drahthindernisse liegen so geschickt und so verdeckt in einer Mulde vor der feindlichen Stellung, daß ihnen so gut wie nichts anzuhaben ist. Übrigens hat mein Artilleriekommandeur heute auch seine Feldartillerie sehr nahe an die feindliche Stellung herangeschoben. Sie erhält tüchtiges Artilleriefeuer; eine feindliche Granate bleibt in der Rohrwiege eines Geschützes stecken, ein Batteriechef wird verschüttet und mit schwerem Nervenschock wieder ausgegraben. Überhaupt verfügen die Russen leider wieder über sehr viel Munition — wahrscheinlich aus Brest-Litowsk. Auch Sawin wird kräftig mit schwerer Artillerie belegt — wir sehen und hören die schweren Granaten mit hartem Schmetterkrach dort einschlagen.

Um 12 Uhr trifft die Mitteilung der 11. bayerischen Inf.-Division ein, daß sie das meinen Angriff in der linken Flanke bestreichende feindliche Werk bei Petrylow nicht um 12 Uhr 30, überhaupt nicht bei Tage, angreifen könne, die Division werde erst in der folgenden Nacht dagegen mit der Sappe vorgehen, weil vor ihm sumpfiges Gelände mit nur wenigen schmalen Übergängen erkannt sei. Damit werde ich vor eine schwerwiegende Entscheidung gestellt: soll auch ich den Angriff auf die Nacht verschieben oder soll ich ihn allein wagen? Ich befrage den nahe vorn am Waldrande befindlichen Brigadekommandeur um seine Ansicht. Sie geht dahin, daß unser Angriff an der Flankierung von Petrylow her scheitern werde. Aber rechts von uns wird angegriffen und Armee wie Korps rechnen mit Bestimmtheit auf die Wegnahme der feindlichen Stellung am heutigen Tage; außerdem ist im Falle des Verschiebens des Angriffs all die viele kostbare schwere Munition fast unnütz vertan — und dann verspreche ich mir von meinen Reservetruppen bei so wenigen Offizieren keinen rechten Erfolg von nächtlichem Angriff im Waldgelände. Meine Infanterie ist im nächtlichen Angriff gänzlich ungeübt, besitzt nur wenig Handgranaten und ist in deren Anwendung kaum ausgebildet. So entschließe ich mich, nicht leichten Herzens und ohne große Hoffnung auf Erfolg, aber aus Überzeugung dazu, trotzdem die Durchführung des Sturmes für 12 Uhr 30 zu befehlen. Das schwere Feuer lasse ich nochmals aufs äußerste steigern. Und wirklich kommt auch das tapfere Res.-Regiment 232 mit Teilen nahe an die feindlichen Hindernisse heran und tritt in lebhaften Nahfeuerkampf mit der Besatzung. Ich setze für die Zeit von 4—5 Uhr nachmittags nochmals Wirkungsschießen fest, das das Regiment zu weiterem Nachschieben von Schützen ausnützt — aber ein Eindringen in die feindliche Stellung ist wegen des noch ungeschwächten Flankenfeuers nicht möglich. Unsere Schützen graben sich dicht am Hindernis ein.

Auf dem Gefechtsstande trifft der Führer der Bug-Armee, General der Infanterie v. Linsingen, ein, dem ich die Lage melde.

Am Spätnachmittag zurück nach Cholm. Ich bin nun von all den körperlichen und geistigen Anstrengungen der letzten Tage und Nächte so todmüde, daß ich mich auf das Bett legen muß und sogleich einschlafe. Aber der Kampf

Das von den Russen abgebrannte Sawin

geht vorn weiter und jeden Augenblick kann eine Entscheidung fallen und im Falle unseres Erfolges oder Mißerfolges bzw. eines feindlichen Vorstoßes neue Entscheidungen von mir verlangen, wie z. B. Einsatz meiner letzten Reserve; deshalb habe ich den Fernsprecher in der Hand und erwache immer wieder bei Anruf und Eintreffen von Meldungen des Brigade- oder Artilleriekommandeurs, um dann sogleich wieder bleiern einzuschlafen. Ein bezeichnendes Beispiel für höhere Truppenführung im modernen Kriege mit Hilfe des Fernsprechers auf 13 Kilometer Entfernung.

8 Uhr abends muß der Befehl zur Erneuerung des Angriffs am morgigen Tage gegeben werden. Im stillen hoffen wir aber alle doch, daß der Gegner unseren Druck nicht aushalten, sondern in der Nacht seine Stellung räumen wird. Die Division hat heute 210 Mann verloren.

12. August. 4 Uhr morgens trifft Meldung ein, daß der Gegner in der Tat seine Stellung nachts geräumt hat, daß unsere Infanterie dort eingedrungen ist, aber keinerlei Gegner mehr vorgefunden hat. Sie folgt dem weichenden Gegner auf dem Fuße.

Ich muß Abschied nehmen von Hauptmann v. Bok, dem die Ärzte eine längere Behandlung und Kur verordnet haben und den wir in guter Obhut in Cholm zurücklassen, von wo aus er sobald als möglich in die Heimat befördert werden soll. Daß ich ihm von Herzen danke für seine treue Mitwirkung, ihm baldige Wiederherstellung und Rückkehr zur Division wünsche und daß mir die Trennung von meinem vortrefflichen Gehilfen schwer fällt, das alles ist selbstverständlich.

Um 5 Uhr 15 vormittags in rasender Fahrt nach Sawin, dort kommt das Auto zunächst wegen einer zerstörten Brücke nicht weiter, daher Morgenspaziergang durch den großen, schönen Wald nördlich Sawin in Richtung auf Lowcza. Die Vögel singen; wir sind in froher Stimmung. Der Wald trägt alle Spuren der tagelangen Kämpfe; an seinem Nordrande liegt die verlassene feindliche Stellung, deren ausgezeichneter Zustand und Ausbau uns wiederum in Erstaunen setzt. Geradezu großzügig ist die Befestigung eines ursprünglich mit Hochwald bestandenen hohen Hügels rechts der Straße: der ganze Südhang des Waldes ist abgeholzt, die geschlagenen Stämme sind mit feindwärts gerichteten, entzweigten Kronen zu einem mit Draht durchzogenen Baumverhau gestaltet, gegen den freilich weder Handgranaten, noch Minenwerfer, noch die schwersten Geschosse etwas Rechtes ausrichten können.

Dann weiter im Auto nach Petrylow, wo ich mir mit dem Brigadekommandeur, Generalmajor v. d. Heyde, die Stelle ansehe, wo das Regiment 232 gestern angegriffen hat. Auch dort ist die Stellung sehr stark ausgebaut; aber unsere schwere Artillerie hat gut dagegen gewirkt. Zahlreiche Trichter und zusammengeschossene Eindeckungen, blutige Mäntel und Uniformstücke zeugen davon. Dagegen finde ich es bestätigt, daß das feindliche Flankierungswerk bei Petrylow fast unbeschädigt ist und das Nichtgelingen des gestrigen Angriffs vollauf erklärt. Mit Wehmut sehen wir die ganz nahe an den Hindernissen in aller Frühe von den 232ern hergestellten einfachen Grabstätten ihrer tapferen Gefallenen.

Ganz erfüllt von Dankbarkeit und Anerkennung für die tapfere Truppe komme ich nach Lowcza zurück. Dort treffe ich den erst vor kurzem von einem anderen Kriegsschauplatz gekommenen, über unseren Gegner und unsere eigene Truppe noch gar nicht unterrichteten Generalstabschef des XXIV. Reservekorps, einen Major, an, der sich mir gegenüber dahin ausspricht, man hätte den Gegner in der Nacht nicht abziehen lassen dürfen; seiner Ansicht nach wäre der gestrige Angriff gelungen, wenn die Truppe nur noch ihren „letzten Schwung hergegeben hätte". Diese Äußerung führt naturgemäß zu einem heftigen Ausbruch meinerseits; ich lehne die Bemängelung meiner tapferen Truppen ab, empfehle dem Kritiker, an die Angriffsstelle hinzufahren um sich eine zutreffende Unterlage für eine Ansichtsäußerung zu verschaffen, und erkläre ihm ferner, daß er, der nicht der Infanterie angehöre, getrost mir, der ich seit 38 Jahren Infanterist bin, aber auch 12 Jahre in allen Stellungen als Generalstabsoffizier tätig war, und ebenso meinem in ähnlicher Laufbahn bewährten und tapferen Infanterie-Brigadekommandeur das Urteil darüber überlassen könne, was die Infanterie zu leisten vermöge.

Alle Achtung vor unserem vortrefflichen Generalstab und seinen Leistungen — aber gar keine vor überhebenden Urteilen solcher Generalstabsoffiziere, denen der Respekt vor den Leistungen der Truppe fehlt! Freilich ist nun dieser Mann von heute ab mein Feind.

Im übrigen hat der zähe Gegner schon wieder bei Macoszin Front gemacht und muß in mühsamem, wiederum verlustreichem Kampfe angegriffen und zurückgedrängt werden. Dabei wirkt lähmend die von der rechten Nachbardivision einlaufende, ganz bestimmt gehaltene Meldung, sie habe die Höhe 175 bei Macoszin schon genommen und bitte, dorthin nicht mehr zu feuern. Meine Truppen melden aber ebenso bestimmt, 175 sei noch fest in der Hand des Gegners! Erst nach Stunden teilt die Nachbardivision mit, ihre Meldung sei irrig und beruhe auf einer falschen Orientierung eines Unterführers. Das sind die Reibungen des Krieges.

Wir beerdigen feierlich auf einer Anhöhe nahe dem Dorfe Lowcza einen gestern gefallenen, jungen bayerischen Pionieroffizier. Unser Superintendent hält die Grabrede; die eigenen und feindlichen Kanonen donnern dem gefallenen Helden den schönsten für einen Soldaten denkbaren Gruß ins Grab.

Als Stellvertreter für Hauptmann v. Bok meldet sich der bayerische Hauptmann im Generalstabe Baur, der bisher 2. Generalstabsoffizier bei der 11. bayerischen Inf.-Division war. Nun sind wir beim Stabe erst recht ein Abbild der deutschen Einheit: der Kommandeur Württemberger, der Generalstabsoffizier Bayer, die übrigen Mitglieder Preußen aus allen Provinzen und Reußen (Gera!). Abendquartier im kleinen Gehöft Borowa. Dort spät in der Nacht Ausgabe des Divisionsbefehls für die Fortsetzung des Angriffs und der Verfolgung am 13. August.

Zwei Kompagnieführer des Regiments 52 sind wieder heute schwer verwundet worden. Immer mehr schmilzt deren Zahl zusammen.

13. August. Es geht unter Kämpfen mit feindlichen Nachhuten weiter. Mir wird mitgeteilt, die Oberste Heeresleitung lege großen Wert darauf daß noch heute der wichtige Bug-Übergang bei Wlodawa in Besitz genommen werde. Die 107. Inf.-Division ist Vorhut der Bug-Armee. Und doch melden die Unterführer, die Infanterie, die vier Tage hintereinander angegriffen und seit sieben Tagen ununterbrochen bei unvollkommener Verpflegung am Feinde und im Artilleriefeuer gelegen habe, sei schwer ermüdet und bedürfe zum mindesten eines halben Ruhetags. Ich muß nein sagen — es muß weitermarschiert werden, Wlodawa muß heute

abend in unserem Besitz sein. So wankt und schwankt die Kolonne weiter in unsagbar mühsamem Marsche. Die an und für sich breite Straße ist tief sandig und wie mit dem Pfluge aufgewühlt; alle Brücken, kleine wie große, sind zerstört, so daß die berittenen Waffen halten, die Infanterie unter beständigen Stockungen auf Brettern und Bohlen über die Bäche klettern und die Böschungen hinab- und hinaufsteigen muß, all dies mit hochbepacktem Tornister.

Gegen Mittag wird gemeldet, daß feindliche Kolonnen von Süden nach Wlodawa hineinrücken und die dortige Bug-Brücke besetzen. So muß ich

Regimentsstab 227 setzt über die Wlodawka

die Stadt durch meine schweren Batterien unter Feuer nehmen lassen, obwohl zu befürchten ist, daß die Einwohner sie noch nicht verlassen haben. Ich befehle aber, daß unser Feuer auf die Bugbrücken gelenkt wird, über die der voraussichtliche Rückzug der Russen gehen wird und deren Sprengung ich möglichst verhindern will.

Gegen Abend besetzt das Res.-Inf.-Regiment 227, das mit Kähnen und dann auf einem selbstgebauten Stege die tief angestaute Wlodawka überschritten hat, unter leichten Kämpfen die an allen Ecken und Enden von den Russen angezündete, in riesigen Rauch- und Flammenwolken aufbrennende Stadt — unmittelbar darauf fliegen in gewaltigem Krachen die beiden Bugbrücken in die Luft. Und gleich darauf beschießen die auf das östliche Bugufer übergegangenen Russen rücksichtslos den unglücklichen Ort, aus dem nun die Einwohner, Tausende von jüdischen Männern, Weibern und Kindern, jammernd und schreiend mit ihren Wagen und Habseligkeiten nach Westen herausströmen — ein grausiges Bild des Elends und der Ver zweiflung, die der Krieg für die Landesbewohner mit sich bringt.¹) Ich kann beim Anblick all dieses Jammers den Wunsch nicht unterdrücken, es möchten doch so manche unserer zu Hause sitzenden, opferunlustigen Nörgler ihn miterleben und erkennen, wie gering die ihnen auferlegten Entbehrungen und Opfer im Vergleiche damit sind, und wie dankbar sie sein müßten dafür, daß ihnen solches Elend erspart blieb. Auf dem nächtlichen Ritt nach dem kleinen Gutshofe Adamki begegnen wir solchen Armen, ohne ihnen irgend helfen zu können; eine größere Anzahl von ihnen ist verwundet. Auch wir sind müde — hungrig und durstig — aber tatsächlich gelingt es dem bewundernswürdigen Organisationstalent unseres „Hofmarschalls", uns noch ein anständiges Ruhelager und ein Abendessen an einem schnell im Freien aufgeschlagenen Tische zu bereiten. Neugierig schauen uns die an den Zäunen angebundenen, an ihren Heubündeln nagenden guten Pferde des Stabes zu. Heute war es aber nicht möglich, die Fernsprechverbindung mit den noch bis Suszno=Korolowka vorgedrungenen Truppen aufrecht zu erhalten. So macht mein vortrefflicher Ordonnanzoffizier, Oberleutnant Schäffer, einen langen, nächtlichen Ritt zu den beiden Kolonnenführern, wobei ihm noch manchesmal in den Wäldern die Kugeln um die Ohren

---

¹) Siehe das Bild auf S. 112.

pfeifen, und stellt die Befehlsverbindung her. Um Mitternacht wird der Angriffsbefehl für den 14. gegeben.

14. August. Um 4 Uhr vormittags geht meine vorderste Infanterie bei Rozanka an den Feind heran, stößt aber sogleich wieder auf eine feindliche Stellung. Armee- und Korpsbefehle rechnen jedoch mit Bestimmtheit

Dank für den Nachtritt

mit eiligem Abzug des geschlagenen Gegners; sie nehmen dabei an, daß die Hauptteile der Russen bei Wlodawa auf das östliche Bugufer übergegangen sind. Der Korpsbefehl ordnet daher Vormarsch der 107. Inf.-Division in einer Kolonne auf der großen Talstraße über Rozanka und Slawatycze bis Szostaki, nahe bei Brest-Litowsk an, ein unsinniges Ziel. Hinter uns folgt die 11. bayer. Inf.-Division mit der schweren Artillerie. Das XXXXI. Reservekorps soll bei Wlodawa auf das rechte Bugufer übergehen.

So fädele ich die Division nach halb rechts vorwärts in Richtung Rozanka ein und fahre um 5 Uhr vormittags im Auto nach Suszno. Unterwegs treffe ich ganze Wagenburgen von Einwohnern aus Wlodawa; sie sind teilweise aus Galizien bis hierher verschleppt worden und begrüßen uns als Befreier. Aber in Suszno erhalten wir sogleich heftiges Artilleriefeuer sowohl vom östlichen Bugufer, als auch von Norden her aus Gegend Rozanka. Gleichzeitig gehen Meldungen ein, daß sich auch in der Linie Rozanka—südlich Lack eine starke, wohlbesetzte feindliche Stellung hinzieht. So müssen im heftigsten Artilleriefeuer, das auch den Divisionsstab — wir sind inzwischen zu Pferde gestiegen — zum viermaligen Stellungswechsel zwingt, die Befehle entworfen und den Truppen übermittelt werden, die sie zum wieder links Aufmarschieren und zur Entfaltung und Entwicklung gegen die feindliche Stellung Rozanka—Höhen südöstlich Lack führen. Eine äußerst gefährliche und schwierige Bewegung angesichts des Feindes; außerdem für die ohnehin schon so ermüdete Truppe überaus anstrengend. Starke Verluste treten ein. Mein aus der vorderen Linie zum Divisionsstabe zurückgaloppierender tapferer 2. Adjutant

Oberleutnant Neidholt, entgeht nur durch ein Wunder einem feindlichen Schrapnell, das — vor unseren Augen — fast vor den Knien seines jäh aufbäumenden Pferdes krepiert.

Ich melde dem Generalkommando die veränderte Lage. Die schwere Artillerie wird mir nunmehr unterstellt; aber sie kann nicht vor 4 Uhr nachmittags eintreffen, und ihr vorausgeeilter Führer berichtet mir, die Reit- und Zugpferde seien so ermüdet, daß er die Geschütze kaum noch heute in die von mir erkundeten Stellungen bringen und dabei die nötigen Beobachtungsstellen festlegen könne. Ich verlange das Äußerste — mit Schenkel und

Flüchtlinge bei Wlodawa, im Hintergrunde die brennende Stadt

Peitsche werden die schweißtriefenden, vor Überanstrengung zitternden Pferde weitergetrieben. Um 4 Uhr drängt das Generalkommando, d. h. der neue Stabschef, heftig zum Angriff. Lack sei schon in Händen der linken Nachbardivision; der Gegner halte sicherlich nur noch eine schwache Nachhutstellung. Er müsse heute noch unter allen Umständen geworfen werden. Ich muß antworten, daß nach den Meldungen meiner sämtlichen nahe vorn befindlichen Infanteriekommandeure die feindliche Stellung sehr stark sei, ausgezeichnetes Schußfeld und zum Teil Drahthindernisse vor der Front habe, auch stark besetzt sei. Sämtliche Truppen der Division seien zum Angriff eingesetzt. Der Aufmarsch der schweren Artillerie und die nötigen Feuervorbereitungen werden in gründlicher Weise heute nicht mehr fertig. Trotzdem werde ich im Hinblick auf das große Ganze den Angriff noch durchsetzen, verspreche mir aber wenig Erfolg, zumal nach Meldung der Truppenführer die völlig ermüdeten Mannschaften kaum noch vorwärts zu bringen seien. Um 7 Uhr abends greift die Infanterie tatsächlich an und erreicht an der großen Straße einen kleinen Erfolg; aber Mitte und linker Flügel können bei der völlig ungenügenden Wirkung der schweren Artillerie nicht in die feindliche

Beratung des Angriffs

Stellung eindringen. Ich beabsichtige Wiederholung des Angriffs in der Nacht, muß mich aber davon überzeugen, daß dies unmöglich ist.

Die Nacht verbringen wir im Biwak in den im Walde aufgeschlagenen Zelten. Um Mitternacht gebe ich den Befehl zur Erneuerung des Angriffs am Vormittag. Schwere Führersorgen lassen mich nicht einschlafen. Es läßt sich nicht mehr leugnen: die Angriffskraft unserer Infanterie fängt an, unter den fast übermenschlichen Anforderungen und namentlich wegen des Fehlens von wirklichen Ruhe- und Nervenerholungstagen zu erlahmen.

15. August. Gott sei Dank — der Gegner ist wiederum in der Nacht abgezogen! Die Division verfolgt. Ich reite die feindliche Stellung ab, sehr begierig, mit eigenen Augen zu sehen, ob sie wirklich so stark ist, wie von der Infanterie gemeldet, und finde deren Angaben völlig bestätigt. Sorgfältig ausgehobene, mit Schießscharten und Schulterwehren versehene Schützengräben für stehende Schützen und ein Schußfeld, das als ideal zu bezeichnen ist. Außerdem, was ich hier zum ersten Male in solcher Ausdehnung sehe, zahlreiche, viele hundert Meter lange Gräben für gedeckten Abzug, die in den rückwärtigen Waldstücken endigen und den nächtlichen, fast verlustlosen Abzug erklären. Und auf 100—200 Meter von der feindlichen Stellung entfernt finde ich die Schützengräben, die unsere Infanterie trotz aller Müdigkeit doch da und dort im feindlichen Feuer ausgehoben hat. Beim Weiterreiten erfahre ich von dem Generalstabsoffizier der linken Nachbardivision, daß diese gestern Lack keineswegs genommen, ja überhaupt gar nicht angegriffen hat. Wir sind also wieder einmal aus jesuitischen Zwecken von dem fernsprechenden Generalstabschef angelogen worden, eine um sich

greifende böse Gewohnheit. Und als ich bald darauf mit dem Führer der preußischen Nachbardivision, General v. Winterfeldt, zusammentreffe, und wir unsere Eindrücke über den Zustand der Truppe austauschen, bin ich einigermaßen getröstet darüber, zu hören, daß auch er erklärt, seine Infanterie sei am Rande ihrer Kräfte.

Für meine arme Infanterie kommt aber heute noch eine neue Qual. Da die große Talstraße am Bug unter dem Feuer des Gegners vom östlichen Ufer her liegt, sind wir auf den ohnehin sehr schlechten Weg Lack—Dance angewiesen, den aber außer uns noch zwei andere Divisionen (25. und 35. Res.-Division) und Teile der 4. Inf.-Division benutzen. So muß die Infanterie großenteils neben der Straße marschieren — oder vielmehr sich weiterschleppen.

Ich lasse den größten Teil der Division an mir vorbei ablaufen. Wer unsere deutschen Truppen nur im Frieden gesehen hat — auch nach den alleranstrengendsten Kaisermanövertagen —, der kann sich keinen Begriff machen von dem Anblick unserer Marschkolonnen auf diesem Kriegsschauplatze. Voraus die Offiziere, von denen jeder statt des gänzlich unbrauchbaren Degens einen kleinen Spaten, eine Axt oder ein Gewehr, außerdem einen Stock trägt. Dahinter die Mannschaften mit weiten Gliederabständen, die Brust weit offen, Halsbinde abgenommen, den Oberkörper stark nach vorn gebeugt, das Gewehr am Riemen um den Hals gehängt und vor dem Körper baumelnd, die Spielleute die Trommel ebenfalls vorn auf der Brust, viele Leute mit Stöcken

Marschkolonne, voraus der Bataillonsführer

bewaffnet, andere einen großen Spaten oder auch eine Schaufel als Stock benutzend, alle bleich vor Anstrengung und Staub, schweißtriefend und recht viele, weniger marschfähige, trippelnd oder hinkend — so schleppen sich die Leute in einem Marschtempo von 70 Schritten in der Minute schwerfällig und langsam weiter. Mannschaften wie Offiziere sind völlig verlaust; denn zum Wäschewechseln ist fast nie Zeit und Gelegenheit. Man muß tiefes Mitleid mit diesen braven Infanteristen haben und trotz des für das Friedensauge des Berufssoldaten förmlich Beleidigenden die allergrößte Achtung. Mit diesen Truppen schlagen wir unsere Gegner trotz allem! Freilich werfen wir ihn nicht mehr wie zu Beginn des Feldzuges in wildem Ansturm mit Hurra und mit Schlachtgesang über den Haufen; nein, wir sind nur noch imstande, ihn mühsam und mit dem Aufgebot der letzten Kräfte wegzudrücken und wegzuschieben, und auch das nur mit Hilfe unserer überlegenen Artillerie. Aber es sind wohl auch noch niemals Truppen solche Aufgaben zugemutet worden: wochen- und monatelang ruhelos eine stark verschanzte Stellung des Gegners nach der anderen anzugreifen. Und daß wir trotz allem die Russen immer wieder zum Weichen bringen, die stets von einer ersten guten Stellung in eine von langer Hand ebenso gut ausgebaute zweite rückwärtige rücken können, wo sie nicht nur Lebensmittel und Munition, sondern auch Schutz gegen feindliches Feuer vorfinden, das ist eben ein glänzender Beweis für die moralische Überlegenheit der Offensive — und unserer Truppen.

Übrigens bieten auch die Marschkolonnen der fahrenden und reitenden Waffen und der Kolonnen ein wesentlich anderes Bild als das des Friedens. Abgesehen von der schon geschilderten wechselnden Bespannung mit 2, 3, 4, 5 oder 6 Pferden, sind alle Fahrzeuge und auch Handpferde auch jetzt wieder mit Heu und Stroh hoch bepackt und sehen aus wie Möbelwagen; außerdem hat jeder Reiter und Fahrer eine Schußwaffe auf dem Rücken, mancher Fahrer und Kutscher eine Sense oder Sichel. Im Kriege macht alles Praktische sehr schnell Schule — es bedarf zu dessen Einführung keines Befehls. Den Vorgesetzten bleibt nur die stillschweigende Duldung all dieses „Unvorschriftsmäßigen", soweit es nicht die Disziplin oder die Gefechtsbereitschaft schädigt.

Bei Janowka finden wir den Feind gegen Abend wieder in einer festen Stellung; im Einvernehmen mit der links von uns befindlichen 4. Inf.-Division baue ich die Division zum Abendangriff auf und eröffne noch kurz vor dem Dunkelwerden das Artilleriefeuer. Zum Angriff selbst, der über eine 1000—1200 Meter breite, von der feindlichen Stellung bestrichene vollkommene Ebene führt, kommt es nicht mehr. Da keine Unterkunft weit und breit vorhanden ist — die Dörfer sind meistens niedergebrannt, schlagen wir unsere Zelte zum zweiten Male in einem schönen, hochstämmigen Walde westlich Janowka auf. Dort sitzen wir gegen 8 Uhr 30 abends behaglich an schnell aufgeschlagenen Tischen, wo heiße Würstchen aufgetragen werden.

Aber wir sollen sie nicht warm zu essen bekommen. Sei es, daß die feindliche Artillerie die Straße, neben der wir liegen, unter Feuer nehmen will, sei es, daß sich der Feuerschein unserer Kraftwagenlaternen und der im Walde angezündeten zahlreichen Biwakfeuer am nächtlichen Himmel abhebt — plötzlich kommt eine erste schwere Granate über uns weggesaust und schlägt krachend nahe bei uns ein. Wir springen auf, jeder stellt sich hinter einen Baum, und so hören wir eine halbe Stunde lang den scheußlichen Gesang der in der Abendstille wie wütende Raubvögel auf uns herstürmenden, vor, hinter und neben uns in die Stämme und den Boden schlagenden Geschosse — bei jedem darauf gefaßt, daß es in unserer Mitte krepiert. Ich glaube, daß jeder von uns seine Seele Gott befohlen hat. Wir haben Zeit, über manches nachzudenken. Mir ist es klar: es ist nicht der rasche Tod, den ich fürchte — es ist der Gedanke an die mögliche gräßliche Verstümmelung, vor dem ich zurückschrecke — vor allem deshalb, weil ich noch immer, Tag und Nacht, an den von meiner Verwundung herrührenden Nerven- und Narbenschmerzen zu leiden habe. Ich empfinde es lebhaft, welchen Respekt man doch vor den Offizieren, Unteroffizieren und Mannschaften haben muß, die nach zwei- und dreifacher Verwundung nochmals an die Front zurückkehren. Endlich hört das Feuer auf. Es gibt ein kaltes und stilles Nachtessen; wir sind alle recht ernst geworden.

16.—20. August. Unser Gegner ist in der Nacht vom 15. zum 16. über Dubica auf das östliche Bugufer zurückgegangen und schanzt dort. Die Division besetzt die 20 Kilometer breite Bugstrecke Hanna-Koden und befestigt sie gegen einen Angriff von Osten. Zwei Brücken werden nördlich und südlich von Slawatycze über den Bug geschlagen. Soweit Schanz- und Brückenarbeiten, Wach- und Erkundungsdienst es zulassen, wird Anzug und Ausrüstung hergestellt und etwas exerziert. Aber von richtigen Ruhetagen ist bei der meistens im Walde bei kaltem Regenwetter biwakierenden Truppe leider wieder nicht die Rede.

Am 19. hat die Truppe die Abwechslung und Freude, einen russischen Fesselballon zu erbeuten, der in Nowo-Georgiewsk aufgestiegen war zur Fahrt nach Brest-Litowsk: 2 Offiziere und wichtige Briefschaften fallen in unsere Hand.

Der Divisionsstab kommt in das merkwürdigerweise unter all den abgebrannten Ortschaften verschont gebliebene Dörfchen Zankow. Dort wohne ich in einem kleinen strohgedeckten Holzhause; Hauptschmuck meines Zimmers ist der stattliche, weiß getünchte, hohe, viereckige Ofen. Wir essen bei dem Regenwetter in einem im Garten aufgeschlagenen großen Zelte, das eigentlich der Bäckereikolonne gehört, dort augenblicklich aber entbehrlich ist und sich nun für uns als sehr praktisch erweist. Ich fahre täglich im Auto nach dem großen Orte Slawatycze, der mit Ausnahme der neuen stattlichen zwei Kirchen und des Pfarrhauses gänzlich niedergebrannt ist und mit seinen Hunderten von stehengebliebenen Kaminen einen trostlosen Eindruck macht.

Die Bevölkerung ist von den Russen weggetrieben; einzelne arme und schmutzige Juden sitzen traurig auf den Trümmern ihrer Wohnstätten oder suchen nach Überresten ihrer Habe. Es herrscht offenbar bei den mordbrennerischen Kosaken eine gewisse neidische Wut gegen alles Vornehme — stehen gelassen haben sie hier wie anderswo außer den Kirchen nur die elendesten Häuser.

Ich komme wieder zu einigem Besinnen über die große und kleine Lage. Während der Kampftage selbst lebt man nur in taktischen Anforderungen und weiß nichts von der übrigen Welt, auch nichts von Datum, Sonn- und

Die beiden Kirchen in Slawatycze

Wochentagen. Unser Korps soll jetzt bald den Bug überschreiten und zusammen mit dem unter Kampf schon bei Wlodawa übergegangenen XXXXI. Armeekorps die Festung Brest-Litowsk von Südosten einschließen und dabei möglichst starken Teilen des Gegners den Rückzug nach Osten abschneiden. Die große Lage und der große Zusammenhang der ganzen gewaltigen deutschen Offensivbewegung, von der die unsere ein kleines Glied bildet, wird hell beleuchtet durch die Nachricht von der Eroberung von Nowo-Georgiewsk und von Kowno.

Auch über die Führung und den Zustand der Truppe kann ich wieder in Ruhe nachdenken. Beides hängt noch viel inniger miteinander zusammen, als man im Frieden bei Übungen im Gelände und bei Kartenaufgaben anzunehmen pflegt. Namentlich bei letzteren werden die Schwierigkeiten, die in der Angabe liegen: „Die Truppen sind aufs höchste ermüdet" und dergleichen, nur allzu leicht durch einen schneidigen Angriffsbefehl überwunden, worauf sich die todmüde Truppe sogleich wieder auf den Gegner stürzt und ihn zurückwirft. Im Kriege ist es anders. Meine Truppe — und genau ebenso steht es bei den Nachbartruppen — ist zurzeit einem edlen Pferde zu vergleichen, das auf einem für die äußersten Grenzen seiner Leistungsfähigkeit bemessenen Entfernungsritt kurz vor dem Ziele niederzubrechen droht. Man liebt das Pferd im Grunde von Herzen und möchte alles tun, um es vor dem bei allzu großer Überanstrengung zu befürchtenden völligen Zusammenbruch zu bewahren; aber andererseits hat man — hier im Kriege aus vaterländischen und pflichtmäßigen, nicht sportmäßigen und auch nicht ehrsüchtigen Gründen — den brennenden Wunsch, das Ziel zu erreichen. Und wie mit dem edlen Pferde, so muß man im Kriege auch mit der Truppe verfahren. Die rohe Peitsche allein macht es nicht, ihre Wirkung versagt bald, und ebensowenig hilft schroffer Wechsel zwischen Peitsche und Zucker, der nur verstimmt und nervös macht; das Pferd wie die Truppe will vielmehr mit fester und doch nicht zu harter Hand und bei aller Energie doch mit Geduld gestützt und geführt werden, namentlich im Augenblicken, wo auch noch schwieriges Gelände und Hindernisse zu überwinden sind. Dies ist unser Fall: wir müssen den Bug angesichts des Feindes überschreiten, dann links schwenken und den Feind angreifen, der nach Fliegermeldungen schon wieder über drei hintereinander gelegene, von langer Hand verschanzte Stellungen verfügt: bei Leplewka, bei Dubica und Miedno. Ich spreche im Sinne des Zuredens und Stützens mit den Kommandeuren; wir tun unser Möglichstes für Zuführung von Verpflegung und Heranholen des immer hinter uns hermarschierenden Ersatzes. Leider sind seit Gotowka keine Eisernen Kreuze mehr eingetroffen. Ich spreche ferner schriftlich und mündlich die meine Auffassung wiedergebende Überzeugung aus, daß wir mit Wegnahme von Brest-Litowsk unsere Hauptaufgabe erfüllt haben und dort zu einiger Ruhe und Erholung kommen werden, daß es sich also für die Division nur noch um eine kurze, letzte, freilich große Kraftanstrengung handelt.

Das Schlimmste ist und bleibt für unsere weiteren Gefechte freilich der immer fühlbarer werdende Mangel an Infanterieoffizieren: die Division hat nun seit Jaroslau deren über 100 durch Tod und Verwundung verloren und nur ganz wenig Ersatz dafür bekommen. 5 Bataillone werden von Hauptleuten oder Oberleutnants des Beurlaubtenstandes geführt. Ohne genügende Offiziere ist aber kein Erfolg möglich. Unter den Mannschaften sind gewiß recht viele brave Leute, aber auch sie wollen, wie das Rennpferd, geführt sein. Und die andauernden Verluste der Infanterie — 5400 Mann seit Jaroslau — verbunden mit den sich immer steigernden körperlichen Anstrengungen, die lange Dauer des Krieges und auch die dem gemeinen Mann nicht mehr so klar in ihrer Wichtigkeit und Bedeutung erfaßbaren politischen und militärischen Ziele haben allmählich hier im Osten doch auch auf die Stimmung mancher Leute ihre Wirkung ausgeübt. Ein beachtenswertes Zeichen dafür ist der seit kurzem aufgekommene Begriff und Ausdruck des „Heimatschusses" — das heißt der leichten Verwundung, die mancher weniger Tapfere als Mittel zum wenigstens zeitweise Nachhausekommen willkommen heißt.

21. und 24. Augst. Die Hauptkräfte der Division gehen am 21. auf der durch meine vortreffliche Pionierkompagnie südlich Slawatycze über den rund 130 Meter breiten Bug hergestellte Brücke auf das östliche Ufer über und beginnen das Heranarbeiten an die feindliche Stellung bei Leplewka. Zwei Tage und Nächte des mühseligsten Ringens in einem bewaldeten, gänzlich unübersichtlichen, zum großen Teile versumpften Gelände, in dessen moorigem Boden auch die mir zur Verfügung stehenden Mörser keine rechte Wirkung ausüben. Auch durch Nebel wird das Schießen meiner Artillerie beeinträchtigt, das ich von beiden Ufern aus auf die feindliche Stellung lenke. Die Zufuhr warmer Verpflegung wird schon wieder unmöglich.

Ich leite das Gefecht meiner Division von meinem verhältnismäßig gute Übersicht bietenden Gefechtsstand von Slawatycze aus.

Am 22. vormittags, als ich mit meinem Generalstabsoffizier, Hauptmann Bauer, der sich trotz seiner Jugend als eine vortreffliche Stütze und als ein allgemein beliebtes und angesehenes Glied des Stabes erwiesen hat, in ernsten Gedanken und Worten die Mittel und Wege bespreche, mit denen wir den hartnäckigen Widerstand des Gegners brechen können, stellt wiederum der Generalstabschef die seit kurzem üblich gewordenen, mir aus dienstlicher Überzeugung so verhaßten neugierigen und eine Einmischung in die Gerechtsame des Divisionskommandeurs enthaltenden Fragen an ihn: „Wo ist Ihr Brigadekommandeur? Haben Sie einen Ordonnanzoffizier in vorderer Linie?

Russische Stellung auf einem Straßendamm

Wieviel Infanterie haben Sie dort eingesetzt? Schießt Ihre ganze Artillerie und wohin? Wann werden Sie Leplewka genommen haben? usw. usw."

Ich ergreife selbst den Fernsprecher und schüttle in einer Aussprache, die an Deutlichkeit nichts zu wünschen übrig läßt, diese unerträgliche Bevormundung auf das kräftigste und bestimmteste ab. Aber diese von ganz oben leider nicht bekämpfte Überhebung mancher Generalstabsoffiziere wird allmählich eine schwere Plage und Gefahr. Und eines ist ganz klar: Der Armeechef hetzt in unzulässiger Weise den Korpschef und dieser in verdoppeltem Maße die Generalstabsoffiziere der Divisionen zu rücksichtslosem und unvernünftigem Ausnützen der Truppe auf — häufig ohne Wissen, ja gegen den

Bugbrücke

Willen der höheren Führer. Gefährlicher, verbitternder und zudem recht billiger Überehrgeiz!

Die brave Truppe, deren Tote und Verwundete zum Teil im Sumpfe stecken bleiben und die nur mit größter Mühe vorwärts kommt, arbeitet sich näher an die feindliche Stellung heran. Zu einem Sturm aber fehlt ihr für heute die Kraft. Ich verschiebe ihn daher auf morgen früh.

Abends trifft mich ein Telegramm Seiner Königlichen Hoheit des Herzogs Albrecht von Württemberg, meines früheren hochverehrten Bataillons-Regimentskommandeurs und kommandierenden Generals, aus Thielt in Belgien, in dem er mir zur Beförderung zum Generalleutnant gratuliert.

23. August. Gegen Morgen ist meine Infanterie in die feindliche Stellung bei Leplewka eingedrungen. Aber keinerlei Trophäen — unser Gegner lernt immer besser, bei Nacht und Nebel in aller Stille abzuziehen,

die Toten unsichtbar zu verscharren und die Verwundeten mitzuführen. Im Gegensatz zu uns wird an der Weichsel und am Narew unendliche Beute an Gefangenen, Geschützen und Material gemacht. Auch das beschwert die Stimmung unserer Leute.

Die Division verfolgt und liegt abends der neuen Stellung des Gegners nordöstlich Dubica gegenüber. In letzterem Ort beziehen wir Quartier und bekommen dorthin Feuer. Die Pionierkompagnie stellt die zweite Bugbrücke nördlich Slawatycze vollends fertig und gibt ihr nach einem alten Brauche meinen Namen.

24. August. Den ganzen Tag Wirkungsschießen mit dreimaliger Unterbrechung, um der Infanterie das Heranarbeiten zu ermöglichen. Die Russen

Heranarbeiten unserer Infanterie

befolgen jetzt grundsätzlich die Taktik, daß sie sich während unseres Wirkungsschießens vollständig still halten in ihren tiefen Gräben, auch ihre Artillerie schweigt. Sobald aber unsere Infanterie Raum gewinnen will, eröffnen sie mit Gewehren, Maschinengewehren und Geschützen ein lebhaftes Feuer gegen sie. Am Abend hat sich meine Infanterie aber doch nahe an die feindliche Stellung herangegraben. Ich befehle deren Wegnahme durch Frühmorgenangriff 3 Uhr vormittags.

25. August. Wieder hat der Feind seine Stellung in der Nacht geräumt; die Infanterie dringt sogleich nach, und zwar mit der Hauptkolonne auf Miedno, mit einer linken Seitenkolonne auf Stradecz. Aber ich muß nunmehr daran denken, wenn irgend möglich an jedem Tage wenigstens einem Regiment eine gewisse Erholung zu gönnen, damit dieses Kräfte

für den Kampf am nächsten Tage sammelt. Heute ruht 227 im Walde. So werfen die beiden anderen Regimenter die feindlichen Nachhuten auf ihre namentlich bei Miedno stark ausgebaute Stellung zurück. Gegen diese findet also Wirkungsschießen und mühseliges, verlustreiches Heranarbeiten statt. Die Befehlsgebung für dieses Verfahren könnte man allmählich durch den Phonographen ableiern lassen. Die den Befehl ausführende Truppe wird aber durch das stets wechselnde Gelände an jedem Tage vor anders geartete Aufgaben gestellt. Ich reite mit meinem Stabe auf tiefen Sandwegen mit der Hauptkolonne vor. Wir kommen an einem russischen Massenfriedhofe vorbei mit vielen großen und kleinen neuen griechischen Kreuzen. Die Inschriften besagen, daß dort 2 russische Offiziere und 180 Soldaten liegen, darunter 50 an Cholera Verstorbene; außerdem 2 russische Krankenschwestern. Dann reiten wir an der gestern von uns beschossenen und angegriffenen Stellung am Waldrande vorbei zu einem Waldwärterhaus. Diesmal finden wir aber doch eine Anzahl russischer Toter, auch einen armen Sterbenden und zahlreiche Spuren von Blut und von zerstörtem Material. So muß also der Abzug der Russen ein eiliger gewesen sein, und dies bestätigen auch einige von den Russen zum Feuern bis zum letzten Augenblick zurückgelassene, freilich nur minderwertige jüdische Gefangene.

Abends ins Quartier nach Zbunin am Bug, der dort in sanften Krümmungen malerisch dahin fließt und mit seinem breiten, klaren Wasserspiegel und seinen mit schönen Bäumen bestandenen Ufern einen fast lieblich zu nennenden Anblick bietet. Einige Herren des Stabes machen im Boot eine Abendfahrt. Aber in welch schmutzigen, nur eben gerade vor unserem Eintreffen schnell gereinigten Wohnungen müssen wir doch Quartier beziehen — ein Wunder, daß wir bisher noch alle von Cholera und sonstigen ansteckenden Krankheiten verschont geblieben sind. Unser heißer Tee mit Rotwein hat dabei sicherlich auch sein Verdienst — an Trinkwasser oder gar an Mineralwasser ist ja gar nicht zu denken. Bei der Truppe und leider auch bei den Truppenoffizieren mehren sich aber jetzt leider die Darmerkrankungen, wozu das Regenwetter und die Sumpfnächte gegenüber Leplewka wesentlich beigetragen haben.

26. August. Auch heute nacht ist der Gegner wieder planmäßig in der Nacht abgezogen und hat uns die üblichen minderwertigen, bis zuletzt schießenden 20 Gefangenen in den Gräben hinterlassen. Die Division verfolgt ihn in zwei Kolonnen in Richtung auf Brest-Litowsk, dessen Südostfront schon heute früh von meiner 10-Zentimeter-Batterie auf 13 Kilometer Entfernung beschossen wird — nicht mit Hoffnung auf Wirkung, sondern aus demonstrativen Zwecken. Ich reite über Miedno und besehe mir die dortige Stellung.

Der Marsch geht weiter auf tiefsandigen Wegen durch einförmiges, flaches Land über einen russischen Truppenübungsplatz hinweg; viele Leute bleiben liegen, zahlreiche Pferde sind in den letzten zehn Tagen den Anstrengungen erlegen.

Gegen 2 Uhr fahre ich mit meinem Generalstabsoffizier und einem Ordonnanzoffizier im Auto vor, an den starken, aber vom Feinde verlassenen, für moderne Verhältnisse viel zu nahe am Stadtkerne gelegenen Befestigungswerken von Brest-Litowsk vorbei, nach der brennenden Zitadelle und beschaue mir das Bild der dortigen, von den Russen vor ihrem Abzug vorgenommenen Zerstörung. Wir hören hier, wollen es aber nicht glauben, daß die ganze Stadt von den Russen in Brand gesteckt sei. Aber eine kurze Fahrt nach der großen, in zwei Teilen in den Fluß herabhängenden Muchaviec-Brücke überzeugt uns von der vollen Wahrheit: wir haben unmittelbar vor uns das großartige, aber auch schauerliche Bild der die Stadt einhüllenden gewaltigen Rauchwolken, aus denen da und dort die helle Flamme emporschlägt und grell die bunt bemalten Kirchendächer, sowie die Häusermassen beleuchtet. Eine wahnsinnige und verbrecherische Tat, doppelt verbrecherisch deshalb, weil die russischen Befehlshaber und Mordbrenner damit leichten Herzens die ihnen gänzlich gleichgültige pol-

Brennende Zitadelle von Brest-Litowsk

nische Judenbevölkerung wirtschaftlich ins Verderben stürzen, die sie zudem mit Weib und Kind aus der Stadt nach Osten weggetrieben haben. Und wiederum militärisch gänzlich wertlos; denn die paar Dutzend Häuser, die die Deutschen zur Einrichtung des Festungs-Gouvernements und der Etappen brauchten, sind natürlich doch verschont geblieben.

Gegen 4 Uhr fahren wir nach dem von den Russen gesprengten Fort IV, wo gleich darauf mein Res.-Inf.-Regiment 232 einrückt. Gleichzeitig strömen Truppen anderer Divisionen des Beskidenkorps von Westen und Nordwesten her in die Festung und deren Werke.

Abends Quartier im Chausseehause Kamienica an der großen Straße Brest-Litowsk—Luck. Zum ersten Male seit Wochen enthält der Divisionsbefehl keine Nachricht über den Feind, mit dem wir die Fühlung verloren haben, sondern den willkommenen Satz: „Die Division geht zur Ruhe über." Aber der Tagesmarsch war so anstrengend, daß die Truppen wiederholte Rasten einlegen mußten und daher ihre Quartiere erst gegen 8 Uhr abends erreichten.

Die kaiserliche Anerkennung für die Wegnahme Brest-Litowsks trifft ein.

27. August. Im stillen hatte wohl alle Welt heute auf allermindestens einen Ruhetag gehofft; aber die Verfolgung geht rastlos weiter. 2 Uhr morgens ergeht der Divisionsbefehl zum Weitermarsch in nordöstlicher Richtung. Wir vermuten und wir hoffen, daß nur noch die Gegend östlich Brest-

Litowsk erreicht werden soll und daß wir dann dort Halt und Schluß machen. Denn mit Brest=Litowsk und der Buglinie haben wir eine starke, mit schwachen Kräften dauernd haltbare Linie erreicht und von russischem Boden haben wir schon mehr als genug.

Vor dem Abreiten habe ich wieder ein Bild furchtbaren Elends vor mir: eine ungeheure Kolonne von aus Brest=Litowsk und Umgebung vertriebenen Einwohnern strebt mit Pferde= und Ochsenwagen am Chausseehaus vorbei auf Brest=Litowsk zurück. Die Nacht haben sie im Freien verbracht. Sie

Ende des großen Flüchtlingszuges

wollen es nicht glauben und fassen, daß die Stadt abgebrannt ist. Ich kann den Anblick nicht besser schildern als durch Anführung der Goethe'schen Worte aus Hermann und Dorothea:

>Schon von ferne sah'n wir den Staub, noch eh' wir die Wiesen
>Abwärts kamen; der Zug war schon von Hügel zu Hügel
>Unabsehlich dahin, man konnte wenig erkennen.
>Als wir nun aber den Weg, der quer durchs Tal geht, erreichten,
>War Gedräng und Getümmel noch groß der Wandrer und Wagen.
>Leider sahen wir noch genug der Armen vorbeizieh'n,
>Konnten einzeln erfahren, wie bitter die schmerzliche Flucht sei,
>Und wie froh das Gefühl des eilig geretteten Lebens.
>Traurig war es zu seh'n die mannigfaltige Habe,
>Die ein Haus nur verbirgt, das wohlversehn'e, und die ein
>Guter Wirt umher an die rechten Stellen gesetzt hat,
>Immer bereit zum Gebrauche, denn alles ist nötig und nützlich.
>Nun zu sehen das alles, auf mancherlei Wagen und Karren
>Durcheinander geladen, mit Übereilung geflüchtet.

Über dem Schranke lieget das Sieb und die wollene Decke;
In dem Backtrog das Bett, und das Leintuch über dem Spiegel.
Ach! und es nimmt die Gefahr, wie wir beim Brande vor zwanzig
Jahren wohl auch geseh'n, dem Menschen alle Besinnung,
Daß er das Unbedeutende faßt und das Teure zurückläßt.
Also führten auch hier mit unbesonnener Sorgfalt
Schlechte Dinge sie fort, die Ochsen und Pferde beschwerend:
Alte Bretter und Fässer, den Gänsestall und den Käfig.
Auch so keuchten die Weiber und Kinder mit Bündeln sich schleppend,
Unter Körben und Butten voll Sachen keines Gebrauches;
Denn es verläßt der Mensch so ungern das Letzte der Habe.
Und so zog auf dem staubigen Weg der drängende Zug fort,
Ordnungslos und verwirrt. Mit schwächeren Tieren der eine
Wünschte langsam zu fahren, ein andrer emsig zu eilen.
Da entstand ein Geschrei der gequetschten Weiber und Kinder,
Und ein Blöken des Viehes, dazwischen der Hunde Gebelfer,
Und ein Wehlaut der Alten und Kranken, die hoch auf dem schweren
Übergepackten Wagen auf Betten saßen und schwankten.
Aber, aus dem Gleise gedrängt, nach dem Rande des Hochwegs
Irrte das knarrende Rad; es stürzt in den Graben das Fuhrwerk,
Umgeschlagen, und weithin entstürzten im Schwunge die Menschen,
Mit entsetzlichem Schrein, in das Feld hin, aber doch glücklich.
Später stürzten die Kasten und fielen näher dem Wagen.
Wahrlich, wer im Fallen sie sah, der erwartete nun sie
Unter der Last der Kisten und Schränke zerschmettert zu schauen.
Und so lagen zerbrochen der Wagen, und hilflos die Menschen;
Denn die übrigen gingen und zogen eilig vorüber,
Nur sich selber bedenkend und hingerissen vom Strome.
Und wir eilten hinzu und fanden die Kranken und Alten,
Die zu Haus und im Bett schon kaum ihr dauerndes Leiden
Trügen, hier auf dem Boden, beschädigt, ächzen und jammern,
Von der Sonne verbrannt und erstickt vom wogenden Staube.

Wie gleich bleiben sich doch die Menschen! Das Schicksal dieser armen jüdisch-polnischen Bevölkerung ist aber deshalb noch viel trauriger, weil nirgends hilfreiche Hände zu finden sind, sondern im Gegenteil die ihrer Pferde beraubte Truppe ihnen noch Pferde, Ochsen, Wagen oder Wagenräder wegnimmt, um operationsfähig zu bleiben.

Wieder tiefe sandige Wege und heißer Marsch. Ich galoppiere an der Divisionsmarschkolonne vorbei und begrüße alle Truppen mit lautem „Guten Morgen, Leute!" Aber die Antwort klingt da und dort recht matt. Ich scherze mit den Mannschaften und rede ihnen zu und doch nicht ganz ohne Erfolg. Die Gegend wird immer reizloser — wir haben das Gebiet der Rokitnosümpfe betreten. Überall Brände, alle Brücken sind zerstört.

Gegen 9 Uhr ertönt wieder Kanonendonner — die rechts von uns marschierende 11. bayerische Inf.-Division ist auf den Feind gestoßen. Ich entwickle die Division in mühsamem, anstrengendem Aufmarsch links neben der bayerischen zum Angriff, der wegen des Sumpfgeländes recht schwierig zu werden verspricht. Aber der Gegner hält nicht stand. Am späten Nachmittag rücken wir in „Quartiere" in das fast gänzlich niedergebrannte, überall noch glimmende Dorf Radwanicze-Cerkiewne. Ich habe die Freude, starke Teile der 11. bayerischen Division, neben und mit der wir seit Maslomencze so oft gekämpft haben, an mir vorbeimarschieren zu sehen. Essen im Zelt bei durchdringendem Brandgeruch.

28. August. Hauptmann v. Bok wird zu den Offizieren von der Armee versetzt, als Nachfolger wird der bisherige 2. Generalstabsoffizier der um Saarburg stehenden 7. Kav.-Division, Hauptmann v. Rochow, bestimmt, der aber natürlich nicht vor acht Tagen eintreffen kann.

6 Uhr vormittags geht der Marsch der Division in Richtung auf Kobryn weiter bei Staub und Hitze durch eine immer einförmiger und trostloser werdende sumpfige Ebene, an verlassenen russischen Stellungen vorbei und durch abgebrannte russische Ortschaften hindurch. Nichts, was Herz und

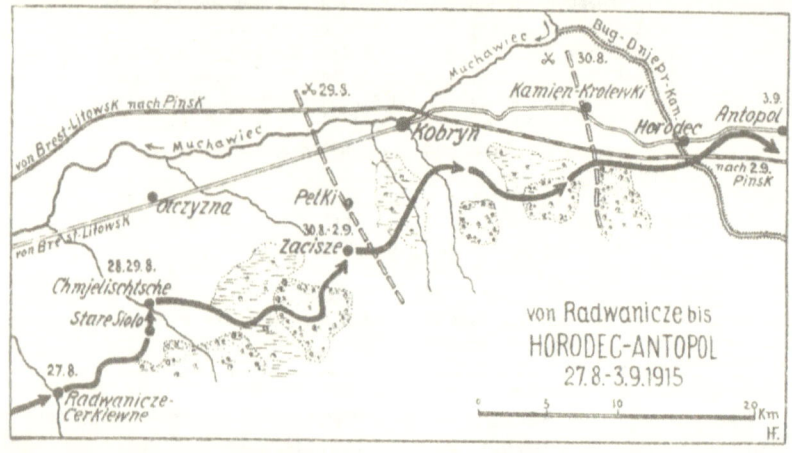

Gemüt irgendwie erfreuen könnte. So wird auch der Anblick der mühsam weiter wankenden Marschkolonne immer ergreifender; immer mehr Leute fallen zu Boden und bleiben so, wie sie hingefallen sind, in totenähnlicher Stellung liegen. Die Kompagnien sind auf eine Stärke von 50—60 Mann gesunken; sie haben kaum noch 2 Offiziere einschließlich Offizierstellvertreter. Ich kommandiere weitere Offiziere der Kavallerie und Feldartillerie zur Infanterie. Ein fast sichtbarer Hauch der Ermattung liegt auf der Truppe; es fällt schwer, noch irgend etwas von ihr zu verlangen. Und doch muß ich dies tun; denn bei den Nachbardivisionen rechts und links ertönt wieder Kanonendonner; sie stoßen auf Widerstand — ich, vor dessen Front augenblicklich kein Feind standhält, kann und muß sie entlasten. Aber es bedarf wirklich des mitleidlosen Willens und der durch Offiziere der Division überbrachten gemessensten Befehle, um die Truppe auch heute nochmals zur Gefechtsentfaltung und zum abendlichen Herangehen an den Feind zu bringen. Der

Erfolg bleibt nicht aus — der Gegner weicht vor der ganzen Front auf und über Kobryn zurück. Dorthin streben heute auf allen Straßen von Westen, Südwesten und Süden nicht weniger als fünf deutsche Divisionen; dadurch werden wir in der Überzeugung bestärkt, daß dort die Offensivbewegung nach Osten ihr Ende finden wird.

Auch wir im Stabe sind allmählich körperlich und geistig sehr müde; das läßt sich gar nicht mehr ableugnen und verbergen. Ein Teil der Offiziere des Stabes hat wegen des andauernden nächtlichen Telephonierens und Befehlesgebens seit langem keine Nachtruhe mehr gehabt; auch ich, der ich in diesem nunmehr 11 Wochen dauernden Bewegungskriege unter all den Gemütsbewegungen andauernd die Verantwortung trage, ertappe mich zuweilen auf einer Art Traumstimmung, in der mir alles ganz unwahrscheinlich und unwirklich vorkommt. Nichts ist aber gefährlicher für den Führer und seinen Stab als solche Stimmung, und so gebe ich, wenn sie einreißen will, jedesmal mir und zuweilen auch anderen kräftig den aufrüttelnden Sporn. Denn der Stab ist das Hirn und das Herz der Division; sein Erlahmen in der Arbeit bedeutet Lähmung und Tod.

Wir erleben aber heute noch mehrere Abenteuer. Bei dem völlig niedergebrannten Gutshof Stare Siolo tritt eine elegante Dame mit erhobenen Händen an mich heran und bittet mich, ihr einen Geleitschein zu geben für sie selbst, ihren Mann, ihre Wagen und Pferde und für die Ortsbewohner, die mit ihr von den Russen mitgeschleppt worden seien. Und von wo? Vom Schlosse Trzeszczany, wo wir am 21. Juli genächtigt haben und wo uns jene Duellsache erzählt wurde. „Madame" spricht außer Polnisch ziemlich verständliches Deutsch und gutes Französisch und weiß ihre Bitte sehr gewandt vor-

Madame X. im Gespräch mit Hauptmann v. Veltheim.

zubringen und zu begründen. So lasse ich mich durch Hauptmann v. Velt=
heim erweichen und stelle ihr den Schein in Form einer Bitte aus, man
möge ihr Wagen und Pferde bis zur Rückkehr in ihren Wohnort lassen.
Aber sie legt, wie alle polnischen Einwohner, den größten Wert darauf, daß
außer meiner Unterschrift auch noch ein Stempel auf den Schein kommt. Da
ist hier im freien Felde freilich guter Rat teuer. Zufälligerweise habe ich aber
noch im Geldbeutel eine württembergische Stempelmarke meiner früheren
Brigade, die nun aufgeklebt wird. Ob sie geholfen hat auf dem langen Wege
nach Trzeszczany, weiß ich freilich nicht.

Dann wird am Abend im kleinen Gutshofe Chmjelischtsche, auf
deutsch „Hopfengarten", ein Gefangener vorgeführt, — der eine Gefangene
ist. Unser katholischer Geistlicher befragt sie nach ihren Schicksalen. Sie hat
den ganzen Feldzug mit und bei ihrem Geliebten, einem russischen Batterie=
chef, mitgemacht, als dessen Diener, und ist völlig als russischer Soldat ge=
kleidet, Rock, Mütze und Hose aus feinem Tuch, an den eleganten Stiefelchen
kleine Operettensporen. Sie hat ein feines Gesichtchen, ist aber in einem
jämmerlichen Zustande, scheint einen Nervenschock erlitten zu haben und kann
kaum sprechen. Ich schicke sie in einem Wagen zur Sanitätskompagnie.

Wir essen im Garten und dort sinkt — als drittes Abenteuer — mein
Stuhl plötzlich mit den Hinterfüßen in den weichen Boden derart ein, daß ich
mich völlig nach rückwärts überschlage. All dies ergibt schließlich noch eine
fröhliche Stimmung und einen tiefen Schlaf. Schmerzlich vermissen wir
übrigens wieder seit langem Briefe, Zeitungen und die Auszüge aus der
Auslandspresse — wir sind gänzlich nachrichtenlos.

29. August. Seit 6 Wochen war dies heute der erste Tag ohne Verluste.
Wir hofften auf einen Ruhetag — aber dies trifft nur für zwei Drittel der
Division zu; ein Drittel muß den Feind weiter auf Kobryn zurückdrängen.

Immerhin bleibt der Divisionsstab einen zweiten Tag im gleichen Quar=
tier — und dort komme ich endlich wieder einmal zum Genusse einer Partie
Schach und eines Glases Bier.

30. August. Fortsetzung der Verfolgung zwischen 22. Inf.=Division
(rechts) und Beskidenkorps (links). Elende, teils sandige, teils sumpfige
Wege, immer trostlosere öde Gegend. Unsere Autos müssen teilweise mit
8 Pferden weitergebracht werden.

Überall Spuren der eiligen russischen Rückwärtsbewegung. Große ver=
lassene Lager, Brandstätten. Ein erschlagener Bauer, daneben seine schwer
mißhandelte Frau.

Stabsquartier das kleine Gutshäuschen Zacisze. An der Zaunecke des
Gartens liegt ein alter „Panje", den wir zunächst für tot halten. Es stellt
sich aber heraus, daß er blind ist und hier seit 4 Tagen ohne Nahrung liegt.
Wir pflegen ihn. Ein Gewitter reinigt die schlaffe Luft. Die Infanterie=
kommandeure bitten dringend um einen Ruhetag für die fast völlig erschöpfte
Truppe, auch die Pferde sind am Rande ihrer Kräfte.

31. August. Eine Art Stillstand, aber leider für die Division verbunden mit ermüdendem Aufmarsch in breiter Front zur Sicherung gegen den noch vom Feinde besetzten Bug—Dnjepr-Kanal. Gerüchte gehen, daß Truppen herausgezogen werden für einen anderen Kriegsschauplatz.

Ich fahre im Auto bei trübem, regnerischem Wetter an einer von feindlichem Bombenwurf verursachten großen Blutlache vorbei nach Kobryn, einer unendlich schmutzigen und schmierigen Judenstadt, voll von Truppen und Fahrzeugen. Beim Weiterfahren nach Osten haben wir einen ebenso ergreifenden, wie angreifenden Anblick, nämlich den eines großen Sterbe- und Leichenfeldes von Tausenden von Ochsen und Kühen, die bis hierher von den Russen mitgeschleppt und dann ohne Nahrung — ringsum ist Sand — ihrem Schicksal überlassen worden sind. Ein großer Teil hat sich an den Fluß gedrängt, um wenigstens noch den Durst zu löschen. Dort liegen Hunderte von Tierleichen; auf dem ganzen weiten Felde wanken die mit Maul- und Klauenseuche behafteten armen Tiere herum; teils liegen sie vor Ermattung schon auf den Knien, teils fallen sie plötzlich tot nieder. Wir müssen uns die Nasen zuhalten wegen des verpesteten Geruchs. Ich lasse einige der armen verendenden Tiere von dem Veterinär durch Schüsse aus meinem Revolver von ihren Qualen befreien.

Abends habe ich die Freude, meiner Stabsordonnanz und meinem Burschen die württembergische Silberne Militär-Verdienstmedaille überreichen zu dürfen. Auch erhalten wir endlich einmal wieder reichliche Post.

1. September. Der Gegner hält noch östlich Kobryn stand. Am Vormittag steht die Division in mehreren Gruppen bereit zum Eingreifen bei den 3 Divisionen (1., 22., 4.) der Nachbarkorps, die sich vor sie geschoben haben. Erst nachmittags kann sie in ihre Ortsbiwaks rücken. Also wieder kein Ruhetag. Aber vielleicht morgen?! Abends trifft die Nachricht von einer schweren Entzündung eines Geschoß- oder Pulvermagazins in Brest-Litowsk ein, die viele Opfer, darunter auch russische Kriegsgefangene, kostete.

2. September. Sedantag! Heute vor einem Jahr bin ich an der Spitze meiner 53. Inf.-Brigade beim Betreten der Argonnen in heißem, aber erfolgreichem Kampfe gegen die Franzosen schwer verwundet worden; die Folgen habe ich noch heute und wohl noch lange zu spüren. Aber ich muß dankbar dafür sein und bin es in hohem Grade dafür, daß es mir beschieden war und ist, eine Division in siegreichem Kampfe gegen die Russen zu führen.

Zur Feier des Sedantages ist für heute abend Feldgottesdienst beabsichtigt mit einer sich daran anschließenden kurzen militärischen Ansprache von mir; denn heute scheint uns endlich der ersehnte Ruhetag zuteil zu werden. Statt dessen 12 Uhr mittags Korpsbefehl: Vormarsch auf Horodec. Erst 7 Uhr 30 abends erreichen die Truppen ihre Biwaks. Wir erfahren gerüchtweise, daß unsere getreue Nachbarin im Kampfe, die 11. bayerische Inf.-Division, angehalten ist und voraussichtlich auf einen anderen Kriegsschauplatz abbefördert wird. Dieses Gerücht gewinnt feste Gestalt durch die telegraphische Rückberufung des Hauptmanns Baur zu seiner Division. In einer kleinen Abschiedsfeier sage ich meinem bewährten Gehilfen und dem uns allen lieb gewordenen Kameraden herzlich Lebewohl und wenn möglich auf Wiedersehen.

3. September. Die mir seit einiger Zeit zugeteilt gewesene zwei weiteren schweren Batterien werden ebenfalls weggezogen.

Ich spiele nun wieder selbst Generalstabsoffizier. Von 1—2 Uhr morgens diktiere ich Befehle und entsende die Offiziere des Stabes zu den Truppen; denn die Division muß schon in aller Frühe weitermarschieren auf Wolka—Horlowice; vor ihr verfolgt die linke Flügel-Division des XXXXI. Reservekorps, die 82., den auf der großen Straße nach Osten unter beständigen Nachhutgefechten zurückweichenden Gegner.

Divisionsstab bei Wolka, 3. Sept.

Es geht rastlos weiter, angeblich bis Drohiczyn; es ist also leider nichts mit dem Haltmachen östlich Brest-Litowsk am Bug—Dnjepr-Kanal! Es ist furchtbar; denn es ist über unsere Kraft! Nie habe ich ein ergreifenderes Bild gesehen als beim Vorreiten diese in tödlicher Ermattung sich durch ein trostloses Sand- und Kieferngelände mit gänzlich abgebrannten Häusern und Dörfern gehorsam weiterschleppende Infanterie-Truppenkolonne.

An die Stelle der Gefechtsverluste treten nun die nicht minder großen und nicht minder bedrückenden Marschverluste. Und wenn wir höhere Vorgesetzte bisher in bezug auf Anzug und Marschordnung ein Auge zudrücken mußten, so müssen wir jetzt beide schließen. Unteroffiziere und Mannschaften, ja selbst einzelne Offiziere und Offizierstellvertreter fallen einfach aus dem Gliede heraus nieder; nach einiger Zeit folgen sie truppweise wieder dem Vormarsch, soweit sie nicht von der Sanitätskompagnie oder den Feldlazaretten aufgelesen werden müssen. Es ist eine grausame, aber wahre Bemerkung und Beobachtung: viele dieser Leute werden nur noch durch den Hunger zum Wiederanschlußsuchen an die Truppe veranlaßt — denn ohne Feldküche gibt es hier keine oder doch keine ordentliche Nahrung. Wie zum Hohn erhalte ich heute den Brief eines alten Jugendfreundes aus der Heimat, worin er schreibt: „Es muß herrlich sein, solche Truppen gegen den Feind zu führen, die sich vor Kampfmut kaum noch halten lassen." O dieser Unterschied zwischen Wahrheit und Dichtung! Nein, ihr zu Hause macht euch doch keinen rechten Begriff von dem Martyrium der Truppe und der Führung.

Nachmittags sinkt die Division östlich Wolka ermattet zur Ruhe nieder. Divisionsstab: Antopol. Wiederum ein schmutziges Judenstädtchen — fast alle besseren Häuser und die den Mittelpunkt des großen Marktplatzes bildende massive große einstöckige Markthalle mit vielen Läden niedergebrannt. In den stehengebliebenen kleineren Häusern brennen abends überall die Sabbatlichter der strenggläubigen Juden; ältere graubärtige „Patriarchen" murmeln, am Tische sitzend, unter beständigem Neigen des Hauptes und Oberkörpers ihre Gebetsprüche. Im übrigen macht die schlecht genährt aussehende Bevölkerung einen heruntergekommenen Eindruck; der Himmel mag wissen, wovon sie überhaupt ihr Leben fristet. Soviel wir erfahren, fast ausschließlich vom Pferde-, Vieh- und Kleinhandel, der aber natürlich zurzeit völlig darniederliegt.

4. September. Wiederum nächtliche Befehlsgebung. Aber wie gern treffe ich auf Grund des Korpsbefehls 3 Uhr morgens die Anordnung zum Beziehen weiter, bequemer Quartiere unter voller Ausnutzung der Unterkunft und der Landesvorräte nördlich der Linie Wolka—Drohiczyn, in die die Truppen 7 Uhr vormittags abrücken sollen! Südlich dieser Linie soll das XXXXI. Armeekorps ebenfalls weite Quartiere beziehen! Endlich also Ruhe in Aussicht! Die weitere Verfolgung des auf Pinsk zurückweichenden Gegners ist der 5. Kav.-Division übertragen.

Aber kaum sind meine Befehle bei den Truppen angelangt und sind diese nach den Quartieren in Marsch gesetzt, da erhalte ich die Nachricht, daß hart westlich Drohiczyn wiederum eine stark ausgebaute und ebenso besetzte russische Stellung erkannt ist! Also neue schwierige Einzelbefehle, um die nach allen Richtungen auseinander schwirrende Division in einer der feindlichen Stellung gegenüberliegenden Angriffsfront zu versammeln. Es gelingt noch bis zum Abend, den Aufmarsch zu beendigen und ein allerdings nur kurzes Artillerie-Wirkungsfeuer abzugeben; denn meine einzige schwere Batterie

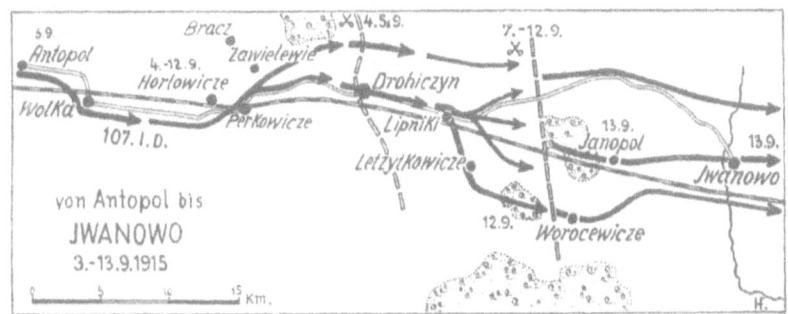

Wegeschwierigkeiten

wird durch eine zerstörte Brücke aufgehalten, die erst durch die braven und tüchtigen Pioniere, wie so viele andere, wieder hergestellt werden muß. Es regnet.

Ich fahre auf schauderhaftem Sandwege nach dem stattlichen, unzerstörten, sogar noch mit Bildern und Möbeln versehenen Gutshause von Perkowicze, begrüße dort den mir von früher her bekannten Kommandeur der 82. Res.-Division, Generalmajor Fabarius und seinen Generalstabsoffizier, einen meiner Kriegsakademieschüler, und frühstücke mit dem Stabe. Dann bespreche ich den morgigen Angriff auf Drohiczyn, muß aber leider erfahren, daß für das zeitweise dem XXIV. Reservekorps unterstellte XXXXI. Armeekorps und damit also auch für die benachbarte 82. Inf.-Division für morgen Ruhetag bzw. Verschiebung nach Süden befohlen und daher günstigenfalls nur auf Mitwirkung einer schweren Batterie zu rechnen ist.

Inzwischen ist für meinen Stab ein einfaches, aber freundlich gelegenes Quartier im Gutshause Horlowicze gefunden worden, wo gestern noch ein russischer General lag. Dort angekommen, erhalte ich abends die Meldung meines Infanterie-Brigadekommandeurs, daß unser Aufmarsch von der braven Truppe trotz allem doch noch geleistet worden ist und daß auf der ganzen Front gegen die feindliche Stellung erkundet wird. Ich habe allen Grund, auf diese Leistung stolz zu sein. Dagegen erfahre ich, daß von meinen vier schweren Haubitzen nur noch zwei schußfähig, die beiden anderen aber derartig ausgeschossen sind, daß ihre Rohre ausgetauscht werden müssen.

5. September. Die Infanterie hat die ganze Nacht im Regen am Feinde gelegen. Drahthindernisse sind erkannt, Anmarsch feindlicher Verstärkungen von Osten her auf Drohiczyn wird gemeldet. Trotzdem arbeiten

sich meine tapferen Regimenter 227 und 232 unter Ausnutzung des freilich nur schwachen Wirkungsschießens meiner Artillerie in fortwährendem Schützenlöcherausheben bis zum Abend auf 100 bis 200 Meter an die feindliche Stellung heran, unter dem lebhaftesten Feuer des Gegners. Offen gestanden, auf meinem Gefechtsstand bei Zawielewie habe ich diese Leistung im Innern nicht für möglich gehalten, zumal wir ja ganz allein angreifen müssen. Hier zeigt es sich, was ein energischer Brigade- und was energische Regimentskommandeure der noch so stark ermüdeten Truppe abfordern können, wenn sie sie richtig anzusetzen und anzufeuern wissen. Ich befehle auf Grund dieser Eindrücke die nächtliche Wegnahme der Stellung; und tatsächlich dringen die beiden Regimenter, 227 voran, gegen 3 Uhr morgens in die feindliche Stellung ein, die diesmal fluchtartig verlassen und mit Toten und Verwundeten, sowie mit weggeworfenen Ausrüstungs- und Bekleidungsstücken angefüllt ist. Auch zwei Dutzend Gefangene werden gemacht, deren lehmgelbe Mäntel in diesem Gelände vorzüglich zur Umgebung passen. Freilich haben die Regimenter wieder über 200 Mann verloren, darunter 30 Tote.

Das Ertragen dieser an und für sich kleinen Verlustzahl bedeutet aber für eine auf ein Viertel ihrer Gefechtsstärke zusammengeschmolzene, körperlich und seelisch so ermattete Truppe sehr viel; das ist mir ganz klar.

Am Nachmittag hat sich auf dem Gefechtsstand der neue Generalstabsoffizier gemeldet. Er kommt aus dem Stellungskriege und den namentlich in bezug auf Unterkunft, Verpflegung und Verbindungen fast friedensmäßig geordneten Verhältnissen an und hinter der ruhigen Westfront bei Saarbrücken und findet uns hier in dem weder Unterkunft, noch Verpflegung bietenden russischen Sumpfgebiet im Bewegungskriege, nach rückwärts zurzeit durch gar keinen Draht mit dem 30 Kilometer entfernten Generalkommando, nach vorwärts nur durch einfache dünne Infanteriedrähte mit der Truppe verbunden. Für unsere Verhältnisse und auch für seine neue Aufgabe als Generalstabsoffizier einer selbständigen Division fehlt ihm jegliche Schulung und Erfahrung — nicht aber das, in diesem Kriege so vielen jungen Generalstabsoffizieren im Übermaß innewohnende Selbstgefühl. Das ist sogleich zu bemerken.

6. September. Ich fahre und reite in die russische Stellung, die ein ausgezeichnetes Schußfeld auf 1000 Meter hatte; dann nach Drohiczyn zur Truppe und drücke dort den beteiligten Kommandeuren mit aufrichtiger Bewunderung und Dankbarkeit die Hand. Ich kann ihnen und den Truppen sagen, daß nach den gestern abend eingegangenen Nachrichten aus der Heimat ganz Deutschland mit höchster Spannung und mit großen Stolz auf den deutschen Siegeszug im Osten schaut. Glücklicherweise kann ich auch jedem der beiden Regimenter ein Eisernes Kreuz I. Klasse für zwei Leutnants überreichen, die sich gestern und heute nacht besonders ausgezeichnet haben, ebenso einige Eiserne Kreuze II. Klasse. Abends treffen mit einem warmen Glück-

wunsch des kommandierenden Generals noch 40 Eiserne Kreuze II. Klasse ein. All dies hebt die Stimmung der Truppe mächtig.

Wieder soll die Kavallerie=Division, unterstützt durch schwache Infanterie und Artillerie der 107. Inf.=Division, die Verfolgung übernehmen. Auch hat es jetzt den sicheren Anschein, als ob nunmehr hier bei Drohiczyn endgültig Halt gemacht werden soll. Deshalb tritt mein Brigadekommandeur, Oberst v. d. Heyde, seinen seit Beginn des Krieges immer wieder aufgeschobenen vierwöchigen Urlaub an.

Flüchtlinge aus Brest=Litowsk in Drohiczyn

Es werden Erkundungen angeordnet durch Nachfragen namentlich bei den nach allen Richtungen und zu allen Zeiten über Land Handel treibenden jüdischen Einwohnern des größtenteils von den Russen niedergebrannten Ortes Drohiczyn über die Gangbarkeit der Prypet= und Jasjolda=Niederung im Herbst und Winter. Überraschenderweise lauten sie dahin, daß das ganze Gelände bei Hitze, Frost und Schneefall gangbar und nur bei nassem Herbst und Frühjahr ein schwer betretbares Sumpfland sei. Freilich der Sommer 1915 war ganz ausnahmsweise trocken.

7. September. Die geplante Kavallerieverfolgung erweist sich wiederum als nicht möglich — der Gegner hat schon wieder 10 Kilometer östlich Drohiczyn eine vorbereitete Stellung vorgefunden und dort wieder Front gemacht. Die Division muß mit starken Vortruppen an diese Stellung herangehen. Sogleich wieder Tote und Verwundete. Es gelingt unserem Fernsprechoffizier, sich an die russische Telephonleitung anzuschließen und deren Gespräche durch unseren österreich=ungarischen Dolmetscheroffizier mithören zu lassen. Wir erfahren, daß die Unterführer Munition verlangen und daß sie Befehl haben, standzuhalten und Wolfsgruben anzulegen.

8. September. Abgesehen von den Vortruppen (Regiment 52), die ihre Stellung verschanzen, hat die Truppe heute endlich einmal Ruhe und beginnt die völlig heruntergekommene Bekleidung herzurichten.

9. September. Kalt und regnerisch. Weiterer Ausbau der Stellung und Geplänkel zwischen den Vorposten. Laut telegraphischer Mitteilung des Militärkabinetts wird an Stelle des Obersten v. d. Heyde Oberst v. Heydebreck zum Kommandeur der 213. Inf.=Brigade ernannt. Es ist mir natürlich sehr schmerzlich, daß ich meinen in so schweren Tagen stets ausgezeichnet bewährten obersten Infanterieführer verliere. Einen Grund für diese auch die Truppe schädigende Maßnahme des Militärkabinetts kann ich nicht ein=

sehen. Vorläufig übernimmt Oberstleutnant Freiherr v. Reitzenstein die Führung der Brigade.

10. September. Keine wesentliche Veränderung der Lage. Jedoch wird mit Erkundungen für den Angriff, außerdem aber auch mit tüchtigem Exerzieren zur Auffrischung von Haltung und Disziplin begonnen.

Ich besuche von Horlowicze aus, wo der Divisionsstab sich inzwischen ziemlich behaglich mit Hilfe der Pioniere eingerichtet hat, das Feldlazarett II in der sauberen neuen Kirche von Bracz mit den aus den Gefechten bei Drohiczyn stammenden deutschen und russischen Verwundeten. Leider treffe

Russische Bauern

ich dort viele schwer Verwundete, namentlich Kopf- und Bauchschüsse; aber ich kann auch einige Wünsche erfüllen.

11. September. Ich reite zu den exerzierenden und Gefechtsdienst übenden Kompagnien und treffe bei den völlig unerfahrenen jungen Kompagnieführern allerhand Unpraktisches, nicht zum Zwecke Führendes. Freilich führen manche davon ihre Kompagnien erst seit einigen Tagen oder Wochen und sind selbst erst im Frühjahr Leutnant geworden. Aber schlimm ist es eben doch, daß uns aktive Offiziere ganz fehlen. Ein russischer Flieger bewirft Drohiczyn mit Bomben, ohne viel Schaden anzurichten. Dort befinden sich Tausende von Einwohnern aus Brest-Litowsk.

Die Erkundungen gegen die feindliche Stellung gehen weiter.

Nachmittags trifft plötzlich der Korpsbefehl ein, wonach auf der ganzen Front der Armee morgen, so auch bei der 107. Inf.-Division, der Gegner 4 Uhr früh überfallen und aus seiner Stellung geworfen werden soll.

Ich beschließe auf meiner 14 Kilometer langen Front einen Scheinangriff mit Mitte und linkem Flügel, den Überfall selbst unter Ausnutzung eines Waldes mit dem rechten Flügel auf Worocewicze. Die Fernsprecher klingeln, die Autos und die Pferde der Ordonnanzoffiziere jagen; abends 9 Uhr ist die Angriffsgruppe in eiligen, sehr anstrengenden Märschen westlich Worocewicze versammelt und soll bis zum frühesten Morgen in aller Stille an die feindliche Stellung zum Überfall herangeführt werden.

12. September. 1 Uhr 30 morgens fahren wir von Horlowicze nach Drohiczyn und reiten von dort nach unserem Gefechtsstand Lezytkowicze. Ich schicke sogleich meinen zweiten Adjutanten Neidholt in die vordere Linie — er meldet bald, daß der Überfall gegen den sehr wachsamen Gegner nicht gelungen ist, zumal dieser starke Patrouillen in den Wald vorgeschoben hatte und es 4 Uhr morgens schon völlig hell war.

Also muß die feindliche Stellung bei Worocewicze wieder regelrecht angegriffen werden. Dazu ist vor allem schwere Artillerie nötig. Statt deren trifft aber bei mir die Hiobsbotschaft ein, daß auch die beiden letzten, bisher zur Not noch verwendbaren schweren 15 Zentimeter-Haubitzrohre nunmehr völlig unbrauchbar geworden sind, nachdem rund 9000 Schuß aus jedem verfeuert waren. Der Himmel verlangt wahrlich Schweres, fast Unmögliches von meiner armen Division; jetzt also einen Tagesangriff gegen eine äußerst geschickt in Hecken und Gräben angelegte und versteckte, mit einem geradezu glänzenden Schußfeld ausgestattete, stark besetzte Stellung ohne alle schwere Artillerie.

Ich gebe schweren Herzens und eigentlich ohne jede Hoffnung auf Erfolg die entsprechenden Befehle und stelle dem Führer des Hauptangriffs, Major von Zitzewitz, von meinem einzigen Reservebataillon sogleich noch 2 Kompagnien zur Verfügung. Als ich sie aber beim Vorbeimarsch grüße, stelle ich fest, daß sie zusammen 100 Mann stark sind.

Aber die braven Truppen arbeiten sich wirklich trotz allem in freilich schwerem und blutigem Kampfe an die feindliche Stellung heran. Es ist ein Tag bangen Wartens und Harrens, wie so mancher andere. Es geht vorwärts — aber langsam — langsam! Leichtverwundete strömen zurück, immer das sicherste Zeichen tapferen Kämpfens. Der Fernsprecher meldet von den Divisionen rechts und links, daß auch dort der Überfall nicht gelungen ist und daß überall schwer gekämpft wird. Links, beim Korps Conta, geht der Feind sogar zum kräftigen Gegenstoß über — ich erhalte Befehl, dorthin meine allein noch verfügbaren Reserve, d. h. meine beiden Eskadrons, zur Unterstützung zu senden.

Wir haben Zeit, unser Dorf näher zu betrachten. Man kann sich kaum etwas Trostloseres vorstellen als diese in der sandigen Ebene ohne alle und jede Poesie gebauten und angelegten Ortschaften. Eine sehr breite, sandige Dorfstraße, rechts und links, mit der Giebelseite nach der Straße, in unendlicher Einförmigkeit die nach dem gleichen Schema gebauten, alle fast ganz gleich großen hölzernen Häuser mit Strohdächern. Und ebenso poesielos sind in dieser Gegend die Friedhöfe — ihr einziger Schmuck besteht in großen, galgenförmigen, schief stehenden und verwitterten Holzkreuzen — kein Hügel und keine Anpflanzung bezeichnet die Stelle des Grabes.

Meine Feldartillerie sucht durch vermehrten Munitionseinsatz die fehlende schwere nach Möglichkeit zu ersetzen. Aber so recht brauchbar ist gegen die in tiefen Schützengräben versteckte feindliche Infanterie nur die eine leichte Feldhaubitzbatterie.

In Lezytkowicze hat sich die Sanitätskompagnie eingerichtet und hat ihr blutiges Tagewerk begonnen. Auch treffen abends einige hundert Ersatz-

Russische Bauern

mannschaften ein, aber völlig ermüdet; denn sie marschieren schon seit Wochen hinter der Division her bei mäßiger Verpflegung (sie haben natürlich keine Feldküchen) und schlechter Unterkunft. Im Gefecht sind sie noch nicht zu gebrauchen.

Ich werde andauernd durch meinen zweiten Adjutanten über das Fortschreiten des Angriffs unterrichtet: beim Dunkelwerden hat sich unsere Infanterie auf wenige hundert Schritte an die feindliche Stellung herangearbeitet, freilich mit ihrer letzten Kraft. Meine beiden letzten Kompagnien sind eingesetzt. Ich befehle Festhalten unserer Stellung für die Nacht und Ausnutzen jeder Gelegenheit zum Eindringen in die feindliche Stellung, die auch bei Nacht zur moralischen Niederhaltung des Gegners unter dauerndem Beunruhigungsfeuer durch die Feldartillerie zu halten ist. Abends zu Pferde und mit Auto zurück nach Horlowicze.

13. September. Dorthin meldet 1 Uhr 30 morgens Oberleutnant Neidholt die Freudenbotschaft, daß unsere Infanterie in die feindliche Stellung eingedrungen und daß der Gegner in vollem Rückzuge ist. Ich befehle frohen Herzens sofortiges Nachdrängen auf Iwanowo.

5 Uhr vormittags verlassen wir das uns in den letzten acht Tagen fast lieb und vertraut gewordene Gutshaus Horlowicze. Ich eile zur Truppe vor, um ihr meinen wärmsten Dank auszusprechen. Sie hat ihn wahrlich verdient! 4 Offiziere und 430 Mann hat die tapfere Infanterie verloren, das ist über ein Fünftel der am wirklichen Gefecht beteiligten Gewehre; 2 Offiziere

Russischer Kirchhof

und 80 Mann haben wiederum hier, im fernen Osten, ihre Treue gegen das Vaterland mit dem Tode besiegelt. Es ist schönes Wetter. Glücklicherweise treffe ich noch in Worocewicze meine Truppen im Marsche auf Iwanowo. Das sind für den Führer die schönsten Augenblicke im Kriege, wo er die siegreiche Truppe mitten in der Verfolgungsbewegung begrüßen und Auszeichnungen an sie verleihen kann. Übrigens habe ich keinen Zweifel darüber, daß der gestrige schwere Sieg nur dadurch überhaupt möglich wurde, daß der größere Teil der Division am 10. und 11. endlich etwas Ruhe gehabt hatte und sich so in Körperkräften und Nerven wenigstens einigermaßen erholen konnte.

Unterwegs fallen uns noch rund 200 russische Gefangene in die Hand, auch zwei Feldküchen, die wir sehr gut brauchen können; in Iwanowo, dem üblichen Judenstädtchen mit der neugierig auf der Hauptstraße versammelten und lebhaft Jiddisch sprechenden Bevölkerung finden wir noch zahlreiche russische Verwundete in der stattlichen Kirche am großen Marktplatz, darunter einen durch Bauchschuß hoffnungslos verwundeten älteren Major, der in schweren Schmerzen laut aufschreit. Ich spreche ihm Trost zu und schicke ihm sogleich einen Arzt.

Am Nachmittag zieht noch, während ich mit Oberstleutnant Freiherr v. Reitzenstein den Zug der Gefangenen und die aufdringliche Bevölkerung betrachte, ein Bataillon 227 mit der Regimentsmusik quer über den Marktplatz; seinen braven und müden Kriegern voraus marschiert deren tapferer und väterlicher Führer, der alte, weißbärtige Major a. D. Schönberg.

Die Verfolgung geht in 3 Kolonnen weiter bis an den Filipowka-Bach. Von oben wird mitgeteilt, daß es militärisch und politisch von größter

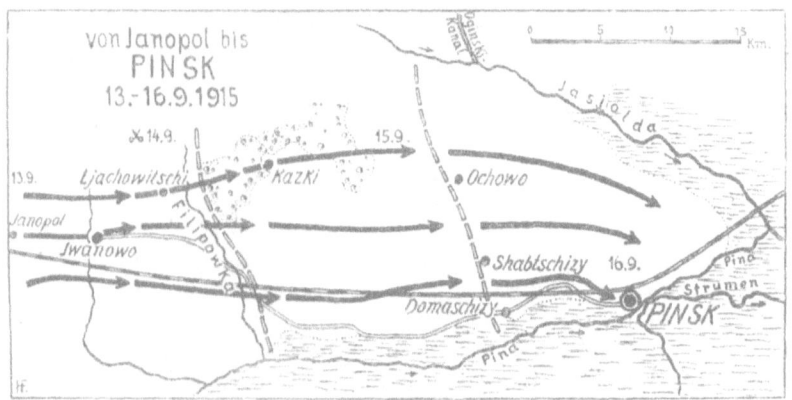

Wichtigkeit sei, den geschlagenen Feind bis Pinsk zu verfolgen. Ich treffe abends im Gute Janopol ein. Unsere Bagage kommt wegen der schauderhaften Sandwege erst nachts 12 Uhr an. So sitzen wir abends vor dem kleinen Gutshause, bei dem die meisten Fensterscheiben eingeschlagen sind, um ein großes Biwakfeuer bei Brot und Wurst und legen uns müde, aber froh, auf eine Strohmatratze zur Ruhe nieder.

14. September. 3 Uhr morgens Kaffee, dann im Auto nach dem Pfarrhaus Iwanowo. Der Gegner hält schon wieder an dem stark verschanzten Filipowka-Abschnitt eine verschanzte Stellung und beschießt uns, die wir kein einziges schweres Geschütz haben, heftig mit schwerer Artillerie. Es ist ganz klar: soviel unserer Obersten Heeresleitung an der Wegnahme von Pinsk liegt, so viel liegt der russischen an der Behauptung dieses wichtigen Straßenknotenpunktes. Aber der Name und das Ziel „Pinsk" übt doch auf uns alle einen gewissen Zauber aus; und dies ist nötig; denn die Anstrengungen der letzten zwei Tage waren wieder sehr groß für die Truppe.

Mühsame Entwicklung der Infanterie und Feldartillerie in dem schwierigen Gelände und mühsames Heranarbeiten an den Feind. Aber es wird heute noch ein Ehrentag für meine brandenburgischen Bataillone; gegen 4 Uhr nachmittags erstürmt Regiment 52 östlich Ljachowitschi den Eintritt in die feindliche Waldstellung und damit den Weg zur weiteren Verfolgung auf Pinsk. Ebenso bringt auch 227 siegreich vor. Die Russen haben, namentlich bei Gegenstößen, durch unsere Maschinengewehre und unsere Artillerie schwere Verluste erlitten; zahlreiche Leichen liegen am Waldrande. Freilich haben auch wir wieder bei den 3 Infanterie-Regimentern 3 Offiziere und 154 Mann verloren, davon 1 Offizier, 31 Mann tot. Durch diese andauernden Verluste und noch mehr durch die beim Marsch Versagenden schrumpft die Mannschaftsstärke allmählich ganz unheimlich zusammen: wir haben jetzt Kompagnien in der Stärke von 25 Gewehren. Aber es beseelt uns trotzdem nur ein Gedanke: Pinsk. Da wir nur von Janopol aus mit dem Korps und den Nachbargruppen telephonisch verbunden sind, muß ich heute nochmals zurück nach Gut Janopol und lege daher die frühzeitige Verfolgung auf der ganzen Linie am 15. in die bewährte Hand des Oberstleutnants v. Reitzenstein.

15. September. In 3 Kolonnen dringt die Division am frühen Morgen weiter auf Pinsk vor; ich eile ihr im Auto und dann zu Pferde über Ljachowitschi und das dortige Gefechtsfeld nach. Es ist eine schöne Fahrt und ein schöner Ritt durch den herrlichen Wald bei frischem Wetter und Sonnenschein. Aber die arme Infanterie schleppt sich nur noch mit äußerster Anstrengung und unter wiederholt eingelegten Rasten fort und verliert immer mehr Marschkranke. Daß diese Leute sich am gleichen Tage oder an einem der nächsten doch in der großen Mehrzahl wieder bei ihrer Truppe einfinden, hier im völlig fremden Lande und Walde, ohne Karte und ohne Verständigungsmöglichkeit mit den Einwohnern, das ist mir immer wieder als eine Art Wunder erschienen, ebenso wie die große Findigkeit der Meldereiter und Fahrzeugführer. Namentlich die Landleute unter den Mannschaften haben doch ein recht großes natürliches Orientierungsvermögen; freilich tut auch die Truppe alles, was möglich ist: überall im Walde sind Zettel angeheftet mit Benennung der Truppenteile, einem Pfeilstrich und dem Namen des nächsten Ortes.

In der Linie Shabtschizy—Ochowo und ebenso in der Verlängerung nach Norden und Süden hält der Gegner nochmals verzweifelt stand, um uns den Eintritt nach Pinsk zu verwehren. Er beschießt uns mit starker schwerer Artillerie — auch der Divisionsstab bekommt noch einen letzten Gruß ab — wie wir mit Bitterkeit an einem Zünder feststellen, stammt er aus dem frommen amerikanischen Stahlwerk Bethlehem. Wiederum muß die ganze Division sich mühsam zum Angriff entwickeln. Eine gewaltige Kanonade entsteht jetzt auf der ganzen Armeefront; nördlich und südlich von uns macht die gesamte schwere Artillerie der Armee Linsingen nochmals laut ihren Mund auf, um den eisernen deutschen Gruß bis an den Strumen und die Jasjolda zu tragen. Und ringsum lohen noch einmal mächtige, von den Russen angelegte Brände von Gutshöfen und Dörfern auf.

Am Abend liegt die Division wieder hart an der feindlichen Stellung. Ich befehle für 3 Uhr morgens den Angriff. Dann fahren wir bei Dunkelheit im Auto nach dem einsam mitten im Walde gelegenen und deshalb von der Brandstiftung verschont gebliebenen Gutshause Kazki zurück auf tiefsandigen Wegen, fahren aber anfangs fehl und müssen beinahe die kalte Nacht im Auto verbringen. Aber es gelingt uns noch, spät abends den Hof zu erreichen. Dort erfahren wir, daß der Gegner kurz nach Mitternacht auf Pinsk zurückgeworfen ist.

16. September. Also 5 Uhr vormittags im Auto bei schönem Wetter nach Pinsk. Dort marschieren von Südwest und West neben- und durcheinander auf der fast 100 Schritt breiten, aber tief sandigen Straße Truppen aller Waffen der 82. Reserve- und der 107. Inf.-Division. 8 Uhr vormittags erreicht mein Res.-Regiment 232 gleichzeitig mit Teilen der 5. Kav.-Division als erster deutscher Truppenteil die Stadt und säubert sie von den letzten Kosakenabteilungen durch Maschinengewehrfeuer. Ich treffe kurz nach 8 Uhr auf dem Marktplatze ein, wo die großen, weißgetünchten vieltürmigen Kirchen stehen, die der Stadt ihr Gepräge geben. An der Nordecke des Platzes liegt ein erschossener Kosakenoffizier neben seinem Pferde im Blute. Alle Bürgersteige und alle Fenster sind voll von jüdischen und polnischen Einwohnern. Ich unterhalte mich gerade mit einem deutschen Kavallerie-Brigadekommandeur, General v. Lepel, über einen gemeinsamen Bekannten — da kracht plötzlich ganz in der Nähe Schuß auf Schuß, gleichzeitig ertönen ringsum schrille Schreie und klirren alle Fensterscheiben zerbrochen auf das Pflaster. Was ist los? Artillerie der 82. Res.-Division war, unbemerkt von uns, in einer Seitenstraße aufgefahren und beschoß, hoch über die Häuser weg, die einzige von Pinsk durch die Strumen-Sümpfe führende Abzugsstraße der Russen mit einer Art von Freuden- und Triumphfeuer. Ich fahre durch die Stadt nach Norden zu meiner nördlich der Bahn in östlicher Richtung verfolgenden Hauptkolonne und finde sie in lebhaftem Artilleriekampf gegen russische auf dem Bahnkörper nach Osten abziehende Kolonnen, deren Abmarsch durch russisches Artilleriefeuer von dem Schnittpunkt von Bahn und Jasjolda her gedeckt wird.

Nachmittags geht oder, richtiger gesagt, sinkt die Division mit Regiment 232 in und mit den übrigen Teilen nördlich Pinsk zur Ruhe nieder. Trotz aller Anstrengungen sind wir alle stolz auf das erreichte Ziel, aber auch froh darüber, daß uns nunmehr eine hoffentlich längere Zeit gründlichen Ausruhens beschieden sein wird; denn die Truppe ist nunmehr in bezug auf Kräfte, Nerven, Bekleidung und Ausrüstung vollkommen verbraucht.

Mit diesen Gedanken und Hoffnungen beziehe ich mein Quartier im vornehm ausgestatteten Direktionszimmer der großen russischen Pinskerbank, deren Verschonung von Brand nach Angabe des anwesenden Bankvorstandes nur dem raschen Vor- und Eindringen der Deutschen zu danken ist.

Morgen will ich meine Eindrücke der letzten 14 Tage innerlich nochmals verarbeiten und allen Teilen der Division schriftlich meinen Dank und meine Anerkennung aussprechen.

Wir sitzen sehr müde, aber doch guten Mutes im Hause des Direktors am Abendtische — da trifft vom Generalkommando, das seit acht Tagen auf höheren Befehl 100 Kilometer rückwärts im Gut Otczyzna östlich Brest-Litowsk zurückgeblieben ist, der Heeresbefehl ein: „Die 107. Infanterie-Division rückt sogleich in beschleunigten Märschen nach Brest-Litowsk, von wo aus sie auf einen anderen Kriegsschauplatz abbefördert wird." — Das ist hart; furchtbar hart!

17. September. Erster Rückmarschtag in Richtung auf Brest-Litowsk. Ich besehe mir noch bei einem kurzen Spaziergang und bei einer Fahrt in einer der landesüblichen, unbeschreiblich schmierigen und unbequemen Einspännerdroschken auf furchtbarem Pflaster die Stadt Pinsk. Die Anlage ist nicht übel; es ist eine Art Gartenstadt. Nur der häßliche Schmutz überall bei Menschen, Häusern und Höfen ist abstoßend.

Pinsk

Dann besteige ich — wie weiland Karl XII. von Schweden im Jahre 1708 — einen der zahlreichen Kirchtürme und schaue weit nach Osten und Südosten über den wasserreichen Strumen und die Jasjolda hinweg ins schilfumwogte Sumpfland hinein. Unten wird eben der gestern gefallene Kosakenoffizier beerdigt. Voraus eine den Beethoven'schen Trauermarsch spielende deutsche Musikkapelle, dahinter der Bleisarg, gefolgt von einem über alle Beschreibung schmierigen Popen mit langen Strähnen und von ebenso schmutzigen, eine zerrissene Kirchenfahne tragenden Chorknaben, dann ein deutscher Offizier mit einer Abteilung unter dem Gewehr.

Es ist gewiß sehr ehrenvoll für die 107. Inf.-Division, daß sie schon jetzt wieder für eine andere wichtige Verwendung in Aussicht genommen und dafür für befähigt gehalten wird. Aber sie ist es meiner innersten Überzeugung nach eigentlich nicht — eine Woche Ruhe wäre dazu unbedingt nötig gewesen. Allein der Soldat hat zu gehorchen und alles zu tun, um den von höherer Seite gestellten Anforderungen gerecht zu werden. Mit diesen Erwägungen fahre ich, Pinsk mit seinen Sümpfen auf immer Lebewohl sagend, nach unserem alten Quartier Kazki. Dort erlasse ich, um zunächst einmal die Moral meiner Truppe zu stärken, nachstehenden, unseren Zug von Jaroslau nach Pinsk abschließenden

Divisionsbefehl.

„107. Inf.-Division. D.-St.-Qu. Gut Kazki, den 17. September 1915.

Die Division hat in den letzten 14 Tagen wiederum den Gegner aus drei befestigten, lange vorbereiteten und zäh verteidigten Stellungen geworfen und hat dabei trotz aller vorausgegangenen Strapazen erneute Angriffslust und eine keine Verluste scheuende Tapferkeit bewiesen.

Damit haben die, mit der Wegnahme der mehr als 600 Kilometer von der deutschen Ostgrenze entfernt gelegenen Stadt P i n s k endigenden Kämpfe auch für die 107. Inf.-Division ihren rühmlichen Abschluß gefunden. Über mehr als 20 feindliche Stellungen ist die Division seit Jaroslau siegreich hinweggeschritten.

Ich spreche den fechtenden Truppen für ihre große Tapferkeit und Energie, sowie den Kolonnen und Trains für ihre hingebende Tätigkeit meinen besonderen Dank und meine Anerkennung aus.

Ich bin überzeugt, daß wir uns auch neuen Aufgaben gewachsen zeigen werden."

Diesem Befehl ist nur noch anzufügen, daß die Division von Jaroslau bis Pinsk 120 Offiziere und 6330 Mann an Toten und Verwundeten verloren hat, darunter 33 Offiziere (4 Bataillonskommandeure) und über 1000 Mann tot. Ehre dem Andenken all dieser Tapferen!

18.—23. September. Die Division rückt in anstrengenden Märschen gegen andauernden kalten Regen-Westwind auf der alten ausgesogenen Marschstraße nach Brest-Litowsk und nimmt auf dem Wege dorthin eine Anzahl ihr entgegenrückender Ersatzmannschaften in sich auf.

Am 20. werde ich telegraphisch ins Große Hauptquartier nach Schloß Pleß berufen, um dort weitere Weisungen entgegenzunehmen. Ich melde mich am gleichen Tage bei Exzellenz v. Gerok in Otczyzna ab, der mir in altgewohnter Liebenswürdigkeit und Herzlichkeit Lebewohl sagt, dankt und mir als besondere Anerkennung der Leistungen der Division zwei Eiserne Kreuze I. Klasse für meinen Stab überreicht. Von diesen ist aber auf Vorschlag des Generalstabschefs eines für den neuen Generalstabsoffizier der 107. Inf.-Division bestimmt, der erst 10 Tage bei der Division ist und in dieser kurzen Zeit doch gar nichts Besonderes leisten konnte. Von diesem Generalstabschef scheiden wir gern, von dem vornehmen kommandierenden General aber ungern. Es ist nunmehr klar, daß die 107. Inf.-Division nach Ungarn abbefördert wird, um an dem in Vorbereitung befindlichen Feldzug gegen Serbien teilzunehmen.

Ungarn-Serbien (Spätherbst 1915)[1]

21. September. Ich erfahre noch in Otczyzna, daß ich wie die anderen auf den serbischen Kriegsschauplatz berufenen höheren Führer im Großen Hauptquartier in Pleß nähere Mitteilungen über die Aufgabe meiner Division erhalten werde. Also mit dem Generalstabsoffizier weiter im Auto nach Brest-Litowsk. Dort sehe ich nun zum zweiten Male in nächster Nähe die niedergebrannte Stadt, die abends einen fast grauenhaften, gespenstischen Eindruck macht. Bei dem Etappenkommandanten, einem Universitätsprofessor und Hauptmann der Landwehr, der mich und meinen Begleiter mangels jedes im Betrieb befindlichen Gasthofs freundlichst zum Abendessen bittet, treffe ich zufällig den auf der Fahrt zur 107. Division befindlichen neuen Infanterie-Brigadekommandeur, Oberst v. Heydebreck. Nachtquartier in kaltem Zimmer auf einem Sofa ohne Decke. Frühmorgens weiter in rasender Fahrt, in offenem Wagen, sprühenden Herbstregen im Gesicht, durch meist ebenes, ödes Land, vorbei an zahlreichen Pferdeleichen, nach Warschau. Dort erquicken wir uns im Hotel de l'Europe gut, aber teuer. Abends esse ich mit dem Kommandanten von Warschau, Generalmajor v. Kinzelbach, einem Landsmann, im Kasino, dem bisherigen russischen Generalstabsgebäude. Vorher habe ich mir die Hauptstraßen und Plätze Warschaus angesehen, insbesondere die fünftürmige, prunkvoll protzige orthodoxe Trutzkirche, die die Russen gerade noch vor Ausbruch des Krieges den römisch-katholischen Warschauern samt Glockenturm auf ihren schönsten Platz hingesetzt haben. Dafür sind jetzt die polnischen Ladenbesitzer überall damit beschäftigt, auf den Schildern die russischen Ankündigungen auszukratzen und mit deutschen zu übermalen.

22. September. Ich fahre allein über Kattowitz an Skiernewicze vorbei nach Pleß, wiederum durch meist flaches Land. Mit großem Interesse betrachte ich die zahlreichen russischen Stellungen, ihnen gegenüber die deutschen an Pissa und Rawka, — mit Wehmut die zahlreichen Soldatengräber. Aber auch diese hören schließlich auf; endlich nach vier Monaten sehe ich wieder sauber bestellte Felder und unzerstörte Ortschaften — ein wahres Labsal.

Abends im Großen Hauptquartier in Pleß. Der Kaiser ist mit dem Generalstabschef, General v. Falkenhayn, gestern nach dem Westen abgereist. So orientiert mich sein Stellvertreter, auch ein langjähriger Generalstabskollege Generalmajor Tappen. Ich bemerke ihm, wir alle hätten gehofft, daß bei Brest-Litowsk in starker Stellung am Bug Halt gemacht, den zu Tode erschöpften Truppen Ruhe gegönnt und ihnen weiterer Kampf und Verlust erspart werde; die befremdende Antwort lautet: "Die Sache lief so schön vorwärts, da haben

---

[1] Siehe Übersichtsskizze 2 nach S. 216 (zum rechts herausklappen) und die Textskizzen.

wir sie noch eine Zeitlang weiter laufen lassen." „Laufen lassen" — über ein halbes Dutzend vom Feinde besetzter Stellungen hinweg! Ich fürchte, dieser Mangel an Verständnis und an Gefühl für die Truppe und diese Überschätzung unserer militärischen Kraft wird sich noch bitter rächen. Was ich aber über den Aufmarsch gegen Serbien höre, klingt vertrauenerweckend und vielverheißend. Den Abend verbringe ich nach einem gemütlichen Spaziergang im herrlichen Schloßpark mit meinem Landsmann, dem verdienstvollen Chef des Feldeisenbahnwesens und neugebackenen doppelten Ehrendoktor der Technik, Generalmajor Gröner, sowie mit den Herren des Großen Hauptquartiers im anspruchslosen ersten Gasthof — nein „grand hotel"! — von Pleß. Es ist, wie ich mir's längst dachte: während so mancher in der Front diese Herren im Großen Hauptquartier um ihre Posten und ihre regelmäßige und gesicherte Tätigkeit im stillen beneidet und sich vielfach eine übertriebene Vorstellung davon macht, was der einzelne von den großen Operationen erfährt und dabei leisten kann, beneiden umgekehrt die allermeisten, namentlich die jüngeren Herren, die Offiziere in der Front und treiben seufzend das Rad oder Rädchen weiter, das sie im großen Betriebe tagaus tagein in endloser Sitzarbeit zu bewegen haben.

23. September. Kalte aber schöne Autofahrt von Pleß nach Oderberg auf vortrefflicher deutscher Straße und durch schönes, wohlgepflegtes deutsches, dann österreichisches Land. Welch ein Unterschied gegen Polen und Rußland — hier ist wirkliches Kulturland! Dann Schnellzug Oderberg—Budapest durch das herrliche Waagtal, am stolzen Bischofssitze Gran vorbei. Ich habe eine interessante Aussprache mit dem aus dem Großen Hauptquartier Conrad v. Hötzendorffs, Teschen, nach Wien fahrenden österreich-ungarischen Generalstabsoberstleutnant Pflug und erfahre dabei vor allem, daß man auch im österreich-ungarischen Hauptquartier guten Muts und daß die k. k. Armee in technischer Hinsicht, namentlich mit Geschützen und Munition, sehr gut ausgestattet ist. Dann vertiefe ich mich in die mir in Pleß ausgehändigte gedruckte Beschreibung des serbischen Landes und der serbischen Armee.

Abends speise ich im Hotel Hungaria in Budapest mit dem vom westlichen Kriegsschauplatz ebenfalls nach Serbien berufenen kommandierenden General des III. Armeekorps, General v. Lochow, und dessen Stabschef, Major Wetzell. Ein eigentümliches Gefühl, sich wieder inmitten von elegant gekleideten Damen und Herren in glänzend erleuchtetem Saale bei rauschender Musik zu befinden. Auffallend viel Juden und brillantengeschmückte Jüdinnen. Dann höre ich noch ein Stück Operette, sehr flott und offenbar recht witzig gespielt; denn die Lachsalven im überfüllten Hause hören nicht auf. Wir lachen mit — ich habe einen Ordonnanzoffizier meines Stabes in Budapest angetroffen — aber leider verstehen wir kein Wort.

25. September. Nach einem Spaziergang durch die ebenso großzügig angelegte, wie schön gelegene und gut gehaltene ungarische Hauptstadt und nach Besichtigung des prächtigen königlichen Schlosses oberhalb der Donau

fahre ich weiter. Fahrt Budapest—Temesvar durch die reichen weiten Ebenen der ungarischen Pußta zusammen mit dem Kommandeur der 25. Res.-Division General v. Jarotzky. Saubere Städte und Dörfer, ebenso schmuck gekleidete Landleute auf den Bahnhöfen, Männer und Frauen in hohen Schaftstiefeln, die Frauen in bunten Miedern und Röcken, die Burschen mit weißen Überhöschen und Schürzen. Im Speisewagen kommen wir ins Gespräch mit mehreren älteren ungarischen Herren vom Zivil, darunter einem besonders lebhaften und offenherzigen Fabrikdirektor, der schon viel in Deutschland gereist ist. Wir lernen dabei sogleich die wenigstens zurzeit in Ungarn herrschenden politischen Grundanschauungen kennen: große Dankbarkeit und Hochachtung gegenüber Deutschland und der deutschen Armee, „den Karpathenbefreiern und Serbenzüchtigern"; Haß gegen Serbien; Mißachtung der „liederlichen" Rumänen, die an französischem Wesen hängen, obwohl sie alle wahre Kultur aus Deutschland bezogen haben; leider aber auch Mißtrauen und wenig Neigung Österreich gegenüber. Wir fahren an endlosen Militärzügen vorbei; Preußen, Bayern, Württemberger, Hessen usw., die Eisenbahnwagen ebenfalls ein Abbild aller deutschen Staaten.

In Temesvar finde ich gute Unterkunft und freundliche Aufnahme bei dem ungarischen Eisenbahndirektionspräsidenten von Navay. Bei ihm und seiner liebenswürdigen Familie treffe ich gegenüber Deutschland die gleiche günstige Gesinnung.

Ich bin abends Gast des Chefs des Generalstabs der gegen Serbien bestimmten Heeresgruppe Mackensen, des Obersten v. Seeckt, und höre von ihm und dem Oberquartiermeister Oberstleutnant Hentsch, ebenfalls einem alten Bekannten, viel Neues und Lehrreiches über unsere Stärken und Absichten, sowie über die Gruppierung der serbischen Armee. Oberstleutnant Hentsch hat in den letzten Monaten in österreich-ungarischer Uniform die ganze Donaustrecke von Belgrad bis Orsova erkundet, ist auch gelegentlich mit einem für die Türkei bestimmt gewesenen, mit Munition beladenen österreich-ungarischen Donaudampfer mit in die Luft geflogen, als dieser auf eine serbische Mine stieß.

26. September. Mit Militärzug nach Versecz. Ein stattlich-sauberer, sonnendurchfluteter Ort mit großen Plätzen und breiten Straßen und mit lauter freundlichen, weiß und gelb getünchten, fast elegant zu nennenden Häusern; diese meistens einstöckig mit vielen großen und hellen Fenstern. Östlich der Stadt erhebt sich eine schön gegliederte Bergkette zu ansehnlicher Höhe mitten aus der Ebene heraus, oben gekrönt durch eine Kirche mit weitem Ausblick.

Die 107. Inf.-Division ist der Armee Gallwitz zugeteilt und soll innerhalb dieser später zu dem IV. Reservekorps, General v. Winckler, treten; zu letzterem gehört noch die 105. Inf.-Division und — unsere alte Kampfnachbarin aus Polen-Rußland, die 11. bayerische! Ich melde mich bei dem Führer des Armeekorps, dessen Division ich im Juni d. J. östlich Jaroslau mit meiner Division im Schützengraben abgelöst habe und mit dessen Korps ich am 16. September in Pinsk eingerückt bin, und speise mit ihm und seinem Stabe; der Chef, Major Brüggemann, ist wiederum ein alter Bekannter. Dann mache ich mich an das Durcharbeiten der in den letzten Wochen vom Heeres- und Korpskommando erlassenen zahlreichen und eingehenden Anordnungen und Befehle für die Vorbereitung des Donauübergangs. Welch eine Fülle von Mühe, Arbeit und Voraussicht steckt darin! Es ist eine in der Kriegsgeschichte ganz neue und angesichts des tapferen und starken Gegners sehr schwierige Aufgabe, dieses uns bevorstehende Überschreiten des hier über einen Kilometer breiten gewaltigen Stromes. Da ich dem im Anrollen befindlichen Divisionsstabe allein vorausgeeilt bin, so entwerfe ich selbst die neue Unterbringung und Kriegsgliederung.

28. September. Abends trifft noch mein vortrefflicher erster Ordonnanzoffizier, Oberleutnant Schäffer, ein. Er kündigt mir die glückliche Geburt des ersten Kriegskindes des Divisionsstabes an, seines ersten Sohnes, des kleinen Ulanen Sigurd. Nachmittags fahre ich im Auto zum Generalkommando X. Reservekorps (Gen. d. Inf. Kosch) nach Weißkirchen, um mich über die dortigen Verhältnisse zu erkundigen; denn die 107. Inf.-Division soll beim Donauübergang das Bindeglied zwischen dem IV. und X. Reservekorps bilden.

29. September. Der Divisionsstab trifft ein und tritt nach einem Vortrag, den ich den Herren des Stabes über die Lage und die bisher ergangenen wichtigsten Anordnungen halte, sogleich in angespannteste Tätigkeit. Es ist unendlich viel zu bedenken und zu veranlassen. Die eben erst mit ihren vordersten Truppen in und nördlich Versecz ausladende Division soll schleunigst für den serbischen Feldzug neu gegliedert, bekleidet und ausgerüstet werden; 6 deutsche Gebirgsmaschinengewehrabteilungen und 4 Gebirgsminenwerferabteilungen treten hinzu, ebenso eine österreich-ungarische Gebirgshaubitzbatterie und eine österreich-ungarische Gebirgstraineskadron mit 600 Trageiteren, einer Gebirgsbäckerei und einer Gebirgswerkstätte. Dann soll die Division sogleich an die Donau rücken, wo schon für den 5. oder 6. Oktober der Übergang geplant ist.

Aber dies ist unmöglich. Die übrigen für den serbischen Feldzug bestimmten deutschen Divisionen liegen schon seit Wochen, teilweise sogar schon seit Monaten, in Südungarn und haben daher vollauf Zeit gehabt, sich zu erholen, sich neu auszustatten und neu zu gliedern, sowie die Ausbildung, auch für den Stromübergang, zu betreiben. Meine Truppen aber treffen nach einem dreimonatigen, ebenso aufreibenden wie verlustreichen Feldzuge ohne alle Erholung, abgehetzt und abgerissen als letzte Division auf dem neuen Kriegsschauplatze ein; ich melde dem soeben in Versecz eingetroffenen Oberkommando der 11. Armee schriftlich, daß die Division notwendig einiger Tage der Erholung und ebenso einiger Tage der strammen Exerzier- und Gefechtsausbildung bedarf, um kampfkräftig zu sein. Diese Meldung bekräftige ich durch eine mündliche Rücksprache mit dem Generalstabschef, Oberst Marquardt, wiederum eines Generalstabsreise=Genossen aus früherer Zeit. Meine Bedenken werden anerkannt. Auch stellt sich bald heraus, daß für die 107. Inf.=Division nicht vor dem 11. Oktober Übersetzmittel über die Donau verfügbar sein werden. So kann ich damit rechnen, daß für die Division, die ohnehin noch drei Tagemärsche bis an die Donau zurückzulegen hat, wenigstens die allernötigste Zeit gesichert ist, um das viele Neue und Fremde — einschließlich des Offiziers= und Mannschaftsersatzes für die gali= zisch=polnischen Verluste — in sich aufzunehmen und zu verdauen.

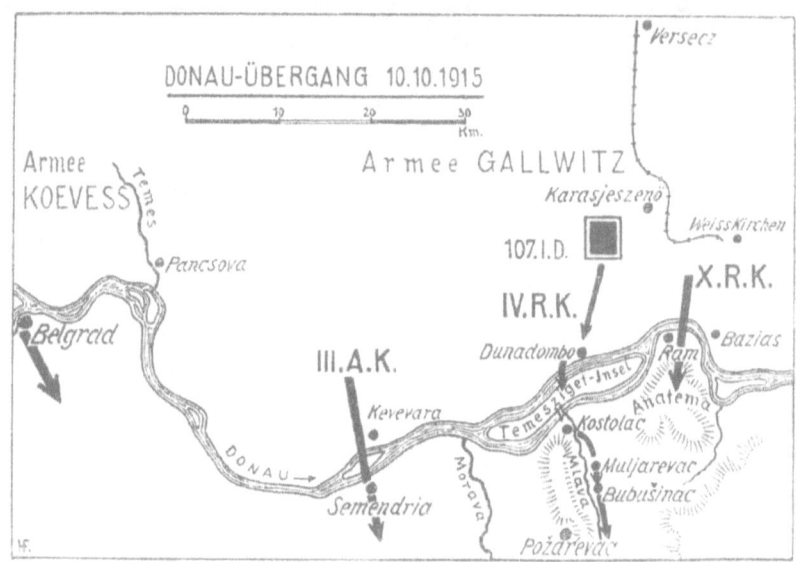

30. September. Ich fahre mit dem Artilleriekommandeur und dem Generalstabsoffizier im Auto nach Dunadombo; von dort auf einem von Ungarn serbischer Nationalität gesteuerten Kahn über die Donau zur Erkundung nach der mehrere Kilometer langen und 1 Kilometer breiten Temesziget=Insel, dem taktischen Sprungbrett des IV. Reservekorps für den Donauübergang.

Schöne Fahrt durch das reiche Land mit herrlichem Blick auf die serbischen Berge. Hin und wieder fällt hüben und drüben ein Kanonenschuß. Sonst anscheinend überall tiefer Friede. Die Überfahrt über den prachtvollen Strom und der Erkundungsgang auf der mit einer Art von Urgestrüpp und Urwald bedeckten Insel ist landschaftlich genußreich und militärisch spannend. Wir suchen mit dem Glase die serbischen Posten auf dem rechten Donauufer; vor allem suchen und finden wir aber gedeckte Artilleriestellungen zur Vor= bereitung unseres Übergangs. Außerdem treffe ich zufällig und begrüße ich auf der Insel die mir wohlbekannten Stabsoffiziere des württembergischen Füsilier-Regiments 122, das zur 105. Inf.-Division gehört.

1. Oktober. Wieder gibt es viel Dienstliches auszuarbeiten. Dazu kommt nun heute wie eine Sturzflut die ganze Feldpost, die uns seit Pinsk nachgereist ist; der Bote bringt mir auf einmal nicht weniger als 14 kleine Paketchen und — schrecklich zu sagen — nahezu 30 Karten und Briefe, die nun zu beantworten sind.

Aber in dem hübschen Quartier bei meinen freundlichen Hausleuten, die, schlesischer Herkunft, neben dem mir leider in jedem Wort unverständlich bleibenden Ungarisch, auch gut Deutsch sprechen, arbeitet und lebt sich's gut; ebenso in den Gasthöfen, wo wir allabendlich neben bekömmlichem Essen und Trinken recht gute Zigeunermusik zu hören bekommen. Überhaupt ein sonniges, freundliches und fröhliches Land und Volk. Selbst auf jeder ungarischen Banknote lächelt den Zahler oder Empfänger ein liebliches oder schönes Mädchengesicht freundlich an — wie man uns sagt, Töchter der k. k. ungarischen höheren Bankbeamten darstellend. Wie geschäftsmäßig, abschreckend und streng blickt einen dagegen die protzige Germania auf unseren Hundertmarkscheinen und Briefmarken an! Ja, ein bißchen Geschmack, Kunstsinn und Gemütlichkeit können wir von den Österreichern und Ungarn immerhin noch lernen!

Angenehm fällt hier überall, im Gegensatz zu Polen und Rußland, die Tüchtigkeit der Handwerksarbeit auf: Türen, Fenster, Zäune, Wagen, Wegweiser usw., alles gute Arbeit. Und anheimelnd sind da und dort alte deutsche Firmenschilder zu lesen, so z. B. an einer Apotheke „Zum Auge Gottes".

2. bis 4. Oktober. Stündlich laden Truppen der Division aus und rücken, teilweise durch Versecz hindurch, in ihre Quartiere. Menschen und Tiere sehen tatsächlich „heruntergekommen" aus; aber sie erholen sich in dem gastfreundlichen Lande schnell, wo zudem gerade jetzt bei herrlichstem Wetter die Weinernte stattfindet, wobei mancher gute Schoppen und manche gute Traube für die Einquartierten abfällt.

Sehr erfreulich ist das Eintreffen von 100 jungen, frischen K.-Leutnants, die ich mit einer herzlichen Ansprache begrüße und willkommen heiße. Überhaupt geschieht von oben her alles Denkbare, um die Division nach jeder Richtung hin an Menschen und Material zu ergänzen und zu verstärken.

Ich bin am 3. freundlichst aufgenommener Gast des Armeeführers, des Generalobersten v. Gallwitz, und verlebe im bischöflichen Palast, seinem Quartier, einen anregenden Abend. Die Landung stärkerer Truppen der Entente in Saloniki zur Unterstützung der serbischen Armee ist das Neueste; die heiß umstrittene Frage ist die, ob sie zu spät kommen werden oder nicht. Optimisten und Pessimisten zeigen sich dabei im hellsten und dunkelsten Lichte. Ich erfahre jetzt, daß Feldmarschall Mackensen für den Angriff gegen Serbien von Nordwesten und Norden her über zwei große Armeen verfügt: bei und östlich Semendria die deutsche Armee Gallwitz, westlich Semendria die austro-deutsche Armee Kövess; ferner daß die Bulgaren am 14. Oktober unter der Voraussetzung von Osten her über die bulgarisch-serbische Grenze gegen Serbien vorgehen, daß wir bis dahin den Donauübergang erzwungen haben werden. Außerdem soll noch eine schwächere österreich-ungarische Gruppe von Westen her über die Drina in Serbien eindringen und eine ebensolche bei Orsova die Donau überschreiten. Also eine strategisch sehr spannende, für uns ebenso aussichtsreiche, wie für die Serben bedrohliche Lage und Operation.

Während wir uns über diese strategischen Verhältnisse im Armeestabe unterhalten, sprechen wir im Divisionsstabe mehr über die taktischen Verhältnisse, namentlich über den uns gegenüberstehenden neuen Gegner, über die serbische Armee und das serbische Volk. Darüber belehren uns aus eigener Erfahrung die inzwischen neu zum Stabe getretenen drei ungarischen Offiziere: Rittmeister Herold, der die rumänisch-serbischen Grenzlande seit vielen Jahren als Gendarmerieoffizier kennt und uns als solcher zugeteilt ist; Oberleutnant Fröhlich, im Frieden Oberförster in Bosnien, von Geburt Siebenbürge, und Oberleutnant Kunstätter, Bankbeamter, der Führer der österreich-ungarischen Gebirgstraineskadron.

Unsere österreich-ungarischen Offiziere
(Kopcuich, Herold, Kunstätter)

Alle drei Herren sind bald, ebenso wie unser Ukrainer Kopcuich, im Stabe eingelebt und als liebenswürdige, dienstwillige Offiziere und Kameraden beliebte und geachtete Glieder. Was sie uns aber über Serbien erzählen, ist wenig erbaulich. Ein falsches, rachsüchtiges Volk, das sich am Kampfe auf hinterlistige Weise beteiligt: Weiber tragen Bomben unter der Schürze; in den Bäumen versteckte Schützen schießen namentlich die höheren Stäbe ab usw.; vor Vergiftungen ist man nicht sicher; alle Seuchen wüten in dem Unglückslande; besonders verlockend sind Cholera, Fleckfieber und Krätze. Die Donau von Belgrad bis Orsova ist mit Minen gespickt; die serbische Armee ist von wilder Tapferkeit, fanatisch national, gut gekleidet, ausgerüstet und geführt, der Kriegsschauplatz ein äußerst schwieriges Bergland, die Straßen trostlos, die Verpflegung und Unterkunft sind dürftig. Ähnlichen Inhaltes sind übrigens auch die uns von oben zugehenden Mitteilungen: die Serben geben deutsche Signale zum Einstellen des Feuers, lassen beim Rückzuge einzelne Leute, auch Maschinengewehre in Feldern, Häusern usw. versteckt zurück; die Einwohner verraten unsere Stellungen durch Rauchsignale usw. Um wenigstens unser Möglichstes zu tun, kaufen wir in der Apotheke „Zum Auge Gottes" noch eine tüchtige Ladung Krätzepulver. Gegen alle anderen Schrecken gibt es leider weder ein Pulver, noch ein Kraut. Aber wir machen uns auf „allerhand" gefaßt.

5. bis 6. Oktober. Wichtige Nachrichten unserer Flieger über die Gruppierung der serbischen Armee gehen ein; gerade hier, wo keine der anderen Waffen imstande ist, über das Stromhindernis hinweg einen Blick hinter den feindlichen Schleier zu werfen, zeigt sich die große Bedeutung dieser neuen Waffe in besonders hellem Lichte und lohnt sich jede darauf im Frieden verwendete Mühe und Ausgabe hundertfach. Es gewinnt den Anschein, daß unser fast vollendeter Aufmarsch zum Donauübergang von den Serben, trotz aller Spionage, nicht rechtzeitig erkannt worden ist und daß sie erst jetzt von überallher, namentlich von der Drina, aber auch von der serbisch-bulgarischen Grenze in überstürzter Weise Truppen aller Waffen nach der Donaustrecke Belgrad—Bazias zu werfen suchen. Es ist vorauszusehen, daß dadurch von vornherein alle serbischen Verbände durcheinander geworfen werden.

7. und 8. Oktober. Die Division marschiert am 7. gruppenweise nach der Gegend von Karasjeszenö, zu deutsch „Eschendorf". Dort Stabsquartier. Am 7. und 8. von morgens bis abends rollt der gewaltige Donner des deutschen Wirkungsschießens aus allen, bis zu den schwersten Kalibern über Strom, Berg und Tal: das X. Reservekorps erzwingt bei und östlich Ram, das IV. Reservekorps bei und westlich Kostolac den Donauübergang unter verhältnismäßig geringen Opfern; die Serben sind offenbar auch taktisch überrascht, geben nach tapferem, aber kurzem Widerstand die merkwürdigerweise nur schwachen Verschanzungen am Donauufer preis und weichen nach Süden zurück. Die 107. Inf.-Division ist vorläufig Armeereserve.

Ich fahre im Auto nach der von meinem vortrefflichen Pionieroberleutnant Gockell sehr geschickt ausgesuchten Übersetzstelle bei Dunadombo und unterrichte mich dort über die verfügbaren Pontons, Ruder- und Dampffähren. Vorläufig sind es nur ganz wenige, dazunächst bei Dunadombo die 105. Inf.-Division, außerdem aber Munition und Verpflegung für die 105. und 107. Inf.-Division nach der Temesziget-Insel übergesetzt werden müssen. Ich erlasse schriftliche Anordnungen für das Verhalten beim Übersetzen und auch beim Kampf gegen die serbische Armee — denn wir haben dabei voraussichtlich manche, nur im Kampf gegen russische Truppen mögliche, taktische Gewohnheiten abzustreifen. Unterwegs kommen wir an österreichisch-ungarischen Armierungssoldaten vorbei, die den Weg ausbessern: Bosnier und Herzegowiner, südländische, zum Teil verwegene Gesichter und Gestalten, mit rotem oder auch schon feldgrauem Fez. Sie überarbeiten sich übrigens nicht.

Am 8. findet an der Kirche von Karasjeszenö Feldgottesdienst statt; neben den Worten des Geistlichen mahnt dabei der Kanonendonner an den Ernst der Lage.

Aber zunächst erfahren wir abends zu unserem Jubel, daß der Donauübergang auch bei Belgrad gelungen und daß diese Verschwörerstadt den Serben wieder entrissen ist — diesmal endgültig, wie wir bestimmt glauben. Wir feiern den Sieg durch einen Bierabend, der infolge der ganz überraschend zutage tretenden Tanz- und Akrobatenkünste unserer und der österreich-ungarischen jüngeren Herren äußerst vergnügt verläuft. Von den letzteren erzählt uns einer eine für die Beurteilung der Tschechen bezeichnende Geschichte. 1500 kriegsgefangene Russen werden in einem ungarischen Städtchen von 20 Tschechen bewacht. Plötzlich erfährt der österreich-ungarische Kommandant, es seien in der Nacht 20 Mann entwichen. Er nimmt natürlich an, es seien Russen, aber es sind die 20 Tschechen! Und als „Clou" der Geschichte: gegen eine in Aussicht gestellte entsprechende Belohnung werden am Nachmittag die 20 desertierten Tschechen von den gefangenen Russen eingefangen und mit Hallo abgeliefert. Se non vero ...

Es geht also fröhlich zu bei uns und ebenso bei der Truppe. An dieser Fröhlichkeit erbaut und beteiligt sich auch ein prächtiger weißbärtiger Pastor und Oberleutnant der Landwehr aus Schlesien, der uns hier in Karasjeszenö endlich 1000 Ersatzmannschaften zuführt, mit denen er die Division seit vier vollen Wochen vergeblich in Rußland zu erreichen gesucht hatte. Alle seine telegraphischen Anfragen nach unserem Verbleib waren erfolglos geblieben. Er möchte am liebsten mit nach Serbien, ist nun aber auch damit zufrieden, daß ich ihm zur Beobachtung unseres Donauüberganges ein Fuhrwerk nach Dunadombo zur Verfügung stelle. Schlimm ist jedoch, daß nun diese tausend, durch vierwöchentliches Herumliegen und Nachmarschieren in ihrer Haltung und Ausbildung nicht besser gewordenen Mannschaften während der Operationen selbst in ihre Kompagnien eingestellt und mit ihnen zusammengeschweißt werden müssen. Glücklicherweise konnten mir aber heute an der Donau die Regimentskommandeure übereinstimmend melden, daß die Truppe sich in den letzten acht Tagen doch ganz sichtbar und erheblich erholt habe; ferner daß alle Angehörigen der Division, Offiziere wie Mannschaften, diesen Feldzug gegen Serbien mit Freuden mitmachen. Der Donauübergang; der Gedanke an die Züchtigung eines von Größenwahn erfüllten, mit der Schuld des meuchlerischen Fürstenmordes belasteten Volkes; das Gefühl, an einer Kriegshandlung teilzunehmen, durch die der Weg Berlin—Budapest—Konstantinopel—Bagdad freigemacht werden soll und die von der gespannten Aufmerksamkeit ganz Deutschlands, ja der ganzen Welt begleitet ist; all dies wirkt zusammen, um bis herunter zum einfachen Soldaten die dem Deutschen ohnehin naturgemäße kriegerische Flamme und Begeisterung erneut anzufachen. Nichts Willkommeneres für den oberen Führer, als solche Stimmung in der Truppe! Auch die vom italienischen Kriegsschauplatz kommende österreich-ungarische Gebirgshaubitzbatterie, die ich heute beim Durchmarsch durch Karasjeszenö besichtige und begrüße, macht einen guten Eindruck. Weniger kann man dies von unserem Quartierort oder vielmehr dessen Bewohnern behaupten; wir befinden uns nun schon in jener völkisch so eigentümlich gemischten Grenzzone Südungarns; in Karasjeszenö und den umliegenden Ortschaften wohnen Ungarn, Rumänen, Serben, Deutsche, und zwar römisch-katholische und orthodoxe, sowie protestantische nicht friedlich, sondern mit ganz geteilten Sympathien und ganz verschiedenen politischen Anschauungen beisammen. Wir haben daher erhebliche Schwierigkeiten, um nur für jene 1000 Mann Ersatztruppen Kochholz, selbst gegen Bezahlung, zu bekommen. Diese für die innere Verwaltung, aber auch für die militärischen und außenpolitischen Verhältnisse Österreich-Ungarns so außerordentlich schwierigen Umstände berücksichtigt man in Deutschland vielfach nicht genügend und kommt deshalb leicht zu ungerechten Vergleichungen und Beurteilungen.

10. Oktober. Plötzlich Befehl: Der 107. Inf.-Division wird noch heute eine deutsche Landungskompagnie mit Landungsbooten zur Verfügung gestellt; sie soll nunmehr so schnell wie möglich über die Donau gesetzt werden. Also im Auto nach Dunadombo, die Truppen der vordersten Unterkunftsorte ebenfalls im Eilmarsch dorthin.

So entsteht am Nordufer der Donau bald ein Bild wie aus Wallensteins Lager. Der ganze Strand ist bedeckt mit Truppen aller Waffen und mit Fahrzeugen aller Art; ein Gewirr von zusammengesetzten Gewehren, von

Am nördlichen Donau-Ufer

Donauübergang

Kanonen, Feldküchen, Feldbäckereien, Proviantvorräten usw. Und alle Viertelstunde löst sich aus diesem Wirrwarr ein Häufchen Menschen, Pferde, Geschütze oder Fahrzeuge los und wird auf den Schiffen, Kähnen und Fähren verladen. Dann ein Pfiff oder ein kurzes Kommando und die Dampffähre fährt vom Nordufer ab, rechts und links je zwei vollbeladene Boote eng angekoppelt oder auch eine Anzahl Boote an Tauen angehängt. Es ist ein prächtiger Anblick, dieser Übergang über den breiten, im Sonnenschein glitzernden Strom, im Süden die serbischen Berge herüberschauend, das Nordufer voll von zuschauenden und zuwinkenden Feldgrauen.

Gegen Mittag setze ich mit dem Generalstabsoffizier und unseren Pferden hinüber nach der Temesziget-Insel; dann reiten wir über die von dort nach Kostolac geschlagene Pontonbrücke nach diesem Ort und weiter auf die Höhen hart südlich des Ortes. Dort beschauen wir uns die von den Serben vorgestern tapfer verteidigten, durch Truppen der 105. Inf.-Division nach hartem Kampf genommenen Uferstellungen und gewinnen als ersten Eindruck über die serbische Infanterie den, daß sie im Ausbau von Feldstellungen glücklicherweise keine Künstler sind. Nachmittags fahren wir nochmals zurück nach Dunadombo, nachdem wir uns noch von den Höhen von Kostolac aus einen Überblick über das Mlava-Tal verschafft haben, in dem die 107. Inf.-Division vorzurücken hat. Abends erfahren wir noch, daß das III. Armeekorps Semendria genommen hat.

12. Oktober. Der Stab überschreitet heute endgültig die Donau — diesmal bei dichtestem Nebel, der das Übersetzen und Landen recht schwierig

macht. Selbst der Lichtstrahl unserer großen Scheinwerfer dringt nicht von einem Ufer zum andern. An Flußminen denken wir schon gar nicht mehr — weiter oben zwischen Semendria und Belgrad haben sie aber tatsächlich ihr Zerstörungswerk ausgeübt. Auf der Temesziget-Insel und bei Kostolac werden die ersten Serbenscharen, Zivilisten, an uns vorbeigeführt, die nach Ungarn gebracht werden sollen.

Unter den Frauen, die sämtliche in ihrem Besitz befindlichen Kleider übereinander angezogen haben, doch einige edel geschnittene Gesichter; unter den Männern, meist Greise, viele wilde, verwitterte, von Narben durchzogene. Aber von Kampflust oder Haßgefühl keine Spur; dieses Volk ist offenbar nach fast vier Jahren Krieg kriegsmüde bis in die Knochen.

Abgeschobene Serben

Der Ernst des Krieges beginnt heute auch wieder für die Division; sie hat eine Verpflegungsstärke von rund 500 Offizieren, 16 000 Mann, 7500 Pferden und verfügt über 60 Maschinengewehre, 27 Feldkanonen, 4 schwere Feldhaubitzen und 4 österreich-ungarische Gebirgshaubitzen — also ein stattlicher, kampfkräftiger Verband. Die Division gehört nunmehr als dritte und linke Flügeldivision zum IV. Reservekorps, das zunächst die stark verschanzten Stellungen östlich und westlich von Požarevac gewinnen will. Unser Feind hält heute noch die Dörfer Maljurevac und Bubušinac.

Ich befehle den Angriff auf ersteren Ort ohne Artillerievorbereitung unter Ausnutzung des starken Nebels — alles steht gegen 10 Uhr vormittags dazu bereit, da zerreißt die Sonne ganz plötzlich die Nebelschwaden. Also Artillerievorbereitung und nachmittags Angriff! Abends ist der Feind nach tapferem Widerstand aus beiden Orten geworfen. Unsere Verluste sind gering. In der Nacht machen die Serben aber zwei heftige, jedoch vergebliche Gegenstöße. Ich bin nicht ganz zufrieden mit den Meldungen über die feindlichen Stärken und Stellungen, auf denen doch die ganze Divisionsführung und namentlich auch der richtige Einsatz der Artillerie beruht, und erlasse daher eine Mahnung an die Truppen, häufigeren und kräftigeren Gebrauch zu machen von ihren tatenlustigen jungen Offizieren zu Erkundungszwecken.

Quartier in der halbzerstörten Glasfabrik von Kostolac, in der fast alle Fensterscheiben zersprungen sind. Übrigens ist dieser alte Ort eine schon aus der Geschichte der römischen Kaiser bekannte Übergangsstelle über die Donau.

Ein junger Reserveoffizier des Feldart.-Regiments 213, Justizreferendar seines Zeichens, Leutnant Eckart, tritt an Stelle des erkrankten Oberleutnants Neidholt, als Adjutant zum Divisionsstab. Außer militärischen bringt er auch willkommene musikalische Talente mit, die er auf einer in Ungarn erstandenen, gar nicht üblen Geige ausübt.

13. Oktober. Nun beginnt wieder die nächtliche Befehlsgebung. 2 Uhr nachts kann ich den Befehl zum weiteren Vormarsch und Angriff auf die hochgelegenen Stellungen bei und östlich Požarevac diktieren. Die Befehlsgebung und die Führung der Division ist namentlich insofern sehr lehrreich und nicht ganz einfach, weil die 107. Inf.-Division dauernd nicht nur die linke, östliche Flanke des IV. Reservekorps zu decken, sondern auch die Verbindung mit dem X. Reservekorps zu halten hat, das sich mit seinem rechten Flügel vom Anatemaberg südlich Bazias auf Smoljinac vorkämpft und weil stets mit einem Durchbruchsversuch der Serben in der nur mit Kavallerie besetzten Lücke zwischen 107. Inf.-Division und X. Reservekorps zu rechnen ist. In der Tat greifen sie auch 5 Uhr morgens wiederum mein vorderstes Res.-Regiment 52 wiederholt und in dichten Massen heftig an, werden aber blutig abgewiesen. Dabei erleidet aber schon einer der 100 R.-Leutnants den Heldentod.

Zwei fatale Überraschungen beim Aufstehen: Eines meiner Reitpferde, mein braver Ostpreuße Primus, ist an schwerer Lungenentzündung erkrankt und muß in Kostolac zurückgelassen werden. Zweitens aber heult ein gewaltiger Sturm aus Südost über das Land: es ist der gefürchtete Kossowa, der mit einer Stärke von 20 Metern in der Sekunde meterhohe Wellen auf der Donau aufwirft und das Übersetzen fast unmöglich und sehr gefährlich macht. Und doch sind fast alle meine Kolonnen und Trains noch auf dem nördlichen Donauufer; wir haben nur das Allernötigste an Munition und Verpflegung bei uns. Aber ich weiß, daß der energische Führer meiner Pionierkompagnie das denkbar Möglichste im Übersetzen leisten wird.

4 Uhr nachmittags räumt der Gegner offenbar unter dem Eindruck der erlittenen schweren Verluste freiwillig Stadt und Werke Požarevac; meine vordersten Truppen besetzen die östlichsten Feldwerke.

14. Oktober. Der Kossowa hält an, sonst schöner Sonnenschein. Wir nehmen Quartier im hübsch eingerichteten, behaglichen Wohnhause der

Serbische Schweinezucht

stattlichen Aktienmühle von Bubušinac. Ein Hauptschmuck der Zimmer sind die zahlreichen, vielfarbig bunten Teppiche, die den Boden, die Tische und die Wände bedecken.

Mühle und Ort sind gestern von meiner schweren Artillerie beschossen worden und tragen die deutlichen Spuren davon. Wir finden serbische Gräber; auf dem ersten Spaziergang im Garten stoße ich noch auf einen neben einem großen Geschoßtrichter liegenden toten Serben, dem auffallenderweise das ganze Gesicht fehlt. Des Rätsels Lösung ist die, daß es von den riesigen, schwarzborstigen Schweinen weggefressen ist, die hier in besonders hergerichteten Stallungen in ganz unwahrscheinlicher Größe und Schwere gezüchtet werden; unser Intendanturrat schätzt den Wert der in der Zuchtanstalt vorgefundenen Schweine, Ochsen und Kühe und der Mehlvorräte auf mehrere hunderttausend Mark. Natürlich wird Bubušinac sogleich als Fleisch- und Mehlmagazin eingerichtet und die Anlage einer großen Armeeschlächterei angeregt. Die serbischen Ortschaften wimmeln außerdem von Ferkeln und von Geflügel aller Art; eine bedenkliche Schießerei auf diese Vier- und Zweifüßler erhebt sich allabendlich, der ich durch strenge Befehle und Überwachung Einhalt tun

von Bubušinac bis SVILAINAC 14.-27.10.15

muß. Aber jede Sorge um Fleischnachschub sind wir schon jetzt los und die angenehme Abwechslung macht den Mannschaften den serbischen Feldzug wiederum noch zusagender.

Ein serbischer Hauptmann der Reserve ist zurückgeblieben und hat sich freiwillig als Gefangener gestellt. Er ist Zollbeamter, 52 Jahre alt und erklärt: „Ich kann und will nach 4 Jahren Krieg nicht mehr! Man hat uns immer Unterstützung durch Franzosen, Engländer und Italiener versprochen, aber es läßt sich keiner blicken." Weiter bestätigt er, daß die serbische Infanterie unser Maschinengewehrfeuer, vor allem aber das Feuer unserer schweren Artillerie nicht erträgt.

12 Uhr 30 nachts ergeht Divisionsbefehl: Die Division setzt sich in den Besitz von Salakovac.

14. Oktober. Immer noch Kossowa! Aber es ist doch gelungen, das Allernötigste an Kolonnen und Trains, an Munition und Verpflegung nachzuschieben. Wieder ein langer Zug serbischer Abgeschobener. Ich befreie heute die Knaben unter 12 und die Männer über 60 Jahre und entlasse sie als ungefährlich in ihre Heimatdörfer. Sie alle verwünschen den Krieg und rufen: „Keinen Krieg mehr! Wir haben keine erwachsenen Söhne mehr! Kaiser Wilhelm hoch!"

9 Uhr Wirkungsschießen der Artillerie, deren Stellungen ich abreite. Gegen 1 Uhr Angriffsbefehl. 4 Uhr nachmittags ist Salakovac genommen. Als neues Angriffsziel wird Ml. Crniće gegeben.

16. Oktober. Noch immer Kossowa. Die Division hat eine schwere Aufgabe: Vorarbeiten im tief gelegenen Mlava-Tal unter dem Flankenfeuer der auf den Höhen westlich des Tals stehenden serbischen Batterien. Tag und Nacht wird meine arme Infanterie beschossen; trotz mancher Blindgänger mehren sich die Verluste. Eine Umgehung oder Umfassung des Gegners ist nicht möglich. Ein Glück, daß der Frontalangriff wenigstens durch die hohen Maisfelder erleichtert wird, deren Unübersichtlichkeit allerdings auch wieder die untere Führung der Infanterie recht schwierig macht. Es ist kein Zweifel, die Serben führen ihre Verteidigung ganz nach russischem Rezept: sie haben parallel zur Donau eine Reihe von durchlaufenden Verteidigungsstellungen

Serbisches Gefechtsfeld

angelegt, die wir frontal angreifen müssen. Die große Flankierung oder, richtiger gesagt, der starke Flankendruck kann nur von den Bulgaren ausgehen — wie gern erführen wir, daß sie tatsächlich an der Arbeit sind.

17. und 18. Oktober. Fortsetzung des Angriffs auf Ml. Crniće und auf das das Mlavatal weit überragende stark befestigte Stubliċ Massiv, gegen das die gesamte Artillerie des IV. Reservekorps zu konzentrischer Feuerwirkung vereinigt wird. Wir sind von morgens bis abends auf unserem Gefechtsstand, von dem aus das prächtige Schauspiel der auf den malerischen Hängen und Höhen einschlagenden Geschosse und der dort entstehenden gewaltigen Trichter genau zu verfolgen ist. Aber meine Infanterie muß nach Wegnahme von Ml. Crniće die reißende Mlava, deren Brücken sämtlich zerstört sind, auf selbstverfertigten Flößen und Stegen im

wirksamen feindlichen Feuer überschreiten — ein mühseliges und verlustreiches Unternehmen.

Am 18. abends ist der Übergang gelungen. Die Infanterie klebt an den Nordosthängen des Massivs und muß die kalte Nacht zum 19. ohne warme Verpflegung unter freiem Himmel verbringen. Für morgen steht uns noch eine blutige Aufgabe bevor. Und doch hat die Division seit dem Donauübergang bis heute abend schon wieder an Toten und Verwundeten 13 Offiziere und 430 Mann verloren; darunter der Führer und 2 Offiziere der österreich-ungarischen Gebirgshaubitzbatterie verwundet, ein Beweis, daß die Serben sich tapfer schlagen und daß ihre Artillerie — leider — gut schießt.

19. Oktober. Nächtlicher Angriffsbefehl — aber der Gegner hat, wiederum nach russischem Muster, in der Nacht seine starke Stellung geräumt. Wir haben nichts dagegen! Einige Zwangsserben, Mazedonier, sind übergelaufen, hübsche Kerls mit beneidenswertem Zahnwerk. Sie bestätigen den furchtbaren Eindruck unseres schweren Artilleriefeuers auf die serbische Infanterie und erklären sich bereit, auf seiten der Bulgaren gegen die Serben zu kämpfen.

20. Oktober. Der Divisionsstab siedelt nach Ml. Crniće, wiederum in das diesmal mehrstöckige Wohnhaus der dortigen ebenfalls großen Mühle, über. Mit Erstaunen stelle ich fest, daß der Divisionsstab 5 Tage und Nächte in Bubušinac verbracht hat — im Bewegungskrieg der beste Maßstab für das Vorschreiten des Angriffs und die Widerstandskraft des Gegners. Aber glücklicherweise haben meine schon wieder seit 8 Tagen in ununterbrochenem Kampfe liegenden Truppen heute wenigstens eine Kampfpause — freilich nur, um von Gegend Velikoselo aus die in der Linie Aleksandrovac-Svinjarevo erkannte neue feindliche Stellung für den weiteren Angriff zu erkunden. Da die Division fast gar keine aktiven Infanterieoffiziere besitzt, solche aber die neu hinzugetretenen Gebirgs-Maschinengewehr-Abteilungen befehligen, so lasse ich diese mit gutem Erfolg mit der Erkundung beauftragen.

Es regnet, und schon fangen die nur für leichten Wagenverkehr gebauten Straßen an, recht weich zu werden.

Ein Heeresbefehl bezeichnet den nunmehr auf der ganzen Front mit allen Staffeln durchgeführten Donauübergang mit Recht als ein Ruhmesblatt in der Geschichte der deutschen Pioniere und Landungskompagnien. Zu meiner Freude trifft das von mir für den Führer meiner Pionierkompagnie beantragte Eiserne Kreuz I. Klasse ein.

Unser Haus hat behagliche Räume mit teilweise hübscher Einrichtung — allerdings manche Möbel in vergangener Pracht. In einem Glasschrank liegen große serbische Ordenssterne und Ordensbänder: wir erfahren, daß die Mühle dem Schwiegersohn eines ehemaligen serbischen Ministerpräsidenten gehört, deren es übrigens in Serbien erheblich mehr zu geben scheint als anderswo. So verleben wir im hübschen Eßzimmer einen angenehmen Ausruheabend und lassen uns einige Grammophon-Arien von Caruso vorsingen. Wieder ist uns eine Sorge vom Herzen gefallen — bessere Quartiere finden wir auch in Deutschland beim Manöver nirgends! „Pourvu que ça dure!" wie die Mutter Napoleons I. zu sagen pflegte, wenn ihr großer Sohn ihr wieder ein Schloß oder eine Million schenkte, oder wenn er einen Sohn oder eine Tochter auf einen Königsthron setzte. Einen kleinen Dämpfer der Freude über das gute Quartier erleben die meisten Herren allerdings schon heute durch nächtlichen ausgiebigen Wanzenbesuch.

Noch immer befinden sich Teile der Munitionskolonnen und Trains, sowie die gesamte große Bagage der Division im Übersetzen vom Nordufer der Donau zum Südufer.

21. Oktober. Ich fahre im Auto nach Velikoselo, wo wir feindliches Artilleriefeuer erhalten, und erkunde zu Fuß von den Höhen westlich des Ortes aus die feindliche Stellung. Da ich den Generalstabsoffizier zu den weiter vorn befindlichen Batterien entsandt habe, so bin ich auf weiter Flur allein mit einem Kraftwagengefreiten, ganz zufälligerweise ein unverfälschter Tübinger Landsmann. Es ist mir ein angenehm prickelndes Gefühl, auch wieder einmal mit dem Karabiner in der Hand eine „Patrouille" gegen den Feind machen zu können. Die Gegend ist landschaftlich sehr hübsch; braunrotfarbige Eichenhaine bedecken die Hänge, weite Blicke öffnen sich nach Süden. Aber die von meiner Division anzugreifende feindliche Stellung bei 204 erhebt sich schroff aus der Ebene — es wird ein schwerer Angriff werden! So setze ich mich nach Rückkehr nach Ml. Crnice schriftlich mit dem Chef des Stabes des IV. Reservekorps in Verbindung und erwirke, daß außer meiner gesamten Artillerie auch mehrere schwere Batterien der Korpsartillerie diese Höhen am heutigen Nachmittag befeuern. Da gleichzeitig weiter westlich die 105. und die 11. bayerische Inf.-Division und östlich die 103. Inf.-Division von Gegend Rašanac her aus allen Schlünden die feindliche Stellung befeuern, so erhebt sich eine gewaltige Kanonade, unter deren moralischer und materieller Wirkung sich unsere Infanterie nahe an den Gegner heranarbeitet. Aber er hält stand und erwidert heute mit wütendem Infanterie-, Maschinengewehr- und Artilleriefeuer, das bis tief in die Nacht hinein dauert. Die Serben schießen zum Teil mit erbeuteten österreich-ungarischen Geschützen und Geschossen, die an der rötlich gefärbten Sprengwolke erkenntlich sind. Wieder liegen meine Truppen größtenteils bei starkem kaltem Regen ohne Stroh und ohne warme Verpflegung unter freiem Himmel — freilich unser Gegner auch! Abends ergeht der Befehl zur Durchführung des Angriffs am 22. auf der ganzen Linie.

22. Oktober. Das war heute ein soldatischer Freudentag! Von 9 Uhr vormittags ab verfolgte ich von meinem weite Übersicht bietenden Gefechtsstand bei Kalište aus das großartige Schauspiel unserer Artilleriebeschießung: Schuß um Schuß schlägt namentlich auf Höhe 204 ein. Ungeheure Sprengwolken und Trichter bilden sich dort, und bald sehen wir die Serben von ihren am Nordhang angelegten Gräben eilig nach dem Höhen-

kamm und über diesen weg zurücklaufen, wie von Wespen verfolgt durch unsere sie begleitenden Granaten und Schrapnells. Ich sehe unsere Infanterie den Berg hinaufsteigen — wir reiten im Galopp vor und kommen fast zugleich mit der stürmenden Truppe oben an. In den serbischen Gräben liegen Tote und Verwundete, vor allem aber viele Hunderte von Gewehren — ein sehr wichtiges Zeichen der inneren Auflösung.

Ich ziehe die Artillerie im Galopp nach und gebe auf der Höhe den Befehl zur Verfolgung in Richtung Mirijevo; alles drängt und strebt nach vorwärts in heller Freude — heute empfinde ich es als eine besondere Wonne, meine tapfere Division zu Kampf und Sieg führen zu dürfen.

Aber es kommt noch schöner! Von der Höhe 204 aus sehe ich, daß die Serben jenseits, östlich der Mlava, in dichten Massen einen Vorstoß gegen den rechten (West-)Flügel der neben uns kämpfenden 103. Inf.-Division machen; gleich

Gefechtsstand

darauf kommt auch die telephonische Mitteilung, daß letztere ihren rechten Flügel zurücknehmen muß. Zur nachbarlichen Unterstützung der 103. Inf.-Division sind wir aber gerade jetzt in einer idealen Lage. Während die Masse meiner Infanterie und einige Batterien die Verfolgung unseres Gegners nach Süden weiterführen, lasse ich die gesamte Feldartillerie, die Front nach Osten, nach Rašanac, nehmen und dorthin das Feuer eröffnen und setze meine Reserve, mehrere Bataillone, eine Gebirgs-Maschinengewehr-Abteilung und die österreich-ungarische Gebirgsbatterie zum Flankenstoß auf Rašanac an. Ein wahres Freudenfeuer hebt an, und von der Höhe 204 aus sehen wir unsere Schrapnells und Granaten über den feindlichen Reihen krepieren und dort einschlagen, sehen diese halten und bald in wilder Flucht zurückstürzen. Dabei werden die fliehenden Serben noch von meiner Reserve mit stärkstem Feuer gefaßt und erleiden weitere schwere Verluste: das Gelände östlich der Mlava ist mit Toten und Verwundeten bedeckt. Wir haben alle das Gefühl, heute unsere Sache gut gemacht und insbesondere auch den Halt der serbischen Infanterie nachhaltig erschüttert zu haben; zudem können wir auch noch 250 Gefangene abliefern. Dabei sind unsere Verluste verhältnismäßig gering: 5 Offiziere, 150 Mann, davon 1 Offizier, 16 Mann tot.

Abends bezieht der Divisionsstab Quartier im Schulhause von Velikoselo.

23. bis 27. Oktober. Anstrengende, ruhelose Verfolgungskämpfe hinter dem weichenden Gegner her. Die Division arbeitet sich vom Mlavatale bei Velikoselo über ein Berggelände mit tiefen Tälern und Schluchten hinweg

Vorgehende Infanterie

in das Resavatal bei Svilajnac hinüber; Divisionsstabsquartiere 24. Popovac, 25. Brzohode, 26. Vitezevo, 27. Svilajnac. Der Gegner, dessen Infanterie offenbar zu nachhaltigem Widerstande augenblicklich nicht mehr befähigt ist, fängt an, unter Ausnutzung der Gunst des Geländes eine neue Kampfart anzuwenden: er läßt an allen zu Nachhutkämpfen geeigneten Punkten, namentlich in den hochgelegenen Waldstücken, kleinere Infanterie- und Kavallerie-Abteilungen mit Maschinengewehren und einigen leichten Geschützen unter entschlossenen Führern zurück, knallt uns damit von überall her aus Front und Flanken an und beschießt uns außerdem mit seiner vorsichtigerweise weit nach Süden zurückgezogenen schweren Artillerie auf alle Entfernungen, namentlich beim Überschreiten der Höhen und der von ihm überall zerstörten, von uns mühsam wiederhergestellten Brücken. Durch diese sehr geschickte Kampfweise werden unsere Erkundungen aufs äußerste erschwert, wird unser Vorgehen verlangsamt und unser Artilleriefeuer zersplittert. Dazu kam noch vom 26. ab abscheuliches Regenwetter, so daß Wege und Felder allmählich grundlos, die Truppen daher schwer ermüdet wurden. Auch wir, denn nächtliche Befehlsgebung war die Regel und die Fernsprechleitungen zu den Truppen konnten nicht immer folgen. Da der Gefechtsstreifen der Division ein sehr breiter ist, habe ich zwei Abschnitte gebildet, einen stärkeren unter der Brigade-, einen schwächeren unter dem ältesten Regimentskommandeur; ich selbst regele die Verwendung der mir unterstellten schweren Artillerie durch meinen tüchtigen Artilleriekommandeur, Major Borchert.

Bei solchen Verfolgungskämpfen gerät man als höherer Führer leicht wieder in die Manöver-Friedensgewohnheiten; so am 24., wo ich mit meinem Stabe zu meiner 15-Zentimeter-Haubitzbatterie und dem Brigadestabe auf die Höhen südlich Popovac vorgaloppiere, um einen Überblick über das Gelände zu gewinnen, dort aber sogleich von der überaus aufmerksamen feindlichen Artillerie bemerkt und mit schweren Geschossen eine volle Viertelstunde lang beschossen werde, die wir, notdürftig gedeckt, im Straßengraben verbringen. Da die Kämpfe Tag und Nacht weitergehen und die Stärke und Ausdehnung der zahlreichen feindlichen Postierungen immer wieder durch Offizierspatrouillen festgestellt werden muß, so sind unsere Verluste bei dieser Art von Guerillakrieg nicht gering: 20 Offiziere und 315 Mann, darunter 1 Offizier, 6 Mann tot. Leider wird auch der tapfere Kommandeur des Res.-Regiments 232, Oberstleutnant v. Zitzewitz, durch Granatsplitter am Kopfe so schwer verletzt, daß der auf meinen Anruf sogleich im Auto herbeigeeilte beratende Chirurg des IV. Reservekorps nur bedingte Aussicht auf Durchkommen geben kann. Und merkwürdig spielt der Zufall: während so manche alltäglich in vorderster Linie kämpfenden Leute unbeschädigt Svilajnac erreichen, schlägt eine Granate an einem Tage gerade in meine hinterste Reservekompagnie ein, tötet 3 Mann und verwundet 13.

Aber wir heimsen auch wieder, hauptsächlich Res.-Regiment 227, am 27. 200 Gefangene ein und erbeuten 3 Maschinengewehre. Das Verhör dieser Gefangenen durch unseren österreich-ungarischen Dolmetscher-Offizier Oberleutnant Fröhlich gestaltet sich allmählich insofern zu einem dramatischen Akt, als er — ein baumlanger Mann, auf einem Steine oder Stuhle stehend — zuerst die Gefangenen mit stummer Gebärde eine Zeitlang musternd von oben herab ansieht und dann unvermittelt laut ruft: „Civio (Es lebe) Pasitsch!" Ein wildes Geschrei und Armehochwerfen antwortet diesem Aufruf: Nieder mit Pasitsch! Sein Vater und seine Mutter sollen verflucht sein! — letzterer Ausspruch die ärgste, bei den Serben übliche Verwünschung. Nein, diese Gefangenen wollen vom Kriege nichts mehr wissen — sie sagen, der König Peter soll ihn allein führen. Immer wieder hört man den Wunsch aussprechen, ein deutscher oder österreichischer Prinz solle serbischer König werden, dann werde alles gut.

Serbische Gefangene auf dem rechten Flügel des Res.-Regiments 227 auf Höhe 228 südöstlich Kusiljewo 26. Okt. 1915

Serbische

Die Ortschaften sind auch hier keineswegs schlecht. Massive, freilich dünnwandige, sauber getünchte Wohnhäuser — die Stallungen und Nebengebäude allerdings sehr dürftig; aber da und dort ein gutes, neues Schulhaus. Auffallend wenige Kirchen, aber in Popovac ein auch nach unseren Begriffen geradezu vornehmes Pfarrhaus — freilich auch dieses mit vergitterten Fenstern. An manchen Orten kehren die Einwohner, meistens Frauen, mit ihren auf Ochsenwagen geladenen Habseligkeiten heim — unsere Leute helfen ihnen beim Abladen; von gegenseitigem Haß ist keine Rede. Die Frauen klagen unter Tränen, daß man ihnen sogar ihre zwölfjährigen Buben weggeschleppt habe. Alle Häuser sind zum Zeichen der Ergebung mit weißen Flaggen geschmückt. In Viteževo wohnen rumänische Kutzowallachen — sie sollen die Serben und Bulgaren hassen, dagegen zu Österreich hinneigen.

Am 27. reiten wir bei abscheulichem Regenwetter in die Stadt Svilajnac ein, auf deren Straßen sich die von Norden hereinmarschierenden Fahrzeugkolonnen der 105. und 107. Inf.-Division mit den vielen Hunderten von Fuhrwerken kreuzen, mit denen die serbischen Flüchtlinge von Süden her wieder in die Stadt hereindrängen. Es muß mit eiserner Faust durch Gendarmen und kommandierte Offiziere Ordnung geschaffen werden. Im übrigen macht auch dieser Ort im ganzen den Eindruck der Wohlhabenheit und guter Gepflegtheit. Wir beziehen gegen 10 Uhr vormittags am Marktplatz im eleganten Hause des geflüchteten ersten Arztes ein ausgezeichnetes, mit allen

Wohnstätten

Möbeln versehenes Quartier, in dem noch gestern ein serbischer General wohnte. Übrigens ist die ganze Stadt ohne Zivilärzte.

Meine neu gebildete Vorhut, Oberstleutnant Frhr. v. Reitzenstein, mit 3 Bataillonen 227 und einem Bataillon 232, 2 Eskadrons Kürassiere, 4 Batterien — wirft den Gegner, der noch aus den Höhenstellungen bei Ml. Euk den Nordrand der Stadt und deren Resavabrücken befeuert, nach schwierigen, verlustreichen Kämpfen in dem tief aufgeweichten Boden nach Süden zurück und erbeutet dabei noch weitere Gefangene und Maschinengewehre. Der Rest der Division bezieht, naß, voll Schmutz und sehr ermüdet, Alarmquartiere in und um Svilajnac. Aber ein gut Teil der Bagagen und leider auch der Feldküchen ist noch auf den Bergstraßen im Schlamm stecken geblieben und muß mit Vorspann nachgeholt werden. Wir sind augenblicklich bei Ml. Euk der vorderste Keil der Armee Gallwitz. Das X. Reservekorps hat die Resava noch nicht erreicht; die 105. Inf.-Division wird auf das Westufer der Morava verschoben, wozu aber erst die von den Serben gesprengte große Brücke bei Markovac über den weithin übergetretenen, starkes Hochwasser führenden Fluß durch eine Pontonbrücke ersetzt werden muß. Beim Überbringen eines Befehls an Oberstleutnant Frhr. v. Reitzenstein entgeht Leutnant Eckardt, der schon drei Brüder im Felde verloren hat, nur durch ein Wunder dem Tode: sein Pferd wird ihm unter dem Leibe erschossen, sein Mantel durchlöchert. Abends entdecken meine Pioniere noch rechtzeitig, daß die Resavabrücke südlich Svilajnac, über die unser weiterer Vormarsch führt, von den Serben unterminiert ist, und entfernen die Sprengkörper.

28. Oktober. Svilajnac. Es regnet in Strömen. Meine Vorhut kämpft sich unter ihrem tüchtigen und zähen Führer weiter gegen die serbischen Nachhuten bei Cukarka vor, die im Gelände sehr starke Stellungen finden, und schickt 400 Gefangene zurück, zum Teil Überläufer. Die Gefangenen sind allmählich in bedauernswertem Zustande: vor allem haben sie elendes Schuhwerk; aber es fehlt bei ihnen jetzt auch an der nötigsten Verpflegung. Ihre Ausrüstung und Bekleidung ist mehr als bunt: vielfach eine Art Zivilkleidung, dann englische Mäntel und Zeltbahnen, amerikanische Schuhe, soweit sie nicht die landesüblichen Schnabelschuhe (Opanken) tragen, türkische Gewehre oder

Serbische Flüchtlinge

Jagdflinten; serbisch ist eigentlich nur die hohe, vorn geteilte feldgraue Mütze, die aber auch von vielen Zivilisten getragen wird.

Die Gefangenen sind entmutigt; sie fordern uns auf, durch unsere Flieger Aufrufe abwerfen zu lassen mit der Mitteilung, daß wir die Gefangenen nicht töten, sondern gut behandeln. Auch sollen wir ihre Truppen durch Winken mit weißen Flaggen zur Übergabe auffordern. Aber all dies liegt uns Deutschen nicht. Sie erzählen weiter, die serbische Bevölkerung hätte fest an ein Geheimabkommen ihrer Regierung mit Österreich-Ungarn geglaubt über die Einhaltung eines gegenseitigen Waffenstillstandes — um so furchtbarer sei die Überraschung und das Erschrecken gewesen über die erste Kanonade an der Donau. Im ganzen ist es ein hübscher, stattlicher Menschenschlag. Gute Haltung, männliche, gebräunte Gesichter mit scharfgeschnittenen Adlernasen.

In der Linie Bagrdan—Kragujevac soll nunmehr die nächste starke serbische Stellung sein, gespickt mit 120 erbeuteten österreich-ungarischen Geschützen.

Wir bekommen endlich wieder Zeitungen. Wahrhaft erquickend und erheiternd ist der Wirrwarr der Ratschläge, die in der Ententepresse zur Rettung der serbischen Armee gegeben werden: welche Fülle von Unverstand, Ärger, Angst und Ohnmacht! Durch nichts kann die Bedeutung und Wirksamkeit unserer Balkanoperation und die Wucht unseres Angriffs in ein helleres Licht gesetzt werden. Und schon zeigen sich außer dem Anschluß der inzwischen tapfer in den Kampf getretenen Bulgaren weitere diplomatische Erfolge: Delcassé verläßt das französische Staatsschiff, und König Konstantin von Griechenland trennt sich entschlossen von seinem Berater Venizelos und erklärt Griechenlands strenge Neutralität.

29. bis 30. Oktober. Noch immer Svilajnac. Trübes Wetter. Meine brave Vorhut kämpft sich immer weiter nach Süden gegen Vojska vor. Die übrigen Truppen der Division können erfreulicherweise doch drei Tage lang ausruhen und die lange entbehrte Bagage ausnutzen. Es ist ein gewisser Stillstand eingetreten, da die Pontonbrücke über die Morava von dem reißenden Strom wiederholt weggerissen und der Übergang der 105. Inf.-Division auf das linke Ufer daher erst nach deren Neubau möglich ist, wozu auch meine Pionierkompagnie 213 herangezogen wird. Ich beschaue mir das prächtige Schauspiel des mit Baumstämmen und sonstiger Beute wütend dahinstürmenden Stromes, in dessen Mitte die schöne, eben erst von deutschen Firmen fertiggestellte eiserne Brücke geknickt im Wasser liegt. Wieder eine halbe oder ganze Million nutzlos zerstört — denn morgen ist unsere neue Pontonbrücke doch fertig.

Eine böse Kunde kommt von meinen aus Rußland mitgeführten, mit kleinen, galizischen Pferden bespannten Hilfskolonnen, die uns dort so unentbehrliche Dienste für den Verpflegungsnachschub geleistet haben. Diese Pferde haben unbeschlagene Hufe, sind nur Sand- und Moorboden gewöhnt und haben jetzt auf dem steinigen Boden des von uns überschrittenen Berggeländes stark blutende Füße bekommen, so daß die Kolonnen für mindestens acht Tage nicht bewegungsfähig sind. Das ist umso schlimmer, als das vor uns liegende Gelände besonders große Anforderungen an den ohnehin zu schwachen Verpflegungspark der Division stellen wird. So werden an den Divisionsintendanten und die Führer der Staffelstäbe immer höhere Anforderungen gestellt.

Eine schon lange von mir beantragte zweite Pionierkompagnie 421 trifft ein.

Immer mehr Rückwanderer fahren mit ihren Ochsengespannen an meiner Wohnung vorbei — armes Volk, barfuß, die buntgekleideten, übrigens meistens nicht schönen, sondern breitknochigen und abgearbeiteten Frauen und die Kinder bis über die Knie mit Schlamm bedeckt. Jetzt müssen wir ihnen auch noch die Ochsen und Stiere wegnehmen, um damit Verpflegungs-

Gefechtsstand des Inf.-Regts. 227 (Oberstlt. Frhr. v. Reitzenstein und Major v. Bünau)

kolonnen zu bilden, mit denen in den serbischen Bergen und auf den serbischen Straßen zwar langsam, aber doch fast überall durch und vorwärts zu kommen ist.

Die andauernde nächtliche persönliche Befehlsgebung hatte mich etwas mitgenommen — nun erfrische ich mich in dem guten Quartier bei tiefem Schlaf.

Ich kann meinem braven Burschen, der nun schon im vierten Jahre dient, für treue Pflichterfüllung das Eiserne Kreuz überreichen.

1. November. Fliegermeldungen stellen den eiligen Abmarsch des Gegners nach Süden fest; die Moravabrücke ist fertig, die Verfolgung kann also auf beiden Ufern wieder aufgenommen werden. Dazu wird die 107. Inf.-Division dem X. Reservekorps unterstellt (101., 103., 107. Inf.-Division), auf dessen rechtem Flügel sie auf Paraćin vorzugehen hat.

Die Division setzt am frühen Morgen die Vorwärtsbewegung mit der zum Kampfe entwickelten Vorhut des Oberstleutnants Frhr. v. Reitzenstein — 3 Bataillone 227, eine Eskadron, 4 Feldbatterien — fort, dahinter das Gros mit 6 Bataillonen, 1 Eskadron, 3 Feld- und 3 schweren Batterien unter dem Infanterie-Brigadekommandeur. Wenn auch die feindlichen Infanteriemaſſen abgezogen ſind, ſo hält der Gegner doch wiederum jede Bergkuppe mit ſchwachen Infanterie- und Kavalleriegruppen; vor allem beſchießt er uns aber ſowohl von Südoſten, als auch aus der Gegend von Bagrdan vom weſtlichen Morava-Ufer her mit ſtarker Artillerie. Die Vorhut verliert an 100 Mann. Und welch mühſames Vorarbeiten für die ſchwer bepackte Infanterie in dieſem tief zerklüfteten Berglande und auf den vom Regen zerfreſſenen, ſchmalen, glatten Wegen. Die Artillerie kommt nur mit großer Anſtrengung vorwärts; die Bagage bleibt ſtundenlang ſtecken. Ein Wunder, daß es einem unſerer Kraftwagen unter der geſchickten Führung ſeiner beiden friſchen rheiniſchen Jungens bis zum Abend doch noch gelingt, nach Vojska vorzukommen! Und doch erwidern die Mannſchaften, an denen ich vorbeireite, meinen Morgengruß laut und freudig — welch ſtarker Grund von Kampfluſt, Opfermut und Gehorſam ſteckt doch in unſeren Leuten! Freilich iſt es heute auch ein ſtrahlender belebender Sonnentag, und der herrliche Blick auf die mit dichten Eichenhainen beſtandenen Hänge, in deren Mulden die weit zerſtreuten, weiß getünchten Häuſer der Ortſchaften maleriſch eingebettet ſind, erfreut und erhebt nicht nur uns auf unſerem friſchen Morgenritt von Svilajnac nach Vojska, ſondern auch den einfachen Mann. Jetzt bewähren ſich unſere öſterreichiſchen Tragetiere — ſie allein kommen mit und bieten uns in dem tief in einem Bachtal gelegenen Dörfchen das Nötigſte für eine Mahlzeit an; Würſtchen mit Kraut und einen Schluck guten Kirſchwaſſers. Ich ſteige noch am Nachmittag auf einen Berg an der Morava und genieße von dort einen wunderſchönen Überblick über das weithin überſchwemmte Moravatal und die Höhen bei Bagrdan.

2. November. Schon am frühen Morgen wird unſer Dorf von feindlicher Artillerie beſchoſſen; am Nachmittag geht meine ſchwere Haubitzbatterie infolge eines mißverſtandenen Befehls im Dorf, ſtatt außerhalb in Stellung und lockt durch ihr Feuer nochmals das feindliche Feuer auf unſer Quartier. Es

Serbiſches Ochſengeſpann
(rechts öſterr.-ung. Oberlt. Fröhlich)

geht aber gnädig ab — nur zerſpringen die Fenſterſcheiben. Leider erhalten aber auch meine Truppen, die ſich von den Bergen in das Moravatal bei Ml. Popovic vor- und hinabarbeiten, wiederum von zwei Seiten ſtarkes

Artilleriefeuer, denn wir sind immer noch allein und am weitesten vorn — auch finden sie in letzterem Orte erheblichen Widerstand; wir verlieren wieder 70 Mann, darunter 13 Tote. Unter den 4 verwundeten Offizieren befindet sich schon wieder ein Bataillonskommandeur, der tapfere Major v. Bünau, und sein braver Adjutant. Da nun im Moravatale mehr Ellbogenfreiheit ist, setze ich den größeren Teil des Gros links neben die Vorhut, so daß die Division nunmehr wieder in zwei Abschnitten nebeneinander vorgeht. Es ist schönes Wetter; wir frühstücken im Freien an einem schnell aus einem Hause

Serbisches Bergdorf

geholten Tisch und stellen fest, daß wir uns auf einem Breitengrade befinden, der etwa dem der Riviera entspricht.

Nachmittags erhalten wir noch eine tragikomische Mitteilung. Wegen der im Bewegungskriege nur mangelhaft arbeitenden Feldpost haben einige Herren des Stabes unserem in Urlaub reisenden katholischen Feldgeistlichen Anfang Oktober Briefe in die Heimat mitgegeben, die er dort in den Schalter werfen sollte; er ist aber an der deutschen Grenze mit seinen Briefen „abgefaßt" worden und nun sind diese Herren auf Grund des preußischen Gesetzes über den Belagerungszustand von 1851 wegen unerlaubter Briefbeförderung von einem stellvertretenden deutschen Generalkommando in Anklagezustand versetzt worden! Mitten in Serbien im feindlichen Artilleriefeuer! Das Vergnüglichste an der Sache ist aber doch das, daß sich unter den Angeklagten auch der Gerichtsherr der Division — nämlich meine Wenigkeit und — auch der Kriegsgerichtsrat befinden! So müssen wir die Sache an das Gericht des uns vorgesetzten Generalkommandos abgeben.

3. November. Immer weiter! Aber heute erfahren wir endlich auch wieder einmal etwas von dem größeren Zusammenhang der Operationen: wir sollen so schnell als möglich Paraćin nehmen, um dadurch den gegen den bulgarischen Nordflügel kämpfenden Serben in den Rücken zu kommen

und sie abzuschneiden. Das gibt uns Sporen. Wir werfen den Gegner aus Glogovac und Krusar schnell hinaus.

Abends Divisionsstab in Glogovac, wo das Feldlazarett 2 eingerichtet wird. Diese Dörfer im Tale sind sehr weitläufig angelegt, die Häuser von großen Gärten umgeben. Von Einwohnern sind nur Greise, Frauen und Kinder vorhanden; aber als unsere Truppen sich in den Häusern einquartieren, kriechen aus Scheunen und Ställen serbische Soldaten heraus, die zum größten Teile ihre Uniformen und Waffen weggeworfen haben und sich nun ergeben, — in Glogovac über hundert. Ein großes Glück für die Dorfbewohner ist es — und auch uns nicht unangenehm —, daß die Serben im allgemeinen die Ortschaften zwar verteidigen, aber, nachdem sie sie geräumt haben, nicht gern mit Artillerie beschießen; sehr im Gegensatz zu den Russen, denen die polnischen Ortschaften, und zu den Engländern, denen die französischen und belgischen Städte und Dörfer sehr gleichgültig sind.

Fast mehr als der Feind erschwert uns von jetzt an der Zustand der Straßen das Vorrücken. Wir sind infolge des zu späten Abbruchs des russischen Feldzugs in die serbische Regenperiode geraten. Die serbischen Talstraßen sind, wie schon bemerkt, offenbar nur für leichten Wagenverkehr gebaut; nun sind sie aber durch die weithin übergetretene Morava und dann durch die Regengüsse der letzten Oktobertage metertief aufgeweicht und durch die Räder unserer Feldküchen, Maschinengewehr-Fahrzeuge, Kanonen und Munitionskolonnen völlig zerrissen. Wie das werden soll, wenn sich auch noch unser unendlicher schwerer Troß darüber hinwegwälzt, das ist nicht abzusehen. Schon jetzt versinken Pferde und Fahrzeuge stellenweise bis an die Knie bzw. Achsen in dem tiefen Schlamm. Die Infanterie kann sich nur am Rande, einer hinter dem anderen einherstapfend, vorwärts bewegen. Unsere Kraftwagen und die Divisionsbagage stecken in Vojska fest. Wenn nun auch noch Regen käme!

4. November. Die ganze Nacht starker Regen! Wir drängen den Gegner in raschem Kampfverfahren und unter leichtem Gefecht zurück — es ist hauptsächlich serbische Kavallerie mit starker Artillerie. Schwere Detonationen ertönen — der Gegner hat die große Moravabrücke westlich Cuprija in die Luft gesprengt.

Am Nachmittag erreicht meine neue Vorhut, Res.-Regiment 52, die Stadt Cuprija, deren neugewählter Bürgermeister mir die Stadt mit einem serbisch und deutsch geschriebenen Schreiben unter Anrufung meines Schutzes für die Einwohner und das Eigentum feierlich übergibt. Als ich unser Stabsquartier Supska erreiche, strömen viele Hunderte von männlichen Einwohnern der Stadt Cuprija zurück, die der Vorhutführer nach rückwärts abgeschoben hat — mitten hinein in diese Massen feuert die serbische Artillerie, die sie offenbar für deutsche Truppen hält. Ein Dutzend Tote und Verwundete wälzen sich in ihrem Blute. Da die männliche Zivilbevölkerung in Serbien bisher bei uns nirgends am Kampfe teilgenommen hat und da wir auch keine Lebensmittel zur Verpflegung dieser vielen Leute haben, so schicke ich sie gegen Abend wieder in ihre Wohnstätten zurück.

Marsch über die Moravabrücke nach Paraćin

Die Armee teilt erneut mit, daß die möglichst rasche Wegnahme von Paraćin von großer Wichtigkeit ist; so ordne ich an, daß die Vorhut, 3 Bataillone, eine Eskadron, eine Feldartillerie-Abteilung, 2 Uhr morgens von Cuprija aufbricht und sich in den Besitz von Paraćin setzt.

Wieder verwundern wir uns über die große Anzahl von Haustieren — 5 Tierfamilien tummeln sich in unserem Hofe, Hühner, Gänse, Enten, Ferkel, Hunde. Eigentümlich ist es, daß hier die Hühner nachts aufbäumen, d. h. auf Bäumen sitzen und schlafen. Wieder fahren endlose Züge von Bauern mit Ochsengespannen, alle mit weißer Flagge versehen, an meinem Quartier vorbei.

5. November. 5 Uhr morgens Ritt durch das lieblich gelegene Städtchen Cuprija hindurch nach der sauberen Stadt Paraćin, deren nächtliche Wegnahme mit geringen Verlusten gelungen ist. Schöne Blicke in dem weiten Moravatal, das rechts und links von Höhenzügen eingerahmt ist, die an Schwarzwald und Vogesen erinnern. Wir haben viele Hunderte von Gefangenen gemacht, die aber auch wieder zum Teil Zivil angelegt hatten. Unsere Kürassiere befördern sie in langen Zügen nach Norden weiter in die Gefangenenlager. Außerdem liegen in Paraćin, gepflegt von dänischen Rote-Kreuz-Schwestern, viele Hunderte von serbischen Verwundeten, arme Teufel, vielfach noch unverbunden, da nur wenige serbische Ärzte vorhanden sind. So nehmen sich unsere Ärzte ihrer an. Die Verfolgung geht unentwegt weiter — Hauptkräfte auf der furchtbar schlammigen Straße nach Kruševac.

Wir beziehen in Paraćin Quartier im eleganten Wohngebäude einer größeren Fabrik; der Direktor ist Serbe, seine Frau Österreicherin. Sie sieht uns als Manövergäste, nicht als „Eroberer" an und ist erstaunt, daß wir doch einige, wenn auch recht bescheidene Ansprüche machen. Die auf Paraćin von Osten heranrückenden Bulgaren werden anders verfahren! Nach den anstrengenden letzten sechs Tagen und Nächten — letztere meist wegen des Fehlens der Bagage auf Notlagern — ist mir aber das schöne, saubere Bett ein besonderer Genuß.

6. November. Immer weiter geht die rastlose Verfolgung — heute zunächst bis Stalać. Es ist bewundernswert, was die Truppe ohne Ruhetage aushält. Viel trägt dazu bei, daß alle, bis zum einfachsten Soldaten herab, aus den Zeitungen und den aus der Heimat kommenden Briefen erkennen, mit welcher teilnehmenden Bewunderung ganz Deutschland die Operationen in Serbien verfolgt. Auch ich empfinde wieder heute ganz besonders die hohe Freude, an der Spitze einer Division an diesem schönen Angriffs-Feldzuge teilnehmen zu dürfen. Und was hier, im Gegensatz zum Herbstfeldzuge gegen Pinsk, außerordentlich belebend wirkt, das sind die Trophäen, die die Truppe einheimst: heute nun auch noch ein ganzer langer Eisenbahnzug mit Vorräten aller Art; außerdem erbeutet aber das Reserve-Regiment 52 im Nahkampf die prachtvoll mit dem Königswappen und mit serbischen Heiligenbildern bestickte Standarte des serbischen Drina-Kavallerie-Regiments und nimmt den Regimentskommandeur samt den Resten seines Kavallerie-Regiments, 200 Reiter, gefangen. Die Zahl der serbischen Überläufer nimmt überhaupt täglich zu; sie sind jetzt schon zum Teil völlig zerlumpt und barfuß, viele verwundet. Sie sagen aus, gehört zu haben, daß die Entente sie nach Montenegro verschleppen wolle; sie wollen aber nur ihr eigenes Vaterland verteidigen, ja sogar eigentlich nur ihre eigentliche engere Heimat, nämlich Altserbien!

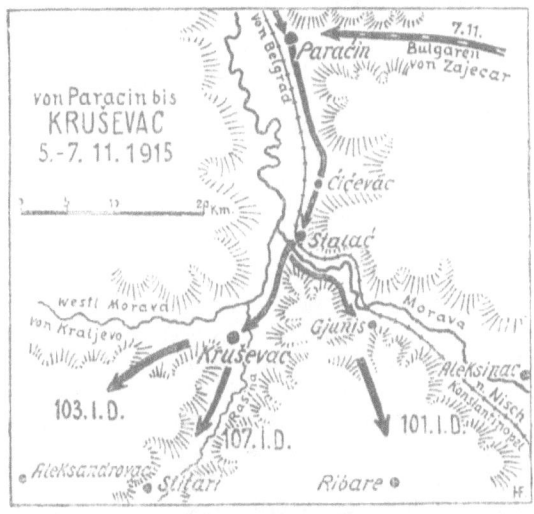

Bei Stalać ist die große eiserne Bahnbrücke der Linie Semendria—Kruševac gesprengt — der mittelste Pfeiler ist verschwunden, so daß die ganze Mitte der gewaltigen Brücke im Wasser liegt. Aber unsere wackeren Pioniere machen sich sogleich daran, einen Notbelag für Truppen aller Waffen zu bauen, außerdem klettert ein kecker Kürassierleutnant mit einem Häuflein entschlossener Leute auf dem 4 Meter hohen eisernen

Zerstörte Brücke über die Morava bei Stalać

Geländer hinüber — ein Sturz in die eiskalte reißende Morava wäre der sichere Tod! — Wir reiten nach Ćićevac — die ganze Straße ist bedeckt mit Tragetierkolonnen, denn die 103. Inf.-Division hat sich hinter uns auf die gleiche Straße gesetzt.

Wir dürfen den Serben keine Ruhe lassen. Kruševac lockt außerdem! Von dorther tönen abends so schwere Detonationen, daß mein einstöckiges Schulhäuschen von oben bis unten zittert. Noch in der Nacht schiebt Res.-Regiment 52 Vortruppen gegen Kruševac vor. Außerdem schicke ich aber auch noch das Res.-Regiment 227, das in den letzten Tagen als Reserve der Division von den blutigen und anstrengenden Kämpfen zwischen Svilajnac und Glogovac etwas ausruhen konnte, über die nur notdürftig gangbare Moravabrücke in Richtung auf Gjunis vor. Es soll den Serben, die vor den Bulgaren von Nordosten her über die Linie Stalać—Aleksinac zurückgehen wollen, den Weg abschneiden.

7. November. Ich reite nach der Moravabrücke bei Stalać, finde die Pioniere in eifriger Arbeit, meine Truppen in fröhlicher Siegesstimmung. Sie singen und jubeln; eben ist die Nachricht eingegangen, daß die Verbindung mit den Bulgaren hergestellt ist und daß diese Nisch genommen haben. Auch mein in Paraćin zurückgelassener Ortskommandant, Hauptmann Crone, meldet telephonisch, daß dort die ersten Bulgaren von Osten her eingerückt sind. Sie sollen den Serben gegenüber recht deutlich und herrisch auftreten; der lange zurückgehaltene Haß bricht aus. An der Moravabrücke begrüße ich den vom westlichen Kriegsschauplatz neu eingetroffenen Kommandeur des Res.-Regiments 232, Major v. Bartenwerffer. Von Major v. Zitzewitzens Befinden befriedigende Nachrichten.

Ich habe in Ćićevac die Freude, den Kommandeur der 103. Inf.-Division mittags als Gast bei mir zu sehen, den als langjährigen Kommandeur der Schutztruppe in Deutsch-Südwestafrika bekannten Generalmajor v. Estorff, der, von schwerer Verwundung noch kaum hergestellt, mit gelähmtem Bein das Kommando einer Division übernommen hat.

Gegen 2 Uhr nachmittags trifft die erfreuliche Nachricht ein, daß die Brücke bei Stalać für alle Waffen gangbar ist; außerdem aber die noch wichtigere und erfreulichere, daß mein Vorhutregiment gleichzeitig mit den vordersten Truppen der 105. Inf.-Division siegreich in Kruševac eingedrungen ist und dort unendliche Beute gemacht hat: Hunderte von beladenen Eisenbahnwagen, Geschütze aller Art, ungeheure Mengen von Munition, sehr willkommene Vorräte an Mehl, Tabak, Leinwand, Sattelzeug und tausend anderen Dingen. Auch das Regiment 227 hat sich, allerdings unter unsäglichen Anstrengungen, in dem unwegsamen Gebirgsgelände kämpfend in Richtung auf Gjunis vorgearbeitet. Mehrere Tragetiere sind aber dabei von den steilen Uferhängen in die reißende südliche Morava abgestürzt; die Artillerie konnte dem Regiment nicht folgen, sondern nur einige Gebirgsmaschinengewehre.

Was die eroberten beladenen Eisenbahnzüge anbelangt, so mache ich die Erfahrung, daß ihre Bewachung fast unmöglich ist, wenn nicht alle Wagen fest verbleit sind, was hier nicht der Fall ist. Man müßte auf jeder Seite jedes Wagens einen Posten stellen — und bei Nacht würden auch diese sich das „Nötige" aus dem Wagen herausholen!

Und warum soll den Mannschaften, die nun schon 16 Monate lang solche Entbehrungen und Strapazen ertragen und solche Verluste erleiden, nicht auch einmal eine kleine Freude gegönnt werden, zumal es sich ja nicht um eigentliche Wertgegenstände handelt. So lächle ich verständnisvoll, wenn ich an den Biwaks ganze Haufen von Apfelsinen- und Zitronenschalen liegen oder schöne Leinwand aus den Tornisterdeckeln herauslugen sehe, die die Mannschaften als Putzzeug und Fußlappen verwenden; auch hat sich mit einem Schlage das Zaumzeug der Pferde wesentlich verbessert und ist allem Streichholzmangel abgeholfen. Ich erfahre, daß auch der Hofzug des Königs Peter, der noch gestern in Kruševac gewesen sein soll, erbeutet worden sei.

Obwohl die Kämpfe vom 4. bis 8. November verhältnismäßig leicht waren, hat die Division doch wieder 2 Offiziere, 216 Mann verloren, darunter 23 Tote; diesmal hauptsächlich vom Res.-Regiment 52.

8. November. Herrlicher Ritt von Ćićevac über die Brücke bei Stalać, immer neben der sorgfältig auf festen Steindämmen und Brücken erbauten Bahnlinie nach Kruševac und an einem Teil der erbeuteten Eisenbahnzüge vorbei. Diese sind von den Serben mit Wucht ineinandergefahren derart, daß an einer Stelle mehrere serbische Soldaten in den Bremserhäuschen, offenbar bei dem Versuche, diese zu verlassen, zerquetscht sind — ein kläglicher Anblick. Unmittelbar rechts der Straße rauscht die westliche Morava, vor uns liegt das südlich Kruševac aufsteigende Gebirge.

Über eine Furt der Rasina hinweg reiten wir in die Stadt Kruševac ein: dort haben unsere Truppen 6—7000 Gefangene gemacht, darunter etwa die Hälfte Verwundete. In den Straßen wogt eine wimmelnde Volksmenge, denn hierher sind rund 30 000 Menschen aus Belgrad geflüchtet. Am Marktplatz, wo ein theatralisch gruppenreiches Denkmal alte serbische Heldentaten preist, große Züge von Gefangenen; in dem nach unseren Begriffen viel zu groß und protzig angelegten Rathause viele hundert Verwundete, dabei manche jetzt befreite österreich-ungarische, die uns freudig begrüßen. Das gleiche tut aber auch die Bevölkerung — sie hat schwere und gefährliche Tage und Nächte hinter sich; nicht nur wegen der andauernden Sprengungen von

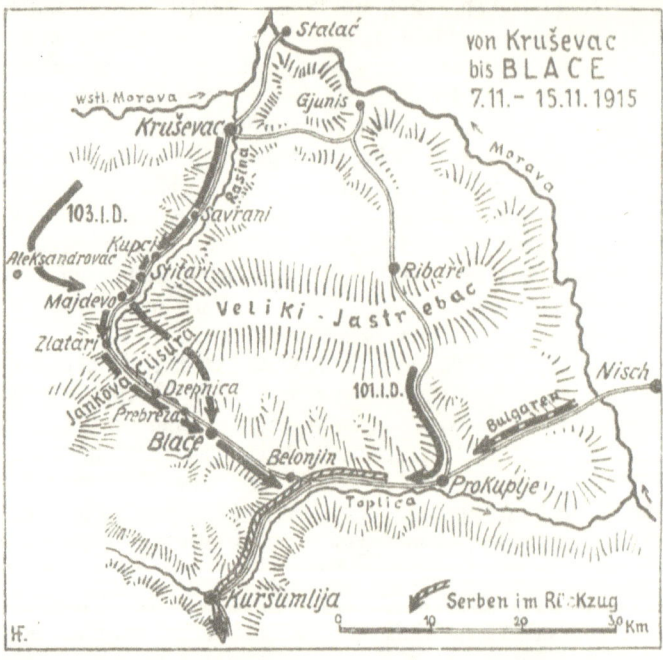

Brücken und Geschoß- wie Geschützmaterial, sondern namentlich auch deshalb, weil die Stadt sehr leicht bei der ursprünglich zum Schutze der großen Pulver- und Geschoßfabrik serbischerseits beabsichtigten ernsten Verteidigung das Ziel beider Artillerien hätte werden können.

Mit der Inbesitznahme von Kruševac durch die 11. deutsche und von Kraljevo durch die 3. österreich-ungarische Armee ist der eigentliche serbische Feldzug entschieden; es handelt sich für die verbündeten deutschen und österreich-ungarischen Streitkräfte von jetzt ab nur noch darum, die vor ihrer ganzen Front nach Süden zurückweichenden, noch kampffähigen Teile des serbischen Heeres vollends zu zertrümmern und zu zerreiben und sie somit möglichst den von Osten über Nisch heranrückenden Bulgaren in die Hände zu treiben. Dazu ist unermüdliche Fortsetzung der Verfolgung nötig. Aber Verfolger wie Verfolgte müssen sich nunmehr in die wenigen, in Südserbien nur noch vorhandenen Gebirgsstraßen einzwängen. Da kein Platz mehr vorhanden ist, wird bei Kruševac das IV. Reservekorps (105. und 11. bayerische Inf.-Division) angehalten und zum Teil zu anderer Verwendung herausgezogen.

Das X. Reservekorps (101., 103., 107. Inf.-Division) verfolgt weiter; die 107. Inf.-Division wiederum als vorderer Keil in der Mitte im Rasinatal in Richtung auf Stitari, während die hinter ihr liegende 103. rechts (westlich) von ihr auf Aleksandrovac, die 101. links (östlich) von ihr auf Ribare

Schwierigkeiten beim Überschreiten der Bäche

angesetzt wird. Es kommt darauf an, so schnell wie möglich den wichtigen Straßenknotenpunkt Blace zu erreichen, wohin serbische Kolonnen von Kruševac, Ribare und Nisch aus im Rückzuge gemeldet sind.

So erreichen die vordersten Teile meiner Hauptkolonne am heutigen Abend noch unter Kämpfen im Rasinatale Savrani, meine linke Seitenkolonne desgleichen die Höhen südlich Gjunis. Der Vormarsch dieser Kolonne hat den noch auf dem Nordufer der östlichen Morava befindlichen Serben den Rückzug über die einzige in der dortigen Gegend vorhandene Brücke nördlich Gjunis unmöglich gemacht und hat sie genötigt, ihre ganze Artilleriemunition samt Protzen zu zerstören und zu verbrennen.

Mein Quartier im Hause des angesehensten Arztes ist ein Schmuckkästchen und liegt inmitten eines im herrlichsten Rosenschmuck prangenden Gartens, in dem fast reife Feigen von dem schönen Klima von Kruševac zeugen. Ich spreche bei Stalać den gefangenen Kommandeur des serbischen Kavallerie-Regiments, einen Oberstleutnant — er hatte die Nachhut und hat offenbar den Rückzugsbefehl auf Kruševac nicht mehr rechtzeitig erhalten.

Wir finden ein gutes Klavier vor und erbauen uns abends an einem von den musikalischen Herren des Stabes bestrittenen Trio — Beethoven und Schumann. Im übrigen sind wir von aller Verbindung mit der Welt so ziemlich abgeschnitten. Wir haben seit Svilajnac keine Post mehr bekommen, und auch der Draht mit dem Generalkommando ist abgerissen. So befehle ich für den 9. November in aller Frühe das weitere Vorgehen auf Zlatari. Abends erfahren wir noch die genauere Beute der 105. und 107. Inf.-Division in Kruševac: rund 6000 Mann und 3000 Zivilgefangene in wehrfähigem Alter, von denen viele verkleidete Soldaten, über 100 Geschütze, über 40 Lokomotiven und mehr als 1000 Eisenbahnwagen mit unendlichen Vorräten.

9. November. Das Rasinatal wird immer enger und bietet daher der serbischen Artillerie ausgezeichnete Nachhutstellungen, die sie vortrefflich benutzt. So ist es heute ein anstrengendes und verlustreiches Vorarbeiten, zumal die Talstraße immer grundloser wird. Meine Artillerie kann sich wegen des tiefen Bodens kaum 100 Schritt von der Straße wegbegeben, wobei bis zu 12 Pferden an ein Geschütz gespannt werden müssen; die Infanterie muß sich an den Berghängen rechts und links des Flusses mühsam weiterarbeiten. Heute beschießt der Serbe auch die Ortschaften, und zwar aus Süden und Südosten, so recht lebhaft Kupci, wo ich dem Brigade- und Artilleriekommandeur, mit denen heute keine Fernsprechverbindung besteht, mündlich die Befehle gebe zur weiteren Verfolgung bis in die Nacht hinein und zu deren Fortsetzung am Morgen des 10. Dann fahre ich im Wagen nach Kruševac zurück, an zwei hart südlich der Stadt gelegenen Zigeunerdörfern vorbei, dem Inbegriff von Schmutz, Baufälligkeit und Kinderreichtum; unter den Frauen trotz aller Lumpen interessante, rasseechte, fast schön zu nennende Gesichter. Die linke Seitenkolonne ist heute als meine Reserve nach Gegend Kruševac zurückbefohlen. Vom Generalkommando trifft ein Befehl mit unfreiwilliger Komik ein: „Aus dem Personal der beiden Hilfskolonnen der 107. Inf.-Division ist eine Ochsenkolonne gebildet worden." Dies teilen wir schleunigst unserem bewährten Staffelstabführer, Hauptmann Cramer, mit, damit er auch etwas zum Lachen hat.

Abends erlebe ich noch einen Zwischenfall, der beweist, wie klein die Welt ist: Ein früherer serbischer Ministerpräsident König Alexanders von Serbien bittet mich um einen Passierschein für sich und seine Tochter nach dem Gutssitze der Mühle von Ml. Crnice, wo wir vor 14 Tagen im Quartier lagen! Natürlich stelle ich ihn ihm aus.

Sehr mißlich ist für die Division der beständige Wechsel in der Unterstellung in bezug auf Ordensangelegenheiten: wir bekommen fast keine Eisernen Kreuze II. Klasse, geschweige denn solche I. Klasse. Und doch wäre so manche stille Heldentat zu belohnen, namentlich bei unseren armen Ver-

Serbisches Wohnhaus mit Maiskolbenhütte

wundeten, die in den kalten Nächten auf den bebuschten Berghängen oft recht lange warten und liegen müssen, bis sie gefunden werden, und die dann noch einen langen schmerzhaften Transport auf den schlechten Wegen zu überstehen haben. Unsere hohen Sanitätswagen sind für den Verwundetentransport in den Bergen nicht verwendbar — nur die niederen Ochsenwagen. Lebhaft bedauern wir auch, daß die uns längst in Aussicht gestellten Sanitätshunde nicht eintreffen.

Eine Landsmännin aus Stuttgart, Nichte eines württembergischen Generals, bittet mich um Nachforschung nach ihrem Sohne unter den serbischen Gefangenen und erzählt mir dabei ihr Schicksal. Sie ist als junges Mädchen einem zur Mauserschen Gewehrfabrik in Oberndorf kommandiert gewesenen serbischen Offizier gegen den Rat ihrer Anverwandten nach Belgrad gefolgt; dort ist ihr Mann bald in die Verschwörerkreise hineingezogen worden und ist dabei zugrunde gegangen.

10. November. Die Division kämpft sich in hartem Gefecht gegen überlegene, sehr geschickt aufgestellte Artillerie in dem sich zum völligen Gebirgstal verengenden Bachbette der Rasina bis Stitari weiter. Dabei bringt eine Granate dem eben erst vom italienischen Kriegsschauplatze herbeigeeilten neuen Führer der österreich-ungarischen Haubitzbatterie den Heldentod und tötet und verwundet außerdem noch fünf Leute; er war glücklicher Bräutigam, ein jugendfrischer, stattlicher, tüchtiger Mann. Es ist ein Jammer und Elend. Diese verdammte serbische Artillerie, der wir mit unseren Flachbahnkanonen im Gebirge so wenig anhaben können!

Die serbische Infanterie fängt allerdings an, sich ganz aufzulösen; einzeln und in kleinen Trupps steigen die halb verhungerten, barfüßigen und zerlumpten Gestalten nach der Talstraße herab und grüßen mich militärisch. Ich zeige im Vorbeireiten nur mit der Reitpeitsche nach rückwärts zur Gefangenensammelstelle, worauf sie sich gehorsam dorthin in Marsch setzen. Übrigens ist es eine Qual, auf dieser Straße zu reiten, zu fahren oder zu marschieren; die Pferde sind bis über den ganzen Rücken, die Mannschaften bis über den Helmüberzug mit gelbgrauem Schlamm überzogen. Und da in dem Gebirgstale die Zahl der Ortschaften immer kleiner wird und die Häuser — namentlich auch die höchst urwüchsigen Feuerstellen, ein großer, an Ketten hängender Kessel mit einem Rauchabzugsloch im Dach — immer ärmlicher werden, so müssen Pferde und Menschen fast immer biwakieren, die ersteren meistens auf der Straße selbst.

Auch mit der Verpflegung hapert es jetzt stark; der Nachschub an Brot ist fast unmöglich. Außerdem vermissen die Leute ganz besonders schmerzlich die Kartoffeln, die es hier nirgends gibt. Menschen und Pferde leben hauptsächlich von Mais; von Hafernachschub kann keine Rede sein. An allen Brücken, die die Serben gründlich zerstört haben, gibt es unter dem Feuer der serbischen Artillerie erhebliche Stockungen. Tag und Nacht arbeiten die Pioniere an deren Herstellung und an der Verbesserung der immer grundloser werdenden Straßen. Ein blutjunger Offiziersstellvertreter fällt mir beim Bau eines Knüppeldammes auf. Ich frage ihn nach seinem Zivilberuf: er ist Mediziner, wollte den Feldzug aber bei der Truppe mitmachen. Ein anderer, der Balken herbeischleppen läßt, ist Oberlehrer. Und doch geht es!

Abends habe ich die Freude, den jungen Herzog Philipp Albrecht von Württemberg, den ältesten Sohn des Herzogs Albrecht von Württemberg, der zum Stab des Generals v. Gallwitz kommandiert ist, in voller Frische bei mir zu Tisch zu sehen.

11. November. Die Division arbeitet sich kämpfend weiter vor bis südlich Zlatari. Ich entsende eine linke Seitenkolonne von zwei Kompagnien und einer Gebirgs-Maschinengewehrabteilung über die Berge nach Dzepnica, um unser Vorgehen im Tale zu erleichtern und den Gegner abzuschneiden.

Während ich bisher mangels jeder geeigneten Unterkunft jeden Abend zu Pferde und mit Wagen oder Auto in das Divisionsstabsquartier nach Kruševac und am andern Morgen ebenso auf den Divisionsgefechtsstand geritten und gefahren bin, wird heute das Divisionsstabsquartier nach Majdevo verlegt. Bei diesem armseligen Dorfe steht auf einer Anhöhe das stattliche, fast schloßartige Landhaus eines reichen, nach Italien geflüchteten Serben mit großen, nach Süden liegenden Lauben, von denen man einen herrlichen Blick hat auf die reißende grüne Rasina und die dahinter liegenden schönen Berge. Alle Spiegel des Hauses sind freilich von den Serben zerschlagen; auch muß eine Stunde lang allerhand Unrat beiseite geschafft werden. Dabei wird im Nebenhause ein toter serbischer Bauer gefunden, dem der Ringfinger abgeschnitten ist.

12. November. Die Bulgaren haben von Nisch her Procuplje erreicht; sowohl von dorther, als uns gegenüber gehen die Serben auf den einzigen, in dieser Gegend nach Süden führenden Engpaß bei Kursumlija zurück. So müssen wir alles daran setzen, so schnell wie möglich Blace zu erreichen, und da die 101. und 103. Inf.-Division infolge der großen Geländeschwierigkeiten noch weiter zurück sind, so muß die 107. Inf.-Division alle ihre Kräfte einsetzen, um vorwärts zu kommen. Auf der Talstraße allein, die sich bei der Jankova-Clisura zu einem vom feindlichen Feuer beherrschten engen Gebirgspaß verschmälert, ist aber ein Vorwärtskommen nicht möglich. Deshalb entsende ich den Oberstleutnant Frhr. v. Reitzenstein von Majdevo aus mit dem Res.-Regiment 227, 2 Gebirgs-Maschinengewehrabteilungen und 1 Pionierkompagnie als zweite linke Seitenkolonne über das Gebirge unmittelbar auf Blace. Bis zum Abend haben Hauptkolonne und Seitenkolonne in mühsamem und verlustreichem Vorgehen und Kämpfen das Gelände nördlich und nordwestlich Blace erreicht. Die Marschunfähigen, deren

Marschierende Maschinengewehrabteilung

Zahl sich in den letzten Tagen erheblich vermehrt hat, sind auf meinen Befehl zurückgeblieben; täglich fällt eine Anzahl Pferde wegen Erschöpfung und Überanstrengung. Die seit vier Wochen fast ununterbrochen in Marsch und Kampf befindliche Truppe wird immer müder, die Anstrengungen und Entbehrungen werden immer größer, der Widerstand des Feindes aber wird gerade jetzt besonders zäh. Offenbar hat er erkannt, daß er Blace unter allen Umständen so lange behaupten muß, bis die nach unseren Fliegernachrichten von Ribare und Procuplje zurückströmenden serbischen Kolonnen aller Waffen den Engpaß von Kursumlija durchschritten haben. Deshalb haben die Serben die für einen hartnäckigen Nachhutkampf vorzüglich geeigneten Höhen von Blace verschanzt und mit Infanterie und Artillerie stark besetzt und beschießen meine beiden Kolonnen mit einem bisher noch nicht dagewesenen Aufwand an Munition bis zum sinkenden Tageslicht. Dann wirft und legt sich jeder da zur Ruhe nieder, wo er sich gerade befindet — auch der Divisionsstab in Zlatari. In einem schnell ausgeräumten Bauernhause werden einige Bretter auf den Boden gelegt, darauf eine Matratze, und so schlafe ich mit dem Mantel zugedeckt, nach des Tages Last und Mühe schnell ein.

13. November. Der Gegner verstärkt sein Artilleriefeuer gegen meine Hauptkolonne im Rasinatal schon mit Tagesanbruch. Wir haben unendliche Mühe, unsere Artillerie rechts und links der Straße zu entwickeln. Am beweglichsten ist noch die österreich-ungarische Gebirgs-Haubitzbatterie mit ihren zerlegbaren Geschützen, die den Angriff des Regiments 227 unterstützt — freilich mit sehr geringen Munitionsmengen. Die Serben müssen dagegen bei Blace ein ganzes Munitionslager niedergelegt haben. Es ist den Tag über nicht möglich, Blace zu nehmen; ein Versuch des Regiments 227, am späten Abend dort einzudringen, scheitert an der Wachsamkeit der Serben.

Ich reite mit meinem Stabe am Vormittag von Zlatari nach dem Wirtshaus am Jankova-Clisura-Paß; ein wunderschöner Ritt in einem Gebirgstal,

Engpaß Jankova-Clisura

das an malerischem Reiz manchem berühmten Schweizer oder Tiroler Tal gleichkommt. Das Wirtshaus selbst ist eine aus festen Quadern errichtete Spelunke, die den heute beim Divisionsstab eingetroffenen Kriegsberichterstatter, Leutnant Dr. Dammert, zu einem Traumbild begeistert, in dem er an Stelle unserer Tafelrunde serbische Komitatschis und Frauenräuber erblickt.

14. November. Es sind neue Batterien bei den Serben eingetroffen; wir bekommen Artilleriefeuer nicht nur von den Blacer Höhen, sondern, was besonders unangenehm ist, Flankenfeuer von den Höhen südlich Blace. Man muß es der serbischen Artillerie lassen: sie versteht ihr Geschäft. Aber auch die serbische Infanterie verschanzt sich weiter bei Blace. 3 schwere Batterien der 103. Inf.-Division, die letzterer auf ihrem mühsamen Marsche über die Berge nicht folgen können, werden mir unterstellt; ich beschieße die feindlichen Stellungen und den Ort Blace mit 98 Geschützen. Es gelingt unter diesem Feuer auch, den Nordrand des Dorfes zu gewinnen, ja sogar vorüber-

gehend durch das Dorf durchzustoßen. Aber die Serben wehren sich verzweifelt, und ihr Artilleriefeuer reißt große Lücken in unsere Reihen. Wir verlieren 7 Offiziere, 360 Mann, darunter 4 Offiziere, 43 Mann tot. Ein Granatsplitter tötet leider auch den tapferen Kommandeur des I. Bataillons Regiments 232, Hauptmann d. L. Eggeling, der alle Gefechte der Division seit Jaroslau mitgemacht hat. Ehre seinem Andenken!

Auch der Divisionsstab gerät am Nachmittag bei Prebreza ins Schrapnellfeuer. Dann übertönt ein schweres Gewitter vorübergehend den in den Gebirgstälern mit doppelter Stärke hallenden Kanonendonner — und über das Tal spannt sich in wunderbarer Pracht ein gewaltiger Regenbogen. Aber das Gewehr-, Maschinengewehr- und Geschützfeuer rollt und tobt weiter bis tief in die Nacht hinein. Es wird auch in der Nacht weiter um das Dorf gekämpft; dabei werden Gefangene gemacht, darunter zwei serbische Stabsoffiziere. Daraus geht hervor, wie stark dieser Ort besetzt ist, und welchen Wert der Gegner auf seine Behauptung legt. Umso notwendiger ist es, daß wir ihn morgen in die Hand bekommen.

15. November. Der Gegner hat in der dunklen Nacht Blace geräumt; meine Truppen drängen von allen Seiten nach. Ich eile zu Pferde ebenfalls dorthin und weiter auf die Höhe hart südlich Blace. Von dort hat meine Feldartillerie noch eine ausgezeichnete Gelegenheit, Schnellfeuer auf die in Richtung Kursumlija abziehenden serbischen Schützenlinien und Kolonnen abzugeben, dessen Wirkung wir mit bewaffnetem und unbewaffnetem Auge längere Zeit beobachten können.

Die 107. Inf.-Division drängt noch auf Beljonjin nach; ebenfalls dorthin rückt die 101. von Procuplje her. Die 103. verfolgt auf Kursumlija, wohin ihr auch meine Pionierkompagnie 213 folgt. Meine Artillerie beschießt die Rückzugsstraße der Serben auf die weitesten Entfernungen. Das Ergebnis dieser Bewegungen ist das, daß alle serbischen Truppen, die sich noch nördlich des Engpasses von Kursumlija befinden, abgeschnitten und gefangen genommen werden. Die übrigen Teile setzen in zerrüttetem Zustande den hoffnungslosen Rückzug nach Süden fort. Wir erfahren vom Oberkommando Gallwitz, daß nach dortiger Ansicht von der rund 300 000 Mann starken serbischen Armee nunmehr 150 000 getötet, verwundet und gefangen sind und daß wohl kaum mehr als 50 000 Mann nach Mazedonien entkommen werden. Nach dieser hoch erfreulichen Nachricht beziehen wir Quartier in Blace und südöstlich. Die Truppen sind durch die blutigen Kämpfe der letzten Tage und die damit verbundenen Anstrengungen zu Tode ermüdet, so daß ich ihnen den für den 16. angekündigten Ruhetag — den ersten, den die ganze Division seit Überschreiten der Donau, also seit mehr als 4 Wochen, hat — von ganzem Herzen gönne. Es regnet in Strömen.

16. November. Beim Erwachen finden wir zu unserer Überraschung die nach Süden vorliegende hohe Gebirgskette bis tief herunter zu unseren Hügeln herab mit Schnee bedeckt und von der Sonne beschienen — ein wunderschöner Anblick.

Gegen Mittag trifft die Mitteilung des Armee-Oberkommandos ein, daß das X. Reservekorps mit der 101. und 103. Inf.-Division den Gegner weiter nach Süden verfolgt, die 107. Inf.-Division aber morgen in und um Blace verbleibt und demnächst zu anderer Verwendung herausgezogen wird. Es ist kein Platz mehr vorhanden für uns; auch wäre dem zerschlagenen Gegner zu viel Ehre angetan, wenn er weiterhin mit zu starken Kräften aufgejagt und vollends aus Serbien hinausgedrängt würde. Außerdem wird aber der Nachschub an Verpflegung und Munition von jetzt ab noch viel schwieriger als bisher; aus diesem Grunde hat auch die 107. Inf.-Division ihre gesamten Verpflegungskolonnen an das X. Reservekorps abzugeben.

Damit ist also für uns der serbische Feldzug zu Ende — wie ich und wir alle glauben, im richtigen Augenblick. Wir haben die große Jagd erfolgreich mitgemacht — auf die kleine Schlußjagd verzichten wir gern.

Aber meine Truppen haben nun auch ein Wort der Anerkennung verdient. So erlasse ich einen warmen Danksagungsbefehl.

17. November. Ich habe nach gutem Schlafe — obgleich der Regen durch das zerschossene Dach auf mein Bett tropfte — Zeit und Ruhe, um einen kurzen Rückblick auf unseren vierwöchentlichen Feldzug in Serbien zu werfen. Zivilbevölkerung und Seuchen haben uns angenehm enttäuscht, desgleichen die Unterkunft und Verpflegung im großen und ganzen. Serbien ist ein schönes, entwicklungsfähiges, zukunftsreiches Land, wenn die männliche Bevölkerung zu strengerer Arbeit erzogen wird an Stelle der allzu beliebten politischen Betätigung, und wenn es der künftigen Verwaltung gelingt, den Fluch des Landes, die zuchtlose Presse, in Schranken zu halten; denn die Bevölkerung ist an sich gutartig, das Familienleben in gutem Sinn patriarchalisch.

Die serbische Armee hat sich als tapferer und geschickt geführter Gegner erwiesen. Das beweisen leider auch die Verluste der 107. Inf.-Division — die sich auf rund 60 Offiziere und 1900 Mann belaufen. In dem Verhältnis von einem Offizier auf 30 Mann zeigt sich aber auch deutlich der große und entscheidende Anteil, den die Offiziere an den errungenen Erfolgen haben. Namentlich in den schweren Endkämpfen vor und bei Blace war es nur das vorbildliche Beispiel der Offiziere, das die völlig ermüdete Truppe noch vorwärts brachte.

Über alles Befürchten schlecht waren aber die Talstraßen. Ebenso stellte die Überwindung der glatten steilen Gebirgspfade an Mann und Pferd die größten Anforderungen. Daß wir auch ihnen gewachsen waren, darauf dürfen wir stolz sein; darin können wir auch einen Beweis dafür erblicken, daß unsere Volkskraft noch ungeschwächt ist. In bezug auf Ausrüstung und Bekleidung, Pferde und Ochsen, Zug- und Tragetiere, leichte und schwere Gebirgsartillerie, sowie Gebirgs-Maschinengewehrabteilungen haben wir wichtige und lehrreiche Erfahrungen gemacht, die in besonderen Berichten niedergelegt sind. Über alles Schwere hat uns aber am allermeisten die Lust und die Liebe hinweggeholfen, mit der sämtliche Offiziere vom General bis zum einfachen Soldaten und Fuhrknecht diesen serbischen Feldzug mitmachten, der infolgedessen auch allen Überlebenden eine der schönsten Erinnerungen dieses Krieges sein wird.

Aber wir haben heute auch Zeit, einen Blick in die Zukunft der Division zu werfen! Was wird aus uns werden? Die abenteuerlichsten Gerüchte durchschwirren die Truppen. Nach Nordbulgarien, gegen rumänischen Angriff? Konstantinopel und Palästina, Suezkanal? nach Wolhynien, Kurland? nach Jütland gegen eine englische Landung? nach Tirol? nach der Westfront? All dies wird für möglich gehalten und wird eifrig besprochen; zu allem sind wir gern bereit, nur nach der Gegend von Pinsk wünschen wir uns nicht mehr zurück. Diese Fülle von Verwendungsmöglichkeiten wirkt anregend und belebend auf die Offiziere und die Truppe; welche entsagungsvolle kriegerische Tätigkeit hatten im Vergleich damit viele andere Divisionen, nämlich die, fast seit Kriegsbeginn durchzuhalten, eingespannt in den großen Sperr- und Verteidigungsrahmen der Ost- oder Westfront. So z. B. auch meine alte liebe 53. Inf.-Brigade, die seit September 1914 bis heute fast am gleichen Fleck im Argonnenwalde kämpft, dabei freilich mit Recht stolz darauf ist, daß sie im Verlaufe eines starken Jahres die feindliche Front in tapferen unausgesetzten, aber auch blutigen Angriffen im Minen- und Handgranatenkampf um 1—2 Kilometer zurückgedrängt hat.

18. bis 24. November. Die Division erhält Befehl, zunächst über Majdevo nach Kruševac zurückzumarschieren. Die Straße Blace—Kruševac ist aber nunmehr, nachdem drei Divisionen (107., 103. und in den letzten Tagen auch noch die 105.) mit ihrem gesamten Troß darüber hinweggegangen sind, in einem geradezu lebensgefährlichen Zustande: auf einer Strecke von einem Kilometer finden sich 5—6 Stellen, in deren Schlammtiefen man einen ganzen Eisenbahnwagen hineinwerfen könnte. Nur mit Hilfe der vielen Hunderte von serbischen Gefangenen, die in Richtung Kruševac von wenigen Reitern zurückbefördert werden, ist es möglich, mein Auto und unser Fuhrwerk weiterzubringen. Für die Truppe ist der Rückmarsch sehr beschwerlich, zumal leichter Frost eingetreten ist und die Pferde sich beim Durchtreten durch die gefrorenen Wasserlachen die Fesseln blutig scheuern, und da die Mannschaften in den ausgesaugten Ortschaften keine Lebensmittel mehr vorfinden.

In Kruševac, das von Soldaten, Fuhrwerk, Gefangenen und Zivilbevölkerung überfüllt ist, beziehen wir nochmals Quartier im Verwaltungsgebäude der großen staatlichen Pulver- und Waffenfabrik, wo gewaltige Vorräte an Pulver und Kriegszubehör aller Art von österreich-ungarischen Posten streng bewacht werden. Ein Funke, und wir fliegen alle in die Luft. Wir hören, daß das gesamte Arsenal den Bulgaren überlassen werden soll, die Mangel an Geschützen usw. haben.

Ich habe eine interessante Unterredung mit dem Generalstabschef der 11. Armee, Oberst Marquard, über den serbischen Feldzug und die Gesamt-

Schwieriger Rückmarsch

lage und bin sodann wiederum Gast des Armeeführers, des Generals v. Gallwitz, der mir sehr Freundliches über die Leistungen der 107. Inf.-Division sagt. Ich kann nur antworten, daß wir mit vollstem Vertrauen unter seiner Führung kämpften. Dabei erfahre ich Näheres über die nächste Bestimmung der Division. Sie hat über Cuprija—Jagodina—Semendria und die Schiffsbrücke bei Kevevara[1]) nach der ungarischen Stadt Pancsova und Umgebung zu rücken, dort weitläufige Quartiere zu beziehen und weitere Befehle der Obersten Heeresleitung abzuwarten. Die der Division zugeteilten Gebirgsmaschinengewehr- und Gebirgsminenwerfer-Abteilungen sind an die Heeresgruppe Mackensen, die bei ihr befindlichen österreich-ungarischen Formationen an die österreich-ungarische Heeresleitung abzugeben.

Da die Division nicht vor dem 4. Dezember bei Pancsova versammelt sein kann und da ein neuer Abtransport vor dem 7. nicht in Betracht kommt, so entschließe ich mich kurzerhand zu einem 14tägigen Urlaub nach Hause, der nun, nach $5^1/_2$ monatiger unausgesetzter Offensive, auch einer größeren Anzahl

---

[1]) Siehe Textskizze Seite 148.

anderer Offiziere, Sanitätsoffiziere, Beamten, Unteroffiziere und Mannschaften zuteil werden kann.

Auf halsbrecherischen Straßen fahre ich am 21. November mit meinem treuen Oberleutnant Schäffer im Auto nach Jagodina, von dort mit der Bahn nach Semendria. Diesen stark zerschossenen, malerisch gelegenen Ort mit seinen jahrhundertealten, dicken, quadratischen, zinnengekrönten Türkentürmen an der Donau besehen wir uns am 22. beim Gang auf den österreichisch-ungarischen Dampfer, der uns nach Semlin bringt, der Gegenüberstadt Belgrads, dessen alte Zitadelle und kitschigen Konak wir am Nachmittag beschauen. Außer ihrer strombeherrschenden Lage bietet aber die Serbenresidenz nichts Besonderes. Belgrad ist eine baulich charakterlose Stadt. Dann fahren wir nach einem Besuche beim Stabe der 26. Inf.-Division in Semlin im furchtbar überfüllten Nachtzuge nach Budapest und Wien; am 24. fahre ich weiter nach Ulm.

Zitadelle von Semendria

27. November bis 7. Dezember. Schöne Urlaubs- und Erholungstage im Kreise meiner Familie. Meldung in Stuttgart und huldvolle Aufnahme bei König und Königin.

8. bis 19. Dezember. Ich treffe am 8. Dezember über Wien und Budapest im Divisionsstabsquartier Pancsova ein, wo ich bei der Witwe eines deutschen Brauereibesitzers ein vortreffliches Quartier und die liebenswürdigste Aufnahme finde. Außerdem finde ich zu meiner Freude und Genugtuung einen ebenso herzlichen, wie anerkennenden Abschiedsgruß des Generalfeldmarschalls v. Mackensen für die aus dem Verband der Heeresgruppe Mackensen ausgeschiedene 107. Inf.-Division vor, den ich sogleich an die Truppe weitergebe:

„Seit Mitte Juni kämpft die 107. Inf.-Division im Verbande mir unterstellter Truppen. Wie in Galizien und Polen, so hat sie auch jetzt in Serbien, geschickt geführt und mit glänzender Tapferkeit, zur Bezwingung des Gegners ruhmvoll beigetragen. Keine Anstrengung war den Truppen zu groß, keine Aufgabe zu schwer. Immer war der Erfolg auf ihrer Seite. Nun beruft ein Befehl des Allerhöchsten Kriegsherrn die Division zu anderer Verwendung aus der mir anvertrauten Heeresgruppe ab. Ich weiß, was diese an der 107. Inf.-Division verliert. Mein aufrichtiger Dank, aber auch meine treuesten Wünsche geleiten Euer Exzellenz und Ihre tapferen Truppen auf den neuen Kriegspfad. Ich bitte allen Beteiligten diesen meinen Abschiedsgruß zu übermitteln.

Der Oberbefehlshaber:
gez. v. Mackensen, Generalfeldmarschall.

Ungarischer Markt

Alle Teile der Division sind in den wohlhabenden, großen Ortschaften gut untergebracht. Endlich kann die Division einmal ausruhen, sich entlausen, ihre Bekleidung und Ausrüstung gründlich herstellen, ihre Lücken und Verluste ergänzen und vor allem auch endlich einmal wieder gründliche Ausbildung in den Kompagnien und Bataillonen betreiben. Ich besichtige täglich Truppenteile der Division; dabei stelle ich fest, daß sie in ihren Reihen rund 100 Offiziere und 2000 Mann hat, die von ein- oder mehrmaliger Verwundung wiederhergestellt sind. Auf den längeren Autofahrten lerne ich die weitere Umgebung kennen. Sie ist fast völlig flach und eigentlich nur durch die Beleuchtungskünste von Sonne und Mond, namentlich morgens und abends, von Reiz; aber der Boden ist sehr fruchtbar. Die Dörfer, namentlich die von den schwäbischen Ansiedlern bewohnten, sind sauber und stattlich. Von ganz auffallender Breite — bis zu 40 Meter — sind die Straßen. Dies soll daher rühren, daß sie früher den großen von Markt zu Markt wandernden Viehherden zugleich als Weide dienten. Auch jetzt noch sieht man zahlreiches und schönes Vieh und für Kriegszeiten noch recht viele und gute Pferde, die im Viergespann im lebhaften Schritt den Pflug ziehen oder im Zweigespann in flottem Trab die schöne Trachten tragenden Bauern und Bäuerinnen zur Stadt Pancsova führen. Kraftwagen haben die Pferde freilich noch nie gesehen — es ist reizvoll, zu beobachten, wie diese Naturkinder mit aufgeblähten Nüstern und rollenden Augen bei unserem Vorbeifahren steigen, sich bäumen und auszubrechen versuchen, aber von den vortrefflich kutschierenden Ungarn und Ungarinnen schnell gebändigt und beruhigt werden. — Pancsova selbst liegt an der wasserreichen,

Marktplatz in Pancsova

schiffbaren Temes und besitzt einen noch im Ausbau begriffenen zukunfts=
reichen Hafen. Die Stadt ist sehr weitläufig gebaut, lauter breite Straßen,
die zum großen Teil auf den außergewöhnlich großen Marktplatz, den
Mittelpunkt der Stadt, münden. Dort stehen das stattliche Rathaus
und zwei ansehnliche Hotels. Auch sonst findet man eine große Anzahl
gutgebauter, freilich meist nur einstöckiger Häuser: ein Teil davon ist
als Offiziersquartier gebaut worden für die früher hier sehr starke „Grenzer=
garnison".

Ich habe manche Gäste aus den Offizierkorps der Division. Mein Lands=
mann, unser wackerer katholischer Feldhilfsgeistlicher Pfarrer Wecker, berichtet
mir Ergreifendes von dem tapferen Dulden und Sterben unserer Offiziere
und Mannschaften in den Lazaretten in Serbien. Wir treten allmählich in
einen freundschaftlichen Verkehr mit den Spitzen der Zivilverwaltung und
deren Familien; man trifft sich dort 5 Uhr abends bei musikalischen und unmusikalischen Tees, die nach der Landessitte stets durch eine reichliche Auswahl vortreff= licher Liköre gewürzt werden. Nicht nur für uns ältere, son= dern namentlich auch für die jüngeren Herren des Stabes ist der Umgang mit den liebenswürdigen

Der Oberstuhlmeister   Der Bürgermeister
Die Spitzen von Pancsova

und in bestem Sinne des Wortes lebenslustigen Damen eine angenehme
Abwechslung — ja, es züngeln auch leichtere Flammen und Flämm=
chen auf. Im Gespräch mit dem auf Grund allgemeinen Vertrauens
zum zweiten Male einstimmig auf sechs Jahre wiedergewählten Bürger=
meister Dr. Radda und dem Oberstuhlrichter (ein höherer Verwal=
tungs=, nicht, wie sein Titel vermuten ließe, Justiz=Beamter) erfahren wir
manches Interessante und Bezeichnende über Stadt und Land. Pancsova
ist eine ausgesprochene Grenz= und Mischstadt. Sie zählt bei rund 22 000 Ein=
wohnern nicht weniger als 7000 Serben, außerdem Ungarn, Rumänen und
Deutsche. Der Bürgermeister muß neben der ungarischen Hauptsprache noch
3—4 andere sprechen oder doch verstehen. Völlig zerklüftet ist nicht nur das
geschäftliche und politische, sondern dementsprechend auch das gesellschaftliche
Leben. Und doch gedeiht die Stadt und hofft vorwärts zu kommen — ein

Vergleichsstück zu dem ähnlich zerklüfteten und für zerfallen gehaltenen Gesamtstaat Österreich-Ungarn.

Auch hier in Pancsova ist man in der Hauptsache deutschfreundlich gesinnt und äußert insbesondere große Achtung vor den Leistungen des deutschen Heeres. Die Stadt hat im September 1914 eine schlimme Panik erlebt mit serbischer Artilleriebeschießung, plötzlichem Abzug der österreich-ungarischen Garnison und mehrtägiger Angst vor serbischer Inbesitznahme. Damals sind zehn serbische Einwohner wegen Landesverrats erschossen worden — und zwar durch „königstreu" gebliebene ungarische Serben, auch ein Beweis dafür, wie verwickelt hier die inner- und außerpolitischen und damit die Verwaltungsverhältnisse liegen. Um so dankbarer empfinden die Einwohner die mit Hilfe der Deutschen so rasch und gründlich besorgte Niederwerfung Serbiens. Es ist übrigens kein Zweifel, die gebildeten Ungarn sind durch und durch monarchisch gesinnt, aber ungarisch monarchisch. Sie halten und erklären mit Stolz Tisza für den hervorragendsten Mann der Gesamtmonarchie. Mit großer Offenheit beklagen sie aber die in Ungarn bestehende „Juden- und Frauenherrschaft"; es ist ihnen jedoch mit der Bekämpfung, jedenfalls der letzteren, nicht allzu großer Ernst. Übrigens erkennen auch wir, die wir jetzt täglich die in deutscher Sprache erscheinenden ungarischen Blätter lesen, in deren weitschweifiger, etwas ruhmrediger und blumenreicher Sprache deutlich den Einfluß der Juden und Frauen. Wir empfehlen unseren ungarischen Gastgebern die Würdigung ihres markigen deutschen, namentlich des siebenbürgischen Volksbestandteils und erhalten die Versicherung, daß darin alles besser, ja gut werden solle. Die Zeit wird's lehren!

Unter den Teegästen befindet sich auch ein k. k. Oberleutnant, der von Pancsova aus mit einem österreich-ungarischen Marinekommando die Donau nach Minen absucht und dieses wichtige, aber keineswegs ungefährliche Geschäft mit großem Schneid und Erfolg ausübt. Er zeigt mir in seiner Wohnung eine ganze Sammlung dieser über einen Meter hohen, äußerst sinnreich eingerichteten, aus Frankreich, England und Rußland stammenden furchtbaren Zerstörungswerkzeuge, von denen jedes einen großen Dampfer bei der leisesten Berührung in die Luft sprengt. Es ist unverkennbar, daß der Wagemut des Herrn Oberleutnants bei den Damen ähnliche Gefühle auslöst, wie Schillers Taucher bei der schönen Königstochter — und eigentlich auch mit gleichem Recht.

Trotz dienstlicher Beschäftigung mit Besichtigungen und trotz geselligen Verkehrs empfinde ich doch — und ich glaube wir alle — ein geradezu bedrückendes Gefühl des Unbefriedigtseins: wir sind seit sechs Monaten derartig an kriegerische Tätigkeit und Anspannung gewöhnt gewesen, daß wir jetzt die Empfindung eines auf das Land geworfenen Raubfisches haben. Was sollen wir mitten im Weltkriege hier in Pancsova? Das fragen wir uns täglich. Freilich wissen wir, daß die Oberste Heeresleitung auch nach der inzwischen vollzogenen völligen Eroberung von Serbien hier unten an der Donau noch strategischer Reserven bedarf für den Fall eines Eingreifens Rumäniens, dessen Regierung noch immer die alte schlaue, wohl überschlaue, Schaukel: politik treibt. Aber wie lange sollen wir noch untätig brach liegen?

Unter diesen Umständen entschließe ich mich, in Begleitung des Kriegs: gerichtsrates Rhode die uns längst von allen Seiten empfohlene Donaufahrt über Semendria nach Orsova und von dort aus einen Abstecher nach dem berühmten Schwefelbade „Herkulesbad" zu machen.

19. bis 23. Dezember. Und wir haben unseren Entschluß nicht zu bereuen. Es wird eine militärische, landschaftlich und kameradschaftlich gleich erfreuliche und abwechslungsreiche, auch vom Wetter in hohem Grade begünstigte Fahrt. Wir besteigen am Pancsovaer Donauhafen den österreich: ungarischen, von Belgrad kommenden stattlichen Dampfer und treffen schon dort eine angenehm gemischte Gesellschaft, deutsche Offiziere mit den ver: schiedensten Zielen und Bestimmungen. Ein vom westlichen Schauplatz kom: mender Stabsoffizier fährt nach Semendria, um von dort zur Übernahme eines Regiments zum deutschen Alpenkorps an die griechische Grenze zu eilen. Ein zweiter wird erst in Nisch erfahren, an welchem bulgarischen Donauhafen er Etappenkommandant sein wird; ein dritter holt auf dem Gefechtsfeld eines meiner Infanterie:Regimenter die Leiche seines gefallenen einzigen Sohnes ab. Ganz zufälligerweise treffe ich aber auch auf dem Dampfer den Führer der deutschen Landungskompagnie, der meine Division im Oktober bei Duna: dombo mit über die Donau gesetzt hat, nachdem er vorher in gleicher Weise beim X. Reservekorps bei Ram und Bazias tätig gewesen war. Nun tauschen wir nochmals beim Hinuntergleiten auf dem herrlichen Strom und beim Vorbeifahren an Kostolac—Dunadombo, der Temesziget:Insel, der male: rischen Ruine Ram und dem reizend gelegenen Städtchen Bazias unsere Ge: danken und Erfahrungen über den Stromübergang aus. In Bazias, wo unser Dampfer kurze Zeit hält, treffe ich einen württembergischen Lazarettzug und dessen mir bekannten Chefarzt. Außerdem sind Offiziere des Mackensen: schen Stabes auf dem Dampfer, von denen einer die österreich:ungarische Grenzpolizei in Orsova verstärken soll und viel Wissenswertes über die orien: talische Spionage zu erzählen weiß.

Von Bazias bis Orsova liegt die weltberühmte Donaustrecke, wo der Strom sich zwischen hohen, steil abfallenden Gebirgsstöcken in mächtigen Wogen dahinwälzt und sich dabei bei Kasan auf etwa 100 Meter verengt. So stark ist die Strömung dort und so gefährlich die Schiffahrt, daß die Enge bei Nebel nicht durchfahren werden kann. Noch gestern und vorgestern mußten die Dampfer deshalb umkehren und weit oberhalb in weniger starker Strö: mung für die Nacht Anker werfen. Es ist eine herrliche Fahrt; rechts sieht man die Reste der in die Felsen eingeschnittenen Trajans:Straße mit der Trajans:Tafel, links die neue, schöne, durch Tunnels und Galerien führende Szecheny:Kunststraße. Schon will sich der Abendnebel verdichten — aber wir haben Glück — kommen gerade noch hindurch und landen abends in

Orsova. Diese sehr hübsch gelegene und saubere österreich-ungarische Grenzstadt gegen Rumänien und Serbien ist von den Serben, namentlich in ihrem Uferteil, tüchtig zerschossen; auch unser Gasthof, dessen untere Räume aber trotzdem von einer sehr gemischten Grenzgesellschaft angefüllt sind, die zechend, schmausend und rauchend den Klängen einer mehr lauten, als harmonischen Kapelle lauscht.

Am 20. fahren wir mit einem uns freundlichst von dem deutschen Etappenkommandanten, einem sächsischen Hauptmann, zur Verfügung gestellten Kraftwagen, an der durch ihre Lage und Geschichte merkwürdigen Insel Adakaleh mit ihren alten türkischen Befestigungswerken und Minaretts vorbei, an die rumänische Grenze, die durch den Czernafluß gebildet wird. Schöne Berge an dessen beiden Ufern: auf dem östlichen ist in großen Buchstaben das Wort „Rumania" in die Felsen gehauen. Die Brücke selbst ist durch rumänische Soldaten besetzt, die meine Generalsuniform durch Strammstehen „honorieren". So habe ich also auch die rumänische Armee kennen gelernt! Auf beiden Seiten der Grenze haben sich große Wagenzüge, mit Pferden oder Ochsen bespannt, angesammelt, die auf die Erlaubnis zur Ausfuhr und auf die anscheinend nicht einfache Erledigung der Zollschwierigkeiten warten.

Herkulesbad

Dann zurück nach Orsova und mit dem Kraftwagen weiter entlang der Czerna und auf der teilweise durch Überschwemmung beschädigten Straße nach Herkulesbad. Man hat uns nicht zuviel Rühmliches davon erzählt: die Lage ist wundervoll. Herrliche, bis über 1000 Meter hoch aufragende Berge, bis zur halben Höhe mit dem schönsten Wald bedeckt, dann zerklüftet und in allen Gesteinsfarben schillernd, schließen das enge Tal ein, in dessen schmalem Bett die Kurgebäude und Gasthöfe liegen und durch das der silberhelle Gebirgsbach sich teils anmutig, teils in wildem Lauf ergießt. Das Bad ist militärischen Ursprungs und hat deshalb einen oberen, im gemütlichen altösterreichischen Baustil gehaltenen, aus Militärkurhäusern bestehenden

Block, in dessen Mitte ein eherner Herkules steht; weiter unterhalb aber stehen die öffentlichen Bade- und Kurgebäude und die Hotels — alle großzügig und in vornehmstem Stile gebaut und überaus freundlich und einladend. In der Hauptkurzeit soll hier ein äußerst buntes und interessantes Badeleben herrschen oder vielmehr geherrscht haben. Wir werden im Militärkurhaus in einfachem, aber sauberem Zimmer untergebracht, wo schon unser evangelischer Feldgeistlicher seit zwei Tagen wohnt. Nach einem schönen Spaziergang verbringen wir den Abend äußerst gemütlich im Gasthofe, wo der österreich-ungarische Oberst und Badekommissar erschienen ist. Mehrere verwundete, in Genesung begriffene österreich-ungarische Infanterie- und Kavallerieoffiziere — deren einer seine Gattin bei sich hat — leisten uns bei fröhlichem Gespräch und Gesang Gesellschaft bis tief in den 21. Dezember hinein.

Was uns besonders interessiert, das sind die Mitteilungen, die uns der Ortskommandant über die Verhältnisse an der rumänischen Grenze und über die rumänische Armee macht und die das uns von unserem Gendarmerie-Rittmeister Herold entworfene Bild ergänzen. Man sieht sich hier an der Grenze beiderseits in tiefen Schützengräben mit höchstem Mißtrauen und mit gründlicher Abneigung gegenüber. Aber man hat keine Achtung vor der rumänischen Armee — bei Beginn des Krieges sind viele Hunderte von rumänischen Soldaten über die Grenze herüber desertiert und die rumänischen Grenzkommandos haben sich als sehr bestechlich erwiesen. Andererseits ist auch auf die in dem ungarischen Grenzstreifen wohnende rumänische Bevölkerung kein rechter Verlaß. Kurz, auch hier eigentümliche und so schwierige Verhältnisse, wie wir sie nirgends, auch nicht in unseren Grenzländern, zu überwinden haben und hatten.

Am 22. Rückfahrt mit Bahn nach Temesvar, wo wir übernachten. Am 23. treffe ich wieder in Pancsova ein und werde sogleich durch die Mitteilung überrascht, daß gestern der Heeresbefehl eingetroffen ist, wonach die 107. Inf.-Division am 26. Dezember nach dem Norden abbefördert wird. Da der Generalstabsoffizier zur Einholung weiterer Weisungen nach Kowno vorausfahren soll, so ist soviel klar, daß wir zur Heeresgruppe des Generalfeldmarschalls v. Hindenburg kommen.

Allerdings ein tüchtiger klimatischer Sprung aus der ungarischen Donauebene mit ihrem warmfeuchten Klima nach Litauen oder Kurland, wo nach den Zeitungsnachrichten 15—20 Grad Kälte herrschen sollen. Aber wir freuen uns doch der Abwechslung, der neuen Aufgabe und des hochberühmten Führers. Am 24. Dezember evangelische und katholische Feldgottesdienste; dann bei unserem verschmitzten serbischen Gastwirt, der aber gegen gutes Geld auch Gutes zu liefern wußte und der seine drei ulkigen, von uns Janosch, Mikosch und Samosch getauften Pikkolos in strammer Zucht hält, ein sehr gemütlicher Weihnachtsabend mit Verlosung, wozu wir eine ausgezeichnete Künstlerkapelle gewonnen haben. Am 25. ein letzter Abschiedstee mit den Damen; abends ein Abschiedsessen, bei dem die Honoratioren unsere Gäste sind; am 26. mittags noch eine kleine Parade mit strammem Vorbeimarsch auf dem Marktplatz von Pancsova unter großem Zulauf der Bevölkerung. Wir scheiden mit dankbaren Gefühlen für die freundliche Aufnahme — ich ganz besonders auch gegenüber den Damen meines Quartiers. Diesen wünsche ich vor allem glückliche Rückkehr ihres Sohnes und Bruders, der zurzeit an der Spitze seines österreich-ungarischen Kavalleriezuges in Montenegro einmarschiert.

Litauen · Kowno · Dünaburg · Postawy Smorgon · Wilna. (Frühjahr 1916)[1]

27. bis 31. Dezember. Am 27. Abfahrt des Divisionsstabes von Pancsova in aller Frühe. Mit 15 Kilometer Geschwindigkeit durchfahren wir langsam das Ungarland. In Szegedin Abschied von dem österreich-ungarischen Rittmeister Herold, der gern mit uns weiter führe, aber nach Serbien zurückgerufen ist. Wir übernachten in Budapest, wo eigentlich nichts an den Krieg erinnert, außer den nur allzu zahlreichen eleganten jungen Offizieren. Mit Mühe können wir noch eine Eintrittskarte in ein Vergnügungslokal bekommen. Auch im Nachtleben Budapests keinerlei Einschränkung. Dann Schnellzug nach Breslau (Übernachten)—Thorn —, Erinnerung an den 3. Juni 1915, wo der Divisionsstab dort zusammentrat —, Allenstein. Am 31. Dezember Fahrt nach Kowno, wo ich mich am 1. Januar beim Generalfeldmarschall v. Hindenburg zu melden habe. Unterwegs sehen wir viele Russen an der Bahn arbeiten; in Eydtkuhnen und anderen Städten stehen noch immer die ausgebrannten Häuser als Ruinen da.

Am Abend erlebe ich noch eine doppelte Freude: meine Pferde sind angekommen, und es werden mir im Offiziersgastheim, wo ich übernachte, Weihnachts- und Neujahrsbriefe aus der Heimat überreicht — auch ein Zeichen von Findigkeit für die deutsche Post und die deutschen Militärbehörden. In dankbarem Gedenken an gnädige Führung im abrollenden Jahre schlummere ich, ermüdet von der langen Reise, in das neue Jahr hinüber.

1. Januar 1916. In Kowno beim Generalfeldmarschall v. Hindenburg. Nach einem Rundgange durch die nicht unmalerisch am Njemen gelegene kirchen- und brückenreiche Stadt und Festung Kowno melde ich mich gegen Mittag beim Generalfeldmarschall, den ich wohl schon früher gesehen, aber noch nie gesprochen hatte. Mit herzgewinnender Liebenswürdigkeit heißt er mich mit meiner Division willkommen und lädt mich sogleich für den Mittag und Abend zu sich zu Tisch ein, nachdem er mir kurz auseinandergesetzt hat, daß die deutsche Frontlinie hier oben zurzeit etwas dünn besetzt sei und er deshalb von der Obersten Heeresleitung eine der zurzeit in Ungarn ruhenden Divisionen als Heeresreserve erbeten habe.

---
[1] Siehe die Übersichtsskizze Osten nach Seite 216 (zum rechts herausklappen).

Schon manches habe ich von Hindenburgs Stab und Tafelrunde erzählen gehört. Nun sollte und durfte ich sie selbst erleben.

Wir saßen mittags und abends in dem hellen und vornehm ausgestatteten Speisezimmer des stattlichen, einem deutschen Reserveoffizier gehörenden Landhauses, das der Feldmarschall in Kowno bewohnte. Abends begab man sich nach Tisch in das anstoßende, mit einladenden schweren Lederstühlen versehene Herren- und Rauchzimmer. Ich hatte bei Tisch den Platz zwischen dem Generalfeldmarschall und seinem Generalstabschef, Generalleutnant Ludendorff. Letzterer, sowie der mir gegenübersitzende Generalquartiermeister, Oberst v. Eisenhart-Rothe, waren mir wohl bekannt: ich war mit beiden zusammen in den Jahren 1906—1909 Militärlehrer an der obersten Lehrstufe der Kriegsakademie und dann Abteilungschef im Großen Generalstab gewesen. Ebenso kannte ich den Schwiegersohn des Generalfeldmarschalls, den bei der Zivilverwaltung Oberost tätigen Hauptmann der Reserve und Landrat v. Brockhusen aus der Zeit von 1900 her, wo wir in Frankfurt am Main, er als Referendar, ich als Generalstabsoffizier, einen gemeinschaftlichen Mittagstisch hatten.

Wenn ich mich also ohnehin nicht fremd fühlte in dem Tischkreise des Generalfeldmarschalls, so war es doch die große persönliche Güte, Aufmerksamkeit und Liebenswürdigkeit des Tischherrn, die mich wie jeden seiner Gäste von der ersten bis zur letzten Minute gefangen nahm und die ein überaus wohltuendes Gefühl der Behaglichkeit verbreitete. Es war eine Tafelrunde von etwa 20 Offizieren, darunter der Kommandeur und einige andere Offiziere des masurischen Infanterie-Regiments, dessen Chef der Feldmarschall ist. Ein fröhlicher Ton herrschte; das Essen war einfach, aber vortrefflich zubereitet, der Wein ausgezeichnet.

Der Feldmarschall selbst spricht im allgemeinen — darin seinem großen Vorbild Moltke gleichend — nicht viel und nicht schnell; um so schwerer ist das Gewicht und um so größer der Eindruck seiner Worte. Beim Mittagstisch erkundigte sich der Feldmarschall nach meinen Erlebnissen in Serbien und nach der Gestaltung des dortigen Kriegsschauplatzes. Als aufmerksamer Gastgeber trank er jedem seiner Gäste zu — deren Versuch, sich zu erheben, verhinderte er mit den liebenswürdigen Worten: „Bitte doch gütigst sitzen zu bleiben." Aber am Abend, beim guten Glase Bier und bei der Zigarre, verbreitete er sich doch ausführlicher in bester Stimmung und mit großer Offenheit über allerhand Persönlichkeiten und Dinge. Zuerst mir gegenüber über den Operationsplan und Verlauf des deutschen galizisch-russischen Herbst- und des serbischen Feldzuges; mit einfachen, aber wuchtigen Worten besprach er die Ereignisse und legte seine Meinung in solch anschaulicher Abgeklärtheit dar, daß auch die am Abend anwesenden Nichtmilitärs dem Gespräch vollkommen folgen konnten. Er ist nicht voll zufrieden mit den Ergebnissen beider Operationen. Imponierend ist die prachtvolle Ruhe des Feldmarschalls; man fühlt, daß sie allen, auch den schwersten und drängendsten Lagen gegenüber, standhält und schaut mit Vertrauen in diese klaren, ebenso fest wie im Grunde doch gütig blickenden Augen.

Unter den Abendgästen befand sich auch der Rektor der polytechnischen Hochschule von Posen. Im Gespräch mit ihm kam der Feldmarschall auf die Schulbildung unserer Jugend zu sprechen und meinte, er denke noch immer mit einigem Grausen an die unzähligen grammatikalischen Regeln, die er im französischen Unterricht anstatt der lebendigen Sprache habe erlernen müssen. Das sei ihm stets so vorgekommen, wie wenn der Soldat immer langsamen Schritt zu üben habe, aber nie zum Marschieren komme. Über vielen Schulen stehe noch heute in großen Lettern: Vitae, non Scholae, aber leider zu Unrecht; der Lehrgang entspreche dem umgekehrten Sinne des Satzes. Als dann einer der anwesenden Herren davon sprach, daß beabsichtigt sei, den Mannschaften bald reichlicheren Lesestoff ins Feld zu schicken, da lobte der Feldmarschall diese Absicht, fügte aber als echter Kenner der Soldatenseele hinzu: Schicken Sie aber ja nicht zuviel Traktätchen und Schlachtenberichte, sondern recht viel Heiteres. Ernstes erlebt der Soldat genug, und von Schlachtenberichten genügt ihm der Heeresbericht vollkommen; aber sich freuen und wieder einmal lachen will der Mann im Schützengraben nach all dem Schweren.

Das Gespräch kam auf 1866 und 1870/71; der Marschall erzählte behaglich von seinen Erlebnissen. Wie ein Regimentskamerad von ihm, Leutnant v. Gilgenheim, auf dem Schlachtfeld von Königgrätz nach der Schlacht beim Händewaschen einen wertvollen Familienring verliert und den Verlust schmerzlich bedauert; wie dieser Leutnant von G. dann auf dem Rückmarsch durch Böhmen nach der Heimat an der Spitze seiner Kompagnie marschiert und vor sich am Ende einer anderen Kompagnie einen Lazarettgehilfen sieht, der im Marschieren die Zeitung liest. Da Leutnant v. G. schon lange keine Zeitung mehr gesehen und gelesen hat, ruft er den Lazarettgehilfen zu sich heran und bittet ihn um die Zeitung — und siehe da, der Lazarettgehilfe trägt an der linken Hand den Familienring. Er hat ihn auf dem Schlachtfeld von Königgrätz gefunden, hat den Fund seinem Kompagniechef gemeldet — aber der Eigentümer ließ sich natürlich nicht feststellen.

Dann von 1870/71, wo der Feldmarschall Adjutant des 3. Garderegiments zu Fuß war. „Ich wurde am Abend des 18. August mit zwei Meldereitern aus Gegend Ste. Marie aur Chenes nach Roncourt geschickt, um festzustellen, ob dieser Ort noch von den Franzosen besetzt sei. Als ich mich dem Dorfe von Westen her nähere, sehe ich ein ganzes französisches Chasseurregiment von Osten her auf das Dorf zureiten. Na, was glauben Sie, meine Herren, was ich getan habe? Ausgerissen bin ich natürlich, so schnell ich konnte! Meinen Auftrag hatte ich ja auch erfüllt."

Damit begann das gemütliche Anekdotenerzählen; auch ich steuerte mein Teil bei, indem ich einige der prächtigen Aussprüche des ebenso tapferen, wie urwüchsigen und schlagfertigen württembergischen Obersten und späteren Generals v. Haldenwang erzählte. Besonders gefiel dem Feldmarschall die

Geschichte, wo der General den Leutnant W. bei der Manöverbesprechung fragt: „Und was haben Sie sich denn eigentlich gedacht, Herr Leutnant W., wie Sie mit Ihrem Zügle net zurückgegange sind, obwohl ganze Bataillone Infanterie und ganze Eskadrons Sie attackiert und die ganze Artillerie des Angreifers auf Sie geschossen hat?" Antwort des Leutnants W.: „Ich hab mich für mein abziehendes Detachement opfere wolle, Euer Exzellenz!" Darauf der General v. Haldenwang nur: „O Sie Leonidäsle!" D e r Mann gefällt mir, rief der Feldmarschall, herzlich lachend.

Um 10 Uhr standen die Offiziere des Stabes, die bis dahin lebhaft am Gespräch teilgenommen hatten, auf: Generalleutnant Ludendorff und seine Generalstabsoffiziere begaben sich auf ihre Geschäftszimmer zur alltäglichen Nachtarbeit, die oft bis in die Morgenstunden hinein dauert. Der Feldmarschall aber blieb noch. Ich erlaubte mir noch, die Schönheiten meiner letzten Garnisonstadt Ulm a. D. zu rühmen, da ich wußte, daß der Feldmarschall deren Ehrenbürger ist, und erhielt die erhoffte Antwort, daß er gern mal nach dem Frieden das alte gemütliche und schöne Ulm besuchen wolle. Dies teilte ich am anderen Tage sogleich dem Oberbürgermeister mit.

Kurz vor Mitternacht erhob sich die kraftvolle Germanengestalt. Der Generalfeldmarschall sagte zum Abschied jedem seiner Gäste ein freundliches Wort. Mir: „Nun hoffentlich findet sich für Sie und Ihren Stab ein nettes Schlößchen als Winterquartier — und dann auf Wiedersehen nach siegreicher Schlacht; das ist doch immer das Schönste!"

2. Januar. Im Kraftwagen bei mäßiger Kälte von Kowno auf der großen Dünaburger Straße nach Uszjany. Dort melde ich mich bei dem Oberbefehlshaber der Armee, der meine Division als Reserve zugeteilt ist, dem General der Artillerie v. Scholtz, der früher (1900—1902 beim XVIII. Armeekorps) mein Generalstabschef in Frankfurt am Main war. Ich werde freundlichst aufgenommen und lerne beim Frühstück die Herren des Armeestabes kennen. Generalstabschef ist Major Graf v. Schwerin, der im Jahre 1909 in meiner Abteilung im großen Generalstab war.

Nachmittags weiter: zuerst in flotter Gangart auf der vortrefflich instandgehaltenen, sandbestreuten großen Etappenstraße nach Dünaburg, dann in mühsamer Fahrt auf dem schmalen, links abzweigenden, schneebedeckten und kaum erkennbaren Wege in Richtung auf das Divisionsstabsquartier — Rittergut Bolze. Aber mit Einbruch der Dunkelheit liegen wir in tiefem Schnee fest — keine Spur eines Fahrweges ist mehr zu sehen. Glücklicherweise stoßen aber bald darauf die uns von Hauptmann v. Veltheim vorsorglich entgegengeschickten Reiter zu uns, und so erreiche ich in später Abendstunde, teils zu Pferde, teils zu Fuß, mein und unser Quartier, und finde dort eine kleine, aber freundliche, gut gewärmte Stube, sowie ein gutes Abendessen vor.

3. Januar. Ich beschaue mir unser „Rittergut". Es ist eine gründlich verfallene Holzbude, ein Erdgeschoß mit einem Mittelaufbau und einer vorgebauten Holzgalerie. Die Läden hängen herunter, die Dielen biegen sich,

Türen und Fenster schließen nicht — nur die Öfen heizen gut. Die Ökonomiegebäude sind in ähnlichem Zustande. Aber überall wird schon gehämmert, gesägt, geklopft, gestützt und gereinigt — in acht Tagen wird Haus und Hof nicht wieder zu erkennen sein!

Die Umgebung ist recht hübsch, Hügel, Wälder und Seen rings um das Gut. Die Wälder, bestehend aus dunklen Föhren mit zahlreich eingesprenkelten weißen Birken, ein anmutiger Anblick. Es wird sich hier aushalten lassen. Augenblicklich ist allerdings bedrückendes Nebel- und Tauwetter.

Bolze

Aber ich habe kaum Zeit, mich darum zu kümmern: vor mir liegt wieder ein wahrer Berg von Heeres- und Armeebefehlen aus dem vergangenen Jahre: Erfahrungen über Stellungskrieg und Stellungsbau im Osten. All dies ist für mich eine neue militärische Welt; habe ich doch bisher in Frankreich, Galizien, Polen, Rußland und Serbien eigentlich nur den Bewegungskrieg kennen gelernt. Und was für eine ausgedehnte Wissenschaft ist dieser Stellungskrieg schon geworden! Wie einfach war dieser, im Grunde genommen, vor dem Kriege: man legte auf der Kammlinie der Anhöhen und Berge einen Schützengraben mit einigen Schulterwehren und mit möglichst weitem Schußfeld an und zog davor ein paar Drähte; damit war man fertig. Und jetzt: ganz andere, vielfach gebrochene Linienführung; zum Teil hinter dem Hange, mitten durch Wälder, Häuser und Ortschaften hindurch; sorgfältig bekleidete und entwässerte Gräben mit zahllosen Schulterwehren, mit Unterschlupfen, Schützenlöchern, betonierten Unterständen, Stollen und mannigfachen Einrichtungen für den Hausgebrauch: Latrinen, Öfen, Handgranatenkästen usw. Vor den Stellungen eine ganze „Hinderniskunst" — mehrfache Reihen von verpflöckten Drahtgeflechten, spanische Reiter, Ausfallgassen, Horchlöcher und -Sappen und hundert andere Dinge mehr. Dann die Einbauten für Maschinengewehre, Minen- und Ladungswerfer, für Flankierungsgeschütze, für Artilleriebeobachter und Fernsprecher; schließlich die Stellungsbauten für die der Zahl und den Kalibern nach über alles, früher für möglich Gehaltene weit hinausgewachsene Feld- und schwere Artillerie. Und für alle diese Bauten nicht etwa ein Muster und eine Regel, sondern unausgesetzte Änderungen und Verbesserungen auf Grund der im bisherigen Stellungskriege zu allen Jahreszeiten und auf allen Heeresfronten gemachten Erfahrungen unter Anpassung an das Gelände und an die gleichfalls beständig wechselnden Bauten und Gewohnheiten des Gegners.

Es ist ein förmliches Studium der in diesen Verfügungen der Obersten Heeresleitung, des Oberbefehlshabers Ost und der Armee-Abteilung enthaltenen Grundsätze und Ratschläge notwendig, ganz besonders auch noch über die Anzahl und die Lage der hinter der vordersten Kampflinie anzulegenden weiteren Verteidigungslinien und Stellungen. Ich vertiefe mich umso gründlicher darein, als ich in Usszjany sogleich den Auftrag erhalten habe, eine 30 Kilometer lange dritte Stellung auszusuchen und abzustecken, sowie die Unterlagen für Infanterie- und Artilleriestellungen samt Unterständen baldmöglichst vorzulegen.

4. Januar. Zunächst mache ich bei den benachbarten Generalkommandos und Divisionen meine Antrittsbesuche und beginne heute mit dem Generalkommando des XXXIX. Armeekorps im benachbarten Kloster Antolepty. Dort finde ich in dem Generalleutnant v. Lauenstein ebenfalls einen Bekannten aus früheren Generalstabszeiten, der in Frieden und Krieg schon manches erlebt hat — im Frieden als deutscher Militärbevollmächtigter in Petersburg während des russisch-japanischen Krieges und als Flügeladjutant des Kaisers, im Kriege als Generalstabschef der 2. deutschen Armee Bülow beim Vormarsch an die Marne und als Kommandierender General.

5. Januar. Der erste Generalstabsoffizier des XXXIX. Armeekorps hält uns im Divisionsstabsquartier Bolze einen lehrreichen Vortrag darüber, wann und wie die deutschen Stellungen westlich Dünaburg im Herbst 1915 entstanden und nach welchen Grundsätzen und Erfahrungen sie ausgebaut sind. Im Anschluß daran habe ich die Freude, meine Infanterie- und Artilleriekommandeure bei mir zu Tisch zu sehen und von ihnen Näheres von dem Einleben der Truppen der Division zu hören, die inzwischen in zwei großen Gruppen südwestlich Nowo-Alexandrowsk und nördlich Antolepty in Unterkunft gegangen sind, und zwar die größere Südgruppe hinter dem XXXIX. Armeekorps, die kleinere Nordgruppe hinter dem I. Armeekorps. Das Einleben in die neuen Verhältnisse ist nicht leicht, denn der Unterbringungsraum der 107. Inf.-Division war in den letzten Wochen und Monaten ganz leer, abgesehen von den wenigen Einwohnern, und ist infolgedessen von allen rechts und links liegenden Truppen in förmlichen Raubzügen zur besseren Ausstattung ihrer Winterquartiere ausgeplündert worden. So fehlen überall Möbel, Fenster und Türen — ja vielfach ganze und halbe Dächer, insbesondere aber auch alle nicht eingemauerten Öfen, und ebenso kahl und kalt, wie die Wohnhäuser, sind auch die Scheunen und sonstigen Stallungen. Mensch und Tier, ohnehin stark verwöhnt durch das milde serbisch-ungarische Klima, frieren daher Tag und Nacht empfindlich; aber da das Frieren nicht angenehm und auch gesundheitsschädlich ist, und da Klagen allein nicht hilft, so wird allenthalben, ähnlich wie bei uns im Divisionsstabsquartier, fieberhaft gearbeitet, um noch vor Wiedereintritt strengerer Kälte leidlich warme Quartiere und Ställe zu bekommen. Etappe und Armee helfen dabei großzügig aus, eiserne Öfen, Bettstellen, Stroh, Bretter, Balken,

auch einfache Möbel rollen mit Bahn, Schlitten und Wagen heran. Aber bei dem Einbau der eisernen Öfen ereignen sich auch wegen der dicken feuergefährlichen Strohdächer schwere Brandfälle, denen mitsamt den Scheunen namentlich Pferde, Sattelzeug und sonstige Ausrüstungsgegenstände, aber auch Menschen zum Opfer fallen. Leider muß ich auch nachträglich hören, daß bei einem Regiment auf der Bahnfahrt ein sehr bedauerliches Brandunglück vorgekommen ist: in einem der strengen Kälte wegen mit Stroh belegten Güterwagen ist dieses bei Nacht vermutlich durch einen vom Ofen ausgesprungenen Funken entzündet worden, die Mannschaften mußten in voller Fahrt auf das Nebengeleise herausspringen; dabei gab es einen Toten und rund 20 mehr oder weniger schwer Verbrannte und Verletzte. Solch ein Krieg, der Millionen auf Schienen und Fuhrwerken hin und her wirft, Hunderttausenden mit Pferden und Wagen zu tun gibt, die davon früher keine Ahnung hatten, immer neue und noch unerprobte Kriegs- und Kampfmittel einführt wie Handgranaten, Granat-, Ladungs- und Minenwerfer, Gasgeschosse usw., solch ein Krieg bringt außer den Verlusten durch das feindliche Feuer auch noch als weiteres Übel eine Unzahl von Unglücksfällen meist schwerer Art mit sich.

11. Januar. Es wird etwas kälter, 7—8 Grad C. Heute starkes Schneegestöber, wunderhübsch anzusehen. Rechtzeitig treffen auch für mich und die im Kraftwagen fahrenden Herren gute Winterpelze ein: der meinige ist ein besonders schöner Bisampelz mit Biberkragen. Ebenso einige hundert Schneeschuhe zur Ausbildung von Schneeschuhtrupps bei jedem Infanterieregiment; ein halbes Dutzend behalten wir aber zum eigenen Gebrauch beim Divisionsstab.

Mein Stübchen ist ganz „mollig" geworden: sehr klein, aber warm und sonnenbeschienen. Geschickte Hände haben ein Kleider- und Büchergestell verfertigt. Über meinem aus Polen mitgeführten Feldbett breitet Leo XIII. segnend seine oberpriesterlichen Hände aus. Auch sonst ist der Stab leidlich untergekommen: allerdings hausen im oberen Stock sechs Herren in einem Saale, der nur durch Bretterwände in drei Abteile geschieden worden ist. Ein wahres Wunder ist aber mit dem unscheinbaren Äußeren unseres Rittergutsgebäudes geschehen. Herr v. Veltheim hat es von oben bis unten mit Tannenreis benageln lassen, einschließlich Holzgalerie und davor aufgestelltem Schilderhaus, und so sieht es im Schneetreiben höchst poetisch und freundlich aus und erweckt bei den Besuchern allgemeine Bewunderung. Und unter dem Saale haben wir im Erdgeschoß unser „Kasino" aufgeschlagen, anfangs freilich nur matt beleuchtet mit Kerzen in Flaschenhälsen, dann aber glänzend durch elektrisches Licht.

Auch die Post arbeitet wieder — die Briefe aus Süddeutschland brauchen vier Tage. Als ein lebendiger Gruß aus der Heimat trifft außerdem eine württembergische Proviantkolonne bei der 107. Inf.-Division ein — freilich auf dem Umweg über Serbien — eine der vier neuen Kolonnen, die die Division an Stelle der in Serbien zurückgelassenen erhält. Als wertvolle Erinnerung an unseren serbischen Feldzug erhalte ich jetzt von allen Seiten — insbesondere aber von Oberstleutnant Frhr. v. Reitzenstein — schöne und interessante Bilder.

Die Erinnerung an einen anderen Kriegsschauplatz, den von Pinsk, wird in schmerzlicher Weise wachgerufen durch die Nachricht von dem tragischen Tod, den mein dortiger Divisionsnachbar, Generalmajor Fabarius, infolge eines verräterischen Überfalls durch Kosaken in seinem Nachtquartier nahe der vorderen Stellung erlitten hat.

Friedenstauben durchschwirren die Luft. Nikita von Montenegro wenigstens möchte einlenken! Aber andererseits beschließt Frankreich die Aushebung der 18jährigen und erwägt England die Einführung der allgemeinen Wehrpflicht; außerdem sammelt der Vierverband nach endgültiger Aufgabe des Gallipoli-Unternehmens eine große Armee bei Saloniki. So glaube ich an Fortsetzung des Krieges und zweifle im Innern keinen Augenblick daran, daß er nur durch eine große Kraftanstrengung und Entscheidung im Westen siegreich für uns beendet werden kann. Dort führen die französischen und englischen Machthaber trotz aller Mißerfolge ihrer Waffen noch immer eine solch überhebende Sprache, daß dagegen nur kräftige strategische und taktische Schläge helfen. Vorläufig haben mit Austeilung solcher unsere Zeppeline und Flieger in großzügigen Flügen nach und über Paris und London begonnen. Und auch unsere Unterseeboote zeigen vermehrte Tätigkeit.

15. Januar. Meine Bataillone arbeiten am Ausbau der wegen Mangel an Arbeitskräften bisher noch immer nicht fertig gewordenen zweiten Stellung der Armeeabteilung Scholtz. Im Herbst wäre das keine schlimme Aufgabe gewesen, aber jetzt ist der Boden fest gefroren und wechselt Schneefall mit eiskaltem Regen ab. Man erzählt, daß es in Litauen sieben Winter gäbe, das heißt, daß siebenmal neuer Schnee fällt. Das scheint sich zu bewahrheiten.

16. Januar. Ich besuche und begrüße die Bataillone bei der Arbeit. Sie ist heute, bei 17 Grad Kälte, ganz besonders schwer; in dem hartgefrorenen Boden muß die Stellung mit dem Eispickel und Meißel ausgehauen und ausgestemmt werden; dabei weht ein eisiger Wind immer neue Schneemengen in die eben entstandenen Gräben. Die Leute sehen aus wie Schneemänner. Zum Teil arbeiten sie nachts in den vorderen Stellungen in weißen Schneehemden. Was zum Schutz gegen Kälte und Nässe geschehen kann, geschieht allerdings: die Mannschaften bekommen Lungenschützer und warme Ärmelwesten, Lederhandschuhe für die Arbeiten an den Drahthindernissen und Holzpantinen zum Arbeiten in den nassen Gräben. Auch eine Teeküche ist an jeder Arbeitsstätte. Aber es bleibt doch eine schwere Kraft-, Stimmungs- und Gesundheitsprobe, dieses andauernde Arbeiten. Und gerade deshalb ist es notwendig und nützlich, daß die höheren Vorgesetzten die Truppen häufig besuchen, aufmuntern und begrüßen.

Heute soll ich dabei mein vollgerütteltes Maß von Strapazen abbekommen. Bei der Rückfahrt von Nowo-Alexandrowsk, wo ich die Ruhequartiere besehe, liegt der Schnee meterhoch auf der Straße, dazu eisiger Wind. Ein geschlossenes Auto zu bekommen, ist mir bis jetzt nicht gelungen. So wird es dunkel — plötzlich versagt der Motor vollständig: wir sitzen mitten auf der verschneiten Landstraße weitab von jeder Ortschaft, eine Stunde von Nowo-Alexandrowsk entfernt. Da hilft nichts: aussteigen, den Stock zur Hand und in mühsamem Marsch durch den tiefen Schnee zurück nach Nowo-Alexandrowsk. Ganz zufälligerweise kommt uns nach einer halben Stunde ein anderes Auto entgegen; wir besteigen es und kommen in tiefdunkler Nacht bei immer strengerer Kälte bis dahin, wo unser Sträßchen nach Bolze von der großen Etappenstraße rechts abzweigt und wo uns unsere Pferde und Schlitten erwarten. Ich bin durch und durch gefroren, meine Finger und vor allem mein Nacken brennen wütend. Nun in den Schlitten; aber der Weg, soweit man ihn überhaupt erkennen kann, ist spiegelglatt, die Pferde rutschen beständig, zweimal werfen wir um. Aber schließlich kommen wir doch noch nach Hause, wo heißer Tee, Grog und eine warme Bettflasche die erstarrten Lebensgeister allmählich wieder herstellen.

17. Januar. Wie zur Belohnung trifft heute ein preußischer und österreichischer Halsorden und der türkische Halbmond samt Imtiazmedaille ein — wertvolle Erinnerungszeichen daran, daß es mir vergönnt war, mit meiner Division bei weltgeschichtlichen Balkanentscheidungen mitzuwirken. Zu meiner Freude sind auch der Divisionsstab und die sonstigen Stäbe und Truppen bedacht.

Der Kommandeur des Res.-Inf.-Regiments 52, Major v. Kornatzki, wird zu anderweitiger Verwendung in das Preußische Kriegsministerium abberufen; an seine Stelle tritt aus der Heimat Oberstleutnant Graf Keller.

Wir beginnen wieder mit der Ausbildung der Truppe, namentlich der Kompagnien. Ich ordne Besichtigungen an, die des kriegerischen Reizes schon deshalb nicht entbehren, weil sie teilweise im feindlichen Artilleriefeuer stattfinden. Immer wieder machen wir dabei die Erfahrung, welch vortreffliche und von bestem Ehrgeiz beseelte, willige Kräfte wir in unseren K.-Leutnants besitzen, die nur der Anleitung und Förderung durch die aktiven Offiziere bedürfen.

Eine ernste Sorge wird das Durchbringen der Pferde durch den Winter, die sich infolge der großen Sommer- und Herbststrapazen ohnehin in recht abgemagertem Zustande befinden und nun bei drei Pfund Hafer und wenig Heu und Stroh allerhand Nährungsversuche mit Moos, Schilf, Zuckerabfällen, Sägemehl usw. über sich ergehen lassen müssen. Sie hungern aber dabei tüchtig — der sicherste Beweis dafür ist der Anblick des von ihnen überall zernagten Gebälks in den Scheunen und Stallungen. Und nun finden bei uns, wie bei allen Ostarmeen, Rotz und Räude eine fast erschreckende Verbreitung. Den Rotz haben wir zum Teil von Serbien mitgebracht, zum

Teil ist diese Pferdekrankheit aber auch in Polen-Litauen dauernd zu Hause, was für die Räude in vollstem Umfange zutrifft. Unsere Veterinäre haben jetzt einen äußerst anstrengenden Dienst; mein besonders pflichttreuer Stabsveterinär Krüger ist ununterbrochen unterwegs — keine Kleinigkeit bei dieser Witterung. Auch bei unseren eigenen Pferden bricht die Räude aus — mein Beberbecker fängt an. Daß Rotz tödlich ist, war seit langem bekannt, weniger aber das, daß auch Räude, wohl auch infolge der anfangs zu scharf angewandten Einreibemittel, die Pferde derart schwächt, daß sie nach anscheinend überstandener Krankheit bei irgendwie stärkerer Inanspruchnahme an Herzschlag eingehen.

Was die Mannschaften anbelangt, so habe ich wenig zu klagen, nur ein Übelstand zeigt sich in solchen Ruhezeiten: die Unlust älterer, namentlich verheirateter Leute, die früher nicht gedient haben, den Befehlen der im Lebensalter meistens so sehr viel jüngeren Offiziere und auch Unteroffiziere im kleineren inneren Dienst zu gehorchen. Kommt dann noch jähzornige Anlage oder Betrunkenheit des Mannes und nicht einwandfreie Befehlsgebung des Vorgesetzten dazu, dann entstehen böse Zusammenstöße, deren Ahndung die Kriegsgesetze mit Recht mit den schwersten Strafen bedrohen; denn der Gehorsam ist der Grundpfeiler jeder Armee und jeder kriegerischen Leistung. Ich werde nicht müde, darauf hinzuwirken, daß die jungen Vorgesetzten dazu erzogen werden, auch außerhalb des Gefechts klar und bestimmt zu befehlen, vor allem aber auch nichts Ungehöriges zu verlangen und nichts in unnötig barschem, verletzendem Tone.

13. Februar. Die Unterbringungs- und Lebensverhältnisse der Truppe verbessern sich allmählich, ebenso auch bei uns im Stabe. Aber das enge Zusammenleben in einem verhältnismäßig kleinen Gebäude und die mit der Dauer des Feldzuges zunehmende Reizbarkeit der Nerven läßt jetzt doch zuweilen kleine Flämmchen der Eifersucht oder Zwietracht aufzüngeln, die ich als „pater familias" im Keime ersticke, und zwar meistens mit der Waffe des Humors. Meine poetische Ader regt sich; ich schildere unsern kleinen Stab in kurzen Scherzgedichten — darunter auch unsern allbeliebten, vortrefflichen Ordonnanzoffizier vom 6. Kürassier-Regiment, Oberleutnant v. Trotha.

In der Hauptsache führen wir aber in Bolze ein für Kriegsverhältnisse wahrhaft idyllisches Leben. Wir machen schöne Ritte in die Umgebung, wir laufen Schneeschuh auf den Hängen und Schlittschuh auf einer nahe dem Hofe angelegten guten See-Eisbahn. Einen ganz besonderen Genuß bereitet uns aber das Schlittenfahren auf dem weichen Sammet der großen Seeflächen im kleinen, niedrigen, einspännigen Schlitten im Trab und Galopp. Nachmittags Lesen der immer anregenden „Auszüge aus der Auslandspresse". Vor dem Abendessen ein nervenstärkender Spaziergang mit meinem vortrefflichen juristischen Berater mit allerhand Aussprache über Gott und die Welt, namentlich auch über unsere innerpolitischen Verhältnisse in Deutschland und Preußen, wo wir in gutem Sinne fortschrittliche Reformen für unbedingt nötig halten. Abends Schach, Domino, Skat im lieblichen Wechsel.

Außerdem bietet der kameradschaftliche Verkehr mit den benachbarten Stäben viel Anregung und Abwechslung. Ich besuche die Kommandeure der 87. und 88. Inf.-Divisionen, die Generalleutnants v. Foerster und v. Menges, und bin zu einem fröhlichen Theaterabend bei der Armee Scholtz eingeladen. Wir Generale besprechen die Kriegslage und treiben auch etwas ungefährliche Politik: wir verfügen über Polen, Serbien, Belgien — auch die Reichslande — nach unserem Geschmack. Bei den Gegenbesuchen der Generale v. Scholtz, v. Lauenstein und v. Foerster geben wir in Bolze kleine Feste, als deren Höhepunkt jedesmal ein Korso von acht bis zehn mit Tannenreis geschmückten Schlitten über unsere drei Seen hinwegführt. Sogar kleine Pferde- und Schneeschuhrennen veranstalten wir auf dem See.

Schlittenfahrt auf den Seen bei Bolze

15. Februar. In unsere Idylle dringen die ersten Gerüchte von einer größeren deutschen Unternehmung, und zwar zu meiner „kopfschüttelnden" Verwunderung gegen Verdun. Mein Freund, der württembergische Generalmajor v. Lotterer, Kommandeur der 5. Feldart.-Brigade, schreibt, wenn auch nur in Andeutungen, von wichtigen artilleristischen Erkundungen, die ihm in dortiger Gegend aufgetragen sind. Aber auch an der Ostfront wird es lebhafter, am lebhaftesten freilich ganz unten im Süden, wo die Russen plötzlich starke Angriffe gegen die Armee Pflanzer-Baltin richten.

26. Februar. Welch eine überraschende Nachricht: die Feste Douaumont, der Eckpfeiler der Befestigungen von Verdun, ist erstürmt! Nun ist der Schleier gelüftet: die deutsche Heeresleitung will der seit so vielen Monaten von der Entente angekündigten großen Frühjahrsoffensive der Franzosen und Engländer im Westen durch den Angriff auf Verdun zuvorkommen und sie dadurch unmöglich machen. Diese Absicht gibt uns Anlaß zur Abwägung und Besprechung ihrer Vor- und Nachteile. Ich fürchte sehr, daß die letzteren überwiegen.

2. März. Feierliche Überführung der Leiche des Generals v. Menges, der in treuester Pflichterfüllung im vordersten Graben am Herzschlag gestorben ist. Ein schöner Soldatentod.

6. März. Im Gegensatz dazu sehr vergnügte Fastnachtsfeier in dem durch allerhand Jugend- und Simplizissimusbilder, sowie durch große Kreidezeichnungen unseres talentvollen jungen Zeichners und Malers im Divisions-

stabe, des Musketiers Wassowschke, festlich geschmückten „Rittersaale" des Gutshofes Bolze.

Ringsum auf den Feldern sind jetzt alle verfügbaren Gespanne bei der Frühjahrsbestellung beschäftigt. Meine Truppen arbeiten immer weiter bei den vorderen Divisionen und exerzieren im übrigen. Aber im April soll es wieder überall „losgehen", auch im Osten. Da will ich doch vorher nach Hause fahren, um dort nach dem Rechten zu sehen.

9. bis 11. März. Im Kraftwagen nach Kowno zusammen mit dem gleichfalls in Urlaub fahrenden Kriegsgerichtsrat und Intendanturrat. Dann Königsberg (Dom- und Blutgericht), das schöne alte deutsche Danzig (Rathaus, Artushof) und die Schichauwerft, wo wir unter liebenswürdiger und sachkundiger Führung den im Bau begriffenen gewaltigen Personendampfer Hindenburg, sowie einige Kriegsschiffe besichtigen dürfen. Auf der Weiterfahrt nach Ulm lese ich in der Zeitung die mich tief erschütternde Nachricht, daß mein lieber Freund Lotterer am 4. März im Panzerturm des Forts Douaumont, an dessen Niederkämpfung er hervorragenden Anteil genommen hatte, von einer feindlichen Granate tödlich getroffen und bald darauf seiner Wunde erlegen ist.

12. März. Ulm. Zu Hause. Wiedersehen. Ich entwerfe einen kleinen Plan für die Ausnutzung des Urlaubes, wobei Einkäufe und auch der Zahnarzt eine Rolle spielen. Aber schon nach drei Tagen Telegramm: Sofortige Rückkehr geboten! Meldung in Wilna bei Oberkommando 10. Armee! Hart! aber nicht zu ändern.

16. März. Also Abreise nach Berlin. Dort habe ich 7 Stunden fahrplanmäßigen, unfreiwilligen Aufenthalt, die ich zum Besuche einer ausgezeichneten Vorstellung des „eingebildeten Kranken" in den deutschen Kammerspielen benutze. 11 Uhr abends im Schlafwagen weiter.

18. März. Ankunft in Wilna. Ich begrüße den Generalstabschef der 10. Armee, Oberst Hell, einen alten Bekannten, melde mich beim Oberbefehlshaber, Generaloberst v. Eichhorn, werde zum Frühstück eingeladen und erfahre, daß meine Division sich seit dem 15. in eiligstem Abtransport von Gegend Bolze nach Goduzischki befindet und daß ihre vordersten Teile schon heute in den dort entbrannten schweren Kampf eingesetzt sind.

19. März. Mit Militärzug durch hübsch gegliedertes Hügelland nach Nowo-Swenzjani (von der Truppe Neu-Schwänzchen genannt); dann mit Kleinbahn nach Goduzischki — in 7 Tagen etwa 4000 Kilometer Bahnfahrt. Der mich im Auto vom Bahnhof abholende Hauptmann v. Veltheim berichtet mir, daß die Truppen der Division am 18. und 19. bataillonsweise und batterieweise in die aufs härteste bedrängte Kampflinie der 42. Inf.-Division nördlich Postawy hineingeworfen, daß aber bisher alle russischen Angriffe abgeschlagen sind. Bei schwerem Kanonendonner steige ich in Goduzischki in einem kleinen, unmittelbar an der Straße gelegenen Häuschen ab,

Russische Gefangene

wo ein winziges Zimmer mein Quartier darstellt. Vor dem Häuschen stehen gefangene Sibiriaken, junge gesunde Kerle.

20. März. Die ganze Nacht schweres Feuer. Ich orientiere mich genauer über die Lage. Die Russen haben sich, anscheinend auf dringendes Bitten der bei Verdun hart bedrängten Franzosen hin, anfangs März plötzlich zu einer großen Entlastungsoffensive zu beiden Seiten des Narocz-Sees entschlossen, offenbar mit dem großen Durchbruchsziele Wilna. Glücklicherweise sind dieser Offensive merkbare Anzeichen vorausgegangen: vor allem seit dem 11. zahlreiche Überläufer, die alle von bevorstehenden großen Angriffen berichteten, denen sie sich entziehen wollten; dann aber auch Agentennachrichten und aufgefangene Funksprüche. Diese Anzeichen waren um so wertvoller, als in den letzten Wochen das Wetter Fliegererkundungen fast unmöglich machte, so daß die ohnehin durch dichte Waldungen erleichterte Ansammlung von russischen Infanterie- und Artilleriemassen gegenüber unserer Front auf anderem Wege nicht hätte festgestellt werden können. So konnte der Oberbefehlshaber Ost, Generalfeldmarschall v. Hindenburg, noch gerade rechtzeitig, verfügbare Reserven zur 10. Armee in Bewegung setzen, und so ist auch die 107. Inf.-Division gerade noch im richtigen Augenblick bei Goduzischki eingetroffen.

Aber die Lage ist trotzdem sehr ernst. Seit dem 16. haben die Russen Angriffsgassen in ihre Hindernisse geschnitten und sich auf die Stellungen der 42. Inf.-Division westlich und nordwestlich Postawy langsam steigernd eingeschossen. Diese Stellungen aber sind, namentlich auf der Strecke Mosheiki — Wileity, taktisch ungünstig gelegen und nur sehr schwach ausgebaut. Bei Muljarshe geht der Wald auf kaum 150 Schritt an unsere Stellungen heran, gestattet daher ungesehene Annäherung. Die Brustwehr des Grabens ist wegen des hohen Grundwasserstandes auf den gewachsenen Boden aufgesetzt, daher wenig standfest. Vor allem fehlen aber, und das ist das Schlimmste, sowohl in der vorderen Linie wie hinter dieser, schußsichere Unterstände fast ganz, bombensichere vollkommen. Die schwache Besatzung der Front Muljarshe—Wileity hatte nicht ausgereicht, um solche Unterstände in genügender Anzahl zu schaffen. Eine zweite oder gar dritte Verteidigungslinie unmittelbar hinter der ersten ist nicht vorhanden; die nächste Stellung liegt in der Linie Goduzischki—Welka Olsa, 3 Kilometer hinter der vordersten Kampflinie; gedeckte Verbindungswege zwischen erster und zweiter Stellung bestehen nicht. Seit dem 18. früh arbeitet nun aber der Russe mit Trommelfeuer gegen diese schwache Stellung, die noch am 17. nur von vier Bataillonen besetzt war. Schon ist das schwache Hindernis fast überall zerstört und schon ist die Brustwehr an vielen Stellen eingeebnet. Tag und Nacht finden wütende Massenangriffe statt. Und mitten in diese hinein sind meine Bataillone vom Ausladebahnhof weg, teilweise bei Nacht, in gänzlich unbekanntem Gelände unter dem Befehl von unbekannten Führern hineingeworfen worden. Das ist eine schwere Kraftprobe für meine Infanterie, von der ein gutes Drittel — unser Ersatz seit Serbien — dabei die erste Feuertaufe erhält. Aber sie haben bis jetzt gut ausgehalten. So rufe ich ihnen in einem kurzen Divisionsbefehl ein herzliches und aufmunterndes „Glück auf" zu.

Glücklicherweise ist die Artillerie der 42. Inf.-Division, in die meine Batterien einschieben, zahlreich, sehr gut eingearbeitet und auch genügend mit Munition versehen. So werden auch heute die feindlichen Angriffe abgeschlagen. Aber die Verluste sind erheblich.

Ich begrüße den im Goduzischkier Pfarrhaus einquartierten Kommandeur der 3. Kav.-Division, General v. Etzel, wiederum einen Generalstabsbekannten von früher her, dessen Divisionsfront nördlich an die der 42. Inf.-Division anschließt.

In der Nacht zum 21. schwillt das Feuer zu unheimlicher Stärke an. Von Ruhe und Schlaf ist aber auch abgesehen davon keine Rede; denn auf der bergansteigenden Straße vor meinem Quartier herrscht ein ununterbrochener Lärm von vorbeimarschierenden Truppen und Kolonnen aller Art und von aufwärts keuchenden oder abwärts sausenden Kraftwagen.

21. März. Der Führer meiner schweren Feldhaubitzbatterie, Hauptmann Stock, ist verwundet. Heute ist mein 56. Geburtstag. Lärmender konnte er nicht gefeiert werden, auch nicht spannender. Zwei Drittel meiner Bataillone und Batterien stehen in schwerem Kampfe, Verwundete strömen an meinem Hause vorbei, Gefangene werden eingebracht. Mein Regiment 232 wirft die im Nordabschnitt eingedrungenen Russen in tapferem Gegenstoß wieder hinaus und macht 150 Gefangene. Neue Truppen, Landwehrbataillone verschiedener Regimenter treffen am Bahnhof Goduzischki als Reserven ein.

Am Abend ist der ganze Horizont voll von weißen und farbigen Blitzen und Leuchtkugeln, ein prachtvoller Anblick.

22. März. In der Nacht schauderhaftes, naßkaltes Regenwetter. Arme Truppen; nun taut der 1 Meter tief gefrorene Boden auf, der Kampf-

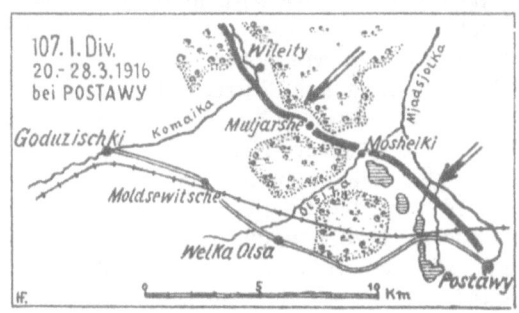

graben und die wenigen vorhandenen Unterstände füllen sich mit Wasser! Warme Verpflegung kann wegen des Feuers und auf den tiefen Wegen nicht vorgebracht werden.

Ein Telegramm Hindenburgs, das die tapferen Leistungen der nördlich und südlich des Narocz-Sees kämpfenden Truppen warm anerkennt und rühmt, trifft ein; wir ersehen daraus und aus dem lebhaften Anteil der Presse den Ernst und die Bedeutung der Kämpfe. Dieser Ernst tritt heute in besonderem Grade an mich heran: ich übernehme 6 Uhr abends den Befehl über die Frontlinie Mosheiki—Wileity im bedenklichsten Augenblick. Die vier Bataillone der 42. Inf.-Division, die seit dem 18. in diesem Abschnitt tapfer

Unsere Kampfstellung

gekämpft, aber inzwischen auch schwere Verluste erlitten haben, müssen herausgezogen werden; meine Truppen sind aber durch den stoßweisen Einsatz gänzlich durcheinander gewirbelt und mit ebenso schnell hineingeworfenen Landwehrtruppen vermischt. Das Drahthindernis besteht nicht mehr, der Kampfgraben ist zerschossen und voll Wasser, ebenso die kleinen schwachen Stützpunkte hinter der vordersten Linie. Die Verteidiger der vorderen Linie liegen teils vor, teils hinter dem Kampfgraben, buchstäblich im Wasser, die Unterstützungen und Reserven aber völlig schutzlos in den zu Stecken zerschossenen Waldstücken hinter der Kampflinie, der sogenannten Mulischneise und dem Hindenburgwald. Dabei steht unsere leichte und schwere Artillerie unheimlich nahe, teilweise 1000—1500 Meter hinter der vordersten Linie.

Es heißt also, selbst den Kopf hoch halten und zugleich den der Truppe. Um jeden Zweifel auszuschließen, befehle ich nochmals ausdrücklich, daß die vorderste Kampflinie unter allen Umständen zu halten und daß, wo etwa Stücke vorübergehend verloren gehen sollten, diese sogleich wieder durch

Gegenstoß zu nehmen sind. Glücklicherweise kann ich mich auf meine Regimentskommandeure verlassen. Ich spreche vom Gefechtsstand Moldsewitsche aus durch Fernsprecher mit ihnen, stelle ihnen Unterstützung aus meinen Reserven zur Verfügung und betreibe die Zufuhr warmer Verpflegung mit allen Mitteln. Vor allem versichere ich mich aber der andauernden Unterstützung durch unsere Artillerie, denn das feindliche Artilleriefeuer geht ununterbrochen weiter und fügt der Infanterie schwere Verluste zu; es muß daher dauernd von uns erwidert werden, sonst erlahmt der Mut und die Hoffnung unserer Infanterie. Dann ordne ich die Verbände. Die Verschiebungen können nur allmählich und bei Nacht stattfinden.

23. März. Es ist in der Nacht plötzlich Frost eingetreten, 6—7 Grad Kälte; das Schlimmste, das uns passieren konnte. Denn die Offiziere und Mannschaften stecken seit zwei Tagen in patschnassen Stiefeln, Strümpfen und Hosen; nun kommt aus der ganzen vorderen Linie die Hiobsbotschaft, daß Hunderte von Leuten und eine große Anzahl von Offizieren die Füße und Beine erfroren haben, manche so, daß sie nach rückwärts getragen werden müssen. Ich spreche schon am Nachmittag einige solche

Der zerschossene Hindenburg-Wald

arme Leute, die sich noch zu Fuß im wahren Sinne des Wortes nach rückwärts geschleppt haben. Sie werden sogleich in ärztliche Behandlung genommen; aber schon am Abend erfahre ich, daß manche ernste Fälle darunter sind und daß Amputationen notwendig werden. Unter diesen Umständen muß alles Denkbare geschehen, um die vorderen Truppen durch frische mit trockener Bekleidung abzulösen, was mitten im Kampf und Feuer freilich nicht leicht ist. Truppen sind aber jetzt dank den energischen Anordnungen des Armee- und Generalkommandos in genügender Zahl vorhanden; ich verfüge heute schon im ganzen über 17 Bataillone. Allerdings zählen die Regimenter der vorderen Linie statt je 3000 Mann kaum noch je 1000. Sehr schlimm ist es auch, daß die aus der Front zurückgezogenen Truppen nur sehr schlechte Unterkunft finden. Die Ortschaften sind überfüllt, Baracken gibt es nicht; wo bisher 3—4 Bataillone Unterkunft fanden, liegen jetzt 17 Bataillone und allmählich 18 Batterien in fürchterlicher Enge. Auch an Öfen und Heizmaterial fehlt es. Wir tun, was wir können, um zu helfen. Sorgenvoller Tag und ebensolche Nacht.

24. März. Immer noch Frost und andauerndes Artilleriefeuer. Erschreckend viele Frostkranke, schon jetzt über 500. So darf es nicht weitergehen. Ich verschaffe der Division einen weiteren guten Unterkunftsort in Nowo-Goduzischki, wohin ich täglich ein anderes Bataillon zum Ausruhen und Wärmen legen will. Was ich von den Kommandeuren der in Reserve rückenden Truppen mündlich über die Zustände vorn höre, erfüllt mich mit Bewunderung für unsere Truppen; so oft die Russen angreifen, finden sie unsere Offiziere und Mannschaften auf dem Posten. Nach wie vor ist die Unterstützung durch unsere Artillerie vortrefflich. So wird die Krisis ja glücklich vorbeigehen. Ein gewisses Abflauen der russischen Offensive ist auch unverkennbar. In diesem Sinne berichte ich dem in meinem Quartier eintreffenden Kommandierenden General des XXI. Armeekorps, General v. Hutier, der mich als Bekannten vom gemeinsamen Kommando zum Generalkurse der Feldartillerieschießschule in Jüterbog im Frühjahr 1914 begrüßt, wo noch keiner von uns Generalen an den nahen Ausbruch des Krieges dachte.

25. März. In der Nacht schweres Feuer. Der Divisionsstab siedelt nach Nowo-Goduzischki über. Es wäre in dem Tag und Nacht allem Straßenlärm ausgesetzten engen Quartier in Goduzischki nicht mehr auszuhalten gewesen. An Stelle des Kommandeurs der 65. Inf.-Brigade, Generalmajor Nagel, der bisher noch unter meinem Befehl das Kommando über die Infanterie des Abschnitts geführt hat, tritt mein Infanterie-Brigadekommandeur, Oberst v. Heydebreck. Ich bilde zwei Abschnitte unter ihm und dem ältesten Regimentskommandeur. Bis heute abend sind die Verbände wieder leidlich geordnet, ein großer Fortschritt. Immer wieder Meldungen über schwere Verluste der schutzlos im Gelände und in den Waldungen stehenden Reserven. Ich empfehle als einzig hier anwendbares Gegenmittel — da Eingraben unmöglich ist — Zerlegen in kleine Verbände und Deckungsuchen in eingliedrigen Formen.

Dankschreiben des Kommandeurs der 42. Inf.-Division, Generalleutnants v. Bredow: „Die Truppen der 107. Inf.-Division haben durch ihre glänzende Tapferkeit und unerschütterliche Ausdauer wesentlich dazu beigetragen, daß der Massenangriff der Russen zurückgewiesen und ein voller Erfolg errungen werden konnte."

26. März. Wir bewohnen ein einstöckiges, freistehendes, ziemlich neu gebautes Gebäude, anscheinend eine Art Sanatorium. Mein Arbeitszimmer war wohl mit seinen 5 Fenstern Operationssaal. Tag und Nacht klirren diese zahlreichen Fenster in Wohn- und Schlafzimmer. Und doch schläft man ein, freilich ein Ohr immer an dem neben dem Bett stehenden Fernsprecher.

3 Uhr morgens plötzlich Meldung: „Die Russen sind in Intoka (westlich Muljarsche)! Die dortige Batterie ist weggenommen." Im Kraftwagen nach Moldsewitsche auf den Gefechtsstand! Die Nachrichten jagen und widersprechen sich. Ich alarmiere Reserven und schicke sie nach Intoka zum Gegenstoß. Spannende Stunden voll Verantwortung! So klein mein Verband im Verhältnis zu

den Riesenheeren der Gegenwart ist: hier, an meiner Front, will der Russe ernstlich durch; gelingt es ihm hier, so ist mein Name und der meiner Division für alle Zeit damit unrühmlich verknüpft. Und die Folgen sind nicht absehbar; denn unsere zweite Stellung ist nur im „Rohbau" fertig: Graben und schwaches Hindernis, aber kein einziger Unterstand und keine einzige ausgebaute Artilleriestellung.

Gegen 6 Uhr vormittags lichtet sich das Dunkel. Es sind tatsächlich etwa 150 Russen in der Morgendämmerung bis Intoka durchgekommen und haben auch die dortige Batterie überrannt. Aber der Kommandeur 232 hat seine Reserven eingesetzt; es ist zu wildem Handgemenge gekommen, bei dem Major v. Bartenwerffer durch Streifschuß am Kopf verwundet wurde. Jetzt sind aber die Russen teils tot, teils sind sie als Gefangene unterwegs zum Divisionsstabsquartier.

Also zurück nach Nowo-Goduzischki. Es gehen Meldungen ein, daß das russische Artilleriefeuer sich namentlich gegen das Hintergelände wesentlich verstärkt; ferner daß im Walde bei Muljarshe starke feindliche Truppen-

Gefangene Russen bei Intoka

ansammlungen stattfinden. Unsere Artillerie wirft durch einen starken Feuerüberfall große Geschoßmassen dorthin. Schon nachmittags melden Überläufer, daß dadurch die zum Mittagsangriff versammelten russischen Massen auseinandergesprengt worden seien. Aber der Angriff erfolge sicherlich noch. Ich erbitte und erhalte vier weitere Bataillone und Ersatz für die in den letzten Tagen zerschossenen 14 Maschinengewehre. In der Nacht starke Teilangriffe, die jedoch abgewiesen werden. Aber die Verluste sind groß.

27. März. Scheußlicher, kalter, regnerischer Morgen. Das Inf.-Regiment 232 verlangt Kähne, da das Gelände bei Intoka ein See geworden ist. Die Wege werden grundlos, der Olsizabach ist ein 40 Meter breiter Strom und läuft in die vorderen Gräben. Das Auto kommt kaum noch nach Moldsewitsche durch, auch Reiten ist fast unmöglich. Schon am frühen Morgen steigert sich das Feuer zum Trommelfeuer, und von 11 Uhr ab brechen die Massenangriffe los — diesmal hauptsächlich gegen den rechten Flügel und die Mitte der Division.

Ich bewege durch Fernsprecher meine Reserven in dem hin- und herwogenden Kampf, in dem der Russe mehrfach in unsere Stellung eindringt, aber stets wieder hinausgeworfen wird. Meine braven Regimenter und die der Division zugeteilten Landwehrbataillone — heute zusammen 21 Bataillone — halten trotz allem Feuer und aller Wetterunbilden überall stand; die Russen erleiden durch unser Infanterie-, Maschinengewehr- und Artilleriefeuer furchtbare Verluste, werden auch, sobald sie zurückgehen, von ihrer eigenen Artillerie und ihren Maschinengewehren rücksichtslos unter Feuer genommen. Es herrscht nach allen unseren Nachrichten von vorn Zuversicht bei Führern und Truppe. Gegen Abend flaut das Feuer, das heute vor der Front des ganzen verstärkten XXI. Armeekorps westlich und nordwestlich Postawy den höchsten Grad von Stärke erreicht hatte, unverkennbar ab; der Angriff ist abgeschlagen.

Abends zurück ins Divisionsstabsquartier. 8 Tage und Nächte höchster Nervenanspannung lösen sich in tiefen Schlaf, nachdem noch mehrere Meldungen der Infanterie und Artillerie eingetroffen sind, daß starke russische Kolonnen in südöstlicher Richtung abziehen.

28. März. Fröhliches Erwachen; herrlicher Sonnenschein. Es bestätigt sich: der Russe hat genug, er hat die Hoffnung auf den Durchbruch nördlich des Narocz-Sees aufgegeben und zieht ab!

Wir erleben heute eine seltene Freude: die, wenn auch nur uns erkennbare Erwähnung im Heeresbericht:

„Großes Hauptquartier, 28. März 1916.

Von neuem trieben die Russen gestern frische Massen gegen die deutschen Linien bei Postawy vor. In tapferer Ausdauer trotzten unsere Truppen des Saarbrücker Korps allen Anstürmen des Feindes. Vor den an ihrer Seite kämpfenden Brandenburgern Hannoveranern und Hallensern zerschellte ein in vielen Wellen angesetzter Angriff zweier russischer Divisionen unter schwerster Einbuße des Gegners.

Oberste Heeresleitung."

1700 Ersatzmannschaften aus Wilna und Warschau treffen ein, darunter freilich viele alte und müde Leute.

29. März. Ich besuche die Verwundeten in der großen Kirche von Goduzischki, die als Feldlazarett eingerichtet ist. Immer das gleiche Bild des Elends, aber auch der tapferen Ergebung.

30. März. Wir erbeuten russische Befehle. Zunächst einen Heeresbefehl des Zaren vom 17. März, aus dem hervorgeht, wie ernst diese Märzoffensive gemeint war. „Zar und Heimat erwarten von Euch jetzt eine neue Heldentat: die Vertreibung des Feindes aus den Grenzen des Reiches." Dann Korpsbefehle, die einen tiefen Einblick in den inneren Zustand des russischen Heeres gestatten. „Reserven und Maschinengewehre werden auf Abteilungen schießen, die sich gefangen geben. Alle an den Fingern Verwundeten und Selbstverstümmelten sind in die Schlacht zurückzuführen. Die Polizei hat die rückwärtigen Straßen zu bewachen." Aber auch erfrischende Sätze: „Einer muß dem andern helfen, sonst können wir nicht siegen" und: „Wo Blut tropft, muß man die Tintenfässer schließen."

31. März. Jetzt erst können wir unsere Gesamtverluste übersehen: Tot 7 Offiziere, 300 Mann, verwundet 32 Offiziere, 1160 Mann, vermißt 1 Offizier, 240 Mann (davon die meisten ertrunken oder verschüttet); erfrorene Gliedmaßen ernster Art 11 Offiziere, 300 Mann; Gesamtverlust der 107. Inf.-Division: 50 Offiziere, 2000 Mann, dazu noch etwa 500 leichter Erfrorene.

Das ist recht viel für 8 Tage! Aber nach allen Meldungen von vorn haben die Russen das Vielfache davon verloren. Bei uns haben Infanterie und Pioniere mehr als 95% der Verluste erlitten.

Ich erlasse einen Dankbefehl an die Truppen meiner braven Division, der mit den Worten schließt: „Ich beglückwünsche die Führer und Truppen zu dieser neuen Leistung, auf die ich stolz bin, gedenke dankbar der Braven, die ihre Treue mit dem Tode besiegelt haben, und mit den wärmsten Wünschen der Verwundeten."

1. April. Ich begehe in anstrengendem, fast achtstündigem Ritt und Gang die zerschossene Stellung, die wir sogleich und wesentlich stärker wieder ausbauen sollen. Der Eindruck ist ganz der nach den Schilderungen und Meldungen zu erwartende: die Wälder völlig zerschossen, kurz und klein geschlagen, wirr durcheinander; tief schlammige Wege, Tausende von Granattrichtern, bis an den Rand voll Wasser; die vordere Stellung kaum noch erkennbar und ganz unter Wasser. Aber wahrhaft erschütternd ist das russische Leichenfeld vor der Front, namentlich vor dem Hindenburgwald und der Mulischneise. Vom Drahtverhau bis zur feindlichen Stellung Hunderte und aber Hunderte von Leichen in allen Stellungen, zum Teil haufenweise. Nie vorher habe ich etwas derartiges gesehen. Unsere Leute

Granattrichter

Leichenfeld vor unserer Front

holen die unmittelbar vor unserer Stellung liegenden Leichen und beerdigen sie in Massengräbern. Von drüben pfeift nur von Zeit zu Zeit ein Infanterieschuß herüber, die feindliche Artillerie schweigt fast ganz. So ist daher auch die Stimmung meiner Truppen trotz all dem schweren Erlebten wieder gut. Baustoffe werden herangeschleppt, Pumpen angestellt, Herde und Öfen eingebaut und vor allem Waldhütten gegen die Witterung errichtet. Die neue Stellung selbst wird auf dem gewachsenen Boden mit dicken, 1—2 Meter weit auseinandergestellten Baumstammreihen, dazwischen Erde, ganz neu so aufgebaut, daß die zerschossene Stellung als Wassergraben vor der Front liegt. Auf dem Rückwege sehe ich mit Wehmut, wie die Kirchhöfe bei den Ortschaften, namentlich bei Jurewo, sich mit neuen Kreuzen bedeckt haben.

2. April. Der Feldmarschall v. Hindenburg hat es sich nicht nehmen lassen, trotz der für Kraftwagen unpassierbaren Wege mit der Kleinbahn zum verstärkten XXI. Armeekorps zu kommen, um den Truppen persönlich seine Anerkennung auszusprechen. Beim Bahnhof Goduzischki sind Abordnungen aller Truppen meiner Division aufgestellt. An diese

Massenbeerdigung

hält der Feldmarschall folgende, in ihrer Schlichtheit bezeichnende Ansprache:

„Kameraden! Ich bin hierhergekommen, um Euch meine Anerkennung auszusprechen für Euere tüchtigen Leistungen vor dem Feind. Ihr habt dem deutschen Gelübde Ehre gemacht. Ihr habt unter schweren Verlusten gekämpft; aber wir müssen durchhalten bis zum endgültigen Siege, durch den allein wir unserem Vaterland einen ehrenvollen Frieden schaffen. Das wollen und müssen wir; so wollen wir es auch weiter halten. Dies wollen wir aufs neue mit dem Ruf bekräftigen: Seine Majestät, unser alleroberster Kriegsherr, Hurra!"

Nachdem das begeistert aufgenommene Hurra verklungen war, teilte der Feldmarschall Eiserne Kreuze I. und II. Klasse aus und drückte jedem Beliehenen und auch mir glückwünschend die Hand. So war für mich der vom Feldmarschall beim Abschied in Kowno am 1. Januar 1916 ausgesprochene Wunsch des frohen Wiedersehens nach einem Siege in schönster Weise in Erfüllung gegangen.

General v. Hindenburg Oberst Hoffmann
Hindenburg bei Goduzischki

3. April. Die russischen Heeresberichte haben die unter dem Einsatze von mehreren russischen Armeekorps und unter erstmaliger Anwendung des, wie wir jetzt erfahren, von französischen Offizieren geleiteten Trommelfeuers eine ganze Woche lang durchgeführten blutigen Angriffe bei Postawy überhaupt nicht erwähnt: die neueste Art der Lüge, aber auch ein Zeichen der Schwäche. Dafür sind wir sonst eine „Sehenswürdigkeit" geworden: die ausländischen Berichterstatter, die Militärattachés der neutralen Staaten, der Chef der Armee-Abteilung Woyrsch, Oberstleutnant Heye, und andere beschauen sich das Kampffeld. Sie bekunden übereinstimmend, eine derartige Wirkung des Trommelfeuers und ein solches Leichenfeld noch nie gesehen zu haben. Ich erhalte aber heute auch eine erschütternde Schilderung meines Freundes Schoch, aus den Stellungen vor Verdun, geschrieben nach siebentägigem Aufenthalt in einem Unterstand, wonach dort erst recht „die Hölle" ist. Es ist kein Zweifel mehr, der Krieg nimmt immer furchtbarere Formen an.

14. April. Der Hausgeistliche der Kaiserin, Pfarrer Krummacher, besucht uns und hält bei Moldsewitsche eine packende Predigt unter dem noch

immer aus der Gegend südlich des Narocz-Sees herüberhallenden schweren Kanonendonner.

Im übrigen arbeitet die Division mit allen Kräften an der ersten Stellung, an den Unterständen und an der Gangbarmachung der geradezu fürchterlich gewordenen Wege. Weitere Kämpfe sind hier nicht mehr zu erwarten.

16. April. So kann ich meinen am 12. März jäh unterbrochenen Urlaub nachholen. Schöne Urlaubstage in der Heimat auf dem Lande.

Dort stelle ich am 30. April meine Uhr eine Stunde vor, erlebe die Spannung mit Amerika wegen der Unterseebootsfrage und erfahre, daß meine Division mit der Bahn zur Armeeabteilung Scholtz zurückbefördert wird.

4. Mai treffe ich wieder in Wilna ein und beschaue mir die stattliche, an der Wilja gelegene Stadt mit ihren schönen, großen Kirchen.

5. Mai. Eintreffen im hübsch gelegenen und freundlichen neuen Divisionsstabsquartier Gerkany bei Dukschty. Unter den zahlreichen, inzwischen von höherer Stelle eingegangenen Verfügungen befindet sich eine sehr lehrreiche mit 40 Ziffern: „Erfahrungen aus den Kämpfen am Narocz-See" — ein Beweis dafür, mit welchem Ernst und Eifer wir im Kriege den Krieg zu erlernen trachten.

6. bis 27. Mai. Idyllische Woche, schöne Ritte in der sehr hübschen, wald- und wiesenreichen Umgebung. Schöne Obstanlagen in der Blüte. Die Division arbeitet wieder an rückwärtigen Stellungen.

Ich besuche im Schlosse Dukschty den höheren Kavalleriekommandeur, Generalleutnant v. Richthofen, und höre von ihm sehr Interessantes über seinen Anfang September 1914 vor der Front der 2. Armee ausgeführten kavalleristischen Streifzug bis vor Paris, das er südöstlich abschließen sollte. Wie das jetzt ferne liegt!

Ich halte wieder Kompagnie- und Bataillonsbesichtigungen ab. Auch werden wir jetzt mit der Anwendung von Gasmasken und Gasgeschossen näher vertraut gemacht und kommen endlich dazu, den Handgranatenkampf mehr zu üben.

Mit Jubel hörten wir von der am Jahrestage der italienischen Kriegserklärung an Österreich-Ungarn begonnenen österreich-ungarischen Offensive gegen die italienische Armee in Tirol — Asiago!

Zu meiner Freude besuchen mich hier im fernen Osten zwei Landsleute, die Leutnants Haag und v. Graevenitz, ersterer mein Ordonnanzoffizier während der Einmarschkämpfe 1914, letzterer der älteste Sohn meines alten Freundes Fritz v. Graevenitz. Beide sind hier als Fliegerbeobachter tätig.

Ein anderer Landsmann wirkt seit kurzem im Divisionsstabe als Bücherwart: der Dichter und Dramatiker Heinrich Lilienfein. Im Herbst 1915 als ungedienter Landsturmmann plötzlich ausgehoben und in Graudenz notdürftig als Fußartillerist ausgebildet, ist er durch den Zufall in die zu meiner Division gehörende schwere Batterie verschlagen worden. Nachdem er in der Schlacht bei Postawy seine Feuertaufe rühmlich bestanden, konnte ich ihn

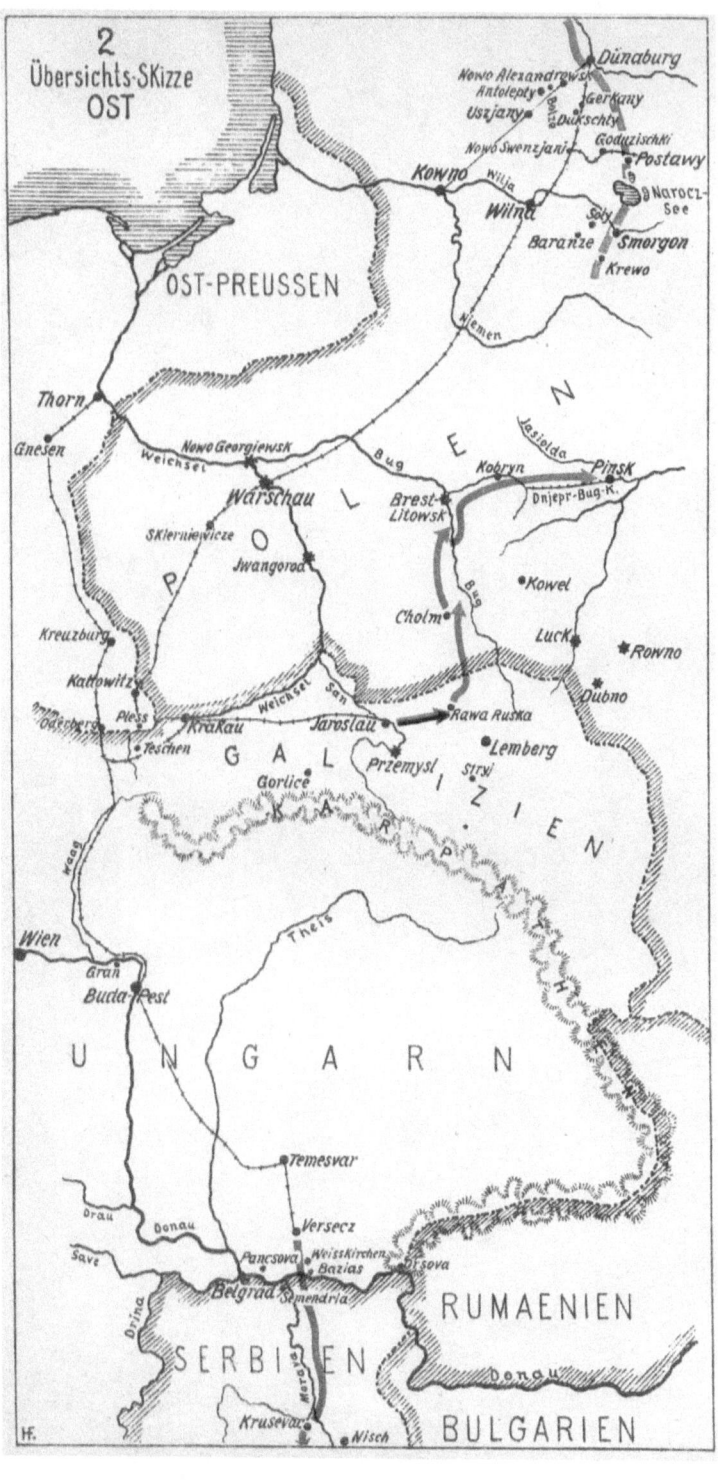

mit der Ansammlung und Verwaltung einer bisher schmerzlich vermißten Divisionsbücherei betrauen. Nun ist er mir und uns allen ein wertgeschätztes Mitglied des Stabes; die Truppe erfreut er, außer durch Lesestoff, durch sehr willkommene Vorlesungen und Vorträge ernsten und heiteren Inhalts.

28. Mai. Zur Vertretung des nach unliebsamem, aber unvermeidlichem Zusammenstoß mit mir auf meinen Antrag zu anderweitiger Verwendung abkommandierten Generalstabsoffiziers der Division trifft bis zur Ankunft des neuen Generalstabsoffiziers der Major v. Bockelberg vom Stabe des Oberbefehlshabers Ost ein. Gleichzeitig aber auch der Befehl, daß die Division von morgen ab nach der Gegend von Soly, nordwestlich Smorgon, abzubefördern ist, wo die Heeresleitung Ost nach manchen Anzeichen eine neue große russische Offensive für möglich, ja für wahrscheinlich hält.

29. Mai. Der Divisionsstab wird in Soly ausgeladen; dann kurze Autofahrt nach dem Divisionsstabsquartier Gut Baranze. Einfaches, aber sauberes Landhaus, das inmitten von großen blühenden Fliederbüschen an einem kleinen See und umgeben von schönem Obstgarten einen recht freundlichen Eindruck macht. Freilich müssen wir sogleich wieder Baracken bauen.

30. Mai. Wir sind Armeereserve der 10. Armee, zusammen mit der 119. und zwei Dritteln der 22. Inf.-Division. Ich melde mich bei dem Kommandierenden General des an der Smorgonfront in vorderer Linie liegenden XXXX. Reservekorps, General der Infanterie Litzmann, dem Sieger von Brzezinij, werde aufs liebenswürdigste begrüßt und erfahre beim Frühstück, daß in der Tat manche Anzeichen einen baldigen russischen Angriff erwarten lassen, namentlich starker Bahnverkehr hinter der feindlichen Front und sehr vermehrte Fliegertätigkeit. 10 Fesselballons stehen über der feindlichen Front; auch sollen schon da und dort Angriffsgassen in die Hindernisse geschnitten worden sein.

31. Mai bis 3. Juni. Je nach den Ereignissen kann die 107. Inf.-Division auf der Front Krewo—Smorgon bei vier Divisionen eingesetzt werden: bei der 16. Landw.-Division, der 79. Res.-Division, der 14. Landw.-Division oder der 3. Res.-Division. So erkunde ich mit Major v. Bockelberg alle vier Divisionsfronten. Es sind anstrengende, aber auch ungemein lehrreiche und Vollkrafttage. Früh morgens in langer Autofahrt auf sandigen Straßen zum Divisionsstabsquartier. Dort steigt der Generalstabsoffizier oder ein anderer Offizier des Stabes zu uns ein und führt uns nach vorwärts. Dann begehen wir die wichtigsten Teile der Stellung, unterrichten uns über die Artillerie- und Beobachtungsstellen und namentlich auch über die Anmarschwege für die 107. Inf.-Division und deren Artillerie bei Tag und Nacht. Gegen Mittag Rückkehr zum Divisionsstab und beim Essen Aussprache mit den Divisionskommandeuren, von denen mir Generalmajor Boeß schon von früher her bekannt ist, während ein Teil der Generalstabsoffiziere der Divisionen meine Schüler auf Kriegsakademie waren. Dann Rückfahrt, Erledigung des Vortrages und abends sehr vergnügtes Erholen bei gutem

Speis und Trank, gefolgt von tiefem Schlaf. Fast 40 Kilometer Ostfront bekommen wir in diesen vier Tagen zu sehen; es ist ungemein lehrreich, den Vergleich zwischen dem Ausbau zu sehen und die verschiedenen Anschauungen über die Art der infanteristischen und artilleristischen Verteidigung zu hören. Im allgemeinen sind aber hier die vorderen Stellungen recht gut ausgebaut und überall zweite und dritte Stellungen teils fertig, teils weit im Bau gefördert. So herrscht auch nirgends ernste Besorgnis vor dem russischen Angriff, zumal jetzt, nachdem rechtzeitig starke Reserven an Infanterie und Artillerie hinter der Front eingetroffen sind.

In den Gräben sehe ich zum ersten Male die „Litzmannkeulen" hängen, mit Nägeln gespickte Holzwürfel an kurzen Stielen. So leben die mittelalterlichen Handwaffen wieder auf. Besonders interessant ist der Blick aus unseren Stellungen auf Smorgon mit seinen malerisch zerschossenen Kirchen. Dort liegen neu eingetroffene sibirische Truppen.

Was aber diese Fahrten und Gänge und diese Tage in Baranze noch besonders belebt, das sind die Unterhaltungen mit Major v. Bockelberg, der all die gewaltigen Erlebnisse und Ereignisse im Osten vom Beginn des Feldzuges an bis heute im Stabe des Oberkommandos Ost mitgemacht hat. Jetzt erst gewinne ich einen genauen Einblick in die taktischen und strategischen Gedankengänge bei den großen deutschen Ostoperationen der Jahre 1914 und 1915. Auch höre ich aus bester Quelle Näheres über das ideale Verhältnis und Zusammenarbeiten des Generalfeldmarschalls v. Hindenburg und seines Generalstabschefs Ludendorff. Ebenso manches über die Arbeitsweise des Stabes Oberost, was mich mit aufrichtiger Hochachtung für die geradezu unermüdliche Arbeitskraft und Pflichttreue des Generalstabschefs und seiner Mitarbeiter erfüllt. Hat sich doch General Ludendorff nicht begnügt mit der Leitung der Operationen der dem Feldmarschall unterstellten vier Armeen mit insgesamt rund 40 Divisionen; nein, er hat auch die gesamte schwierige Verwaltung der eroberten Ostlande nach militärischen Richt- und Gesichtspunkten fest in die Hand genommen — Landwirtschaft, Justiz, Kirche, Schule, Zoll, Steuer- und Postwesen, Handel und Verkehr usw. Die Amtsblätter von Oberost werden dereinst Zeugnis ablegen von der dabei geleisteten gewaltigen und erfolgreichen organisatorischen Arbeit.

3. Juni. Heute feiern wir mit einem kleinen, wohlgelungenen Feste das einjährige Bestehen der 107. Inf.-Division: Reiterquadrille, Wettlauf, Sackhüpfen und andere Spiele; auch ein Taschenspieler und Clown treten erfolgreich auf. Musik, gute Bowle. Die Kommandeure und Offiziersabordnungen aller Truppen sind meine Gäste. Wir stellen fest, daß das augenblickliche Stabsquartier des Divisionsstabes das 87. ist, und daß das nördlichste und südlichste Quartier in der Luftlinie rund 1500 Kilometer auseinander liegen; ferner daß von dem mit der Division ausgerückten Offizierskorps nur noch ein Regimentskommandeur der Infanterie und Artillerie, kein einziger Bataillons- und nur noch ein Abteilungskommandeur, außer-

Stab der 107. Inf.-Division

dem bei der Infanterie in jedem Regiment nur noch ganz wenige Leutnants sich in der Division befinden; schließlich daß die Verluste durch Tod, Verwundung und Krankheit die Verpflegungsstärke der Division, rund 13 000 Mann, ziemlich genau erreichen. Mehr als ein Drittel der 365 Tage des vergangenen Jahres waren Gefechtstage im Bewegungskrieg in Galizien, Polen, Rußland und Serbien, 8 Tage Stellungskämpfe bei Postawy.

Die Division hat 5 verschiedenen Armeen und 6 verschiedenen Armeekorps angehört. Aber was mich und uns neben all dieser mehr oder minder lehrreichen Statistik mit besonderer Freude und Genugtuung erfüllt: die Division hat an keinem einzigen Tage einen Schritt rückwärts gemacht. Dafür danke ich in bewegten Worten meinen Kommandeuren und Truppen und ebenso meinem Stabe.

7. Juni. Gestern gingen recht bestimmt lautende Nachrichten ein, heute früh 6 Uhr beginne das Trommelfeuer. Es trifft aber nicht zu. Dagegen wankt die österreich-ungarische Front bei Luck unter schweren neuen russischen Angriffen, so daß vom Abtransport der Heeresreserven nach Süden die Rede ist. Eine Wanderdivision sind wir nun einmal, und zwar gern. Inzwischen mache ich mit meinen Herren, darunter auch dem am 3. Juni von einer nördlichen Kavallerie-Division eingetroffenen neuen, offenbar taktvollen und bescheidenen Generalstabsoffizier, Hauptmann Broicher, schöne Ritte und Gänge in die landschaftlich sehr hübsche, weite Blicke bietende Umgebung. Aber seßhaft fühlen wir uns in Baranze schon nicht mehr. Wir leben wieder „mit gepacktem Koffer".

15. Juni. Und sowohl ich wie die Division mit gutem Grund: Denn ich erhalte heute aus Stuttgart die telegraphische Nachricht, daß ich zum Kommandeur der auf dem westlichen Kriegsschauplatz kämpfenden 27. (2. Königl. Württ.) Division ernannt bin; bei der 107. Division aber gehen Nachrichten ein, die den Abtransport nach Süden so gut wie sicher machen.

Abschied von der Division und dem Divisionsstabe mit einem nassen und einem trockenen Auge. Ich erkenne es natürlich dankbar an, daß ich durch das Vertrauen meines Königs an die Spitze einer heimatlichen aktiven Division gestellt bin, und zwar der Division, der ich schon im Frieden als Generalstabsoffizier, als Bataillons- und als Brigadekommandeur angehört habe, und in deren Verband ich den schönen Feldzugsanfang, aber auch meine schwere Verwundung erlebt habe. Andererseits bin ich aufs engste verwachsen mit meiner 107. Division und mit allen Herren meines Stabes. So ist es doch ein recht wehmütiges Abschiednehmen.

16. Juni. Wilna, wohin mir noch Hauptmann v. Veltheim das Geleite gibt; Abmeldung bei General v. Eichhorn. Abends in Kowno, wo ich mich bei dem Generalfeldmarschall abmelden will; er ist aber zu meinem Bedauern in Kurland abwesend. So verbringe ich mit General Ludendorff und den Herren des Stabes, darunter zu meiner Freude wieder Major v. Bockelberg, einen ebenso anregenden, wie gemütlichen Abend — wohl den letzten im Osten.

20. Juni. Meldung in Stuttgart bei Seiner Majestät dem König von Württemberg, der mich huldvollst wieder im Bereiche der württembergischen Armee willkommen heißt.

21. Juni. Ulm—Lille, zusammen mit dem Kommandeur der 3. bayerischen Inf.-Division, Generalleutnant v. Wenninger, dem langjährigen bayerischen Militärbevollmächtigten in Berlin. Wir tauschen unsere Erfahrungen aus; auch er hat viel erlebt in diesem Kriege, zunächst im Großen Hauptquartier als bayerischer Militärbevollmächtigter, dann als Führer einer Kavallerie- und jetzt einer Infanterie-Division. Obwohl er die Schwächen unserer obersten Führung im Westen, vor allem in der Marneschlacht und bei dem Unternehmen gegen Verdun als Augen- und Ohrenzeuge miterlebt, auch die Grenzen der militärischen und politischen Führungskunst und -kraft des allerhöchsten Kriegsherrn mit scharfem Blick erkannt hat und nicht blind ist gegen die Übermacht unserer Gegner, schaut er doch im festen Vertrauen auf unsere tapferen Truppen mit frischer Zuversicht in die Zukunft. So ist er mir ein besonders lieber Begleiter an die Westfront.

Kommandeur der 27. Infanterie-Division.
Menin · Ypern[1)]

22. Juni 1917. Ankunft im Stabsquartier der 27. Inf.-Division in Menin in Flandern. Behagliches städtisches Quartier. Von den 1914 mit dem Stab ins Feld ausgerückten Offizieren finde ich allerdings nur noch wenige vor. Aber der Divisionsarzt, Generaloberarzt Dr. Distel, ist mein Schwager und die meisten Herren sind mir doch aus früheren Zeiten bekannt. So ist das kameradschaftliche Angewöhnen leicht. Desgleichen beim Generalkommando; bin ich doch mit dessen Führer, dem Generalleutnant Frhr. Theodor v. Watter, durch viele gemeinsame dienstliche Erlebnisse und durch langjährige Freundschaft verbunden. Und ebenso warm wie hier werde ich bei dem Oberbefehlshaber der 4. Armee aufgenommen, Seiner Königlichen Hoheit dem Herzog Albrecht von Württemberg. Auch in

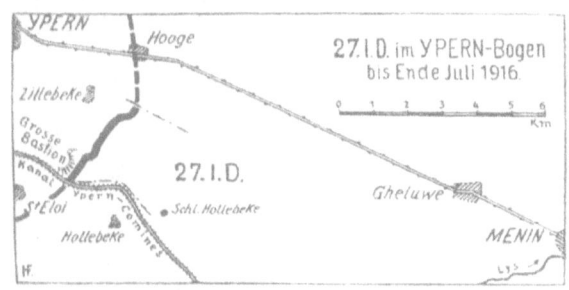

dem Stabschef der 4. Armee, Generalleutnant Ilse, begrüße ich einen alten Generalstabskollegen und Freund.

Nun habe ich also eine aktive und zurzeit recht stattliche Division. Es ist eine der wenigen Felddivisionen, die noch zwei Infanterie-Brigaden mit 4 Infanterie-Regimentern und eine Feldartillerie-Brigade zu 2 Artillerie-Regimentern haben, die Batterien sogar noch fast alle zu 6 Geschützen; 12 Bataillone, 60 Maschinengewehre, 70 Feldgeschütze und 56 schwere Rohre bilden meine Streitmacht.

26. Juni. Zunächst wieder Studium der Armee- und Korpsverfügungen für die Westfront. Aber zu meinem Erstaunen finde ich schon keinen großen Unterschied mehr gegenüber dem Osten. Und ähnliche, wenn auch nicht ganz gleiche Erfahrungen mache ich mit den vordersten Stellungen in der Ypernfront selbst, die ich nunmehr abgehe. Freilich sehe ich jetzt Kanadiern in die Augen, statt Sibiriern, und sehe die noch malerischer zerschossenen stattlichen Türme von Ypern vor mir anstatt der einfacheren Kirchen von Smorgon. Aber hier in Flandern sind die Stellungen wegen der Grundwasserverhält-

---

[1)] Siehe die Übersichtsskizze Westen 1914—1918 nach Seite 360 zum rechts herausklappen.

Marktplatz in Menin

nisse, ebenso wie bei Postawy, auf den gewachsenen Boden aufgesetzt; sie sind daher gegen feindliches Feuer und gegen die Witterung nicht sehr widerstandsfähig und müssen beständig neu aufgebaut werden. Dagegen ist freilich sowohl die Zahl der hintereinander liegenden ausgebauten Linien und Stellungen als auch die Zahl der Annäherungswege eine wesentlich größere. Ebenso ist das Förderbahnnetz reicher und wird hier der Bau eisenbetonierter Unterstände in weit größerem Umfange betrieben als im Osten, wo man damit eben erst begonnen hat. Der größte Unterschied zwischen West und Ost besteht aber in der für Stäbe und Truppe ganz erheblich besseren Unterkunft und in dem vortrefflichen Zustand der Straßen.

27. Juni. Wir haben englische Garde gegenüber und Kanadier. Letztere sollen nach Gefangenenaussagen bei jedem Bataillon einen Feldgeistlichen haben, die ganz mit der Truppe leben und daher in gutem Ansehen stehen. Im übrigen erklären die Kanadier, sie kämpften ohne Begeisterung und auch ohne Haß gegen die Deutschen. Sie wollten aber ihr Mutterland nicht im Stich lassen. Zu gleichem Zweck würden sie ebensogut gegen Franzosen oder Russen kämpfen.

Heute findet im Armeekorps unter dem Stichnamen „Gallipoli" eine Beschießung der feindlichen Gräben statt. 4 Uhr 15 nachmittags auf den Gefechtsstand — schönes Bombardement.

Bei Rückkehr finde ich folgendes eigenhändiges Schreiben des Feldmarschalls Hindenburg vor:

H.-Qu. Ost, 23. Juni 1916.

Euer Exzellenz

hier verfehlt zu haben, wird von mir lebhaft bedauert. Ich muß mich nun leider darauf beschränken, Euer Exzellenz schriftlich meinen herzlichen, tiefgefühlten Dank für das auszusprechen, was Sie und Ihre braven Truppen in ernsten Tagen bei mir geleistet haben und dem den innigen Wunsch hinzuzufügen, daß Euer Exzellenz auch in Zukunft zum Heile des Vaterlandes reiche Erfolge beschieden sein mögen.

Mit größter Hochachtung und in treuer Kameradschaft verbleibe ich stets

Euer Exzellenz

dankbarst ergebener

von Hindenburg.

Meine Freude ist umso größer, als mich dieser wohltuende Abschiedsgruß völlig überrascht. Ich teile ihn meiner alten 107. Inf.-Division mit, die inzwischen nach Gegend Luck abbefördert ist.

28. Juni. Mein Freund Fritz v. Graevenitz besucht mich von Charleville aus. Nachmittags Tee bei dem Kommandeur der 26. Inf.-Division, Herzog Wilhelm von Urach, Graf von Württemberg. Wir schütten uns unser „dienstliches Herz" aus. Beide haben wir lange Zeit eine selbständige Division geführt mit allen Rechten eines Kommandierenden Generals, namentlich in bezug auf Stellenbesetzung, Ordensverleihung und Urlaub, aber auch mit großer Freiheit in taktischer Beziehung. Jetzt sind wir stramm eingerahmt im Korpsverband, müssen jeden Urlaubstag und jedes Eiserne Kreuz II. Klasse beim Generalkommando beantragen und werden auch taktisch scharf am Zügel geführt, jeder mit zwei Scheuklappen rechts und links. Das ist ein hart empfundener Abstieg, umso härter, als eine große Anzahl jüngerer Generale, Generalmajore, nach wie vor selbständige Divisionen haben. Freilich ist das Generalkommando im Stellungskrieg ebenso stramm in den Armeerahmen eingespannt.

29. Juni. Ich besichtige die Stellungen des Gren.-Regiments 123. Sie sind ziemlich zerschossen worden in den letzten zwei Tagen: Rache für Gallipoli! Die Brustwehren sind auch hier überall auf den gewachsenen Boden aufgesetzt und mit Sandsäcken aufgebaut; alle hundert Meter ist der Graben zum Flieger- und Splitterschutz mit Brettern oder Balken überdacht. Für Leute mit der richtigen Schützengrabenlänge oder vielmehr -kürze ist das unbedenklich. Da ich diese aber nicht habe und da ich mich außerdem unterwegs mit den mich begleitenden Truppenoffizieren und den im Graben befindlichen Mannschaften über allerhand Dinge ziemlich lebhaft unterhalte, so stoße ich mir alle Augenblicke recht schmerzlich den Kopf an. Bis ich an einer Überdachung groß angeschrieben die Worte lese: „Esel, duck dich" und sie mir sowohl zur Schonung meines Kopfes, als zur Wahrung meiner Autorität zu Herzen nehme.

30. Juni. Ich lerne meinen Generalstabsoffizier, Hauptmann Deutelmoser, kennen, der wegen schwerer Erkrankung seiner Frau in Urlaub war, leider aber noch keineswegs ohne Sorge sein kann. Studiere näher die Kriegsgliederung und bemerke dabei, daß mir zum ersten Male auch Marinegeschütze und damit auch Marineoffiziere und -unteroffiziere unterstellt sind. Der Krieg wirft alles durcheinander oder richtiger gesagt, er bringt alles näher zusammen: Glaubensbekenntnisse, Waffengattungen, Berufsstände. Die Verpflegungsstärke der Division beträgt 750 Offiziere, 25 400 Mann, 5600 Pferde.

1. Juli. Ich fahre nach Gent, um den Übungen eines Sturmbataillons anzuwohnen, auch ein militärisches Kind des modernen Stellungskrieges: Aufrollen und Säubern von verloren gegangenen Grabenstücken im Handgranatenkampf und mit Flammenwerfern. Sehe mir dann die schöne alte Stadt an.

Abends Nachricht, daß die seit längerer Zeit erwartete große französisch-englische Offensive an der Somme seit kurzem mit einem bis heute unerhörten Trommelfeuer eingesetzt hat.

2. Juli. Auch die 107. Inf.-Division hatte wieder in den letzten Tagen in Wolhynien schwere Kämpfe zu bestehen. 36 Offiziere, 1450 Mann tot und verwundet!

Ich besichtige die Stellungen des Inf.-Regiments 124. Günstiger gelegen und besser ausgebaut als bei 123. Nachmittags in Lille. Stattliche Provinzstadt mit viel Verkehr und Leben. Erschreckend der Anblick des 1915 durch eine Explosion von Sprengstoffen völlig zerstörten Stadtteils; große, stattliche Fabriken aus Stein und Eisen gebaut, sind dutzendweise in Trümmerstätten verwandelt, in denen die stehengebliebenen Wände und Eisengerüste in den unwahrscheinlichsten Stellungen in der Luft hängen.

4. Juli. Ich besichtige die wohl eingerichteten betonierten Sanitätsunterstände. Obwohl die Ypernfront für eine verhältnismäßig ruhige Front gilt, hat die Division zu meinem Leidwesen heute doch wieder 6 Tote und 40 Verwundete; im Juni zusammen 300 Mann Verluste, davon fast ein Viertel tot, eine Folge der schwerkalibrigen Geschosse, mit denen wir Tag und Nacht bedacht werden.

6. Juli. Ich fahre und gehe mit dem Artillerie-Brigadekommandeur, Generalmajor v. Schippert, sämtliche Batteriestellungen ab. Übrigens nimmt man uns fast täglich Geschütze oder ganze Batterien weg, die an der Somme, vor Verdun oder im Südosten in Galizien dringend gebraucht werden. Außerdem beschneidet man uns immer mehr die Munition. Neben den Scheuklappen also auch noch Futternot: es ist keine reine Freude, so im Geschirr zu laufen. Dabei steigert sich das feindliche Artilleriefeuer gar nicht selten zu großer Stärke, so daß die Infanterie einen feindlichen Infanterieangriff erwartet und Sperrfeuer anfordert. Daher viel Verantwortung und wenig Möglichkeit zu helfen, überhaupt etwas Rechtes anzuordnen oder zu

tun. Und doch wünscht die Infanterie häufig Vergeltungsschießen. Wir erfinden dafür zwei verschiedene Verfahren: „warme Rache", die sogleich einsetzt, und „kalte Rache", die nach einem wohl überlegten, möglichst bösartigen Plan feindliche Unterkünfte, Stabsquartiere, Lager usw. unter kurzes, schlagartiges, schweres Feuer nimmt.

10. Juli. Allerhand Besuche und Gäste in unserem schönen Kasino: von der Armee, dem Generalkommando oder der Division.

17. Juli. Auch General Ilse besucht mich. Reger Meinungsaustausch.

18. Juli. Heute mit Ilse in unserer vorderen Stellung. Vorbei an dem übel zerschossenen Schloß Hollebeke. Unterwegs sehe ich den ersten

Weißes Schloß Hollebeke

gefangenen Kanadier. Nicht übel. Leider der Regimentsarzt 120, Stabsarzt Dr. Sailer, durch Kopfschuß gefallen, als er einen Augenblick über die Brustwehr zur gegnerischen Stellung hinübersah. Verdammte Scharfschützen! Aber auch die Unsrigen passen auf.

Die große Lage im Westen an der Somme wird ernst. Insbesondere auch deshalb, weil die Gegner uns an Artilleriemunition um das Vielfache überlegen sind. In diesem Punkte haben wir, d. h. der preußische Kriegsminister, leider die Tatkraft unserer Feinde unterschätzt und die eigene deshalb nicht genügend entfaltet. Das Schlimmste ist, daß sich solche Versäumnisse nur ganz allmählich wieder gut machen lassen. Bis dahin muß unsere arme brave Infanterie mit ihrem Blute die fehlende Munition ersetzen. Eine in jeder Beziehung mißliche und bedauerliche Sache und Lage.

Zu Hause angekommen, erfahre ich, daß eine Granate am Kanaldamm einen jungen, frischen Fähnrich des Gren.-Regiments 123, namens Weiß, getötet hat, als er gerade in einem Unterstand Schutz suchen wollte. Und heute,

19. Juli, höre ich, daß es der älteste Sohn meines alten Jugendfreundes, des Professors Weiß in Tübingen war. Bedauernswerte Eltern und Geschwister!

20. Juli. Besuch im Feldlazarett IV in Menin. Arme, aber bewundernswert tapfere und gefaßte Amputierte. Einrichtungen sehr gut.

23. Juli. Inf.-Regiment 124 macht ein gelungenes Patrouillenunternehmen.

Ganz überraschend trifft die Nachricht ein, daß das XIII. Armeekorps herausgezogen wird, um an der Somme eingesetzt zu werden! Sie verbreitet sich wie ein Lauffeuer.

Der Chef der belgischen Staatsbahnen in Brüssel, Präsident v. Leo aus Stuttgart, auf dessen Kanzlei ich als Generalstabshauptmann bei meinem Kommando zur Generaldirektion der württembergischen Eisenbahnen ein Vierteljahr lang gearbeitet habe, besucht mich zu meiner Freude. Wir besprechen die Zukunft Belgiens — Präsident v. Leo, Generalleutnant v. Watter und ich —, aber die Meinungen sind sehr geteilt und die außerordentlichen Schwierigkeiten der Lösung dieser für Deutschlands Zukunft so wichtigen Frage werden uns bei dieser Aussprache erst recht klar.

25. Juli. Ich habe unseren lieben Gegnern noch einen hübschen Abschiedsgruß zugedacht. Heute früh wurde die von uns seit Wochen und Monaten unterminierte, von den ahnungslosen Kanadiern mit Schützengräben und Schützen gespickte und mit Artilleriebeobachtern besetzte sogenannte „große Bastion" am Kanal mit 400 Zentnern Pulver mitsamt ihrem ganzen „Inhalt" in die Luft gesprengt. Darüber allgemeine Freude in der Division. So wird man im Kriege und so muß man werden.

26. Juli. Herzog Albrecht verabschiedet sich mit herzlichen Worten von den auf dem Marktplatz in Menin aufgestellten Truppen der Division.

27. Juli. Bei Herzog Albrecht von Württemberg zum Abschiedsessen in Thielt. Der Herzog läßt uns ungern, aber mit den allerbesten Wünschen von seiner Armee ziehen. Auf der Rückfahrt nach Mitternacht komme ich mit meinem Generalstabsoffizier um ein Haar ums Leben. Die Bahnschranke bei Roulers ist offen und unbewacht: so streift die Lokomotive des heranbrausenden Zuges fast noch die Hinterräder unseres die Geleise überschreitenden Kraftwagens. Aber wir kommen gerade noch durch.

29. Juli. Abschied von Menin und vom Ypernbogen. Ernste Briefe nach Hause — wohl von allen Angehörigen der Division. Denn wir wissen, daß wir den schwersten Kämpfen entgegengehen, die zweifellos blutige Opfer fordern werden. Die Truppe verläßt natürlich mit einem gewissen Bedauern die von ihr in mühseliger Arbeit verbesserten Gräben und Stellungen und mit noch größerem Bedauern die mit Liebe geschaffenen Anlagen für die Unterkunft und die Verpflegung — namentlich die schön angepflanzten Gemüsegärten. Ebenso die Friedhöfe. Aber trotzdem gehen wir nicht ungern vom Ypernbogen weg. Vor allem wissen und fühlen wir, daß an der Somme

eine große Entscheidung fällt und daß man uns dort notwendig braucht. Dann aber wirkte auch die Öde des reinen Stellungskrieges mit jedem Tage drückender auf uns ein und die täglichen Verluste summierten sich schließlich doch auch, ohne daß man recht wußte, wofür und wozu. Zudem ist das Klima im nordwestlichen Flandern erschlaffend. Man wacht morgens meist todmüde auf. Die Spaziergänge entlang der nach Flachs riechenden Lys und der einförmigen, durch den beständigen Westwind nach Osten hin gebeugten Pappelalleen waren überaus eintönig; ebenso waren die Ritte auf den meistens gepflasterten Straßen kein Genuß. Selbst das an und für sich baulich hübsche und saubere Städtchen Menin mit seiner namentlich an stattlichen und munteren flandrischen Blondinen reichen Bevölkerung wurde uns doch auf die Dauer „über".

Gegen 9 Uhr morgens, nach herzlicher Verabschiedung von meinen freundlichen und artigen Quartiergebern, Abfahrt im Kraftwagen auf der großen Nationalstraße über Lille—Douai.

Abtransport an die Somme

Dort schönes Rathaus. — Ich werde dem Führer der 6. Armee vorgestellt, dem Kronprinzen Rupprecht von Bayern, und treffe in dem Generalstabschef der 6. Armee, General v. Kuhl, einen alten guten Bekannten.

Aus allerhand Quellen erfahre ich, daß es an der österreich-ungarischen Front im Osten bedenklich wackelt, daß Rumänien feindselig wird — und daß bei unserer Obersten Heeresleitung eine gewisse Gedankenstockung und geistige Blutleere eingetreten ist, wohl eine Folge der langen, allzu große Nervenanforderungen stellenden Kriegsdauer. Allerdings keine guten Nachrichten! Weiter über das an schönen Kirchen und stattlichen Gebäuden reiche und baulich vornehme Cambrai nach Schloß Bourlon zum Oberkommando der 1. Armee. Dort Rücksprache mit dem mir aus früheren Dienststellungen — wir waren zusammen drei Jahre Lehrer an der Kriegsakademie — gut bekannten und befreundeten Chef des Generalstabes, dem von der 3. zur 1. Armee versetzten Oberst v. Loßberg, und Frühstück bei dem Führer der 1. Armee, General Fritz v. Below. Es steht wirklich ernst an der Somme — man zählt und rechnet auf uns und bringt den württembergischen Truppen großes Vertrauen entgegen. Das ist ein wohltuendes Gefühl für uns.

Württ. Marschkolonne (27. Inf.-Div.) an der Somme

Sommeschlacht · Guillemont. (Sommer 1916)

30. Juli. Quartier Gouzeaucourt an der großen Straße Cambrai—Péronne. Im Auto vor nach Sailly, dem Stabsquartier der 24. sächsischen Res.-Division, die wir in der Stellung bei Guillemont, westlich Combles, ablösen sollen. Ich spreche den Divisionskommandeur, Generalmajor Morgenstern-Döring, seinen Generalstabsoffizier und den beim Stabe befindlichen jüngsten Sohn des Königs von Sachsen, Prinz Ernst Heinrich. Die Lage ist sehr ernst, ein Durchbruch droht, die Division ist am Rande ihrer Kräfte und drängt auf Ablösung. Ein preußisches und ein bayerisches Bataillon sind bereits zur Unterstützung in sie eingeschoben. Schwerstes Artilleriefeuer liegt auf der ganzen Stellung. Die eben erst ausgeladenen Bataillone meines Inf.-Regiments 124 müssen noch heute in Bereitschaftsstellung. Schlimm ist, was wir über den Zustand der „Stellung" erfahren: sie ist im Rückzugskampfe entstanden, besteht in der Hauptsache nur aus Trichtern und einigen wenigen Stollen, namentlich in der Kiesgrube bei Guillemont und südlich Guillemont. Und noch schlimmer und bedenklicher ist die Munitions- und Fliegerlage. Der Gegner verfügt über unbegrenzte Munitionsmengen aller Kaliber, bei uns besteht ausgesprochener Mangel gerade bei den allein so recht wirksamen schweren Kalibern; an Fliegern ist der Gegner zahlenmäßig um das mindestens Dreifache überlegen. Wir zählen selbst heute 22 feindliche Flieger. Der Tag selbst endigt nach einigen sorgenvollen Stunden, während

deren die Befürchtung besteht, Guillemont sei verloren, doch noch mit einem schönen Abschlußerfolge der sächsischen Division und ihrer zugeteilten bayerischen und preußischen Bataillone. Die in Guillemont eingedrungen gewesenen Engländer werden gefangen genommen. Bei dieser Gelegenheit sind mehrere der vom Inf.-Regiment 124 zur Orientierung und Stellungsübernahme vorgegangenen Offiziere des Inf.-Regiments 124 zusammen mit einem sächsischen Bataillonsstabe in einem Stollen sieben Stunden lang von den Engländern eingeschlossen gewesen, die fortwährend Handgranaten in die Eingänge warfen; erst gegen Abend wurden sie durch den Gegenstoß eines bayerischen Bataillons befreit. Ein dramatischer Anfang. Auch Gren.-Regiment 123 muß heute noch zum Teil eingesetzt werden.

Wir beziehen mit dem engeren Gefechtsstabe der Division — Kommandeur, Generalstabsoffizier und dessen zwei Gehilfen — Quartier in einem

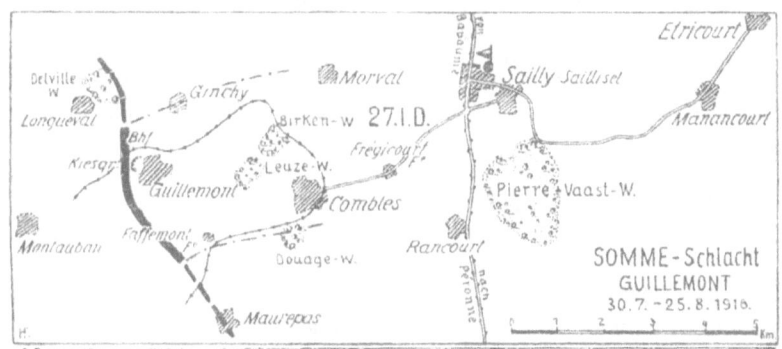

einstöckigen Häuschen am Dorfteich, 50 Schritt daneben mein Artilleriekommandeur. Der übrige Divisionsstab nimmt Quartier in Etricourt, südwestlich Gouzeaucourt. Während Sailly bisher so gut wie nicht beschossen worden war, erhält es heute in seinem Westteil schweres feindliches Artilleriefeuer. Ein fertiger Gefechtsunterstand für den Divisionsstab ist nicht vorhanden, sondern nur ein angefangener mit nur einem Ausgang unter dem Stabsquartier der 24. sächsischen Res.-Division. Während des stärksten Feuers begeben wir uns dorthin — aber wir müssen dazu im Feuer 50 Schritte über die Dorfstraße laufen und sind in dem Stollen selbst in Gefahr, verschüttet zu werden. Üble Zustände. Ich lasse im Keller unseres Hauses mit Bau eines Stollens anfangen, dann begrüße ich die durch Sailly marschierenden Bataillone meiner Division.

31. Juli. Meine Infanterie-Regiments- und meine Infanterie-Brigadekommandeure übernehmen den Befehl in ihren Abschnitten. Der Tod des ersten Offiziers vom Regiment 123 wird mir gemeldet. Meine Feldartillerie löst die sächsische ab — dabei bleiben die sächsischen Lafetten und Rohre in

den Batteriestellungen stehen; die württembergischen werden an die Sachsen abgegeben.

Wir benützen den Tag, um uns noch vollends in alle Kampfverhältnisse des Abschnitts einweihen zu lassen und einzuarbeiten. Außerdem aber gebe ich mir und meinem Stabe einen kräftigen Ruck nach oben, um uns aus dem erschlaffenden Einflusse des rein defensiven Stellungskrieges in die höhere Sphäre des hier tobenden hin- und herwogenden ernsten Kampfes zu erheben; ferner, um dafür zu sorgen, daß mir alles Wichtige zu sofortiger Entscheidung Tag und Nacht alsbald vorgetragen wird. Beides ist dringend nötig, denn es handelt sich in der seit Anfang Juli entbrannten Sommeschlacht um eine der großen Entscheidungen des Krieges; und innerhalb dieser ist der dem XIII. Armeekorps und insbesondere der der 27. Inf.-Division anvertraute Gefechtsabschnitt wiederum einer der heiß umstrittensten Brennpunkte; denn gerade hier berühren sich der rechte englische und der linke französische Heeresflügel und hier setzen die beiden Verbündeten unter beständig angestacheltem gegenseitigem Ehrgeiz alles daran, um zwischen Péronne und Bapaume in Richtung auf Cambrai durchzubrechen. Und Engländer wie Franzosen sind seit 1914 ganz anders geschulte Gegner geworden. Die Verantwortung ist also groß, ihr muß die Entschlußkraft zum Nichtdurchlassen entsprechen.

In der Nacht wieder Beschießung von Sailly und einstündiger Aufenthalt im ungenügenden benachbarten „Heldenkeller". Verdammt ermüdend, diese Nachtwanderungen.

1. August. Ich übernehme 12 Uhr mittags den Befehl im Abschnitt. Wir haben keinen leichten Stand; da, wo bisher am 30. Juli noch 12 Bataillone eingesetzt waren, kann ich nur 9 einsetzen; mein viertes Infanterie-Regiment, das Regiment 120, wird als Armeereserve zurückgehalten. Es fehlt eben hier an dieser Front an allem, auch an Truppen. Schon jetzt betragen die Verluste an Toten und Verwundeten 3 Offiziere, 210 Mann. Bedenklich ist vor allem eine mir von meinem Vorgänger ehrlich und amtlich übergebene Lücke bei Faffemont Ferme zwischen dem linken Flügel der eigenen und dem links anschließenden rechten Flügel der 8. bayerischen Res.-Division. Dort bei Faffemont-Ferme wird 127 eingesetzt mit dem von mir persönlich dem Regimentskommandeur eingeschärften Befehl, diese Lücke, deren Ausdehnung mehrere hundert Meter betragen soll, zu schließen. In der Mitte bei Guillemont liegt 124, rechts zwischen Guillemont und Ginchy 123; daran anschließend rechts die 26. Inf.-Division. Der der Division zugewiesene Abschnitt ist aber für 3 Regimenter entschieden zu breit, nahezu 4 Kilometer. So fehlt es nicht an ernsten Sorgen — aber ich fühle mich mit der neuen selbständigen und verantwortungsvollen Tätigkeit trotz allem verjüngt. Meine Artillerie besteht aus 16 Feld- und 13 schweren Batterien. Den ganzen Tag schweres Artilleriefeuer auf unsere Stellung. Das Häuschen, in dem wir sitzen und arbeiten, zittert beständig.

2. August. Heute 2 Jahre Krieg! Daran habe ich nicht gedacht und geglaubt, als ich am 2. August 1914 mit meiner vorausbeförderten Brigade von Ulm nach Gegend Diedenhofen zum Grenzschutz abfuhr! Was habe ich seitdem alles erlebt! Und vor einem Jahre, am 2. August 1915, stand ich mit meiner Division in schwerem Kampfe in Gegend Cholm. Gott sei es gedankt, daß wir auch heute noch die immer größer werdenden Schrecken des Krieges von unserer teuren Heimat fernhalten konnten.

Inf.-Regiment 124 und 127 werden angegriffen, letzteres Regiment hat daher in seiner lückenhaften Stellung von Anfang an einen besonders schweren Stand. Im übrigen ist es den Gegnern, die am 30. doch tüchtige Verluste erlitten haben, heute noch nicht voller Ernst mit ihren Infanterieangriffen. Dagegen suchen sie mit aller Energie unsere Artillerie niederzukämpfen. Dabei kommt ihnen nicht nur ihre zahlenmäßige Überlegenheit an Geschützen, Munition und Fliegern zustatten, sondern vor allem auch noch die unzweifelhaft vorhandene Überlegenheit ihrer Flieger im Einschießen ihrer Artillerie. Was mir schon von der sächsischen Division gesagt wurde, bestätigt sich leider in vollem Maße. Die feindlichen Flieger schießen mit großer Keckheit und Geschicklichkeit ihre Artillerie planmäßig auf eine deutsche Batterie nach der anderen ein mit dem erschreckenden Ergebnis, daß sie mir heute 7 schwere Rohre, 5 Mörser und 2 15-Zentimeter-Haubitzen zerstören. Ginge dies so weiter, so wäre in wenigen Tagen meine schwere Artillerie außer Gefecht gesetzt und damit unsere Stellung unhaltbar. Ich greife daher zu energischen Maßnahmen. Telephonische und schriftliche Anträge haben schon bisher zu keiner Besserung geführt, deshalb entsende ich einen seit 3 Wochen hier in Stellung befindlichen Kommandeur eines Mörserbataillons im Kraftwagen zum vorgesetzten Generalkommando XII. Reservekorps und zum Oberkommando mit dem Auftrag, den Ernst der Lage den oberen Führern persönlich vorzutragen und dabei zu betonen, daß, wenn nicht augenblicklich Hilfe käme, die schlimmsten Folgen zu befürchten seien. Denn darüber könne ja kein Zweifel sein, daß dieses planmäßige Beschießen unserer schweren Artillerie nur den Zweck habe, entscheidende feindliche Angriffe vorzubereiten. Der mündliche Vortrag wirkt: noch heute nacht werden neue Rohre zugeführt und morgen trifft ein neues Fliegerkampfgeschwader ein. Beides lasse ich sogleich den Truppen mitteilen. Dies ist nötig, namentlich auch bei der Infanterie. Denn diese leidet außer durch das feindliche Artilleriefeuer auch noch durch die immer frecher werdenden feindlichen Flieger, die unsere Gräben, Trichter und Stolleneingänge aus ganz niedrigen Höhen mit Maschinengewehrfeuer überschütten — ein neues Kampfverfahren, das namentlich auch moralisch sehr bedrückend einwirkt. Dazu kommt noch die seit unserem Einsatz sich täglich steigernde Augusthitze; sie vermehrt den Durst der kämpfenden Truppe in hohem Grade, zugleich aber auch in den vorderen Linien den fast unerträglich werdenden Leichengeruch, der der Truppe jeden Appetit nimmt. So stellt sich als neue Kriegserfahrung die Notwendigkeit heraus, die vorne kämpfenden Truppen vor allem mit Selterswasser und kaltem Tee zu versorgen. Jeder nach vorne gehende Mann bekommt zwei Flaschen Wasser und zwei mit Tee gefüllte Feldflaschen mit. Außerdem werden bei Nacht mit allen Mitteln Fässer mit Getränken nach vorne gebracht, die in einer durch unsern rührigen, für das leibliche Wohl der Truppe rastlos tätigen Intendanten, Dr. Yelin, schnell in Sailly eingerichteten Selterswasserfabrik einfachster Art gefüllt werden. Hier befindet sich auch der vorderste Teil des Hauptverbandplatzes der Division — aber zunächst ohne jede Einrichtung und ohne Gefechtsstollen.

Ich muß wieder einmal in Ruhe schlafen, fahre daher spät abends in mein rückwärtiges Quartier in Etricourt, ein kleines, aber wohnliches, einstöckiges Häuschen mit einem kleinen Vor- und Rückgarten. Unterwegs begegne ich der ganzen nächtlichen Völkerwanderung des modernen Kriegs: vor- und zurückmarschierende ablösende und abgelöste Infanterie, in den malerischen und praktischen Stahlhelmen, mit denen allmählich alle fechtenden Truppen ausgerüstet werden; ablösende Feld- und schwere Artillerie mit und ohne leichte und schwere Rohre, die Mannschaften vielfach auf vollgepfropften Wagen; Artillerie-Munitionskolonnen jeder Art; Kraftwagenkolonnen mit Munition, Verpflegung und Baumaterial; Sanitätsautos. All dies von meiner und der auf die gleiche Nachschubstraße angewiesenen linken bayerischen Nachbardivision: pittoreske Bilder in Staub und Rauch, zeitweise belebt durch grelle Lichter von Blendlaternen, Leuchtkugeln oder Einschlägen.

3. August. Die Truppen suchen ihre Stellungen auszubauen, so gut es gehen will; aber es ist im feindlichen Feuer eine schwere, verlustreiche Arbeit, namentlich auch das Vortragen des Schurzholzes und des Drahts für Hindernisse von dem Pionierdepot Sailly in die vordere Linie. Der kommandierende General des XIII. Armeekorps übernimmt heute den Befehl über den Abschnitt. Der Armeeführer und sein Generalstabschef erscheinen in Sailly — ich halte Vortrag über den Stand der Division unter Betonung der unklaren Lage auf dem linken Flügel, wo unsere Stellung zudem von dem Feuer des Gegners umfaßt ist. Im übrigen kann ich aber nach meinen Eindrücken über Führer und Truppe die Zuversicht aussprechen, daß wir Guillemont auch gegen neue schwere Angriffe halten werden. Nur bitte ich um mehr schwere Munition.

Der Kommandeur der 26. Inf.-Division besucht mich. Abends wieder nach Etricourt. Aber kaum zu Bett, erhalte ich die telephonische Meldung, das feindliche Feuer verstärke sich in solchem Maße, daß ein großer Angriff erwartet werde. Also schnell wieder in die Kleider und 12 Uhr nachts in rasender Autofahrt vor auf den Gefechtsstand Sailly. Ein wundervolles Bild unterwegs: der ganze Horizont steht meilenweit in Flammen, Tausende von hellen und farbigen Leuchtkugeln steigen bei Freund und Feind unausgesetzt hoch, dazwischen die Lichterscheinungen der krepierenden feindlichen und eigenen Geschosse und deren krachende Einschläge. Aber es ist blinder Lärm gewesen; es waren nur Angriffe stärkerer feindlicher Patrouillen. Die an solch schwere Kämpfe doch noch nicht wieder gewöhnte Infanterie ist noch etwas nervös, fordert beständig Sperrfeuer der Artillerie an und meldet große feindliche Angriffe. Ich erlasse einen entsprechenden, die Unterführer und Truppe zu Ruhe und Nervenbeherrschung ermahnenden Divisionsbefehl, fahre nach Etricourt zurück und sinke dort todmüde auf mein Lager. Jedesmal nehme ich einen Herrn des engeren Stabes — Hauptmann Deutelmoser, Oberleutnant Picht und Schwenk — zur Nachtruhe nach Etricourt mit, die sich derart abwechseln; mein unermüdlicher Generalstabsoffizier macht am seltensten davon Gebrauch.

4. August. Heute in der Hauptsache Artilleriekämpfe; kleinere Infanterieangriffe werden wiederum abgewiesen. Aber unsere Infanterie muß sich — wie oft schon in diesem Kriege! — an ein beim Gegner neu auftretendes Kampfgerät gewöhnen: sehr unangenehm wirkende Flaschenminen, erheblich weiter reichend als unsere Minenwerfer. Schon macht sich aber die Vermehrung unserer Flieger etwas bemerkbar.

An der Straße nach Rancourt oben auf einem Baum-Hochstand, den wir von der 24. Res.-Division übernommen haben, sitzt von früh morgens bis spät abends ein Offizier des Divisionsstabes als Beobachter des Divisionsgeländes — heute unser Automobiloffizier und Oberingenieur Leutnant der Reserve Balz.

5. August. Inf.-Regiment 120 wird plötzlich zum Abrücken nach Norden befohlen, wo ein englischer Durchbruch droht. Ich fahre heute im Auto mit einem Ordonnanzoffizier nach dem stark zerschossenen Morval vor, spreche dort meinen alten, lieben, immer kampffrohen Brigadeadjutanten, Hauptmann Baeßler, vor dem tiefen Brigadekommandeur-Stollen und gehe dann zu Fuß über den Birkenwald nach Combles, um die drei Infanterie-Regimentskommandeure in ihren Unterständen aufzusuchen und um mir diejenige Stellung anzusehen, die bei einem etwaigen Verlust von Guillemont für die weitere Verteidigung in Betracht kommen kann. Der Artilleriekampf geht über uns weg, dann und wann krepiert ein Schrapnell über uns. Am Wege Morval—Ginchy spreche ich den Kommandeur des Gren.-Regiments 123, Oberstleutnant Frhr. v. Lupin, und finde ihn wie immer aufrecht und guten Mutes. Je mehr wir uns Combles nähern, desto mehr wird die Gegend zum Trichterfeld. Die durch den Birkenwald westlich an Combles vorbei nach dem Douagewald laufende rückwärtige Stellung finde ich erst angefangen; westlich von Combles besteht bis jetzt nur ein Drahthindernis. Das ist sehr bedenklich und darf unter keinen Umständen so bleiben. Combles selbst, früher ein ansehnlicher, sehr hübsch in einer kleinen Talmulde gelegener Marktflecken mit stattlicher Kirche und ebensolchen Häusern und Höfen, bietet ein trauriges Bild der Zerstörung; wir steigen über Trümmer und Pferdeleichen hinweg zum Gefechtsstand des Kommandeurs des Inf.-Regiments 127, Major Schwab, einem einfachen, gegen schweres Kaliber keinerlei Schutz

bietenden Keller, in dem der Stab nun schon fast eine Woche lang haust; auch auf die Dauer ein unmöglicher Zustand. Ich verspreche Pioniere für den Bau eines Stollens.

Dann weiter zum Gefechtsstand des Inf.-Regiments 124. Er befindet sich in den ausgedehnten, tief ausgehöhlten Kalkwänden der Katakomben von Combles, die, wie in so vielen Orten der Pikardie und des Artois, aus mittelalterlichen Zeiten her als Zufluchtsort für die Einwohner und deren Vieh in Kriegszeiten vorhanden und für unsere Verteidigung von unschätzbarem Werte sind. Es ist ein kleines Heerlager da unten: Regimentsstab, zwei Bataillonsstäbe, 1 Maschinengewehrkompagnie, 1—2 Infanteriekompagnien, Sanitätsunterstände, Verpflegungs- und Munitionslager — all dies ist hier untergebracht, freilich vorläufig noch sehr unvollkommen. Insbesondere ist die Luft schlecht, alle Kleider, auch die des immerhin in der besten Kammer wohnenden Regimentskommandeurs, Major Lägeler, fühlen sich feucht an, und die Beleuchtung, vorläufig Kerzen, ist höchst mangelhaft. Aber all dies wird sich durch die Fürsorge des Divisionsarztes, des Intendanten und unseres bewährten Faktotums für Beleuchtung, Innenausstattung und Beförderungsmittel, Rittmeister Zöppritz, die sich alle durch persönlichen Augenschein von den Verhältnissen unterrichten, sehr bald bessern. Vor allem wird zunächst einmal für elektrische Beleuchtung und Lüftung gesorgt werden. Auf dem Heimweg über Fregicourt-Ferme beschleunigen wir unsere Schritte, denn das Artilleriefeuer nimmt zu.

Das zerschossene Combles

Mein Eindruck von diesem Gang ist doch der, daß alles Denkbare geschehen muß, um der Infanterie in ihrer schweren und blutigen Aufgabe zu helfen, denn die Division hat bis heute schon rund 700 Mann verloren, darunter allein beim Regiment 124 19 Degentragende und 420 Mann. Und die Lage beim Regiment 127 ist — auch auf Grund der Rücksprache mit dem Regimentskommandeur — nichts weniger als beruhigend. Die dortige vordere, ganz unregelmäßig und unsicher verlaufende Linie westlich Faffemont-Ferme kann jeden Augenblick eingedrückt werden; würde aber diese Ferme genommen, dann wäre sogleich unsere hart östlich Combles stehende Feld- und schwere

Artillerie und ebenso die östlich des Douage-Waldes stehende zahlreiche bayerische Artillerie schwer gefährdet. Es muß also die unfertige Stellung Leuze-Wald—Douage-Wald so schnell und so gut wie möglich ausgebaut werden. Das ist aber keine kleine Sache, kann wegen des feindlichen Artilleriefeuers nur bei Nacht geschehen und muß von einer besonderen Truppe unter beständiger Aufsicht durch die Division ausgeführt werden — das ist mir ganz klar. Ich bestimme dafür den Führer des Rekrutendepots der Division, Hauptmann Baumann, mit seinen rund 300 Feldrekruten und 1 Armierungskompagnie und befehle, daß er mir täglich persönlich in Sailly Vortrag hält über die für die kommende Nacht beabsichtigten und die in der vergangenen Nacht ausgeführten Arbeiten. Auf diese Weise hoffe ich bald zum Ziele zu kommen, gleichzeitig werden dabei auch die Rekruten ans Feuer gewöhnt.

In Etricourt erfahre ich abends, daß Generalfeldmarschall v. Hindenburg mit dem Oberbefehl über die gesamte Ostfront betraut worden ist. Dann lese ich in der Zeitung einen Auszug aus einem in unsere Hände gefallenen Briefe eines französischen Stabsoffiziers, der seinem Sohne, einem an der Front stehenden Leutnant schreibt: „Die Boches haben große Artilleriemassen von Verdun nach der Somme gezogen, wo diese Schweine wie Grind kleben." Wäre ein solcher Briefton bei deutschen Offizieren zwischen Vater und Sohn denkbar? Nein und tausendmal nein! Auf Etricourt und Manancourt sind heute Fliegerbomben abgeworfen worden — ein halbes Haus in Etricourt ist zerstört, in der anderen Hälfte wohnte und schlief ein deutscher Offizier.

In Combles

6. August. Heute nacht wieder 5 Fliegerbomben. Diesmal in unserer Straße. Auch Sailly, wo ich mich tagsüber aufhalte, wird weiter beschossen. Aber man stumpft ab. Das Meldewesen von den 3 Infanterie-Regimentern

über die Infanterie-Brigade und von unserem Baumbeobachter über das Verhalten des Gegners und die Lage des feindlichen Artilleriefeuers arbeitet jetzt recht gut. Mein Artilleriekommandeur, General v. Schippert, der dauernd Tag und Nacht in Sailly aushält und seinen vom Vorgänger übernommenen Gefechtsstollen nur selten aufsucht, hält mir an jedem Tage mündlich Vortrag über unseren Artilleriekampf und die Munitionslage. Leider ist letztere, namentlich in bezug auf die schwere Munition, nach wie vor unbefriedigend.

7. August. In der vergangenen Nacht wieder Fliegergeschwader über unserem Ort; man glaubt, das Surren der Motore gerade über seinem Bett zu hören. Aber wir bleiben liegen; nur etwas mürbe und müde wird man durch diese beständigen Nachtruhestörungen. Gegen Mittag steigert sich das feindliche Artilleriefeuer außergewöhnlich bis zum Trommelfeuer — Angriffe erfolgen nicht. Es ist klar, der Gegner will uns nervös machen, bevor er entscheidend angreift. Auch den Divisionsstab in seinem von dem feindlichen und eigenen Artilleriefeuer beständig zitternden und fensterklirrenden Häuschen in Sailly. Zwei Kaninchen, die in ihrem unmittelbar unter unseren Fenstern stehenden kleinen Ställchen sich vergnügen, werden heute durch die Sprengstücke oder den Luftdruck eines ganz nahe bei unserem Häuschen einschlagenden Geschosses getötet. Es wird immer ernster auch mit den Verlusten. Die 27. Inf.-Division ist an eine besonders blutige Stelle gekommen.

Ich begrüße ein zur Ablösung in die Stellung rückendes Grenadierbataillon, an seiner Spitze den frisch und stattlich dreinblickenden und auftretenden Hauptmann Frhr. v. Perfall, den ich seit August 1914 nicht mehr gesehen habe. Bis zum Abend stimmen alle Nachrichten darüber überein, daß ein größerer feindlicher Angriff bevorsteht. Ich spreche durch den Fernsprecher in aufmunterndem Sinne mit dem Infanterie-Brigadekommandeur und den Infanterie-Regimentskommandeuren und finde überall feste Entschlossenheit. Das ist Gold für den Führer. Leider fehlt uns noch immer genügend schwere Munition, um dem Gegner artilleristisch tüchtig in die Parade zu fahren. Aber es geschieht, was möglich ist.

8. August. Heute nacht wieder 8 Bomben auf Etricourt. Um 6 Uhr früh Meldung: „Großer englischer Angriff seit etwa einer Stunde!" Im Auto in wilder Fahrt nach Sailly! Dort schon Freudennachricht: Regiment 123 und 124 haben den hauptsächlich gegen Guillemont gerichteten, im Morgengrauen in zahlreichen dichten Wellen geführten Angriff nach erbitterten Nahkämpfen blutig abgeschlagen. Schon finde ich den großen Hof des dem Divisionsstabsquartier benachbarten Gutshauses gefüllt mit Gefangenen, darunter mehrere Offiziere. Ein merkwürdiger Mischmasch unter den englischen Mannschaften: teils vollkommene Verbrechergesichter, offenbar aus der Hefe des Volkes, teils aber auch sympathische Erscheinungen, alt und jung bunt durcheinander. Es ist eine „frisch rasierte" Division, d. h. sie ist offenbar erst gestern abend aus Ruhequartieren für den Angriff neu eingesetzt worden.

Darin besteht ja leider der große Vorteil für Engländer und Franzosen, daß sie infolge ihrer großen zahlenmäßigen Überlegenheit ihre Divisionen immer wieder aus der Front herausziehen, wochenlang ausruhen und ausbilden lassen und sie dann ganz aufgefrischt wieder einsetzen können, während bei uns davon gar keine Rede ist. Um so bewundernswürdiger sind die Kampfleistungen unserer Truppen. Übrigens sprechen sich die Gefangenen überein-

Englische Gefangene

stimmend dahin aus, daß der englische Sieg sicher sei, denn die Deutschen hätten ja weder Lebensmittel noch Menschen mehr. Abwarten!

Zunächst wird ein nach stärkstem Artilleriefeuer angesetzter zweiter feindlicher Angriff auf Guillemont zwischen 9 und 10 Uhr wiederum blutig abgeschlagen; die Zahl der Gefangenen wächst auf über 300. Einzelheiten werden bekannt, die in den Regimentsgeschichten fortleben werden. Die packendste die, daß ein Bataillonskommandeur des Gren.-Regiments 123, der tapfere Ulanenmajor Landbeck, sich mit der kleinen Besatzung seines Stollens, wenigen Leuten mit einem Maschinengewehr, persönlich am Nahkampf beteiligt und zusammen mit einer vorstürmenden Stoßtruppe des Inf.-Regiments 124 zwischen 100 und 200 Engländer zur Übergabe gezwungen hat. Es ist ein Großkampf- und ein Ehrentag für die 27. Inf.-Division, zu dem mir heute der nach Sailly vorgeeilte kommandierende General herzlich gratuliert. Ich tue das gleiche insbesondere gegenüber den braven Regimentern 123 und 124. Das Regiment 127 hat heute wieder einen schweren Stand in seiner

Stellung, wo sich die offenbar mehrere hundert Meter breite Lücke immer noch nicht hat schließen lassen.

9. August. Infolge der andauernden Hitze, des Leichengeruchs und des furchtbaren Staubes stellen sich ruhrartige Erkrankungen bei Offizieren und Mannschaften ein — eine schlimme und gefährliche Sache in einer Lage, wo an die körperliche und geistige Kraft jedes einzelnen ohnehin die höchsten Anforderungen gestellt werden. Am frühen Morgen neuer feindlicher Angriff gegen Regiment 124 abgeschlagen; das Regiment liefert 120 neue Gefangene und 3 Maschinengewehre ab. Dann ist aber glücklicherweise der heutige Tag verhältnismäßig ruhig: die Engländer sind erschöpft.

Immer weitere Gefangene werden eingebracht; auch erbeuten wir den englischen Angriffsbefehl für den 8. August, der, wie alle englischen Befehle, sehr gründlich, aber auch sehr schematisch ist und z. B. den Platz des Bataillonsstabes von halber zu halber Stunde festlegt. Ich reite heute zum ersten Male von Etricourt nach Sailly auf einem über die flachwelligen, mit schöner, reifender Frucht bestandenen Höhen führenden Feldweg, eine willkommene Abwechslung und Erfrischung. Gegen Mittag besucht mich wiederum mein Freund Graevenitz, den ich auf den Divisions-Beobachtungsstand und -baum führe. Am Abend erfahre ich zu meiner großen Betrübnis, daß Hauptmann Frhr. v. Perfall vor seinem Unterstand von einer feindlichen Granate völlig zerrissen, sein Kompagnieoffizier, Leutnant Ostermaier, schwer verwundet worden ist.

Vor dem Divisionsstabsquartier

10. August. Heute ist der 11. Kampftag, für Regiment 124 schon der 12. Das Regiment hat das Menschenmöglichste geleistet, große Beute gemacht und alle Angriffe abgeschlagen, aber auch mehr als ein Drittel seines Bestandes verloren. Glücklicherweise kann ich heute mit seiner Ablösung durch das mir wieder zur Verfügung gestellte, frische Inf.-Regiment 120 beginnen. Ich begrüße das aus der vorderen Kampflinie in Ruhe zurückgezogene Bataillon Landbeck des Gren.-Regiments 123 und lasse mir die genaueren Kampfszenen erzählen. Wir haben jetzt die 55. und 2. englische Division gegenüber, dabei Lancaster- und Liverpool-Regimenter. Sie hatten den bestimmten Auftrag, Guillemont zu nehmen und unter allen Umständen festzuhalten. Das heute erfolgte endgültige Nachzählen der Beute seit dem 8. August ergibt 14 Offiziere, 500 Mann, 14 Maschinengewehre. Die Engländer blasen Gas ab, neue Sorge.

11. August. Mein tapferer Generalstabsoffizier Hauptmann Deutelmoser ist heute in der Frühe, begleitet von dem Ordonnanzoffizier, Oberleutnant Schwenk, im stärk-

Schloß Manancourt

sten Feuer bis in die vorderste Linie bei Guillemont vorgegangen, um sich eine eigene Anschauung von der Lage der Truppen dort zu verschaffen. Ich bin sehr froh, als beide Herren glücklich zurück sind, aber durch solche Gänge erwirbt sich der Generalstabsoffizier das Vertrauen der Truppe.

Die Lage der Truppen vorne ist denkbar schlimm. Dauernd schweres Feuer und fast keine Deckungen; einer der wenigen Stollen bei Regiment 124 ist heute nacht durch Volltreffer verschüttet worden: 1 Vizefeldwebel und 19 Mann tot. Auch ist die Besetzung unserer vorderen Linie mehr als dünn; die den Regimentern zugewiesenen Frontabschnitte sind zu breit. Ich mache eine ernste Meldung an das Generalkommando mit der Wirkung, daß wir 500 Meter Frontbreite an die Nachbardivision rechts abgeben.

Nachmittags Beerdigung des Hauptmanns Frhr. v. Perfall im schönen Friedhofpark von Manancourt, wo das einfache Mausoleum der Grafen von Rohan steht. Dann besuche ich die Verwundeten im geräumigen Schloß Manancourt, darunter auch den schwerverwundeten Leutnant Ostermaier, den einzigen Sohn des bekannten Kriegsmalers und Professors. Ich tröste ihn, drücke ihm die Hand und schicke ihm abends eine Flasche Sekt. Hier sehe ich auch zum ersten Male eine Anzahl Gaskranker, denen mit Zuführung von Sauerstoff aus besonderen Apparaten geholfen und dadurch vielfach das schwer gefährdete Leben gerettet wird. Dieser Gaskampf ist auch eine neue teuflische Erscheinung dieses Kriegs.

In der Nacht wieder starker Angriff auf Guillemont tapfer abgeschlagen.

12. August. Ich reite in den Pierre-Vaast-Wald, um das dort liegende III. Bataillon des Regiments 127 zu begrüßen. Es wird eine dramatisch abgekürzte Begrüßung, denn mitten in meiner Ansprache schlagen ringsum schwere Geschosse ein. Aber glücklicherweise passiert nichts.

Ruhiger Nachmittag, dann aber nach dem Abendessen kolossal anschwellendes Trommelfeuer. In Hast im Auto nach Sailly; je mehr wir uns dem Orte nähern, desto mehr Lärm und Einschläge. Wir sind froh, als wir in dem nunmehr notdürftig fertigen, freilich überaus engen Gefechtsstand unter dem Keller unseres Häuschens sind, dessen Fensterscheiben zersprungen sind. Dort unten bleibe ich bis 2 Uhr 30 morgens, spreche mit den Truppenkommandeuren, gebe meine Befehle, stütze und halte moralisch! Der Hauptangriff geht diesmal gegen unsere linke Nachbardivision, die 8. bayerische Res.-Division, der ich ein Bataillon zum Schutz ihres rechten Flügels schicke; aber mein linker Flügel ist doch auch hart betroffen und gefährdet. In Combles wird ein Sanitätsunterstand mit 20 Verwundeten verschüttet. Gefangene werden eingebracht, darunter ein französischer Adjutant-Chef, der mir auf Befragen antwortet: on m'a bien traité. Kaum habe ich, nach Etricourt

Gefechtsstand der 27. Inf.-Div.

zurückgekehrt, 2 Stunden lang geruht, so kommt wieder die Meldung: Neue Angriffe! Also wieder ins Auto und vor nach Sailly in den Divisionsgefechtsstand, den Keller. Gegen 7 Uhr wieder „nach Hause".

Das sind doch gewaltige körperliche und seelische Anstrengungen. Eines hilft uns aber über alles weg: der Name Guillemont wird täglich in den Heeresberichten erwähnt und ganz Deutschland schaut vertrauensvoll auf uns Sommekämpfer — dieses Vertrauen müssen wir rechtfertigen! Leicht haben wir's aber nicht, denn es herrscht andauernd erheblicher Mangel an schweren Geschossen, namentlich an den so wirksamen Mörserschüssen. Die Division hat bis heute schon 50 Offiziere und 2000 Mann verloren. Davon die Infanterie 95 %.

14. August. Der 16. Kampftag. Wieder im Feuer vor nach dem beschossenen Sailly. Dort liegen am Dorfrande fünf tote Grenadiere und

Feldgottesdienst

mehrere Pferde. Der Divisionsstab kann nicht mehr vorne bleiben, ein Arbeiten ist unter diesen Verhältnissen vorne auf die Dauer nicht möglich. Er siedelt daher heute ganz nach Etricourt über. Es bleibt aber ein Offizier im Kellergefechtsstand und einer als Baumbeobachter vorne. Abends noch eine schmerzliche Hiobsnachricht: mehrere Granaten haben in das in einem idyllischen Waldstück östlich Sailly in Ruhe liegende Grenadier-Bataillon Landbeck eingeschlagen. 3 Offiziere, 12 Mann verwundet, 10 tot.

Wir erbeuten bei Gefangenen die echt englische gedruckte Anweisung an die Mannschaften vom 25. Juni 1916, sie sollen bei Annäherung an unsere Gräben rufen: „Ganze Kompagnie kehrt, marsch!" oder auf Patrouille: „Hier ein Mann verwundet, brauche Hilfe, kommt näher." Unterschrift: Fraser, capt. adj. 9th. royal Scotts.

15. August. Vor meiner Front etwas ruhiger. Dafür kolossaler Kanonendonner rechts und namentlich links. Ich begrüße im schönen Schloßpark von Manancourt beim Feldgottesdienst ein Bataillon 123er und 124er und spreche ihnen meinen von Herzen kommenden Dank aus für ihre Ausdauer und ihre Leistungen, sage ihnen auch zu weiterer Ermutigung wahrheitsgemäß, daß die ganze weitere und engere Heimat mit Stolz und mit Bewunderung auf die Sommekämpfer blickt. Mittags und abends habe ich Brigade-, Regiments- und Bataillonskommandeure der Division bei mir zu Tisch und erfahre namentlich aus den Erzählungen der letzteren Näheres und Anschaulicheres darüber, wie es vorne aussieht und was die Truppen auszuhalten haben. In erster Linie ein furchtbares Artilleriefeuer aller Kaliber, namentlich Tausende von Schrapnells. Dann vor allem Durst und infolge der Hitze, des Leichengeruchs und der unregelmäßigen, meistens kalten

Verpflegung, wohl auch der Nervenaufregung, in immer steigendem Grade Darmkatarrhe mit blutigen Abgängen. Diese Darmkatarrhe schwächen aber bei Mannschaften und Offizieren nicht nur die körperliche, sondern auch die moralische Widerstandskraft in hohem Maße; und doch hängt im Augenblick der Gefahr nach übereinstimmendem Urteil aller Führer für die Abwehr der feindlichen Infanterieangriffe alles davon ab, daß sich immer wieder einzelne Offiziere und Mannschaften finden, die mit ihrer noch hoch gehaltenen persönlichen Tapferkeit und Geistesgegenwart eine kleine Kampfgruppe mit Gewehren und Handgranaten und mit dem Bajonett in Tätigkeit und Bewegung setzen. Dramatisch und auch für die Führer bedrückend sind die Verhältnisse in den Unterständen, wo die körperlich und moralisch Verwundeten und Zusammengebrochenen in der ersten Aufregung Schutz suchen, und furchtbar ist das Los der zwischen den Linien, im sogenannten Niemandsland, liegenden Schwerverwundeten, die elend durch nochmaliges Getroffenwerden oder durch Verbluten oder Verdursten und Verhungern zu grunde gehen. Kein Wunder, daß infolge aller dieser Verhältnisse jetzt auch Gehorsamsverweigerungen vorkommen.

Heute abend bei unserer Nachbardivision links wieder schwere Kämpfe; ein Teil von Maurepas geht verloren, wodurch unsere linke Flanke gefährdet wird. Die bisherige Division wird durch die 5. bayerische Res.-Division abgelöst, mit deren Führer, Generalleutnant Ipfelkofer, ich von Ulm-Neu-Ulm her gut bekannt bin. Nun sind wir also wieder Nachbarn — welch kleine Welt!

Auch in unserem Stabe spukt es mit Magenverstimmungen — auch bei mir.

16. August. Ein schlimmer Tag! Inf.-Regiment 127, das nun schon 16 Kampftage in vorderer Linie ist, muß abgelöst werden; dies läßt sich aber nur dadurch ermöglichen, daß die in erst 4—5tägiger Ruhe befindlichen Bataillone der Inf.-Regimenter 123 und 124 schon wieder in die vordere Linie geschickt werden. Das ist eine grausame Maßregel, die auch nur mit äußerster Energie durchzusetzen ist. Dabei muß ich die Division vom Bett aus leiten, denn ich habe hohes Fieber. Und mitten in die Ablösung hinein stößt auch richtig nach stärkster Artillerievorbereitung ein großer feindlicher Angriff gegen meinen linken Flügel und gegen die Bayern vor. Der Kampf wogt die ganze Nacht hindurch, unter schwersten Verlusten auf beiden Seiten, hin und her.

17. August. Es ist nicht möglich, Klarheit über den Ausgang der gestrigen Kämpfe zu bekommen. Optimistische und pessimistische Meldungen wechseln ab. Aber gegen Abend ist doch soviel klar, daß die feindliche Infanterie dreifach überlegen war, daß meine drei Regimenter wieder schwer gelitten haben und daß bei Regiment 127 ein Teil der noch in Stellung befindlichen Kompagnien eine größere Anzahl von Gefangenen verloren hat. Abends wiederum Steigerung des feindlichen Artilleriefeuers zu heftigster Stärke und neue wütende englische Angriffe. Blutige Nahkämpfe um Guillemont.

18. August. Bis heute haben sich die Verluste der Division auf 90 Offiziere, 3500 Mann gesteigert. Wesentlich längeres Verbleiben in dieser Lage übersteigt die Kraft der Truppe; sie muß jetzt bald abgelöst werden. Dies rechtzeitig und ernstlich oben zur Sprache zu bringen, ist die Pflicht des Führers. Ich erfülle sie durch Abfassung einer entsprechenden schriftlichen Meldung und übergebe diese persönlich dem in Etricourt eingetroffenen kommandierenden General, der mir zustimmt. Die Meldung geht telegraphisch ans Oberkommando, das alsbald antwortet, vorerst könne es dem Antrag nicht entsprechen!

6 Uhr abends setzt aufs neue schwerstes Trommelfeuer ein. Nachricht: Regiment 124 sei überrannt, Guillemont sei schwer bedroht! Mir bleibt kein

Aus „Großer Bilderatlas des Weltkrieges"; Verlag F. Bruckmann A.G., München
Die Sommeschlacht bei Guillemont nach feindlicher Darstellung)

anderes Mittel, als ein eben erst aus vorderer Linie in Ruhequartiere gerücktes Bataillon des Inf.-Regiments 127 wieder zu alarmieren, in Kraftwagen zu setzen und zur Unterstützung nach vorne fahren zu lassen. Ich begrüße die Truppe auf der Durchfahrt durch Etricourt: es ist ein überaus malerischer und kriegerischer Anblick, diese vollbesetzten Wagen, diese jungen Gesichter unter dem ernsten Stahlhelm — aber ich kann den Eindruck des „morituri te salutant" nicht los werden. Neue Fälle von Leuten, die die Nerven verloren haben und erklären, sie könnten nicht mehr vor ins Feuer und sie gingen nicht mehr vor, werden mir bekannt. In solchen Lagen machen die unteren Truppenführer bis zum Regimentskommandeur Unsägliches durch. Aber auch für mich sind es schwere, ernste, verantwortungsvolle Stunden; denn Guillemont muß gehalten werden! Erfrischend wirkt in solchen Augenblicken die feste Zuversicht meines alten Brigade-Adjutanten, der auf telephonische Anfrage durch meinen Generalstabsoffizier auch in den schwierigsten Lagen immer noch und immer wieder eine zuversichtliche Auffassung vertritt. Um die Lage wieder völlig herzustellen, schlägt mir mein Generalstabsoffizier den Befehl zur Offensive auf meinem linken Flügel vor; aber nach telephonischer Rücksprache mit dem Brigade- und den Regimentskommandeuren sehe ich davon ab, namentlich deshalb, weil die Offiziersverluste in vorderer Linie zu groß waren und sind und es also der Truppe an Führern fehlt.

19. August. Erfreuliche Nachrichten: Guillemont ist behauptet, nur unser linker Flügel ist etwas zurückgedrückt. Aber Engländer und Franzosen haben schwerste Verluste erlitten. Daher trotz allem bei der Truppe wieder gehobenere Stimmung. Der feindlichen Infanterie, namentlich der englischen, ist die unsrige entschieden überlegen; die englische benimmt sich mitsamt ihren Offizieren nach dem Eindringen in unsere vordersten Stellungen meistens recht ungeschickt und hilflos. Aber leider ist die feindliche Artillerie der unsrigen an Geschützzahl und an Munition wohl um das Doppelte über. Das feindliche Artilleriefeuer wird andauernd durch die zahlreichen und starken feindlichen Flieger äußerst geschickt geleitet. Mehr als 90% unserer Verluste rühren daher von Artilleriefeuer her. Schlimm ist und bleibt es, daß unsere Gegner ihre verbrauchte Infanterie immer wieder nach wenigen Tagen durch frische ablösen können, während wir immer wieder die gleichen Kräfte einsetzen müssen. Und ebenso, daß wir hier gezwungen sind, die eigentlich längst unhaltbare zerschossene vordere Linie zu behaupten, weil eben ausgebaute hintere Linien fehlen; freilich ein schweres Versäumnis von ganz oben, aber auch eine Folge unserer andauernden und immer größer werdenden Zersplitterung auf allen europäischen Kriegsschauplätzen. Äußerst schwierig ist es ferner, die Verbindungen nach vorne aufrecht zu erhalten. Die Brieftauben bringen die raschesten, die Leichtverwundeten die anschaulichsten Nachrichten.

Ich erhalte die traurige Nachricht, daß der junge Leutnant Ostermaier im Feldlazarett seinen schweren Wunden erlegen und daß der Führer einer Flakbatterie, Leutnant Meßner, der Sohn der uns warm befreundeten Familie Meßner, gefallen ist — der zweite Sohn dieser Familie in diesem Kriege.

7 Uhr abends kommen wir in unserem Stabsquartier Etricourt noch in Lebensgefahr. Eine offenbar auf uns gemünzte Fliegerbombe zerschlägt das Dach des an unsere Hofmauer angebauten Stalles, verwundet dort einen Mann und ein Pferd, überschüttet unser Vorgärtchen mit Ziegeln und Brettern und reißt Löcher in unsere Fenster- und Türbrüstungen. Einige Meter mehr rechts und unser Dach, unter dem wir in dem einstöckigen Häuschen alle an unseren Arbeitstischen saßen, wäre über uns zusammengebrochen.

20. August. Man hat oben nun doch erkannt, daß die 27. Inf.-Division, die schon acht Tage länger in diesem schweren Kampfe steht, als alle anderen

Nachbardivisionen, bald abgelöst werden muß, wenn der Bogen nicht überspannt werden soll. Übermorgen soll daher die 111. Inf.-Division mit ihren vordersten Teilen zur Ablösung eintreffen; bis dahin wird mir ein bayerisches Reserve-Infanterie-Regiment unterstellt, das noch heute das am schwersten mitgenommene Inf.-Regiment 124 abzulösen beginnt. Glücklicherweise sind Tag und Nacht heute ruhiger.

21. August. Auch Regiment 123 und 127 werden heute in vorderer Linie abgelöst. Es war höchste Zeit, die Kräfte drohten zu versagen. Ich weihe die neuen Führer des bayerischen Regiments und der 111. Inf.-Division persönlich in ihre Aufgaben ein — unsere Dienstzimmer sind heute der reine

Divisionsstabsquartier Étricourt

Taubenschlag. Auch der Armeeführer erscheint und läßt sich über die Lage berichten. Die Armee erläßt einen sehr energischen Befehl für die Fliegerabteilungen, der den Gedanken einer defensiven Luftsperre über unseren Linien verwirft und statt deren stets eine offensive Betätigung verlangt. Das ist uns und der Truppe aus der Seele gesprochen. Auch wird die Masse der Flieger nunmehr den Armeekorps unterstellt, die den Ereignissen vorne näher stehen als die Armee. Ich besuche nachmittags einige verwundete Offiziere im Feldlazarett Manancourt.

6 Uhr abends wieder Feuerüberfall und Angriff auf das noch von meinem Inf.-Regiment 120 besetzte Guillemont. Diese Angriffe steigern und wiederholen sich während der ganzen Nacht. Ernste Sorge, ob wir das so lange verteidigte Dorf, das allmählich durch die Heeresberichte fast berühmt geworden ist, noch halten können. Wieder schicke ich 127er auf Kraftwagen vor. Eine bange Nacht, zumal wieder alle Verbindungen zerschossen sind und wir

stundenlang nur auf Aussagen von Verwundeten, sowie auf Mitteilungen von Artillerie- und Baumbeobachtern angewiesen sind. Aber gegen Morgen kommt die Nachricht, daß alle Angriffe blutig abgeschlagen sind und das Dorf fest in unserer Hand ist.

Für mich körperlich und seelisch eine der schwersten Nächte des Feldzuges. Beständige Sorge wegen Guillemont und dabei ein regelrechter katastrophaler Ruhranfall mit Erbrechen usw. schlimmster Art.

23. August. Aber alles geht vorüber. Heute morgen bin ich zwar körperlich recht matt, aber sonst in sehr gehobener Stimmung: ich kann dem heute eingetroffenen Kommandeur der 111. Division, Generalmajor Sonntag — der übrigens 1876/77 im Kadettenkorps in Berlin mein Stubenältester war — mitteilen, daß wir die der 27. Inf.-Division am 1. August anvertraute Stellung samt Guillemont noch fest behaupten, was ich, offen gestanden, in den letzten Tagen nicht mehr für möglich gehalten hatte. Und noch eine kleine Freude wird mir: Mein Antrag auf rühmende Erwähnung des württembergischen Kaiserregiments im Heeresbericht wird genehmigt — leider nicht auch der für die anderen Regimenter.

Abends 9 Uhr 20 wieder rote Leuchtkugeln zum Anfordern von Sperrfeuer — Angriff auf der ganzen Front! Handgranatenkämpfe. Spannung bis zum letzten Augenblick. Aber Angriff wieder abgeschlagen.

24. August. Meine letzten Truppen werden heute abgelöst, aber ich behalte den Befehl über den Abschnitt noch bis morgen früh. Ein unsagbares Freudegefühl beseelt Truppen und Stab über die Ablösung „re bene gesta". Die Truppen singen heute schon wieder an meinem Quartier vorbei — auch die tapfere Sanitätskompagnie, die Schweres durchgemacht und Vor-

Stab der 27. Inf.-Division

treffliches geleistet hat. Leider muß meine Feldartillerie noch in Stellung bleiben; von 111 Offizieren, die die Division verlor, hat die Artillerie diesmal doch auch einen tüchtigen Anteil.

Der Armeeführer spricht mir und der Division persönlich seinen Dank und seine Anerkennung aus. Ich mache noch einen Vorschlag für einen größeren Vorstoß in Richtung Montauban, der dem durch die schweren Kämpfe und Mißerfolge erschütterten und durcheinandergekommenen Gegner sein Angriffsprogramm gründlich zerstören soll.

Abends noch lebhafte Fliegerkämpfe über Etricourt. Dann nochmals in dieser letzten Nacht schlimmstes Trommelfeuer — aber der Angriff richtet sich hauptsächlich gegen die linke Nachbardivision. Immerhin noch eine taktisch sehr unruhige letzte Nacht.

25. August. Mit einem aus tiefstem Herzen kommenden „Uff" der Erleichterung gebe ich 9 Uhr vormittags das Kommando über den Abschnitt Guillemont an Generalmajor Sonntag ab — nicht ohne großen Stolz auf meine braven Truppen, dem ich in dankendem Erlasse an die 27. Inf.-Division warmen Ausdruck gebe.

Er erhält eine Bestätigung und Bekräftigung durch den Abschiedsgruß des Armeeführers an das XIII. Armeekorps:

„Aus der Reihe der ruhmreichen Gefechtstage des Korps leuchtet für alle Zeit der 8. August hervor. Dieser Ehrentag der braven württembergischen Regimenter wird ebenso unvergessen bleiben, wie der Name Guillemont mit den Taten und der Geschichte des tapferen XIII. Armeekorps unzertrennlich verbunden ist. gez. v. Below."

Dann einen letzten Blick auf Haus und Gegend, wo ich 25 unvergeßliche, ernste und doch stolze Tage lang den Befehl geführt habe. Noch auf der Kraftwagenfahrt zum Korpshauptquartier begleitet uns ein feindliches Geschwader von über 20 Flugzeugen, das Bomben abwirft. Aber wir lachen der Drohung — als freie Herren durchsausen wir das Land, während der weiteren erfrischenden Fahrt auf der großen Heeresstraße nach St. Quentin, welche Stadt ich mir nun doch auch einmal etwas näher ansehen möchte. Wir besuchen die ehrwürdig alte und schöne Kathedrale. Dann habe ich eine interessante Aussprache mit dem Chef des Generalstabes der Heeresgruppe Gallwitz, Oberst Bronsart v. Schellendorf, und freue mich seiner optimistischen Auffassung über die Gesamtlage. Später habe ich die Ehre, mit dem Oberbefehlshaber der 2. Armee, General v. Gallwitz, zu frühstücken und dabei allerhand Erinnerungen an den gemeinsamen serbischen Feldzug, sowie Ausblicke in die Zukunft auszutauschen.

Abends ins freundliche Bürgermeisterhaus in Bertry ins Quartier — und ins Bett zu tiefem, langem Schlaf.

26. August. Abends lade ich meinen Stab zu einem Glase Wein ein — wir trinken von Herzen auf das Wohl der tapferen 27. Division, ich noch im besonderen auf meinen vortrefflichen Generalstabsoffizier. Dann melde ich mich in Caudry ab — in Urlaub.

27. August. Brüssel — einzig schöner Marktplatz!

28. August bis 15. September. Schöner Landaufenthalt im Kreise der Meinigen. Allerhand Nachrichten und Ereignisse während meines Urlaubs. — Rumänien (und Italien) erklären Deutschland den Krieg. — Hindenburg wird an Stelle Falkenhayns Chef des Generalstabes des gesamten deutschen Feldheeres, Ludendorff erster Generalquartiermeister. — Am 5. September geht Guillemont nach hartem Kampfe an die Engländer verloren. — Am 7. September sind schon 20 000 Rumänen in der Dobrudscha gefangen, Tutrakan gefallen, 100 Geschütze erobert. — Der König von Württemberg verleiht mir einen hohen Kriegsorden. — Das XIII. Armeekorps, also auch die 27. Division, kommt wieder zur 4. Armee.

17. September. Rückfahrt zur Front. In Charleville esse ich mit dem bayerischen, sächsischen und württembergischen Militärbevollmächtigten und besehe mir die elegante Stadt, wo das Große Hauptquartier lange gelegen hat. Dann schöne Autofahrt mit meinem Freunde Graevenitz von Charleville über das wegen schnöden Franktireurfrevels gründlich durch Feuer zerstörte Orchies nach Lille und weiter nach dem neuen Divisionsstabsquartier Bousbecque, südwestlich Menin. Dort werde ich freudig empfangen.

Wieder an der Lys

18. September. Unser Quartier ist sehr angenehm, nach der Straße zu recht einfach, aber im Innern wohnlich und behaglich und hinter meinem Hause ein schöner schattiger Park, der in einen zweiten danebengelegenen übergeht; dieser gehört zu unserem ebenfalls sehr behaglichen Kasinogebäude. Es sind die Wohnungen reicher, miteinander verwandter Fabrikantenfamilien. Die Herrin meines Wohnhauses, eine noch sehr gut aussehende Dame, die vor kurzem ihr dreizehntes Wochenbett abgehalten hat, wohnt gegenüber und überzeugt sich von Zeit zu Zeit davon, daß wir durchaus schonend mit ihrem Eigentum umgehen.

Eine der ersten Maßnahmen des neuen Führerpaars Hindenburg-Ludendorff nach Übernahme des Kommandos ist die großzügige Einteilung der Westfront in 3 Heeresgruppen: Herzog Albrecht, Kronprinz Rupprecht, Kronprinz Wilhelm; ähnlich im Osten. Dann die Anordnung und Durchführung des großartigen Hindenburgischen Rüstungsprogrammes.

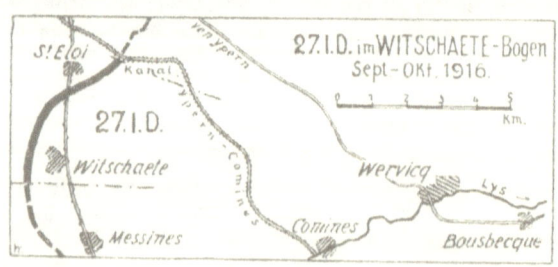

Leider sind wir hier aber wieder im

schrecklichen eingerahmten Stellungskrieg und dabei an einer recht unangenehmen Stelle, im Wytschaetebogen.

20. bis 25. September. Vielstündige Gänge durch die Stellungen der beiden Infanterie-Brigaden, deren eine (53.) in Oberst von der Osten einen neuen Kommandeur erhalten hat. Ebenso zu den Batterien. Wenig Erfreuliches. Wegen des hohen Grundwasserstandes müssen die Brustwehren der Gräben mühsam mit Sandsäcken und gefüllten Erdkörben auf den gewachsenen Boden immer wieder aufgesetzt werden. Und kaum ist eine Arbeit fertig, so wird sie wieder durch feindliches Artillerie- und Minenwerferfeuer zerstört. Der Gegner verfügt eben über das Vielfache von Geschützen und Geschossen. Es ist nicht mehr zu verheimlichen: wir haben uns in bezug auf Massenherstellung dieser Kriegsmittel namentlich von England im Jahre 1916 weit überholen lassen. Diesem schweren Versäumnis unseres Kriegsministeriums können auch die tatkräftigsten Maßnahmen Hindenburg-Ludendorffs erst in einiger Zeit und auch dann nur ganz allmählich abhelfen. Inzwischen muß auf allen Fronten gespart werden, zumal der neue Kriegsschauplatz in Rumänien sehr viel Munition beansprucht. Freilich und Gott sei Dank mit denkbar raschem und günstigem Erfolg. Aber es bleibt doch hart für unsere Infanterie, sich andauernd ohne entsprechende Erwiderung beschießen lassen zu müssen. Und die Verluste, namentlich an Toten und Schwerverwundeten, sind nicht gering, mindestens ein Dutzend täglich. Dazu kommt noch die besonders unangenehme vermehrte Beschießung durch Gasgeschosse. Am 24. September fällt im vordersten Graben der fast noch einzige aktive Infanterieoffizier der Division, Oberleutnant Kirn, der dritte Sohn seiner Eltern, der den Heldentod stirbt.

26. September. Ich mache mit drei Herren des Stabes eine erfrischende und in jeder Hinsicht interessante Autofahrt. Zuerst das schöne

Wytschaete

Unsere Stellung

alte Brügge mit seinen gewaltigen Kirchen und malerischen Uferpartien. Im dortigen Hafen besteigen wir ein U-Boot, bestaunen den in wunderbarer Erfindungskunst mit Hunderten von Röhren, Hebeln und sonstigen Einrichtungen ausgestatteten engen Innenraum, lassen uns ein Torpedo zeigen und besehen ein Torpedoboot. Dann die gewaltigen Strandbatterien bei Knocke an der Ostküste des belgischen Flanderns, die bis nach Vlissingen schießen können. Anschließend fahren wir die ganze Küste entlang über Zeebrügge, wo wir den geräumigen Hafen mit der mächtigen Mole bewundern, bis zum stattlichen Seebad Ostende. Auf der Rückfahrt besuche ich noch einen mir von früher her bekannten Divisionskommandeur, General v. Etzel, auf seinem besonders schön gelegenen, architektonisch sehenswürdigen und geschichtlich merkwürdigen alten Wasserschloß Wynsdale. Zu meiner Freude werden auch die Mannschaften in Sonderzügen zum Besuche nach Brügge und Ostende geführt.

27. bis 30. September. Neu ist hier der ausgiebige Mineurkrieg, der von beiden Parteien geführt wird. Der tägliche Vortrag hierüber führt mich in die Geheimnisse und Schwierigkeiten dieses für unsere Sicherheit ebenso wichtigen, wie für die Mineurtruppe anstrengenden, entsagungsvollen und gefährlichen Dienstes ein. Für meine Division handelt es sich vor allem um die beständige Sorge dafür, daß mir nicht die in den großen Wohntrichtern der vorgeschobenen Ecke von St. Eloi liegenden Kompagnien eines Tages oder Nachts mit Mann und Maus (Ratte wäre richtiger!) in die Luft gesprengt werden. So muß täglich durch gewissenhaftes Horchen festgestellt werden, wie weit der Gegner neben oder über oder unter unseren Minierstollen die seinigen vorgetrieben hat, wann es also Zeit ist, letztere durch Sprengung zu zerquetschen. Bei einer solchen Quetschung wurde

leider einmal in den letzten Tagen auch ein Stollen von uns eingedrückt, wobei durch giftige Gase und einen Brand eine Anzahl Leute ums Leben kamen.

Heute erfahre ich, daß auch Combles verloren gegangen ist, nachdem es doch noch dank unserer dort gebauten Verteidigungsstellung vier Wochen lang gehalten hat.

Unsere Gegner, namentlich auch die Russen, vervollkommnen ihre Heeresberichte immer mehr insofern, als sie deutsche Angriffe und die dabei von ihnen erlittenen Verluste einfach totschweigen, dafür aber jeden eigenen Angriff und Erfolg vierfach aufzählen und aufbauschen. Ein Glück, daß sie damit den Gang des Feldzugs nicht beeinflussen. Aber eine widerliche Neuerscheinung dieses Krieges ist es doch.

Schönes Wagner-Konzert im Theater zu Lille. Der Oberbefehlshaber der 4. Armee, Herzog Albrecht von Württemberg, gibt mir die Ehre, mit seinen drei Söhnen bei mir zu frühstücken; wir können bei schönstem Sonnenschein und unter den Klängen einer guten Regimentsmusik im Garten sitzen. Auch an den sonstigen Tagen habe ich häufig Gäste. Dies ist in dem ewigen Einerlei des Stellungskrieges eine wahre Wohltat, fast eine Notwendigkeit. Ebenso wird aber auch, und mit gutem Grund, überall dafür gesorgt, daß die Truppe Anregung und Abwechslung erhält durch Konzerte, Spiele, Lichtbildervorführungen und durch Vorträge. In dieser Beziehung macht sich unser schwäbischer Dichter und Dramatiker Lilienfein sehr verdient, den ich als Bücherwart von der 107. Inf.-Division zur 27. versetzt habe und der nun auch hier Offiziere und Mannschaften des Stabes und der Truppen durch

Wohntrichter bei St. Eloi

ernste und heitere Gedichte und Prosastücke als überall willkommener „Reiseprediger" erfreut.

30. September. Endlich trifft mein Feldart.-Regiment 13 von der Somme ein: es hat bei Sailly acht Wochen lang aushalten müssen, hat 5 Offiziere und 200 Mann verloren und 90 Geschütze durch feindliche Beschießung, 20 durch Materialschaden verloren. Der Regimentskommandeur mit Stab ißt heute bei mir. Von unserem früheren Kampfgelände kommt noch die traurige Kunde, daß der württembergische Generalmajor v. Rosch-

Herzog Albrecht mit seinen drei Söhnen bei mir zum Frühstück in Bousbecque

mann, mit dem ich früher im Regiment 120 zusammen Bataillonskommandeur war, im Schlosse Manancourt in seinem Zimmer und Bett durch einen Volltreffer tödlich verwundet worden ist.

Hocherfreulich sind immer wieder die Nachrichten aus Rumänien: großer Sieg Falkenhayns bei Hermannstadt.

Auch meine Sanitätskompagnie kommt nach dreimonatlichem Einsatz von der Somme zurück, wo sie Ausgezeichnetes geleistet hat.

1. bis 15. Oktober. Der Stellungskrieg ist etwas Furchtbares für Führer und Truppe. Letztere baut in Schlamm und Dreck unausgesetzt, aber mit dem Gefühl, daß sie hier bei uns wegen des feindlichen Feuers und wegen der Witterung — immer wieder Regen — niemals fertig werden, ja sogar es niemals zu einem auch nur befriedigenden Zustand bringen kann. Darüber sucht sie sich und sucht man sie in bester Absicht hinwegzutäuschen. Und bei aller Unfruchtbarkeit und Undankbarkeit der Arbeit diese täglichen Verluste an Toten und Verwundeten, an manchen Tagen für einen kleinen Kreis, Kompagnie, Batterie, erschütternd durch einen besonders wirksamen

Zufallstreffer, der einen vollen Unterstand verschüttet oder vergast und alles Lebende vernichtet. So verzehrt der Stellungskrieg die Seelenkräfte der Unterführer und Mannschaften in hohem Grade. Und da die Offiziere immerhin besser untergebracht und mit Hilfe ihrer höheren Bezahlung auch besser verpflegt sind, da sie außerdem immer jünger, die Mannschaften immer älter werden, die Truppenoffiziere aber trotzdem genötigt sind, im Wach-, Sicherheits- und Arbeitsdienst viel zu verlangen, so wird das im Bewegungskriege so vorbildliche Verhältnis zwischen Offizier und Mann ein fremderes.

Bücherwart der 27. Division: Dr. Heinrich Lilienfein

Ebenso aber auch zwischen der Truppe und der oberen Führung. Denn auch sie ist genötigt, immer wieder neue Forderungen im Ausbau zu stellen oder alte zu unterstreichen teils auf Grund eigener Wahrnehmungen bei Freund und Feind, teils auf Grund von höheren Weisungen, die sich in endloser Fülle gerade im Stellungskriege nach unten ergießen, da ja Größeres schon mangels von Reserven nicht befohlen werden kann. Schlimm sind auch die vielen Termine und Berichte, mit denen man geplagt wird und andere plagen muß. Dieses Unbefriedigende des Körper und Geist versteifenden Stellungskrieges erzeugt bei Offizieren und Mannschaften bis oben hinauf, jedenfalls bis zu den Divisionsstäben, eine Art von moralischer Erkrankung, die man kurzerhand mit „Grabenekel" bezeichnen könnte. Und doch darf man sie weder bei sich noch bei der Truppe ernstlich aufkommen lassen, denn sonst wäre der moralische Niederbruch — und damit der Einbruch des Gegners da. Wir haben Australier gegenüber, verwegene Gesellen, bei denen man auf der Hut sein muß. Auch das gehört zum Bezeichnenden des Stellungskrieges, wie freilich der Verteidigung überhaupt: man ist zu keiner Tages- und Nachtzeit davor sicher, ob sich nicht aus dem da und dort anwachsenden Artilleriefeuer plötzlich ein großer Angriff entwickelt. Durch kleinere oder größere

Patrouillenunternehmungen stellen wir die Verbände des Gegners fest und erhalten wir den offensiven Geist in der Truppe. Außerdem begünstige ich in diesen verhältnismäßig ruhigen Zeiten die Beurlaubung aller Offiziere und Mannschaften vom Brigadekommandeur bis zum einfachen Mann nach aller Möglichkeit. Urlaub ist und bleibt für den Frontsoldaten das beste Mittel, um die Nerven ausruhen und andere Gedanken und Bilder aufkommen zu lassen.

Zur Entlastung unserer Infanterie betreibe ich mit allen Mitteln den Einbau von Minenwerfern und halte sie zu häufigerem Schießen an, wogegen vorläufig noch bei der Truppe eine zu große Scheu wegen des feindlichen Artilleriefeuers besteht. Ebenso lasse ich eines schönen Morgens, nachdem unsere Gegner uns durch wiederholtes nächtliches Streufeuer auf die Anmarschwege belästigt und uns Verluste zugefügt haben, gleichzeitig 40 Maschinengewehre aus der ganzen Divisionsfront „spielen". So etwas erfreut und erfrischt die vorne befindliche Infanterie. Wenig kurzweilig ist es hier auch für die viele Monate in den gleichen Stellungen stehende schwere Artillerie. Deren Kommandeur befindet sich sogar schon volle zwei Jahre im gleichen Quartier.

12. Oktober. Der Armeechef, General Ilse, besucht mich zu vertraulicher Aussprache über Menschen und Dinge in diesem Kriege. Das tut immer gut und lüftet die im Stellungskriege immer enger werdenden Scheuklappen des eingerahmten Divisionskommandeurs.

17. Oktober. Heute wird mir eine große Freude zuteil: der vom Urlaub zurückkehrende Oberleutnant Schwenk bringt mir den Hund meiner Tochter mit, eine prächtige Ulmer Dogge, längst schon mit mir (und allen Gliedern der Familie) befreundet. Die Freude Cäsars, nach der 24stündigen Eisenbahnfahrt, die sein Hundegemüt vielleicht mit allerhand trüben Ahnungen

Herzog Albrecht Gen. Frh. Der Kaiser
v. Württemberg v. Watter

Kaiserparade, Oktober 1916 bei Courtrai

erfüllt hat, mich hier vorzufinden, ist nicht zu schildern. Er wird mir ein lieber Zimmergenosse werden.

18. Oktober. Ich erfahre zu meiner lebhaften Betrübnis, daß mein vortrefflicher erster Generalstabsoffizier bei der 107. Inf.-Division, Hauptmann v. Bok und Polach,

Sandsackstellung

an den Folgen der Herzerkrankung gestorben ist, die er sich im Kriege zugezogen hatte.

Bei meinen Gängen durch die Stellungen der Infanterie überzeuge ich mich davon, was diese in den nassen Gräben und Unterständen auszuhalten hat und denke mit Schrecken an den Winter. Die Unterkünfte für die Ruhebataillone sind allerdings gut.

22. Oktober. Kaiserparade bei Courtrai. Der Kaiser dankt den Führern und Truppen in warmen Worten für das an der Somme Geleistete und spricht ihnen sein Vertrauen aus, daß sie auch weiterhin standhalten werden.

26. Oktober. Unser Ulmer Garnisonspfarrer Hartmann, der schon den Krieg 1870/71 als Kriegsfreiwilliger mitgemacht hat, besucht uns auf zehn Tage und frischt bei vielen alten Bekannten in Ansprachen und Predigten heimatliche Erinnerungen auf.

27. Oktober. Mit der Bevölkerung hier — Mischung zwischen Flamen und Wallonen, aber nach Zahl der Kinder mehr Flamen — kommen wir in keine nähere Berührung. Jedenfalls ist auch hier von égalité und fraternité keine Rede: Eine Anzahl eleganter Landhäuser mit sehr großen und schönen Parks, daneben die größte Einfachheit und Armut. Die Landschaft ist nicht übel, die Felder sind fruchtbar. Lebhafter Schiffsverkehr auf der Lys.

30. Oktober. Trauriger Besuch im Feldlazarett Bousbecque bei den Eltern und der Schwester des an einer akuten Magenerkrankung gestorbenen jungen Dragonerleutnants Kern, dessen Mutter eine Jugendfreundin meiner Frau war.

2. November. Frühstück beim kommandierenden General zu Ehren des Generaloberst v. Falkenhausen, des Führers der 6. Armee, der im Frieden unser kommandierender General in Stuttgart war. General v. Falkenhausen ist, obwohl schon über 70, noch ungemein geistig frisch; so verläuft das Frühstück äußerst anregend im Austausch alter Erinnerungen und im Besprechen der augenblicklichen Verhältnisse. Leider werden die

schönen rumänischen Erfolge durch den Verlust von Douaumont und Vaux getrübt.

3. bis 11. November. Wir kommen wieder an die Somme! — Also bestätigen sich die seit einigen Tagen umlaufenden Gerüchte. Wieder zur 1. Armee Fritz v. Below. Von dort trifft schon jetzt ein dicker Band von neuesten Verfügungen und Kriegserfahrungen bei allen Waffen ein, die wir eifrig studieren.

Mir persönlich war der Gedanke an ein Verbleiben im Wytschaetebogen während des Winters 1916/17 längst bedrückend, trotz des guten Quartiers. Aber ich höre, daß es der Truppe im großen und ganzen ebenso geht. Sie verläßt zwar natürlich wiederum ungern ihre selbstgeschaffenen Unterbringungsräume, Baracken, Gärten usw., aber im allgemeinen wirkt doch jeder Wechsel erfrischend und aufmunternd. Und für den Ausbau der Wytschaete-Stellung war gerade jetzt wieder von oben ein so umwälzendes Programm befohlen worden, daß ich dessen Ausführung gerne meinem Nachfolger überlasse. An der Stellung selbst verlieren wir nicht viel Erfreuliches — mit Ausnahme der sehr gut ausgebauten und unterhaltenen Annäherungswege der hinteren Zone. Gerade in den letzten Tagen zerstörten starke wiederholte Regengüsse noch ein gut Teil der von uns mühsam aufgebauten vorderen Sandsackstellung, so daß sogar einer der vordersten Wohntrichter geräumt werden mußte. Dies erleichtert uns den Abschied noch mehr.

Abfahrt an die Somme

11. November. Ich esse noch eine vortreffliche Martinsgans bei meinem Artilleriekommandeur.

12. November. Letzte Mahlzeit in unserem behaglichen Kasino.

13. November. Schöne Autofahrt mit Hauptmann Deutelmoser und meinem braven Divisionsadjutanten, Hauptmann Leipprandt, über Douai—Cambrai nach dem Hauptquartier der 1. Armee, Schloß Bourlon, wo ich

wiederum bei General v. Below frühstücke, nachdem mich Oberst v. Loßberg wieder in gewohnter Klarheit und Frische über Lage und Aufgabe unterrichtet hat. Unsere Ahnung, daß wir wieder in die Gegend von Sailly-Saillisel und damit an den augenblicklichen Brennpunkt der Kämpfe kommen, erfüllt sich freilich. Abends Quartier in Beauvois.

Stellungskrieg bei Sailly-Saillisel

14. November. Ich fahre nach dem mir schon bekannten Orte Gouzeaucourt vor, unserem künftigen Stabsquartier, und lasse mich von dem Kommandeur der 30. Division, Generalleutnant v. Gontard, in die Geheimnisse der neuen Stellung einweihen. Dann melde ich mich beim kommandierenden General des XV. Armeekorps, General v. Deimling. Zurück nach Beauvois an schön auf Anhöhen gelegenen Kirchen mit massigen Türmen und an dem von Wassergräben umgebenen, noch gut erhaltenen, pittoresken, mittelalterlichen Schlosse Esnes vorbei.

15. November. Aussprache mit dem Generalstabschef der Heeresgruppe Rupprecht, Generalleutnant v. Kuhl, in Douai. Es herrschen jetzt klare und feste Ablösungsverhältnisse auf der Westfront mit der Absicht, die gleichen Divisionen möglichst wieder an den gleichen Fronten

Wasserschloß Esnes

einzusetzen. Freilich wird diese Absicht da und dort wieder durch die Ereignisse oder auch das frühzeitige Versagen dieser oder jener Division vereitelt. Soviel ist sicher, daß der Krieg noch lange dauern wird und daß er weder für die untere, noch auch für die obere und oberste Führung leichter oder schöner geworden ist. Ferner, daß jetzt bei der gesamten Kriegführung, oben und unten, Charakter und Energie wichtigere Eigenschaften sind als hoher Verstand.

Über das neue Königreich Polen gehen die Ansichten weit auseinander; wir Soldaten können jedenfalls nur dann Anteil an dieser plötzlichen Neugründung haben, wenn es gelingt, bald eine zahlreiche, schlagfertige und kampfwillige polnische Armee auf die Beine zu bringen, die die Verteidigung der Ostgrenzen des neuen Polenlandes — nicht den Angriff — übernimmt und dadurch eine Anzahl deutsch-österreichischer Divisionen für andere Fronten frei macht.

17. November. Professor v. Hofmeister übersendet mir seine in den chirurgischen Heften von Bruns veröffentlichte Abhandlung über die von ihm nach meiner Verwundung ausgeführten beiden schweren Halsoperationen, die offenbar von allgemeinem Interesse sind. Mit einem etwas schaudernden Vergnügen lese ich nochmals, was ich alles durchgemacht habe.

Nachmittags wohne ich den neuerdings in der ganzen Armee lebhaft betriebenen Übungen einer Fliegerabteilung zur Verbindung der Flieger mit der vordersten kämpfenden eigenen Infanterie bei.

19. November. Ich übernehme in Gouzeaucourt den Befehl über den neuen Abschnitt an der Somme, der von Transloy bis zum Pierre-Vaast-Wald reicht und in dessen Mitte in vorderster Linie der mir und uns vom August 1916 her nur allzu gut bekannte Ort Sailly-Saillisel liegt — freilich

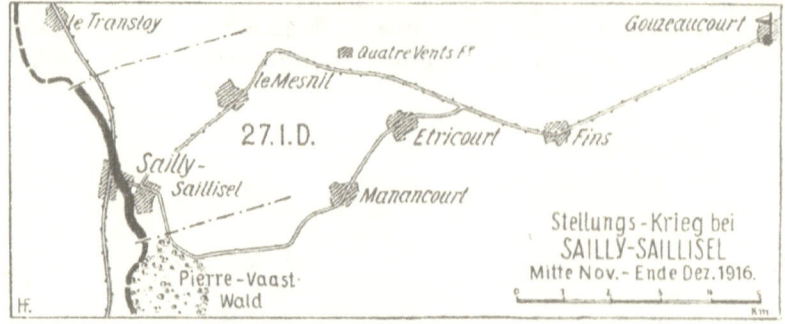

jetzt nur noch ein unkenntlicher Trümmerhaufen. Ich besuche meine Divisionskollegen rechts und links — rechts 222. Inf.-Division, links 185. Inf.-Division.

Armeeführer hier. Aussprache über den Stellungsbau in meinem Abschnitt. Toujours perdrix! Es ist wirklich kein Spaß mehr! Abends schweres Artilleriefeuer; unsere Infanterie fordert Sperrfeuer an. Mein lieber jugendlicher und jugendfrischer Freund, Richard v. Graevenitz, der älteste Sohn meines alten Freundes, ist in die Division versetzt und trinkt bei mir Kaffee. Was die jungen Leute alles erleben! War als Flieger in Ost und West erfolgreich tätig, ist wiederholt abgestürzt und jetzt Artillerieoffizier.

21. November. Fünfstündiger Gang in die Stellung. Zuerst zu der hochgelegenen Divisions-Warte Quatre vents-Ferme, die von meinen Ulanen — drei Spähtrupps und ein Beobachtungsoffizier — besetzt ist. Dann nach dem schon stark zerschossenen Mesnil, wo zwei Regimentskommandeure der Infanterie ihren Gefechtsstand haben, der eine, unser prächtiger Oberst Breyer (120), in einem dumpfen, zugigen Stollen unter einem zusammengeschossenen Hause, der andere, Major Laegeler (124), wieder in einer Kalkhöhle ähnlichen Charakters wie in Combles. Dann über ungezählte Trichter hinweg und durch tiefsten Schlamm und Dreck zum Stollen des Komman-

deurs vom Gren.-Regiment 123, Oberst Frhr. v. Lupin, der in der ersten Reservestellung liegt. Naß, dumpf, kalt und gefährlich — außerdem wegen des furchtbaren Schmutzes keine Möglichkeit, sich auch nur für wenige Minuten die Beine zu vertreten. Und in diesen Unterständen müssen Kommandeur und Adjutant den ganzen, leider immer noch um sich greifenden Schriftverkehr nach oben und unten erledigen — als Abwechslung dann und wann einen immer mit Lebensgefahr verbundenen Gang in die vorderen Stellungen. Es gehören wirklich eiserne Nerven und eine feste Gesundheit dazu, um dieses Stollenleben auszuhalten, unter dem Drucke der gerade für den Regimentskommandeur Tag und Nacht andauernden großen Verantwortung. Noch wesentlich schlimmer steht es aber bei den nahe hinter der vordersten Linie in Stollen hausenden Bataillonskommandeuren, den sogenannten K.T.K., d. h. Kampf-Truppen-Kommandeuren. Mit ihnen steht und fällt die Verteidigung der vordersten Linie. Sie müssen ihre Kompagnien und ihre Reserven fest unter den Augen und in der Hand haben und dürfen vor allem keinerlei Nachlässigkeit in der Wachsamkeit und kein Nachlassen im weiteren Ausbau dulden. Das ist leicht gesagt, aber schwer getan; es fordert eine ganze Persönlichkeit, Verachtung der Gefahr und tüchtiges militärisches Können. Ich habe schon lange vor dem Kriege in meinem 1906 in erster Auflage erschienenen Buche: „Die Führung des Bataillons" und erst recht in den späteren Auflagen die Ansicht vertreten — und ich kann sagen, mit Erfolg in der deutschen Armee durchgekämpft —, daß der Bataillonskommandeur schon im Frieden als ausbildender und besichtigender Vorgesetzter seiner Kompagnien gehoben und auf seine wichtige Kriegsaufgabe vorbereitet werden müsse. Das ist glücklicherweise gerade in den letzten Jahren vor dem Kriege noch überall geschehen. Und heute sind wir längst so weit, daß Hauptleute der Reserve und der Landwehr diese wichtige Stellung bekleiden und sie größtenteils zu voller Zufriedenheit ausfüllen. Und ebenso erfreulich ist es, zu sehen, daß und wie unsere K.-Leutnants durch die ernste Schule des Krieges in die ihnen oft schon nach wenigen Monaten zufallende schwierige Stellung des Kompagnieführers hineinwachsen — jedenfalls im äußeren Dienst. Für den inneren Dienst fehlt ihnen freilich vielfach die durch nichts zu ersetzende längere Erfahrung.

22. November. Heute längerer Vortrag des „bodenständigen" Pionieroffiziers, auch eines früheren Kriegsakademieschülers, über „Siegfried" und „Alberich", zwei für unsere Lage und die Absichten der oberen Führung wichtige „Fälle".

Die augenblicklichen Stellungen der 1. Armee sind im Kampfe entstanden, d. h. die deutschen Truppen sind z. B. an meiner Divisionsfront in mehrmonatlichen, harten und zähen Kämpfen aus Gegend Guillemont bis in Gegend Sailly-Saillisel langsam zurückgewichen und haben erst vor etwa vierzehn Tagen angefangen, sich unter Benützung der noch von früher her vorhandenen alten Grabenstücke hier einzugraben, so gut es ging. Aber es ging eben nicht gut, weil der Gegner dicht auf gefolgt war und weil deshalb die ganze Arbeit an den Infanterie- und Artilleriestellungen im feindlichen Infanterie-, Maschinengewehr-, Artillerie- und Minenwerferfeuer geleistet werden mußte. Dazu kam dann noch der häufige Regen, der den Lehmboden der Pikardie zum Brei macht.

So liegt unsere Infanterie jetzt vorne in viel zu niedrigen und zu schmalen, nicht einmal überall zusammenhängenden, gänzlich verschlammten Schützen-

gräben — ohne alle und jede wohnlichen Einrichtungen und — was taktisch sehr schlimm ist und bei Nacht und Nebel, der hier sehr häufig ist, unausgesetzte Aufmerksamkeit fordert — es ist so gut wie kein Hindernis vor der Frontlinie. Ein zweiter Graben ist kaum vorhanden, an Stollen und Stützpunkten zwischen erster und zweiter Stellung auch nur die allernotwendigsten. Aber auch die zweiten und dritten Stellungen sind noch ganz unfertig. Ähnlich steht es mit den Artilleriestellungen und mit den Annäherungswegen. Ablösungen und alle Leute, die Geräte oder Verpflegung nach vorne bringen, brauchen auf dem nassen, glitschigen, mit wassergefüllten Granattrichtern besäten Gelände viele Stunden zum Vor- und Zurückkommen. Offiziere und Mannschaften, die aus der Stellung zurückkommen, sind in der vollen Bedeutung des Wortes mit weißgelbem Schlamm überzogen, einschließlich Gesicht. Und was das Schlimmste an der Sache ist: alle Arbeit in den vorderen Linien führt zu keinem brauchbaren Ergebnis. Diese Stellungen werden trotz aller Mühe und Verluste niemals wohnlich, niemals fertig und niemals gegen einen ernstlichen feindlichen Angriff verteidigungsfähig werden. Das fühlt nicht nur die Truppe, sondern das weiß auch die Oberste Heeresleitung.

Aus diesem Grunde hat sie daher in großzügiger Weise schon seit längerer Zeit eine neue rückwärtige Verteidigungsstellung erkunden und durch Zivilunternehmer und -arbeiter ausbauen lassen und zwar die Siegfriedstellung in der allgemeinen Linie Arras—St. Quentin. Den Zeitpunkt, zu dem in diese Stellung zurückgegangen werden soll, hat sich die Oberste Heeresleitung vorbehalten. Bei diesem Zurückgehen soll aber das Gelände zwischen unserer bisherigen Stellung und der Siegfriedstellung in eine für den Gegner nur langsam betret- und verwertbare militärische Wüste verwandelt und dazu sollen schon jetzt nach einem genauen, von oben festgesetzten Arbeitsplan alle Maßnahmen zur Zerstörung der Wohnstätten, Brunnen, Straßen, Wälder und Baumgüter, Stollen usw. nach Ort, Dauer, Sprengmittel und Stärke der Arbeitstrupps festgelegt werden. Das Stichwort für diese Tätigkeit heißt „Alberich", die einzelnen in Aussicht genommenen Zerstörungstage heißen Alberichstage.

23. November. Ich besichtige die tiefen und nicht unwohnlichen Katakomben von Fins, wo die Sanitätskompagnie sich eingerichtet hat. Eben ist von dort der tapfere Kommandeur des Feldart.-Regiments 49, Oberstleutnant Frhr. Kurt v. Watter, abtransportiert worden, der bei dem ersten Erkundungsgange in seine Artilleriestellungen von einem Granatsplitter am Kopfe verwundet worden ist.

24. November. Rege Tätigkeit aller Glieder des Divisionsstabes, um die Truppen mit Wasser, elektrischem Licht, Wohnbaracken, kleinen Schützengrabenöfen samt Holzkohle, mit Bettstellen, Handgranaten und vielen andern nötigen Dingen zu versehen. Alle Glieder und Arbeitsbetriebe der Division treten wieder in Tätigkeit. Ebenso wird Schotter für Straßenbau und werden Schienen für Bau von Kleinbahnen herangefahren. Mannschafts- und Offiziererersatz wird angefordert — auch ich beteilige mich rege daran, um das große Schwungrad wieder in Umlauf zu bringen, von dessen Gang das leibliche Wohl und Wehe der Division abhängt. Die taktischen Anordnungen des Divisionskommandeurs sind im Stellungskriege sehr einfacher Art; ihre Ausführung liegt in der Hand der Unterführer.

25. November. Unser Quartier, das Wohngebäude einer großen Brauerei, ist ganz annehmbar; auch ein Garten befindet sich hinter dem Haus. Überhaupt ist Gouzeaucourt ein ansehnlicher Ort mit einer ganzen

Anzahl von stattlichen massiven Häusern, diese alle umgeben von hohen Mauern, über den Toreinfahrten die charakteristischen, massigen viereckigen pikardischen Backsteintürme. Ein geradezu ungeheurer Wagenverkehr durchflutet den Ort bei Tag und Nacht von Ost nach West und umgekehrt und staut sich zeitweise an dem Bahnübergang am Ostrande des Orts. Heute wurden dort in 24 Stunden 1000 Fuhrwerke gezählt. Über 64 Formationen aller Waffen und Truppen, darunter auch eine Anzahl bodenständiger Armee- und Korpstruppen — Flieger, Luftschiffer, Armierungssoldaten, Zivil-, Militärgefangene usw. — liegen hier, weit über 9000 Mann. Für feindliche Bombenabwürfe also ein Dorado, zumal auch am Bahnhof große Baracken und Zelte aller Art stehen und sich immer weiter vermehren.

Ich begrüße einen von der Heimat kommenden Ersatztransport — darunter viele Verwundete mit dem Eisernen Kreuz, aber auch schon manche blutjunge Neunzehnjährige.

Den Abend verbringe ich im Kasino des Inf.-Regiments 120 im Kreise der Kameraden und höre dabei manche lustige Geschichte aus der Front. Als beste den Ausspruch eines schwäbischen Musketiers: „Im Krieg ischt's wie im Kino: die beschte Plätz sind hinte".

26. November. Wieder rückt zu meiner Freude die bayerische 5. Res.-Division Ipfelkofer links neben mich.

28. November. Mir wird ein zweiter Enkel geboren. Hoffentlich fällt der Friede, den wir erkämpfen, so aus, daß wir in Ehren im Andenken unserer Enkelkinder stehen.

29. November. Ich besichtige zusammen mit dem Artilleriekommandeur und dem Kommandeur der schweren Artillerie elf Batteriestellungen — ein beschwerlicher Gang durch den tief erweichten Boden und über all die Trichter weg. Und trotz des ziemlich dichten Nebels geraten wir bei einer Mörserbatterie plötzlich in einen heftigen Feuerüberfall; eine Granate überschüttet uns von oben bis unten mit Erde und Sand. Aber es läuft wieder einmal gut ab. Auch die Artillerie hat es nicht leicht: die Stollen für die Mannschaften und die Munition, sowie die Geschützstände sind alle noch mehr oder weniger unfertig. Ein toter Grenadier wird an uns vorbeigetragen. Mit Schmutz und Lehm überzogen und tüchtig müde kommen wir heim.

1. Dezember. In der Heimat zeugt das Einbringen des Zivildienstgesetzes von dem bitteren Ernst der Lage.

2. Dezember. Ein Erlaß Ludendorffs fordert die Generalstabsoffiziere dazu auf, ihren Einfluß auszuüben auf das gemeinsame, zweckmäßige Zusammenarbeiten aller Mitglieder der höheren Stäbe, und darauf, daß wir im Kampfe immer mehr lernen, Menschen zu schonen und durch Maschinen zu ersetzen. Wer hätte gedacht, daß solch wichtige Aufgaben und Einwirkungen bei den Divisionen jungen Hauptleuten zufallen sollen, die größtenteils kaum das 30. Lebensjahr überschritten haben und für die mein Artilleriekommandeur die treffende Bezeichnung „Generalstabsbüble" erfunden hat. Uns alten

Offizieren ist es auch sehr zweifelhaft, ob diese Aufforderung an die richtige Adresse gerichtet ist. Sie sollte an die Kommandeure ergehen. Wenn ich meinen, bei aller Tüchtigkeit bescheidenen und eine Anzahl gleichgearteter Generalstabsoffiziere ausnehme, so führt die Übertragung solcher Aufgaben bei vielen anderen zur Überhebung, zur Verbitterung der meist älteren und erfahrenen übrigen Mitglieder des Stabes und zur Gefahr der Generalstabswirtschaft.

3. Dezember. Wir führten heute ein Patrouillenunternehmen aus, um die feindliche Stellung zu erkunden und um Gefangene zu machen. Der Zweck wurde erreicht, wobei wir wiederum mit Neid feststellen mußten, daß die englischen Truppen nach jedem Einsatz viele Wochen lang Ruhe hinter der Front haben. Aber wir hatten auch Unglück dabei: zwei tapfere Offiziere vom Sturmtrupp fallen, Leutnant Raff vom Gren.-Regiment 123, der noch vorgestern vergnügt an meinem Tisch gesessen, und der Führer der Infanteriegeschütze, der mir bei seiner Meldung einen so frischen, sympathischen Eindruck machte. Der Krieg verschlingt wahrlich die Besten!

Bei der Anlage und Durchführung dieses rein örtlichen Patrouillenunternehmens hatte das Generalkommando in ganz unerträglicher Weise in die Befehlsrechte der Division eingegriffen. Darüber kam es zu einer sehr ernsten, aber schließlich infolge ritterlichen Entgegenkommens meines Freundes Watter luftreinigend wirkenden persönlichen Aussprache. Aber es ist und bleibt doch keine reine Freude, eine im Stellungskriege eingerahmte Division zu führen.

5. Dezember. Freudenbotschaft: Bukarest gefallen! Der russische Ministerpräsident Stürmer wird durch Trepow ersetzt. Dieser stellt allerdings sogleich wieder die wahnwitzigen russischen Kriegsziele: Konstantinopel und Polen auf!

7. Dezember. Es sind wieder Qualifikationsberichte zu schreiben. Wie oft noch in diesem Kriege?

12. Dezember. Geheimnisvoll wurde heute früh bekannt gemacht, daß um 12 Uhr mittags alle Fernsprecher besetzt sein sollen zur Empfangnahme einer wichtigen Mitteilung. Bände könnten gefüllt werden mit der Nachricht darüber, was an diesem Vormittag in militärischer und politischer Beziehung herumgeraten wurde, Törichtes und Kluges. Punkt 12 Uhr kam dann die alle überraschende Nachricht, daß die verbündeten Monarchen den Regierungen der Entente ein Friedensangebot gemacht hätten.

Kein Zweifel, der allgemeine Eindruck auf die Truppen war ein günstiger. Aber von Anfang an war bei Offizieren und Mannschaften die Grundanschauung die: „Die Botschaft hör ich wohl, allein mir fehlt der Glaube." Nämlich an ein Entgegenkommen der Entente-Machthaber.

13. bis 22. Dezember. Seit einigen Tagen schon und nunmehr fast andauernd abscheuliches Nebel- und Regenwetter derart, daß alle Felder und Wege grundlos werden, insbesondere auch in Gouzeaucourt. Man kann

nicht über die Straße gehen, ohne schlammüberzogene Stiefel zu bekommen; deshalb lebt man in seinem Hause wie ein Gefangener. Dieses scheußliche Wetter erschwert den Dienst in jeder Beziehung, macht den Stellungsbau vorne noch aussichtsloser, ruiniert die Kleider und wirkt lähmend auf die Stimmung von oben bis unten. Dazu kommen noch ganz unvermutet die schweren Schlappen unserer Truppen bei Verdun, bei denen wir viele tausend Gefangene und eine große Anzahl Geschütze verloren. Es ereignet sich nichts Erfreuliches — immer nur Verluste, darunter viel Tote; am 22. müssen wir den am 20. gefallenen prächtigen Hauptmann Frommann von meinem Regiment Alt-Württemberg begraben, fast der letzte von den ins Feld gerückten Hauptleuten des Regiments. Daß die Mannschaften, die ich in den Baracken besuche, trotzdem noch immer den Kopf hoch haben, ist glattweg bewundernswert.

24. Dezember. Ich habe die Freude und die Ehre, bei General v. Watter zusammen mit dem Grafen Zeppelin zu speisen, der an der Front sein Ulanen-Regiment König Karl besucht. Der Graf ist zwar alt geworden, aber noch immer erfüllt von dem Idealismus und Optimismus, der ihn trotz aller Widerstände und Mißgeschicke schließlich den Sieg über die Luft gewinnen ließ und ihn den großen Männern Deutschlands zugesellt hat.

Abends begehen wir in dem mit dicken Stechpalmengehängen sehr schön geschmückten Speisezimmer einen zwar wehmütigen, aber doch schönen Weihnachtsabend. Die brave Feldpost hat uns allen rechtzeitig die Briefe und Geschenke aus der Heimat zugeführt. Vorher Gottesdienst in der dichtgefüllten Kirchenbaracke. Meiner Artillerie habe ich befohlen, heute abend und nacht nicht zu schießen, wenn der Gegner uns nicht dazu zwingt. Man sieht 32 Ballone beim Gegner.

25. bis 30. Dezember. Öde, langweilige Tage; es gibt kaum noch etwas Wichtiges anzuordnen, alles läuft müde seinen Gang. Man wird ganz stumpf und zweifelt oft an sich selbst und an der eigenen Leistungsfähigkeit. Und dabei fast die Gewißheit, daß wir in dieser Stellung noch viele Wochen bleiben müssen.

Zur rechten Zeit tritt zum Stabe ein neues Glied, nämlich als bodenständiger Generalstabsoffizier der noch ganz junge, aber ungemein frische, für sein Dienst- und Lebensalter erstaunlich erfahrene und tatkräftige Hauptmann Wever. Ich erquicke mich an seiner „Passion" und lerne ihn und seinen Wert auch draußen im Gelände kennen, wo ich am 29. Dezember zusammen mit dem Artilleriekommandeur einen Gang durch die zweite Hälfte meiner 22 Batteriestellungen mache, von dem wir freilich ebenso todmüde und schmutzig überzogen heimkehren wie das letztemal.

31. Dezember. Silvester 1916! Mein Trinkspruch lautet: „Ein glückliches neues Jahr unserm Kaiser, unserm König und unserm deutschen engeren und weiteren Vaterland, unseren Lieben zu Hause und nicht zuletzt unserer braven, tapferen 27. Division." Möge er bei allen in Erfüllung gehen!

Spät abends überfallen wir noch unsere bayerischen Kameraden beim Stabe Ipfelkofer mit lustigen Versen und stoßen mit ihnen auf weitere gute Nachbarschaft und Kameradschaft an.

Beim letzten Glockenschlage — wir haben noch Glocken! — überdenke ich nochmals das abgelaufene Jahr 1916. Vor allem: Deutschland und seine Verbündeten sind nicht nur unbesiegt, sondern sie haben zu dem eroberten feindlichen Gelände noch die größere und reichere Hälfte von Rumänien hinzugefügt. Nach menschlicher Berechnung wird nun das Jahr 1917 die Entscheidung bringen; dazu rüstet Deutschland mit allen seinen Kräften im Felde und in der Heimat. Hier namentlich durch Vermehrung der Geschütze und der Munition und durch unausgesetzte Steigerung der Unterseebootflotte nach Zahl und Größe. Leider ist aber unser Mannschaftsstand bei der Truppe stark verwässert: die besten Offiziere und Mannschaften sind gefallen, verwundet und vermißt. Der Mannschaftsersatz besteht zum Teil aus zu jungen, durch unsinnigen Geldverdienst verwöhnten und verdorbenen und aus zu alten, bisher landsturmpflichtigen Leuten mit vielen körperlichen Gebrechen. Auch ist der Ersatz nur mäßig ausgebildet. Aber ich vertraue auf den namentlich bei uns Württembergern noch immer vorhandenen guten Stamm in den Kompagnien. Dabei strengen unsere Gegner alle Kräfte an, um für die, wie sie in gewohnter Weise laut verkünden, „letzten und entscheidenden großen Frühjahrsschlachten" ihre ohnehin schon vorhandene zahlenmäßige Überlegenheit an Menschen, Waffen und Munition so zu steigern, daß „der Sieg gewiß ist". In bezug auf Menschen kann allerdings Frankreich nicht mehr Schritt halten; deshalb muß England, wenn auch noch so ungern, ein gutes Stück der französischen Westfront übernehmen und muß dazu seine allgemeine Wehrpflicht auf immer weitere, bis dahin verschont gebliebene Kreise ausdehnen. Das Jahr 1917 wird auf dem Lande, auf und unter dem Wasser und in der Luft noch schwerere und blutigere Kämpfe bringen, als 1916 — soviel scheint sicher. Uns an der Front erfüllt dabei nur eine Hoffnung — nämlich die, daß es im Laufe des Jahres doch noch möglich sein wird, unserem Todfeind, dem Engländer, nicht nur zur See, sondern auch zu Lande auf den Leib zu rücken und ihm dort eine vernichtende Niederlage beizubringen. Gegen den alten „Erbfeind", die Franzosen, und gegen die Russen bringen wir keinen rechten Haß mehr auf, obwohl sie ihn beide wegen der Mißhandlung der deutschen Gefangenen reichlich verdienten.

Persönlich kann ich dankbar auf ein bewegtes und erfolgreiches Jahr zurückblicken. Kowno, Dünaburg, Postawy, Smorgon, Ypern, Guillemont, Wytschaetebogen, Gouzeaucourt — welche Gegensätze und welche Fülle von Erlebnissen! Aber gerade deshalb sehne ich mich aus den stockenden Verhältnissen des Augenblicks mit allen Wünschen hinaus.

Kurs für höhere Truppenführer.
Solesmes-Valenciennes. (Anfang 1917)

1. Januar 1917. Eine doppelt angenehme Neujahrsüberraschung: der Stern zum Roten Adlerorden II. Klasse mit Schwertern für „Guillemont" und die Mitteilung, daß ich als Leiter einer „Übungs- und Lehrdivision" ausersehen bin; d. h. ich soll die in letzter Zeit von der Obersten Heeresleitung auf Grund der Kriegserfahrungen von 1916 neu ausgearbeitete Vorschrift „Grundsätze für die Führung in der Abwehrschlacht" in einem Übungsgelände bei Solesmes mit einer kriegsmäßig verstärkten Infanterie-Division praktisch erproben und soll diese Grundsätze zugleich auf eine größere Anzahl nach Solesmes zu kommandierender Divisionskommandeure, Artilleriekommandeure und Generalstabsoffiziere übertragen. Diese Kommandierung bedeutet für mich sowohl die Erlösung aus dem furchtbaren Einerlei des Stellungskrieges als auch die Befreiung von der mir unsympathischen, weil zu weitgehenden Ausführung der Alberich-Zerstörungen, außerdem aber einen ebenso ehrenvollen, wie schwierigen Auftrag, dessen Lösung ich mich sogleich mit allen Kräften hingebe.

3. Januar. Zunächst habe ich bei meiner Abmeldung bei Armee- und Heeresgruppe wiederum interessante Aussprachen mit den Chefs der Armee- und Heeresgruppe, den Generalen v. Loßberg und v. Kuhl, über die allgemeine Lage. Ich überzeuge mich davon, daß in der Tat, wenigstens für die nächste Zeit, für uns nur „Abwehr", und leider nicht „Angriff" in Betracht kommt, denn die Engländer-Franzosen haben gegenwärtig 70—90 frische Divisionen als Reserven hinter ihrer Front, wir nicht viel mehr als 30; dazu verfügen die ersteren noch über rund 100 000 Schwarze und einige 30 000 Portugiesen. Wir müssen daher vorerst vor allem neue Verbände aufstellen und unsere Geschütze, Maschinengewehre und Munitionsmengen noch weiter vermehren, um den für das Frühjahr auf allen Fronten im größten Maßstab zu erwartenden Angriffen unserer Gegner mit Sicherheit gewachsen zu sein. Diese Angriffe werden aber nicht nur mit großer zahlenmäßiger Überlegenheit an Menschen und Material geführt werden, sondern auch in einem, den Erfahrungen des vergangenen Kriegsjahres Rechnung tragenden vervollkommneten Verfahren, wobei neue Angriffsmittel, namentlich die in großen Mengen angefertigten gepanzerten Angriffswagen, die „Tanks", eine Rolle spielen werden. Umso notwendiger ist es, daß auch wir uns nicht nur körperlich, sondern auch geistig wappnen für diese Kämpfe, und umso wichtiger und dankbarer wird daher auch meine Aufgabe sein. Da Generalleutnant v. Kuhl der eigentliche Urheber des Gedankens ist, einen solchen Kurs einzurichten, so finde ich bei der Heeresgruppe Rupprecht jede nur mögliche Förderung und Unterstützung.

5. bis 11. Januar. Vorerst kann ich aber, bis der endgültige Befehl der Obersten Heeresleitung über meine Kommandierung eintrifft, noch schnell für einige Tage nach Hause fahren, um vor allem den neuen Kriegsenkel in Stuttgart zu begrüßen und zu taufen. Bei der Rückkehr von der Taufe nach Ulm finde ich aber schon das mich nach Gouzaucourt zurückrufende Telegramm vor und dort den „Auftrag, baldmöglichst einen Übungsplan" für die Lehrkurse der Übungsdivision vorzulegen.

13. bis 15. Januar. Dazu muß ich mir zunächst einmal, zusammen mit Hauptmann Weber, den ich mir als Generalstabsoffizier ausgebeten habe, das Gelände nördlich Solesmes ansehen, das bisher als Feldartillerie-Schießplatz benützt worden ist. Da wir auch mit schweren Geschützen und zwar auf weite Entfernungen scharf schießen werden, müssen drei Ortschaften von ihren Einwohnern geräumt werden — dann ist aber das Gelände für meine Zwecke in jeder Hinsicht genügend. Das ist erfreulich. Also kann ich jetzt an den Entwurf zum Übungsplan gehen.

16. bis 19. Januar. Anregende, aber schwere geistige Arbeit; denn Kriegslage und Stellungen für Freund und Feind müssen dem Gelände und Übungszweck angepaßt, vor allem aber muß dafür gesorgt werden, daß die Grundsätze der Abwehrschlacht vollständig und kriegsmäßig unter Ausnützung von Zeit und Raum zu klarer und überzeugender Anschauung gelangen. Dazu muß ich mir zunächst selbst den erst jetzt in meine Hand gelangenden Entwurf für die neue Vorschrift „Abwehrschlacht" gründlich zu eigen machen. Glücklicherweise befinde ich mich aber in voller innerer Übereinstimmung mit seinem Inhalt; ja alles Wesentliche ist mir wie aus der Seele gesprochen.

Dieses Wesentliche besteht vor allem darin, daß der Division, d. h. dem Divisionskommandeur ausdrücklich die verantwortliche taktische Führung des Kampfes aller Waffen in der Abwehrschlacht übertragen ist, wofür er vom Generalkommando und vom Armeeoberkommando und der Heeresgruppe lediglich die leitenden Gesichtspunkte erhält; ferner darin, daß an Stelle des gegenüber der verzehnfachten Geschoßmenge des Angreifers ebenso verlustreich wie aussichtslos gewordenen starren Infanteriekampfes in der vordersten Linie ein beweglicher Kampf um die vordersten Linien tritt, der in bewußter, freiwilliger, zeitweiliger Räumung der vorderen Linie und ihrer Wiedereroberung durch kleinere und größere Gegenstöße besteht; schließlich in einer ganz wesentlich veränderten, freien und in hohem Grade gedankenreicheren Verwendung der Feld- und schweren Artillerie, die hierzu innerhalb der Division dem ältesten Artillerieoffizier, gleichviel ob er Feld- oder Fußartillerieoffizier ist, als dem Artilleriekommandeur einheitlich unterstellt wird. Außerdem durchzieht die neue Vorschrift der Gedanke, daß wir künftig noch mehr als bisher an Menschen sparen müssen, indem wir den Feuerkampf in erster Linie mit Maschinen — Maschinengewehren, Minen- und Granatwerfern, Geschützen und Bomben — führen und indem wir in der Anlage und dem Ausbau unserer Stellungen noch praktischer werden unter Berücksichtigung aller Erfahrungen über das Verhalten von Erde, Holz und Beton bei feindlicher Beschießung.

Im Sinne der grundlegenden neuen Vorschrift „Abwehrschlacht" sind nun aber auch alle andern Vorschriften über Stellungsbau, Minenwerfer, Flieger, Ballone, Nachrichtenmittel, Gaskampf, Meßtrupps usw. teils schon neu bearbeitet, teils im Umarbeiten. Sie alle sollen bei der Übungsdivision

Rathaus Solesmes

erprobt werden. Ebenso sind wichtige erläuternde Verfügungen der Obersten Heeresleitung über die obere und untere Führung ergangen, die namentlich an die schmerzlichen Dezember-Erfahrungen bei Verdun anknüpfen — kurz, ich habe zunächst in mir selbst eine fast überwältigende Fülle von Stoff zu verarbeiten, um zu eigener Sicherheit und Klarheit zu gelangen. Nebenher gehen — übrigens bei eisiger Kälte und im Schnee — die Fahrten und Gänge ins Gelände, um mit dem Führer und den Unterführern der mir zur Verfügung gestellten Übungsdivision — zu meiner angenehmen Überraschung wiederum die 5. bayerische Inf.-Division des Generalleutnants Ipfelkofer — die Linienführung der auszuhebenden Infanterie- und Minenwerferstellungen, sowie die Aufstellung der gesamten Feld- und schweren Artillerie eingehend zu besprechen.

Wir sind inzwischen am 18. Januar nach dem freundlichen, hübsch in einer breiten fruchtbaren Talmulde gelegenen Städtchen Solesmes übergesiedelt, wo wir im Hause eines reichen, aber nicht im Orte anwesenden Fabrikanten ein sehr angenehmes Quartier vorfinden. Was aber noch wichtiger ist — wir finden in dem großen, geräumigen und hellen Saale des sehr stattlichen neuen Rathauses einen geradezu idealen Raum für Vorträge an die rund 100 Kursteilnehmer; dazu muß nun allerdings der alte und witzige Herr Ortskommandant von Solesmes — er selbst nennt sich Ortskomödiant —, ein Kriegsteilnehmer von 1870/71 und längerer englischer

Internierter von 1914/15, in aller Eile die nötigen Stühle und die langen, grünbezogenen Tische und Stühle, sowie die sonstigen baulichen Einrichtungen schaffen, so lange bis, nach seinem Ausdruck, „die Laube fertig ist". Und es wird wirklich eine allen Anforderungen gerecht werdende „Laube" auch mit guter Akustik; in die Mitte der langen Fensterseite kommt das erhöhte „Podium" zu stehen für mich und meinen Stab.

Dieser ist wiederum ein Bild der deutschen Einheit: Württemberg: außer meiner Wenigkeit noch ein im Frontdienst und namentlich als Maschinengewehroffizier besonders bewährter Offizier aus meiner Division, Oberleutnant Farny, als Ordonnanzoffizier; Preußen: außer Hauptmann Wever noch Oberst v. Oertzen, als ein für seine Waffe begeisterter und sie völlig beherrschender Feldartillerieoffizier; Bayern: alle übrigen Herrn, nämlich Hauptmann Spillecke als schwergewichtiger hervorragender Vertreter der Fußartillerie, die Hauptleute Körner und Petry als ebenso tüchtige wie arbeitsame Bearbeiter des Pionier- und des Nachrichtenwesens, schließlich der immer dienstwillige, für das Gesamtwohl treubesorgte Adjutant, Oberleutnant Hoffmann. Alles in allem ein ebenso anregender, als kameradschaftlich zusammenarbeitender Stab, wie ich ihn mir nicht besser wünschen kann.

20. Januar. Es ist mir ganz klar geworden, der Kurs muß eine höhere Divisionskommandeurschule werden, in der die Pflichten und Rechte des Divisionskommandeurs bei der Führung der Division in der Abwehrschlacht im großen und kleinen auf Grund einer einfachen, aber von Kriegshauch erfüllten Kriegslage zuerst theoretisch im „Hörsaale" besprochen und dann praktisch im Gelände und mit der Truppe veranschaulicht werden. Hand in Hand damit muß und kann die Vorführung aller, auch der neuesten und der erst in Einführung befindlichen oder auch erst geplanten Kampfmittel vom schwersten Geschütz bis zum Granatwerfer und dem leichten Maschinengewehr und den Verbindungs- und Nachrichtenmitteln erfolgen; und ebenso, soweit es Zeit und Umstände gestatten, die Besprechung und Vorführung der neuen Grundsätze über den Stellungsbau für Infanterie und Artillerie. Indem ich alles dies von dem Gesichtspunkte aus selbst bespreche oder durch Offiziere des Stabes und durch Offiziere wie Truppen der Übungsdivision besprechen und vorführen lasse, inwiefern der Divisionskommandeur daran selbst beteiligt ist oder darüber unterrichtet sein muß, erreiche ich nicht nur meine Absicht der Ausbildung und Vorbereitung der Divisionskommandeure, sondern auch diejenige ihrer Gehilfen, der Generalstabsoffiziere, und auch der Artillerie- und Pionierkommandeure. Es darf nichts Wesentliches vergessen, aber auch nichts Unwesentliches geboten werden; denn fast alle zum Kurs Kommandierten kommen aus der kämpfenden Front, ein jeder mit einem reichen Schatz von Erfahrungen auf diesem oder jenem Gebiete; andererseits fehlt fast allen Kommandierten, wie ich aus eigenster Erfahrung weiß, draußen an der Front der Überblick über das Ganze und auch bei der

täglichen Fronarbeit die Gelegenheit und Stimmung zum Weiterlernen. Und nicht zu vergessen ist, daß die neue, den Kommandierten noch kaum bekannte Vorschrift der Abwehrschlacht den Divisionskommandeur auf eine gegen bisher ganz wesentlich erhöhte Führerstufe erhebt, indem sie ihn zum Hauptträger des Kampfes macht. Dafür ist aber die große Anzahl der jüngeren Divisionskommandeure deshalb nicht genügend vorgebildet, weil sie im Laufe des Krieges und vielfach erst der letzten Monate aus der immer eine gewisse Einseitigkeit mit sich bringenden Stellung des Infanterie-, Artillerie- oder Kavallerie-Brigadekommandeurs, überhaupt des Waffenkommandeurs, unvermittelt, d. h. ohne entsprechende Schulung, in die Stellung des Divisionskommandeurs vorgerückt sind. Diese Tatsache und die Überzeugung, daß das bei den Kursen zu Lehrende für alle Teilnehmer bei den zu erwartenden großen Frühjahrskämpfen von unmittelbarstem praktischem Wert sein muß, erleichtert und versüßt mir meine Aufgabe in hohem Grade.

Nach zwei Wochen angestrengter Arbeit lege ich heute abend der Heeresgruppe den Kursplan vor und habe die Genugtuung, daß er augenblicklich als sehr zweckmäßig begrüßt und genehmigt wird. Er sieht sieben Übungstage vor, vormittags beginnend mit Vorträgen im Rathaussaale, nachmittags im Gelände mit praktischen Vorführungen durch die Übungsdivision, namentlich im Kampfe um die Tiefenzone mit kleineren und größeren Gegenstößen und mit Scharfschießen aller Waffen. Als Höhepunkt außerdem das Durchspielen eines Großkampftages mit den Kursteilnehmern nach Art eines Kriegsspiels.

21. Januar bis 7. Februar. Nach Genehmigung des Lehrplans haben wir noch rund 14 Tage Zeit, um durch die in der Zeit vom 21. bis 24. Januar allmählich eintreffende Übungsdivision und die ihr zugeteilte schwere Artillerie die Infanterie- und Artilleriestellungen auszubauen, die Nachrichtenmittel zu organisieren und nicht zuletzt — die an den sieben Übungstagen abzuhaltenden Vorträge und Vorführungen zu entwerfen und durchzuproben. Bei alledem finde ich das liebenswürdigste Entgegenkommen von seiten der Übungsdivision und die kräftigste Unterstützung durch die Mitglieder meines Stabes. Von diesen bewältigt mein Generalstabsoffizier in ebenso unermüdlicher als hervorragender, Tag und Nacht beanspruchender Tätigkeit eine Arbeitslast, die fast zu groß ist für einen Menschen. Denn er hat neben der Mitarbeit für die geistige Vorbereitung des Kurses auch noch die Sorge für rechtzeitige Herstellung der zahllosen Umdrucke, Karten, Skizzen mit Einzeichnungen für rund hundert Teilnehmer und muß dazu alles, vom Federhalter bis zur Druckerschwärze, im wahren Sinne des Wortes aus dem Boden stampfen.

Am 24. Januar abends habe ich die Ehre, bei dem Führer der Heeresgruppe, dem Generalfeldmarschall Prinzen Rupprecht von Bayern, in kleinstem Kreise zu speisen.

Am 27. Januar begehen wir festlich den dritten Kaisers-Geburtstag im Felde, lesen in den nächsten Tagen mit einer Art von soldatischem Ekel die heuchlerischen Phrasen Wilsons über einen „Frieden ohne Niederlage" und jubeln am 1. Februar hoffnungsfreudig der kräftigen und männlichen deutschen Antwort auf die schnöde Zurückweisung unseres Friedensangebots im Dezember zu: der Eröffnung des unbeschränkten Unterseebootskriegs.

Am 7. Februar abends sind wir „archiprêt"; ich wappne mich noch durch einen langen tiefen Schlaf auf die bevorstehende „Campagne".

16. Februar. Heute ist der erste Lehrkurs in Solesmes beendigt. Es waren diesmal nur Teilnehmer von der Westfront. Außerdem Major v. Bockelberg und Hauptmann Geyer von der Obersten Heeresleitung.

Frühstück im Gelände

Prachtvolles Wetter und von Anfang an eine den Erfolg verbürgende willige, lernfreudige und kameradschaftliche Stimmung. Der Kursplan hat sich bewährt; er enthält die richtige Mischung zwischen Theorie und Praxis und bietet allen, auch den frontenfahrensten Teilnehmern, nach ihrem übereinstimmenden Zeugnis reiche Gelegenheit zum Lernen. Alle Vorführungen im Gelände sind geglückt; einige kleine Änderungen und Kürzungen werden wir bei den nächsten Kursen vornehmen. Infolge der Anwesenheit der beiden Vertreter des Großen Hauptquartiers war eine beständige enge Verbindung mit der Obersten Heeresleitung möglich, die in immer neuen Verbesserungen unserer Vorschriften ihre Früchte trägt. Natürlich bringt auch der freie Meinungsaustausch zwischen den so viel Fronterfahrung besitzenden Kursteilnehmern untereinander und mit der Kursleitung eine Fülle von Anregungen, die wir sogleich verwerten. Ich selbst habe, außer bei meinen eigenen Vorträgen, am Schlusse aller anderen Vorträge und Vorführungen das Wort ergriffen zur näheren Erläuterung und Bekräftigung; immer in der Absicht, meinen Zuhörerkreis ganz davon zu durchdringen, daß der Divisionskommandeur das Wesen und die Leistungsfähigkeit aller ihm unterstellten Truppenteile und Formationen beherrschen muß, um sie richtig verwenden zu können und daß er insbesondere in die nicht zu tragisch zu nehmenden Geheimnisse der Führung und Verwendung der gesamten Artillerie, der Flieger und Ballone eindringen muß, um seiner Infanterie in ihren schweren Kämpfen kraftvoll helfen zu können. Dabei hatte ich doch noch Widerstände zu überwinden bei den Vertretern der Generalkommandos und auch der schweren Artillerie, deren Herz noch mehr als gut ist, an den dem Generalkommando zugeteilt gewesenen „schweren Artilleriekommandeuren" hing mitsamt ihren zahlreichen, aus den tüchtigsten aktiven Offizieren zusammengesetzten Stäben. Aber ich habe auch kräftige Worte nicht gescheut, um diese Zweifler davon zu überzeugen, daß niemand anders zweckmäßig das Artilleriefeuer leiten kann, als der am besten über die Verhältnisse unterrichtete und weit genug vorne befindliche Divisionskommandeur. Ferner daß die Eingriffe des Generalkommandos in die Einzelheiten des Artilleriekampfes meistens schädlich sind und zu spät kommen und daß die aktiven Offiziere der Fußartillerie in der Front, bei den schießenden Batterien und Abteilungen mit deren meist aus dem Beurlaubtenstande hervorgegangenen unerfahrenen Unterführern sehr viel dringender nötig sind, als bei den Generalkommandos, wo sie ihre Existenzberechtigung meistens durch eine für die Truppe überaus lästige, ganz übertriebene und unnütze statistische Tätigkeit zu beweisen suchen. Ich habe am Schlusse des Kurses das Gefühl, daß ich die Herren überzeugt, nicht etwa bloß überredet habe. Wichtig war auch der für alle Teilnehmer gewonnene Einblick in die Tätigkeit namentlich der Infanterie- und Artillerieflieger: die Notwendigkeit ihrer Unterstellung unter die Division für eine fruchtbringende Tätigkeit ist allgemeine Überzeugung geworden. Besonders lehrreich war auch der Großkampftag, wo wir in gemeinsamer anregender Betrachtung wichtige Lehren und Anhaltspunkte gewannen für die Verwendung der Reserven des Divisionskommandeurs und überhaupt für die Wege und Mittel, mit denen der Divisionskommandeur den Großkampf führen muß und kann. Gerade bei dem Durchspielen eines Großkampftages konnte ich die Kursteilnehmer mit der neuen Anschauung über die Aufgabe und Stellung des Divisionskommandeurs erfüllen. Von dem Divisionskommandeur müssen alle höheren taktischen Führungsgedanken ausgehen, nicht nur, wie bisher üblich, für die Infanterie, sondern in ganz besonderem Grade auch für die gesamte Artillerie und zwar mit dem Hauptziele, durch ihre Feuerkraft unsere brave Infanterie vor, während und nach dem Großkampfe wirksam zu entlasten. Sein Gehilfe ist der Generalstabsoffizier — auch er muß künftig seinen Hauptstolz darein setzen, zweckmäßige artilleristische Vorschläge zu machen, denn wir müssen die feindliche Artillerie nicht nur mit Brisanz- und Gas-Geschossen, sondern auch mit guten artilleristischen Gedanken besiegen. Der Divisionskommandeur muß unausgesetzt für das Zusammenwirken aller Waffen, namentlich auch der Minenwerfer, der Flieger und Ballone mit der Infanterie und Artillerie, besorgt sein. Ebenso für die weitere Ausbildung aller Waffen. Durch die Abwehrschlacht ist also dem Divisionskommandeur und ebenso auch dem Generalstabsoffizier der Division eine wichtige, schwere und verantwortungsvolle, aber auch eine schöne, wohl die schönste Aufgabe unter allen Dienstgraden zugewiesen. Keine Mühe und Arbeit kann zu deren Lösung zu groß sein. Dabei kamen mir natürlich meine immerhin reichen

Handgranatenangriff

Kriegserfahrungen auf so vielen Kriegsschauplätzen in Ost und West zustatten; ein großer Teil der Teilnehmer hat bis jetzt nur den Verteidigungskrieg im Westen kennen gelernt.

Ohne Unbescheidenheit kann ich aus dem herzlichen Händeschütteln und Danksagen am letzten Tage und aus sonstigen Zeichen entnehmen, daß der Lehrkurs ein „Erfolg" gewesen ist, ein Erfolg für unsere große Sache in bezug auf Schulung unserer Führer und Führungsgehilfen für die kommenden Ereignisse. Dem gibt auch ein am 19. Februar eintreffendes Telegramm der Obersten Heeresleitung Ausdruck:

„Der Verlauf des ersten Übungskurses in Solesmes hat ergeben, welch großer Wert von allen Seiten der neuen Einrichtung zugeschrieben wird. Euer Exzellenz bitte ich, die folgenden Kurse in gleichem Sinne anzulegen.

gez. Ludendorff."

Das erfüllt mich mit hoher Genugtuung. Auch kameradschaftlich war der Kurs ungemein anregend. Viele der Kursteilnehmer waren mir aus früheren Dienststellungen bekannt oder befreundet, manche waren Schüler von mir. Dann sah ich täglich einige Herrn bei mir zum Frühstück; den Abend verbrachte ich im gemütlichen Kreise unseres harmonischen Stabs in Solesmes. Die Kursteilnehmer selbst waren in Valenciennes untergebracht; es war alltäglich eine stattliche Auffahrt der Teilnehmer in ihren Autos vor dem Rathause.

Museum in Valenciennes

Aber es war auch eine für mich und meinen treuen Gehilfen Wever ungemein anstrengende Woche, körperlich und geistig. Mehrere Stunden Vorträge, viele Stunden im Gelände, abends Arbeit und Vorbereitung für die nächsten Tage und zugleich für den nächsten Kurs, Bericht an die Heeresgruppe oder die Oberste Heeresleitung — kurz, Vollbetrieb, aber auch volle Befriedigung. Daß auch ich selbst ungemein viel gelernt habe, brauche ich kaum zu sagen.

16. Februar. Ich mache mit Major v. Bockelberg eine Autofahrt, um mir die Siegfriedstellung am großen Straßenknotenpunkt le Pavé südlich Cambrai anzusehen und überzeuge mich dabei, daß zwar an und neben den Straßen schon viel geschehen, daß aber im übrigen leider noch manches stark im Rückstand ist.

17. bis 19. Februar. Pause zwischen 1. und 2. Kurs, dabei Übersiedlung nach Valenciennes, da Solesmes Hauptquartier des Armee-Ober-

Museumssaal in Valenciennes

kommandos 1 wird. Glücklicherweise finden wir in Valenciennes nicht nur in der Rue Watteau ein ganz ausgezeichnetes Quartier, sondern auch in dem großen Saale des neugebauten städtischen Museums wiederum einen geradezu ideal schönen und praktischen „Hörsaal".

Man wird allmählich „berühmt". Eine Dame aus Wien wünscht ein „Autogramm" samt Spruch von mir. Ich schreibe: „Unser schöner württembergischer Wahlspruch ‚Furchtlos und treu' muß für alle Zukunft auch der Wahlspruch des Vierbunds sein."

Im übrigen wappne ich mich durch Schlaf, Arbeit und Spaziergänge für die zweite „Campagne".

20. bis 28. Februar. Zweiter Lehrkurs in Valenciennes. Diesmal hat die Oberste Heeresleitung Generale usw. aus West und Ost und auf meinen Antrag hin auch Infanterie-Brigadekommandeure als Teilnehmer kommandiert. Außerdem sind drei österreich-ungarische Generale und Obersten vom österreich-ungarischen Hauptquartier erschienen. Am 24. Februar wohnt General Ludendorff einem Großkampftage im Hörsaal und dem Kampf um die Tiefenzone im Gelände bei und spricht mir die Anerkennung des Feldmarschalls Hindenburg für die Leitung der Kurse aus. Auf der Hinfahrt frage ich ihn nach seiner Meinung über die Dauer des Krieges; er antwortet, ich glaube an Kriegsschluß 1917, aber ich bereite mich gleichzeitig auf 1918 vor. Im übrigen verläuft der Kurs, freilich bei wesentlich ungünstigerem Wetter, ebenso anregend und befriedigend wie der erste. Ich

Kursleiter Ludendorff

habe wiederum österreich-ungarische und andere Offiziere als Mittagsgäste bei mir in unserem schönen, gediegenen Eßzimmer; den Kaffee nehmen wir im Gartensaal, wo ein großes Wandbild — eine Strandlandschaft mit schöner, jugendlicher Staffage, „ein Herr und vier Damen", allgemeine Neugier und auch Bewunderung findet.

Wiederum bin ich selbst am Vorabend des letzten Übungstages der Gast der Kursteilnehmer und darf wiederum aus allem, was ich sehe und höre, den Eindruck gewinnen, daß meine und unsere Arbeit nicht vergebens war. Am letzten Tage wohnten Kronprinz Rupprecht von Bayern und der Führer der 1. Armee, General Fritz v. Below, den Übungen bei.

Strandbild

1. bis 3. März. Ausruhpause, die dringend notwendig war für uns alle. Dann

4. bis 12. März: Dritter Lehrkurs in Valenciennes. Diesmal befinden sich unter den Teilnehmern der Kronprinz von Sachsen und sein jüngster Bruder, Prinz Ernst Heinrich, außerdem ein Vizeadmiral von der Flandernfront, vier österreich-ungarische Offiziere, ein türkischer General (Zeki Pascha) und ein Bulgare. Zu jedem Kurse erscheinen ferner 5—6 Herren der Obersten Heeresleitung. Es sind wiederum neue Gesichtspunkte ausgearbeitet worden für die höhere Führung in der Abwehrschlacht, die dem seit kurzem veränderten Angriffsverfahren unserer Gegner Rechnung tragen und sich hauptsächlich auf die planmäßige Vorbereitung größerer Gegenstöße nach anfänglichem Eindringen des Gegners in unsere vordere Linie beziehen. Diesen und anderen Änderungen und Fortschritten tragen wir im Hörsaal und im Gelände Rechnung. Wir sind also sehr modern und ganz auf der Höhe der neuesten Anschauungen; deshalb erweitert sich auch der Kreis unserer Zuhörer und Zuschauer in der Form von Zaungästen aus der Nachbarschaft derart, daß der große Museumssaal gesteckt voll ist. Wie bei den beiden ersten Kursen befinden sich unter den Kommandierten viele alte und neue Bekannte aus Frieden und Krieg: an den Gästetagen und im Gelände gewinne ich immer neue Anregungen. Ich lerne allmählich fast die ganze

deutsche Generalität kennen. Der mir und meinen Mitarbeitern am Vorabend des letzten Tages ausgesprochene Dank ist wennmöglich noch wärmer als bisher; am letzten Tage wohnt der Großherzog von Mecklenburg-Schwerin bei. — Unter herzlichem Händedrücken gehen wir am 12. März mittags auseinander. Ich blicke mit Genugtuung auf unsere Arbeit zurück mit dem Bewußtsein, mein Teil zur Ausbildung der Führer für die großen Frühjahrsschlachten redlich beigetragen zu haben. Aus den vielfachen Gesprächen mit den Generalen aus allen Heeresfronten habe ich aber auch einen Einblick in die Stimmung namentlich der Divisionskommandeure gewonnen: allgemein war und ist die Klage über den zu starken Druck der höheren Stellen ohne genügende Berücksichtigung der Leistungsfähigkeit der Truppe und über die unerfreuliche, aber von oben begünstigte, die Führerautorität schädigende Nebenregierung des Generalstabes. Darüber habe ich mich den Herren der Obersten Heeresleitung gegenüber ernstlich ausgesprochen.

Freilich bin ich nun aber auch körperlich und geistig tüchtig müde und da ich auch zu Hause dringende Angelegenheiten zu besorgen habe, da ferner wegen der nunmehr vom 15. März ab auf Befehl der Obersten Heeresleitung auszuführenden Rückzugsbewegung der Westtruppen in die Siegfriedstellung eine längere Pause in den Kursen eintreten soll, so will ich meinen im Januar jäh unterbrochenen Urlaub nach Ulm nachholen.

In dem Augenblick, wo ich mich reisefertig von Hauptmann Weber verabschieden will, überreicht er mir ein Telegramm aus dem Großen Hauptquartier. Ich öffne es und lese zu meiner großen und freudigen Überraschung:

„Ich ernenne Sie zum Führer des XIV. Reservekorps.
                                                                    Wilhelm."

Das ist der denkbar schönste Abschluß meiner Tätigkeit in Valenciennes! Dankbaren Herzens besteige ich mein Auto, fahre nach Douai und treffe am 13. März als neugebackener „kommandierender General" bei den Meinigen ein, die inzwischen ebenfalls durch ein an mich gerichtetes Diensttelegramm meine Beförderung erfahren haben.

15. März. Revolution in Rußland, der Zar zur Abdankung gezwungen! Urheber, Zweck und vollends weiterer Verlauf der Bewegung noch ganz im Dunkeln.

16. März. Ich werde wieder telegraphisch ins Feld zurückberufen. Der bekannte Ausspruch Friedrich Theodor Vischers bewahrheitet sich in diesem Kriege immer wieder an mir und vielen andern: „Man muß mit gepacktem Koffer lieben".

18. März. Ankunft in Valenciennes. Herzliche Verabschiedung von Generalleutnant Theodor v. Watter in Caudry und Abmeldung bei General v. Below in Solesmes, wo ich mit den Herren des Armeestabes in meinem alten Quartier frühstücke.

Nachmittags holt mich Major v. Schönebeck, der erste Adjutant des Generalkommandos XIV. Reservekorps, in Valenciennes ab zur Fahrt ins Korpshauptquartier Marquette. Ich scheide dankbar von Valenciennes, auch von meinem Hauswirt; mit den dankbarsten Gefühlen aber natürlich von meinem vortrefflichen Gehilfen Hauptmann Weber, der nun schon wieder mit den umfangreichen Vorarbeiten für den nächsten Kurs beschäftigt ist. Ich empfehle ihn aufs wärmste zur Verwendung im deutschen großen Hauptquartier.[1] Mein Nachfolger in der Leitung der Kurse ist zu meiner Freude General v. Wenninger.

---

[1] Dorthin wurde Hauptmann Weber später auch berufen. Er erwarb sich dort bald eine besondere Vertrauensstellung bei General Ludendorff.

Führer des preußischen XIV. Reservekorps (März 1917)[1]

Auf der Fahrt von Valenciennes nach Marquette erfahre ich die bisherigen Schicksale des XIV. Reservekorps. Das Generalkommando ist bei Kriegsbeginn in Karlsruhe aufgestellt worden. Erster Führer: Generalleutnant Schubert, zurzeit Oberbefehlshaber der 7. Armee; erste Divisionen die 28. (bad.) Res.-Division und die 26. (württ.) Res.-Division. Im August 1914 ist das Korps siegreich durch das Breuschtal und über den Donon bis über die Meurthe hinaus in die Gegend von St. Dié vorgerückt, bald verstärkt durch weitere württembergische, bayerische und sächsische Divisionen. Mitte September wurde es sodann in Bolchen nach Cambrai verladen, von wo es sich im Laufe des Jahres 1915 über Bapaume bis in die Linie Beaumont—Thiepval—Fricourt vorkämpfte, nunmehr unter der Führung des durch seine Heeresberichte rühmlichst bekannten Generalquartiermeisters Generalleutnants v. Stein. In dieser Stellung traf das XIV. Reservekorps nach mancherlei kleineren Abwehrkämpfen am 1. Juli 1916 der gewaltige Infanterie- und Artillerieangriff, der unter dem Namen der ersten Sommeschlacht bekannt ist: in seinen mit größtem Fleiß und Geschick ausgebauten Stellungen hielt das Korps all den wütenden wochenlangen Stürmen tapfer stand. Ende Oktober übernahm Generalleutnant Fuchs an Stelle des zum preußischen Kriegsminister ernannten Generals v. Stein das Korps, in dessen Verband die Divisionen beständig wechselten. Am 12. März wurde Generalleutnant Fuchs zum Führer der Armeeabteilung C ernannt.

Wir sind in kurzer Zeit in Schloß Marquette, wo das Generalkommando erst tags zuvor eingerückt ist. Dort begrüße ich meinen Chef des Stabes, Major v. Miaskowski, und die übrigen Herren des Stabes.

Es ist der fünfte Stab, in den ich mich in diesem Kriege einzuleben habe. Aber es wird mir leicht gemacht durch das Entgegenkommen aller Herren. Und es spricht doch einigermaßen für uns Hunnen und Barbaren, daß dieses Einleben in der ganzen Armee sich überall so reibungslos und unter so angenehmen Formen vollzieht. Vorläufig schwirrt mir allerdings bezüglich der Namen und Dienststellungen der Herren noch einigermaßen der Kopf, denn es sind deren rund fünfzig. Gegessen wird in drei Abteilungen. Hier im Schlosse der engere Stab, d. h. die Generalstabsoffiziere und die Adjutanten, sowie deren Gehilfen, in einem zweiten „Kasino" in Marquette die übrigen Offiziere des Generalkommandos. Die Sanitäts-(Veterinär-)Offiziere und Beamten sind in dem benachbarten netten Städtchen Bouchain untergebracht und haben dort ihr eigenes Heim.

[1] Siehe Übersichtsskizze 3 nach Seite 360 (zum rechts herausklappen).

Ich lasse mich heute rasch über die Lage im großen unterrichten. Sie ist folgende: Das XIV. Reservekorps ist in Ausführung der von der Obersten Heeresleitung befohlenen großen Rückzugsbewegung in den letzten Tagen nach mehrwöchigen, für uns erfolg- und für den Gegner sehr verlustreichen Gefechten mit den Hauptkräften in die Siegfriedstellung auf der Linie Bullecourt—Quéant—Inchy[1]) eingerückt; stärkere Nachhuten halten noch die Linie Croisilles—Lagnicourt—Doignies besetzt. In der rund 11 Kilometer langen Front meiner „Gruppe" (so werden neuerdings die Generalkommandos genannt), steht rechts die württembergische 26. Res.-Division, links die 2. Garde-Res.-Division. Das XIV. Reservekorps bildet den rechten Flügel der 1. Armee; ich bleibe also unter dem Befehl des Generals Fritz v. Below.

19. März. Ich fahre zum Stabe der 26. Res.-Division und begrüße den mir aus früheren Beziehungen bekannten Divisionskommandeur, den württembergischen Generalleutnant z. D. v. Fritsch; auch der Generalstabsoffizier ist ein Regimentskamerad von mir vom Olga-Regiment. Die 26. Res.-Division hat sich in den schweren Somme- und Ancrekämpfen im Juli-August 1916 unter ihrem tapferen Führer, General der Infanterie Frhr. v. Soden (jetzt Führer eines Reservekorps), ganz hervorragend geschlagen; sie bildete dort mit ihren musterhaft ausgebauten Stellungen den festen Wall, an dem sich alle Ansturme der Engländer monatelang brachen. Dann fahre ich zum Kommandeur der ebenfalls kampfbewährten 2. Garde-Res.-Division, Generalleutnant v. Petersdorff, treffe ihn vorne in der Stellung am Quéant-Wäldchen, wo wichtige Anordnungen zu treffen sind für Einbeziehung dieses Höhenpunktes in unsere Stellung. Anschließend gehe und fahre ich die Stellung der 2. Garde-Res.-Division ab. Auf dem Heimweg begegnet uns ein gefangener Inder aus Lahore, der etwas Französisch spricht und recht gerne in die Kriegsgefangenschaft wandert. Angeblich sollen mehrere französische Kavallerie-Divisionen unseren Vortruppen gegenüberstehen.

20. März. Ich melde mich im Hauptquartier der Heeresgruppe in Mons bei Kronprinz Rupprecht, werde in dem eleganten Schlosse zum Frühstück eingeladen, an dem auch General v. Wenninger teilnimmt und das sehr angeregt und fröhlich verläuft.

21. März. Ich begehe die vorderen Infanteriestellungen der 26. Res.-Division und begrüße dort unter den Regiments- und Bataillonskommandeuren zahlreiche alte Bekannte aus Friedenszeiten.

Leider können aber meine Eindrücke über die Linienführung und den Ausbau der mit dem schönen und hoffnungsvollen Namen Siegfried geschmückten Verteidigungsstellung keine durchweg erfreulichen sein. Das Dorf Bullecourt ist in die Stellung einbezogen und bildet nun einen der feindlichen infanteristischen und artilleristischen Umfassung ausgesetzten, weit vorspringenden „Balkon". Die Stellung selbst ist noch unfertig; man hat hier mit der Bauleitung durch Zivilingenieure recht unliebsame Erfahrungen

---
[1]) Siehe Skizze Seite 289.

Bullecourt

gemacht: Blendwerk an den Straßen und Ortschaften, an den andern weniger bequemen Stellen wenig oder nichts oder auch Unzweckmäßiges und Unvollendetes. Von letzterem namentlich, mitten in den vordersten Gräben drin, eine große Anzahl von mächtigen Baugruben für Betonunterstände, deren Fertigstellung nicht gelungen ist. So steht's auch bei der 2. Garde-Res.-Division. Die Truppe ist daher fraglos einigermaßen enttäuscht. Aber das hilft zu nichts: es muß sogleich das noch Fehlende nachgeholt werden, so gut es geht und zwar mit besonderem Nachdruck, solange der Gegner uns noch Zeit läßt zu ungestörtem Arbeiten. In diesem Sinne nehme ich Rücksprache mit den Führern. Am späten Nachmittag Heimkehr nach 60 Kilometer Fahrt und sechsstündigem Gang.

Beim Abendessen bemerke ich schon am blumengeschmückten Tische, daß mein 57. Geburtstag dem Stabe nicht verborgen geblieben ist; ich kann auf den liebenswürdigen Trinkspruch des Chefs nur aus innerstem Herzen antworten, daß ich diesen Tag in meiner neuen schönen Stellung dankbar begehe, erfüllt von dem einzigen Gedanken und Wunsche, das stolze XIV. Reservekorps in gleichen Ehren, wie es bisher geschehen ist, weiterzuführen.

22. März. Ich besuche meinen Nachbar links, den Führer des IX. Armeekorps, Generalleutnant Ritter v. Oetinger. Nachmittags trifft die Nachricht

ein, daß vor unserer Front Prinz Friedrich Karl von Preußen im Luftkampf abgeschossen worden ist.

Abends nehme ich in Valenciennes bei festlichem Mahle herzlichen und wehmütigen Abschied von dem Stabe meiner alten lieben 27. Division, die unter ihrem neuen Führer, Generalmajor v. Maur, zunächst bei General v. Wenninger als Übungsdivision verwendet wird.

23. März. Vorpostenkämpfe. Ich fahre die Wotan I=Stellung ab. Dies ist eine vorsorglich von langer Hand hinter der Siegfriedstellung festgelegte zweite große Verteidigungsstellung, die freilich auch erst angefangen und daher von uns fertig auszubauen ist.

26. März. Mein Nachbar zur Rechten, der Führer des XII. (sächs.) Reservekorps, General der Artillerie v. Kirchbach, frühstückt bei mir, allerdings schon als Lebewohl Sagender, denn das Korps kommt nach Flandern. Nachmittags entspinnen sich ernste Kämpfe im Vorgelände der 26. Res.=Division; damit beginnen für mich die ersten Führersorgen als kommandierender General. Das Dorf Lagnicourt, das von uns nur noch schwach besetzt ist, wird von sechs feindlichen Bataillonen angegriffen und von dieser Übermacht genommen. Es besteht Neigung dazu, diesen Ort wieder mit einem starken Aufgebot von Infanterie und Artillerie zurückzuerobern. Aber ich entscheide bestimmt dagegen, da es nicht unserer Lage und Aufgabe entspricht, weitere große Opfer zu bringen zur Behauptung des Geländes vor der Siegfriedstellung. Bisher sind unsere Verluste gering, die des angreifenden Gegners sehr stark gewesen. Unsere Maschinengewehre und unsere Artillerie haben ihn tüchtig gepackt.

27. März. Mehrstündige Fahrt ins Gelände bei Hagel und Schnee.

28. März. Heute beginnt in Valenciennes der neue 4. Lehrkurs der Übungsdivision! Ich aber halte und genieße nach den anstrengenden letzten acht Tagen zu Hause einen Ruhetag zum Nachdenken über allerhand Dinge, auch zum Umsehen im eigenen „Haus und Heim".

Unser Schloß mag vor etwa 40 Jahren erbaut sein; Besitzer ist ein anscheinend durch seine am Ausgang nach Bouchain gelegene Spritfabrik reich gewordener Industrieller, der aber vielseitige Neigungen zu haben scheint. Denn es gehören ihm noch zwei große, geschlossene Wirtschaftshöfe im Dorfe, und vor allem: er betrieb Rennsport, wie zahlreiche an den Stallgebäuden angebrachte Ehrenschilde und wie vor allem der neben dem Schloßgarten großzügig angelegte Sprunggarten beweist. Außerdem war der Besitzer aber Sammler von Kunstwerken und so sind alle Treppen und Räume mit Bildern, Gobelins, Schränken und Statuen weltlichen und kirchlichen Charakters und Ursprungs in im ganzen gutem Geschmack angefüllt. Daneben findet sich in allen Zimmern die in dem eitlen Frankreich übliche Verschwendung von Spiegeln. Alles in allem ist das Schloß mit seinen großen, hellen und doch gemütlichen Räumen, seinen vorzüglichen Ställen und ansehnlichen Nebengebäuden, seinem großen Gemüse= und seinem stattlichen Prunkgarten vor und hinter dem Hause ein fast ideales Korpsstabsquartier, in dem außer mir noch der ganze Generalstab und ein großer Teil des engeren Stabes Platz findet. Übelstände sind, wie in allen französischen Schlössern, die nur für den Sommer eingerichteten und ausreichenden Kamine und die nur recht mäßig schließenden Türen und Fenster. Aber beidem hilft deutsche Arbeit und Gründlichkeit schnell ab.

Die Umgebung ist annehmbar; langgestreckte Höhenrücken mit angenehmen Ausblicken in die mit Büschen und Bäumen bestandenen Täler, in deren jedem hier ein Kanal läuft oder im Bau ist. Freilich unsere deutsche Heimat ist unvergleichlich schöner, namentlich da, wo es Wald gibt, der hier so gut wie ganz fehlt. Und gar keinen Vergleich halten mit den lieblich in Obstgärten eingebetteten deutschen Dörfern und deren weißgetünchten, sauberen, von Grün umgebenen charaktervollen Häusern die französischen Ortschaften des Artois aus: schreckliche, in öder Gleichförmigkeit gebaute niedrige Backsteinbauten; nach der Straße meistens nur ein halb blindes Fenster, die andern nach dem Misthaufen und nach der backsteinernen Rückfront des Nachbarhauses zu; winzige oder gar keine Gärten und ganz wenig Bäume.

Schloß Marquette

Wer ein irgendwie größeres Besitztum hat, umzieht es sogleich mit einer hohen Backsteinmauer, damit er nicht hinaus- und ihm niemand hineinschauen kann. Fraternité! Ebenso öde und poesielos sind die mit schweren, plumpen Steindenkmalen versehenen blumenlosen Kirchhöfe — das einzige, was das Auge erfreut, sind die Kirchen mit ihren starken, mit schweren Eckstrebepfeilern versehenen Türmen, von denen allerdings viele sehr baufällig sind. Der Boden ist fruchtbar, aber von der für nachhaltigen Fruchtbau viel zu schwachen Bevölkerung nicht genügend ausgenützt. Die Einwohner, ganz alte und ganz junge Männer, sowie Frauen jeden Alters und Kinder, verhalten sich im übrigen nicht unfreundlich und kommen gut mit unsern Mannschaften aus.

Was unsere militärische Lage anbelangt, so hat die Truppe zwar in der Siegfriedstellung nicht das fertige Bett vorgefunden, auf das sie gehofft hatte, aber das freiwillige Zurückgehen in diese Stellung aus den im Kampfe entstandenen, durch feindliches Feuer und die Witterung zerstörten und verschlammten vorderen Linien war doch ebenso notwendig wie vorteilhaft. Es bedeutete für die deutschen Truppen etwa das gleiche, wie wenn eine Familie aus einem rettungslos verbauten und verschmutzten Mietshause in einen sauberen, gesunden, wenn auch noch nicht ganz fertigen Neubau umzieht. So empfindet und begrüßt jetzt auch die Truppe den Wechsel.

Schon dieses Gefühl von Sauberkeit hat die Stimmung der Mannschaften gehoben. Dazu tragen aber auch die in den letzten Wochen stattgehabten Rückzugsgefechte ganz wesentlich bei, denn sie brachten als kleiner Bewegungskrieg nicht nur der Truppe die dringend erwünschte körperliche und militärische Entrostung und Abwechslung, sondern sie gaben auch namentlich den Unterführern und den Mannschaften aller Waffen Gelegenheit zu kühnen, von sichtbaren Erfolgen begleiteten kleineren Unternehmungen, Streifzügen, Kriegslisten und Überfällen; eine in voller Freiheit zurückgehende, mit allen Feinheiten des Geländes bekannte Truppe befindet sich eben stets im größten Vorteile gegenüber einem ins Dunkle und Unbekannte nachtappenden Gegner, der zudem diesen Bewegungskrieg weder kannte noch liebte und deshalb dabei die doppelten Verluste erlitt wie wir. Und während unsere Truppen nunmehr in der vorderen Linie der Siegfriedstellung in anständigen, durch starke Hindernisse geschützten, immerhin zu drei Vierteln fertigen und mit einer Anzahl wohnlicher Unterstände versehenen Gräben liegen, weiter rückwärts aber in wohl erhaltenen und gut ausgestatteten Ruhequartieren, liegen die Engländer mit ihren kämpfenden und ruhenden Abteilungen im wahren Sinne des Wortes im Dreck und Schutt und müssen sich Kampf- und Ruhestellungen unter unserem Feuer in mühseliger, verlustreicher Arbeit erst wieder schaffen.

Vom höheren strategischen Gesichtspunkte aus betrachtet war der von unserer Obersten Heeresleitung nach gründlichsten Erwägungen des Für und Wider angeordnete Rückzug in die Siegfriedstellung zwar ein notwendiges Übel, aber doch zweifellos der einzige in unserer Lage ausführbare große Gegenzug, um die feindlichen Feldzugs- und Angriffspläne gründlich zu stören, ja zu zerstören. Für einen großen Gegenangriff fehlten uns die Kräfte. Den mit allen Mitteln in monatelanger Arbeit vorbereiteten großen feindlichen Angriff in unseren vorderen Stellungen anzunehmen, verbot deren Schwäche, Zustand und ungenügender Ausbau. Durch das Zurückgehen in die Siegfriedstellung wurden aber alle Pläne und Vorbereitungen der Engländer und Franzosen hierfür mit einem Schlage zunichte. Was das bedeutet, weiß nur der zu würdigen, der die ungeheuren Mühseligkeiten jeder Art kennt, die heutzutage mit dem infanteristischen und artilleristischen Aufmarsch einer Heeresfront für den großen Angriff verbunden sind. So kann man in diesem Sinne wohl bei der Führung der Entente von strategischem Katzenjammer, bei der unseren von strategischer Schadenfreude sprechen. Besser betrieben und geleitet hätte die feindliche Aufklärung freilich unsere wochenlangen Alberich-Vorbereitungen für den Rückzug bemerken müssen; wenn dann, gerade in den letzten Tagen vor dem Abzug, wo naturgemäß unsere Front nur noch ganz schwach besetzt war, große feindliche Angriffe eingesetzt hätten und im stürmischen Nachdrängen rücksichtslos durchgeführt worden wären, dann hätte sich für Engländer und Franzosen die Möglichkeit geboten, gleichzeitig mit uns vor der noch unfertigen Siegfriedstellung zu erscheinen, ja vielleicht sogar da oder dort in sie einzudringen.

Wirre Nachrichten aus Rußland. Von jedem Standpunkte, dem menschlichen und historischen aus betrachtet, ist der so rasch und widerstandslos erfolgte Zusammenbruch des Zarentums in hohem Grade erstaunlich, das doch beim Volke mit dem Nimbus fast göttlicher Einsetzung umgeben schien. Wie schwach muß doch tatsächlich dies Herrscherhaus in Volk und Armee verwurzelt gewesen sein, wenn ein heftiger Windstoß — mehr war es doch eigentlich nicht — den ganzen Bau niederreißt.

Allmählich spielt sich der mir von den Offizieren, Sanitätsoffizieren und Beamten des Stabes zu haltende tägliche oder wöchentliche „Vortrag" ein. Das Arbeitsgebiet ist nicht gering; aber die Stoffe werden durch die Vorarbeit des Chefs des Stabes, dem bestimmungsgemäß jede Angelegenheit vor dem Vortrag bei dem kommandierenden General zur gründlichen Besprechung vorgetragen wird, so gesichtet, daß nur das Wesentliche und Wichtige zu meiner Kenntnis und Entscheidung kommt. Schon ein alter friedens- und kriegserfahrener Römer hat den wichtigen Grundsatz ausgesprochen: minima non curat praetor. Darnach will ich handeln und ebenso sinngemäß nach der Antwort, die der bekannte originelle schwäbische Pfarrer Flattich eines Tages seinem Fürsten gab. „An was denkt Er?" rief ihm der Herzog Karl zu, als er ihm, selbst hoch zu Roß, auf der Stuttgarter Weinsteige unvermittelt begegnete. „Fürsten sollen fürstliche Gedanken haben," war die schlagfertige Antwort. Und so sollen auch höhere Führer höhere Gedanken haben. In allen Einzelheiten den Unterführern die möglichste Freiheit lassen, im Großen und Wichtigen das Armeekorps durch klare und bestimmte Weisungen wahrhaft „führen" und fest in der Hand behalten, das nehme ich mir vor.

29. März. Es ist abscheuliches Sudelwetter, aber wir ertragen es leicht und gönnen es von Herzen den Engländern; dies um so mehr, als die Verleumdungen uns gegenüber in ihrer Presse allmählich jedes anständige Maß übersteigen. Auch die Franzosen werden übrigens nicht müde, uns in ihrer Presse durch die wildesten Beschuldigungen zu Barbaren zu stempeln. Als Gegengift lese ich heute eine Schilderung, in welch unmenschlicher und schamloser Weise die französischen Führer und Truppen 1809 in Spanien gehaust, gewütet und sich selbst bereichert haben.

Gefangene sprechen von größeren Angriffen bei Arras. In der Tat verstärkt sich auch täglich der von dort her herüberschallende Kanonendonner.

30. und 31. März. Ich begehe mit den beiden Divisionskommandeuren die Artilleriestellungen. Am 31. März erleben wir aber bei Quéant eine recht unangenehme Überraschung und ernste Lebensgefahr. Bei Besichtigung einer nahe der vordersten Linie liegenden Beobachtungsstelle schlagen plötzlich unmittelbar neben uns feindliche Granaten ein, offenbar aus einem Infanteriegeschütz, das die Engländer schon jetzt in ihre vordersten Linien vorgebracht haben. Da der gefährlichste Schuß zu unserem Glück ein Blindgänger ist, kommen wir nochmals ohne Schaden davon. Das Ereignis hat aber das Gute, daß auch wir oberen Führer nun deutlich am eigenen Leibe verspürt haben, wie nahe und bedrohlich der Gegner jetzt schon doch vor der Siegfriedstellung steht und wie aufmerksam er ist.

1. April. Ein Glas zu Bismarcks Gedächtnis. Ich lese die mitten im Kriege erschienenen kurzen, klaren und praktischen neuen Dienstvorschriften: Ausbildungsvorschriften für die Fußtruppen und Anleitung für die Kompagnieführer. Sie enthalten alle Erfahrungen der letzten Zeit.

2. April. Leichter Schnee. In aller Frühe entspinnen sich lebhafte Vorpostenkämpfe um unsere Nachhutstellungen bei Ecoust und Noreuil, in deren Verlauf wir beide Ortschaften räumen, da sie ohne andauernde schwere Verluste nicht zu halten sind und da der Ausbau der Siegfriedstellung infolge der angespannten Arbeit der letzten Wochen doch genügend vorgeschritten ist. Bei solchen Nachhut- und Rückzugsgefechten gibt es immer Umzingelte und Vermißte; aber auch wir haben heute 300 Engländer oder vielmehr Australier gefangen. Auf dem Wege von Ecoust nach unseren Stellungen sind aber diese Gefangenen in das stärkste englische Maschinengewehrfeuer geraten, das eine große Anzahl davon niedermähte.

3. April. Nunmehr sind bei meiner Gruppe die Rückzugs- und Vorfeldkämpfe abgeschlossen; mit gutem Grund kann ich den dabei beteiligt gewesenen Truppen meinen Dank dafür aussprechen, daß sie den nachdringenden Gegner mehr als zwei Wochen lang von der noch unfertigen Siegfriedstellung ferngehalten und ihm dabei ernste Verluste zugefügt haben.

Ich wohne als „Zuschauer" mit begreiflicher Teilnahme einem Übungstage der Lehrdivision Wenninger bei, treffe dort viele alte Bekannte und vor allem meine alte liebe 27. Division als Übungstruppe an. Auch werde ich dem als Kursteilnehmer anwesenden Erzherzog Josef vorgestellt. Abends habe ich die Freude, General v. Wenninger und Hauptmann Wever bei mir zu Tisch zu sehen.

4. April. Ich erhalte die überraschende und erfreuliche Nachricht, daß die 27. Division mir unterstellt wird zum Einsatz an Stelle der 26. Res.-Division, die nunmehr Übungsdivision werden soll. Letztere hat seit Beginn des Krieges noch niemals ausruhen und sich gründlich ausbilden können, so daß ihr die Abwechslung wohl zu gönnen ist.

Der Kanonendonner aus Richtung Arras wird immer lauter. Auch wir erhalten täglich stärkeres Artilleriefeuer. Es ist kein Zweifel, der bevorstehende große Angriff wird auch uns stark streifen. Ich besuche meine Jagdstaffel 12; sie hat freilich nur 10 statt der etatsmäßigen 18 Flugzeuge. Aber Stimmung und Leistungen unserer Flieger sind trotz der großen zahlenmäßigen Überlegenheit des Gegners vortrefflich. Fast täglich werden feindliche Flugzeuge abgeschossen, während unsere Verluste gering sind. Dann besuche ich das württ. Feldlazarett 505. Auf dem Operationstisch liegt ein stattlicher englischer Fliegeroffizier mit Schädelbruch; man hofft ihn aber durchzubringen. Mein Mitleid verfliegt schnell, als ich die zum Teil furchtbaren Verwundungen sehe, die englische Bomben und Granaten unsern Leuten zugefügt haben. Ein verheirateter Landwehrmann, dem beide Beine abgenommen werden mußten, erweckt meine besondere Teilnahme. Gott sei Dank, ist sowohl er, als auch seine Frau, tapfer und geduldig.

Die Generalkommandos werden durch tägliche Berichte der Heeresgruppe über die Lage in deren Bereich und ebenso durch lichtvolle achttägige Berichte der Obersten Heeresleitung über die Lage im großen unterrichtet.

So fliegen die Tage nur so dahin bei tüchtiger, aber anregender körperlicher und geistiger Tätigkeit. Ich stelle Antrag auf stärkere Ausstattung der Gruppe mit Artillerie, denn unsere Sperrfeuerräume belaufen sich auf die für eine Kampffront viel zu große Breite von 600 Metern für die Batterie.

5. April. Karfreitagskirche unter schwerem Kanonendonner — und Nachricht von der amerikanischen Kriegserklärung! Sie kommt nicht überraschend und wird von Führern und Truppen trotz des überlauten Jubels der Ententepresse mit überraschendem Gleichmut aufgenommen. Darüber, daß sie aber auf unsere Gegner aufpeitschend und schon deshalb kriegsverlängernd wirken wird, ist leider kein Zweifel.

8. April. Ostersonntag. Die 27. Inf.-Division löst die nach Gegend Valenciennes abrückende 26. Res.-Division ab. Ich heiße sie herzlich im Gruppenbereich willkommen; gleichzeitig teile ich ihr aber auch mit, daß sie nach allen Anzeichen mit Bestimmtheit in allernächster Zeit auf stürmische Angriffe zu rechnen und sich darauf infanteristisch und artilleristisch vorzubereiten hat.

Das gleiche tue ich auch mit meinem Stabe. Auf meine beiden Divisionen, in der glücklichen Mischung Garde und Württemberger, kann ich mich verlassen und das ist die Hauptsache. So bleibt für mich und für uns hauptsächlich die Aufgabe, die gegenseitige Unterstützung der beiden Divisionen sicherzustellen für den Fall, daß nur eine von ihnen ernstlich angegriffen wird, und dafür auch die artilleristische Mitwirkung der rechten Nachbardivision von der Gruppe Arras zu erbitten; ferner für ausreichenden Munitions- und Gerätenachschub zu sorgen und für den raschen und schonenden Abtransport der Verwundeten. Bei allen Abteilungen des Generalkommandos herrscht daher rege Tätigkeit. Ich selbst fahre zu den beiden Divisionskommandeuren, um namentlich noch drei mir besonders am Herzen liegende Punkte mit ihnen eingehend zu besprechen. Erstens den, daß wir schon jetzt mit allen Rohren das Feuer der feindlichen Artillerie bekämpfen und dämpfen, was gleich wichtig ist für die Schwächung des feindlichen Angriffs wie für die Stärkung und Erhaltung der eigenen Verteidigungskraft; dann, daß wir die infanteristische Verteidigung offensiv führen, d. h. durch sogleich einsetzende Gegenvorstöße gegen den etwa in unsere vorderen Linien eingedrungenen Gegner, und daß diese Gegenstöße an Ort und Stelle auf das sorgfältigste vorbereitet werden. Glücklicherweise ist dafür gerade die am meisten mit Angriff bedrohte 27. Inf.-Division als „Übungsdivision" besonders gut vorgebildet. Schließlich die Frage der Bekämpfung der feindlichen Tanks, deren Zahl, Beweglichkeit und Geschützausstattung nach den uns in letzter Zeit zugegangenen Mitteilungen wesentlich gestiegen sein muß. Die Frage und Sorge wegen der Tanks ist ernst, weil sie ein neues, also unbekanntes und moralisch stark auf die Nerven unserer Infanterie einwirkendes Streitmittel darstellen, über dessen wirksame Bekämpfung wir noch keine praktische Erfahrung haben. Die Gruppe hat zwar schon beim Fertigbauen der Siegfriedstellung den größten Wert darauf gelegt, daß alle an unsere Stellung heranführenden Wege mit durch Ketten usw. verbundenen Baumstämmen und Eggen versperrt wurden; aber in dem Zwischengelände finden sich noch genug Annäherungsmöglichkeiten. Ich befehle daher, daß bei einem feindlichen Angriff nicht nur die nahe der vorderen Linie eingebauten besonderen Tankabwehrgeschütze auf die Tanks feuern, sondern überhaupt jede Feld- oder schwere Batterie, die den Anmarsch eines solchen erkennt. Außerdem beim näheren Herankommen auch die mit neuen Stahlgeschossen ausgerüsteten Maschinengewehre.

Die der Gruppe unterstellten Flieger befinden sich schon seit mehreren Tagen in angespanntester Tätigkeit; sie lassen die feindlichen Flieger nicht das Übergewicht bekommen. Das empfindet die Truppe sehr dankbar.

So sind wir gewappnet — mögen sie kommen! Vom höchsten Wert ist aber die nicht nur bei den Führern, sondern auch bei der Truppe vorhandene zuversichtliche Kampfstimmung.

Schlacht bei Arras.

9. April. Mitten in die Ablösung der 26. Res.- und 27. Inf.-Division hinein kommt in aller Frühe ein starker Feuerüberfall; gleichzeitig von Gegend Arras her schwerstes Trommelfeuer. Der sich bei mir abmeldende Führer der 26. Res.-Division, Generalmajor v. Fritsch, frühstückt bei mir, eine Regimentsmusik spielt; aber unsere Stimmung ist ernst, wir haben das Gefühl, daß eine große Schlacht begonnen hat und daß niemand wissen kann, wann und wie weit sie auf unsere Front übergreift.

Abends Hiobsnachricht: Der Feind ist nach riesiger Feuervorbereitung nördlich von uns bei Arras tief in die deutschen Stellungen eingedrungen

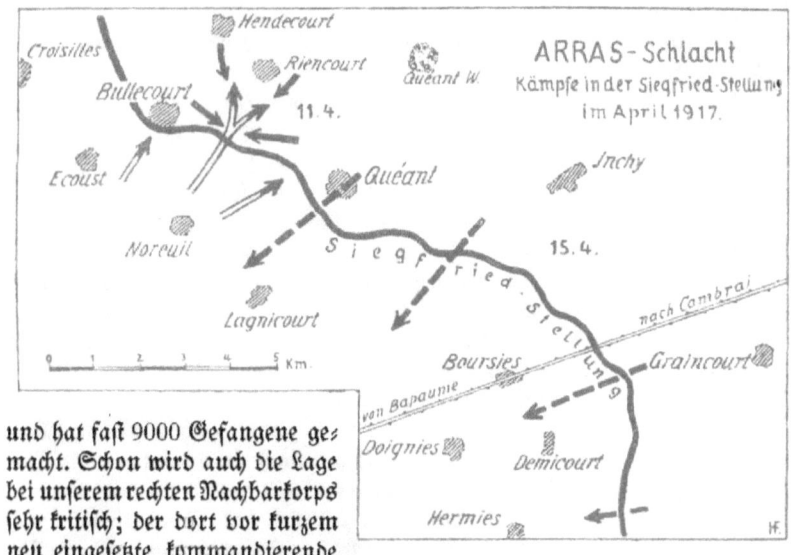

und hat fast 9000 Gefangene gemacht. Schon wird auch die Lage bei unserem rechten Nachbarkorps sehr kritisch; der dort vor kurzem neu eingesetzte kommandierende General des IX. Reservekorps, Generalleutnant Dieffenbach, bittet dringend um Unterstützung an Infanterie, da seine letzte Reserve eingesetzt ist. Ich schicke ihm sogleich drei Bataillone der 26. Res.-Division und füge eine Feldbatterie hinzu, da Infanterie ohne Artillerie übel daran ist. Außerdem helfen wir mit Munition aus, an der es ebenfalls schon zu fehlen beginnt. Ich stelle die dringende Bitte an das Armeeoberkommando um Überweisung einer weiteren Fliegerabteilung zur Klärung der Verhältnisse vor unserer Front. Die an Wotan I schanzende 47. sächsische Landwehr-Division erhält Befehl, sich für einen Einsatz beim IX. oder XIV. Reservekorps zu unterrichten.

10. April. Die gleiche Spannung wie gestern. Stärkeres Feuer auf unsere Front, schwerstes aus Gegend Arras und östlich. Dort gehen die Höhen von Monchy verloren, so daß der Feind mit seiner artilleristischen Beobachtung nunmehr auch unsere vorgeschobene Front bei Bullecourt noch mehr beherrscht als bisher. Das ist schlimm.

11. April. Nasser Schneefall und Sturm. Vom frühesten Morgen an kolossales Trommelfeuer aus Gegend Arras. Dann gegen 7 Uhr vormittags erste Nachrichten, daß die 27. Division gegen 6 Uhr vormittags von starken Kräften mit zahlreichen Tanks angegriffen worden sei und daß der Kampf um die vorderen Gräben hin und her schwanke; teilweise sei der Gegner südlich Riencourt in unseren ersten und zweiten Graben eingedrungen. Die 27. Inf.-Division hat den Gegenstoß befohlen, die 2. Garde-Res.-Division feuert mit allen Rohren vor die Front der 27., ebenso die rechte Nachbardivision vom IX. Reservekorps. Wir lenken vor die Front der 27. Inf.-

Division auch noch das schwerste Feuer der zur Verfügung der Gruppe stehenden 24-Zentimeter-Geschütze. Gegen 10 Uhr Meldung über neue Angriffe des Gegners um 9 Uhr, gegen 1 Uhr über solche um 12 Uhr. Aber sowohl diese Meldungen als auch die telephonischen Aussprachen, die ich mit den Divisionskommandeuren, namentlich dem der 27. Inf.-Division, und die mein Chef und Ia mit den Generalstabsoffizieren haben, lassen dauernd erkennen, daß Führer und Truppen zum Standhalten und zum Wiederhinauswerfen des Gegners fest entschlossen sind und zwar aus eigener Kraft. Mitten in diesen spannenden Stunden meldet sich der als Generalstabschef von der 1. Armee zur 6. Armee versetzte Oberst v. Loßberg bei mir und nimmt den für den Oberbefehlshaber erfreulichen Eindruck mit, daß der Gegner trotz aller Übermacht beim XIV. Reservekorps nicht durchkommen wird. Das Korps tritt übrigens von morgen ab zur 6. Armee (Generaloberst Frh. v. Falkenhausen) als deren linkes Flügelkorps.

Am Nachmittag ist die Angriffskraft des Gegners erlahmt und die Meldung von vorne eingegangen, daß der Feind nach stundenlangen blutigen Einzelkämpfen überall wieder aus unserer Stellung herausgeworfen ist: zahlreiche verwundete und tote Engländer bedecken das Schlachtfeld.

In stolzer Freude fahre ich hinaus zur 27. Inf.-Division und erfahre dort bei längerem Verweilen, welch ein herrlicher Ehrentag der 11. April, der Tag von Bullecourt, für meine alte liebe Division geworden ist.

Gefangene australische Offiziere am 11. April

Davon zeugen zunächst schon äußerlich die zahlreichen Gefangenen, die Hof und Garten des Divisionsstabsquartiers anfüllen: schon jetzt 28 Offiziere, 1140 Mann mit 53 Maschinengewehren; darunter viele junge, schlanke Gestalten — Offiziere und Mannschaften wieder glatt rasiert, ein Beweis dafür, daß die Division eigens für diesen Angriff aus Reservestellungen heraus schnell herangefördert und eingesetzt worden ist. In der Tat sagen auch die Gefangenen aus, daß von der 4. australischen Division 8 Bataillone den nur von 3 Bataillonen besetzten Abschnitt der 27. Inf.-Division angegriffen haben, unterstützt durch 12 Tanks. Der Angriff sollte nach ganz kurzer Feuervorbereitung überraschend unter dem Schutz von Nebelbomben und unterstützt durch Flieger in unsere Stellung einbrechen, was die englischen Offiziere als ein neues „Experiment" bezeichnen, das ihnen aber schlecht bekommen sei und sicherlich nicht wiederholt werde. Im übrigen sind sie als echte britische Sportsleute voll lauter Bewunderung über die musterhafte Geschicklichkeit und Tapferkeit, mit der unsere Stoßtrupps im Gegenangriff die in unseren Gräben eingedrungenen mindestens 2000 Mann starken Engländer von Graben zu Graben immer enger zusammengedrängt und schließlich unter

Erbeuteter englischer Tank

Zufügung schwerster Verluste gefangen genommen haben. Aus den Schilderungen unserer eigenen Unterführer und Mannschaften ergibt sich ferner, daß der Gegner in fünfzehn Wellen angriff und daß diese Angriffe zunächst in gefährlichster und bedrohlichster Weise von den der feindlichen Infanterie vorausfahrenden Tanks unterstützt wurden; von diesen sind einige in einem Zuge bis an den ersten, einer sogar unter Zermalmung von drei Hindernisreihen und Überwindung aller Trichter und Gräben bis in den Raum zwischen dem ersten und zweiten Graben vorgedrungen, von wo die Tanks dann ein vernichtendes Geschütz- und Maschinengewehrfeuer auf unsere Grabenbesatzung eröffneten. Das waren offenbar sehr kritische Augenblicke — glücklicherweise gelang es aber unseren Maschinengewehren bald, mit ihren Stahlgeschossen die verwundbaren Teile der am weitesten vorgefahrenen Tanks zu treffen und ebenso unserer Artillerie, nacheinander die übrigen zu zerstören, so daß jetzt 9 zerschossene Tanks in und vor unserer Stellung liegen und nur 3 durch Kehrtmachen entronnen sind. Riesengroß muß die Freude unserer braven Musketiere und Grenadiere gewesen sein: mitten im ärgsten Feuer stürzten sie sich auf die liegengebliebenen Tanks, nahmen die Besatzung, soweit sie nicht getötet oder verbrannt war, gefangen und holten sich die Maschinengewehre und sonstige Beutestücke heraus.

So kann ich nur dem Divisionskommandeur, General v. Maur, seinem Generalstabsoffizier, Hauptmann Deutelmoser, und der ganzen 27. Division aus vollem Herzen meinen wärmsten Glückwunsch und Dank aussprechen. Dem König von Württemberg erstatte ich telegraphisch Bericht über den heutigen Tag; ebenso mache ich dem kommandierenden General des XIII. Armeekorps, General v. Watter, davon Mitteilung. Aber auch beim Generalkommando gehen heute noch Glückwünsche ein: General der Infanterie Fritz v. Below gratuliert herzlich, General v. Kuhl desgleichen in seinem Namen und im Namen des Kronprinzen Rupprecht. Man ist bei der Heeresgruppe — und bis hinauf zur Obersten Heeresleitung — über die glänzende Abwehr des feindlichen Angriffs bei Bullecourt aus drei Gründen besonders erfreut: erstens weil ein gelungener Ein- oder Durchbruch des Gegners beim XIV. Reservekorps strategisch äußerst bedenklich gewesen wäre, denn er hätte den Feind in den vollen Rücken der ganzen Arrasfront geführt; zweitens weil nach den bedrückenden deutschen Mißerfolgen des 9. und 10. April östlich Arras dieser schöne Erfolg mit seiner erfreulichen Beute die im Sinken begriffene Stimmung an der Westfront und in der Heimat ganz merklich wieder auffrischte; und drittens, weil der auf den Gemütern der deutschen Führer und Truppen lastende Alp der Tankgefahr doch stark vermindert und die Zuversicht in die Wirksamkeit unserer Abwehrmittel gestiegen ist. Auch das ist eine erfreuliche Folge des heutigen Tages, daß die wesentlichsten Grundsätze der „Abwehrschlacht", Führung des Kampfes durch die Divisionen bei gegenseitiger Artillerieunterstützung und offensive Führung der Verteidigung durch Gegenstöße unserer Infanterie sich durchaus bewährt haben. Mit einem wahren Glücksgefühl gehe ich zu Bett.

12. April. Häßlicher Regen. Der Kampf nördlich von uns tobt weiter. Die Angriffskraft unseres Gegners aber scheint erschöpft, wahrscheinlich muß die 4. australische Division, die fast aufgerieben ist, durch eine frische ersetzt werden.

Demgegenüber sind unsere inzwischen festgestellten Verluste erträglich: 6 Offiziere, 132 Mann tot, 11 Offiziere, 520 Mann verwundet, fast ausschließlich von der Infanterie; die Artillerie ist, da der Gegner diesmal auf eine längere Artillerievorbereitung seines Angriffs verzichtet hatte, mit nur 9 Toten und Verwundeten davon gekommen. Auf Grund der sogleich eingeforderten Berichte der Truppen und der bei den Gefangenen und Toten vorgefundenen sehr wertvollen feindlichen Angriffsbefehle, Kampfanweisungen und Skizzen verfassen wir einen mit vorzüglichen Abbildungen der vor unserer Front liegenden Tanks ausgestatteten „Tankbericht" mit allen Folgerungen und Erfahrungen des gestrigen Tages, der sogleich in zahlreichen Abdrucken an die Oberste Heeresleitung und an alle Armeen der West- und Ostfront weiter geht.

13. April. Die Schlacht bei Arras tobt weiter. Bei uns wird ein leichter abendlicher Vorstoß abgewiesen. Sonst aber war es heute so ruhig,

daß ich meine längst fällige Steuererklärung abfassen und abschicken und einen längeren Erholungsritt machen konnte. Beim Nachhausekommen von dem Ritt berichtet mir mein Chef, die Armee habe mitgeteilt, daß die 3. Garde-Res.-Division von heute ab im Gruppengebiet eintreffe als Armeereserve; er habe durch Fernsprecher den Armeechef gebeten, die 3. Garde-Res.-Division der Gruppe sogleich zur Verfügung zu stellen, da weitere starke Angriffe mit Sicherheit zu erwarten seien und da zu deren Abwehr das Einschieben einer dritten Division in die 11 Kilometer breite Gruppenfront dringend erwünscht sei. Dies sei zugesagt worden. Gleichzeitig trägt mir der Chef seine Anschauung dahin vor, daß wir weiteren Angriffen gegen unsere Gruppenfront am wirksamsten dadurch vorbeugen, wenn wir gegen den vor unserer Front doch noch nicht vollständig aufgebauten und durch die Niederlage vom 11. April stark erschütterten Gegner zur Offensive vorgingen. Ich stimme sogleich zu — seit Monaten habe ich den Standpunkt vertreten, daß wir auch an der Westfront jede Gelegenheit ergreifen müßten, um unsern Gegnern durch kleinere oder größere Angriffe Respekt einzuflößen, ihnen das Konzept zu verderben und dadurch den Geist unserer unter der ewigen Defensive leidenden Infanterie zu heben. In unserem Falle kommt noch ein wichtiger weiterer Grund und Zweck hinzu; es ist dringend erwünscht, daß wir durch einen Angriff aus unserer Front heraus die durch feindliche Übermacht schwer bedrohte deutsche Arrasfront entlasten, indem wir den Gegner veranlassen, Kräfte von dort, von Arras, zu uns her wegzuziehen. So richten wir einen Fernspruch an die Armee mit der Bitte um Überlassung der 3. Garde-Res.-Division für den von ihr und der 2. Garde-Res.-Division auszuführenden Angriff und mit dem Hinzufügen, daß eine Mitwirkung der uns links benachbarten Gruppe Cambrai bei dem Angriff sehr erwünscht sei. Die Antwort kommt blitzschnell; Heeres- und Armeegruppe sind völlig einverstanden; die Heeresgruppe unterstellt mir außer der 3. Garde-Res.-Division auch noch die beiden Divisionen der Gruppe Cambrai, die 38. Inf.-Division und die 4. Ersatz-Division für den aus der Linie Graincourt—Quéant gegen die Linie Lagnicourt—Hermies zu führenden Vorstoß.

So verfüge ich also für den Angriff über vier volle Divisionen; außerdem kann ich ihn noch artilleristisch unterstützen lassen durch die nördlich und südlich anschließende 27. Inf.-Division und die 50. Res.-Division.

Wir jauchzen auf und machen uns blitzschnell an die Arbeit, denn es ist keine Zeit zu verlieren, weil schnellste Entlastung der Arrasfront geboten ist und weil dem Gegner keine Zeit gelassen werden darf zu weiterem Ausbau seiner Stellung. Ich entwerfe selbst die operativen Befehle, gleichzeitig bearbeitet der Generalstab die besonderen Anordnungen für Munition, Verpflegung, Sanitätsdienst usw., dann wandern die Befehle in die Druckerei und so gelingt es, die beteiligten Divisionen noch am 14. April vormittags mit den nötigen Befehlen und Skizzen zu versehen für das für den 15. April früh befohlene Angriffsunternehmen „Sturmbock". Noch am 13. April abends werden die 4 Divisionsgeneralstabsoffiziere ins Korpshauptquartier befohlen und mündlich orientiert. Zwecke des Angriffs sind: a) den feindlichen Infanterie- und Artillerieaufmarsch gründlich zu stören und dabei möglichst viel Menschen und Gerät, namentlich Geschütze, zu erbeuten und zu vernichten, b) die Angriffskraft des Gegners gegen die Front des XIV. Reservekorps und die nördlich anschließenden Teile der Gruppe Arras zu lähmen, so daß wir Zeit zum weiteren Ausbau unserer Stellung gewinnen, c) dem Gegner zu zeigen, daß die deutsche Infanterie noch keineswegs eingeschüchtert ist, sondern noch anzugreifen weiß.

Die Linie Lagnicourt—Hermies soll bis zum 15. April abends behauptet, dann aber soll wieder hinter die Siegfriedstellung zurückgegangen werden.

Am 14. April nachmittags trifft der Oberbefehlshaber der 6. Armee, Generaloberst Frhr. v. Falkenhausen, zu seinem ersten Besuch bei der Gruppe ein, läßt sich die getroffenen Anordnungen vortragen und stimmt ihnen vollkommen bei. Als früherer kommandierender General des XIII. Armeekorps nimmt er regen Anteil an dem schönen Erfolge der 27. Division vom 11. April und teilt mir mit, daß sich auch die andere Division des württembergischen Korps, die 26. Inf.-Division, oben an der Scarpe vortrefflich geschlagen hat. Dann fahre ich nach Cambrai, wo ich in einer Besprechung mit den vier Divisionskommandeuren auf strenge Geheimhaltung und sorgfältige Vorbereitung hinweise und um freudiges Mitmachen von innen heraus bitte — denn davon hängt bei solchen Unternehmungen fast alles ab. Dann zurück nach Marquette. Ich überdenke nochmals das mir anvertraute Unternehmen, an dem die Artillerie von 6 Divisionen und rund 26 Bataillone teilnehmen werden.

15. April. Angriffsunternehmen „Sturmbock". Punkt 4 Uhr morgens gehen die vor unserem Hindernis bereitgestellten Angriffswellen überraschend gegen die feindlichen Vorposten vor und überrennen sie zum großen Teil. Die am überraschendsten und schneidigsten vorstürmende 2. Garde-Res.-Division dringt in Noreuil ein und nimmt Lagnicourt. Teile der 38. Inf.-Division stoßen bis Boursies und Demicourt vor. Nur unser äußerster linker Flügel kommt nicht recht vorwärts. Dann entspinnen sich stundenlange hin- und herwogende Kämpfe, die ihren Zweck erfüllen, den Gegner zum Heranziehen starker Reserven zu zwingen. Es ist wieder ein spannender Tag. Bis zum Abend ist folgendes Ergebnis bekannt: Die 2. Garde-Res.-Division hat 22 feindliche Geschütze und mehrere Munitionslager zerstört und weitere 11 Geschütze beschädigt; außerdem sind 475 Gefangene gemacht und 15 Maschinengewehre erbeutet. Die feindliche Truppenverteilung vor der Front des XIV. und IX. Reservekorps ist genau festgestellt: 1. und 2. australische Division, ebenso Lage und Art des feindlichen Stellungsbaus, der noch recht unfertig ist. Besonders wertvoll ist es ferner, daß wir auch endlich einmal feindliche Artilleristen gefangen haben, die wichtige Aussagen über die englischen Geschütze und über die Wirkung unserer Artillerie machen; ebenso

fielen wertvolle Befehle und Karten in unsere Hand. Mit diesem Gesamtergebnis kann man zufrieden sein.

Auf Grund der ergänzenden Meldungen der Divisionen über das Unternehmen erstatten wir auf Befehl der Obersten Heeresleitung einen eingehenden Bericht über „Sturmbock", der wiederum in zahlreichen Umdrucken verbreitet wird, weil er die neuesten Erfahrungen enthält über die Durchführung eines größeren vorbereiteten Angriffs auf der Westfront. Besonders wichtig davon ist die, daß der Gegner auf seiner ganzen Front sehr zahlreiche leichte Maschinengewehre geschickt im Gelände einrichtet und tapfer verteidigt; daß wir also alles tun müssen, um auch unsere Truppen so schnell und so stark wie möglich mit diesen leichten, tragbaren Maschinengewehren auszustatten. Denn von diesen rührte der Hauptteil unserer Verluste bei dem Angriff her, wie die Verwundeten berichten, die ich in den Lazaretten besuche. Sie schildern aber auch alle, wie belebend der Vorstoß auf unsere Truppen gewirkt hat.

Im übrigen zeigt sich der weitere Erfolg unseres Unternehmens darin, daß das feindliche Artilleriefeuer erheblich schwächer geworden ist und daß der Gegner, anstatt anzugreifen, überall in beträchtlicher Entfernung vor unsern Stellungen schanzt und Drahthindernisse zieht. Das gleiche tun auch wir, namentlich in der zerschossenen Stellung der 27. Inf.-Division. Die 3. Garde-Inf.-Division wird nunmehr als dritte Division in vorderer Linie auf dem linken Flügel der Gruppe eingesetzt.

Wiederum rücken wir unsere Uhren für die Sommerzeit um eine Stunde vor. Wie oft noch?

20. April. Ich mache mit Generaloberst Frhr. v. Falkenhausen eine Rundfahrt bei den drei Divisionsstäben der vorderen Linie, wobei die Divisionskommandeure, bei der einen der Stellvertreter des beurlaubten Kommandeurs, kurzen Vortrag über die Lage ihrer Division halten. In diesen Vorträgen kommt die ganze Persönlichkeit der Divisionskommandeure zum Ausdruck.

Heute vergnüge ich mich, zusammen mit Oberst v. Loßberg, im stillen daran, wie deutlich sich bei den 3 höheren Offizieren der Pessimist vom Optimisten und Realisten abhebt. Gerade deshalb sind diese Vorträge — von der Truppe das „Abhören" genannt — so wertvoll. Bei einer Division kommen wir auch zu herzhaftem Lachen, als der Divisionskommandeur im Eifer des Gesprächs den Oberbefehlshaber anstatt mit „Herr Generaloberst" mit „Herr Generaloberarzt" anredet.

Das Generalkommando des XIV. Reservekorps erhält heute die Bezeichnung „Gruppe Quéant".

Ein bayrischer und ein sächsischer Ordensstern, letzterer begleitet von einem liebenswürdigen Schreiben des Kronprinzen von Sachsen, erinnern mich an die Lehrkurse in Solesmes-Valenciennes.

21. April. Ich besuche im Feldlazarett Auberchicourt Gaskranke, deren Zahl leider zunimmt. Neue furchtbare Quälerei dieses Krieges.

Dann besichtige ich im Schloßpark von Sancourt die auf riesigem Sockel aufgebaute 35-Zentimeter-Marinekanone, die 51 Kilometer weit schießen kann. Führer ist ein, ebenso wie seine Marinemannschaften, der Geheimhaltung halber in Infanterieuniform gekleideter Kapitänleutnant.

22. April. Der kommandierende General der Luftstreitkräfte, Generalleutnant v. Höppner, ein alter Kriegsakademie- und Generalstabskollege, besucht mich. Ich erfahre, in welch riesiger Vermehrung sich unsere Flieger befinden, während die Zeppeline sich bei fortschreitender Vermehrung und Vervollkommnung der Abwehrgeschütze mit einem beschränkteren, darum aber doch nicht unwichtigen Wirkungskreis begnügen müssen.

23. April. Generaloberst v. Falkenhausen verabschiedet sich telephonisch — er ist als Nachfolger Bissings zum Generalgouverneur von Belgien ernannt worden. Wir sehen ihn mit großen Bedauern scheiden.

Heute ist wieder nördlich von uns ein schwerer Arraskampftag, aber glücklicherweise ein erfolgreicher. Ein Infanterie-Regiment und eine Abteilung der 3. Garde-Inf.-Division wirkten kräftig mit.

Im Osten Nachrichten über Verbrüderung zwischen den deutschen und russischen Truppen.

24. April. Die erste große Arrasschlacht scheint nunmehr, günstig für uns, zum Stehen gekommen zu sein. Aber wir müssen uns auf neue Kämpfe vorbereiten. Deshalb dränge und drücke ich darauf, daß sogleich alle 3 vorderen Divisionen die Bekämpfung der feindlichen Artillerie erneut und energisch aufnehmen. Dazu sind wir in der Lage, denn es stehen jetzt auf meiner Kampffront 220 Geschütze, 146 Feld- und 74 schwere. In Reserve: 47. Landwehr- und 9. Res.-Division.

Ich fahre gegen 9 Uhr 30 vormittags mit dem meinem Stabe zugeteilten österreich-ungarischen Hauptmann Hautzinger an die Front, um mir meine 3 Fesselballone anzusehen; meine Fahrt wird zufälligerweise zu einer im höchsten Grade kriegsmäßigen „Besichtigung". Alle 3 Ballone werden gerade bei meiner Ankunft blitzschnell nacheinander von feindlichen Fliegern mit Maschinengewehrfeuer angegriffen; wir sehen die Beobachter in die Fallschirme springen und mehr oder weniger langsam und senkrecht auf die Erde niederschweben. Die Ballone selbst werden mit Winden herabgezogen; unsere Abwehrmaschinengewehre, kurz darauf unsere Abwehrkanonen, eröffnen das Feuer auf die feindlichen Flieger, bald darauf kommt auch unser Jagdgeschwader angesaust und greift die feindlichen Flieger mit Maschinengewehrfeuer an, Sprengstücke fliegen uns um die Köpfe — all dies spielt sich in kürzester Zeit und unmittelbar vor unsern Augen ab; kurz, es ist eine wahre Augenweide, zumal ich mich so auf die beste Art davon überzeugen kann, daß meine Ballone, Abwehrgeschütze und Flieger auf dem Posten sind! Es war ein recht ernsthaft gemeinter Angriff — aber glücklicherweise ist rein nichts „passiert".

Ich gehe dann mit meinen Begleitern zu Fuß die drei Ballonstellen ab, spreche mit den Führern und Beobachtern, sowie mit der Geschützbedienung und den

Maschinengewehrschützen. Alles scheint friedlich vorbei zu sein. Aber als wir gerade senkrecht auf den dritten Ballon zugehen, geraten wir in das auf diesen Ballon gerichtete feindliche schwere Artilleriefeuer und sind wieder einmal in ganz ernster Lebensgefahr — namentlich die dicht bei uns einschlagende erste Granate schien es auf uns abgesehen zu haben. Der bald darauf nachfolgenden zweiten entziehen wir uns durch einen seitlichen Laufschritt, zu dem also auch ein kommandierender General noch befähigt sein muß. Dann besichtige ich noch den Ballon, wo ich eine völkerschaftlich sehr gemischte Besatzung, darunter auch einige Landsleute, antreffe.

25. April. Häßliches Frühjahrswetter. Ich besichtige unseren großen, gut eingerichteten Gruppenpionierpark bei Monchicourt, nordwestlich Marquette, wo französische Vergeltungsgefangene, hauptsächlich aus den gebildeten Ständen, beschäftigt sind, und zwar genau unter den gleichen ungünstigen Wohnungs-, Ernährungs- und Arbeitsverhältnissen, wie die französische Regierung sie unter Verletzung alles Völker- und Menschenrechts unsern deutschen Gefangenen bereitet. Letztere haben aber außerdem noch die Mißhandlungen der französischen Bevölkerung auszuhalten, während es bei uns schwer fällt, unsere Aufsichtsmannschaften überhaupt zur Durchführung der befohlenen amtlichen Vergeltungsmaßnahmen zu bringen.

26. April. Heute ist der 1000. Kriegstag! Die abgekämpfte 207. Inf.-Division kommt als weitere Reserve hinter meine Gruppenfront.

Am Nachmittag gratuliert mir Oberst v. Loßberg zur Verleihung des Ordens Pour le mérite, die mir gegen 6 Uhr abends durch ein Telegramm aus dem Militärkabinett bestätigt wird.

Damit — wie schon mit der Ernennung zum kommandierenden General — geht mir ein kühner Fähnrichstraum in Erfüllung. Ich werde den Orden in dankbarer Freude anlegen und ihn tragen mit dem Bewußtsein, daß ich ihn in erster Linie der Tapferkeit meiner braven Truppen verdanke. Daß dies in der Hauptsache gerade auch meine alte 27. Division sein konnte, das erfüllt mich mit besonderer Freude, die ich auch in meinem Erlasse an die Gruppe und bei unsrem kleinen Feste im Stabe ausspreche.

27. April. Ich erhalte das Großkreuz des württembergischen Friedrichsordens mit Schwertern mit einem sehr gnädigen Telegramm des Königs. Fast bin ich beschämt. Zu meiner großen Freude sind aber auch zahlreiche württembergische Auszeichnungen für die 27. Inf.-Division eingetroffen.

28. April. Nachrichten über häßliche Arbeiterstreiks in der Heimat — jetzt, wo unsere braven Truppen mit all ihren Kräften gegen eine solche Übermacht von Menschen und Material kämpfen und wo jedes Gewehr, Geschütz, Geschoß und Flugzeug, das infolge dieser Streiks nicht oder später eintrifft, durch deutsches Blut ersetzt werden muß! Es ist unfaßlich! Ernste Mahnrufe Hindenburgs und Ludendorffs, flammender Protest des Generalleutnants Gröner, des Leiters des Kriegsamts.

28. April. Wieder schwerstes Trommelfeuer aus Richtung Arras herüber. Der zweite Akt der großen Schlacht scheint zu beginnen. Wir beschießen Arras mit unseren Marinekanonen. Die feindlichen Heeresberichte werden immer unwahrer in dem Sinne, daß sie auch die größten englischen und französischen Angriffe dann unterschlagen bezw. totschweigen, wenn diese mißlingen. Die feindlichen Presseberichte erreichen allmählich in bezug auf Lügen, Verdrehungen, Verleumdungen und unsinnige Kriegszielhoffnungen einen solchen Tiefstand, daß man nur den Kopf schütteln kann. — In unserem Garten wird es allmählich grün.

Der neue Oberbefehlshaber der 6. Armee, General der Infanterie Otto v. Below, macht seinen ersten Besuch bei der Gruppe, läßt sich orientieren und frühstückt bei mir. Ich war 1897 sein Nachfolger als Generalstabsoffizier in Ulm. Er erzählt von seinen mazedonischen Erlebnissen und vom neuerlichen serbischen Aufstand, der gerade in der Gegend seinen Höhepunkt erreicht hat, aber auch niedergeschlagen worden ist, bis wohin ich im November 1915 mit meiner 107. Division gelangt war, im Bergland von Kursumlija.

30. April. Großer Luftkampf bei Douai.

1. Mai. 100jährige Feier des Bestehens des württembergischen Pionierbataillons 13, von dem 2 Kompanien zur 27. Division gehören. Bei schönstem Wetter Parade in Anwesenheit des kommandierenden Generals des XIII. Armeekorps und daran anschließend ein sehr vergnügtes Festmahl. Aber so fröhlich wir auch heute alle sind — ich bin überzeugt, daß dies alles nur die Stille vor dem neuen Sturm ist. Der Engländer ist zäh und rachsüchtig — wir haben ihm seine Angriffstruppen am 11. April zu sehr zerzaust und der „Balkon" von Bullecourt lockt nach wie vor zum Einsteigen.

2. Mai. Ich schicke an die Heeresgruppe meine von dort erbetenen Anschauungen und Vorschläge für die künftige Ausbildung des Offizierersatzes und des Generalstabes der deutschen Armee.

Jagdstaffel Tutschek wird der Gruppe zugewiesen. Die erste Ausstattung der Divisionen mit leichten Maschinengewehren findet statt. Ebenso mit Brust- und Rückenpanzern, die im vordersten Graben getragen werden sollen.

Ich bringe bei den Herren der zweiten Staffel des Generalkommandos in Bouchain einen anregenden Abend zu. Auch auf der abendlichen Heimfahrt ist kein Kanonendonner zu hören, obwohl wir wissen, daß bei Arras der Artilleriekampf weiter geht; das macht der Ostwind. Aber wir dürfen uns nicht in Sicherheit wiegen lassen; ich habe das bestimmte Vorgefühl nahe bevorstehender Kämpfe. Damit schlafe ich ein.

3. Mai. Und richtig — schon 5 Uhr vormittags werde ich geweckt mit der Nachricht: neuer großer englischer Angriff im Gange gegen die 27. Division! Und bald darauf: der Gegner ist östlich Bullecourt in unsere Gräben eingedrungen! Wir alarmieren unsere Reserven, richten unser schweres Feuer gegen Truppenansammlungen hinter der feindlichen Front, schicken unsere Flieger vor und sorgen für Artillerieunterstützung von den Nachbardivisionen.

Es wird ein ernster, aufregender Tag für die nun schon drei Wochen in dieser schwierigen Stellung befindliche, durch Kämpfe, Verluste und Stellungsbau im feindlichen Feuer stark mitgenommene 27. Division, ein schweres und blutiges Ringen um Bullecourt und um die Stellung östlich davon. Der Gegner hat schon wieder eine neue Division eingesetzt, die 62. englische, die schon früher vier Wochen lang hier lag und daher das Gelände genau kennt. Ich fahre abends zur 27. Inf.- Division: Bullecourt ist behauptet, östlich davon hat sich aber ein größeres Engländernest in unsere Stellung eingefressen, um das wütend gekämpft wird. Unsere Verluste sind groß, die Lage ist ernst. Trotzdem herrscht Zuversicht beim Stabe der 27. Division und besteht die von mir gebilligte Absicht, das Engländer-

Gefechtsfeld zwischen Riencourt und der zweiten Linie

nest morgen wieder zu nehmen. Darüber ist freilich kein Zweifel, daß nach diesem neuen, schweren und blutigen Tage die nunmehr todmüde 27. Inf.-Division abgelöst werden muß. Mein dahingehender Antrag wird genehmigt; an Stelle der 27. Division tritt, die 3. Garde-Inf.-Division, an deren Stelle die 207.

4. Mai. Mitten in unseren Morgenangriff zur Wegnahme des Engländernestes stößt ein mit weit überlegenen Kräften geführter neuer englischer. Den ganzen Tag wird erbittert um das Nest gekämpft, wohin der Gegner in der Nacht zum 4. Mai schon eine große Anzahl von Lewisgewehren vorgebracht hat. Nachmittags kommt eine böse Hiobsnachricht von einer vorgeschobenen Artilleriebeobachtungsstelle: die ganze 27. Inf.-Division sei vor einem neuen feindlichen Angriff zurückgegangen! Ich rufe sogleich den Divisionskommandeur an; glücklicherweise ist die Nachricht falsch. Die 27. Inf.-Division ist im festen Besitz des von den Engländern aus militärischen und moralischen Gründen so heiß ersehnten Dorfes Bullecourt. Wir haben 200 Gefangene gemacht; nach deren Aussage sind die Verluste der Engländer sehr schwer. Ich stütze die nunmehr gänzlich erschöpfte 27. Division durch 3 Bataillone und 3 Batterien.

4. bis 7. Mai. Andauernde blutige Kämpfe um das Engländernest; die 3. Garde-Division (General v. Lindequist) löst die 27. Division ab. Diese hat nun fast vier Wochen lang ausgehalten, Übermenschliches geleistet, dem Gegner schwerste Verluste zugefügt an Toten, Verwundeten und Gefangenen

— seit dem 9. April bis jetzt rund 100 Offiziere, 1200 Mann, 100 Maschinengewehre.

Ich danke der Division herzlich in einem Abschiedserlaß und schlage den Divisionskommandeur zur Verleihung des Pour le mérite vor, den er durch sein standhaftes und kaltblütiges Aushalten gegen mehr als doppelte Übermacht wahrhaft verdient hat.

Wir erbeuten den englischen Angriffsbefehl vom 3. Mai. Darnach haben 3 englische Brigaden, also 12 Bataillone, angegriffen; das Angriffsziel war die Linie Riencourt—Hendecourt. Von dieser Linie sind die Engländer aber noch weit entfernt. Fraglich ist nur, ob wir nochmals die Opfer daran setzen sollen zur Wiedereroberung des Engländernestes. Ich bin für „Nein".

Der Oberbefehlshaber entscheidet bei persönlicher Anwesenheit mit „Ja". Der Führer der 3. Garde-Inf.-Division trifft daraufhin alle Vorbereitungen für den Gegenangriff am 9. Mai. Inzwischen funken wir mit allen Artillerierohren und Minenwerfern in das Nest hinein, das der zähe Engländer nach rechts und links zu verbreitern sucht.

8. Mai. Alle Vorbereitungen für den Angriff sind getroffen und mir von der 3. Garde-Inf.-Division vorgetragen — da greift leider der Armeechef, Oberst v. Loßberg, ein, entsendet den Artilleriegeneral der Armee, Generalmajor Meckel, über meinen Kopf hinweg unmittelbar zur 3. Garde-Inf.-Division, wünscht noch größeren Munitionseinsatz, als wir mit unseren Kräften leisten können und stellt diesen für den 14. Mai in Aussicht. Das Verschieben des Angriffs auf so lange Zeit vollzieht sich aber nicht ohne sehr dramatische Wortkämpfe zwischen Divisions- und Artilleriegeneral, in die ich schließlich

Abschied von der 27. Inf.-Division

beruhigend, ausgleichend und schlichtend eingreifen muß. Übrigens zweifle ich und erst recht General v. Lindequist, ob die Gunst der Verhältnisse — bis jetzt noch mangelhaft eingerichteter und ausgestatteter Gegner im Engländernest und große Kampflust der für den 9. Mai angesetzten und dafür ausgebildeten Truppen — noch am 14. Mai bestehen wird.

9. Mai. Ich halte dem Armeeführer persönlich eingehenden Vortrag über die Lage, auch über die Unzulässigkeit und Unzweckmäßigkeit jener unmittelbaren Entsendung. Der Armeeführer lenkt ein. Aber es bleibt leider bei der Verschiebung des Angriffs um 5 Tage. Die Armee — vor allem der Armeechef — muß in diesem Punkte Recht behalten. Was mir und uns Frontgeneralen schon an der Somme auffiel, wird mir jetzt bestätigt: die übermächtige Stellung des Armeechefs, die bei all seiner Tüchtigkeit doch auch ihre schweren Gefahren in sich birgt. Denn sie führt zur Eigenmächtigkeit und Unterdrückung gegenüber den Truppenführern.

11. Mai. Morgens Abschiedsparade von meiner nach Denain in Ruhe zurückgezogenen 27. Inf.-Division und abends gemütliches Abschiedsessen beim Divisionsstab. Hier höre ich im Gespräch mit den Regiments- und Bataillonskommandeuren genauere Einzelheiten über die schweren und furchtbar erbitterten Kämpfe der letzten Tage um Bullecourt. Die Handgranate hat Triumphe gefeiert — in einem Graben fand ein Offizier 150 englische Leichen. Aber auch eine neue englische Scheußlichkeit wird mir erzählt: die Engländer haben unsere Gefangenen mit Gewalt in Unterstände hineingetrieben und diese dann mit Flammenwerfern und Brandstreifen angezündet.

Denain ist ein geradezu schreckliches französisches Fabriknest mit menschenunwürdigen, verrauchten und verschmutzten Arbeiterhäusern und einer entsprechenden Bevölkerung. Ja, fraternité und egalité auf dem Papier und liberté zum Verhungern. Denn neben diesen elenden Häusern auch hier wieder inmitten großer, durch hohe Mauern von der Außenwelt abgeschlossener Parks die üblichen Villen und Schlösser.

12. und 13. Mai. Neue Angriffe auf Bullecourt — der 11. und 12.! Trommelfeuer, Nahkämpfe. Angriffe blutig abgewiesen, namentlich von dem tapferen Garde-Füsilier-Regiment. Zwei Offiziere der 27. Inf.-Division, Leutnant Kirn und Hauptmann Pfeiffer, von denen ich dem einen gestern das Eiserne Kreuz I. Klasse auf seinem Schmerzenslager überreichen, dem andern es ankündigen konnte, erliegen leider heute im Feldlazarett ihren schweren Wunden. Die Kämpfe der letzten Wochen an unserer Front sind nach allgemeinem Urteil noch viel erbitterter, als die an der Somme, die Zahl der Toten ist unverhältnismäßig groß, die Verwundungen durch schwere Artillerie- und Handgranaten sind sehr schwer. Freilich beim Angreifer steht's noch viel schlimmer: Gefangene bezeichnen den Aufenthalt in dem von uns Tag und Nacht mit Feuer aller Art belegten Engländernest als die Hölle und beziffern die Verluste der englischen 62. Inf.-Division auf mehr als 50%.

14. Mai. Seit einem Monat finden nun Tag und Nacht Kämpfe statt — ich und wir alle im Stabe sind allmählich tüchtig müde. Aber glücklicherweise halten meine Nerven trotz der sich bei der andauernden Anspannung steigernden Nerven- und Narbenschmerzen aus. Im höchsten Grade bewundernswert ist aber, daß die Truppe all dies aushält, seelisch und körperlich — schon wird wieder der Leichengeruch vorne eine arge Plage.

Ich werde von der wissenschaftlichen Kriegsautographensammlung in Karlsruhe um einen Beitrag gebeten und schreibe aus voller innerer Überzeugung: „Ohne gute Führung kein Erfolg, aber erst recht nicht ohne gute Truppen. Glücklich, wer deutsche Truppen führen darf."

Die letzten Vorbereitungen für die Wegnahme des Engländernestes, Unternehmen „Potsdam" genannt, das auf morgen verschoben werden mußte, werden getroffen. Freilich wurde uns ein erheblicher Teil der in Aussicht genommenen Munition wieder gestrichen.

15. Mai. 31 Batterien beschossen in der Nacht und am heutigen Morgen das Engländernest mit rund 60 000 Brisanz- und Gasgranaten. Ich bin 5 Uhr vormittags auf dem einen weiten Überblick gewährenden Kirchturm von Dify — um diese Zeit findet der Angriff „Potsdam" statt. Aber er gelingt trotz aller Tapferkeit der Truppe nicht; der Gegner hat seit dem 9. Mai nicht nur seine Artillerie stark vermehrt, sondern er hat vor allem auch sich im Neste selbst immer mehr mit Maschinengewehren und Minenwerfern eingerichtet, hat unsere Unterstände „umgedreht" und empfängt unsere Sturmabteilungen mit rasendem Maschinengewehrfeuer. Die Verluste des angreifenden Lehrregiments sind daher sehr schwer. Diejenigen der Engländer in der „Hölle" natürlich auch — Gefangene erzählen von furchtbaren Szenen dort, aber auch von dem jede Nacht fortgesetzten Nachschub in das Nest an Truppen und Kampfgerät. „Bullecourt" hat sie nach Aussagen von gefangenen Offizieren 2—3 ihrer besten Divisionen gekostet — um so bulldoggmäßiger ist die englische Führung entschlossen, wenigstens dieses magere Stückchen Stellung, das Ergebnis der Kämpfe seit dem 11. April, unter allen Umständen zu behaupten. Im übrigen sind die Gefangenenaussagen bemerkenswert. Nichts mehr von dem früheren Übermut, der sie nach den Anfangserfolgen vom 9. und 10. April östlich Arras prahlen ließ: „In 14 Tagen sind wir in Douai." Sie erklären offen, kriegsmüde zu sein. Sie erkennen die deutsche Tapferkeit rückhaltlos an und sind erstaunt, so anständig behandelt zu werden. Wie sie getäuscht und angelogen werden — aber auch wie empfänglich sie dafür sind —, geht daraus hervor, daß viele glauben, sogleich erschossen zu werden. Und ein eigentümliches Licht auf englische Kriegssitten wirft die Tatsache, daß die gefangenen Offiziere ohne Aufforderung ihre Uhr und sonstigen Wertsachen auf den Tisch legen, in der selbstverständlichen Annahme, das sei die erlaubte Kriegsbeute der Truppe. Von der Unterseeboot-Wirkung und -Gefahr wissen sie so gut wie nichts; nur das Märchen, in einem einzigen, natürlich ungenannten englischen Hafen sollten 30 deutsche Unterseeboote

gefangen liegen. Außerdem erwarten sie, daß in Deutschland bald Revolution ausbreche „wegen des allgemein drohenden Ruins".

Nachdem es nicht gelungen ist, das Engländernest östlich Bullecourt wieder zu nehmen, muß ein bestimmter Entschluß wegen Behauptung des noch immer fest in unserer Hand befindlichen, freilich in einen Trümmerhaufen verwandelten Ortes Bullecourt gefaßt werden. Diese Behauptung würde bei der ungünstigen Lage der weit vorspringenden Stellung um Bullecourt herum schwere Opfer kosten und doch auf die Dauer nicht möglich sein. Ich beantrage daher die Räumung beim Oberkommando, das zustimmt.

Ich begrüße die zu meiner Freude wieder zur Gruppe Quéant zurückgekehrte 26. Res.-Division, die die 3. Garde-Res.-Division ablösen wird.

16. Mai. Endlich ein wohltätiger Regen, der die feindliche Artillerietätigkeit lähmt, unsere schrittweise freiwillige Räumung der Trümmerstätte von Bullecourt verschleiert und es uns gestattet, das Engländernest mit einem Kranz von Minenwerfern zu umbauen.

17. Mai. Pétain löst Nivelle ab, der mit seinen blutigen Massenstößen an der Aisne abgewirtschaftet hat. Im übrigen ist gegenwärtig der Entente, fast zum ersten Male, im Angriff die ersehnte „Einheit der Front" gelungen: im Artois, an der Aisne, am Isonzo und in Mazedonien greifen ihre Truppen an. Aber: es fehlt der gleichzeitige russische Angriff, das ist unser Glück!

Immer wieder inhaltsreiche Verfügungen der Obersten Heeresleitung und der Heeresgruppe über die Erfahrungen auf den verschiedenen Kampffronten der deutschen Heere. Dagegen im Reichstag unerquickliche, den inneren Frieden und das Vertrauen zur Regierung untergrabende, in leidenschaftlichem Tone geführte Verhandlungen und Angriffe mit dem in solch schweren Gefahren für einen deutschen Patrioten ganz unfaßlichen Bestreben, die Notlage des Vaterlandes zur Gewinnung eines möglichst hohen Maßes von Parteimacht auszunützen.

18. Mai. Wir räumen also Bullecourt; unsere Stellung verläuft nun am Nordrande des Orts; der Engländer folgt nur langsam. Ein Angriff am 21. Mai gegen die 26. Res.-Division wird blutig abgeschlagen, wobei 70 Gefangene gemacht werden.

19. bis 21. Mai. Am 19. Mai trifft ein Telegramm ein, wonach ich vom 23. Mai ab mit dem Stabe des XIV. Reservekorps der 4. Armee in Flandern zu besonderer Verwendung überwiesen bin, während das Generalkommando des Garde-Reservekorps die Gruppe Quéant übernimmt. Das ist eine große Überraschung — aber doch eine erfreuliche. Denn wenn ich auch mit einem gewissen Bedauern von der Kampffront Bullecourt—Quéant scheide, die für mich und meine Truppen so bedeutungsvoll geworden ist, so ist doch nicht zu leugnen, daß die Kämpfe an dieser Front jetzt zu einem gewissen Abschluß gekommen sind, nachdem der Engländer hier die Unausführbarkeit des Durchbrechens auch nach Einsatz von 8 Divisionen gegen 4 deutsche eingesehen hat. In Flandern dagegen winkt nicht nur die mir stets

willkommene Abwechslung, sondern es erwarten uns dort auch nach den mir gewordenen Andeutungen neue interessante Aufgaben und Ziele.

So mache ich bei meinen 3 Divisionskommandeuren, den Generalen v. Petersdorff, v. Lindequist und v. Fritsch, meine Abschiedsbesuche und danke ihnen nochmals für ihre treue Unterstützung. Sie möchten alle gerne mit nach Flandern. Dann übergeben wir die Geschäfte an das Garde-Reservekorps in dem Gefühl, ihm eine durchaus anständige Erbschaft zu hinterlassen: unsere neue Front ist haltbarer als die frühere, den Ausbau der zweiten und dritten Stellung — Wotan I und II — haben wir redlich gefördert und in wirtschaftlicher Beziehung — Anbau, Straßen, Unterkunft usw. — ist dank der Tätigkeit meines Chefs und meines Stabes Ausgezeichnetes erreicht.

22. Mai. Abschied von Marquette. Der Führer des Garde-Reservekorps General der Kavallerie Frhr. v. Marschall, frühstückt noch bei mir. Dann Fahrt nach Gegend Denain zur Parade vor Seiner Majestät dem Kaiser über die Truppen der Arrasfront. Dabei erlebe ich, neben einem flüchtigen kaiserlichen Händedruck, die große Freude, daß General v. Maur den Pour le mérite aus der Hand des Kaisers erhält. Das ist mir ein besonders schöner Abschluß meiner ersten Tätigkeit als kommandierender General.

Diese ist ja in diesem Kriege eine ganz andere geworden, als im Frieden und auch zu Beginn des Krieges, wo der kommandierende General noch die beiden zu seinem Korps gehörenden, ihm in allen Gliedern und Persönlichkeiten genau bekannten Divisionen unter seinem Befehl hatte, deren Führung und Erziehung ihm in gleicher Weise auf allen Gebieten oblag. Für den kommandierenden General war dies natürlich der Idealzustand und ebenso für die Kampfkraft des Korps. Aber dieser Zustand ließ sich nach Ansicht der Obersten Heeresleitung bei den immer vielgestaltiger gewordenen Verhältnissen des Krieges, bei der großen Zahl neu aufgestellter Divisionen und namentlich bei den je nach den Kampfereignissen zu ganz verschiedenen Zeiträumen notwendig gewordenen Ablösungen der einzelnen Divisionen aus der Kampffront bald nicht mehr durchführen: den Generalkommandos mußten statt 2 Divisionen bald eine Gruppe von 3—4 Divisionen unterstellt werden und zwar ohne Rücksicht auf die bisherige Kriegsgliederung solche, die nach ihrer Gefechtskraft und Gefechtsstärke gerade für die dem örtlichen Generalkommando zufallende mehr oder weniger wichtige und schwierige Aufgabe im Stellungs- oder Bewegungskriege geeignet waren. Gerade deshalb aber, weil nun die Divisionen immer häufiger den Korpsverband wechselten — nach schweren Kampfhandlungen oft schon nach wenigen Tagen —, wurde es einerseits nötig, ihren Kommandeuren in Bezug auf Ersatz, Gerichtsbarkeit, Ordensverleihungen, Urlaubsbefugnis und auch inneren Dienst eine größere Selbständigkeit zu geben, andererseits aber auch die Generalkommandos, namentlich im Stellungskrieg, möglichst lange an der gleichen Stelle und Kampffront zu belassen, damit wenigstens eine Behörde dort mit allen Verhältnissen bei Freund

und Feind dauernd unterrichtet blieb. So sind auch mir in den letzten acht Wochen zehn verschiedene Divisionen unterstellt gewesen. Das Generalkommando ist also jetzt in ausgesprochenem Maße an seiner Front die oberste Kampfbehörde und damit zugleich die geistige taktische Klammer, die die Divisionen zu gemeinsamem wirksamen Handeln im Kampfe und im Stellungsbau zusammenhält; außerdem diejenige oberste Verwaltungsbehörde, die in ihrem Gruppenbereich den Nachschub an Verpflegung, Munition und Gerät durch Ausbau und Unterhaltung von Bahnen, Straßen und Magazinen regelt, für gute Unterbringung der Truppen durch Bau von Unterkünften und Lagern, der Verwundeten durch genügenden Einsatz von Lazaretten sorgt und die wirtschaftliche Ausnützung des Landes betreibt. Dagegen ist für die Erziehung der Divisionen schon wegen ihrer meist kurzen Zugehörigkeit leider weder viel Zeit noch Gelegenheit mehr — sie erstreckt sich in der Hauptsache nur noch auf die taktische Weiterbildung aller Grade und Waffen für den Kampf. Kommandierende Generale mit ausgesprochener Neigung zur Erziehung ihrer Untergebenen auf allen Gebieten bedauern diesen Zustand mit vollem Recht; mir ist er nicht so unsympathisch, weil er ja dem kommandierenden General doch alles Größere läßt und ihn von allem Kleinen entlastet. Ich bemühe mich aber und werde mich künftig weiter bemühen, den damit unleugbar verbundenen großen Nachteil des fehlenden organischen Zusammenhangs zwischen Korps und Division wenigstens dadurch zu mildern, daß ich von der ersten Stunde der Zuteilung einer Division zu meiner Gruppe an ein kameradschaftliches Band zwischen deren Kommandeur und mir anknüpfe und daß ich, ebenso wie mein ganzer Stab, bestrebt bin, jeder Division ein möglichst gut geordnetes Bett bei der Gruppe zu bereiten; ferner dadurch, daß ich den schriftlichen Verkehr einschränke, den mündlichen in jeder Hinsicht begünstige, wodurch bald eine nähere Bekanntschaft entsteht. Ich möchte erreichen, daß die Divisionen sich bei meiner Gruppe wohl und wohlaufgehoben fühlen. Gelingt dies, dann ist auch das gedeihliche Zusammenarbeiten im Kampfe gewährleistet.

Freilich ist mit dem häufigen Wechsel der Divisionen auch noch ein weiterer schwerwiegender Nachteil verbunden. Denn im Gegensatz zu 1915 und 1916, wo jede Division viele Monate, manchmal Jahre lang, die gleiche Stellungsfront inne- und deshalb auch mit voller Liebe ausgebaut und mit zähester Tapferkeit verteidigt hatte, schwindet jetzt mit dem Wechsel der Divisionen mehr und mehr das persönliche Interesse namentlich am Ausbau der Stellungen. Sobald die Zeit der Ablösung naht oder auch nur gerüchtweise bekannt wird, läßt das Arbeiten nach. Das ist ein großer Übelstand.

Ein anderer ist der, daß jetzt mangels vorne eingebauter, große und schwere Arbeit erfordernder Küchen, die Verpflegung für den ganzen Tag hinten in den Ruhequartieren zubereitet und durch Essenträger nach vorwärts gebracht werden muß. Dies führt zur erheblichen Schwächung der Frontstärken und außerdem zur Verschlechterung der Verpflegung, die oft in lauem

Zustand ankommt und so auf einmal mitten in der Nacht genossen werden muß. —

Nachmittags Fahrt nach Courtrai, wo ich mich bei dem neuen Oberbefehlshaber der 4. Armee, General der Infanterie Sixt v. Armin melde, der im Frieden mein Generalstabschef in Stuttgart war. Freundlichste Aufnahme und Einladung zum Abendessen. Nach diesem hält der Chef des Stabes, mein alter Freund Ilse, mir und meinem Stabe einen kurzen Vortrag über die Lage in Flandern und die dem Generalkommando des XIV. Reservekorps zufallende Aufgabe.

Küstenverteidigung in Belgien.
Beekstraat bei Gent (Sommer 1917)[1])

22. Mai. Eintreffen in dem vom vorausgesandten Generalstabsoffizier für uns ausgesuchten Korpshauptquartier, Schloß Beekstraat, nordwestlich Gent. Es ist entzückend gelegen, wohl der schönste Landsitz weit und breit. Erbaut etwa Mitte des 18. Jahrhunderts in reinem und feinem Rokokostil, umgeben von breiten Wassergräben, nach der Rückseite ein herrlicher Park

Schloß Beekstraat

mit angenehmen Spazierwegen — so liegt es inmitten anderer Gärten und Villen wie ein verwunschenes Schloß aus alter Zeit; die Inneneinrichtung ist nach dem Geschmack des jetzigen Besitzers, eines Genter Fabrikanten, im Erdgeschoß hauptsächlich Empire, in den oberen Geschossen mehr Stilmischung. Übrigens war das ursprünglich gräfliche Schloß längere Zeit im Besitz der Familie der Dame des Hauses. Ich habe ein kleineres Vor- und ein ganz prachtvolles Hauptzimmer zu ebener Erde, letzteres mit je drei großen Fenstern an den beiden Schmalseiten mit schönen Blicken, rechts auf den Schloßhof mit Park und links auf grüne Wiesen und Weiden. Hier läßt sich's aushalten!

Zunächst aber sogleich Autofahrt nach Brügge, wo zu einer Besprechung der flandrischen Angelegenheiten General Ludendorff eingetroffen ist. Ich lerne beim Frühstück den Führer des Marinekorps, Admiral v. Schroeder,

---

[1]) Siehe die Übersichtsskizze 3 nach Seite 360 (zum rechts herausklappen).

und den Chef des Admiralstabs, Admiral v. Holtzendorff, kennen und gewinne nach Tisch in anregender Unterhaltung mit General Ludendorff, den beiden Admiralen und den gleichfalls anwesenden Generalen der Heeresgruppe und Armeechefs v. Kuhl und Ilse einen ersten raschen Einblick in die taktisch strategische und politisch hier oben bestehenden Verhältnisse und Anschauungen; vor allem überzeuge ich mich auch davon, daß unsere Oberste Heeresleitung allen Plänen und Drohungen der Engländer mit kaltem Blute und mit voller Zuversicht ins Auge sieht. Nach Tisch sehe ich zum ersten Male in meinem Leben auf dem Exerzierplatz südöstlich Brügge eine von General Ludendorff entgegengenommene große Parade der Matroseninfanterie und

Stab des XIV. Reservekorps

erquicke mich an dem guten Vorbeimarsch der mit Stahlhelmen ausgerüsteten Wasserratten, voraus die Herren Kapitänleutnants, die vor dem Kriege an solche ausgiebige infanteristische Tätigkeit wahrlich nicht gedacht, noch geglaubt haben werden. Dann zurück nach Beekstraat.

24. Mai. Ich vertiefe mich mit meinem Stabe in das Aktenstudium für den mir anvertrauten Fall K. (Küste). Das Material ist ziemlich lückenhaft, weil dieser Fall bisher teils von dem anderweitig stark in Anspruch genommenen Oberkommando der 4. Armee, teils von der Etappeninspektion in Gent „nebenamtlich" bearbeitet worden ist und weil dabei die Bearbeiter häufig gewechselt haben. Meine und unsere Aufgabe ist es daher, zunächst für den Fall K. durch Ausarbeitung einer eingehenden und gründlichen Denkschrift die nötige Unterlage zu schaffen. Diese Arbeit ist ebenso wichtig, wie reizvoll, denn hiebei kommen politische, militärische und seemännische Fragen aller Art in Betracht.

Schon lange verlangte die englische öffentliche Meinung von ihrer Heeresleitung die Wegnahme der deutschen Basis für den Unterseebootkrieg, also von Belgisch-Flandern. Die Anzeichen und Nachrichten dafür, daß Feldmarschall Haig jetzt im Zusammenarbeiten mit Franzosen und Belgiern einen gewaltigen Großangriff gegen die deutsche Land- und Westfront in Flandern vorbereitet, mehren sich, gleichzeitig verlangt aber die englische Presse auch einen von den vereinigten Flotten der Ringmächte vorzutragenden Angriff auf die Küsten- und die Nordfront. Sie macht kein Hehl daraus, daß dabei die holländische Neutralität kein merkliches Hindernis bieten dürfe, falls ihre Beiseitesetzung für England nötig und nützlich sei und falls Holland nicht bei diesem Anlaß freiwillig endlich seine, bis jetzt „unbegreiflicherweise" immer noch aufrecht erhaltene Neutralität aufgeben wolle zugunsten eines Bündnisses mit den Ringmächten und des Kampfes „für Freiheit und Recht" gegen „Barbaren und Gewalt". Kurz, englische Truppen sollen mit oder ohne Einverständnis von Holland auch in Holländisch-Flandern und auf der Insel Walcheren landen, um vor allem Antwerpen und die Scheldemündung in Besitz zu nehmen und um auf Gent und Brüssel in den Rücken der 4. deutschen Armee vorzustoßen. Da dieser Plan auch strategisch von unbestreitbarer Wirksamkeit wäre, so muß die Oberste deutsche Heeresleitung sich dagegen wappnen und zwar für alle denkbaren Fälle. Sie hat daher grundsätzliche und grundlegende Direktiven hierüber erlassen.

Mir sind zunächst 3 Divisionen, 2 Infanterie- und 1 Kavallerie-Division, unterstellt, die zwischen Gent und Brügge liegen und zugleich den Grenzschutz gegen Holländisch-Flandern ausüben; die von mir im Falle K. auszuführenden Operationen stehen naturgemäß im Zusammenhang mit denen an den deutschen Küsten, in Antwerpen, und mit starken, weiter östlich zu versammelnden und vorzubewegenden deutschen Streitkräften. Alles kommt dabei auf blitzschnelle Ausführung an. Eröffnung und Fortgang unserer Operationen hängen in hohem Maße von politischen Erwägungen und Ereignissen ab. In der Hauptsache natürlich davon, ob Holland etwa bereit sein wird, einen englischen Angriff auf sein Gebiet unter Protest zu dulden, oder ob es fest entschlossen ist, einem solchen mit Waffengewalt entgegenzutreten; in letzterem Falle dann noch, ob es dazu auch ohne deutsche Hilfe imstande ist, oder ob es die letztere dazu anfordern wird. Selbstverständlich ist dabei, daß, sobald die Engländer holländischen Boden betreten, dieser auch für uns betretbar wird, daß wir aber anderseits den größten Wert darauf legen müssen, die holländische Neutralität solange wie nur möglich zu schonen und zu beachten. Da eine englische Operation gegen die belgisch-holländische Küste wesentlich von den sehr verschiedenartigen Landungsmöglichkeiten abhängt, so müssen wir uns auch damit möglichst eingehend beschäftigen. Auch dies ist lehrreich.

25. Mai. Ich fahre nach Selzaete an der belgisch-holländischen Grenze entlang dem großartigen Genter Kanal, um mir die Verhältnisse des Grenz-

schutzes näher anzusehen. Sie sind eigenartig. Da es sich dabei in der Hauptsache um die Verhinderung des sehr einträglichen Schmuggels und des damit meist verbundenen Spionagewesens handelt, ist entlang der ganzen Grenze ein hoher, elektrisch stark geladener Drahtzaun errichtet, bei dessen Übersteigen sich schon mancher mehr oder minder bewährte Ehrenmann den Tod geholt hat. Im übrigen ist es für unsere Landstürmer und für unsere Kavalleristen ein anstrengender, eintöniger und für schwache Charaktere auch ein recht gefährlicher Dienst. Denn die Bestechungsversuche sind maßlos.

27. Mai. Pfingstsonntag. Ich besuche den Etappeninspekteur der 4. Armee General der Infanterie v. Schickfuß, in Gent, bespreche mit ihm das Dienstliche und werde zum Frühstück eingeladen. Vorher Musikpromenade auf dem blumengeschmückten Platz vor dem Hotel, in dem wir speisen. Dabei kann ich den gewaltigen Unterschied zwischen dem weiblichen Teil der wallonischen und flämischen Einwohner von Gent so recht gründlich beobachten: überschlank geschnürte, geschminkte und gepuderte, auf Stöckelschuhen tänzelnde, leibarme Französinnen und gesunde, breite, kräftig gebaute, einfach gekleidete Flaminnen — dazwischen fehlt aber auch nicht die Mittelsorte der verfranzten Flamländerinnen, zu deren derben Körpern und Bewegungen jedoch der französische Glitz und Glanz nicht passen will. Später sehen wir uns noch die schönen alten Genter Kirchen in herrlichem Pfingstblumenschmuck an. Die Fahrt an den rühmlichst bekannten Prachtbauten vorbei über die große Scheldebrücke ist jedesmal ein neuer Genuß.

28. Mai. Ich fahre nach Ecloo zum Stab der 2. Kav.-Division und begehe mit dem Divisionskommandeur die gleichlaufend mit der Grenze

Gent

teils fertige, teils im Bau begriffene „Hollandstellung". Dann nachmittags 4 Uhr Fahrt nach Gent, wo ich mich auf dem Flugplatz der Großflugzeuge bei dem dort vom Großen Hauptquartier Kreuznach eingetroffenen Generalfeldmarschall von Hindenburg melde und als alter Bekannter aus dem Osten wiederum freundlich begrüßt werde. Der Feldmarschall besichtigt die für Bombenflüge nach London bestimmten Großflugzeuge und meint dabei, ein paar gute Treffer auf die Englische Bank würden nichts schaden, sondern eine der schlimmsten Kriegsquellen verstopfen. Unmittelbar vor seinem Eintreffen auf dem Flugplatz haben übrigens die vermutlich durch Spionage davon benachrichtigten Engländer Bomben geworfen auf die zum Flugplatz führende Allee — mehrere Bäume sind zerschlagen und zersplittert.

Gent

29. Mai bis 3. Juni. Es ist herrliches Wetter, alles grünt und blüht, insbesondere die in der Umgebung des Schlosses in mächtigen Büschen den Wassergraben umrahmenden Rhododendren. Unser Leben ist eine Idylle. Anregende geistige Arbeit, schöne, lange Ritte auf weichen Sandwegen und lange Spaziergänge in der Umgebung. Flandern ist der reine Garten — fruchtbare Äcker, fette Wiesen und Weiden, gut gepflegtes schönes Vieh, malerisch mitten im Grünen gelegene, sauber gehaltene Einzelhöfe, statt der bedrückenden öden nordfranzösischen Backsteinmauern überall lebende Hecken, alle Viertelstunde ein stattliches Schloß mit herrlichem Park; auf dem Feld ein gesundes, fleißiges Volk. Es verbringt eigentlich den ganzen Tag auf den Knieen, teils in fleißiger Arbeit auf den Äckern und Feldern, wo auch das geringste Unkräutchen sorgsam ausgejätet und ausgerissen wird, teils in den Kapellen und Kirchen, denn der Flame und die Flämin sind fromme, gläubige Katholiken. Abends spielen wir in Hof und Park Boccia, wobei sich unser österreich-ungarischer Kamerad Hauzinger durch besondere Passion und Treffsicherheit auszeichnet.

4. Juni. Heute nacht 40 englische Bomben auf den Flugplatz Gent. Dafür haben wir öfters den majestätischen Anblick des über unser Schloß nach Norden hinwegfliegenden Geschwaders von Großflugzeugen auf der Fahrt nach England.

6. Juni. Schöne lange Autofahrt von 8 Uhr morgens bis 8 Uhr abends über Antwerpen—Mecheln—Löwen—Brüssel. In Antwerpen dienstliche Aus- und Rücksprache mit dem Gouverneur, General der Infanterie von Zwehl, über unsere etwaigen gemeinsamen Operationen und anschließend daran Frühstück. Gang durch die Stadt, Besichtigung des großartigen Hafens, wo unser wieder gehobenes Großschiff „Gneisenau" liegt, der Kirchen und der sonstigen Sehenswürdigkeiten unter sachkundiger Führung. Unsere Zeppeline haben während der Belagerung der Stadt im September 1914 doch gründliche Arbeit geleistet. Sonst aber das gewöhnliche Großstadtleben. In Löwen besehen wir das herrliche Rathaus und beobachten, wie im Gegensatz zur nicht unfreundlich gesinnten flandrischen Bevölkerung die wallonische uns so feindselig beaugenscheint, als es die „Lage" gestattet. Die Strafzerstörungen für die Überfälle unserer Truppen 1914 sind gründlich, erstrecken sich aber nur auf einen kleinen Teil der Stadt.

7. Juni. Ich schicke an General v. Kuhl eine von ihm erbetene Äußerung über die künftige Gliederung der Armee, wobei es sich insbesondere um die Gliederung der Infanterie-Divisionen zu 3 oder 4 Infanterie-Regimentern handelt.

Ostende wird beschossen, leider auch meine alte Quartierstadt Menin.

8. Juni. Die Engländer haben die Stellungen am Wytschaetebogen bei St. Eloi, in der meine 27. Division im Herbst 1916 zwei Monate lang lag, baute und kämpfte, in halbjähriger Arbeit tief unterminiert und sie in die Luft gesprengt. Das bewegt mich doch sehr.

9. Juni. Der Kommandeur der neu bei Gent eingetroffenen 23. Res.-Division, General v. Leuckhardt, ist mittags, die drei Kavallerie-Brigadekommandeure der 2. Kav.-Division sind abends bei mir zu Gast. Beim Spaziergang am Nachmittag bemerke ich zu meinem Begleiter, Major v. Schönebeck, wir hätten es doch in unserer Idylle zu gut, trotz reger geistiger Arbeit, ich könne nicht an lange Dauer dieses schönen Zustands glauben. Er widersprach lebhaft und meinte, der Herbst werde noch besonders schön hier sein.

Abends bei Tisch Telegramm: Das Generalkommando des XIV. Reservekorps übernimmt beschleunigt den Befehl über die Gruppe Arras! Tableau! Wir schlürfen doch etwas betroffen unsere Bowle zu Ende.

Aber im Grunde genommen bin wenigstens ich ganz zufrieden. Der militärische Reiz unserer Aufgabe hier oben ist erschöpft, die Denkschrift ist fertig, eine englische Landung aber ist nach den Nachrichten der letzten Tage für die Sommermonate nicht mehr wahrscheinlich. Und da nun einmal immer noch Krieg ist, so habe ich keinen Anspruch auf, aber auch keinen längeren Gefallen an solch länger dauernden Idylle.

Abends nehmen wir noch Abschied von den Schloßbesitzern, mit denen sich im Laufe der Zeit ein durchaus erträgliches Verhältnis herausgebildet hatte.

12. Juni. Abschied von Schloß Beekstraat und Gent; herrliche Autofahrt durch das fruchtbare, in Berg und Tal schön gegliederte Südwestbelgien über Oudenarde nach dem öden Fabrikbereich südöstlich Douai: ein wahrhaft schreiender Gegensatz. Mittags übernehme ich von Generalleutnant Dieffenbach, der mit seinem Generalkommando nach Flandern geht, in Schloß Lewarde das Kommando über die Gruppe Arras. Ich frühstücke mit den Herren des IX. Reservekorps und bin schon dabei aufs angenehmste überrascht und berührt von dem prachtvollen Speisesaal, in dem wir sitzen.

Stellungskrieg zwischen Douai und Cambrai (Herbst 1917)

13. bis 14. Juni. Zunächst habe ich aber keine Zeit, mich um Schloß Lewarde zu kümmern, denn die taktische Lage ist hier nicht einfach, sondern geradezu ernst. Die Gruppe Arras umfaßt die Front von der Scarpe südlich Roeux bis nahe Bullecourt. Abgesehen von dem südlichsten Abschnitt, wo noch ein Unterstandstunnel, von der zweiten Linie der alten Siegfriedstellung her, die vordere Verteidigungslinie bildet, besteht diese aus einer im Rückzugskampfe entstandenen, stark zerschossenen und taktisch recht ungünstig gelegenen Trichterstellung, die von den feindlichen Höhen, namentlich von der beherrschenden bei Monchy, vollkommen überhöht und eingesehen wird. Diese vorderste Linie soll aber aus „Prestige"gründen unter allen Umständen gehalten werden, obwohl sie kaum ein Hindernis vor der Front hat. Natürlich sind die täglichen Verluste erheblich, die Anstrengungen für die Truppe in Kampf und Arbeit groß; das eine oder andere Regiment „wackelt" auch schon zeitweise. All dies erfahre ich bei meiner Rundfahrt zu den vier in vorderer Linie stehenden Divisionen; eine Eingreifdivision oder sonstige Reserve ist nicht vorhanden und nach den Mitteilungen des Armeeführers, Generalleutnant Otto v. Below, der mich am 14. Juni aufsucht, auch nicht zu erwarten. Auch an Fliegern ist Mangel, Munition soll gespart werden. Der Gegner, an Truppen, Geschützen, Fliegern und Munition weit überlegen und im Besitz ausgezeichneter Beobachtungsstellen, greift unsere Stellungen unter starkem Munitionsaufwand fast täglich da oder dort an, in der erkennbaren Absicht, uns zu ermüden, nervös zu machen und unsere Kriegsgliederung festzustellen, aber auch mit dem Bestreben, an unserer empfindlichsten Stelle, dem Vert-Wald, in unsere Stellung einzubrechen. Am 13. und 14. ist er bei den beiden Divisionen des rechten Flügels in unsere vordere Linie eingedrungen und nur mit Mühe und auch nicht überall herausgeworfen worden. So bin ich und sind wir aus der Idylle mitten in ernste Führersorgen versetzt mit der Aufgabe, mit eigentlich unzureichenden Mitteln unsere Truppen zum Durchhalten in diesen schweren Zeiten zu bringen, ohne daß mir andere Einwirkung als eine moralische möglich ist.

Auf diesem Gebiet bewegen sich daher auch meine Gedanken und Worte bei meinen ersten Besuchen in den Divisionsstabsquartieren der 26. Inf.- (General v. Hofacker), 17. Res.- (General v. Mutius), 236. (General Müry) und 220. Inf.-Division (General v. Bassewitz), deren Kommandeure mir übrigens sämtlich aus früheren Berührungen bekannt sind. Eine besondere Freude ist es mir natürlich, die württembergische 26. Inf.-Division, dabei das Infanterie-Regiment „Alt-Württemberg", das ich im Frieden 2½ Jahre lang befehligt habe, begrüßen zu können und insbesondere den bewährten Führer, General-leutnant v. Hofacker und seinen ersten Generalstabsoffizier, Hauptmann Hahn, meinen alten vortrefflichen Regimentsadjutanten. Aber am 14. Juni abends sinke ich körperlich und geistig todmüde ins Bett.

15. Juni. Schon wieder Angriff, diesmal gegen die 220., die linke Flügeldivision. Lebhaftes Artilleriefeuer den ganzen Tag.

16. Juni. 4.30 Uhr morgens furchtbares Trommelfeuer. Große schwere Angriffe im Gang gegen die 17. Res.-Division (Vert-Wald) und gegen die 220. Inf.-Division. Den ganzen Tag hin- und herwogende Kämpfe um die vordere Linie. Stützbefehle und Fahrt zu den Divisionsstäben. Ein Stückchen des linken Flügels der Stellung geht verloren.

Westlich des Vert-Waldes hat sich ein größeres Engländernest in unsere Stellung eingebeult — bekanntlich immer der Anfang ernster Sorge für die obere Führung, da der zähe Engländer an solcher Stelle unablässig weiterbohrt.

Unsere Verluste sind schwer. Ernste Meldung nach oben mit der Bitte um weitere Fliegerabteilungen und Zuteilung von Reserven, womöglich

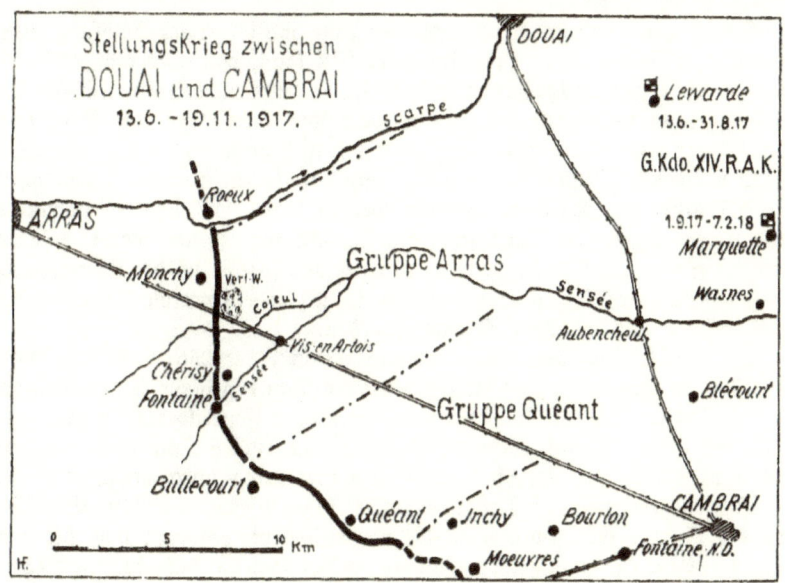

einer Eingreifdivision, da die andauernden heftigen Angriffe gegen die Front der Gruppe Arras die Absicht eines starken Einbruchs oder gar Durchbruchs des Gegners wahrscheinlich machen.

17. Juni. Maßnahme zur Wiedereroberung des Engländernests. Hitze. Gewitter. Neue Angriffe gegen die 220. Inf.-Division — glücklicherweise abgeschlagen. Der heute früh ausgeführte Gegenstoß der 17. Res.-Division gegen das Engländernest verkleinert es zwar, führt aber nicht zu vollem Erfolg. Beule und Sorge bleibt also.

19. Juni. Ich fahre und gehe Stellungen der beiden rechten Divisionen ab.

Endlich Regen. Beim Gegner durch Gefangene drei frische Divisionen festgestellt. Von zweien meiner Divisionskommandeure gehen sehr ernste Meldungen über den Zustand ihrer Truppen ein. Die eine kämpft nun schon über zwei Monate an der gleichen, immer neu vom Gegner berannten Stelle, wo wegen des feindlichen Feuers auch nur bei Nacht gebaut werden und wo warme Verpflegung nicht nach vorne gebracht werden kann. Die Truppen sind daher, einschließlich Unterführer, jetzt so ermüdet, daß nach Ansicht des Divisionskommandeurs eine baldige Ablösung dringend erwünscht erscheint. Die unerlaubten Entfernungen von der Truppe nehmen zu, immer ein bedenkliches Zeichen. Die andere, erst seit wenigen Wochen hier eingesetzte Division hat in dieser Zeit in andauernden blutigen Kämpfen derartige Verluste erlitten, daß der Infanterie-Brigadekommandeur die sofortige Ablösung für unbedingt nötig erklärt, welcher Meinung sich der Divisionskommandeur anschließt.

Da ich weiß, daß bei der allgemeinen Lage von sofortiger Ablösung einer meiner Divisionen leider gar keine Rede sein kann, daß aber auch auf eine baldige nicht mit Sicherheit zu rechnen ist, so muß ich den an und für sich wahrlich nicht unberechtigten Klagen der beiden Divisionen mit Wort und Schrift und mit allem Ernst entgegentreten und muß verlangen, daß alles getan wird, um so lange weiter durch- und standzuhalten, bis uns von oben Unterstützung oder Ablösung gewährt werden kann. Daß ich diese nochmals und unter eingehender Darlegung der Verhältnisse erbitten werde, teile ich den Divisionskommandeuren mit. Im übrigen spreche ich die Überzeugung aus, daß wie auf Regen Sonnenschein, so auf diese schweren Kampfwochen auch wieder leichtere Tage kommen werden.

21. Juni. Ich fahre und gehe das Gelände der 236. und 220. Inf.-Division ab und besehe mir die rückwärts im Bau begriffene Wotanstellung.

24. Juni. In der Nacht schon wieder ernster Feuerüberfall gegen mein altes Regiment 121 mit tüchtigen Verlusten und am 26. Juni früh morgens ein ganz überraschender, ohne Artillerievorbereitung durchgeführter starker Vorstoß gegen meine bisher noch nicht angegriffene 236. Inf.-Division, wo der Gegner bei Fontaine in die vorderste Linie einbricht und sich dort festsetzt. Aber die noch frische Division meldet sogleich, daß sie den Gegen-

angriff vorbereitet und davon überzeugt ist, er werde zum Erfolg führen. Das ist beruhigend und erfreulich.

27. Juni. Der Gegenangriff gelingt: 60 Gefangene! Seit längerer Zeit wieder die erste erfreuliche Nachricht und Trophäe.

Außerdem trifft von heute ab die 56. Inf.-Division als Eingreifdivision bei der Gruppe ein. Auch die Zahl der Flieger ist vermehrt.

28. Juni. So komme ich allmählich dazu, mir Schloß und Umgebung näher anzusehen. Schloß Lewarde liegt auf einem westöstlich verlaufenden, sanften bewaldeten Höhenrücken mit schönem Ausblick nach Westen auf die Türme von Douai und weit hinauf bis zur Lorettohöhe, die man bei klarem Wetter deutlich sieht; nach Süden auf die gewellte Ebene bis nahe Cambrai. Schon diese Lage und die damit verbundene Fülle von Licht und frischer Luft wirkt belebend. Das Schloß selbst, einem reich begüterten Grafen gehörig, ist in elegantem Barock einfach aber geschmackvoll gebaut; unten die Gesellschafts- und Prunkräume, oben die

Schloß Lewarde

Wohn- und Schlafräume. Letztere, darunter meine zwei Zimmer, sind sehr behaglich, die Ausstattung ist gediegen und praktisch — u. a. ein famoser englischer Schreibtisch —, an den Wänden schöne Ölbilder, Porträts und Kopien. Die unteren Räume aber sind mit auserlesenem Geschmack ganz prachtvoll ausgestattet, vor allem der hohe, breite und helle Speisesaal, dessen Wände mit schönen Familienporträts, aber auch mit vortrefflichen, überaus wertvollen großen Gobelins geschmückt sind, die die Liebesabenteuer des Jupiter, übrigens in sehr „dezenter" Darstellung, veranschaulichen. Ähnlich ist das große Vor- und sind die beiden mittelgroßen Nebenzimmer des Speisesaals ausgeschmückt — der Gesamtwert der Kunstschätze, unter denen sich ein Tintoretto und eine sehr schöne Rubens'sche Kopie befinden, ist von Sachverständigen auf nahezu eine Million Francs geschätzt. Alle Bilder, Gobelins, Porzellansachen usw. sind übrigens auf das genaueste aufgenommen und werden sorgfältig gepflegt und bewacht. Aber ihr Anblick ist mir und uns allen ein täglicher Genuß. Ebenso die Spaziergänge und Ritte im Walde und in der Umgebung und das nunmehr wieder aufgenommene abendliche Bocciaspiel. Von der Nordterrasse sehen wir fast allabendlich unsere Flieger ihre kühnen Wendungen und Fallbewegungen ausführen.

29. Juni bis 13. Juli. Militärisch gleicht ein Tag dem andern — keine größeren Angriffe mehr, aber andauernd kleinere und mittlere Patrouillenvorstöße und zu allen Tages- und Nachtzeiten Feuerüberfälle mit allen Kalibern. Für das Generalkommando ist dabei wenig zu tun; nur ist ständige Aufmerksamkeit nötig dahin, ob und wo sich etwa aus einem kleinen ein großer Angriff entwickelt oder vorbereitet, denn unserer Front gegenüber liegt Arras mit seinen überaus zahlreichen Truppenlagern, Bahnverbindungen und Munitionsdepots. Es ist also auch für uns doch ein unbehaglicher Zustand. Für die Divisionen aber erst recht; anstrengender, aufreiben-

Besuch bei einer Fliegerabteilung

der und verlustreicher Wacht- und Arbeitsdienst, denn sie müssen unsere erst im Kampfe entstandenen vorderen Linien zum Schutz gegen feindliches Feuer und gegen die Witterung ausbauen und verstärken. Gleichzeitig ist es die Aufgabe der Gruppe, neue rückwärtige Stellungen auszusuchen und mit Armierungsarbeitern, Landsturmtruppen und Zivilarbeitern in möglichster Beschleunigung auszubauen. Zu tun gibt es also wohl, aber es ist nichts Erhebendes dabei, reine, öde, aber doch wichtige Pflichtarbeit. Dazu gehört natürlich auch der unablässig betriebene weitere Ausbau der Wege und Bahnverbindungen im rückwärtigen Gebiet, die Verbesserung der Unterkünfte und Lager, die Ausnützung des Landes. Kleinere Truppenbesichtigungen, Besuche bei den Ballons- und Fliegerabteilungen bringen etwas Abwechslung. Bei den letzteren verfolge ich mit Interesse die rasche und erfolgreiche Entwicklung, die unsere Bildabteilungen durchmachen; es ist erstaunlich, wie schnell und sicher jede Veränderung in Stellungs- und bei den Wohnbauten des Gegners durch Lichtbild festgestellt und gemeldet wird. Im übrigen erfreue ich mich wieder von Herzen des guten Humors der ebenso lebenslustigen wie sterbensbereiten Fliegeroffiziere.

Wir verlieren und machen Gefangene. Bei den Engländern wird jetzt aber allgemeine Kriegsmüdigkeit und lebhafte Abneigung gegen einen neuen Winterfeldzug festgestellt. Nützen wird dies aber den braven Tommys wohl nichts. Leider!

Die Tage sind lang und langweilig — ich fange an, Billard zu spielen, immer ein anregender, gesunder Zeitvertreib, namentlich mit einem überlegenen und ehrgeizigen Gegner, wie ich ihn in Herrn v. Venningen habe. Auch werde ich von dem bewährten Schlachtenmaler der 27. Inf.-Division, Professor Ostermaier, in Buntstift gezeichnet. — Fahrten zu meinen Nachbarn, Einladungen meiner Kommandeure, an einem Tage auch der Besuch von fünf österreichisch-ungarischen Offizieren, die unser Karten- und Vermessungswesen studieren wollen — das sind die wichtigsten Erlebnisse bei uns. Anderswo ereignet sich mehr: an Stelle der russisch-deutschen Verbrüderung ist Brussilows Offensive auf Lemberg getreten, gefordert und durchgesetzt von dem merkwürdigen Friedensapostel Kerenski. Und im Reiche wird schon lange die schleichende Kanzlerkrisis offenbar. Bethmann Hollweg wird offenbar gehen, schließlich nicht nur von den rechtsstehenden, sondern auch von den Parteien verdrängt, denen er schon so viel, aber offenbar nach ihrem Machtbedürfnis doch noch nicht genug zugestanden hat. Der Soldat und namentlich der aktive Offizier soll ja nicht politisieren. Aber er darf doch dankbar dafür sein, daß die militärische Vertretung und Führung des Reiches in so unbestritten kraftvoller Hand ist. Und das wird schließlich doch hoffentlich den Krieg und die Art des Friedens entscheiden.

Ein Erlaß Ludendorffs spricht sich über den Unterseebootkrieg aus und schließt mit den Worten: „Kurz, die feindliche und neutrale Tonnage wird sich weiter verringern, der Seeverkehr wird immer geringer und die feindliche Kriegswirtschaft immer schwächer werden. Sie wird im Laufe des Jahres 1917 so weit sinken, daß weder die Lebensmittelzufuhr, noch die unmittelbare Kriegswirtschaft auch nur annähernd auf der jetzigen Höhe bleiben können. Und so wird es weiter gehen bis zum Ruin unserer Feinde. Bis die amerikanische Hilfe eine irgendwie entscheidende Stärke erreichen kann, sind die Lebensbedingungen Englands und auch Frankreichs zerstört, sofern Österreich-Ungarn und wir Nerven behalten." Über diese Prophezeiung entspinnen sich lebhafte Auseinandersetzungen — ich für meine Person hoffe, daß sie zutreffend sind.

Die Preise steigen jetzt auch in Belgien außerordentlich; ein Paket holländischer Tee mit dem eingedruckten Preis 65 Cents kostet 11 Mark, ein kleines Stück Seife 4 Mark, ein Kilo Kaffee 20 Mark usw.

Ich mache an das Oberkommando einen Vorschlag für ausgiebigere Verwendung unserer Maschinengewehre im Großkampf zu direktem und indirektem Massenfeuer, namentlich unmittelbar vor dem Angriff.

13. Juli. Ich begrüße die Truppen der neu eingetroffenen 39. Inf.-Division und habe die Freude, einen Vorbeimarsch des zu ihr gehörigen 8. württembergischen Inf.-Regiments Nr. 126 entgegenzunehmen, bei dem ich vor 40 Jahren aus dem Kadettenkorps als charakterisierter Portepeefähnrich eingetreten bin und dem ich dann 17 Jahre lang angehört habe.

14. Juli. Keine Ereignisse — und dabei doch durch das andauernde Artillerie- und Minenfeuer täglich 5—15 Tote und Verwundete. Es ist ein Elend.

15. Juli. Der rasende See hat sein Opfer, den Reichskanzler von Bethmann Hollweg verschlungen. Zu allgemeiner Überraschung wird Dr. Michaelis zum Reichskanzler ernannt, der sich allerdings als Lebensmitteldiktator großes Verdienst erworben und sich dabei als tatkräftige Persönlichkeit bewährt hat, der aber im übrigen als Politiker, Diplomat und auch als Redner größeren Stils ein unbeschriebenes Blatt ist. Wir brauchen freilich eine starke Hand, um den in letzter Zeit in den Geleisen stark hin- und herschwankenden politischen Reichswagen wieder mit festem Ruck ins Gleichgewicht zu bringen und in zielbewußter Hand und Fahrt ans Ziel zu führen. Dies ist um so notwendiger, als die geistige Kraft unserer obersten militärischen Führer bei der ungeheuren Ausdehnung der Kriegsschauplätze ohnehin schon aufs äußerste in Anspruch genommen ist und nicht auch noch durch innerpolitische Aufgaben geschwächt und zersplittert werden darf. Kräftige, zielbewußte Führung im Innern und wir bringen den Krieg trotz aller feindlichen Übermacht zu gutem Ende; denn die militärische Lage unserer Gegner ist eine sehr schwierige und trotz der von ihnen zu erwartenden höchsten Kraftanstrengung unbefriedigend. Dies geht schon daraus hervor, daß sie auf der Westfront, gleichviel, wo sie angreifen wollen, genötigt sind, auf belgischem Boden blühende Dörfer und kleinere Städte, auf französischem Boden aber große und größere Städte, wie Lille, Douai, Cambrai und Quentin der Vernichtung preiszugeben.

Man verlangt für eine Zeitung für den vierten Jahrestag der Kriegserklärung einen Beitrag von mir. Ich schreibe aus voller Überzeugung: „So viel Haß, Verleumdung und Drohung, wie wir erleben, kann nur stolze Verachtung erzeugen. Sie schließt kleinmütiges Nachgeben aus und führt Heer und Volk zu den höchsten Leistungen. Diese aber und nichts anderes bringen uns einen würdigen und dauerhaften Frieden."

Ich lese Goethes „Campagne" in Frankreich und bin doch eigentümlich berührt von dieser leidenschaftslosen, rein akademischen Schilderung der kriegerischen Ereignisse. Freilich die Kanonade von Valmy war im wahren Sinne des Worts eine Kindertrompete gegen das Trommelfeuer von heute!

Ich empfinde schon wieder stark das Unbefriedigende des Stellungskrieges, der trotz oder wahrscheinlich wegen verhältnismäßig geringer Tätigkeit die Nerven abspannt und bedrückt. Kameradschaftliche Aussprache mit den Kommandeuren beim zweiten Frühstück oder beim Abendessen; Fahrten zu den Truppen, Lesen guter Bücher. Damit vergeht der Tag.

15. bis 26. Juli. Der Gegner zieht Truppen von unserer Front weg nach Flandern — es wird klar, daß er dort den entscheidenden Kampf gegen die sein Leben bedrohende Unterseebootsbasis einleitet. Vor unserer Front sucht er aber durch fortgesetzte Teilangriffe Kräfte festzuhalten. Wir müssen daher erst recht dauernd auf der Hut sein; am 17. Juli ist der Engländer wieder einmal auf eine Kompagniebreite auf meinem rechten Flügel vorübergehend eingedrungen. Ich lasse ihm am 19. Juli nochmals den Aufenthalt in den Unterständen und Kellern des Orts Monchy gründlich versalzen durch eine kräftige Beschießung mit der mir zugeteilten 42-Zentimeter-Batterie (Dicke Berta), die am folgenden Tage zu anderer Verwendung abrückt; es ist ein prächtiges Schauspiel, wie in dem weithin sichtbaren Dorfe die mächtigen Geschosse mit betäubendem Krache und unter einer ungeheuren Rauch- und Staubwolke einschlagen. Ich übrigen überzeuge ich mich in den Feldlazaretten von der andauernd sachgemäßen und erfolgreichen Pflege und Behandlung unserer Verwundeten und Kranken, besuche die Divisionen zur Aussprache über die nie aufhörenden kleinen Nöte, die ich mich nach Kräften abzustellen bemühe. Größere Entscheidungen sind nicht zu treffen. Es handelt sich gegenwärtig vor allem darum, die Führer und Truppen in diesem endlosen und aufreibenden Stellungskampfe in guter Verfassung und Stimmung zu erhalten, daher auch vor allem von ihnen nichts Unnötiges, vor allem auch keine überflüssigen Berichte und Stellungsbauten zu verlangen. In diesem Sinne ergehen auch von der Obersten Heeresleitung wiederum ernste Erlasse zur Einschränkung des Schreibwesens, mit Recht Papiertrommelfeuer genannt, und zur Hebung der Dienstfreudigkeit und Selbständigkeit der Unterführer — mir aus dem Herzen gesprochen. Leider blüht aber daneben von oben bis unten der wie ein böser Wurm an dieser Selbständigkeit nagende telephonische Chef- und Generalstabsverkehr. Ich schicke der Truppe Wein aus den glücklicherweise beim Generalkommando noch vorhandenen Vorräten und freue mich, fast täglich Gäste aus der Front — Divisions-, Brigade-, Regimentskommandeure — bei mir zu haben. Unser Schloß und unsere Räume samt Park und eine einfache aber anständige Küche, dazu noch meistens schönes Wetter — all dies erleichtert die Gastfreundschaft sehr. Auch ins Theater nach Douai und zu Besuchen bei den Nachbarn, darunter meinem Freund Watter, komme ich dann und wann; am 25. Juli trinke ich bei meinem rechten Nachbarn, dem kommandierenden General des bayerischen I. Reservekorps, General der Infanterie v. Faßbender, einen gemütlichen Tee.

Unser Verhältnis zu der Ortsbevölkerung ist ein durchaus annehmbares; es sind im allgemeinen manierliche Leute, die sich mit unseren Mannschaften gut vertragen. Die beiden hübschesten Mädchen des Orts, Mlle. Florinne und Jeannette, stauben tagsüber im Schlosse die Kostbarkeiten ab, ganz wie im Frieden. Beide haben ein sehr anständiges, graziöses Benehmen und stehen unter meinem und meines IIa's besonderem Schutz: Honny soit qui mal y pense!

Im übrigen verfolgen wir mit großem Anteil die Ereignisse an den andern Fronten: das Abflauen der gegen Lemberg gerichteten russischen Offensive, der Beginn der großen deutschen Gegenoffensive in Richtung Zloskow. Mit dem lebhaftesten Widerwillen und Ekel lese ich und lesen wir die Wilsonschen Tiraden und Floskeln, mit denen er seine früheren amtlich verkündeten Grundsätze über die Rechte und Pflichten der Neutralen in ihr Gegenteil verkehrt. Es ist ganz klar: die Diplomatie ist auch heute noch jeder Wandlung und Verdrehung fähig, nur war man zu Machiavellis Zeiten in dieser Hinsicht aufrichtiger und damit im Grunde genommen anständiger.

Da ich aus Grundsatz und aus innerer Überzeugung freigebig bin im Urlaubgeben, kann ich auch selbst bei der verhältnismäßig ruhigen Lage wieder an Urlaubnehmen denken.

27. Juli bis 24. August. Urlaub. Ich verbringe ihn diesmal inmitten meiner ganzen Familie im schönen Allgäu auf unserem Landgut bei Isny. Inzwischen ist die neue große Flandernschlacht entbrannt, Czernowitz ist wieder erobert, am Isonzo und auch bei Verdun sind neue schwere Kämpfe im Gange.

Am 21. August stelle ich unsern einzigen Sohn persönlich beim Feldart.-Regiment Nr. 49 in Ulm als Fahnenjunker ein; gesundheitlich erholt, aber mit dieser neuen Sorge belastet, kehre ich nach Lewarde zurück.

25. August bis 1. September. Dort hat schon wieder ein Divisionswechsel stattgefunden — die 39. Inf.-Division hat mit der 49. Res.-Division, General v. Unger, getauscht. Am 1. September wird auch das Generalkommando von einem neuen Wechsel betroffen. Das in Marquette liegende Generalkommando, das Garde-Reservekorps, wird nach Flandern abbefördert, unser Generalkommando nach Marquette verlegt, die Gruppenbereiche Arras und Quéant werden in meiner Hand als erweiterte Gruppe Arras vereinigt; sie hat 18 Kilometer Frontlinie, in der 5 Divisionen stehen: 38., 17. R., 49. R., 22. R., 18. R. So gibt es neue Arbeit in Hülle und Fülle — auch neue Verantwortung. Trotz alledem ist mir der Wechsel wiederum nicht unlieb, schon rein der Abwechslung wegen, denn nichts ist ertötender, wenigstens meinem Gefühl nach, als das Verrosten in immer gleichbleibenden Verhältnissen und Umgebungen. „Im engen Kreis verengert sich der Sinn," das ist eines der wahrsten Dichterworte.

Ich beziehe also im wohlbekannten Schlosse Marquette wieder meine alten hübschen beiden Zimmer, aber unten im Erdgeschoß richten wir uns für den kommenden Winter erheblich wohnlicher ein, als das letztemal. Auch ein Billardzimmer wird in einer der Glaslauben des Erdgeschosses eingerichtet. So wird sich's leben lassen.

2. September. Heute vor drei Jahren wurde ich verwundet; meine oft recht lästigen Narben- und Nervenschmerzen erinnern mich äußerlich beständig daran. Aber innerlich bin ich doch recht dankbar, daß es mir vergönnt und möglich ist, ein Korps gegen den Feind zu führen.

Riga ist genommen! Welche Freude! Aber freilich — wie weit dehnen wir unsere Unternehmungen aus! Werden unsere Kräfte ausreichen?

3. bis 20. September. Die üblichen Fahrten zu den Divisionen; eine ebensolche zu den Korpsbetrieben, darunter eine vortreffliche Korpsschlächterei und eine Kadaververwendungsanstalt in Bouchain; letztere musterhaft und für andere Betriebe vorbildlich eingerichtet von unserem Korpsstabsveterinär.

Am 9. September wird der bisherige Führer der 6. Armee, General der Infanterie Otto v. Below, zu besonderer Verwendung abberufen.

Ich erfahre zu meiner Betrübnis, daß der vortreffliche bayerische Generalleutnant v. Wenninger, eben erst zum Führer eines Korps ernannt, im Osten gefallen ist. Und fast gleichzeitig höre ich zu meinem tiefen Schmerz, daß schon vor einigen Wochen mein treuer Adjutant von der 107. Inf.-Division, Hauptmann v. Veltheim, als Bataillonskommandeur im 1. Garde-Regiment zu Fuß den Heldentod gestorben ist.

Am 14. September speise ich unter anregenden Gesprächen bei der 18. Res.-Division, die mein Kriegsschulkamerad, Generalmajor Winiker, führt, zusammen mit dem regierenden Bürgermeister von Hamburg, Dr. Melle, der seine Landsleute besucht und mit dem Hanseatenkreuz erfreut.

Am 17. September treffen vormittags zur Orientierung der neue Armeeführer, General v. Quast und nachmittags Seine Königliche Hoheit der Kronprinz Rupprecht von Bayern ein, der uns die Ehre erweist, den Kaffee mit uns zu trinken.

18. bis 30. September. Unausgesetzter schwerer Kanonendonner ertönt bei einigermaßen entsprechendem Winde aus Norden, aus Flandern her. Dorthin wirft jetzt der englische Oberbefehlshaber Haig alles, was er an Truppen, Geschützen, Munition und Fliegern irgendwie locker machen und anderswo entbehren kann, um sein Versprechen wahr zu machen, daß er noch 1917 in Brüssel einziehen werde. Dementsprechend verstärkt aber auch die deutsche Oberste Heeresleitung ihre Flandernarmee. So findet hinter der englischen und der deutschen Front Tag und Nacht gleichzeitig ein gewaltiger Bahntransport und Fußmarsch statt, indem nach und nach alle kampfkräftigen Truppen nach Flandern in Marsch gesetzt und indem an ihrer Stelle die droben abgekämpften Divisionen an den sogenannten ruhigeren Fronten eingesetzt werden. An diesen aber droht der Engländer in unausgesetzten Teilangriffen kleineren und größeren Umfangs ebenfalls mit Durchbruch, wobei er neuerdings wieder Tanks zeigt, mit Rauchgeschossen das Angriffsgelände einnebelt und in immer steigendem Maße im Hintergelände Bomben abwirft. Einem solchen Wurf fällt einer meiner Regimentskommandeure zum Opfer. Ende des Monats verfüge ich auf der 18 Kilometer langen Front nur noch über drei müde und abgekämpfte Divisionen. Unter dem beständigen Wechsel der Divisionen leidet aber natürlich auch der Stellungsbau.

Ich lege der Armee eine Denkschrift vor, wonach die Zahl der zu bauenden und zu unterhaltenden Stellungen wesentlich vermindert und namentlich auf meinem rechten Flügel bei Fontaine-Chérisy das allmähliche Zurückverlegen unserer Stellung bis Mitte November in eine besser haltbare und dem feindlichen Artilleriefeuer weniger ausgesetzte Linie vorbereitet werden soll. Denn dort bildet eine gefährliche Menschenfalle unsere vorderste Linie, nämlich ein schon oben erwähnter kilometerlanger Tunnel, der nach früheren Anschauungen im Jahre 1916 gebaut und damals freilich mit zahlreichen Ausgängen versehen worden ist, die aber jetzt zum großen Teil zerschossen und verschüttet sind. Leider fällt aber die Entscheidung dahin aus, daß wir den Tunnel, wie überhaupt die ganze vorderste Linie behaupten und dahinter trotzdem noch neue Linien bauen müssen. Das ist allerdings eine fast unlösbare Aufgabe.

Ich kann die in diesem Kriege schon oft und so auch jetzt wieder gemachte Erfahrung nicht verschweigen: es fehlt unsern obersten Führern an dem richtigen Gefühl dafür, was der kämpfenden Truppe zugemutet werden kann und darf; sie rechnet zu viel mit Zahlen, statt mit Herzen. Das rührt unter anderem auch daher, daß ein gut Teil der leitenden Männer schon im Frieden viel zu wenig in der Front gedient und daß sie den Krieg, namentlich den Stellungskrieg, lediglich am grünen Tisch erlebt haben. Daher rühren die von allen Frontsoldaten so bitter beklagten Befehle her, zerschossene, dem umfassenden feindlichen Feuer ausgesetzte, verdreckte und verlauste, strategisch und taktisch unwichtige Stellungsteile lediglich aus „Prestige"-, also aus Stolzgründen zu behaupten. Welchen Jammer körperlicher und seelischer Art die Ausführung dieser Befehle mit sich bringt, das wird oben offenbar nicht genügend empfunden. Und auch das nicht, daß durch diese übertriebenen Forderungen langsam, aber sicher, die Liebe und das Vertrauen zu der oberen Führung verloren gehen, sowie daß der ohnehin überanstrengte Körper des Frontheeres dadurch in gefährlicher und unnötiger Weise weiterhin entkräftet wird. Leider versteht man es aber auch nicht, den Geist der Truppe zu heben auf dem Gebiet der Auszeichnungen und Beförderungen: im Gegenteil, bei beiden bürgert sich mehr und mehr das sehr bedenkliche, den gesunden Ansporn ertötende System des „Ersitzens", gleichviel wie und wo, ein. Dazu kommt der allgemein empfundene, gar nicht genug zu verurteilende Übelstand, daß bei den Ordensauszeichnungen, in erster Linie bei dem Eisernen Kreuz II. und leider auch I. Klasse, kein Unterschied mehr gemacht wird zwischen blutigen und Tintenverdiensten. Die einfachste Tapferkeitslitze am Ärmel des Frontsoldaten würde dem Übel abhelfen. Man kann sich aber dazu in unserem, anscheinend von jedem Kriegshauch unberührt gebliebenen Militärkabinett ebensowenig entschließen, wie zu der ganz natürlichen, bei den feindlichen Armeen längst eingeführten besonderen Aus- und Kennzeichnung der ein- oder mehrmals Verwundeten. Zu viele Schreiberseelen würden dadurch als solche gekennzeichnet! Und ebensowenig geschieht etwas wirklich

Durchgreifendes zur Erhöhung der Mannschaftslöhne, die doch längst in einem von uns allen peinlich empfundenen, schreienden Gegensatz stehen zu den gar nicht auf solche lange Kriegsdauer berechneten höheren Offiziers- und Beamtengehältern, aber auch nicht zu den durchaus ungesunden Löhnen der Munitions- und Waffenarbeiter und -arbeiterinnen in der Heimat.

Die Zahl der feindlichen Flieger vor unserer Front vermehrt sich, die unsere vermindert sich — Abgabe nach Flandern! Drei aus französischer Gefangenschaft entkommene deutsche Soldaten berichten das alte empörende Lied, daß sie zwar von den „Poilus" erträglich, dagegen von der französischen Bevölkerung geradezu niederträchtig behandelt worden sind.

Sind so die taktischen Verhältnisse nicht ohne Sorge und Verantwortung, so ist der Ausblick auf unsere innerpolitische Lage geradezu bedrückend. Verzichts-, d. h. sogenannter Verständigungsfriede mit Gegnern wird verlangt, die zwar unsern Verzicht in jeder Form und in jedem Grade als selbstverständlich annehmen, dagegen sich selbst zu keinerlei Verständigung auf Grund gegenseitigen Nachgebens bereit erklären! Auch die Papstnote und deren matte Beantwortung durch den neuen Reichskanzler unter dem Druck des Reichstagsbeschlusses vom 19. Juli ist nicht dazu angetan, um den uns zum Durchhalten doch so bitter notwendigen kriegerischen Geist der Truppe und der Heimat zu erhalten, geschweige denn zu stärken. Das merkt man leider auch schon aus den Erzählungen unserer Urlauber und, was noch bedenklicher ist, aus der Haltung und Gesinnung des zahlreichen, aus der Heimat kommenden jungen Ersatzes, der laue und flaue Anschauungen mitbringt. Deshalb ist die von der obersten Heeresleitung angeordnete dauernde Belehrung der Mannschaften über unseren Verteidigungs- und den feindlichen Vernichtungswillen und über die daraus folgende bittere Notwendigkeit des tapferen Durchhaltens für das deutsche Heer und Volk ganz unentbehrlich. Aber sogleich findet sie unter häßlicher Ausbeutung der nur bei bösem Willen mißzuverstehenden Bezeichnung des Unterrichts als „Aufklärungstätigkeit", den leidenschaftlichen Widerspruch der Reichstagsmehrheit. Leider wird aber auch diese Aufklärung statt in die Hand der unmittelbaren Vorgesetzten, in die von vielfach recht jungen, politisch unerfahrenen und einseitigen Offizieren der Stäbe und Etappe gelegt, die als redselige Wanderredner mit ihren Tiraden namentlich auf die älteren und reiferen Mannschaften keinen, jedenfalls nicht den gewünschten Eindruck machen. Häßlich ist auch der von der Reichstagsmehrheit von Anfang an mit giftigen Waffen geführte Kampf gegen die neu gegründete Vaterlandspartei, die, unter einem freilich ungeschickt gewählten Namen, doch die Hochhaltung deutschen Selbstgefühls und deutscher Waffenehre bezweckt. Wir hier draußen an der Front leiden alle seelisch schwer unter diesen traurigen Zuständen und wir vermissen schmerzlich die starke Hand, vor allem aber den starken Geist, der das deutsche Volk in seiner großen Mehrheit aus innerem Hader zur Erkenntnis der damit verbundenen furchtbaren Gefahr und zu einheitlichem politischen Denken und Handeln emporreißt. Klar ist uns freilich dabei, daß wir nicht die unlauteren Mittel anwenden sollen und können, wie die Entente in ihrer immer verlogener, man kann wohl sagen ruchloser werdenden Presse und Polemik. Das neueste darin ist Wilsons Aufreizung des deutschen Volkes gegen die Hohenzollern, unterstützt durch Lügen etwa von dem Kaliber wie die, der Kaiser habe auf den ersten gefangenen Amerikaner 300 Mark gesetzt.

Am 27. September besucht uns ein türkischer Generalstabsoffizier, Oberstleutnant Huzzem Bey, der die Westfront kennen lernen will. Tags darauf habe ich einen evangelischen Feldgeistlichen zu Tisch, der zu meinem großen Verwundern Mörikes Hochgesang auf das protestantische Pfarrhaus: „Der Turmhahn", nicht kennt. Auch ein Beweis dafür, wie unfruchtbar und unzweckmäßig unser Lehrplan auf Schule und Universität war und wohl noch ist.

Ein bürgerlicher und ein prinzlicher Ulan

Meine Einträge in das Tagebuch werden immer seltener und kürzer: es ereignet sich eben bei uns nichts Erwähnenswertes, ein Tag vergeht wie der andere. Immer wieder die üblichen Gänge und Fahrten zu den häufig wechselnden Divisionen, Gäste, Ritte in die Umgebung und kleinere Besichtigungen. Samstags haben wir jetzt regelmäßig einen Musikabend, bei dem zeitweise ein erst 17jähriger, aber ganz vortrefflicher Geiger auftritt, ein blondhaariger französischer Flame aus Lille, Bruder von einem Dutzend von Geschwistern. Dann und wann eine Fahrt nach Cambrai oder Douai ins Theater, am 14. September eine solche nach Tournai, wo ich als freundlichst aufgenommener Gast des Oberbefehlshabers, des Generals v. Quast, einen sehr angenehmen Abend verbringe. Ein Kino wird für die Mannschaften in Marquette eingerichtet. Am 24. erlebe ich zur Abwechslung ein kleines persönliches Abenteuer, das auch schlimmer hätte ausfallen können: beim Aufsitzen und ehe ich den rechten Fuß im Bügel habe, macht mein durch irgend etwas erschrecktes Pferd einen gewaltigen Satz nach vorwärts und wirft mich in hohem

Bogen auf den harten Schloßhof. Ich komme aber mit einem etwas schmerzhaften Hüftknochen davon.

2. Oktober. Wir begehen festlich Hindenburgs 70. Geburtstag. Des Feldmarschalls einziger Sohn, Hauptmann v. Hindenburg und Beneckendorff, kommt Mitte des Monats zu meiner Gruppe mit der von Flandern herambeförderten 20. Inf.-Division (Generalleutnant Wellmann), bei der er erster Generalstabsoffizier ist. Er hält uns einen anschaulichen Vortrag über die Verhältnisse und Erlebnisse in Flandern, wo die 20. Inf.-Division schwere Tage erlebt und alles in allem fast 4000 Mann eingebüßt hat. Dieser Vortrag, die Berichte der von Flandern kommenden Divisionskommandeure und vor allem auch der dort mit ihren Feldlazaretten eingesetzt gewesenen Chefärzte, zusammen mit den uns täglich zugehenden Berichten der 4. Armee über die Lage in Flandern geben uns einen vollen Begriff davon, welche bewundernswerten Leistungen und Taten dort droben von Führung und Truppe vollbracht werden, welch Unsagbares aber auch beide auszuhalten haben. Ich entsende mehrmals einen Generalstabsoffizier meines Stabes zur 4. Armee, der uns persönliche Eindrücke und die neuesten Erfahrungen über die deutsche und englische, sich mitten in den Kämpfen immer wieder verändernde Kampfweise überbringt. Aber auch die Berichte der 7. Armee, die an Aisne-Ailette den anfangs tief eingebrochenen französischen Vorstoß auffängt und abriegelt, mit all ihren Erfahrungen verfolgen wir eifrig. Und wir jubeln hell auf, als im letzten Drittel des Monats Oktober Tag für Tag, ja Stunde für Stunde, die Siegesnachrichten von der 14. deutschen Armee des Generals Otto v. Below und der österreichisch-ungarischen Nachbararmee eintreffen mit ihren bald auf 200 000 Mann, über 2000 Geschütze und unzählbares Material anschwellenden Beutezahlen. Ich erhalte über den italienischen Feldzug auch noch von dem ersten Generalstabsoffizier der 26. württ. Inf.-Division, Hauptmann Hahn, fortlaufend Abschriften der an Seine Majestät den König von Württemberg erstatteten Berichte; zudem hält uns der österreichisch-ungarische Hauptmann Diakow, der Hauptmann Haußinger abgelöst hat, einen klaren zusammenfassenden Vortrag über die dortigen Geländeverhältnisse und Operationen. Daß die deutsche Oberste Heeresleitung es wagte, trotz der schweren Bedrängung unserer Westfront durch die Engländer in Flandern und durch die Franzosen an der Aisne-Ailette, eine deutsche Armee von 7 Divisionen zum Entscheidungskampf gegen Italien freizumachen, das verdient nicht nur höchste Bewunderung, sondern das ist auch ein schlagender Beweis für die unverwüstliche Kraft unseres Heeres. Dazu noch Oesel und die treue erfolgreiche Arbeit unserer Unterseeboote! Besser wäre es freilich, die Österreicher hätten ihre Offensive aus eigener Kraft durchzuführen vermocht, so daß wir die unsrige ungeschwächt gegen unsere Hauptgegner, namentlich gegen die Engländer, einsetzen konnten.

Um so schmerzlicher berührt uns alle hier draußen im Felde wiederum das Treiben im deutschen Inland, wo man in solcher Zeit parteipolitische

Forderungen und Wünsche in leidenschaftlicher Weise und unter Drohungen betreibt, die die Hoffnung unserer Feinde auf unseren inneren Zusammenbruch neu beleben müssen. Es wird leider von allen Parteien gesündigt, von den stürmisch Fordernden, wie von den hartnäckig jeden Fortschritt Verweigernden — letzteren hätte ich mehr Verständnis für die Zeitlage und mehr politische Einsicht und Opferwilligkeit zugetraut und gewünscht. Dazu die den Geist der Truppe zerstörenden Jammerbriefe aus der Heimat! Und die immer mehr festzustellende politische Vergiftung der Urlauber! Möge Hindenburgs ergreifender Aufruf zur Einigkeit, den er an seinem Geburtstag erlassen hat, bald Gehör finden und möge im Inland und im Reichstage Wildenbruchs herrliche Mahnung die Herzen ergreifen:

> Jetzt ist nicht Zeit zum Wühlen,
> Nicht Zeit für die Partei,
> Jetzt ist es Zeit, zu fühlen,
> Daß e i n s das Größte sei:
> Das Land, aus dessen Schoße
> Uns Leib und Geist erstand,
> Das heilige, das große,
> Das deutsche Vaterland!

Ich besichtige vom 15. Oktober ab die Truppen der 20. Inf.-Division, stelle fest, daß es der Division stark an Offizieren mangelt, daß von 1914 her fast kein Mann mehr in der kämpfenden Truppe ist und daß diese für Ruhe und Ausbildung zum Zusammenschweißen des nunmehr eintreffenden jungen Ersatzes dringend der Schonung bedarf; ich beschließe daher, die Division in den nächsten Wochen in jeder Beziehung, namentlich auch in bezug auf Stellungsbau der Reservebataillone und auf größere Besichtigungen vollkommen in Ruhe zu lassen.

Gott sei gedankt, der Himmel meint es gut mit Deutschland: bei herrlichem Erntewetter gedeihen Kartoffeln, Obst und Wein, in den meisten Gegenden auch die Kornfrucht. So ist jede Gefahr der Aushungerung beseitigt.

Aber, ehrlich gestanden, ich fühle mich im Grunde meines Herzens doch wieder recht unbefriedigt. Zwar geht mein persönlicher Ehrgeiz nicht etwa so weit, daß ich meinetwegen einen schweren Angriff gegen meine Front herbeiwünschte; dazu tun mir meine Truppen, die alle schon genug durchgemacht haben, viel zu leid. Aber ich finde, daß Stillstand, sobald er längere Zeit dauert, auch für den Führer Rückschritt bedeutet. Nicht, daß ich ein sorgenloses Leben hätte: die Verhältnisse auf meinem rechten Flügel bei Chérisy-Fontaine und am Vert-Wald sind nach wie vor gespannt und die dort eingesetzten Divisionen müssen bei täglichen Verlusten immer auf überraschende und gefährliche Teilangriffe gefaßt sein. Aber ich habe keine Mittel, um zu helfen und diesen Zustand zu bessern — es wird uns an Truppen und Fliegerreserven immer mehr für Flandern und sonstwohin weggenommen. Das Studium des mir gerade in die Hände gefallenen Werkes Schopenhauers: „Über die Nichtigkeit des Daseins" wirkt auch nicht gerade erhebend. Dazu kommt Nebelwetter.

Leider ist auch eine offene, Anregung bietende Aussprache über innerpolitische Verhältnisse innerhalb meines Stabes nicht möglich. Ich muß derartige Gespräche seit längerer Zeit grundsätzlich als nutzlos und die Harmonie störend ablehnen und zwar wegen der ganz einseitigen Auffassung einzelner älterer konservativ gerichteter Herren des Stabes, die in jeder Kritik der bestehenden Verhältnisse, selbst in der des preußischen Wahlrechts, eine süddeutsch-demokratische, ja republikanisch-revolutionäre Gesinnung erblicken und völlig unbelehrbar sind. Freilich ist dies eine unerfreuliche und auch nicht unbedenkliche Erscheinung, die mir aber auch von anderer Seite bestätigt wird.

Ende Oktober notiere ich in mein Tagebuch: „Arm an eigenen militärischen und sonstigen höheren, auch an poetischen Gedanken." Das ist also schon wieder der Anfang der „Stellungskriegskrankheit". Sie darf nicht aufkommen. Ich gebe mir daher einen kräftigen Ruck. Oder eigentlich zwei.

Caesar

Zuerst einen „poetischen", indem ich nachstehende Knittelverse hinwerfe.

Im ruhigen Stellungskrieg als kommandierender General

Dieses ist mein Lebenslauf:
So nach sieben Uhr steh' ich auf,
Mülleré im Hemde flüchtig,
Wasche und rasier' mich tüchtig,
Dann im leichten Negligé
Trink ich friedlich den Kaffee
Ganz behaglich, ohne Eile —
Neun Uhr ist es mittlerweile.
Morgenvortrag folgt jetzt,
Dabei wird mir vorgesetzt,
Was an meiner Gruppenfront
Freund und Feind die Nacht gekonnt
So an Schießen, Stechen, Hauen,
Wie an Gasen, Blinken, Bauen,
Ferner was uns die Armee
Ließ — und n a h m zu unserm Weh!
Gleich nach dieser Seelenregung
Folgt des Körpers Fortbewegung
Bald im Auto und nach vorne,
Wo ich aus dem reichen Borne
Meiner Gräben, Sappen, Stollen
Einen Schluck nehm' aus dem Vollen,
Oder bei den höhern Stäben
Schöpfe neues Führungsleben,

Andremale hoch zu Rosse,
Neben mir der Reitgenosse,
Mein getreuer Adjutant
Aus dem bad'schen Nachbarland:
Über Bouchain oder Wahn (Wasnes)
Führt uns unsre Morgenbahn.
Komm ich heim dann, froh und frisch,
Sieh, da liegt auf meinem Tisch
Zu willkommener Lektür'
Schon der belgische Kurier —
Stets ist eine Schlacht gewonnen,
Unter „30 000 Tonnen"
Tut's der wackre „Läufer" nit,
Das vermehrt den Appetit
Bis um ein Uhr, nicht zu bald,
Unsre Frühstücksglocke schallt.
Im gemütlich kleinen Saal
Schmeckt mir unser Mittagsmahl,
Ob allein wir sind, was selten,
Oder ob wir andre Helden
Uns zu Gaste eingeladen,
Horchend ihren Ruhmestaten.
Aber nach dem Mittagsschmause
Folget sogleich ohne Pause
Auf dem grünen Billiard,
Ernstes Kämpfen, heiß und hart;
Aug und Hand wird hier geübt,
Bis der Grundherr sich ergibt,
Oder bis ich Rache schwor
Fürchterlich dem Garde du Corps.
An dem Schreibtisch sitz' ich dann,
Bis dem Hirn ich abgewann
Etwas, das der Truppe nütze,
Sie ermuntre, stütze, schütze,
Fällt mir aber gar nichts ein,
Nun, dann nick' ich auch wohl ein,
Aber nur für kurze Zeit —
Mit dem Stocke steht bereit
Zum Spaziergang, gleich vom Fleck
Freundlich Herr von Schönebeck:
Über Bouchain oder Wahn
Führt auch unsre Abendbahn,
Uns beschützet vor Gefahr
Cäsar — Fips, das Hundepaar.
Friedlich, bei der Lampe Schein,
Schreib' ich dann manch Briefulein,
An die Lieben, an die Freunde,
An die alte Kampfgemeinde.

Wenn die Glocke sieben schlägt,
Mich mein Fuß nach unten trägt,
Wo mit manchem kühnen Vorschlag
Wird gewürzt der Abendvortrag,
Bis wir trauernd festgestellt,
Daß uns fehlet — nicht das Geld,
Aber Truppen und Geschosse
Zu dem tapfern Schlag und Stoße —
Seufzend ich daher regier'
Meist mit Tinte und Papier,
Und in ähnlichem Betreff
Amten alle bis zum Chef.
Nach so vieler Müh' indessen
Ist es Zeit zum Abendessen,
Festlich ist der Saal erleuchtet
Und so wird auch angefeuchtet
Pellkartoffel, Klops und Blonz
Mit dem guten Wein aus Mons,
Während üpp'ge Junggesellen
Manchmal Schaumwein sich bestellen.
Nach dem Essen wird geplauscht,
Samstags der Musik gelauscht,
Die im Solo oder Chor
Labet unser Herz und Ohr.
Häufig mess' ich mich nochmal
Ernstlich in dem Billardsaal
Mit dem Ehrgeiz des Rivalen
Um die Kugeln zu bezahlen,
Die wir uns für teures Geld
In der Nachbarstadt bestellt.
Nun ist's elf — drum gute Nacht,
Wenn der Heimat ich gedacht,
Steig' ich friedlich in mein Bette,
Denke, wenn's nur auch so hätte
Jeder Mann in meinem Korps,
Nehm' mir dann die Zeitung vor,
Namentlich die Auslandpresse,
Wo mit Liebe und Finesse
Wir geschildert als Barbaren,
Und nachdem ich dies erfahren
Wieder mal in guter Ruh',
Schließ' ich müd' die Augen zu —
Hoffend, daß, wenn ich erwacht,
Losbricht die Entscheidungsschlacht,
Die, anstatt zum Stellungskrieg,
Führt zu Tat und Schlag und Sieg —
Und zu solchem Friedensschluß,
Wie das Reich ihn haben muß.

Diese wahrhaftige Epistel lasse ich umdrucken und schicke sie anstatt eines Briefes Ende Oktober an meine guten Bekannten und Freunde, damit durch die zu erwartenden Echos der stockende Luftzug meines Briefwechsels mit einem Windstoß neu belebt wird. Für meine näheren Freunde füge ich noch hinzu:

> Plagt mich auch die alte Wunde
> Unbarmherzig Stund' für Stunde
> Als ein Nagel hinterm Ohr,
> Treu blieb doch mir der Humor,
> Der in solchen ruh'gen Zeiten
> Nöt'ger, als in Schwierigkeiten:
> Nichts ist schwerer zu ertragen,
> Als 'ne Reih' von Stellungstagen!

Die „poetische" Entladung hat aber offenbar auch den übrigen Boden meiner Seele etwas aufgelockert, und so wende ich mich Ende Oktober außerdem noch taktisch-strategischen Studien zu.

Um diese näher zu beleuchten, muß ich etwas ausholen. Schon im Frieden war ich fast der einzige deutsche Militärschriftsteller, der es in seinen Werken für dringend nötig erklärte, daß in der deutschen Armee nicht bloß der taktischen und strategischen Umfassung, sondern auch dem taktischen und strategischen Durchbruch die gebührende Aufmerksamkeit geschenkt werde. Dies hatte ich besonders in meinem Buche: „Die Führung des Armeekorps im Feldkrieg" betont und die Forderung aufgestellt, daß wir in unseren Dienstvorschriften und bei unsern Herbstübungen, namentlich bei den Kaisermanövern, den Durchbruch theoretisch und praktisch zu seinem Rechte kommen lassen. Und zwar sowohl in bezug auf Abwehr des feindlichen, schon vor dem Krieg von der französischen Armee eifrig geübten und empfohlenen Durchbruchs, als auch in bezug auf Durchführung des eigenen großen Durchbruchs, von dem ich mit Bestimmtheit voraussagte, daß er in den kommenden großen Entscheidungen eine weit größere Rolle spielen werde, als bisher bei uns angenommen und zugegeben wurde. Theoretisch hatte diese Anregung bei der bekannten reformfeindlichen und dünkelhaften Allwissenheit des damaligen preußischen Kriegsministeriums keinen Erfolg, denn zu Beginn des Krieges enthielten unsere Dienstvorschriften unglaublicherweise das Wort „Durchbruch" überhaupt nicht; dagegen waren vom Generalstab doch wenigstens einige dahin gehörende Übungen bei den Kaisermanövern angestellt worden.

Als nun zu Beginn des Jahres 1915 sich die deutsche und feindliche Heeresfront von der Nordsee bis zur Schweizergrenze frontal und starr derart gegenüberlagen, daß von einer Umfassung nirgends mehr die Rede sein konnte, reichte ich — noch als Verwundeter — im März 1915 der Obersten Heeresleitung eine Denkschrift ein. Ihren Inhalt kann ich nur andeuten: ich schlug für 1915 einen großen Durchbruch bei Albert vor, linker deutscher Flügel entlang der unteren Somme mit dem Ziel, die englische Front nach Norden hin aufzurollen, den Gegner teils ins Meer, teils in die befestigten Orte Dünkirchen, Calais und Boulogne zu werfen, diese dann einzuschließen und zu nehmen. Damit sollte vor allem der hartnäckigste und auch politisch gefährlichste

Gegner, der Engländer, zu Lande erledigt werden; dann sollte der große Schlag gegen das von der englischen Hilfe gänzlich abgeschnittene französische Heer erfolgen. Auf einen durchschlagenden und raschen Erfolg war meiner Ansicht nach damals zunächst gegen die Engländer deshalb zu hoffen, weil die sogenannte neue Kitchener-Armee in ihrem damaligen Ausbildungszustande nicht befähigt war, in größeren Verbänden im freien Felde zu kämpfen und weil ihre Ausstattung mit Artillerie und Munition noch recht bescheiden war. Die Denkschrift enthielt dann eingehende Vorschläge über die Technik des großen Durchbruchs, insbesondere auch über die Gliederung der Truppenverbände und die Befehlserteilung.

Diese Denkschrift wurde von dem damaligen Chef des Generalstabs des Feldheeres, dem General der Infanterie v. Falkenhayn, „mit großem Danke" entgegengenommen. Dabei blieb es aber. Die Oberste Heeresleitung entschloß sich bekanntlich für 1915 im Westen in der Hauptsache zur Defensive und im Frühjahr 1916 zum Angriff auf die französische Front bei Verdun; im Jahre 1917 dagegen hatten die Franzosen und Engländer die Initiative an sich gerissen und mußten sich in freilich vergeblichen großen Durchbruchsversuchen in Flandern, an der Somme und auf der südfranzösischen Front ab. Der Spätherbst 1917 aber brachte den großartigen Durchbruch der verbündeten Kaiserreiche durch die italienische Front.

Stabsordonnanz und Marstall

Nun scheint mir, nach dem glänzenden Gelingen des italienischen Feldzugs, der Zeitpunkt gekommen, wo wir für 1918 den letzten großen und entscheidenden Durchbruch vorbereiten sollten. Um mir hierüber selbst klar zu werden, schreibe ich folgendes nieder:

„Meine Auffassung der Lage ist die: Wir mußten befürchten, daß am Isonzo doch schließlich ein Unglück passierte, d. h. daß den Italienern ein Durchbruch mit den gefährlichsten militärischen und politischen Folgen gelang. Deshalb sagten wir den Österreichern: Wir helfen Euch, beseitigen mit Euch zusammen die ganze italienische Gefahr, tragen Euere Front womöglich bis an die Etsch vor, wodurch sie von 400 auf 100 Kilometer verkürzt wird. Gegenleistung von Euch: Festhalten dieser neuen Front unter Freimachen der deutschen Hilfskräfte. Ablösen und Freimachen weiterer deutscher Divisionen an der Ostfront und an der mazedonischen Front. All dies zu dem

Zweck, damit wir im frühen Frühjahr 1918 die nötigen Kräfte versammeln können, um die Engländer anzugreifen, zu durchbrechen und vernichtend zu schlagen und dadurch den Frieden zu erzwingen, von dessen Notwendigkeit bis dahin auch die gesteigerte Weiterarbeit unserer Unterseeboote die Engländer überzeugt haben wird.

Durchführung dieses Programms bis jetzt über alles Hoffen und Erwarten gut. Tödliche Schwächung der italienischen Kampfkraft, erhebliche Schwächung der französischen und englischen Westfront durch Abgabe von Führern, Truppen und Material an die neue italienische Front, der gegenüber die Österreicher nicht nur das gewaltige eigene, sondern auch ein gut Teil des erbeuteten italienischen Geschützmaterials aufbauen können. Dabei immer stärkere Auflösung der russischen Armee und, in Flandern, infolge des bewundernswerten Standhaltens der 4. Armee jedenfalls bis zum späten Frühjahr 1918 keine gefährliche Bedrohung unserer Unterseebootbasis Zeebrügge-Brügge. Englische Landungsversuche in Belgisch- oder auch Holländisch-Flandern oder auch auf Walcheren haben keine Aussicht mehr auf raschen durchschlagenden Erfolg. Die amerikanische Hilfe kann bis zum Frühjahr 1918 auf keinem Gebiet, weder zu Lande, noch in der Luft, ernstlich wirksam werden.

Ich nehme also an, daß unsere Oberste Heeresleitung sich auf diesen großen Durchbruch auf allen Gebieten rüstet. Die gewaltige Vermehrung unserer Luftstreitkräfte und unserer schweren Artillerie in diesem Winter ist im Gange. Eingehende Studien und Pläne dafür, wo und wie der große Durchbruch am besten ausgeführt werden soll, liegen sicherlich als „Sommerarbeiten" längst vor. Fehlt noch die Vorbereitung und Durchführung der Führer und Truppen für diesen Zweck. Letztere ist schwierig, da wir immer nur wenig Reserven hinter der Front haben und auch immer nur abgekämpfte und nur für kurze Zeit. Aber für das Frühjahr kann sich dies bessern — übrigens genügen vor dem entscheidenden Moment 1—2 Wochen. Die Freude der Truppe am Angriff wird das Übrige tun. Voraussetzung dafür ist freilich die geistige Vorbereitung und Durchbildung der Führer. Dazu sind F ü h r e r - D u r c h b r u c h k u r s e nötig. Bis März kann alles fertig sein — derart, daß die Aussicht auf das Gelingen des Durchbruchs mit seinen erhofften Folgen nach menschlicher Voraussicht gewährleistet ist, zumal der Engländer, nach Zahl und Nerven stark geschwächt durch den schweren Flandernkampf, unser vereinigtes höllisches Trommel-, Brisanz- und Gasfeuer schwerlich aushalten wird und als die englischen Führer und Truppen, einmal ernstlich durchbrochen, in dem dann einsetzenden Bewegungs- und Operativkrieg infolge mangelnder Schulung und Erfahrung versagen werden.

Militärisch wäre demnach unsere Lage durchaus gut, ja voll hoher und höchster Aussichten auch in außerpolitischer Hinsicht. Bleibt das Innerpolitische. Auf diesem Gebiet steht es ernst — aber nicht bloß bei uns, sondern überall. Von „Brechen" ist jedoch bei unsern Gegnern eher die Rede als bei uns. Aber wir brauchen für den hoffentlich letzten großen und entscheidenden Schlag den vollen inneren Frieden und die Unterstützung des ganzen deutschen Volkes — diese auch in dem Sinne, daß unsere zum aussichtsreichen, aber natürlich selbst beim schönsten Gelingen immerhin opfervollen Schlußkampf angesetzten Truppen die Gewißheit haben, ihr militärischer Sieg über den Gegner werde auch in dem dadurch erkämpften Frieden politisch genügend ausgewertet werden, also nicht fruchtlos sein. Dies durchzusetzen ist Graf Hertlings schöne, aber schwere Aufgabe; ich traue ihm die dazu nötige geistige Kraft, Erfahrung, Geschicklichkeit und Geschmeidigkeit zu und glaube auch, daß ihm seine Aufgabe wesentlich erleichtert werden wird durch die infolge der italienischen Siege stark gehobene Volksstimmung und durch die Zugeständnisse, die bei Bethmanns und Michaelis Abgang fast allen politischen Parteien in bezug auf Mitwirkung an der Regierung und auf künftigen innerpolitischen Ausbau der Volksvertretung gemacht worden sind.

Um zum Militärischen zurückzukehren, so denke ich mir den großen Durchbruch ausgeführt über die Linie Lille—Arras mit dem großen Ziele St. Omer.[1]) Je nach der Wahl der Durchbruchsstelle dort ein möglichst schneller, in der Hauptsache durch Nachtmärsche herbeigeführter überraschender Aufmarsch, die Artillerie in grundsätzlich nicht vorbereiteten und nicht ausgebauten Stellungen (z. B. bei Lille), — vorhergehend und gleichzeitig an anderer Stelle (z. B. bei Arras) ein mit großen Scheinmitteln geschickt und täuschend durchgeführter Scheinaufmarsch."

Der Grundgedanke meiner Ausführungen ist also der jederzeit von mir vertretene: wir müssen immer wieder und ohne Aufhören auf die Engländer losschlagen, ihnen so viel Verluste zufügen, als nur möglich, sie dadurch nie zur Ruhe und vollen Kräftigung kommen lassen und sie von den Franzosen trennen; wenn aber dies nicht im ersten Ansturm gelingt, sie doch derart bedrängen, daß sie starke französische Hilfe brauchen. Dadurch wird auch die Angriffskraft der Franzosen gelähmt und wird eine in jeder Hinsicht militärisch und politisch für die Entente schädliche starke Vermischung der englisch-französischen Verbände erzielt. Gegen diese Mischverbände kann uns aber ein zweiter großer Durchbruchsangriff den vollen Sieg bringen.

Ich schicke Abschriften meiner freilich nur privaten Ausarbeitung an Freunde und Kollegen und freue mich der mir alsbald ausgesprochenen Zustimmung. Auch an General v. Kuhl schicke ich die Arbeit.

3. November. Trotz alledem schleichen die Tage einförmig dahin. Wir kommandierenden Generale erfahren jetzt von oben über die große Lage fast nichts mehr; auch die so willkommenen Berichte über die Ereignisse an der Gesamtfront bleiben aus. So begrüße ich es als eine Abwechslung, daß heute acht Reichstagsabgeordnete unsere Gäste sind, die sich tagsüber Stellungen, Quartiere und Wohlfahrtseinrichtungen angesehen haben. Ich sitze zwischen einem konservativen Landrat und Kriegsteilnehmer von 1870/71 und einem

---

[1]) Siehe die Übersichtsskizze 3 nach Seite 360 (zum rechts herausklappen).

sozialdemokratischen Gewerkschaftssekretär und bin nach Tisch beim Glase Bier von zwei pfarrlichen Zentrumsleuten, einem Freikonservativen, Nationalliberalen, einem Fortschrittler und einem Sozialdemokraten umgeben. Die Herren sind befriedigt von dem, was sie gesehen und erlebt haben und unsere trotz aller guten Absichten doch immer wieder auf das politische Gebiet abschweifenden Gespräche verlaufen so friedlich, wie ich es für die Reichstagsverhandlungen wünschte.

4. November. Nachricht vom Heldentode des württ. Generals v. Berrer, meines Brigadekommandeurs in Ludwigsburg, mitten im Siegeszuge auf Udine!

5.—11. November. Wir treten zur südlich anschließenden 2. Armee v. d. Marwitz über. Der Armeeführer der 6. Armee, General v. Quast, verabschiedet sich mit den dankbar von uns empfundenen Worten, daß die Gruppe Arras seit April 1917 den unerschütterlichen linken Eckpfeiler der 6. Armee gebildet habe. Wir scheiden alle ungern von der 6. Armee. Bei der neuen habe ich von Anfang an das Gefühl, daß der von mir schon früher des öfteren erwähnte Mißbrauch des Fernsprechers in voller Blüte steht. Daran scheint sich auch aus meinem Stabe ein Generalstabsoffizier beteiligen zu wollen, der fast seit Kriegsbeginn in der gleichen Stellung, sich allmählich eine nach allen Seiten hin, auch gegenüber der Truppe, unerträgliche Eigenmächtigkeit und Unfehlbarkeit angewöhnt hat. Ich bespreche die Sache sogleich ernstlich mit dem Chef und ordne die demnächstige Kommandierung dieses Generalstabsoffiziers — nach dem Urlaub des Chefs — in die Front an, der die Versetzung dorthin folgen soll. Das endlose Belassen solcher körperlich völlig rüstiger, unverwundeter Generalstabsoffiziere in den hohen Stäben macht ohnehin in der Armee mit Recht böses Blut.

Nun verläßt uns auch die 17. Res.-Division (General v. Mutius), die fast fünf Monate zur Gruppe gehörte und namentlich am Vert-Walde zahlreiche schwere Kämpfe zu bestehen hatte. An ihre Stelle tritt aus Flandern die 111. Inf.-Division. Es ist fast immer neblig; die wenigen Flieger, über die wir noch verfügen, können daher die feindliche Front nur sehr unvollkommen nach der Tiefe überwachen. Der Gegner verhält sich ruhig, nur die wunde Stelle am Tunnel von Fontaine bei der 240. Inf.-Division ist und bleibt unbehaglich. Im übrigen gilt aber unsere Front, ebenso wie die der uns links benachbarten Gruppe Caudry, zu der die Stadt Cambrai gehört, nach allen Eindrücken, Nachrichten und Maßnahmen allgemein als völlig ruhige Front.

18. November. Heute kündigt aber — freilich wie schon oft — ein irischer Überläufer einen baldigen feindlichen Angriff bei Fontaine an. Die 240. Inf.-Division trifft alle Gegenmaßregeln — die Gruppe ebenfalls, soweit sie dazu nach fast völliger Entblößung an Reserven in der Lage ist. Meldung nach oben.

Der Armeeführer, General v. d. Marwitz, besucht mit dem Armeechef, Major Stapf, zum dritten Male die Gruppe. Dieser dritte Besuch gibt mir vollends endgültige, aber freilich sehr unerfreuliche Klarheit darüber, in welch schlimmes dienstliches Verhältnis und Verhängnis ich geraten bin. Der Armeechef stellt unausführbare Anforderungen, indem er mit einem Daumenstrich auf der Karte den Neubau einer Infanteriestellung auf der von allen Seiten vom Feinde eingesehenen und mit Feuer beherrschten Höhe bei Fontaine verlangt und trotz unserer auf monatelanger Erfahrung beruhender, überzeugendster Einwände eigensinnig an seiner Meinung und unmöglichen Forderung festhält. Das Ergebnis ist natürlich wieder ein Papierbefehl mit all den vorauszusehenden schlimmen Folgen eines solchen: Unmöglichkeit der Ausführung; daher zunächst passiver Widerstand der Truppe; neuer Druck von oben, daraufhin Erscheinen der befohlenen Stellung als dünne Linie in der Stellungskarte, aber kaum in der Wirklichkeit; nach Feststellung dieser leidigen Tatsache durch die vom Generalkommando entsandten Offiziere stärkerer scharfer Druck von oben und Zwang zur Arbeit — als Endergebnis aber schwere Verärgerung der Truppe, unnötige Anstrengungen und Verluste und doch keine irgendwie verteidigungsfähige Stellung. Wie aber Auftreten und Ton des Armeeführers auf mich wirken, das geht aus den Worten hervor, die ich heute empörten und bekümmerten Herzens als Niederschlag eigener früherer, namentlich aber jüngster Erlebnisse und zugleich zahlreicher Aussprachen mit Kollegen zu Papier bringe: Zwei Krebsschäden nagen seit längerer Zeit an unserem Führungskörper. Der eine besteht in dem Mißtrauensverhältnis, das zwischen den Armeeführern und den kommandierenden Generalen vielfach eingerissen ist; Ausnahmen bestätigen nur die Regel. Dieses Mißtrauen äußert sich vor allem darin, daß den kommandierenden Generalen so wenig wie nur möglich von dem Zusammenhang der größeren Operationen mitgeteilt wird, derart, daß sie sich hierüber ein eigenes Urteil gar nicht bilden und abweichende Meinungen oder gar Vorschläge kaum vorbringen können. In bezug auf den Stellungskrieg reißt aber eine bis ins einzelne gehende Bevormundung ein, die um so schlimmer ist, weil sie vom grünen Tische her erfolgt und als dabei den Armeechefs eine bei ihrem Range als Stabsoffizier ganz unzulässige Machtvollkommenheit übertragen wird. Das Ergebnis ist immer weiter um sich greifende geistige Abstumpfung und bei manchen Generalen völlige Ergebung in einen für höhere Führer recht bedenklichen Kadavergehorsam. Gerade dieser wird aber gewünscht, obwohl dadurch die so nötige geistige Mitarbeit aller Kreise des Heeres unterbunden wird. Die Besuche der Armeeführer bei den kommandierenden Generalen nehmen daher immer mehr den Charakter von Überwachungs- und Bedrückungsversuchen an; von offener, freier, vertrauensvoller Aussprache ist so gut wie nie die Rede. Man sieht in den kommandierenden Generalen oben und ganz oben lediglich ausführende Organe der von ihnen kritiklos, oder richtiger gesagt, mit Bewunderung auf- und anzunehmenden höheren und höchsten unfehlbaren Anordnungen. Wer den Anschauungen und Anordnungen von oben widerspricht, ist ein „Frondeur"; wer von Schwierigkeiten,

Überanstrengung der Truppe, zu starken Verlusten, Räumung unhaltbarer Stellungen und dergleichen spricht, ist mißliebig und der Weichheit verdächtig. Selbständige Entschlüsse sind verpönt; sie werden grundsätzlich als unausführbar hingestellt, solange sie nicht genau in das Armeeschema — oder Armeechefschema — hineingezwängt sind. Leider übertragen aber auch manche kommandierenden Generale das gleiche Verfahren auf ihr Verhältnis zu den Divisionskommandeuren, wodurch auch deren Autorität und Dienstfreudigkeit leidet. All dies beeinträchtigt aber auch die Wahrhaftigkeit der Berichterstattung von unten nach oben immer mehr; denn wer Mißstände und Rückschläge meldet, bringt bei dem herrschenden System nicht nur sich selbst, sondern auch seine Truppe in Mißkredit. Alles soll so sein und verlaufen, wie oben erwünscht — dieses Gefühl wird man nicht mehr los.

Der zweite Krebsschaden ist die immer stärker um sich greifende Generalstabswirtschaft, d. h. die unter Mißbrauch des Fernsprechers hinter dem Rücken der Kommandeure geführte Nebenregierung durch die Generalstabsoffiziere. Diese Wirtschaft ist umso bedenklicher, als das Offizierkorps des Generalstabs infolge der langen Kriegsdauer mehr als gut verjüngt und verwässert ist, so daß es seinen Gliedern bis hinauf zu den Chefs oft stark an dienstlicher und Lebenserfahrung, sowie an der richtigen Einschätzung ihrer Fähigkeiten, Pflichten und Rechte fehlt. Trotzdem werden die wichtigsten taktischen Maßnahmen vom Armeechef bis herunter zum Generalstabsoffizier der Division entweder geradezu endgültig telephonisch abgemacht oder doch derartig eingefädelt, daß den Kommandeuren, wenn sie nachträglich davon erfahren, kaum etwas anderes übrig bleibt als Zustimmung. Selbstverständlich kämpfen alle selbständigen Naturen unter den Kommandeuren mit Nachdruck gegen diese gefährlichen Mißstände — ja manche entfernen sich sogar Tag und Nacht nicht mehr vom Fernsprecher; jedoch, da der Generalstabsverkehr von oben nicht nur begünstigt, sondern geradezu verlangt wird und da der Fernsprechverkehr in seiner Gesamtheit doch unfaßbar bleibt, so ist es ein aussichtsloser Kampf.

Das Mißtrauens- und Bevormundungssystem und die Generalstabswirtschaft erschüttern aber unweigerlich die Autorität der kommandierenden Generale und der Divisionskommandeure und nehmen ihnen zugleich die so nötige und wichtige innere Freude an der höheren Führung. Die Klage darüber ist allgemein. Denn es wird nicht nur der Anschein erweckt, sondern es wird geradezu offen zum Ausdruck gebracht, daß für den Erfolg oder Mißerfolg einer taktischen Handlung nicht der Kommandeur die ausschließliche Verantwortung trage, sondern in gleichem Maße, ja noch mehr, der Generalstabsoffizier. Nur aus diesem Gedankengange heraus ist es zu verstehen, daß bei mißglückten Unternehmungen mehrfach zwar der Generalstabschef einer Armee oder eines Korps, nicht aber der Armeeführer oder kommandierende General abgelöst wurde — ein Verfahren, das unter dem alten Kaiser und dem großen Moltke unmöglich gewesen wäre. Diese beiden Männer hielten sich nur an die mit aller denkbaren Autorität und allem Vertrauen ausgestatteten, aber auch mit der vollsten Verantwortung belasteten Kommandeure; der Generalstabsoffizier galt mit Recht lediglich als deren Gehilfe. Daß man bei uns diesem, in den Kriegen von 1866 und 1870/71, sowie auch zu Friedenszeiten und noch zu Beginn des Weltkriegs glänzend bewährten Grundsatz immer mehr untreu wird, das halte ich für geradezu verhängnisvoll. Der kommandierende General wird nicht mehr als geistige Stütze der höheren Führung, sondern nur noch als rein mechanische Klammer angesehen; ein Haus mit noch so zahlreichen Klammern, aber mit zu wenig starken Stützen muß jedoch im Sturm zusammenbrechen. Und niemals treten die oben erwähnten beiden Krebsschäden schlimmer auf, als in den kampflosen Zeiten; während der Schlachten selbst kann und will dann freilich dem kommandierenden General niemand mehr die Verantwortung an seiner Front abnehmen.

Diese Niederschrift erleichtert mich zwar innerlich ein wenig, aber sie ändert nichts an der Lage. Ich trage mich ernstlich mit Abschiedsgedanken und bespreche sie mit meinem ersten Adjutanten.

19. November. Ich begrüße durch Fernsprecher herzlich meine alte liebe 107. Inf.-Division, die heute, vom Osten her, bei Cambrai gerade neben meiner Korpsfront ausgeladen wird, wo sie sich an der ruhigen Front zum erstenmal an den Westkrieg gewöhnen soll.

20. November. Vorsichtshalber ist bei meinen beiden rechten Flügeldivisionen, der 111. und 240., von 1 Uhr morgens ab erhöhte Gefechtsbereitschaft angeordnet. Aber die Nacht verläuft ruhig.

Tankschlacht bei Cambrai[1]

20. November. Da plötzlich um 7 Uhr 30 morgens schlagartig einsetzendes, sehr starkes feindliches Feuer im ganzen Cambraibogen und bald darauf die Meldung, der Gegner sei mit starken Kräften an drei Stellen von etwa Kompagniebreite in die Tunnelstellung bei der 240. Inf.-Division, Generalmajor Müller, eingebrochen; zahlreiche feindliche Flieger haben den Angriff geleitet, der außerdem durch Nebelbomben verdeckt wurde. Gleichzeitig fand ein Angriff gegen meine linke Flügeldivision, die 20., statt, der aber bald als Scheinangriff mit Tanks aus Scheiben erkannt wurde. Ich fahre vor zur 240. Inf.-Division, berate, stütze, stelle an Reserven zur Verfügung, was von der 111. (Generalmajor v. Busse) gestellt werden kann und ordne sofortige Gegenstöße an. Bis Mittag ist ein Teil der feindlichen Stellung wieder genommen, so daß das Unglück nicht groß ist. Aber beim Nachhausekommen erfahre ich, daß die Engländer heute vormittag die ganze, noch schwächer als bei uns besetzte Front der Gruppe Caudry in einem gewaltigen Tankangriff (300—400 Tanks) nach kurzem Feuerüberfall unter

---
[1] Siehe Skizze Seite 337.

Nebelschutz überrannt haben und mit ihren vorderſten Teilen in einem Stoße bis in die ſüdweſtliche Vorſtadt von Cambrai, Fontaine=Notre=Dame, vorgedrungen ſind. Das iſt eine ſchlimme Überraſchung und Botſchaft! Ich ſchicke ſogleich aus eigenem Entſchluß zwei Bataillone der, Gott ſei Dank, völlig ausgeruhten 20. Inf.=Diviſion nach Inchy und in eine Stellung ſüd=

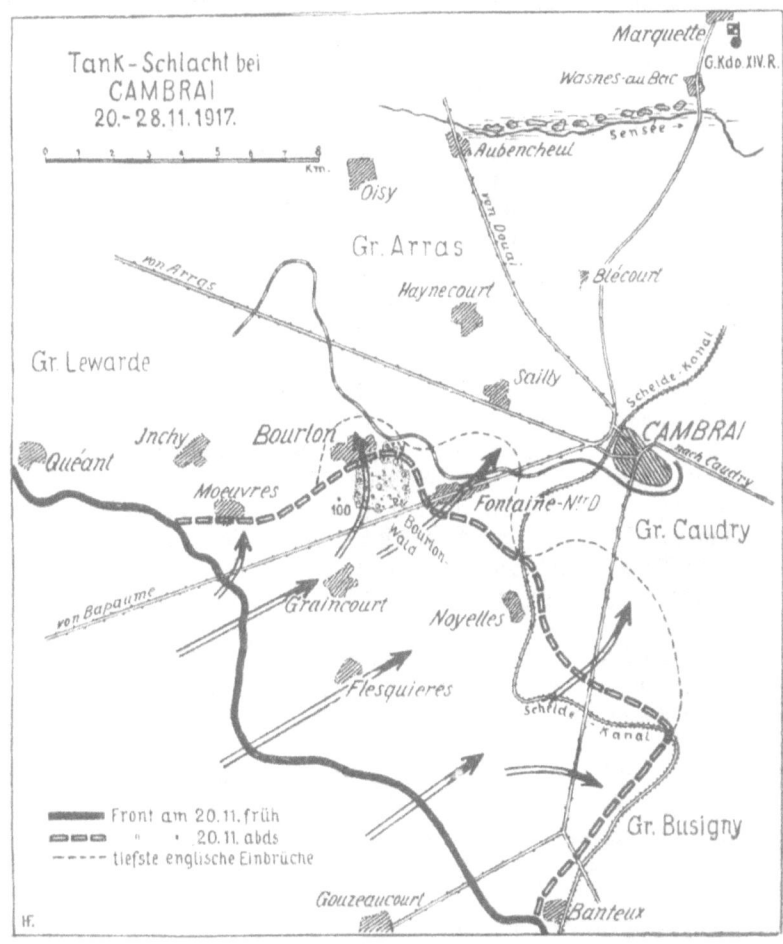

weſtlich des Bourlonwaldes, um eine Ausdehnung des großen Einbruchs auf meinen linken Flügel zu verhindern.

Zweifellos iſt diesmal der engliſche Großangriff ſehr geſchickt vorbereitet und angelegt und ſtreng geheimgehalten worden, ſo daß die Cambraifront ſelbſt und ebenſo Armee und Heeresgruppe völlig überraſcht wurden. Aber sogleich beginnen auch die sehr energischen Gegenmaßnahmen. Schon heute nachmittag treffen bei mir die ersten Transporte der 214. Inf.-Division, Generalmajor v. Brauchitsch, ein und für morgen sind mehrere Fliegerabteilungen in Aussicht gestellt. Immerhin ist die Lage sehr ernst. Das Wetter ist trübe und regnerisch.

21. November. Soviel ist klar: die Engländer, obwohl sie ihren Sieg mit allen Glocken einläuten, dürfen unter keinen Umständen ihr militärisches und politisches Angriffsziel Cambrai erreichen! Um dies zu verhindern, muß jeder Nerv angespannt werden. Mit der ruhigen Front ist's aber gründlich vorbei. „Tat und Schlag und Sieg" müssen überlegt und vorbereitet werden. Die Befehle von oben und nach unten und die Meldungen jagen sich; unser bisher so ruhiges Schloß wird zum Taubenschlag. Da der Chef des Stabes auf einem Gaskurs abwesend ist, übernehme ich einen Teil seiner Geschäfte und beziehe sein Arbeitszimmer.

Zunächst findet am Morgen wiederum ein englischer Angriff gegen den rechten Flügel der 240. Inf.-Division statt — er wird abgeschlagen. Auf die Wiedereroberung des Tunnels, der doch auf die Dauer nicht haltbar ist, verzichte ich im Einverständnis mit der Armee; unser Schwerpunkt liegt jetzt bei Cambrai. Um 1 Uhr mittags greift der Gegner mit starken Kräften die Linie Moeuvres—Bourlonwald an, der Angriff wird durch einen Gegenstoß der 214. Inf.-Division gerade noch aufgehalten. Er beweist aber, daß der Engländer mit aller Kraft über die Linie Moeuvres—Fontaine vorstoßen will, um in Cambrai auch von Norden her einzudringen. Ich lasse die Seenlinie Aubencheul—Wasnes durch rasch herangeführte Rekrutendepots sperren, — weitere Truppen sind heute noch nicht zur Hand —, aber sie rollen von allen Seiten heran. Der Führer des XVIII. Armeekorps, Generalleutnant Albrecht, trifft zur Orientierung in Marquette ein.

Nachmittags fahre ich im Kraftwagen nach der Straße Cambrai—Arras vor, um mir das Kampfgelände namentlich für die Bereitstellung von Stoßtruppen anzusehen. Schon reicht das englische Störungsfeuer bis tief in unsere Quartierorte herein; der stattliche Kirchturm von Haynecourt ist malerisch zerschossen. Starkes Feuer liegt auf dem Bourlonwalde, der mit seinen zwei Kuppen weithin die Gegend beherrscht und deshalb mit aller Sicherheit das nächste Angriffsziel der Engländer bilden wird. Auf der Rückfahrt nehme ich einen Verwundeten mit schwerem Kieferschuß mit und liefere ihn im Stabsquartier der 20. Inf.-Division in Blécourt ab. Abend und Nacht sind verhältnismäßig ruhig.

22. November. Ich erwache mit wahrer Führerlust; es ist jetzt auch wahrlich wieder der Mühe wert, hier zu befehlen. Von heute 6 Uhr vormittags ab ist mir außer meiner bisherigen Front Vert-Wald—Quéant auch noch die Verteidigung in der besonders gefährdeten Linie Quéant—Moeuvres—Bourlonwald (einschließlich) übertragen. Es gibt unendlich zu tun; mein Stab unterstützt mich vortrefflich. Ich sorge zunächst vor allem dafür, daß

die Verteidigung des Bourlonwaldes einem verantwortlichen Kommandeur übertragen wird. Der Kommandeur der 20. Inf.-Division, Generalleutnant Wellmann, übernimmt zu seiner bisherigen Front noch die Verteidigung der Linie Quéant—Moeuvres, gegen die 10 Uhr vormittags ein starker Angriff erfolgt; 1 Uhr nachmittags hat die in der Linie Moeuvres—Bourlonwald eingesetzte 214. Inf.-Division wiederum einen ebensolchen Angriff abzuwehren. Die mit der Bahn eintreffende 21. Res.-Division, Generalmajor Briese, wird mir als Eingreifdivision unterstellt; ich beantrage außerdem die Unterstellung der weiterhin noch anrollenden 3. Garde-Inf.-Division. Das feindliche Artilleriefeuer wird stärker und reicht bis Aubencheul. Neue Fliegerabteilungen treffen ein — ich lasse sie durch den Kommandeur der Flieger zu einheitlichem „Imponier"-Vorstoß einsetzen, um unseren durch die große feindliche Fliegerüberlegenheit bedrückten Truppen Luft und Freude zu machen. Dies gelingt unsern schneidigen Fliegern auch vollkommen. Aber auch sonst ist hunderterlei anzuordnen: Verbindung nach allen Seiten, Anfertigung von Skizzen der Stellungen und Unterstandsbauten in der uns bisher noch nicht unterstellten Front, rückwärtige Verbindungen, Nachschub von Munition und Verpflegung, Einrichtung von Lazaretten, Unterbringung der mit jeder Stunde neu eintreffenden Verstärkungsartillerie und der neuen Divisionen usw. Die Stunden fliegen — und ebenso unsere Anordnungen, der ganze Stab ist andauernd in lebhaftester Tätigkeit. Aber der Kampftag ist glücklich vorüber.

23. November. Ich verfüge heute über 6 Divisionen (111., 240., 20., 214., 21. Res.- und 3. Garde-Inf.-Division); außerdem ist aber meine Artillerie auf der Kampffront auf mehr als 200 Geschütze angewachsen, ebenso meine Fliegerabteilungen auf 7. Damit kann man weiter arbeiten — aber es wird heute auch ein besonders schwerer und kritischer Tag. Der Engländer hat neue Kräfte an die Front Moeuvres—Fontaine-Notre-Dame herangeschoben, verstärkt sein Artilleriefeuer und verdoppelt seine Fliegerangriffe — offenbar will er heute den Durchbruch an dieser Stelle erzwingen. Der von mir telegraphisch zurückberufene Chef trifft ein. Ich verlege mein Arbeitszimmer, oder eigentlich richtiger gesagt meinen Gefechtsstand, in das Musikzimmer des Erdgeschosses inmitten des arbeitenden Stabes, wo ich jederzeit erreichbar bin. Vortrag reiht sich an Vortrag, Entscheidung an Entscheidung. An zwei Stellen bricht der Gegner mit wildem Ungestüm vor: vormittags bei Moeuvres, um das mit wechselndem Glück scharf gekämpft wird, mittag in wiederholten Angriffen gegen den Bourlonwald, am Spätnachmittag nochmals bei Inchy. Sein Angriff gegen den Bourlonwald ist von zahlreichen Tanks begleitet; dort wird bis in die späte Nacht hinein erbittert gekämpft. Teile der 3. Garde-Inf.-Division, Generalleutnant v. Lindequist, werden eingesetzt; gegen Abend ist aber der weit überlegene Gegner mit Infanterie, dabei zahlreiche Maschinengewehre und mit einer größeren Anzahl Tanks tief in den Bourlonwald und bis ins Dorf Bourlon eingedrungen.

Ein schneidiger Gegenstoß wirft ihn wieder aus dem Nordteil des Waldes in dessen Mitte zurück; auch das Dorf Bourlon wird wieder genommen. Das Schloß mit seiner englischen Besatzung wird ringsum umzingelt. Heldentaten geschehen auf der ganzen Front; zahlreiche Tanks liegen zerschossen vor dem Dorfe Bourlon und am Bourlonwalde. Die Verluste sind schwer, die Infanterie ist stark mitgenommen. Ein Glück, daß unsere Artillerie und unsere Flieger mehr und mehr das Übergewicht gewinnen — andernfalls wäre die Lage fast verzweifelt. Ich spreche den Truppen und Führern mit anerkennenden Worten Mut zu, lasse aber freilich keinen Zweifel darüber: über den Bourlonwald darf der Gegner auch morgen unter keinen Umständen hinauskommen! Gegenangriffe sind sogleich vorzubereiten. Mit ernsten Gedanken zu Bett, jedoch mit Vertrauen auf meine braven Truppen.

24. November. Noch in der Nacht erfahre ich zu meiner Freude, daß die pommerschen Grenadiere das Schloß von Bourlon gestürmt und den Engländer wieder tiefer in den Bourlonwald hineingeworfen haben, auch Moeuvres ist wieder in unserer Hand. Der Antransport der 3. Garde-Inf.-Division und der 21. Res.-Division ist beendigt; die Infanterie beider Divisionen steht schon größtenteils im Kampfe. Als neue Division trifft die 221. Inf.-Division, Generalmajor v. la Chevallerie, mit ihren Anfängen ein, außerdem unausgesetzt neue Batterien mit Bahn und Fußmarsch, ebenso Munition und weitere Flieger. Was hier die Heeresgruppe und die Armee in der raschen Zuführung von Verstärkungen aller Art auf der ganzen Front der Cambraischlacht leistet — denn ich schildere ja nur den Kampf um die in diesen Tagen besonders stark bekämpfte Nordfront des Cambraibogens —, das ist bewundernswert. Aber auch für die Gruppe gibt es alle Hände voll zu tun im Führen und im Organisieren. Es ist heute schon der fünfte schwere Kampftag. Vor allem muß jetzt ein einheitlicher Befehl gegeben werden über die Kampfgliederung und die Kampfaufgaben unserer Artillerie, die heute auf fast 300 Geschütze angewachsen ist. Ein bayrischer Artillerie-Regimentskommandeur, Frhr. v. Boitzheim, trifft ein. Dann ordne ich für alle Fälle an, daß der Bahndamm nördlich des Bourlonwaldes zur Verteidigung eingerichtet und mit Minenwerfern besetzt und daß an der großen Straße Cambrai—Douai durch Fällen der Pappelallee eine große Tanksperre errichtet wird.

Am Vormittag gehen erfreuliche Nachrichten von vorne ein. 50 Gefangene sind gemacht, eine Reihe von Tanks erbeutet. Aber am Nachmittag erfolgen wiederum mehrere schwere Angriffe gegen Inchy—Moeuvres und am Abend gegen 6 Uhr erhebt sich ein furchtbares Artilleriefeuer, das alle Scheiben des Schlosses zum Klirren bringt und ihm folgt ein großer, entschlossener Angriff gegen den Bourlonwald mit sehr starken Kräften, der von 30 Tanks begleitet ist und der den Gegner wieder bis in das Dorf Bourlon vordringen läßt. Gleichzeitig zahlreiche Bombenabwürfe im rückwärtigen Gelände, auch in Wasnes, zur Zeit, wo ich mit dem Kommandeur der 20. Inf.-Division Rücksprache nehme. Die Lage ist in hohem Grade kritisch;

Erbeutete Tanks

denn unsere Infanterie ist durch andauernden Kampf und durch die Strapazen — es ist stürmisches, kaltes Wetter — sehr erschöpft, Führer und Truppen. Energische Maßnehmen sind notwendig. Wir werfen alles, was erreichbar ist, mit Fußmarsch und mit Kraftwagenkolonnen nach dem Bourlonwald vor; der Kommandeur der 3. Garde-Inf.-Division übernimmt dort den Befehl. Ich ordne einen Nachtangriff gegen das Dorf und einen sich daran anschließenden Frühmorgenangriff gegen den Wald von Bourlon an, um unter allen Umständen zu verhindern, daß der Gegner sich nördlich des Bourlonwaldes festsetzt. Denn nahe hinter dem Bahndamm stehen rund 50 deutsche Batterien, die bei einem feindlichen Durchbruch verloren wären. Nachts um $1/_2 1$ Uhr spreche ich nochmals mit großem Ernst telephonisch mit allen die vordere Linie befehligenden Divisionskommandeuren und überzeuge mich davon, daß meine Anordnungen zum unbedingten Festhalten der Front Moeuvres—Bourlonwald und zum entschlossenen Vorstoß über Dorf und Wald Bourlon richtig aufgefaßt und vorbereitet sind. Damit habe ich alles in meiner Macht Stehende getan. Ich weiß, daß in ganz Deutschland auf Grund unserer Heeresberichte alle Augen auf den Bourlonwald und die dort drohende Durchbruchsgefahr gerichtet sind, daß also mein Name mit einem Mißgeschick an dieser Stelle dauernd verknüpft sein würde. Mit ernster Sorge sinke ich daher doch heute in den Schlaf.

Großartig, wie heute unsere Flieger, dabei auch die Jagdstaffel Richthofen, trotz des Sturmwetters gearbeitet und unsere Infanterie im Kampfe unterstützt haben!

25. November. In den Nachtkämpfen haben unsere Truppen den Engländer wieder aus Bourlon und aus dem Nordteil des Bourlonwaldes herausgeworfen. Gott sei Dank! Ich schlage den Regimentskommandeur, Oberst v. Paszensky, der die Angriffe leitete, zum Pour le mérite vor — er erhält ihn auch. Engländernester in dem Dorfe Bourlon werden in wilden, blutigen und mitleidslosen Nahkämpfen gesäubert. Aber der zähe Engländer gibt nicht nach, sondern setzt zu neuen Angriffen gegen den Bourlonwald an. Auch heute beherrschen unsere Flieger trotz des erneuten Sturmwetters wieder das Kampffeld und melden rechtzeitig den Vormarsch von 40 Tanks von Flesquières auf Graincourt. Das ist ein gefundenes Fressen für unsere Artillerie — sie stürzt sich mit wütenden Feuerwellen darauf, zertrümmert einen Teil und zwingt die andern zur Umkehr. Bis zum Abend sind 300 Gefangene abgeliefert von vier verschiedenen englischen Divisionen, hinter denen nach allen Aussagen noch weitere bereitstehen. Aber wir sind seit heute nachmittag beim Generalkommando fast außer Sorge: wir haben das sichere Gefühl, der Engländer kommt nicht mehr durch!

Mittags übernimmt die neu eingeschobene Gruppe Lewarde (XVIII. Armeekorps) den Befehl über meine beiden rechten Flügeldivisionen, die 111. und 240., eine angenehme und allmählich auch notwendige Entlastung für uns. Außerdem trifft ein Armeebefehl ein, wonach auf höheren Befehl alle Vorbereitungen zu treffen sind für einen in den nächsten Tagen aus dem ganzen Cambraibogen heraus zu führenden großen Gegenangriff. Das gibt — neben Fortführung der Verteidigung — tüchtig zu überlegen und zu tun; aber es ist auch kaum eine ernstere und dabei reizvollere Führertätigkeit zu denken.

Zunächst muß ich allerdings in erster Linie daran denken, meiner immer müder werdenden Infanterie so viel zu helfen, als ich kann. Ich schicke Offiziere des Stabs zu allen Divisionen, um nach den Wünschen der Truppe zu fragen. Daraufhin fahren Lastkraftwagenkolonnen mit Munition und Handgranaten, aber auch mit Getränken, Speck, Zucker, Brot, mit wollenen Decken und auch solche mit rasch aufstellbaren Baracken nach vorne.

Ich stelle den Antrag, daß der Gruppe Arras für den Gegenangriff noch die bei Gruppe Lewarde eingetroffene 49. Res.-Division und die in der Linie Fontaine-Notre-Dame—Noyelles in Stellung liegende 119. Inf.-Division unterstellt wird.

26. November. In der Nacht wieder Kämpfe im Bourlonwald. Nachmittags Handgranatenkämpfe südlich Inchy; abends wiederum starker englischer Angriff gegen das Dorf Bourlon und die Waldstücke östlich davon. Abgewiesen! Beiderseits rege Artillerie- und Fliegertätigkeit. Der Gegner scheint abzulösen; Gefangene sagen aus, daß die 40. englische Division fast aufgerieben ist. Weitere Artillerie trifft bei uns ein.

Im übrigen ist der heutige Tag bis spät in die Nacht hinein ausgefüllt mit den geistigen Vorarbeiten für den Angriff. Wenn es nach mir ginge, würde er baldmöglichſt, nämlich am 28. November, gemacht; denn mein artilleriſtiſcher Aufbau für den Angriff iſt bis zum 27. November abends fertigzuſtellen, für meine arme Infanterie aber iſt jeder weitere Tag des Ausharrens in der Defenſive gegenüber dem an Zahl überlegenen, im Angriff immer weiter bohrenden Gegner eine ſchwere Zumutung. Schon muß heute die 214. Inf.-Diviſion aus der vorderen Linie herausgezogen und dort durch die 21. Reſ.-Diviſion erſetzt werden. Aber wir erfahren im Laufe des Tages, daß die Angriffsvorbereitungen bei den ſüdlich anſtoßenden deutſchen Nachbargruppen nicht vor dem 28. November abends beendigt ſein können; die Armee ſetzt daher den Angriff auf den 29. November feſt. Alſo müſſen wir noch zwei Tage lang aushalten. Keine geringe Verantwortung für uns!

Viel Zeit zum Nachdenken und gar Nachgrübeln darüber haben wir nicht. Alle unſere Gedanken ſind darauf gerichtet und damit beſchäftigt, wie wir unſere Infanterie und unſere Artillerie am zweckmäßigſten für den Angriff gliedern. Das Angriffsgelände iſt uns ja freilich inzwiſchen durch die Kämpfe der letzten acht Tage genau bekannt geworden. Aber es ſind doch ganz außergewöhnliche Schwierigkeiten zu überwinden. Sie liegen zunächſt ſchon in der Zahl und Stärke der mir für den Angriff unterſtellten Truppen, nämlich 7 Diviſionen (in der Reihenfolge von rechts: 49. R., 20., 21. R., 214., 221., 3. G., 119.) und 508 Geſchütze (118 ſchwere, 390 leichte) mit einer Verpflegungsſtärke von rund 130 000 Mann. Es fährt mir durch den Kopf, daß dies, in bezug auf Diviſionen und Geſchütze, faſt genau die gleiche Truppenzahl iſt, wie die der deutſchen Truppen in der Schlacht bei Wörth am 6. Auguſt 1870 — ein erhebendes Gefühl und zugleich ein Beweis für die ins Ungeheure geſteigerten Verhältniſſe dieſes Krieges. Ein Bearbeiter nach dem andern hält mir Vortrag — Angriffsſtreifen, Breiten-, Tiefengliederung, Angriffsziele der Infanterie, Aufſtellung, Gliederung, Aufgaben der Feld- und ſchweren Artillerie; Aufgabe für die mir unterſtellten elf Fliegerabteilungen, Verbindungs- und Meldeweſen, Nachſchub jeder Art, Fürſorge für die Verwundeten und vieles andere. Auf Grund meiner Entſcheidungen werden ſodann noch in der Nacht vom 26. zum 27. November die Gruppenbefehle für den Angriff ausgearbeitet und umgedruckt, denn ſie müſſen ſo ſchnell wie möglich den Diviſionen zugehen, damit dieſe noch genügend Zeit haben, um ſie durchzudenken, mit den Unterführern zu beſprechen und um dann ihre eigenen Anordnungen zu treffen. Dabei müſſen alle dieſe Befehle nach unten hin möglichſt lange geheim gehalten werden. Ich habe als Deckwort für den Angriff das Wort „Sturmflut" beſtimmt. Beim Zubettgehen darf ich Leſſings Ausſpruch auf mich und meinen ganzen Stab anwenden: „Seines Fleißes darf ſich jedermann rühmen." Vorher aber hatte ich noch die Freude, beim Abendeſſen Rittmeiſter v. Richthofen bei mir zu ſehen — bei all ſeiner Berühmtheit ein vorbildlich beſcheidener und liebenswürdiger Gaſt und Geſellſchafter, der uns mit ſchlichten Worten als das ganze Geheimnis ſeiner Erfolge den feſten Entſchluß bezeichnet, beim Luftkampf dem Gegner ſo nahe auf den Leib zu gehen, daß er moralisch gepackt und dann vom Maschinengewehrfeuer mit Sicherheit getroffen wird. Also auch in der Luft die gleichen Angriffsgrundsätze wie auf der Erde! Als unser erster Adjutant zu ihm nach Tische bemerkt, er, Richthofen, habe aber jetzt das Seinige geleistet und könne sich künftig auf die wichtige Aufgabe beschränken, den Nachwuchs auszubilden, antwortete er, nicht ganz ohne Bitterkeit: „Ich gehöre nicht zu denen, deren Hauptbestreben es ist, den Krieg zu überleben und ihr kostbares Ich der Nachwelt zu erhalten."

27. November. Der achte Kampftag und nochmals welch schwerer Tag! Ich erwache schon gegen 7 Uhr, noch bei voller Dunkelheit, durch heftigsten Kanonendonner: ein großer Angriff ist im Gange gegen die Mitte meiner Front; die dort eingesetzte 21. Res.-Division und 221. Inf.-Division schlagen ihn, unterstützt durch unsere Artillerie, in hartem Kampfe ab. Aber gleichzeitig greift der Engländer mit starker Infanterie und mehr als 30 Tanks wiederum den Bourlonwald an, wirft die stark ermüdete, ja erschöpfte Besatzung an dessen Nordrand zurück, nimmt einen Teil des Dorfes Bourlon und dringt gegen Mittag bis gegen den Bahndamm nördlich des Waldes vor! Und links von uns geht bei der Nachbargruppe Caudry Fontaine-Notre-Dame verloren! Das ist der Durchbruch!

Aber wir haben die Nerven nicht verloren, wie die Engländer offenbar gehofft hatten. Ich lasse den Bourlonwald von allen Seiten unter das stärkste und schwerste Artilleriefeuer nehmen und abriegeln — selten habe ich eine solche Kanonade gehört! Gleichzeitig stürmen unsere sämtlichen Schlachtflieger gegen den Bourlonwald und auf Fontaine vor; außerdem schicke ich mit Fußmarsch und Kraftwagen mehrere Reservebataillone der 221. Inf.-Division zur Unterstützung der am Bourlonwald schwer kämpfenden Truppen vor und befehle den sofortigen Gegenangriff; zugleich entsende ich zwei Offiziere des Generalkommandos dorthin zur mündlichen Berichterstattung über die Lage. Nun heißt es mit Ruhe und Geduld den Erfolg abwarten, der erst in einigen Stunden eintreten kann. Ich kann sagen, daß ich beides hatte — ja, ich fand Zeit und Lust, nach Hause und an drei Freunde kurze fliegende Blätter über unsere Kämpfe zu schicken und zwei Ordensvorschläge zum Pour le mérite zu entwerfen für die beiden Divisionskommandeure, die nun seit dem 22. November den rechten und linken Flügel meiner Gruppenfront so tapfer verteidigt haben und sie gewiß noch weiter halten werden, die Generale Wellmann und v. Lindequist. Ich zweifle im Innern keinen Augenblick, daß ich beide Vorschläge morgen früh abschicken kann.

Und in der Tat, am späten Abend ist der Engländer, freilich erst nach blutigen, hin und her wogenden Kämpfen unter schwersten Verlusten auf der ganzen Linie wieder in den Bourlonwald hinein- und aus dem Dorfe Bourlon hinausgeworfen; ebenso ist auch von Truppen der Gruppe Caudry Fontaine im Sturm wiedergenommen. Ich bin vom tiefsten Dank erfüllt gegenüber meinen braven Truppen und spreche dies sogleich den beteiligten Kommandeuten durch den Fernsprecher aus. Noch in der Nacht müssen nun freilich die tapferen Truppen der 3. Garde-Division, die die Hauptlast des Kampfes getragen haben, abgelöst und durch solche der 221. Inf.-Division ersetzt werden.

Jetzt halte ich aber die Angriffskraft der Engländer doch für so erschöpft, daß wir morgen einen ruhigen Tag haben werden. Wir brauchen ihn aber auch, wenn wir noch Kraft für den eigenen Angriff am 29. November haben sollen!

Noch in der Nacht trifft die Mitteilung der Armee ein: Der Angriff muß, weil die Vorbereitungen bei den Nachbargruppen nicht früher zu erledigen sind, auf den 30. November verschoben werden! Wir sind sehr traurig; einzelne meiner Herren wollen sogar verzagen. Aber davon darf keine Rede sein. Wir wollen aus der Not eine Tugend machen und alles tun, um den zum Angriff am 30. November bestimmten Truppen am 28. und 29. November die möglichste Gelegenheit zum Ausruhen, zu guter Verpflegung und zur Ergänzung alles Fehlenden zu geben. Vielleicht hat der Engländer auch am 29. November noch nicht wieder die Kraft zu neuem großen Angriff gewonnen.

28. November. In der Nacht von gestern zu heute haben wir den Bourlonwald ausgiebig mit Gas beschossen, um dem Engländer den Aufenthalt dort gründlich zu versalzen. Tagsüber wird die Beschießung des Waldes mit Brisanz kräftig fortgesetzt. Im übrigen kommt es nur zu kleineren Zusammenstößen. Gefangene erzählen von starken Verlusten und von Ablösungen; 100 irische Gardisten marschieren an meinem Hauptquartier vorbei, stattliche, gut gewachsene Kerls, die auf das Kommando ihrer Unteroffiziere so stramme Ehrenbezeugungen und Marschbewegungen machen, wie sie nur durch langen Drill erzielt werden können. Also wozu das Gerede vom deutschen Militarismus! Von dieser Garde stechen die unansehnlichen Gefangenen der englischen 62. Division gehörig ab.

Aber der heutige Tag bringt noch eine ganz unerwartete und schwerwiegende Überraschung. Der Armeeführer teilt den in Caudry versammelten kommandierenden Generalen mündlich mit, daß der Angriff am 30. November von den Gruppen Caudry (General der Infanterie Frhr. v. Watter) und Busigny (General der Infanterie v. Kathen) um 9 Uhr vormittags, von meiner Gruppe Arras aber erst um 12 Uhr mittags auszuführen sei, und zwar in dem Gedanken, daß der Gegner durch den drei Stunden früher erfolgenden Angriff der Gruppen Caudry und Busigny veranlaßt werden soll, Truppen von der Front der Gruppe Arras wegzuziehen, wodurch deren Angriff erleichtert werde. Bei der Gruppe Arras soll die Bereitstellung der Angriffstruppen bei hellem Tageslicht durch die Erzeugung einer starken künstlichen Nebelgeschoßwand ermöglicht und der feindlichen Sicht verborgen werden. Freilich, da noch nirgends erprobt, gegenüber der übermächtigen feindlichen Flieger- und Ballonbeobachtung eine äußerst gewagte Anordnung; aber der Armeeführer befiehlt sie, ohne auch nur eine gründliche Aussprache darüber zuzulassen — ein neues, sprechendes und sehr bedenkliches Beispiel dafür, daß der von oben verlangte Kadavergehorsam geradezu System wird.

Der neue Befehl bedeutet für uns das völlige Umarbeiten sämtlicher eben erst erlassener Anordnungen für „Sturmflut", denn bisher war auch unser Angriff auf Bereitstellung der Angriffstruppen noch in der Morgendämmerung, auf kurze, kräftige Artillerievorbereitung und daran sich anschließendes Vorbrechen, also kurz gesagt, auf Überraschung aufgebaut. Jetzt muß die Bereitstellung und das Vorführen in die Sturmausgangsstellung bei Tage erfolgen; auch die artilleristischen Anordnungen ändern sich vollkommen, zumal wir zahlreiche und gerade die wirksamsten Batterien, die schweren Feldhaubitzen, für das Nebelschießen verwenden müssen.

Also sogleich an die neue Arbeit; es ist wahrlich keine Minute zu verlieren, denn die Divisionen müssen baldmöglichst im Besitz der neuen Befehle sein. Zunächst werden die Generalstabsoffiziere der Divisionen zusammengerufen und wird ihnen mündlich das Wichtigste mitgeteilt. Dann reiht sich wieder Vortrag an Vortrag. Nachmittags geht der schriftliche neue Armeebefehl für den Angriff ein. Seine erste Ziffer lautet: „Die Gruppe Arras hat sich in täglichen schweren Kämpfen gegen große Überlegenheit bisher behauptet, nur im Walde von Bourlon konnte der Gegner sich festsetzen." Der Angriff wird endgültig für 12 Uhr mittags befohlen bei der Gruppe Arras mit dem Zusatz: „soweit er noch möglich ist". Ja, das ist auch meine ernste Sorge; denn meine Truppen haben seit dem 20. November in neun Kampftagen fast Übermenschliches geleistet. Aber meine Hoffnung, der Angriff werde trotz allem auch bei meiner Gruppe möglich sein, beruht darauf, daß der Gedanke, endlich wieder einmal zur Offensive gegen den übermütigen Briten schreiten zu können, nicht nur die Führer, sondern auch die Truppen freudig bewegt. Und zwar umsomehr, als gerade jetzt wieder Frankreichs neuer Ministerpräsident, Clemenceau, ebenso Lloyd George und Wilson wie aus einem Munde ihre Prahlreden halten: Lloyd George will noch vor Weihnachten unbedingt Cambrai, Clemenceau ebenso unbedingt Quentin erobern!

Und dieses Geprahle gerade jetzt, obwohl aus dem Osten die Nachricht kommt, daß 22 russische Divisionen mit uns Waffenstillstand geschlossen haben, daß also die Zwangsklammer des Londoner Vertrags sich bedenklich gelockert hat.

Übrigens klatschten unsere englischen Gefangenen laut mit den Händen, als sie die Nachricht von dem Waffenstillstand mit Rußland erfuhren und ein gefangener englischer Offizier, ein Ingenieur, erzählte, es werde in den englischen Gräben von Offizieren und Mannschaften geradezu wütend auf den Kriegshetzer und Kriegsverlängerer Lloyd George geschimpft.

29. November. Am frühen Morgen nochmaliges kritisches gründliches Durchprüfen der in der Nacht fertiggestellten Befehlsentwürfe; dann werden sie von Offizieren des Stabes in Kraftwagen den Divisionen überbracht. Vorne sehr starkes Artilleriefeuer beiderseits — wir halten vor allem den

Bourlonwald andauernd unter starkem Feuer. 8 Uhr vormittags wieder ein feindlicher Vorstoß gegen unsere Mitte, der zwar abgewiesen wird, aber doch beweist, daß der Gegner immer noch an seinem Durchbruchsgedanken festhält.

12 Uhr mittags habe ich die mir für morgen unterstellten sieben Divisionskommandeure nach Schloß Marquette gebeten, um mit ihnen nochmals das Wesentlichste für den morgigen Angriff zu besprechen. Der Übergang aus der Defensive zur Offensive gehört bekanntlich zu den schwierigsten Aufgaben; er ist aber hier für uns aus mehreren Gründen ganz ausnahmsweise schwer. In erster Linie deshalb, weil unsere Infanterie von den vorangegangenen anstrengenden und verlustreichen Kämpfen und Strapazen in hohem Grade mitgenommen ist; deshalb mache ich besonders darauf aufmerksam, daß die Artillerie, die noch wenig gelitten hat, die Infanterie morgen auf das allernachdrücklichste bei der artilleristischen Sturmvorbereitung und beim Angriff selbst unterstützen muß. Freilich ist auch die Aufgabe der Artillerie beim Übergang von der Defensive zur Offensive nicht einfach — die größte Sorgfalt und das innigste In-die-Hand-Arbeiten der Batterien ist notwendig. Dann wegen der unvermeidlichen teilweisen Vermischung der Verbände; denn meine Angriffsdivisionen müssen über die Linie der Stellungsdivisionen hinweggehen, da sie ihrer Ermüdung halber nicht schon heute abend in vorderer Linie eingesetzt werden können und da die eine (die 49. Res.-Division) mir erst von heute abends 5 Uhr ab untersteht. Weiter aber auch deshalb, weil der uns an Infanterie zweifellos überlegene Gegner, falls er sich defensiv verhält, auf der Höhe 100, südwestlich des Bourlonwaldes, und auf der übrigen Front in den früheren starken deutschen Gräben mit den vielen Unterständen eine

Nach der Besprechung

Vorderste Reihe von links: Generalmajor Berger, Generalleutnant v. Mojer, Generalleutnant Wellmann. Mittelste Reihe von links: Generalleutnant v. Lindequist, Generalmajor v. Unger. Oberste Reihe von links: Generalmajor v. Briese, Generalmajor v. Brasstitsch, Generalmajor v. la Chevallerie

sehr starke Stellung hat; weil er aber, falls er morgen vor uns oder gleichzeitig mit uns zur Offensive übergeht, was sehr wohl möglich ist, zweifellos auch wieder mit zahlreichen Tanks arbeiten wird. Bei alledem ist daher die gegenseitige kameradschaftliche Unterstützung der Infanterie-Brigade- und der Divisionskommandeure unentbehrlich. Schließlich bleiben an dem kurzen Wintertage nur wenige Tagesstunden — kaum fünf — zur Lösung unserer Aufgabe, Zurückwerfen des Gegners auf Graincourt, übrig, deshalb ist rasches, entschlossenes Vorgehen nötig. Andererseits haben wir eine stark überlegene Artillerie und überlegene Fliegerkräfte. Davon habe ich auch den Mannschaften Kenntnis gegeben durch Ausgabe eines umgedruckten Gruppenbefehls, der noch heute abend bei allen Kompagnien und Batterien zur Belebung des Angriffsgeistes verlesen wird, nachstehenden Inhalts:

Gruppenbefehl.

„Morgen früh soll dem Gegner durch einen großen Vorstoß der 2. Armee der Rest gegeben und seine Hoffnung auf den Besitz von Cambrai genommen werden. Eine mächtige Artillerie wird den Angriff mit schlagartigem Massenfeuer vorbereiten und eine Feuerwalze vor ihm hertragen, starke Luftstreitkräfte werden ihn einleiten. — Das übrige wird, dessen bin ich gewiß, die brave Infanterie in flottem Ansturm besorgen, unterstützt durch die sie beim Angriff begleitenden und sie kameradschaftlich unterstützenden Feldgeschütze.

Vorwärts auf den Feind!   Der kommandierende General."

Ich habe die Genugtuung, daß meine am Schlusse der Besprechung an die Divisionskommandeure gerichtete Frage, ob noch irgend ein Zweifel über die Angriffsbefehle besteht, mit einem einstimmigen Nein beantwortet wird. Auch am Nachmittag des heutigen Tages kommt nicht eine einzige Anfrage. Das ist ein gutes Zeichen dafür, daß wir ordentlich und klar gearbeitet haben. Nun muß der Himmel und unser Soldatenglück — vor allem aber der Kampfmut der Truppe das Seinige tun.

Übrigens kann ich heute eine gewisse Erholung recht gut brauchen. In dem kleinen, meistens überheizten Zimmer, in dem ich den größten Teil der letzten acht Tage und Abende verbrachte, habe ich mir einen heftigen Schnupfen zugezogen und als recht unangenehme Nebenwirkung eine sehr starke Reizung meiner ohnehin beständig schmerzenden Halsnerven bis tief in die linke Schulter hinab; ich kann kaum noch den Kopf bewegen. Aber das Gefühl, in der Zeit vom 22. bis 29. November an einer so wichtigen und so hartnäckig bedrohten Front den feindlichen Durchbruch verhindert zu haben, hebt mich über alle körperlichen Beschwerden hinweg und erfüllt mich auch für den morgigen Tag mit voller Zuversicht.

Die abgelaufene Kampfwoche hat aber auch wieder die Aufgaben und den Anteil der oberen Führungen klar herausgestellt. Oberste Heeresleitung, Heeresgruppe und Armee haben die Kampfaufgabe gestellt, sowie die nötigen Truppen und Kampfmittel herangeführt und haben dadurch die wichtigen Unterlagen für den Kampf geschaffen. Die ganze Last der harten Kämpfe, die schwierige taktische Führung der nach Güte und Kampfkraft doch recht verschiedenen Divisionen und großen Artillerieverbände, die Überwindung der fast täglich eingetretenen persönlichen und sachlichen Krisen und die volle Verantwortung für den Kampfausgang lag aber doch, wie auch ganz natürlich, auf dem kommandierenden General. So durfte ich mich endlich wieder einmal als selbständige Stütze und Säule, nicht bloß als Klammer und Ambos fühlen. Auf die unmittelbar bevorstehende, besonders schöne Rolle als Hammer freue ich mich nun aber erst recht.

In der Nacht von heute auf morgen wird der Bourlonwald, an dem der Angriff der Gruppe Arras westlich vorbeizugehen hat, nochmals mit stärkstem Gas beschossen, um den dort eingenisteten Gegner weiterhin zu schädigen und zu lähmen.

Angriffsschlacht bei Cambrai[1]

30. November (bis 6. Dezember). Mit unendlicher Spannung — sowohl geistiger als auch körperlicher im Halse — wache ich auf; der Gegner hat sich in der Nacht ruhig verhalten; unsere Divisionen haben volle Gefechtsbereitschaft gemeldet. Also kann der Angriff auch auf meiner Front ausgeführt werden. Gott sei Dank!

Ich habe Nachrichtenoffiziere bei den beiden Nachbargruppen Lewarde und Caudry; mit den Divisionen, deren Stabsquartiere fast alle in den Marquette ganz nahe benachbarten Orten Wasnes au bac, Wavrechain und Bouchain vereinigt sind, besteht sichere Fernsprechverbindung; außerdem sind Flieger und Ballone zu häufigen unmittelbaren Meldungen an die Gruppe über den Verlauf des Tages angewiesen und ebenso die auf den beiden Beobachtungswarten der Gruppe im Angriffsgelände befindlichen Offiziere.

Der Angriffsplan der Armee ist in kurzem folgender: die Gruppen Busigny und Caudry sollen nach kurzer artilleristischer Feuervorbereitung 8 Uhr 50 vormittags aus der ungefähren Linie Vendhuille—Rumilly mit rund einem Dutzend Divisionen zum großen Vorstoße vorbrechen gegen die Linie Fins—Trescault. Drei Stunden später soll die Gruppe Arras mit fünf Divisionen westlich des Bourlonwaldes, mit einer östlich davon angreifen in allgemeiner Richtung Graincourt, während eine Division, die 3. Garde-Division, den noch im Besitz des Gegners befindlichen Bourlonwald umschließt und abriegelt. Der Zweck des Angriffs ist ein zwar begrenzter, aber doch ein doppelter: erstens der, den bis jetzt im Angriff befindlichen Gegner durch einen kräftigen Schlag wieder in die Defensive zu werfen und ihm dabei durch Wiedereroberung des Geländes südwestlich Cambrai jede Aussicht auf Wegnehmen dieser Stadt zu nehmen; und zweitens der, ihm bei dem überraschenden Vorstoß möglichst viel Beute an Gefangenen und Geschützen abzunehmen. Nach Lage der Verhältnisse erwartet die Oberste Heeresleitung naturgemäß den Haupterfolg von dem Vorstoß aus Osten, wo eine Anzahl frischer, bisher vom Kampfe nicht berührter Divisionen eingesetzt werden kann,

[1] Siehe Skizze Seite 350.

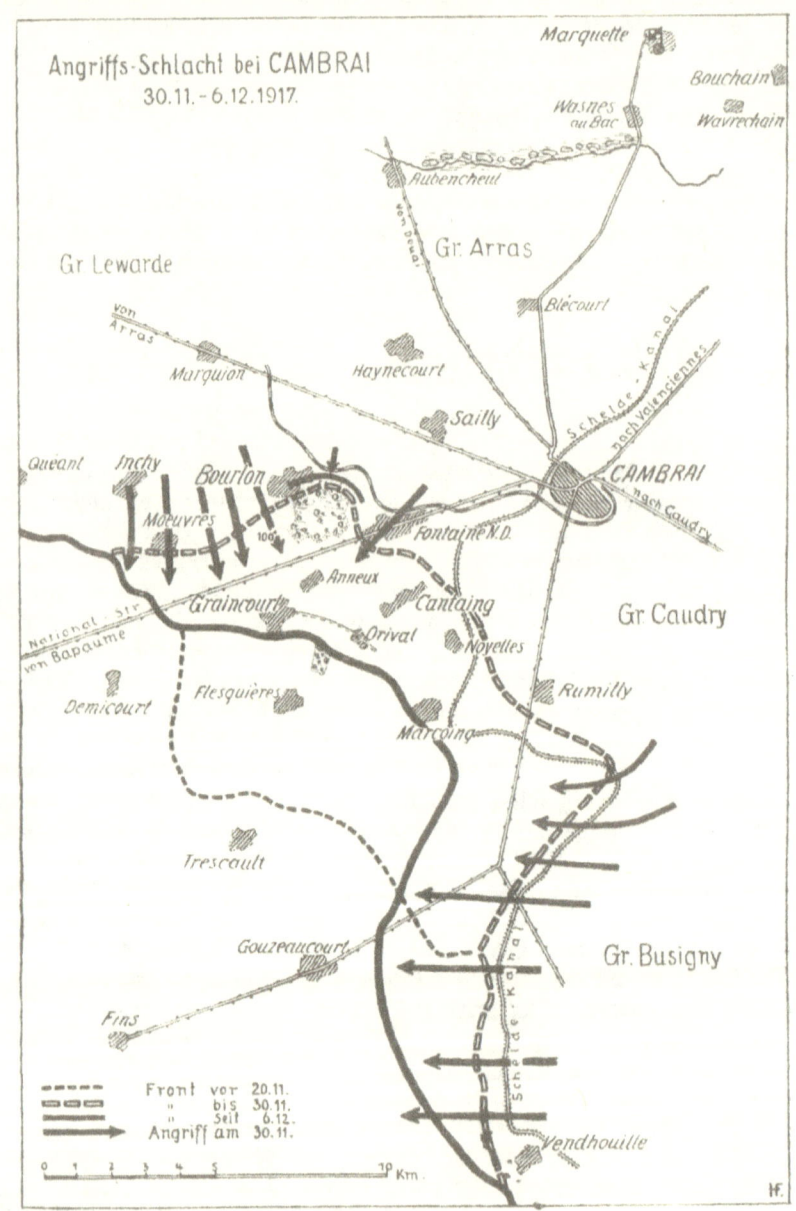

während der Nordstoß der Gruppe Arras den dort angetroffenen Gegner festhalten und nach Möglichkeit zurückdrängen soll.

Von 8 Uhr ab starker Kanonendonner im ganzen Cambraibogen. Um 9 Uhr sammeln sich meine noch nicht in vorderer Linie befindlichen Angriffsdivisionen, die 49. Res.-Division, 214. und 221. Inf.-Division, unter dem Schutze einer von meinen sämtlichen schweren Haubitzbatterien erschossenen, freilich keineswegs lückenlosen Nebel- und Rauchwand in ihren ersten Bereitstellungsräumen. Um 10 Uhr kommen die ersten Nachrichten, daß der Angriff bei den Gruppen Busigny und Caudry vorwärts geht; von da ab jagen sich die Meldungen den ganzen Tag. Gegen 11 Uhr berichten übereinstimmend alle Beobachter und auch der in das Angriffsgelände vorgefahrene General v. la Chevallerie, daß die Vorwärtsbewegung meiner Divisionen aus der ersten in die zweite Bereitstellung, die Sturmausgangsstellung, wie auf dem Exerzierplatz verlaufe, obwohl ein feindlicher Ballon unsere Schützenlinie entdeckt und starkes, verlustreiches Feuer auf sie gelenkt hat; denn die künstliche Rauchwand wurde, wie vorauszusehen war, vom Winde da und dort zerstreut. Ich bin in größter Versuchung, vorzufahren und mir diesen seit langer Zeit wieder ersten großen Angriff selbst anzusehen; aber die Pflicht hält mich an der Stelle zurück, wo alle Führungsfäden von vorne und seitwärts zusammenlaufen.

11 Uhr 20 ist die Sturmstellung erreicht und nun schwillt das Feuer meiner 500 Geschütze zum Orkan an. 11 Uhr 50 treten alle Divisionen gleichzeitig zum Sturm an; gleichzeitig erscheinen unsere Schlachtenflieger über unserer stürmenden Infanterie und wirken mit Maschinengewehrfeuer und mit Bomben gegen den Feind. Aber dieser wehrt sich verzweifelt und ist sehr stark. Trotzdem wirft die 20. Inf.-Division südlich Inchy ihren Gegner aus seinen ersten Stellungen, dem früheren deutschen ersten und zweiten Graben, die 21. Res.-Division dringt südlich Moeuvres vor, die 49. Res.- und 214. Inf.-Division werfen ihren Gegner in harten, mühsamen Kämpfen bis nahe an die Nationalstraße zurück; die 221. Inf.-Division erstürmt nach einem ersten abgeschlagenen Angriff nach 3 Uhr die wichtige und beherrschende Höhe 100 südwestlich des Waldes von Bourlon und drängt weiter nach; die 3. Garde-Inf.-Division riegelt den Wald von Bourlon nach Norden und Osten ab; die 119. Inf.-Division dringt bis zur Linie Fontaine—Nordostecke Cantaing vor.

Als gegen 5 Uhr die einbrechende Dunkelheit dem Kampfe ein Ende macht, ergibt sich aus den Meldungen und Gefangenenaussagen folgendes Bild:

Der Gegner hatte in der Nacht vom 29. zum 30. November neue Divisionen, die 2. und Teile der 47., in seine Nordfront eingeschoben, um den Angriff fortzusetzen. Daran hat ihn unser Angriff verhindert; daraus erklärt sich aber auch sein starker Widerstand. Trotzdem ist er auf unserer ganzen Front aus seinem vorderen Graben etwa einen Kilometer weit bis nahe an die Nationalstraße Cambrai—Bapaume unter den schwersten blutigsten Verlusten zurückgeworfen — außerdem sind schon jetzt 450 Gefangene und zahlreiche

Schützengraben auf Höhe 100 südwestlich Bourlon

Maschinengewehre, 2 Geschütze und 4 Tanks erbeutet. 1 feindlicher Fesselballon und 5 Flugzeuge sind vor meiner Front abgeschossen. Der Oststoß ist namentlich in Richtung auf Gouzeaucourt tief in die feindliche Stellung hinein gelangt mit reicher Beute an Mannschaften und Geschützen. So ist der 30. November ein glänzender Erfolg für die deutschen Waffen geworden, der der ganzen Welt die unerschütterte Angriffskraft des angeblich durch den langen Stellungskrieg völlig zermürbten deutschen Heeres vor Augen führte. Ich danke Gott und meinen bewundernswerten Truppen, daß ich diesen schönen Tag noch erleben durfte.

1. Dezember. Nachts 1 Uhr gehen die neuen Gruppenbefehle hinaus: wir müssen unsern Gegner durch weiteren Angriff gegen die Nationalstraße festhalten, damit der große Stoß von Osten her noch weiter vorgetragen werden kann. Zu weiterer Leistung reicht unsere Kraft nicht aus; denn auch unsere Verluste sind nicht leicht und es ist klar, daß die schon zum zweitenmal eingesetzte 214. Inf.-Division und die ganz abgekämpfte 3. Garde-Inf.-Division bald herausgezogen werden müssen. Aber es gelingt doch auch heute mit Hilfe der unermüdlich weiter arbeitenden Artillerie, den Gegner auf der ganzen Front weiter zurückzudrängen und ihm zahlreiche weitere Gefangene abzunehmen. Wir überschütten den Bourlonwald, Cantaing, wohin die freilich kaum noch angriffsfähige 119. Inf.-Division vorstößt, Anneux und Graincourt mit Massenfeuer und ebenso mit Fliegerbomben; die Verluste des Gegners müssen furchtbar sein.

Gruppe Caudry und Busigny bringen weiter vor, stoßen dann aber auf starken Widerstand.

Rund 500 neue Gefangene werden in Marquette eingebracht. Ich sehe sie mir an und finde zu meiner Freude die Meldung meines Vernehmungsoffiziers bestätigt, daß diesmal die Stimmung und das Verhalten der Gefangenen ein ganz anderes ist, wie in der Zeit vom 22. bis 27. November. Keine Spur mehr von dem damals zur Schau getragenen Übermut; im Gegenteil, Offiziere, Unteroffiziere und Mannschaften erklären übereinstimmend: wir haben genug, wir sind fertig, unsere Verluste, namentlich durch Maschinengewehre und Artillerie sind unerträglich, wir werden niemals nach Cambrai kommen! Die Offiziere bezeichnen jetzt den ganzen englischen Vorstoß auf Cambrai als unüberlegtes Unternehmen. Der deutsche Angriff hat die Engländer offenbar vollkommen überrascht — namentlich hielten sie anscheinend einen solchen von Norden her nach den Kämpfen der letzten zehn Tage für ganz ausgeschlossen, glaubten vielmehr, hier selbst weiter angreifen zu können. Sie sprechen sich übrigens sehr anerkennend über die Wucht unseres Angriffs aus. Sehr enttäuscht sind sie über ihre Tanks, die von unserer Artillerie fast ausnahmslos rasch gefaßt und zerschmettert, zum Teil auch von unseren Maschinengewehren erledigt wurden.

All dies ist sehr erfreulich zu hören. Abends marschieren Gefangene, munter pfeifend und singend, an meinem Hauptquartier vorbei. Froh, wenn auch mit gesteigerten Schmerzen, zu Bett.

Der Armeeangriff wird nicht weiter fortgesetzt, seine Zwecke sind erreicht; der Name „Cambrai" hat in der Heimat und bei unsern Gegnern einen ganz anderen Klang bekommen: unsere Heimat jubelt, in London herrscht nach früherem verfrühtem Siegesjubel und Glockenläuten Enttäuschung und Trauer. Wir arbeiten uns örtlich weiter vor; die 214. Inf.-Division wird zur Ruhe zurückgezogen. Gegen Abend macht der Gegner, wie wir erwarteten, einen Versuch, die Höhe 100 wieder zu erobern, aber er wird abgewiesen. Wir beschießen in der Nacht wiederum mit Brisanz und Gas den Bourlonwald, den der zähe Engländer immer noch festhält.

3. Dezember. Nur kleinere Kämpfe an der Front. Die 119. Inf.-Division tritt zur Gruppe Caudry zurück, die sächsische 24. Res.-Division in Cambrai wird mir unterstellt, die 3. Garde-Division wird herausgezogen. Nun müssen wir aber die Engländer noch aus dem Bourlonwald herauswerfen, den er als Sprungbrett für eine neue Offensive auf Cambrai trotz unserer Umklammerung noch immer mit britischer Hartnäckigkeit festhält und den er nachts immer wieder mit frischen Truppen und Maschinengewehren auffüllt. Je früher unser Angriff geschieht, desto besser, denn die defensive Absperrung des Waldes ist mit meinen ermüdeten Truppen nicht ohne große Gefahren und Bedenken. Über Reserven hinter der Front verfüge ich nicht. Sollte aber der Gegner im Walde durch unser Artilleriefeuer der letzten Tage und Nächte doch so erschüttert sein, daß er an freiwilligen Abzug denkt, dann scheint mir dies erst recht ein Grund, ihn bald anzugreifen, um ihm nochmals einen die Schlacht bei Cambrai packend abschließenden Schlag zu versetzen und dabei

reiche Beute an Gefangenen und Maschinengewehren zu machen. Ich beantrage daher den Angriff für den 4. Dezember mittags, befehle sogleich den Beginn des Einschießens der 36 Batterien (6 Mörser, 15 schwere Feldhaubitzen, 15 leichte Feldhaubitzen), die in den Wald wirken können, und lasse die Befehle für den Angriff ausarbeiten, der nach vierstündiger stärkster Artilleriefeuervorbereitung von drei Seiten, Ost, Nord und West, ausgeführt werden soll, während zahlreiche Feldkanonenbatterien den Süden abriegeln. Flammenwerfer, Sturmtrupps und Minenwerfer werden um den Wald zusammengezogen. Neue Führerfreude beseelt mich für das von mir geplante, „Halali" genannte Unternehmen. Ich fahre noch nachmittags zur 24. Res.-Division, die mir aus den Tagen Sailly-Saillisel — von Guillemont her — bestens bekannt ist, wo ich sie am 31. Juli mit der 27. Inf.-Division abgelöst habe, und unterrichte den Divisionskommandeur, Generalmajor Morgenstern-Döring, über die ihm beim Angriff auf den Bourlonwald zufallende Aufgabe. Die am Bourlonwalde befehligenden Divisionskommandeure teilen sämtlich meine Siegeszuversicht.

Mein Antrag für den Angriff am 4. Dezember wird jedoch n i c h t genehmigt. Die Armee hält für den Angriff das Heranziehen zahlreicher weiterer schwerer Artillerie und mehrerer Minenwerferbataillone für nötig; der Armeechef vergleicht den Angriff auf den Bourlonwald mit dem auf die befestigten Stellungen bei Verdun! Und dies, obwohl der Gegner in unserem Tag und Nacht andauernden Artilleriefeuer sicherlich nur die notdürftigsten Verschanzungen ausheben konnte. Aber er behält trotz aller Gegenvorstellungen Recht. Ja, die Armee macht mir den Vorwurf, ich wolle den Angriff mit unzureichenden Mitteln ausführen. Demnach soll der Angriff zu meinem lebhaften Bedauern erst am 9. Dezember erfolgen. Dabei habe ich das bestimmte, mich bei seiner Unbeweisbarkeit fast krank machende Gefühl, daß aus meinem eigenen Stabe heraus der Fernsprecher mißbraucht worden ist, um nach oben hin Ansichten über den Angriffstag zu vertreten, die den meinigen entgegenstehen. Die Angriffsvorbereitungen müssen umgearbeitet werden, die Beschießung des Bourlonwaldes aber wird kräftig Tag und Nacht fortgesetzt.

Ich kann dem am 30. November inmitten seines tapferen braunschweigischen Infanterie-Regiments schwer verwundeten, in Bouchain im Lazarett liegenden Oberst v. Heynitz den von mir telegraphisch beantragten Orden Pour le mérite übersenden; besuchen darf man ihn leider nicht.

Offizielle Waffenstillstandsverhandlungen mit der russischen Armee.

4. Dezember. Der Gegner wird in hartnäckigen Nahkämpfen von Sappe zu Sappe weiter zurückgeworfen. Für den 5. Dezember wird von der 20. Inf.- und der 21. Res.-Division ein einheitlicher Einbruch und Vorstoß bis in die frühere erste deutsche Siegfriedstellung vorbereitet.

Der Armeeführer fährt heute zu den Divisionen und läßt sich dort mündlich über die Angriffsschlacht bei Cambrai berichten. Er hat sich aber dabei die Anwesenheit der kommandierenden Generale ausdrücklich verbeten. Dies ist um so befremdender und bedenklicher, als er die von den Generalkommandos für die Schlacht gegebenen Befehle, also die Unterlagen für die Divisions=befehle, gar nicht kennt. Unhaltbare Zustände!

Mitten in den noch andauernden Kämpfen muß ich Qualifikationsberichte schreiben über die Generale und Stabsoffiziere von sieben Divisionen, außerdem Ordensvorschläge für die gleiche Anzahl von Divisionen und die gesamte Artillerie. Eine schwere Denk= und geradezu furchtbare Schreib=arbeit, die ich auch in meinen ohnehin hart in Anspruch genommenen Nerven verspüre.

5. Dezember. Die Heeresgruppe fordert beschleunigt Erfahrungs=berichte über die Angriffsschlacht bei Cambrai. Obwohl ich kaum noch die Feder halten kann, beteilige ich mich doch persönlich lebhaft daran.

Gegen Mittag erfolgreicher Einbruch der 20. Inf.= und der 21. Res.=Division. Halloh! 2 Uhr 30 nachmittags geht die Meldung ein: Der Engländer hat heute nacht den Bourlonwald geräumt! Jetzt zündet er Anneur und Can=taing an und weicht auf der ganzen Linie nach Süden und Südwesten auf Flesquières zurück! Wir jubeln: seit 1914 der erste Rückzug der stolzen Briten! Das mag ihnen schwer geworden sein — diesen Entschluß haben sie offenbar nur infolge des andauernden mächtigen Drucks von Osten und Norden her und unseres unausgesetzten Artilleriefeuers gefaßt. Unsere Infanterie folgt auf Graincourt, die Sachsen gehen auf Drival vor. Ich befehle das sofortige Vorziehen starker Feldartillerie; die schweren Batterien verfolgen den Gegner mit Feuer. Es ist ein wahres Freudenschießen. Die 221. Division hat Grain=court erreicht. Noch schöner, viel schöner wäre es freilich gewesen, wenn wir den Bourlonwald rechtzeitig erstürmt und die englische Besatzung des Bourlon=waldes gefangen genommen hätten! Kein schönerer Abschluß für die Schlacht bei Cambrai hätte sich denken lassen!

6. Dezember. Aber der Gegner hält noch den Hohlweg Graincourt=Drival. Ich lasse dorthin gegen Mittag stärkstes Artilleriefeuer von allen Seiten zusammenfassen und befehle der 24. Res.=Division die Wegnahme des Hohlwegs: in schneidigem Angriff wirft die sächsische Division gegen 4 Uhr nachmittags den sich hartnäckig verteidigenden Gegner, nimmt einen eng=lischen Stabsoffizier, zwei Hauptleute und ein halbes Hundert Mannschaften gefangen und bringt bis zum Drivalwald vor. Nun sind wir vollends ganz im Besitz des Geländes, das wir zur nachhaltigen Verteidigung von Cambrai brauchen. Das gleiche ist bei den Gruppen Caudry und Bussigny der Fall. Die Schlacht bei Cambrai ist glänzend gewonnen.

Jetzt erst kann die Gesamtbeute der Gruppe Arras seit dem 20. November zusammengestellt werden: 53 Offiziere, 1670 Mann, 240 Maschinengewehre, 11 Minenwerfer, 26 Geschütze (englische und frühere deutsche), 33 Tanks, zahlloses Material, namentlich Munition. So kann ich mit gutem Grund nachstehenden Dankerlaß an die Gruppe herausgeben.

Gruppenbefehl.

„Nachdem die Kämpfe westlich Cambrai einen gewissen Abschluß gefunden haben, ist es mir ein Bedürfnis, den Truppen aller Waffen, die vom 22. November bis 6. Dezember 1917 der Gruppe Arras angehört haben, meinen herzlichsten Dank zu sagen für ihre hervorragenden Leistungen. Obwohl zum größten Teile von allen Seiten, vielfach ohne vorhergegangene Gelegenheit zum Ausruhen in aller Eile herangeführt und ohne die Möglichkeit ruhiger Orientierung in den Kampf geworfen, haben die Truppen der Gruppe Arras unter der sicheren und zielbewußten Leitung ihrer Divisionskommandeure und unter der tapferen Führung durch ihre Truppenkommandeure und -Offiziere im operativen Zusammenwirken mit der Gruppe Caudry zwei Kampfleistungen vollbracht, die an Allerhöchster Stelle hohe Anerkennung gefunden, im Vaterlande aber Jubel und Stolz erweckt haben; sie haben einmal dem mit großen Hoffnungen, mit aller Gewalt und mit immer neuen frischen Kräften zum großen Durchbruch über die Linie Bourlonwald—Moeuvres vorstoßenden Gegner in wütenden, tapfersten Kämpfen Halt geboten; dann haben sie ihn am 30. November 1917, aller Ermüdung trotzend, im großen Gegenstoß auf Graincourt zurückgeworfen, haben den stolzen Engländer in den nächsten Tagen in weiterem kameradschaftlichen offensiven Zusammenarbeiten aller Waffen auf der Erde und über der Erde das Laufen gelehrt und ihm den größten Teil seines durch Überraschung eroberten Einbruchsgeländes wieder entrissen, so daß die Cambrai-Front wieder unerschütterlich feststeht. Durch schwerste Verluste an Toten, Verwundeten und Gefangenen und an Material ist der Engländer für künftige Kämpfe geschwächt. Zur Erhaltung der Kampfkraft unserer Truppen haben aber auch alle beim Vor- und Nachschub tätigen Offiziere, Sanitätsoffiziere, Beamten und Kolonnen in hoher Pflichttreue beigetragen — auch ihnen meine volle Anerkennung. —

Ehre unseren Gefallenen — weiterhin Sieg und Heil den Lebenden! —

Der kommandierende General."

7. und 8. Dezember. Der Kampf wird wieder zum Stellungskrieg; es bleiben nur drei Divisionen in der Front.

Ich fahre früh morgens nach Fontaine-Notre-Dame und mache mit Major v. Schoenebeck einen langen Gang durch Wald und Dorf Bourlon. Am Eingang von Fontaine geraten wir aber im Kraftwagen in einen Feuerüberfall, dem wir uns durch schleuniges Aussteigen entziehen. Noch diesseits Fontaine-Notre-Dame stoßen wir sodann auf die ersten schottischen Leichen mit ihren kurzen Röckchen und den nackten blaugefrorenen Beinen — ein Beweis dafür, wie nahe die Briten doch an Cambrai herangekommen

Im und am Tank verbrannte englische Besatzung

Bourlon-Wald

waren. Dann sehen wir östlich des Waldes die ersten zerschossenen englischen Tanks, neben denen die gräßlich verstümmelten und verbrannten Körper der Besatzung liegen; weiter drinnen im Walde finden wir in immer steigendem Grade und namentlich an den den Wald durchschneidenden Wegen zahlreiche englische und schottische Leichen, gewiß zehnmal mehr als deutsche, und im Walde, sowie namentlich im Dorfe Bourlon, sowie südwestlich davon eine große Anzahl zertrümmerter, zerschossener und abgestürzter Tanks in den unmöglichsten Stellungen. Von größeren Verschanzungen ist, wie zu erwarten war, natürlich keine Spur zu entdecken. Der Wald ist durch die Beschießung zum Wirrnis geworden; es muß hier die Hölle gewesen sein! Dies wird auch durch aufgefundene Befehle bestätigt. Von der beherrschenden, nunmehr wieder in unserer Hand befindlichen Höhe 100 südwestlich Bourlon, wo sich jetzt ein deutscher Beobachtungsstand mit weitem Gesichtsfeld befindet, werfen wir einen frohen Blick nach Südwesten — dann fahren wir, sehr befriedigt, aber freilich von oben bis unten mit Schmutz überzogen, nach Marquette zurück.

10. Dezember. Ich hatte die große Freude, heute nachmittag fünf Herren meiner alten lieben 107. Inf.-Division bei mir zum Kaffee zu haben; wir tauschen alte, schöne Erinnerungen aus. Die Division ist am 21. November bataillonsweise bei Cambrai in den schweren Kampf hineingeworfen worden, hat aber auch hier im Westen die Feuerprobe gut bestanden.

11. Dezember. Aus weiterhin erbeuteten englischen Papieren und Befehlen geht mit aller Klarheit hervor, daß die britische Heeresleitung den

großen Durchbruch bis über Cambrai hinaus erhoffte und dazu starke Kavallerie bereitgestellt hatte. Glücklicher- und fehlerhafterweise hatte sie aber nicht das nötige Voll- oder Doppeldutzend von Reserve-Divisionen zur Hand, um den unleugbaren Erfolg vom 20. November auszunutzen.

Ich nehme an der Leichenfeier des leider seinen Wunden erlegenen tapferen Obersten v. Heynitz teil — der Geistliche hält eine wahrhaft packende Trauerrede voll religiösen und zugleich soldatischen Schwungs.

Aber ich bin jetzt am Ende meiner Kraft. Grund davon sind plötzlich eingetretene, schwere persönliche seelische Erlebnisse und Auseinandersetzungen der letzten Tage mit dem Armeeführer; Anlaß und Austrag sind ohne ausführliche Schilderung der Umstände nicht darstellbar — damit kann und will ich jedoch die Geduld des Lesers nicht in Anspruch nehmen.[1]) Ich erwähne sie, sehr ungern, nur deshalb, weil die damit verbundenen Aufregungen mein ohnehin schon genügend angestrengtes Nervensystem vollends erschütterten und weil dies nach meiner Überzeugung den baldigen Abschluß meiner militärischen Laufbahn und damit auch dieser Aufzeichnungen mit sich bringen muß. Die quälenden Folgen der Verwundung, die aufreibende Tätigkeit des Jahres 1917 mit seinen dramatischen Abschlußkampfwochen, die noch erschwert und vermehrt wurde durch eine fast unsinnig zu nennende gleichzeitige Inanspruchnahme mit Qualifikations- und vielfach ganz überflüssigen, von der Armee geforderten Gefechtsberichten, dazu der krasse Undank an Stelle von, wie ich glaube, wohlverdienter Anerkennung, — das war zu viel. Wohl durfte ich mich in diesen harten Tagen der warmen Kameradschaft meines linken Gruppennachbarn und Freundes, des Generals Frhr. Theodor v. Watter, und meines treu ergebenen ersten Adjutanten, des Majors v. Schoenebeck, erfreuen, denen ich dankbar die Hand drücke. Aber ich bin aufs tiefste und innerste erregt, spüre Herzklopfen, Schlaflosigkeit und größte Abspannung. Ich muß versuchen, die alte Kraft vielleicht nochmals durch Ausruhen zu gewinnen und erbitte mir deshalb drei Wochen Urlaub vom 22. Dezember ab.

13. bis 20. Dezember. Schwunglose, müde Tage, voll Schmerzen und Schlaflosigkeit. Die dienstliche Tretmühle des Stellungskriegs beginnt

---

[1]) Nur um auf mannigfache Anfragen hin in dieser 3. Auflage wenigstens in einer Fußnote kurz zu antworten, erwähne ich, daß es sich dabei in der Hauptsache um den mir vom Armeeführer eröffneten und nach obenhin berichteten Vorwurf handelte, ich hätte für den 4. Dezember (Angriff auf den Bourlonwald) Unmögliches von der Truppe verlangt. Das einzige Beweisstück dafür — ich hätte für den 4. 12. von der Armee ein Infanterieregiment angefordert, das zu weit abgelegen sei, um rechtzeitig eintreffen zu können, konnte ich bei der mündlichen Eröffnung sogleich als einen (versehentlich, aber fahrlässig vom Armeestab verschuldeten) Irrtum aktenmäßig nachweisen. Als der Armeeführer mir zwar deshalb sein Bedauern aussprach, aber bei seinem Vorwurf beharrte, nahm unsere Unterredung, wie ich ohne weiteres zugebe, von meiner Seite einen sehr erregten Ton an. Der von mir eingeleitete Beschwerdeweg führte nicht zum Ziel. — Natürlich liegt aber all dies heute „in wesenlosem Scheine" hinter mir.

wieder ihren Lauf: Herauslösen von Divisionen und von Artillerie, Anordnungen für Ausbau der neuen Stellungen, Verdrahtung des Bourlonwaldes und dergl. Aber auch die ersten Grundlagen für den großen Frühjahrsangriff 1918 sind zu bearbeiten. Ich lege noch selbst die letzte Feile an den der Gruppe aufgetragenen Entwurf für einen Angriff aus der Linie Quéant—Moeuvres heraus gegen die Linie Noreuil—Demicourt, ein Angriff, den wir ja im April 1917 schon einmal mit begrenzterem Ziel und Auftrag ausgeführt haben.

Besuche und Gäste — der sächsische Militärbevollmächtigte General v. Eulitz unterrichtet sich über das Gefecht der 24. Res.-Division vom 6. Dezember bei Orival; Geheimrat His aus Berlin macht psychologische Studien an und mit den Kampfteilnehmern; die aus der Gruppenfront ausscheidenden Divisionskommandeure nehmen — ich kann wohl sagen — herzlichen Abschied von mir und der Gruppe; zwei von ihnen, die Generalleutnants Wellmann und v. Lindequist, haben schon für Cambrai den Pour le mérite erhalten, für einen dritten, General von la Chevallerie, habe ich ihn ebenfalls beantragt.

22. Dezember. Parade der Cambrai-Truppen bei Solesmes vor dem Kaiser. Bei Tisch sitze ich neben dem Chef des Marinekabinetts, Admiral v. Müller, und höre dabei, unter mancherlei anregenden militärpolitischen Gesprächen, viel Interessantes über den Stand und die freilich nicht mehr unzweifelhaften Aussichten unseres Unterseebootkrieges und über die amerikanischen Landungsmöglichkeiten.

Es ist heute das erstemal in meinem Leben, daß ich Gelegenheit habe, den Kaiser längere Zeit in Ruhe in der Nähe zu sehen. Mir fallen die tiefe Bleichheit des Gesichts und die abgerissene, hastige Sprechweise auf. Es ist etwas Übernervöses in seinem Wesen. Die tief durchfurchten Züge lassen erkennen, wie sehr den Kaiser die ihm auferlegte, allzuschwere Last der Verantwortung drückt. Dann aber mache ich, jetzt zum dritten Male, die Erfahrung, daß der Kaiser entweder sich selbst fernhält von den Truppengeneralen oder von ihnen ferngehalten wird. Als ich im Herbst 1916, nachdem meine Division über drei Wochen lang Guillemont behauptet hatte, in Parade vor ihm stand, schritt er nur grüßend an mir vorbei. Im Frühjahr 1917 gab er uns drei bei Denain in der Parade stehenden kommandierenden Generalen, von denen er zweien kurz vorher für ihre Leistungen in der Schlacht bei Arras den Pour le mérite verliehen hatte, lediglich, ohne ein Wort zu sagen, kurz die Hand — zum bittersten Verdruß meines bayrischen Kollegen. Heute trat der Kaiser bei der Parade zwar zu mir heran, gab mir die Hand und richtete einige anerkennende Worte an mich; als aber nach dem Essen ein fast einstündiger „Cercle" stattfand, sprach er in dieser ganzen Zeit weder mit mir, noch mit einem der anwesenden fünf kommandierenden Generale auch nur eine Silbe, sondern abseits stehend, ausschließlich mit dem Armeeführer, seinem Generaladjutanten. Nach der vierzehntägigen Schlacht bei

Cambrai also nicht eine Frage über Erlebnisse und Anteil von Führern und Truppen und kein Versuch, die ihm noch unbekannten höheren Führer persönlich näher kennen zu lernen. Ich fürchte, es ist viel Wahres an den Gerüchten, daß der Kaiser nichts anderes hören soll und will, als das, was ihm von seiner nächsten Umgebung vorgelegt und vorgetragen wird. Wie ganz anders verhielt sich bei ähnlichen Gelegenheiten Kaiser Wilhelm I.!

Der Gerechtigkeit halber möchte ich aber nicht unerwähnt lassen, daß Herren aus der Umgebung des Kaisers versichern, er habe bei dem Ansprechen von ihm bisher unbekannten Persönlichkeiten eine gewisse Schüchternheit zu überwinden; damit stimmt überein, daß der Kaiser oft, nachdem er den ihm bisher persönlich nicht bekannten höheren Führer ohne Ansprache gelassen, sogleich darauf mit einem ihm von früher her bekannten in der Front stehenden Gardeoffizier, gleichviel welchen Grades, angeregt zu sprechen und zu scherzen beginnt.

Abends speise ich bei der 107. Inf.-Division, fahre 9 Uhr abends im überfüllten Zug von Le Cateau ab und komme nach 30stündiger ermüdender Fahrt am 23. Dezember, abends, in Ulm an.

24. Dezember 1917 bis 15. Januar 1918. Schöner Urlaub zu Hause. Anfangs Januar Rücksprache mit dem württembergischen Kriegsminister, dem ich meine Absicht mitteile, ein Throngesuch an den Kaiser einzureichen um Versetzung zu einer andern Armee oder um Verabschiedung. Er rät mir, das Schmerzliche aus patriotischen Gründen zu ertragen, von dem Gesuch Abstand zu nehmen und auszuhalten. Ungern und lediglich aus loyalen Rücksichten stimme ich zu. Was mich freut, ist die hohe Bewertung, die in der Heimat allgemein den Schlachten bei Cambrai beigemessen wird. Ein entschiedener Umschwung der Volksstimmung zu zuversichtlicherer Beurteilung des Kriegsausgangs im Westen ist eingetreten. Das Ansehen der britischen Waffen und Führer hat einen kräftigen Stoß erlitten — übrigens auch in England selbst —; das unsrige ist gestiegen. Ich schicke an General v. Kuhl einen Entwurf für Durchbruch-Lehrkurse (Generale und Generalstabsoffiziere). Er dankt sogleich und will sie ins Leben rufen.

Eine weitere persönliche Freude erlebe ich dadurch, daß mir die kleine, aber alte und mir seit langem liebe Allgäuer Reichsstadt Isny, in deren Nähe unser Landgut steht, das Ehrenbürgerrecht verliehen hat. Eine Abordnung überreicht mir in Ulm die schöne Urkunde.

15. Januar. Aber, als ich am 15. Januar nach Marquette zurückfahre, sind meine Nerven doch nicht genügend erholt; vollends nicht für die mich dort erwartende neue mühsame Aufgabe: eingehende Vorbereitung des großen Angriffs und Durchbruchs aus meiner Gruppenfront heraus mit rund 12 Divisionen und ungezählter Artillerie. Ich beteilige mich zwar noch lebhaft an der Lösung der zahlreichen, dabei auftauchenden und zu lösenden kleinen und großen Fragen und bekomme einen vollen Begriff von der gewaltigen mechanischen und geistigen Arbeit, die dabei zu leisten ist. Auch

3
ÜBERSICHTS-SKIZZE
WESTEN 1916-1918.

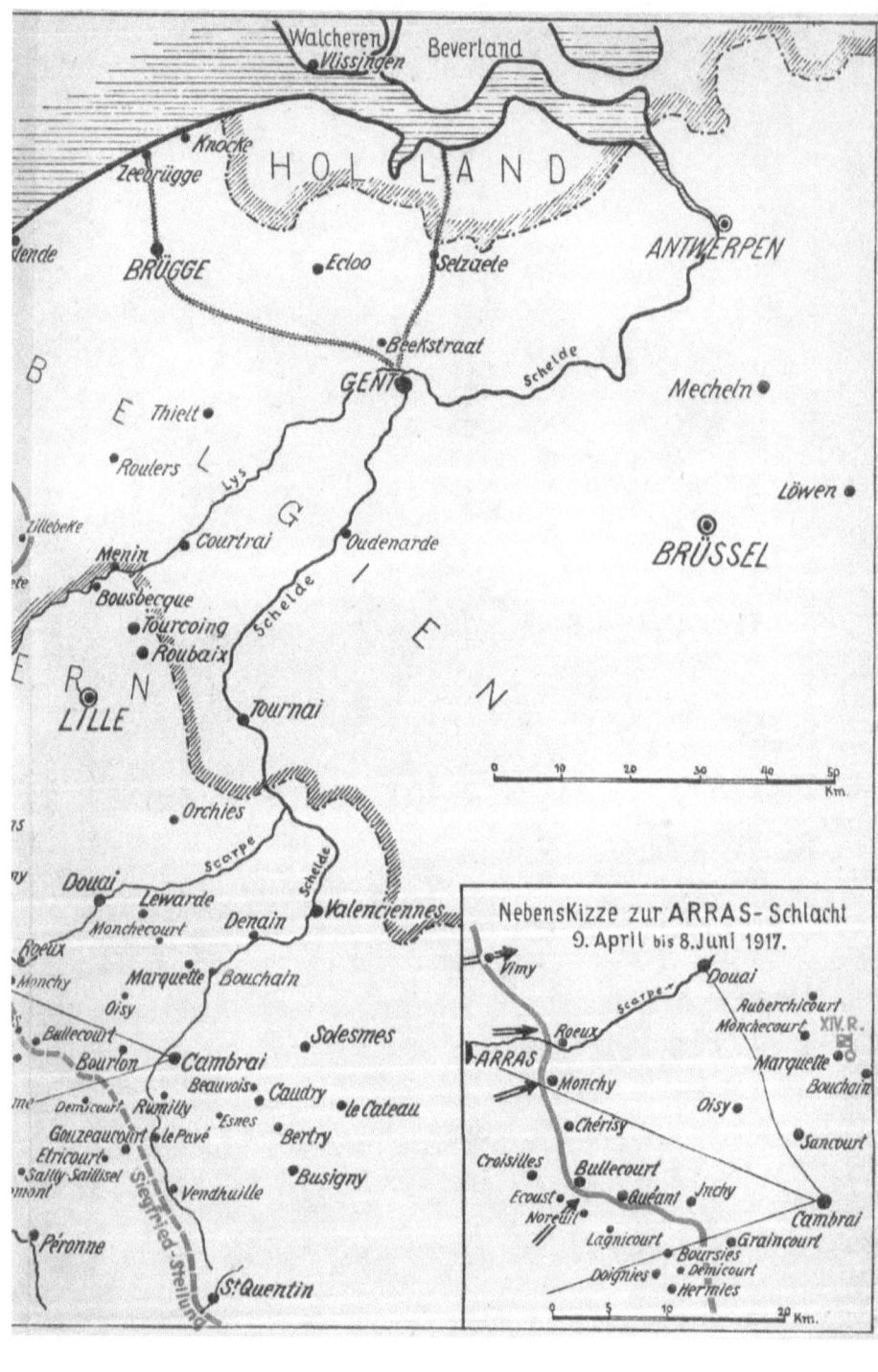

erlebe ich noch am 20. Januar eine in meinem Korpshauptquartier stattfindende Besprechung, die General Ludendorff mit den Armee- und Korpschefs, nicht mit den kommandierenden Generalen, über den Angriff aus der Cambraifront heraus hält. Daß der große deutsche Hauptangriff aus Geländerücksichten nicht oben in Flandern gegen den verwundbarsten Teil der Entente-Front gemacht werden soll, sondern bei und südlich Cambrai in die Somme-Wüste hinein, das leuchtet mir nicht ein, weil dabei bei der jetzigen Kräftegruppierung und Verbindungslage unserer Gegner nur ein größerer taktischer, kein durchschlagender strategischer Erfolg erzielt werden kann. Mein Eindruck von Ludendorff ist im übrigen bei dieser letzten Begegnung der gleiche, wie bei jeder bisherigen, auch schon in Friedenszeiten: ein Mann von höchstem Selbst- und Pflichtgefühl, eiserner Willens- und Arbeitskraft, völliger Beherrschung des Technischen, Taktischen und Generalstabsmäßigen und klarer Bestimmtheit, also eine nach militärischem Können und Wissen, Tatkraft und Charakterstärke überragende, bedeutende und geschlossene Persönlichkeit; aber doch ohne die Merkmale wirklich genialer strategischer Begabung — ohne den „Funken", den Clausewitz vom Feldherrn verlangt.

Was mich selbst anbelangt, so halte ich meine Kraft nur noch mit Mühe aufrecht; dazu trägt wesentlich bei, daß ich nicht mehr das alte volle Vertrauen in einen Teil meiner Mitarbeiter setzen kann. Dies niederzuschreiben fällt mir schwer, entspricht aber der Wahrheit. Major v. Schoenebeck ist leider als Kommandeur eines Landwehr-Regiments an die Vogesenfront versetzt.

21. Januar bis 7. Februar. Weiterarbeit an den Angriffsentwürfen. Am 1. Februar tritt die Gruppe Arras zur 17. Armee über (General Otto v. Below). Ich habe die Freude, deren Generalstabschef, Generalleutnant Krafft v. Dellmensingen, in seinem kräftigen Optimismus kennen und schätzen zu lernen. Auch lese ich zu meiner und unser aller Genugtuung den namentlich für die Truppen, aber auch für die Stäbe der Westfront wahrhaft erlösenden Befehl: „Der Bau an rückwärtigen Stellungen hört auf." Am 20. Januar und 7. Februar gehe ich noch einmal die ganze vordere Linie der künftigen Angriffsfront ab mit prüfenden, aber doch Abschied nehmenden Gedanken für die Bereitstellung unserer Infanterie und Artillerie zu Vorbereitung und Sturm; den großen Angriff selbst, den ich seit drei Jahren ersehnt und zum Teil auch mit vorbereitet habe, mitzumachen und mitzuleiten, ist mir nicht mehr beschieden!

Am 7. Februar teilt mir General Otto v. Below die Kaiserliche Ordre mit, durch die ich unter Anerkennung meiner in den verschiedensten Stellungen in der preußischen Armee geleisteten guten Dienste zu den Offizieren von der Armee versetzt werde. General v. Below fügt hinzu, wie sehr er mein Scheiden bedaure und wie lebhaft er gehofft habe, mit mir zusammen den großen Angriff führen zu können. Am 9. Februar verabschiede ich mich von meinem Stabe und meiner Gruppe mit dem aus vollem und warmen Herzen kommenden letzten

Gruppenbefehl.

„Beim Scheiden von der Gruppe Arras und vom XIV. Reservekorps, das ich fast ein Jahr lang zu befehligen die Ehre und Freude hatte, danke ich allen Offizieren, Sanitäts- und Veterinäroffizieren, Beamten, Unteroffizieren und Mannschaften für die mir erwiesene treue Unterstützung und wünsche der Gruppe und dem Korps auch weiterhin von Herzen stolze, siegreiche Taten und Tage.

Der kommandierende General:
von Moser."

Es fällt mir natürlich nicht leicht, aus dem Kreise zu scheiden, in dem ich so lange in engster dienstlicher und kameradschaftlicher Fühlung und Gemeinschaft viele ernste, aber auch manche frohen Tage und Stunden verlebt habe; ich bringe dieses Gefühl mit meinem herzlichen Dank bei meinen Abschiedsworten zu bewegtem Ausdruck. Der Antwortende betont, daß am Anfang meiner Korpsführung Bullecourt, am Ende Cambrai stehe, zwei Namen und Schlachthandlungen, die vor jeder Kritik bestehen bleiben werden; ich glaube, dieses Lob ohne Unbescheidenheit für mich, jedenfalls aber für die mir unterstellt gewesenen Truppen des XIV. Reservekorps annehmen zu dürfen. Für Cambrai auch deshalb, weil der englische Oberbefehlshaber Haig in seinem amtlichen Bericht über diese Schlacht über den Angriff des XIV. Reservekorps am 30. November wörtlich sagt: „Dies war der feindliche Hauptangriff, der mit äußerster Entschlossenheit geführt wurde." Das Gefühl, in diesem Kriege meine Pflicht bis an die Grenze meiner Kräfte getan zu haben, muß mir über das Schwere meines Ausscheidens aus der Kampffront hinweghelfen; auch habe ich allen Grund, dankbar dafür zu sein, daß mir das Kriegsglück immer hold geblieben und mir jeden ernsteren Rückschlag oder gar Rückzug erspart hat.

Letzte Autofahrt nach Tournai mit Schoenebecks sympathischem Nachfolger, Major v. Göckingk. Dann Rückfahrt in die Heimat.[1]

---

[1] Vor meiner Abfahrt richtete ich noch an das Militärkabinett ein für Seine Majestät den Kaiser bestimmtes „Throngesuch" über die Vorgänge, die zu meiner Enthebung führten und erbat darin eine Untersuchung und neue Entscheidung. Das Militärkabinett lehnte beides ab — ob mit oder ohne Vortrag beim Kaiser, weiß ich nicht. Wie ich später aus sicherer Quelle erfuhr, war man im Militärkabinett über meine offene Sprache entsetzt und wollte gegen mich einschreiten. Aber auch dies unterblieb. Im übrigen hatte mich der Führer der 2. Armee (aber ohne es mich wissen zu lassen) zur Wiederverwendung in der Stellung als kommandierender General nach Wiederherstellung meiner Gesundheit vorgeschlagen; diese Aussicht wurde durch mein allzu offenes Throngesuch zerstört.

Ich habe nach dem Kriege Gelegenheit gehabt, das Tagebuch meines zweiten Nachfolgers im Kommando der Gruppe Arras über die Zeit vom April bis September 1918 zu lesen; nach dessen Martyrium zu urteilen (unmögliche Aufgabe, mit ständig wechselnden [Taubenschlag] und tieferschöpften [Scherbenhaufen] Divisionen die breite Front gegen immer wachsende Übermacht zu halten), brauche ich dem Schicksal nicht dafür zu grämen, daß es mir diese qualvolle Führungszeit erspart hat. Auch der Leser dieses Buches würde über diesen Kriegsabschnitt zwar nochmals das hohe Lied des deutschen Frontsoldaten, aber außer den gehäuften Tankangriffen kaum noch etwas für Führung und Truppe Neues und Bezeichnendes erfahren haben.

Dort, auf weltabgelegenem Landsitze, erlebe ich mit hochgespannten Erwartungen die am 21. März einsetzende große deutsche Offensive, dann die anfangs so hoffnungsvollen, weiterhin so niederschmetternden Ereignisse des Jahres 1918 — mit besonderer Trauer natürlich auch den überraschend schnellen Verlust meiner Cambrai-Front.

Mehr und mehr weicht in mir der persönliche Kummer über das von der Führung Ausgeschaltetsein dem so viel schwereren allgemeinen über den immer offenbarer werdenden Verlust des Krieges.

Im August Verabschiedung mit einem warm anerkennenden Schreiben des Königs von Württemberg und einem hohen Kriegsorden, dem Friedenstraum des württembergischen Offiziers. Obwohl wieder im genügenden Besitz meiner Kräfte, doch nicht mehr in der Lage, mit der Tat zu helfen, versuche ich es mit dem Worte durch die Presse.

September 1918:

An unsere Krieger im Felde

Ihr, die Ihr draußen tapfer streitet,
Das Schwerste duldet und erleidet
Getreu bis in den Tod —
O wisset, daß entgegenschlagen
Heiß unsre Herzen Euerm Wagen
Und Eurer argen Not.
Gott sei mit Euch — mit Herz und Hand
Grüßt dankbar Euch das Vaterland.

Anfang Oktober 1918:

Kein weichliches Klagen!
Kein schmählich Verzagen!
Kein Zweifeln und Fragen!
Stützen und Tragen,
Kämpfen und Wagen,
D r e i n s c h l a g e n
Ist der Stunde Gebot
In schwerer Not.

Anfang November 1918. Ein beschwörender Aufruf in Prosa mit der Mahnung zum letzten Standhalten in der ohne schwerste Verluste unserer Gegner uneinnehmbaren Linie Antwerpen—Namur—Metz—Straßburg zur Erzwingung eines erträglichen Friedens. Dann

Zur Lage

Was steht auf dem Spiel?
Viel! viel!
Dein Haus und Hag,
Deiner Arbeit Ertrag,
Dein Geld und Gut,
Deine Kraft, Dein Blut —

Noch mehr —
Deine und Deutschlands Ehr'!
Wie der Feind
Es meint?
Dem Elend und der Schande
Weiht er die deutschen Lande,

Will löschen Deutschlands Namen,
Zertreten seinen Samen,
Versklaven Geist und Leib,
Kind und Weib!
Was ist zu tun?
Nicht ruh'n,

Bis blutig zerschlagen,
Feindes Mann und Wagen
Prallen ab vom deutschen Walle.
O helfet, helfet alle:
Draußen Ihr in tapferm Streit,
Drinnen Ihr in Einigkeit!

Dann lohnt uns der Sieg,
Dann endet der Krieg
In Ehren!
Bis dahin aber weiter sich wehren, —
Kämpfen um unseres Volkes Leben,
Nicht sich mutlos ergeben!

Vergebens. Ich erlebe entsetzt, erschüttert und tief beschämt die Revolution, die bedingungslose Annahme der erniedrigenden und erwürgenden Waffenstillstandsbedingungen unserer Gegner, die furchtbare Zerstörung zuerst des Heimat-, dann des Feldheeres und, als Strafe für diese unerhörte Selbstentmannung, den entsetzlichen Schmachfrieden von Versailles: all dies die Folge unverzeihlicher Schwäche der Regierenden, politischer Kurzsichtigkeit und selbstmörderischer Machtgelüste der Parteien; aber auch allzuschwerer, durch das schnöde Gebaren elender Eigensüchtlinge, sowie durch militärische Überspannung verschärfter und schließlich unerträglich gewordener körperlicher und seelischer Entbehrungen und Leiden des deutschen Volkes. Kaiser Wilhelms des Ersten, Bismarcks und Moltkes stolzer Bau in Trümmern! die Heeresfahnen, die den deutschen Waffenruhm über alle Grenzen bis nach Palästina, Finnland, in das Herz Frankreichs und über alle Meere getragen hatten, von den eigenen Volksgenossen in den Staub gezogen! Wahrlich, niemals in der Weltgeschichte ist der Heldenkampf und sind die Heldentaten eines Volkes und eines Berufstandes mit solch furchtbarem Absturz gelohnt worden. Sie bleiben aber trotzdem in all ihrer Größe bestehen als einziger Trost im Unglück und als sichere Bürgschaft für die deutsche Zukunft.

Schlußwort

Nun übergebe ich diese Blätter der Öffentlichkeit in dem Gedanken, daß die äußeren und inneren Erlebnisse eines höheren deutschen Führers in diesem langen, blutigen, schicksalschweren Völkerringen namentlich bei den Landsleuten und Landesfreunden auch jetzt noch Anteilnahme erwecken können, die den Krieg entweder als einfache Kämpfer oder als Unterführer mitgemacht oder aber ihn in der Heimat oder in der Fremde klopfenden Herzens miterlebt haben. Zugleich sollen diese Blätter aber auch einen herzlichen und dankbaren kameradschaftlichen Gruß bedeuten an meine treuen Kampfgehilfen und Nachbarn und an die meiner Führung anvertraut gewesenen tapferen Truppen. Nie wird in mir, und nie darf im Herzen des deutschen Volkes die Dankbarkeit und die Bewunderung erlöschen für die deutschen Männer, — Offiziere und Soldaten —, die mehr als vier Jahre lang trotz der unsagbaren Schrecken, Leiden und Entbehrungen des modernen Krieges die Heimat draußen an der Front mit ihrem Leibe vor feindlichem Einbruch beschützt haben. Ihrem unsterblichen Verdienst hält das der höheren Führer, auch bei äußerster Anspannung aller geistigen Kräfte, nicht die Wage — hundertfach habe ich in diesem langen Kriege, und in besonderer Stärke an allen Kampftagen diese Wahrheit empfunden. Das Bekenntnis zu ihr möge daher auch diese Aufzeichnungen abschließen — verbunden mit einer letzten Entschuldigung dafür, daß es mir trotzdem auf keine andere Weise möglich erschien, den Krieg lebenswahr vom Standpunkt der höheren Truppenführung zu schildern, als indem ich den Leser an meinen persönlichen, für das Große und Ganze ja völlig belanglosen Schicksalen teilnehmen ließ. Aber das von der amtlichen Geschichtsschreibung zu entwerfende streng wissenschaftliche Gemälde des Weltkriegs kann doch nur durch solche, zwar persönlich, aber gerade deshalb auch in wärmeren Tönen gehaltene Schilderungen mit vollem Leben erfüllt und zugleich in manchen, nicht unwesentlichen Zügen heller beleuchtet, tiefer erklärt — und auch verklärt werden.